MANUAL DE LAS

MICROFINANZAS

SUSTAINABLE BANKING with the POOR

MANUAL DE LAS MICROFINANZAS

Una perspectiva institucional y financiera

Joanna Ledgerwood

BANCO MUNDIAL

WASHINGTON, D.C.

Joanna Ledgerwood es consultora del Proyecto "Sustainable Banking with the Poor", Banco Mundial, para Micro Finance International, Toronto, Canadá.

Registrado en el catálogo de publicaciones de la Biblioteca del Congreso de los Estados Unidos

Ledgerwood, Joanna.
   Manual de las microfinanzas/Joanna Ledgerwood..
     p. cm.—(Sustainable banking with the poor)
   Incluye referencias bibliográficas e índice..
   ISBN 0-8213-4677-6
   1. Microfinanzas. 2. Instituciones financieras. I. Título.
II. Serie.
HG178.2.L43 1998   98–21754
332.1—dc21   CIP

Índice

Gráficas

Tablas

Prólogo

El Proyecto Sustainable Banking with the Poor (SBP) dio inicio hace algunos años como una iniciativa conjunta poco común entre un departamento técnico regional, el Departamento Técnico de Asia; y un departamento central, el de Agricultura y Recursos Naturales. En el transcurso de los años y con los cambios institucionales, el proyecto ha mantenido el apoyo de la Región de Asia y del Departamento de Desarrollo Rural de la Vicepresidencia de Desarrollo Sostenible Ambiental y Social, así como de la Red de Finanzas, Sector Privado e Infraestructura.

Como proyecto de investigación aplicada y de divulgación, SBP está dirigido a mejorar la capacidad de donantes, gobiernos y profesionales para diseñar e implementar políticas y programas para desarrollar instituciones financieras sostenibles que efectivamente beneficien a los pobres. Aunque su audiencia principal ha sido el personal del Grupo del Banco Mundial, el proyecto ha contribuido significativamente a la base de conocimientos en los campos de las microfinanzas y de las finanzas rurales en general.

Más de 20 estudios de caso de instituciones de microfinanzas han sido publicados y difundidos a nivel mundial, muchos de ellos en dos idiomas; en el marco de una serie de seminarios en el Banco Mundial se han celebrado más de 30 sesiones sobre la buena práctica y los nuevos desarrollos de las microfinanzas y las finanzas rurales; tres conferencias regionales han divulgado productos de SBP en Asia y África, y a su vez han fomentado y se han beneficiado de las discusiones extensas con profesionales, formuladores de políticas y donantes. SBP también produjo, en conjunto con el Grupo Consultivo para Asistir a los Más Pobres (Consultative Group to Assist the Poorest), la "Guía Práctica de las Microfinanzas", actualmente una fuente permanente de referencia práctica para el personal y los líderes del equipo de trabajo del Grupo del Banco Mundial dedicado a operaciones de microfinanzas o componentes de proyecto que incluyen la prestación de servicios financieros dirigidos a los sectores de bajos recursos.

El presente volumen, *Manual de las microfinanzas: una perspectiva institucional y financiera*, en cierto modo representa una culminación del trabajo de SBP en su lucha por alcanzar su objetivo principal. El manual es una fuente completa para donantes, formuladores de políticas y profesionales, y abarca, en primer lugar, los temas legales, políticas y regulaciones relevantes para el desarrollo de las microfinanzas, y posteriormente aborda de forma rigurosa y exhaustiva los elementos fundamentales para desarrollar instituciones financieras sostenibles y una proyección eficaz hacia los pobres.

El manual se centra en los aspectos institucionales y financieros de las microfinanzas. Aunque se revisa brevemente el análisis de impacto, un análisis más amplio sobre los efectos de las microfinanzas en la lucha contra la pobreza y el alivio de la pobreza se dejará para estudios y publicaciones posteriores.

Tenemos la certeza de que este manual contribuirá de manera significativa al mejoramiento de las políticas y prácticas en el campo de las microfinanzas.

Mieko Nishimizu
Vicepresidente
Región del Sur de Asia

Ian Johnson
Vicepresidente
Desarrollo Ambiental y Socialmente Sostenible

Jean-Michel Severino
Vicepresidente
Región de Asia Oriental y el Pacífico

Masood Ahmed
Vicepresidente en funciones
Finanzas, Sector Privado e Infraestructura

Prefacio

El *Manual de las microfinanzas*, uno de los principales productos del Proyecto "Sustainable Banking with the Poor" del Banco Mundial, presenta conocimientos actualizados y reúne, de forma directa o indirecta, las contribuciones de los expertos más notables en el campo de las microfinanzas. El propósito de esta publicación es servir como una fuente completa de consulta para donantes, formuladores de políticas y profesionales, ya que cubre en profundidad los temas relacionados con el marco regulatorio y de políticas, así como los componentes esenciales del desarrollo de la capacidad institucional: diseño de productos, monitoreo y evaluación del rendimiento, y administración de las instituciones de microfinanzas.

El manual fue desarrollado con contribuciones de otros sectores del Banco Mundial, incluyendo el Grupo Consultivo de Ayuda para los Más Pobres. También se benefició de la experiencia de una amplia gama de profesionales y donantes de organizaciones como ACCION International, Calmeadow, CARE, Women's World Banking, the Small Enterprise Education and Promotion Network, The MicroFinance Network, la Agencia para el Desarrollo Internacional de los Estados Unidos (USAID), Deutsche Gesellschaft für Technische Zusammenarbeit, Caisse Française de Développement y el Banco Interamericano de Desarrollo.

Se expresa un agradecimiento especial a los patrocinadores externos del Proyecto "Sustainable Banking with the Poor" –la Agencia Suiza de Desarrollo y Cooperación, el Ministerio Real de Asuntos Exteriores de Noruega y la Fundación Ford– por su paciencia, ayuda y apoyo.

Quisiera agradecer a todas las personas que contribuyeron en forma sustancial a la creación de este manual. El primer borrador fue elaborado por miembros del personal del Proyecto Sustainable Banking with the Poor y del Grupo Consultivo de Ayuda para los Más Pobres. Mi agradecimiento a Mike Goldberg y Gregory Chen por sus contribuciones iniciales. Thomas Dichter escribió las secciones sobre análisis de impacto y servicios de desarrollo empresarial e hizo comentarios sobre otros capítulos. Tony Sheldon escribió el capítulo sobre sistemas de información administrativa e hizo comentarios respecto al primer borrador. Reinhardt Schmidt contribuyó en forma sustancial al capítulo sobre instituciones.

Deseo expresar mi agradecimiento especial a Cecile Fruman por sus contribuciones, comentarios y apoyo, tanto al principio como durante todo el proceso. También aprecio el apoyo y la flexibilidad de Carlos E. Cuevas, que fue vital para mantener la dinámica del ritmo del proceso en movimiento. Asimismo, deseo agradecer a Julia Paxton y Stephanie Charitonenko-Church por sus contribuciones, así como a todas las personas que revisaron diferentes capítulos e hicieron comentarios, entre ellos, Jacob Yaron, Lynn Bennett, Mohini Malhotra, McDonald Benjamin, Jeffrey Poyo, Jennifer Harold, Bikki Randhawa, Joyita Mukherjee, Jennifer Isern y Joakim Vincze.

También quisiera agradecer a Laura Gómez por su apoyo constante en la diagramación del manual y en el manejo de sus múltiples versiones.

El libro fue editado y diseñado por Communications Development Inc. y compuesto por Grammarians, Inc.

*****

El equipo del Proyecto Sustainable Banking with the Poor es dirigido por Lynn Bennett y Jacob Yaron, jefes del proyecto. Carlos E. Cuevas es el gerente técnico y Cecile Fruman es la subgerente. Laura Gómez es la asistente administrativa.

Introducción

Se calcula que en el mundo hay 500 millones de personas pobres económicamente activas que operan pequeñas y microempresas (Women's World Banking 1995). La mayoría de ellas no tiene acceso a servicios financieros adecuados. Para satisfacer esta demanda sustancial de servicios financieros a microempresarios de bajos ingresos, los profesionales de las microfinanzas y los donantes por igual deben adoptar una perspectiva a largo plazo. El propósito de este manual es reunir en una sola fuente los principios rectores y las herramientas que promoverán las microfinanzas sostenibles y crearán instituciones viables.

La meta de este libro es proveer una fuente amplia para el diseño, la implementación, la evaluación y la administración de actividades microfinancieras.

El manual adopta una perspectiva global, recurriendo a lecciones aprendidas de experiencias de profesionales de las microfinanzas, donantes y otros alrededor de todo el mundo. Ofrece a los lectores información relevante que les ayudará a tomar decisiones informadas y eficaces ajustadas a su ambiente específico y a sus objetivos.

Definición de las microfinanzas

Las microfinanzas han evolucionado como un enfoque de desarrollo económico dirigido a beneficiar a mujeres y hombres de bajos ingresos. La expresión se refiere a la prestación de servicios financieros a clientes de bajos ingresos, incluyendo a los autoempleados. Los servicios financieros, por lo general, incluyen ahorro y crédito; sin embargo, algunas organizaciones de microfinanzas también proveen servicios de seguro y pago. Además de la intermediación financiera, muchas IMFs ofrecen servicios de intermediación social, tales como la formación de grupos, el desarrollo de la confianza en sí mismos y el entrenamiento para desarrollar las capacidades financieras administrativas entre los miembros de un grupo. Por lo tanto, la definición de las microfinanzas frecuentemente incluye tanto la intermediación financiera como la intermediación social. Las microfinanzas no son simples operaciones bancarias, sino son una herramienta de desarrollo.

Las actividades microfinancieras suelen incluir:

- Pequeños préstamos, por lo general para capital de trabajo
- La evaluación informal de prestatarios e inversiones
- Los sustitutos de garantías, tales como garantías colectivas o ahorros obligatorios.
- El acceso a préstamos repetidos y mayores, tomando en cuenta el historial crediticio
- El desembolso racionalizado y el monitoreo de préstamos
- Los servicios de ahorro seguros.

Algunas IMFs prestan servicios de desarrollo empresarial, tales como la capacitación de destrezas y mercadeo; y servicios sociales tales como la alfabetización y los servi-

---

1. La expresión "actividad microfinanciera" se utiliza a lo largo de este texto para describir las operaciones de una institución de microfinanzas, un proyecto de microfinanzas o un componente microfinanciero de un proyecto. Al referirse a una organización que presta servicios microfinancieros, sean regulados o no, se utiliza la expresión "instituciones de microfinanzas" (IMF).

cios de salud; sin embargo, éstos por lo general no están incluidos en la definición de las microfinanzas. (No obstante lo anterior, los servicios de desarrollo empresarial y los servicios sociales se analizan brevemente en el capítulo 3, en vista de que algunas IMFs ofrecen este tipo de servicios.)

Las IMFs pueden ser organizaciones no gubernamentales (ONGs), cooperativas de ahorro y crédito, uniones de crédito, bancos gubernamentales, bancos comerciales o instituciones financieras no bancarias. Los clientes de microfinanzas suelen ser empresarios autoempleados de bajos ingresos tanto en áreas urbanas como rurales. Muchas veces los clientes son comerciantes, vendedores callejeros, pequeños agricultores, proveedores de servicios (peluqueros o conductores de calesas orientales de dos ruedas), artesanos y pequeños productores, tales como herreros y costureras. Por lo general sus actividades constituyen una fuente estable de ingresos (frecuentemente provenientes de más de una sola actividad). Aunque son pobres, no se les suele considerar como "los más pobres entre los pobres".

Los prestamistas informales, las casas de empeño y las asociaciones de crédito y ahorro rotativo son proveedores informales de microfinanciamiento y constituyen fuentes importantes de intermediación financiera, pero no se analizan en detalle en este manual. Más bien, el enfoque está en las IMFs más formales.

Antecedentes

Las microfinanzas surgieron en los años ochenta como respuesta a las dudas y a los resultados de investigaciones sobre la concesión de créditos subsidiados por el Estado para agricultores pobres. En los años setenta, las agencias gubernamentales eran el método predominante para la concesión de créditos productivos a personas que carecían de acceso previo a servicios de crédito – personas que fueron obligadas a pagar tasas de interés excesivas o que fueron objeto de conductas usureras. Los gobiernos y los donantes internacionales asumieron que los pobres necesitaban crédito barato y consideraron esto una manera de promover la producción agrícola entre pequeños terratenientes. Además de proveer créditos subsidiados para la agricultura, los donantes organizaron uniones de crédito inspiradas en el modelo Raiffeisen, desarrollado

en Alemania en 1864. El enfoque central de estas cooperativas financieras radicaba en la movilización de ahorros en áreas rurales, en un intento de "enseñar a los agricultores pobres cómo ahorrar".

Desde mediados de los años ochenta, el modelo de crédito subsidiado y dirigido, apoyado por muchos donantes, fue objeto de crítica constante porque la mayoría de programas acumulaba grandes pérdidas de préstamos y requería frecuentes recapitalizaciones para continuar operando. Se hizo más y más evidente la necesidad de soluciones basadas en el mercado. Esto condujo a un nuevo enfoque que consideró las microfinanzas como parte integral del sistema financiero en general. El énfasis se desplazó del rápido desembolso de préstamos subsidiados para poblaciones objetivo hacia el desarrollo de instituciones locales sostenibles para servir a los pobres.

A su vez, las ONGs locales empezaron a buscar un enfoque a largo plazo diferente de los enfoques no sostenibles de generación de ingresos para el desarrollo comunitario. En Asia, el Dr. Mohammed Yunus, de Bangladesh, tomó la delantera con un esquema piloto de préstamos colectivos para personas sin tierra. Posteriormente, esto se convirtió en el Banco Grameen, el cual actualmente atiende a más de 2,4 millones de clientes (de los cuales un 94 por ciento está conformado por mujeres) y es un modelo para muchos países. En América Latina ACCION International apoyó el desarrollo de préstamos colectivos de solidaridad para vendedores callejeros, y la Fundación Carvajal desarrolló un sistema exitoso de crédito y capacitación para microempresarios individuales.

El sector financiero formal también estaba experimentando cambios. El Banco Rakyat Indonesia, un banco rural estatal, dejó de otorgar crédito subsidiado y adoptó un enfoque institucional que operaba bajo principios de mercado. En particular, El Banco Rakyat Indonesia desarrolló una serie transparente de incentivos para sus prestatarios (pequeños agricultores) y personal, recompensando el pago puntual de los préstamos y confiando en la movilización voluntaria de ahorros como fuente de fondos.

Desde los años ochenta, el campo de las microfinanzas se ha desarrollado de forma sustancial. Los donantes apoyan y promueven activamente las actividades microfinancieras, enfocándose en IMFs comprometidas con el logro de la proyección sustancial y de la sostenibilidad financiera. Actualmente el enfoque se centra en prestar únicamente servicios financieros, mientras en los años setenta y gran parte de los ochenta se caracterizaron por un paquete integrado de crédito y capacitación – que requería subsidios. Más recientemente, las ONGs de microfinanzas (incluyendo a PRODEM/Banco Sol en Bolivia, K-REP en Kenia y ADEMI/BancoADEMI en la República Dominicana) han empezado a transformarse en instituciones financieras formales que reconocen la necesidad de prestar servicios de ahorro a sus clientes y de tener acceso a fuentes de financiamiento disponibles en el mercado, en vez de depender de fondos de donantes. Este reconocimiento de la necesidad de alcanzar la sostenibilidad financiera ha conducido al actual enfoque de "sistemas financieros" para las microfinanzas. Éste se caracteriza por las siguientes creencias:

- El crédito subsidiado socava el desarrollo
- Los pobres pueden pagar tasas de interés suficientemente altas como para cubrir los costos de transacción y las consecuencias de los mercados de información imperfectos en los cuales operan los prestamistas.
- La meta de la sostenibilidad (recuperación de costos y, eventualmente, beneficios) es la clave no sólo para la permanencia institucional en la actividad crediticia, sino también para que la institución de préstamos también sea más especializada y eficiente.
- Debido a que los montos de los préstamos para los pobres son pequeños, las IMFs deben alcanzar una escala suficiente para volverse sostenibles.
- El crecimiento empresarial medible, y su impacto en la pobreza, no puede ser demostrado fácilmente o con precisión; los índices de proyección y de pago de préstamos pueden ser equivalentes del impacto.

Una de las suposiciones principales en el panorama anterior es que muchos pobres desean activamente el crédito productivo y que ellos pueden absorberlo y utilizarlo. Pero, en la medida que el campo de las microfinanzas se ha desarrollado, la investigación ha encontrado cada vez más que en muchas situaciones los pobres desean tener acceso a servicios de ahorro seguros y a préstamos de consumo, en la misma medida que el crédito productivo y, en algunos casos, en vez de crédito productivo. Las IMFs están comenzando a responder a estas exigencias proporcionando servicios voluntarios de ahorro y otros tipos de préstamos.

Dimensiones de la industria de las microfinanzas

Durante 1995 y 1996, el Proyecto Sustainable Banking with the Poor compiló un inventario mundial de IMFs. La lista incluía casi 1.000 instituciones que prestaban servicios microfinancieros, atendían por lo menos a 1.000 clientes y habían operado durante un mínimo de tres años. De este inventario, más de 200 instituciones respondieron un cuestionario de dos páginas que abarcaba las características institucionales básicas.

Según los resultados de la encuesta, en septiembre de 1995 se habían otorgado aproximadamente US$7.000 millones en préstamos pendientes a más de 13 millones de personas y grupos. Además, más de US$19.000 millones habían sido movilizados en 45 millones de cuentas activas de depósito.

La conclusión general del inventario fue:

- Los bancos comerciales y de ahorro eran responsables de la mayor parte del saldo de préstamos pendientes y del saldo de depósitos.
- Las uniones de crédito representaban un 11 por ciento del total de préstamos en la muestra y el 13 por ciento del saldo de préstamos pendientes.
- Las ONGs conformaban más de la mitad de la muestra, pero sólo daban cuenta del 9 por ciento del número total de préstamos pendientes y del 4 por ciento del saldo de préstamos pendientes.
- Las fuentes de fondos para financiar las carteras de préstamos diferían según el tipo de institución. Las ONGs dependían en gran medida del financiamiento de donantes o de fondos concesionales para la mayor parte de los préstamos otorgados. Los bancos, las cajas de ahorro y las uniones de crédito financiaron sus carteras de préstamos con depósitos de clientes y miembros y con préstamos comerciales.
- Las ONGs ofrecían préstamos en montos más reducidos y relativamente mayor número de servicios sociales que los bancos, las cajas de ahorro o las uniones de crédito.
- Las uniones de crédito y los bancos son líderes en la atención a grandes cantidades de clientes con pequeñas cuentas de depósito.

El estudio también estableció que las capacidades contables básicas y los reportes respectivos variaban ampliamente entre las instituciones, en muchos casos revelando una incapacidad de reportar datos verosímiles sobre costos y atrasos. Esta deficiencia, sobre todo entre ONGs, destaca la necesidad de hacer un mayor énfasis en el monitoreo y la elaboración de reportes financieros mediante prácticas estandarizadas (un propósito primordial de este manual). En general, las conclusiones sugieren que las condiciones macroeconómicas favorables, el crecimiento dirigido, la movilización de depósitos y el control de costos en combinación, se encuentran entre los factores de importancia fundamental que contribuyen al éxito y la sostenibilidad de muchas instituciones de microfinanzas.

¿Por qué están creciendo las microfinanzas?

Las microfinanzas están creciendo por varias razones:

1. *La promesa de llegar a los pobres.* Las actividades microfinancieras pueden ayudar a la generación de ingresos para empresas operadas por hogares de bajos ingresos.

2. *La promesa de la sostenibilidad financiera.* Las actividades microfinancieras pueden ayudar a desarrollar instituciones financieramente autosuficientes, libre de subsidios, frecuentemente manejadas a nivel local.

3. *El potencial de desarrollar sistemas tradicionales.* Las actividades microfinancieras en ocasiones imitan los sistemas tradicionales (tales como las asociaciones de crédito y ahorro rotativo). Éstos prestan los mismos servicios de manera similar, pero con mayor flexibilidad, a precios más accesibles para las microempresas y sobre una base más sostenible. Esto puede hacer que los servicios microfinancieros sean muy atractivos para una gran cantidad de clientes de bajos ingresos.

4. *La contribución de las microfinanzas para fortalecer y expandir los sistemas financieros formales existentes.* Las actividades microfinancieras pueden fortalecer las instituciones financieras formales, tales como las cooperativas de ahorro y crédito, las redes de uniones de crédito, los bancos comerciales y aun las instituciones financieras manejadas por el Estado, mediante la expansión de sus mercados de ahorro y crédito – y, potencialmente, de su rentabilidad.

5. *El número creciente de historias de éxito.* Hay un número cada vez mayor de historias de éxito bien documentadas e innovadoras en ambientes tan diversos como el Bangladesh rural, la Bolivia urbana y el Malí rural. Esto contrasta notoriamente con los registros de instituciones financieras especializadas manejadas por el Estado, que han recibido grandes cantidades de financiamiento durante las últimas décadas, pero que han fracasado en términos de sostenibilidad financiera y de proyección hacia los pobres.

6. *La disponibilidad de mejores productos financieros como resultado de la experimentación y la innovación.* Las innovaciones más prometedoras resuelven el problema de la falta de garantías mediante la aplicación de enfoques basados en grupo y en las características de los clientes; resuelven problemas de disciplina de pago a través de la alta frecuencia de recolección de pagos de los préstamos, el uso de presión social y de grupo, y la promesa de préstamos posteriores por montos más elevados; resuelven problemas de costos de transacción al trasladar algunos de éstos al nivel de grupo y al aumentar la proyección; diseñan incentivos del personal para mejorar la proyección y para alcanzar un índice más elevado de pago de los préstamos; y presta servicios de ahorro que puedan satisfacer las necesidades de los pequeños ahorrantes.

¿Cuáles son los riesgos de las microfinanzas?

Las actividades financieras sólidas basadas en las mejores prácticas juegan un rol decisivo al proporcionar a los pobres el acceso a los servicios financieros a través de instituciones sostenibles. Sin embargo, se han registrado mucho más fracasos que éxitos:

- Algunas IMFs están dirigidas a un segmento de la población que no tiene acceso a oportunidades de negocios debido a la falta de mercados, insumos y demanda. El crédito productivo no es de utilidad para estas personas si éste no va acompañado de otros aportes.
- Muchas IMFs nunca alcanzan la escala mínima ni la eficiencia necesaria para cubrir costos.
- Muchas IMFs se enfrentan a la inexistencia de marcos de políticas de apoyo, así como a desafíos físicos, sociales y económicos desalentadores.
- Algunas IMFs no logran manejar sus fondos de manera suficientemente adecuada para satisfacer necesidades

futuras de efectivo y, como resultado, enfrentan problemas de liquidez.

■ Otras no desarrollan los sistemas de manejo financiero ni las destrezas necesarias para una operación exitosa.

■ La repetición de modelos exitosos en ocasiones ha demostrado ser difícil debido a diferencias en contextos sociales y a la falta de adaptación local.

En última instancia, la mayoría de dilemas y problemas de las microfinanzas tienen relación con la claridad de la organización respecto a sus metas principales. ¿Las IMFs proveen microfinanciamiento para aliviar la pesada carga de la pobreza? ¿O lo hacen para promover el crecimiento económico? ¿O buscan ayudar a las mujeres pobres a desarrollar confianza y potenciarlas dentro de sus familias? Y así sucesivamente. En cierto modo, las metas son asunto de elección; y en el desarrollo, una organización puede elegir una o muchas metas – siempre y cuando sus constituyentes, su estructura de gobierno y su financiamiento sigan la misma línea para el logro de dichas metas.

Acerca de este libro

Este manual fue escrito para profesionales de las microfinanzas, donantes y el círculo más amplio de lectores académicos, consultores y otros interesados en el diseño, la implementación, la evaluación y el manejo de las microfinanzas. Ofrece una guía integrada que abarca la mayoría de tópicos con suficiente detalle como para que la mayoría de lectores no necesite consultar otras fuentes.

A primera vista, podría parecer que los profesionales y donantes poseen necesidades y objetivos muy diferentes, por lo que posiblemente no se beneficien en igual medida de un mismo libro.

Los objetivos de muchos donantes que apoyan actividades microfinancieras se proponen reducir la pobreza y potenciar a segmentos específicos de la población (por ejemplo, mujeres o pueblos indígenas). Las preocupaciones principales por lo general se han centrado en fondos que se pueden desembolsar y en la recepción oportuna de los indicadores de rendimiento requeridos (que se espera sean exitosos). Los donantes rara vez se preocupan de entender los detalles de las microfinanzas.

Por el contrario, frecuentemente les alcanza creer que las microfinanzas simplemente funcionan.

Los profesionales deben saber cómo operar realmente una institución de microfinanzas. Sus objetivos consisten en satisfacer las necesidades de sus clientes y continuar operando a largo plazo.

Dado el propósito del presente manual, parece estar dirigido más hacia los profesionales que hacia los donantes. Sin embargo, los donantes están empezando a notar que la capacidad de las IMFs es una limitación más restrictiva que la simple disponibilidad de fondos, lo que hace esencial que donantes y profesionales tengan que operar desde la misma perspectiva si es que quieren llenar eficazmente la necesidad sustancial de servicios financieros. De hecho, si se analiza brevemente la evolución de las microfinanzas, es evidente que tanto donantes como profesionales necesitan entender cómo operan las instituciones microfinancieras.

Al principio, cuando surgieron las microfinanzas como herramienta de desarrollo, donantes y profesionales centraron su interés en el monto acumulado de préstamos desembolsados, sin preocuparse hasta qué punto éstos se ajustaban a las necesidades de los prestatarios, y prestaron poca atención al hecho de si los préstamos eran reembolsados o no. Los donantes eran recompensados por desembolsar los fondos y los profesionales era recompensado por utilizar esos fondos para otorgar esos préstamos a la mayor cantidad de personas posible (preferiblemente mujeres). Nadie era particularmente responsable de la sostenibilidad a largo plazo de la institución microfinanciera o del efecto a largo plazo de estos préstamos sobre los prestatarios o beneficiarios.

Ahora que el campo de las microfinanzas ha madurado, se hace evidente la necesidad de instituciones eficaces, eficientes y sostenibles para prestar servicios financieros que se ajusten a las demandas de los clientes de bajos ingresos. Tanto donantes como profesionales están empezando a ser responsabilizados de los resultados. El enfoque ya no es únicamente la cantidad —el monto desembolsado– sino la calidad de las operaciones. Esta visión se basa en la noción de que los prestatarios comprarán productos microfinancieros si valoran el servicio; es decir, si el producto es correcto para ellos. Actualmente, los prestatarios son tratados como *clientes* en vez de *beneficiarios*. Por lo tanto, si quieren ser eficaces y satisfacer verdaderamente sus objetivos de desarrollo, los donantes deben apoyar las IMFs que "lo están haciendo bien". Para hacerlo, deben entender cómo reconocer y evaluar a un buen proveedor de microfinanciamiento.

Según parece, donantes y profesionales realmente se encuentran del mismo lado – su meta conjunta es poner a disposición servicios apropiados para clientes de bajos ingresos. Por lo tanto, queda en manos de los propios donantes y profesionales definir las mejores prácticas y defender políticas que promoverán el crecimiento, la coherencia y la responsabilidad en el campo. El propósito de este manual es proveer una base de entendimiento común para todos los interesados.

Organización del libro

El libro consta de tres partes. La Parte I, "Aspectos a tomar en consideración al proveer microfinanciamiento", adopta una perspectiva macroeconómica hacia los temas generales de microfinanzas y básicamente no es técnica. La Parte II, "Diseño y monitoreo de productos y servicios financieros", limita su análisis a la provisión de intermediación financiera, adoptando un enfoque más técnico y trasladándose progresivamente hacia temas más específicos en relación con las microfinanzas. La Parte III, "Evaluación del rendimiento y manejo de la viabilidad", es la parte más técnica del manual y se enfoca principalmente en la evaluación de la viabilidad financiera de las IMFs. (Estas relaciones se muestran en la Gráfica 1.)

La Parte I aborda las consideraciones más amplias de las actividades de microfinanzas, incluyendo el suministro y la demanda de servicios financieros, los productos y servicios que una IMF podría ofrecer y las instituciones y los temas institucionales implicados. La Parte I es la parte menos técnica del manual; no requiere conocimientos formales de microfinanzas o de teoría financiera. Su perspectiva es más macro que las Partes II y III, las cuales discuten en mayor detalle el "cómo hacer" y se centran específicamente en la prestación de servicios financieros. La Parte I será de mayor interés para los donantes y las instituciones que consideren proveer microfinanciamiento. Los profesionales también se podrían beneficiar de la Parte I si están considerando redefinir su mercado, cambiar su estructura institucional, ofrecer servicios adicionales o implementar diferentes métodos de prestación de servicios.

Gráfica 1. Relación entre el nivel de análisis y la complejidad técnica de este libro

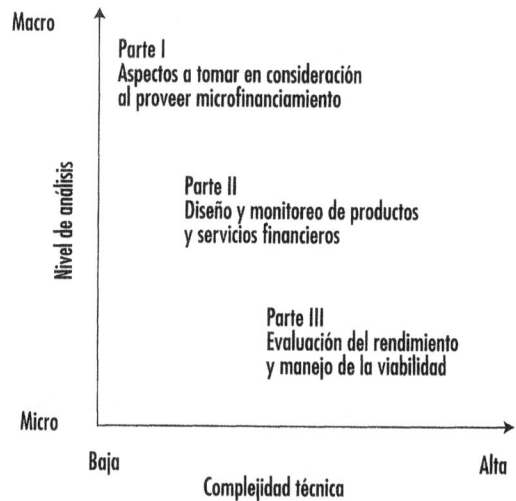

La Parte II, que aborda temas más específicos en el diseño de servicios financieros (tanto la concesión de préstamos como productos de ahorro) y el desarrollo de sistemas de información administrativa, será de gran interés para los profesionales dedicados a desarrollar, modificar o perfeccionar sus sistemas o productos financieros, y los donantes o consultores que están evaluando las organizaciones de microfinanzas y lo apropiado de los productos y servicios que proporcionan. La Parte II incorpora elementos de teoría financiera básica y, correspondientemente, los lectores deberían tener un conocimiento básico de la administración financiera. Los lectores también deberían estar familiarizados con el uso de tablas de cálculo financiero, hojas electrónicas o ambas.

La Parte III provee herramientas de evaluación de la salud financiera de una IMF y un medio para manejar temas de operación. El material se centra principalmente en la intermediación financiera (es decir, servicios de ahorro y crédito, basados en el supuesto que la actividad principal de una IMF es la prestación de servicios financieros). La intermediación social y los servicios de desarrollo empresarial no se abordan de forma directa. Sin embargo, también se ofrece la teoría financiera relevante para el manejo financiero de las

IMFs dedicadas a prestar estos servicios. El material también subraya la importancia de la interrelación entre la buena atención a los clientes y la transición hacia la autosuficiencia institucional y financiera. Estas dos metas dependen una de otra; ninguna es suficiente por sí misma.

La sección más técnica del manual, la Parte III será de interés particular para profesionales y consultores. Los donantes también se beneficiarán de la Parte III si desean entender cómo las IMFs deberían ajustar sus estados financieros y calcular los indicadores de rendimiento. Aunque la información técnica es bastante básica, se requiere de algún conocimiento sobre estados financieros y análisis financiero.

El propósito general de la Parte III es mejorar el nivel de conocimientos financieros y administración financiera de las operaciones de las IMFs. A medida que los donantes llegan a entender la complejidad del microfinanciamiento y que el mismo puede otorgarse de una manera financieramente sostenible, el conocimiento de los aspectos más técnicos de las microfinanzas será cada vez más importante para la toma de decisiones relativas al apoyo de instituciones y programas.

Cada capítulo está diseñado para ser utilizado por sí mismo o en conjunto con otros capítulos, dependiendo de las necesidades específicas del lector. Una lista de fuentes y material de lectura adicional se proporciona al final de cada capítulo.

Muchas de las publicaciones enumeradas al final de cada capítulo pueden conseguirse a través de las siguientes organizaciones, ya sea por correo o a través de sus sitios de Internet:

ACCION Publications Department
733 15th Street NW, Suite 700
Washington D.C. 20005
Teléfono: 1 202 393 5113, Fax 1 202 393 5115
Sitio de internet: www.accion.org
Correo electrónico: publications@accion.org

Calmeadow Resource Center
365 Bay Street, Suite 600
Toronto, Canada M5H 2V1
Teléfono: 1 416 362 9670, Fax: 1 416 362 0769
Sitio de internet: www.calmeadow.com
Correo electrónico: resource@calmeadow.com

CGAP Secretariat
Room G4-115, The World Bank
1818 H Street NW
Washington D.C. 20433
Teléfono: 1 202 473 9594, Fax: 1 202 522 3744
Sitio de internet:
www.worldbank.org/html/cgap/cgap.html
Correo electrónico: CProject@Worldbank.org

Micro Finance Network
733 15th Street NW, Suite 700
Washington D.C. 20005
Teléfono: 1 202 347 2953, Fax 1 202 347 2959
Sitio de internet: www.bellanet.org/partners/mfn
Correo electrónico: mfn@sysnet.net

PACT Publications
777 United Nations Plaza
New York, NY 10017
Teléfono: 1 212 697 6222, Fax: 1 212 692 9748
Sitio de internet: www.pactpub.com
Correo electrónico: books@pactpub.org

Parte I – Aspectos a tomar en consideración al proveer microfinanciamiento

El *Capítulo 1, Conociendo el contexto del país*, ofrece un marco para analizar factores contextuales. Se centra en temas que afectan el suministro de microfinanciamiento, incluyendo el sector financiero, las políticas del sector financiero y la aplicación de la ley, regulación y supervisión del sector financiero, y políticas económicas y sociales.

El *Capítulo 2, El mercado objetivo y análisis de impacto*, examina la demanda de servicios financieros entre las poblaciones de bajos ingresos y presenta maneras de identificar un mercado objetivo basado en las características de los clientes y en los tipos de empresas que operan. También estudia el análisis de impacto y de cómo el impacto deseado afecta la forma en que una IMF selecciona su mercado objetivo.

El *Capítulo 3, Productos y servicios*, considera los diferentes servicios que los empresarios de bajos ingresos podrían demandar, incluyendo la intermediación financiera y social, el desarrollo empresarial y los servicios sociales. Una perspectiva general de enfoques microfinancieros conocidos se presenta en el apéndice.

El *Capítulo 4, La institución*, analiza los diferentes tipos de instituciones que pueden proveer y manejar con eficacia la provisión de actividades microfinancieras. Aborda temas como las estructuras legales, gobierno y capacidad institucional, y también provee información sobre el acceso al financiamiento en los mercados de capital.

Parte II – Diseño y monitoreo de productos y servicios financieros

El *Capítulo 5, Diseño de productos crediticios*, ofrece información sobre la manera de diseñar o modificar productos crediticios para microempresarios, tanto para satisfacer sus necesidades como para garantizar la sostenibilidad financiera de la IMF.

El *Capítulo 6, Diseño de productos de ahorro*, provee información sobre los requisitos legales para prestar servicios de ahorro, tipos de productos de ahorro y consideraciones operativas para prestar servicios de ahorro, incluyendo la fijación de precios. Este capítulo se centra en la provisión de ahorros voluntarios; no aborda los ahorros forzados u obligatorios frecuentemente relacionados con productos crediticios.

El *Capítulo 7, Sistemas de información administrativa (SIA)*, presenta una perspectiva general de sistemas eficaces de este tipo, incluyendo sistemas contables, sistemas de rastreo de préstamos y sistemas de rastreo de impacto en los clientes. También ofrece un breve análisis sobre el proceso de instalación de un SIA y una evaluación resumida de paquetes de software existentes.

Parte III – Medición de rendimiento y manejo de viabilidad

El *Capítulo 8, Ajuste de estados financieros*, presenta los ajustes en los estados financieros que son necesarios para contabilizar pérdidas de préstamos, depreciación, intereses acumulados, inflación y subsidios. Los ajustes se presentan en dos grupos: anotaciones estándar que deberían incluirse en los estados financieros y ajustes que replantean los resultados financieros para reflejar con mayor precisión la situación financiera de una IMF.

El *Capítulo 9, Indicadores de rendimiento*, detalla cómo medir y evaluar el rendimiento financiero de la IMF, con enfoque en el análisis de las proporciones para determinar el grado de éxito en el rendimiento de la institución y qué áreas podrían ser mejoradas. Además, provee varios indicadores de proyección que pueden ser monitoreados.

El *Capítulo 10, Manejo de rendimiento*, presenta formas para mejorar la administración financiera y recursos de las instituciones microfinancieras. Analiza el manejo de la morosidad, la productividad del personal y los incentivos para mejorarla, así como el manejo de riesgos, incluyendo el manejo de activos y pasivos.

Una advertencia necesaria

Recientemente, las microfinanzas se han convertido en la intervención favorita para instituciones de desarrollo debido a su potencial excepcional para reducir la pobreza y para alcanzar la sostenibilidad financiera. Sin embargo, contrario a lo que algunos pueden afirmar, el microfinanciamiento no es una panacea para el alivio de la pobreza. De hecho, una actividad microfinanciera deficientemente diseñada puede empeorar las cosas al perturbar los mercados informales que en forma confiable, aunque a un alto costo, han ofrecido servicios financieros a hogares pobres durante los últimos dos siglos.

Hay muchas situaciones en donde el microfinanciamiento no es la actividad más importante ni la más factible para ser apoyada por un donante u otra agencia. Infraestructura, salud, educación y otros servicios sociales son decisivos para un desarrollo económico balanceado; y cada uno a su manera contribuye a un mejor desarrollo de las actividades microfinancieras en el futuro. Se debe dar especial cuidado a garantizar que la oferta de microfinanciamiento responda verdaderamente a la demanda, en vez de considerarla como un simple medio para satisfacer las agendas de los donantes.

Fuentes y bibliografía adicional

González-Vega, Claudio y Douglas H. Graham. 1995. "State-Owned Agricultural Development Banks: Lessons and Opportunities for Microfinance." Occasional Paper 2245.

Ohio State University, Department of Agricultural Economics, Columbus, Ohio.

Mutua, Kimanthi, Pittayapol Nataradol y María Otero. 1996. "The View from the Field: Perspectives from Managers of Microfinance Institutions." In Lynn Bennett and Carlos Cuevas, eds., Journal of International Development 8 (2): 195–210.

Paxton, Julia. 1996. "A Worldwide Inventory of Microfinance Institutions." Sustainable Banking with the Poor, Banco Mundial, Washington, D.C.

Women's World Banking Global Policy Forum. 1995. "The Missing Links: Financial Systems That Work for the Majority." Women's World Banking (Abril). Nueva York.

Parte I–
Aspectos a tomar en consideración al proveer microfinanciamiento

Capítulo Uno

Conociendo el contexto del país

El ambiente político y económico general de un país afecta la manera de ofrecer microfinanciamiento. Las políticas gubernamentales económicas y sociales, así como el nivel de desarrollo del sector financiero, tienen influencia sobre la prestación de servicios financieros para los pobres por parte de las organizaciones microfinancieras. Entender estos factores y su efecto en las microfinanzas es conocer el contexto del país. Este proceso plantea las siguientes interrogantes:

- ¿Quiénes son los abastecedores de servicios financieros? ¿Qué productos y servicios suministran? ¿Qué rol juegan los gobiernos y los donantes en la prestación de servicios financieros para los pobres?
- ¿Cómo las políticas existentes del sector financiero afectan la prestación de servicios financieros,

incluyendo las políticas de tasas de interés, los mandatos gubernamentales para la asignación de créditos sectoriales y las políticas de aplicación de la ley?

- ¿Qué formas de regulación del sector financiero existen si las IMFs están sujetas a estas regulaciones?
- ¿Qué políticas económicas y sociales afectan la prestación de servicios financieros y la capacidad de los microempresarios para operar?

Como se puede observar en la Gráfica 1.1, los factores contextuales afectan la manera en que los abastecedores de intermediación financiera llegan a sus clientes.

Este capítulo aplica un enfoque macroeconómico para situar las microfinanzas en el contexto general de un país y así hacer evidente la importancia de las políticas y

---

Gráfica 1.1 Conociendo el contexto del país

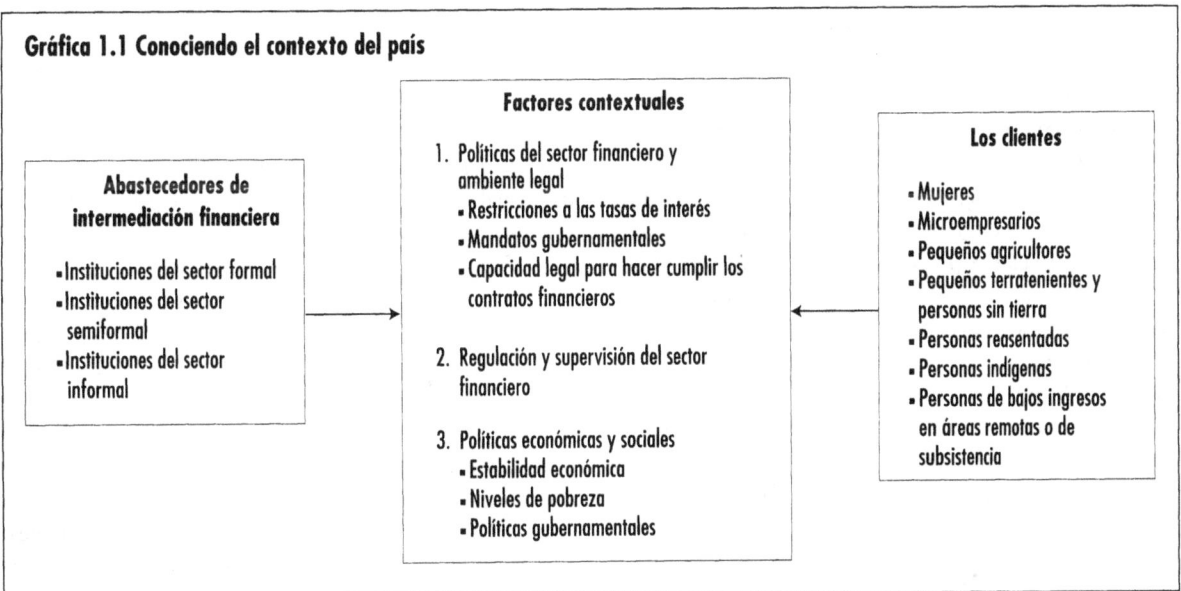

Abastecedores de intermediación financiera

- Instituciones del sector formal
- Instituciones del sector semiformal
- Instituciones del sector informal

Factores contextuales

1. Políticas del sector financiero y ambiente legal
   - Restricciones a las tasas de interés
   - Mandatos gubernamentales
   - Capacidad legal para hacer cumplir los contratos financieros

2. Regulación y supervisión del sector financiero

3. Políticas económicas y sociales
   - Estabilidad económica
   - Niveles de pobreza
   - Políticas gubernamentales

Los clientes

- Mujeres
- Microempresarios
- Pequeños agricultores
- Pequeños terratenientes y personas sin tierra
- Personas reasentadas
- Personas indígenas
- Personas de bajos ingresos en áreas remotas o de subsistencia

regulaciones a nivel macro para promover el desarrollo de proveedores de microfinanciamiento y microempresas. Los profesionales y donantes necesitan examinar el sistema financiero con el propósito de localizar las necesidades y oportunidades para prestar servicios microfinancieros. Analizar el contexto del país revela si los cambios de políticas ó del marco legal son necesarios para permitir el surgimiento de mercados más eficientes.

Proveedores de servicios de intermediación financiera

El primer paso para entender el contexto en donde opera un proveedor de microfinanciamiento es determinar quién conforma el sistema financiero.

"El *sistema financiero* (o el sector financiero o la infraestructura financiera) incluye todas las oportunidades de ahorro y financiamiento y las instituciones financieras que proveen oportunidades de ahorro y financiamiento, así como las normas válidas y los modos de comportamiento relacionados con estas instituciones y sus operaciones. Los *mercados financieros* son los mercados –oferta, demanda y la coordinación de ambas– para los servicios prestados por las instituciones financieras a los sectores no financieros de la economía." (Krahnen y Schmidt 1994, 3)

Para analizar el sistema financiero de un país, es necesario examinar tanto la demanda como la oferta de servicios financieros. Esta sección se enfoca en la *oferta* de servicios financieros; la *demanda* se examinará en el Capítulo 2.

Conocer el sistema financiero de un país permite a los proveedores de microfinanciamiento identificar áreas en donde los servicios o productos para ciertos grupos de clientes son inadecuados o no existentes. También puede identificar los vacíos institucionales y el potencial de asociaciones de cooperación entre diferentes tipos de instituciones para llegar a los pobres en forma reditualbe.

Los intermediarios que proveen servicios financieros oscilan entre las instituciones muy formales y los prestamistas informales. Conocer las dimensiones, el crecimiento, el número, el gobierno y la supervisión de estas instituciones es importante para evaluar cómo funciona el sistema financiero. La intermediación financiera varía según los servicios y productos ofrecidos y en cierto

modo depende del tipo de institución que presta los servicios. No todos los mercados tienen acceso a los mismos servicios y productos. Determinar cuáles servicios financieros se prestan actualmente para los diferentes mercados es importante para identificar clientes no atendidos o subatendidos.

Los sistemas financieros por lo general se pueden dividir en los sectores formal, semiformal e informal. La distinción entre formal e informal se basa principalmente en el hecho de si existe una infraestructura legal que provee protección a los prestamistas y a los depositantes. La Tabla 1.1 describe la amplia gama de proveedores públicos y privados que pueden encontrarse en cada grupo. Las líneas divisorias no son absolutas, y las estructuras regulatorias varían. Por ejemplo, las uniones de crédito podrían pertenecer al sector formal en un país y al sector semiformal en otro.

Los estatutos de las *instituciones financieras formales* son aprobados por el gobierno y éstas están sujetas a las regulaciones y a la supervisión bancaria. Incluyen bancos privados y públicos, aseguradoras y financieras. Cuando estas instituciones atienden a las empresas más pequeñas o a los agricultores (lo que muchas veces es el caso con las instituciones financieras del sector público), existe un potencial para que ellas se desplacen hacia el sector de las microfinanzas.

Dentro del *sector formal*, las instituciones privadas suelen enfocarse en áreas urbanas, mientras muchas instituciones públicas prestan servicios tanto en áreas urbanas como en áreas rurales. Los préstamos de las instituciones del sector privado suelen ser grandes montos individuales y por lo general se asignan a grandes empresas privadas establecidas y a empresas estatales en modernos sectores industriales. Las instituciones del sector privado formal suelen movilizar la mayor cantidad de depósitos del público en general. Las instituciones rurales del sector público frecuentemente proveen préstamos agrícolas como medio para promover el desarrollo del sector rural. Las fuentes de financiamiento incluyen capital distribuido por el gobierno y capital extranjero, con los ahorros y depósitos como fuentes secundarias. El procesamiento de transacciones implica la elaboración de documentación detallada y procedimientos burocráticos que tienen como resultado altos costos de transacción, reforzando la preferencia por préstamos relativamente voluminosos. La Casilla 1.1. describe las operaciones y los problemas de las instituciones financieras rurales en México.

Las *instituciones semiformales* no son reguladas por las autoridades bancarias, sino suelen ser autorizadas y supervisadas por otras agencias gubernamentales. Ejemplo de esto son las uniones de crédito y los bancos cooperativos, que frecuentemente son supervisados por una oficina encargada de las cooperativas. (En ocasiones las ONGs son consideradas parte del sector semiformal, porque muchas veces se trata de entidades legalmente registradas que están sujetas a alguna forma de supervisión o de requisitos de rendición de informes.) Estas instituciones financieras, cuyo tamaño puede variar significativamente, por lo general atienden a los clientes del sector intermedio asociados por una profesión o localización geográfica y hacen énfasis en la movilización de depósitos.

Las instituciones semiformales ofrecen productos y servicios intermedios entre aquellos ofrecidos por las instituciones del sector formal e informal. El diseño de los productos crediticios y de ahorro muchas veces adopta características de ambos sectores. En muchos países las instituciones semiformales reciben ayuda gubernamental o de donantes a través de asistencia técnica o de subsidios para sus operaciones.

Los *intermediarios financieros informales* operan fuera de la estructura de la regulación y supervisión gubernamental. Entre éstos están los prestamistas individuales, las casas de empeño, los grupos de autoayuda y las ONGs, así como los ahorros de miembros de la familia que contribuyen a la microempresa. Muchas veces no

Tabla 1.1 Proveedores de servicios de intermediación financiera

Sector formal	*Sector semiformal*	*Sector informal*
Banco central	Cooperativas de ahorro y crédito	Asociaciones de ahorro

Bancos
  Bancos comerciales
  Bancos mercantiles
  Bancos de ahorro
  Bancos rurales
  Bancos de ahorro en oficinas de
    correos
  Bancos laboristas
  Bancos cooperativos
	Cooperativas de propósitos múltiples
	
	Uniones de crédito
	
	Bancos populares
	
	Cooperativas cuasibancarias
	
	Fondos de ahorro para empleados
		Asociaciones de ahorro y crédito
		  combinadas – asociaciones de crédito
		  y ahorro rotativo y
		  variantes
		
		Empresas financieras informales
		  Banqueros indígenas
		  Financieras
		  Compañías de inversiones

Bancos de desarrollo
  estatales
  privados
	Bancos rurales
	
	Proyectos de desarrollo
		Grupos no registrados de autoayuda
		
		Prestamistas individuales

Otras instituciones no bancarias
  Financieras
  Instituciones de crédito a plazos
 	
Desarrollo de sociedades y uniones
  de crédito
	Grupos de autoayuda y clubes
	  de ahorro registrados
	Organizaciones no gubernamentales (ONGs)
		Comerciales
		No comerciales
		  (amigos, vecinos, parientes)
		
		Comerciantes y dueños de tiendas

Instituciones de ahorro por contrato
  Fondos de pensión
  Aseguradoras
		ONGs

Mercados
  Acciones
  Bonos		

Fuente: Organización de las Naciones Unidas para la Agricultura y la Alimentación 1995, 5.

Casilla 1.1 Proveedores del sector formal en México rural

EN 1994 Y 1995 UN EQUIPO DEL BANCO MUNDIAL CONDUJO un estudio económico y sectorial en México para examinar la eficiencia y la integridad de los mercados financieros rurales. El equipo condujo estudios de caso de 96 prestamistas no bancarios, más una encuesta en los hogares de 800 empresarios rurales y una revisión del marco regulatorio de las uniones de crédito y las sociedades de ahorro y préstamo. Se analizaron todas las formas de servicios de ahorro y préstamo formal e informal.

El estudio proporcionó una fuerte evidencia acerca del rendimiento deficiente de los mercados financieros rurales en México. Estos mercados demostraron ser insignificantes (únicamente un 45 por ciento de los empresarios rurales recibió una transacción de crédito durante 1992-94), segmentados, poco competitivos, ineficientes e injustos (denotando fuertes prejuicios en contra de las personas desfavorecidas). La consecuencia fue una oferta escasa de crédito. Las principales razones para esta situación fueron la infraestructura institucional subdesarrollada (dos terceras partes de los municipios carecen de oficinas bancarias), tecnologías bancarias inadecuadas para pequeños mercados, y derechos de propiedad extendidos. La intervención gubernamental en el pasado, caracterizada por condonar las deudas y por las tasas de interés subsidiadas contribuyeron a la mala imagen de las finanzas rurales. Pocos banqueros del sector privado creyeron realmente que existía una oportunidad de negocios en este campo. Del lado de la demanda, un 75 por ciento de los hogares entrevistados nunca habían solicitado un préstamo del sector financiero formal. Los empresarios rurales consideraron que esto sería demasiado riesgoso, en vista del monto excesivo de garantías requeridas y de las técnicas no institucionales utilizadas para hacer cumplir los contratos. Muchos empresarios admitieron que temían a las instituciones formales y que no estaban dispuestos a pagar altos costos de transacción. Como consecuencia de la ineficiencia de los mercados financieros rurales, los fondos no fluyeron para los mejores usos, obstaculizando el desarrollo rural en México.

El estudio convenció al Gobierno de México para que solicitara que el equipo del Banco Mundial propusiera medidas de ayuda para el desarrollo de los mercados financieros rurales. La primera medida propuesta contemplaba ampliar la red de distribución, introducir tecnologías y productos financieros adecuados y llevar a cabo reformas organizativas, incluyendo la introducción de incentivos y controles internos. La segunda contemplaba mejorar las condiciones ambientales mediante el desarrollo de mejores políticas y regulaciones en una amplia gama de temas, tales como transacciones aseguradas y la regulación de intermediarios (en su mayoría no bancarios) y de mercados relacionados tales como el de los seguros.

Se diseñó una operación piloto para establecer una red de agencias bancarias en localidades de menos de 20.000 habitantes en donde se carecía de intermediario financiero formal. El primer paso consistió en convencer a los bancos comerciales del hecho que existe una oportunidad de negocios en los mercados financieros rurales. El mensaje era que la rentabilidad es posible si se cumplen cinco condiciones. Primero, los bancos deben tener un buen conocimiento de su mercado y ofrecer productos financieros simples, tales como depósitos con vencimientos a corto plazo y saldos mínimos bajos, así como líneas de crédito a corto plazo. Segundo, deben mantener bajos sus costos fijos, con inversiones mínimas y emplear entre dos y cuatro personas. Tercero, deben otorgar préstamos basados en las características y la reputación del cliente. Cuarto, deben desarrollar planes favorables de incentivos, fomentando la participación en las ganancias y las compensaciones por rendimiento. Por último, sus mecanismos de control interno deben ser convincentes, y debe haber una amenaza convincente de despido para el personal no productivo.

Fuente: Chaves y Sanchez 1997.

---

cumplen con los estándares contables comunes y no forman parte de las estadísticas oficiales sobre el alcance y las dimensiones del sector financiero nacional. El hecho de conocer dónde y cómo operan estas fuentes financieras ayuda a determinar qué servicios se encuentran en demanda.

Estas instituciones se concentran en el sector informal – en los préstamos y depósitos para pequeñas empresas y hogares. Muchas veces los préstamos son otorgados sin garantías formales partiendo de la familiaridad con el prestatario. Las sanciones sociales dentro de una familia, un pueblo o una comunidad religiosa sustituyen la aplicación de la ley. Las condiciones de los créditos se suelen adaptar a la situación del cliente. El monto total prestado, así como la cantidad y la frecuencia de pagos se ajusta al flujo de efectivo que espera el prestatario. Los requisitos de documentación para solicitar un préstamo son escasos o nulos (Krahnen y Schmidt 1994, 32).

Dependiendo de factores históricos y del nivel de desarrollo económico del país, *diferentes combinaciones de estos proveedores* están presentes en los sectores financieros de los países en desarrollo. Las investigaciones muestran cada vez más que el sector financiero es complejo y que hay flujos sustanciales de fondos entre subsectores. La identificación de los abastecedores de servicios financieros en una región o un país determinado conduce a un mayor conocimiento del sistema financiero y también revela los vacíos que un proveedor de microfinanciamiento podrá abordar.

Proveedores existentes de microfinanciamiento

Los proveedores de microfinanciamiento se encuentran tanto en el sector público como en el sector privado. Para identificar los vacíos de mercado al ofrecer o considerar el ofrecer servicios financieros a microempresarios, es importante determinar quiénes son los proveedores existentes y con cuánta eficiencia están siendo satisfechas las necesidades del mercado. Los donantes pueden determinar quién es activo en las microfinanzas y quién podría requerir apoyo o financiamiento. En áreas en donde no hay actividad de microfinanzas, los profesionales pueden determinar quiénes son sus competidores y cuáles son sus efectos en el mercado (como el desarrollo de la conciencia, la demanda creciente, la oferta excesiva, el saturamiento o la distorsión del mercado).

EL EFECTO DE LOS PROGRAMAS GUBERNAMENTALES EN LOS PROVEEDORES PRIVADOS. Dependiendo de su enfoque, los programas microfinancieros gubernamentales pueden contribuir o ser perjudiciales para el desarrollo de actividades microfinancieras exitosas. Los gobiernos que operan programas microfinancieros subsidiados e ineficientes a través de servicios sociales y de salud u otros ministerios o departamentos estatales no financieros, (o a través de un sistema bancario estatal) influencian negativamente la prestación de servicios microfinancieros sostenibles (ver Casilla 1.2). Los gobiernos frecuentemente tienen poca o ninguna experiencia en la implementación de los programas de microfinanciamiento y carecen de incentivos para mantener la sostenibilidad a largo plazo. También, los

---

Casilla 1.2 ¿Los clientes de microfinanciamiento necesitan tasas de interés subsidiadas?

LOS CLIENTES DE MICROFINANCIAMIENTO TIENDEN A pedir el mismo monto, aun cuando aumentan las tasas de interés, lo cual es indicador de que, dentro de un rango determinado, no son sensibles a las tasas de interés. De hecho, muchas veces las personas están dispuestas a pagar intereses más altos a cambio de un mejor servicio. El acceso *constante* y *confiable* a los servicios de ahorro y crédito es lo que más se necesita.

Los programas de préstamos subsidiados proveen un volumen limitado de préstamos baratos. Cuando éstos son escasos y la demanda es alta, los préstamos tienden a asignarse predominantemente a una élite local con la influencia suficiente para obtenerlos, dejando de lado a las personas que necesitan préstamos más pequeños (los cuales, por lo general, sólo pueden obtenerse de los prestamistas informales en forma comercial y a tasas de interés mucho más elevadas). Además, en los países en desarrollo de todo el mundo se ha hecho evidente que los programas de crédito rural subsidiado tienen como resultado grandes atrasos, generan pérdidas tanto para las instituciones financieras que administran los programas como para el gobierno o las agencias de donantes, y reducen los ahorros institucionales y, por consiguiente, el desarrollo de instituciones financieras rurales rentables y viables.

Es menos probable que las instituciones microfinancieras que reciben financiamiento subsidiado manejen con eficacia su rendimiento financiero, en vista de que sus incentivos para volverse sostenibles son escasos o nulos. Las tasas de interés subsidiadas crean un exceso de demanda que puede tener como resultado una forma de racionamiento a través de transacciones privadas entre clientes y oficiales de crédito.

Fuente: Robinson 1994.

---

programas gubernamentales de microfinanciamiento muchas veces se perciben como asistencia social, contrario a las iniciativas de desarrollo económico. Algunos programas gubernamentales crecen demasiado, carecen de la base institucional necesaria y no logran coordinar esfuerzos con las ONGs locales o los grupos de autoayuda.

Los gobiernos que condonan a los pobres las deudas que éstos han adquirido en bancos estatales pueden tener un gran efecto sobre las IMF del sector privado, cuyos prestatarios podrían entender erróneamente que tampoco tienen obligación de pagar los préstamos. En general, donantes y profesionales deberían determinar las consecuencias de los subsidios al crédito, existentes o anteriores, y de la condonación de deudas (ver Casilla 1.3).

Se discute ampliamente el involucramiento gubernamental en la concesión de microfinanciamiento. Algunas personas opinan que el rol del gobierno es crear un ambiente favorable para el éxito, tanto de las microem-

---

Casilla 1.3 Las instituciones crediticias como herramienta política: la condonación de deudas en la India

LAS INSTITUCIONES FINANCIERAS RURALES QUE SON asociadas a los gobiernos frecuentemente se convierten en el objetivo de los políticos. La clientela influyente de estas instituciones hace que las mismas sean objetivos políticos particularmente atractivos. El Comité de Revisión de Créditos Agrícolas de la India, designado por el gobierno de este país, informó en 1989:

En años de elección y aun en otros momentos, hay propaganda considerable de las plataformas políticas a fin de posponer la recuperación de préstamos o de presionar a las instituciones crediticias, con el propósito de que éstas concedan extensiones para evitar o demorar el proceso de aplicación de la ley para la recuperación de los préstamos. En el transcurso de nuestras visitas de campo, muchas veces se reportaba que los factores políticos eran responsables de la falta de pago generalizada, bajo el pretexto de la supuesta pérdida de las cosechas en diferentes regiones.

Las personas que incumplen el pago en forma deliberada suelen ser personas importantes a nivel social y político que probablemente son imitadas por los demás; y, en el contexto democrático actual, la burocracia de las agencias crediticias no está dispuesta a tocar a la élite rural cuya influencia formal e informal y cuyo poder son considerables. Los disturbios de los agricultores en muchas partes del país pueden adoptar formas virulentas, y en muchas poblaciones se colocan mantas que anuncian que ningún funcionario bancario debe entrar al pueblo con el propósito de recuperar préstamos. Esto desanima el entusiasmo hasta de los miembros conscientes del personal bancario que trabaja en áreas rurales en iniciativas de recuperación de préstamos. El clima general, por lo tanto, se está volviendo cada vez más hostil en cuanto a la recuperación de préstamos.

Fuente: Yaron, Benjamin y Piprek 1997, 102.

---

presas como de las organizaciones microfinancieras del sector privado y que los gobiernos no deberían prestar fondos directamente a los pobres. Otros sostienen que el gobierno debería proveer servicios financieros a microempresarios pero que lo debería hacer en forma comercial para proveer un acceso constante al microfinanciamiento y para evitar la distorsión de los mercados financieros. Entre las ventajas del involucramiento gubernamental está la capacidad de divulgar ampliamente el programa y de obtener apoyo político, la capacidad de abordar temas más amplios de políticas y regulación, y la capacidad de gestionar un monto considerable de fondos (Stearns y Otero 1990). Un buen ejemplo de una operación gubernamental exitosa es el Banco Rakyat Indonesia, un banco estatal rentable en Indonesia que atiende a clientes de bajos ingresos (Casilla 1.4).

EL EFECTO DE LOS PROVEEDORES PRIVADOS DE MICROFINANCIAMIENTO SOBRE LOS DEMÁS ABASTECEDORES. Las IMFs del sector privado muchas veces son grupos indígenas u ONGs operadas por líderes locales en sus comunidades. Frecuentemente son apoyados por donantes y ONGs internacionales que proveen asistencia técnica o financiamiento, en particular en la fase inicial. Algunas IMFs aún subsidian las tasas de interés o prestan servicios subsidiados; otras crean operaciones autosuficientes y dependen cada vez menos de fondos de donantes externos. Algunos están comenzando a buscar el acceso al financiamiento en bancos comerciales y mercados monetarios internacionales. Además de las ONGs, tanto bancos como intermediarios financieros no bancarios pueden ofrecer servicios financieros al microsector.

Las IMFs del sector privado que han operado y que operan en el país o en la región influencian el éxito de nuevos proveedores al establecer las expectativas de los clientes (o beneficiarios). Por ejemplo, en Bangladesh el Banco Grameen es tan conocido entre los habitantes del pueblo que otros proveedores de microfinanciamiento adoptan rutinariamente el modelo crediticio de Grameen, y cuando el Banco Grameen modifica sus tasas de interés o agrega un nuevo producto, los clientes de otras IMFs exigen lo mismo. Las organizaciones microfinancieras deberían estar conscientes de los servicios ofrecidos por otras IMFs y los efectos que podrían tener en la prestación eficaz de servicios financieros (ver Tabla 1.2).

Casilla 1.4 Las microfinanzas en Indonesia

EL BANCO RAKYAT INDONESIA, UN BANCO ESTATAL, EN 1983 realizó un programa de crédito subsidiado dirigido para agricultores dedicados a cultivar arroz. En 1984, el sistema de unidades desa fue establecido en forma separada, como un centro de generación de ganancias dentro del banco.

El sistema de unidades desa es una red nacional de pequeños bancos rurales. Sus objetivos básicos contemplaban sustituir el crédito agrícola dirigido por crédito de base amplia para cualquier tipo de actividad económica rural, con el propósito de sustituir el crédito subsidiado con índices positivos de préstamos otorgados con fondos externos, con margen suficiente para cubrir todos los costos de intermediación financiera y operativa, y para proveer una amplia gama de servicios financieros (tanto de ahorros como de crédito) para la población rural. Todos estos objetivos se alcanzaron en pocos años. El éxito extraordinario del sistema en la movilización de ahorros es su logro sobresaliente.

Aunque el sistema de unidades desa forma parte integral del Banco Rakyat Indonesia, opera como un centro de ge-neración de ganancias separado, y su gerencia tiene discrecionalidad para determinar sus tasas de interés y otras políticas de operación. En los años ochenta, el gobierno de Indonesia implementó reformas al sector financiero que desregularon ciertas tasas de interés y abolieron los límites máximos para las mismas. En la lucha del sistema de unidades desa por volverse financieramente autosostenible, las fuerzas del mercado impulsaron sus decisiones y se volvió cada vez más sujeto a la competencia por parte de otras instituciones financieras.

La gerencia tiene un alto grado de autonomía y la responsabilidad total del rendimiento del sistema de unidades *desa*. Esta responsabilidad es trasladada a los niveles inferiores; en lo referente a los préstamos, cada unidad es responsable de sus propias decisiones y ganancias. Los incentivos monetarios para el personal y las perspectivas de promoción refuerzan la responsabilidad individual. Actualmente se están estudiando las reformas para aumentar aún más la autonomía del sistema de unidades *desa*.

Fuente: Yaron, Benjamin y Piprek 1997.

Tabla 1.2 Las instituciones privadas en el desarrollo de la microempresa

Venatajas	*Desventaja*
Metodología sólida basada en la experiencia	Capacidad institucional limitada para ampliar los programas
Personal dedicado y capacitado	Bajo nivel de conocimientos técnicos, en especial relacionados con sistemas financieros y de información
Capacidad para llegar a asociaciones a nivel de las bases	Frecuente falta de recursos suficientes para ampliar los programas
Poca o ninguna corrupción	Forma de actuación aislada
Enfoque receptivo y no burocrático	Poca interacción o conocimiento sobre la actividad gubernamental en el sector informal
Motivación para ampliar los programas y alcanzar la autosuficiencia	Visión limitada que mantiene pequeños los programas
Capacidad de asociación con otras personas para hacer un esfuerzo coordinado	

Fuente: Stearns y Otero 1990.

¿Qué rol juegan los donantes en las microfinanzas?

El interés de los donantes en las microfinanzas ha aumentado de forma sustancial a lo largo de los últimos años. Prácticamente todos los donantes, incluyendo a los donantes gubernamentales locales, bilaterales y multilaterales y a las ONGs locales e internacionales, apoyan las actividades microfinancieras de algún modo, prestando alguno o varios de los siguientes servicios:

- Donaciones para el desarrollo de capacidades institucionales
- Donaciones para cubrir deficiencias de operación
- Donaciones para capital crediticio o para patrimonio
- Préstamos concesionales para financiar el otorgamiento de préstamos
- Líneas de crédito
- Garantías para fondos comerciales
- Asistencia técnica.

Debido a que los donantes proveen el financiamiento principal para las actividades microfinancieras (en vista de que la mayoría de IMFs no aceptan ahorros y aún no son viables financieramente, lo suficiente para tener acceso al financiamiento comercial), el enfoque que adoptan para las microfinanzas y los requisitos que establecen para que las IMFs puedan obtener acceso al financiamiento pueden afectar enormemente el desarrollo del campo de las microfinanzas. La mayoría de donantes se han alejado de los préstamos subsidiados y están más enfocados en el desarrollo de capacidades y en la concesión de capital crediticio. Sin embargo, hay una variedad de proveedores de microfinanciamiento y una variedad de enfoques adoptados por los donantes. De hecho, la mayoría de IMFs trabaja con más de un donante, muchas veces desarrollando productos separados para satisfacer los requisitos de cada donante.

Aunque es cierto que los donantes deberían evitar el duplicar y (en especial) contradecir las iniciativas de unos y otros, es difícil garantizar que los donantes coordinen sus esfuerzos y creen estrategias perfectamente coherentes basadas en la segmentación del mercado y en las ventajas comparativas. En particular debido a que las microfinanzas son percibidas por algunos como una panacea para el alivio de la pobreza, es posible que los donantes deseen asumir los mismos tipos de actividades, en especial la concesión de préstamos a los más pobres entre los pobres. Mientras tanto, en las áreas donde podrían existir ventajas reales para los donantes, tales como el desarrollo de capacidades y el diálogo de políticas, hay una enorme necesidad de recursos. De hecho, un peligro del interés generalizado de los donantes en las microfinanzas es la oferta excesiva de fondos para otorgar préstamos, frente a la limitada capacidad institucional para hacerse cargo de estos fondos.

Algunos donantes, tales como las organizaciones multilaterales, podrían encontrar su ventaja comparativa en *influenciar la reforma de políticas* y en apoyar las iniciativas de ministerios de finanzas para fortalecer entidades de supervisión y para crear políticas que conduzcan a una macroeconomía y un sector financiero estables (ver Casilla 1.5). Los donantes también pueden jugar un papel decisivo en dirigir a los gobiernos hacia diferentes iniciativas de alivio de la pobreza que fomenten el desarrollo de microempresas, tales como el desarrollo de infraestructura y los programas de transferencia de tierra.

Es útil para profesionales y donantes conocer lo que hacen otros donantes. Los profesionales necesitan saber qué donantes apoyan un enfoque que concuerde con lo propio, de manera que el acceso al financiamiento no signifique modificar la filosofía de su organización. Los donantes necesitan evitar el duplicar o contrarrestar las actividades de unos y otros. Los donantes deben coordinar sus esfuerzos para crear una estrategia coherente hacia las microfinanzas en base a la segmentación del mercado y las ventajas relativas de cada uno. Una falta de coordinación puede minar rápidamente las iniciativas de buenos proveedores de microfinanciamiento, según lo evidencia la serie de casos en donde los donantes (y los gobiernos) han distorsionado totalmente el mercado microfinanciero, al subsidiar las tasas de interés y, por consiguiente, dificultar la competencia para otros proveedores de microfinanciamiento.

Los donantes también pueden constituir una excelente fuente de aprendizaje para los proveedores de microfinanciamiento. Muchos donantes han trabajado con instituciones específicas, en regiones particulares, y con enfoques determinados. Intercambiar estas experiencias con profesionales y otros donantes es sumamente valioso. En muchos países, donantes y profesionales han establecido redes informales para intercambiar experiencias, influenciar políticas y definir estándares industriales. La Casilla 1.6 describe una importante iniciativa en este sentido.

Políticas del sector financiero y aplicación de la ley

Tras determinar quién está activo en las microfinanzas y cómo es el sistema financiero, es necesario examinar las políticas del sector financiero y el ambiente legal para las microfinanzas. Las consideraciones relacionadas con las políticas del sector financiero incluyen:

- Políticas sobre tasas de interés
- Mandatos gubernamentales para la asignación de créditos
- Posibilidad legal de hacer cumplir las obligaciones contractuales y confiscar activos entregados en garantía

Políticas sobre tasas de interés

En vista de la estructura de costos de las microfinanzas, las restricciones de las tasas de interés suelen socavar la

---

Casilla 1.5 Estrategias de microfinanzas para bancos de desarrollo multilateral

DESARROLLAR SISTEMAS FINANCIEROS NACIONALES PARA atender a los segmentos más pobres de una sociedad requiere de tres componentes esenciales: una infraestructura de servicios financieros comunitarios a nivel nacional; conexiones entre la infraestructura de base de la economía informal y la infraestructura de los mercados financieros; y un ambiente regulatorio favorable que permita el florecimiento de las instituciones microfinancieras y los microempresarios. Por lo tanto, la estrategia de los bancos de desarrollo multilateral debería integrar tres elementos: desarrollo de capacidades, vinculación con el mercado financiero formal y reforma de políticas. La estrategia debe ser implementada en todos los niveles del respectivo país: a nivel de la comunidad, de los intermediarios financieros y de las entidades regulatorias gubernamentales.

Los bancos de desarrollo multilateral deberían desarrollar su capacidad interna para implementar la estrategia al instituir procesos eficaces de aprobación de proyectos, coordinar con otros donantes, capacitar a su respectivo personal en el diseño de programas microfinancieros y proporcionar el apoyo técnico y los instrumentos de financiamiento necesarios para implementar programas microfinancieros exitosos. Los bancos de desarrollo multilateral deberían ser prudentes y no inundar el sector con recursos financieros hasta que exista la capacidad institucional apropiada para absorber los mismos.

Los donantes internacionales, incluyendo los bancos de desarrollo multilateral deberían centrarse en las siguientes intervenciones:

- *Expansión de la capacidad institucional.* La demanda de microfinanciamiento está comenzando a generar un torrente de financiamiento de donantes para el sector. Las IMFs necesitan fondos de subsidio para desarrollar su capacidad antes de manejar grandes volúmenes de financiamiento. Necesitan asistencia técnica en su transición desde sus etapas como proyectos iniciales hasta convertirse en instituciones financieramente sostenibles. Algunas necesitan asistencia adicional en su transición para tornarse en un intermediario financiero formal.
- *Salvaguardia de los fondos.* Las IMFs existentes están ampliando sus límites para expandir sus servicios. Las IMFs necesitan incentivos de donantes para mantener estándares elevados de prudencia financiera mientras expanden sus servicios.
- *Mantener el enfoque en los pobres.* Las IMFs también están tratando de ceder a las presiones de los donantes por el logro de una sostenibilidad financiera rápida. Esto ha ocasionado que algunos abandonen a los más pobres entre los pobres. Los donantes necesitan proveer incentivos a las IMFs para protegerlas contra la presión ascendente sobre su cartera y para que mantengan su enfoque en los pobres –incluyendo a los extremadamente pobres– mientras luchan por alcanzar altos niveles de sostenibilidad financiera.
- *Promover estándares de rendimiento a nivel sectorial.* En vista de la gran cantidad de nuevas instituciones en el sector, las IMFs y los donantes deberían colaborar para promover estándares de rendimiento coherentes.
- *Desarrollo de un cuadro de técnicos en microfinanzas y de centros de capacitación.* Quizás el obstáculo más crítico a la expansión del sector microfinanciero en la actualidad lo constituye la falta de técnicos informados sobre microfinanzas para ayudar a las instituciones a desarrollar sus sistemas administrativos. Los donantes podrían ayudar a aliviar la escasez apoyando los centros de capacitación y asistencia técnica.
- *Promoción de vínculos sostenidos con el capital comercial.* Los bancos de desarrollo multilateral necesitan proveer paquetes de financiamiento que alienten a las IMFs a trasladarse rápidamente a fuentes comerciales de financiamiento, para evitar su dependencia de fondos de donación.
- *Facilitar un ambiente regulatorio propicio.* Las IMFs y sus clientes enfrentan una serie restrictiva de limitaciones regulatorias, las cuales pueden ser abordadas por los bancos de desarrollo multilateral en su trabajo de reforma de políticas. Las IMFs están menos inclinadas a dedicarse a trabajo de promoción de políticas porque carecen de recursos y experiencia. Los donantes deben animar a los gobiernos a incluir en el diálogo político a estas agencias implementadoras.

Fuente: Yanovich y Macray 1996.

---

capacidad de las instituciones para operar de forma eficiente y competitiva (Rock y Otero 1997, 23). Por lo general, las restricciones no logran su propósito de política pública de proteger a los sectores más vulnerables de la población. En cambio, éstas obligan a los prestamistas informales a operar clandestinamente, y así es como los prestatarios pobres no consiguen beneficiarse de los servicios financieros de bajo costo. Mientras

Casilla 1.6 El Grupo Consultivo para Asistir a los más Pobres

EL GRUPO CONSULTIVO PARA ASISTIR A LOS MAS POBRES (The Consultative Group to Assist the Poorest – CGAP) es producto de un acuerdo alcanzado por las agencias de donantes en la Conferencia sobre el Hambre de 1993. CGAP fue fundado en junio de 1995 por 9 agencias de donantes; desde entonces, el número de sus miembros ha aumentado a 26. Sus objetivos consisten en fortalecer la coordinación de donantes en las microfinanzas, difundir las mejores prácticas microfinancieras para formuladores de políticas y profesionales, establecer la actividad del Banco Mundial en esta área, crear un ambiente propicio para las IMFs, apoyar a las IMFs que prestan servicios crediticios o de ahorro para los extremadamente pobres sobre una base financieramente sostenible, y ayudar a proveedores establecidos de microfinanciamiento para asistir a otros que se inicien en este tipo de servicios. La meta de CGAP es expandir el nivel de recursos que llegan a los más pobres de los pobres económicamente activos.

La secretaría del grupo administra un fondo central, con la ayuda de una contribución del Banco Mundial de US$30 millones, de donde desembolsa donaciones para instituciones microfinancieras que cumplen los criterios de elegibilidad. Un grupo consultivo integrado por donantes asociados que aportan una contribución mínima de US$2 millones constituye un fondo común con el Banco Mundial y establece criterios de políticas, procedimientos de operación y directrices para la secretaría. Este grupo también revisa el desempeño de la secretaría. Un grupo asesor de políticas integrado por profesionales de las principales IMFs del mundo asesora al grupo consultivo y a la secretaría en relación a las estrategias para proveer apoyo a los pobres.

Fuente: CGAP 1996a.

hay motivos para cuestionar la conveniencia de cualquier tipo de límites a las tasas de interés, las instituciones financieras que pueden demostrar que ofrecen servicios para los pobres a un costo razonable deberían obtener exenciones en aquellos países en donde están vigentes las leyes de usura.

Las IMFs necesitan poner precio a sus productos crediticios para permitir la plena recuperación de sus costos. Las IMFs que operan en países que imponen leyes de usura frecuentemente deben establecer mecanismos de fijación de precios que exceden las leyes de usura, en par-

ticular si pretenden convertirse en entidades formales registradas (ver Casilla 1.7).

Mandatos gubernamentales para la asignación de créditos sectoriales

En muchos países, los gobiernos ordenan que las instituciones del sector financiero formal provean cierto porcentaje de su cartera o un volumen determinado de sus activos para los sectores informales o más pobres de la sociedad o para ciertos sectores económicos. Se crean ventanillas especiales en bancos comerciales o se proveen líneas de crédito de redescuentos. En su mayoría, las asignaciones sectoriales no funcionan debidamente porque los bancos comerciales carecen de incentivos para participar. Muchos prefieren pagar una multa en vez de cumplir con sus obligaciones.

Aunque algunas IMFs se podrían beneficiar de las asignaciones de créditos gubernamentales a través del acceso al financiamiento proveniente de los bancos comerciales, los mandatos sectoriales casi siempre distorsionan el mercado. Las IMFs que participan con los bancos para obtener acceso a estos fondos asignados deben estar conscientes de las condiciones impuestas que pueden afectar su sostenibilidad operativa – por ejemplo, las tasas de interés inferiores a las del mercado.

Las IMFs que operan en países en donde el gobierno ha ordenado asignaciones de créditos sectoriales deben tener conciencia de estos mandatos, como posibles fuentes de financiamiento y como potencial oferta en exceso (muchas veces a tasas descontadas) en el mercado. En vez de ordenar asignaciones de créditos, los gobiernos deberían ser alentados a enfocar sus políticas en incrementar su proyección hacia los pobres mediante la creación de ambientes regulatorios y el desarrollo de capacidades institucionales.

Capacidad legal para hacer cumplir los contratos financieros

En algunos países en desarrollo el marco legal es poco definido o no permite la coerción eficaz de los contratos financieros. Aunque la mayoría de proveedores de microfinanciamiento no requiere garantías equivalentes al valor de los préstamos desembolsados y, por lo tanto, no está preocupada de su capacidad de recuperar legalmente la posesión de los activos de un cliente, hay muchos casos

---

Casilla 1.7 Leyes de usura en África Occidental

TODAS LAS INSTITUCIONES FINANCIERAS QUE OPERAN EN los ocho países que conforman la Unión Económica y Monetaria de África Occidental están sujetas a una ley de usura que estipula que la tasa de interés máxima que se cobra a un prestamista no debería exceder el doble de la tasa de descuento del banco central de la mencionada organización. En 1996 la tasa de usura fluctuó alrededor del 13 por ciento.

Las instituciones microfinancieras, las ONGs y los donantes estuvieron activos trabajando para persuadir al banco central para que concediera una exención que permitiera a las instituciones microfinancieras cobrar tasas de interés suficientemente elevadas como para alcanzar la sostenibilidad financiera. Sus iniciativas de cabildeo tuvieron éxito y, actualmente, el banco central se encuentra en proceso de modificar la ley de usura. Se han propuesto dos tasas de usura que ya no seguirán siendo relacionadas con la tasa de descuento: una para bancos comerciales (18 por ciento) y otra para instituciones microfinancieras (27 por ciento). La flexibilidad del banco central demuestra una comprensión del rol importante que juegan las instituciones de microfinanzas en África Occidental.

Fuente: Contribuido por Cecile Fruman, Proyecto "Sustainable Banking with the Poor", Banco Mundial.

---

en donde las leyes relacionadas con las transacciones financieras influencian la conducta de los prestatarios. Los derechos de propiedad bien definidos, y una buena ley de contratos, ayudan a minimizar los costos de realizar transacciones de intercambio y de producción. Minimizar los costos de transacciones libera los recursos que pueden ser utilizados para aumentar el bienestar general (USAID 1995).

Algunos sistemas legales permiten a los prestamistas cobrar formalmente a los prestatarios cuando incumplen con el pago de un préstamo, lo cual puede conducir a prisión o multas. Por lo general la amenaza de cárcel o una visita de la policía puede funcionar como una eficaz fuerza disuasoria para aquellos prestatarios que están considerando incumplir con el pago de un préstamo. Es útil para los proveedores de microfinanciamiento determinar las diferentes sanciones legales disponibles cuando los clientes no se adhieren a sus acuerdos y establecer la capacidad y efica-

cia de las cortes para hacer cumplir los contratos financieros.

Alexandria Business Association es un buen ejemplo de la utilidad de un ambiente legal eficaz para ofrecer microfinanciamiento (Casilla 1.8).

Regulación y supervisión del sector financiero

Actualmente, uno de los temas más importantes en las microfinanzas es la regulación y supervisión de las IMFs. Como se mencionaba anteriormente, la mayoría de organizaciones informales y semiformales que prestan servicios financieros a microempresas no se ajustan a las regulaciones gubernamentales que se aplican a bancos y otras instituciones financieras formales. Muchas IMFs no bancarias, en especial ONGs, operan al límite de las regulaciones existentes, en especial en lo que se refiere a la movilización de depósitos. En algunos casos lo hacen con el conocimiento de las autoridades, quienes no interfieren, ya sea por razones políticas o simplemente por falta de tiempo y recursos. En otros casos estas IMFs simplemente evitan abordar los temas y siguen adelante con la movilización de depósitos bajo otro nombre. Todas las partes involucradas en las microfinanzas en un país específico deben entender la dinámica de estas operaciones ambiguas a nivel legal. Un peligro importante es que en la medida que más IMFs bancarias y no bancarias empiezan a operar, las autoridades que se han inclinado a interpretaciones liberales de las regulaciones serán obligadas a invocar una legislación más estricta, por lo tanto inclinando desfavorablemente la balanza desde el punto de vista de aquellos que se dedican a las microfinanzas.

El siguiente análisis se centra en temas que deben ser considerados con la regulación y supervisión de las IMFs. La información es sumamente útil para los gobiernos que consideran regular el sector microfinanciero. También es útil para que profesionales y donantes comprendan los alcances de la conversión de una IMF en una entidad regulada, y para que sepan cómo ésta será afectada. Además, si donantes y profesionales están conscientes de los temas que implica, pueden influir potencialmente en las decisiones gubernamentales relacionadas con la regulación del sector y pueden proponer medidas autorregulatorias.

La *regulación financiera* se refiere al conjunto de principios, reglas, estándares y procedimientos de cumpli-

Casilla 1.8 Alexandria Business Association: Sanciones legales

ALEXANDRIA BUSINESS ASSOCIATION DE EGIPTO INICIO operaciones en 1983 ofreciendo préstamos a propietarios de empresas individuales por montos que oscilaban entre US$300 y US$15.000. Cuando obtiene un préstamo, el prestatario emite cheques postfechados para cada pago. Estos cheques son pagarés protestables redactados cuidadosamente en lenguaje reconocido por el sistema legal. Además de un cheque firmado para cada pago, se firma un cheque por el monto total del préstamo. Si un cliente incumple, Alexandria Business Association puede llevarlo a juicio y exigir el monto total antes de la fecha de vencimiento del préstamo.

En Egipto es ilegal girar cheques sin fondos; el castigo puede ser cárcel por un período que oscila entre tres meses y tres años. Si un cliente no ha pagado la cuota para finales del mes vencido, los abogados de la asociación registran el caso en la corte. Una carta de la corte que enumera las sanciones para la falta de pago según la ley se entrega al prestatario. Si el pago no se recibe dentro de poco tiempo, el abogado tomará uno de dos caminos: enviar un memo a la policía y guiar ésta hacia el prestatario, o –si el abogado considera que el prestatario puede burlar a la policía–, recurrir directamente a los tribunales para que el prestatario sea tomado en custodia dentro de un plazo de dos semanas. El abogado asiste a las reuniones en la corte, y el proceso se convierte en una negociación entre el prestatario y el juez.

Para clientes de la asociación, la persecución legal conduce a prisión. Un director legal de Alexandria Business Association dice que unas 30 personas han sido encarceladas desde que la organización inició operaciones.

Fuente: Dichter 1997.

Para crear un ambiente propicio para la intermediación financiera, los gobiernos y los formuladores de políticas deben garantizar que la regulación financiera no tenga como resultado la represión financiera debido a regulaciones que distorsionan los mercados financieros y reducen la eficiencia de las instituciones financieras. Algunos ejemplos de la represión financiera incluyen los límites máximos impuestos en las tasas de interés, el crédito subsidiado y estructuras impositivas que desmotivan la inversión en las microfinanzas. Los gobiernos también deben garantizar que los entes de supervisión posean la autoridad y la capacidad de implementar los estándares regulatorios (Chaves y González-Vega 1994).

A pesar de algunas historias de éxito, las IMFs probablemente lleguen a menos del 5 por ciento de los clientes potenciales en el mundo actual. Atender este mercado requerirá acceso al financiamiento mucho más allá de lo que los donantes y gobiernos pueden proveer. Por lo tanto, muchas IMFs desean expandir su proyección obteniendo fondos de fuentes comerciales, incluyendo depósitos.

La mayoría de IMFs difieren significativamente de los bancos comerciales en lo que respecta a la estructura institucional. Además, hay una gran diferencia entre manejar una cartera de micropréstamos y manejar una cartera bancaria convencional. Las IMFs y las carteras de micropréstamos no pueden financiarse con fuentes comerciales sin incurrir en peligro, especialmente cuando se trata de depósitos públicos, a menos que se desarrollen regímenes apropiados de regulación y supervisión.

Hasta las IMFs que no movilizan depósitos pueden beneficiarse de reglas de ingreso que garantizan la adopción de buenas prácticas aceptadas, el manejo de archivos adecuados y la elaboración de informes.

miento aplicables a las instituciones financieras. La supervisión financiera incluye el examen y monitoreo de las organizaciones para establecer su cumplimiento de la regulación financiera.

La regulación y supervisión prudencial (Chaves y González-Vega 1995) se han diseñado con el siguiente propósito:

- Evitar una crisis bancaria y mantener la integridad del sistema de pagos
- Proteger a los depositantes
- Promover la competencia y la eficiencia del sector financiero.

¿Cuándo deberían estar sujetas a regulación las IMFs?

Las IMFs deberían estar reguladas si movilizan depósitos del público. No se puede esperar que los depositantes individuales monitoreen la salud financiera de una IMF y necesariamente dependen del Estado para hacerlo. Las IMFs también deberían estar reguladas cuando es evidente la necesidad de estándares de buena práctica, ya sea porque no existen organizaciones o instituciones profesionales o porque los profesionales existentes no operan eficazmente. Lo último suele ocurrir cuando los donantes impulsan "programas" y se enfocan en el crédito, en vez de proponerse satisfacer la demanda existente de servicios financieros.

Las IMFs también deberían ser reguladas cuando alcanzan las dimensiones en donde su bancarrota podría tener consecuencias que trascienden a sus propietarios y acreedores. Finansol en Colombia es un buen ejemplo de la importancia de regular intermediarios financieros en crecimiento (Casilla 1.9).

El caso de Finansol destaca lecciones importantes en relación con la regulación de IMFs creadas a partir de ONGs.

"Una ONG (organización no gubernamental) no está atada en forma inherente a los mismos están-

---

Casilla 1.9 Regulación de las IMFs: El caso de Finansol

FINANSOL SURGIO A PARTIR DE CORPOSOL, UNA ORGANIzación no gubernamental (ONG) dedicada a prestar servicios a microempresarios en el sector informal de Colombia. En 1992, con el propósito de financiar su impresionante crecimiento, Corposol determinó que necesitaba obtener acceso a más capital de lo que sus donantes estaban en condición de proporcionarle mediante donaciones y fondos de garantía. Decidió crear Finansol comprando la licencia de una financiera existente para registrar los préstamos. Sin embargo, la licencia no permitía que Finansol aceptara depósitos generales del público. Los oficiales de crédito permanecieron con Corposol, la cual también se dedicó a otras actividades, incluyendo capacitación.

Finansol heredó una excelente cartera de préstamos, una metodología crediticia probada y una rentabilidad operativa constante. No obstante, varios factores condujeron al deterioro de su posición financiera.

- *Ley de usura:* para cumplir con la ley de usura y cubrir el total de sus costos de operación, Finansol cobraba cargos para capacitación con el desembolso de cada préstamo. Esto tuvo como resultado que Corposol tuviera incentivos para desembolsar préstamos, pero no necesariamente para cobrarlos.
- *Rápida expansión de nuevos productos no probados.* Esto ocurrió sin la capacidad correspondiente para manejar la diversificación.
- *Desviación de los principios bancarios básicos.* Corposol pidió préstamos a corto plazo y otorgó préstamos a largo plazo. También refinanció una gran porción de su cartera improductiva.
- *Respuesta de manejo a las regulaciones bancarias.* Los reguladores colombianos limitaron el crecimiento de activos de las instituciones financieras reguladas a un 2,2 por ciento mensual. Como organización no gubernamental, esto no afectó a Corposol, de manera que retuvo una parte de los préstamos para permitir que la cartera combinada creciera a un ritmo más acelerado.

- *Transparencia.* La falta de separación –a nivel operativo, financiero y cultural– entre el nuevo intermediario financiero y la ONG matriz condujo a una confusión de propósitos, falta de independencia, manejo inadecuado y falta de la información financiera necesaria para evaluar el rendimiento de las operaciones o de la cartera de préstamos.

Alarmados por el ritmo de crecimiento de Finansol y por el deterioro en la calidad de los préstamos, la superintendencia de bancos intensificó su supervisión. En diciembre de 1995 la superintendencia solicitó a Finansol y Corposol la suspensión de todo vínculo operativo. Al tratarse de una institución regulada, se obligó a Finansol a establecer provisiones para su cartera. En 1996, Finansol estableció provisiones por más de US$6 millones, lo que afectó enormemente su rentabilidad. El efecto de las pérdidas redujo el valor neto de Finansol a un nivel que violaba el reglamento de la superintendencia, el cual establecía que una institución financiera no puede perder más del 50 por ciento de su valor neto inicial en un año fiscal determinado. En mayo de 1996 la posición patrimonial de Finansol se derrumbó por debajo de este límite, creando una situación en donde podría haber intervenido la superintendencia.

Las ramificaciones potenciales de la intervención eran considerables. Podría haber enviado una señal al mercado anunciando que la crisis de Finansol estaba aumentando, en vez de alcanzar una resolución. Esto no sólo podría haber causado la quiebra de Finansol debido a la falta de confianza en el mercado, sino también podría haber afectado al mercado financiero colombiano, en vista de que Finansol había emitido documentos por aproximadamente US$30 millones. Por consiguiente, impedir esta crisis era de sumo interés para todas las partes, y se iniciaron esfuerzos intensos para lanzar un plan de recapitalización a fin de evitar la intervención.

En diciembre de 1996, Finansol fue recapitalizada exitosamente, y Corposol, la ONG, fue obligada a cerrar operaciones.

Fuente: Churchill 1997.

dares de rendimiento económico o prudencia financiera que puede esperarse razonablemente en el sector empresarial. Aunque este asunto no es insuperable, la ONG matriz debe asegurarse de establecer estándares apropiados para el sector financiero al tratar con su subsidiaria microfinanciera regulada. A partir de la experiencia de Finansol, es evidente que las ONGs no deberían ser propietarias de IMFs a menos de que sean operadas por separado, y la única conexión financiera sea la propiedad. Esta relación debe ser transparente, y cualquier intercambio financiero debe incluir la fijación apropiada de precios de transferencia. También, las ONGs no deberían controlar plenamente la junta directiva y la gerencia de una IMF. Sería apropiado que los reguladores monitoreen la salud financiera de una ONG cuando ésta sea la propietaria mayoritaria de una entidad financiera regulada y en algunos casos solicitar que se presenten reportes financieros consolidados para que se pueda determinar una evaluación precisa de la salud financiera del intermediario financiero regulado." (Berenbach y Churchill 1997, 47).

Además, la experiencia de Finansol demuestra la manera en que restricciones regulatorias tales como las leyes de usura y los límites al crecimiento de los activos pueden afectar en gran medida el éxito de una IMF. Asimismo, destaca la importancia de que los mismos propietarios cuiden sus intereses, monitoreando su inversión y ayudando en caso de crisis. Y finalmente, demuestra la importancia de la flexibilidad por parte de la superintendencia.

"Cuando se autoriza la regulación, se requiere de directices prudenciales coherentes que fomenten el crecimiento del sector microfinanciero a la vez que protejan los intereses de los pequeños ahorrantes y apoyen la integridad del sector financiero en conjunto". (Berenbach y Churchill 1997, 1).

FACTORES DE RIESGO DE LAS IMFs. Aunque las IMFs y los bancos comerciales son vulnerables a los problemas de liquidez provocados por un desequilibrio de vencimientos, estructura de plazos y monedas, las características del riesgo de las IMFs difieren significativamente de aquellas de los bancos comerciales. Esto se debe principalmente a la base de clientes de las IMFs (bajos ingresos, clientes sin activos que solicitan préstamos pequeños), modelos cre-

diticios (préstamos pequeños no asegurados con plazos cortos basados en garantías de características del cliente o en garantías colectivas), y estructura de propiedad (capitalizada por donantes y no por inversionistas comerciales/propietarios). Para una discusión detallada de los riesgos específicos de las IMFs, ver el apéndice de este capítulo.

Las regulaciones diseñadas para bancos comerciales no suelen ser adecuadas para las IMF debido a su diferente perfil de riesgo. Un enfoque apropiado para la regulación de IMFs debería basarse en el conocimiento de los diferentes riesgos y del marco legal e institucional del país.

MEDIOS DE REGULACION DE LAS IMFs. Los enfoques regulatorios oscilan entre la autorregulación, en donde la industria desarrolla sus propios organismos de supervisión y gobierno (tales como cooperativas de crédito), y la regulación total (ya sea bajo las leyes existentes o a través del establecimiento especializado de leyes específicas para IMFs). Otra alternativa es que las IMFs sean reguladas por las autoridades regulatorias, a la vez que se contrata a un tercero para realizar las funciones de supervisión.

El desafío que enfrentan los reguladores al considerar enfoques regulatorios apropiados para el sector microfinanciero se complica por la gran diversidad de IMFs en cuanto al tipo institucional, la escala de operaciones y el nivel de profesionalismo. Para ser eficaces, el enfoque regulatorio en un país determinado debe ser coherente con el marco del sector financiero en general y debe considerar la variedad de tipos institucionales. La flexibilidad es crucial al regular las IMFs, porque muchas técnicas y prácticas aún son experimentales cuando un país empieza seriamente a prestar servicios microfinancieros (ver Casilla 1.10).

Consideraciones al regular IMFs

Es importante que los reguladores establezcan estándares mínimos para las IMFs y que a su vez sigan siendo flexibles e innovadoras. Como mínimo, al regular y supervisar IMFs, es preciso considerar cinco temas (adaptado de CGAP 1996b):

- Requisitos de capital mínimo
- Adecuación patrimonial
- Requisitos de liquidez
- Calidad de los activos
- Diversificación de la cartera

Casilla 1.10 Aumentando la eficacia de la supervisión

- *Protección contra fraude.* La experiencia demuestra que el origen altruista de la mayoría de IMFs no los libera del riesgo de fraudes serios. La primera línea de defensa contra estos fraudes consiste en procedimientos de auditoría interna realizados por las mismas IMFs. Las superintendencias deberían desarrollar la capacidad de revisar dichos procedimientos, quizás a través de mecanismos como el monitoreo aleatorio de los préstamos a nivel de los clientes.
- *Insolvencia.* Los reguladores deben tener la autoridad y voluntad de proteger el sistema mediante la imposición de sanciones a las instituciones insolventes. Tener varios proveedores autorizados de microfinanciamiento puede reducir la presión derivada de dificultades financieras.
- *Estructuras de superintendencia interna.* Con el desarrollo de la industria de las microfinanzas en países individuales, las superintendencias deberán organizarse para regular la misma. Algunas están creando departamentos especializados de IMFs. Una alternativa menos costosa podría ser la contratación de expertos familiarizados con las operaciones de las IMFs para llevar a cabo las tareas de revisión.

Fuente: CGAP 1996b.

REQUISITOS DE CAPITAL MÍNIMO. Los requisitos de capital mínimo se establecen para todas las organizaciones que ingresan al sector financiero. Esto significa que las organizaciones financieras que se desean formalizar deben disponer de un monto mínimo de capital para respaldar sus actividades (declarado como monto en moneda y no como porcentaje de activos). El "capital" se refiere al monto del patrimonio de una institución (también puede incluir alguna deuda subordinada, si así lo estipulan las normas específicas de la junta regulatoria.) Como las IMFs dependen principalmente de fondos de donantes para hacer contribuciones al capital, es posible que carezcan de capital suficiente para cumplir con estas normas, lo cual puede limitar la formalización de las organizaciones microfinancieras. Aunque habría que alentar a los reguladores a establecer estándares de capital mínimo de acuerdo a sus objetivos de promoción de la competencia y de la conducta de bajo riesgo, es importante para ellos reconocer que los propietarios de las IMFs pueden considerar objetivos sociales más allá de las metas de maximización de ganancias, y que los requisitos de capital mínimo podrían no ser un aliciente tan poderoso para un gobierno sólido como lo sería generalmente en instituciones bancarias comerciales estándar.

ADECUACIÓN PATRIMONIAL. La adecuación patrimonial se refiere al nivel de capital disponible para cubrir riesgos de una organización. Los conceptos convencionales de adecuación patrimonial presuponen el conocimiento de lo que constituye patrimonio y deuda. En IMFs no bancarias es necesario distinguir entre patrimonio y deuda planteando preguntas como: ¿Los fondos donados pertenecen al patrimonio? ¿Los fondos concesionales proporcionados por donantes constituyen deudas y por lo tanto afectan el apalancamiento de la IMF? Estas preguntas deben responderse antes de determinar la adecuación patrimonial de una IMF.

Todas las instituciones financieras deben disponer de un monto mínimo de capital relativo al valor de sus activos. Esto significa que, en caso de ocurrir una pérdida de activos, la organización tendría suficientes fondos propios para cubrir la pérdida (en vez de tomar fondos prestados de los depositantes). Los estándares de adecuación patrimonial se refieren al porcentaje de activos financiados por la deuda. Dicho de otra manera, los estándares de adecuación patrimonial se refieren al nivel máximo de deuda con respecto al patrimonio (grado de *apalancamiento*) que puede tener una institución financiera. (Los activos son financiados por la deuda o por el patrimonio. Los estándares de adecuación patrimonial limitan la proporción de activos que pueden financiarse por deuda). Los estándares internacionales actuales descritos en el Acuerdo de Basilea establecen una proporción máxima de apalancamiento de 12 a 1, o, dicho de otra manera, un capital mínimo del 8 por ciento de activos de riesgo ponderado.

El riesgo de los activos se pondera entre el 0 y el 100 por ciento. Por ejemplo, un préstamo no asegurado para una entidad desconocida es de alto riesgo y por lo tanto es posible que su riesgo fuera ponderado en un 100 por ciento. Un préstamo totalmente asegurado para el gobierno de un país industrial representa un riesgo menor y la tasa de su ponderación de riesgos sería mucho menor. Una vez realizada la ponderación de riesgos de los activos de una institución (incluyendo renglones que no forman parte del balance), se puede determinar el monto total del capital requerido. Obviamente, mientras más bajo es el riesgo, más baja es la ponderación de riesgos, más bajo es el total de activos y, por lo tanto, más bajo es el monto del capital requerido. Como el capital suele ser una fuente más costosa de fondos que la deuda, los bancos desean tener requisitos de capital inferiores y, por consiguiente, tratan de tener activos con riesgos inferiores. El resultado es beneficioso tanto para los bancos como para los reguladores porque los bancos dejan de otorgar préstamos de alto riesgo.

La mayoría de IMFs no están plenamente apalancadas debido a su incapacidad de pedir fondos prestados según su rendimiento y su capacidad de endeudamiento. La mayor parte de los activos típicos de las IMFs se financia con contribuciones de donantes y generalmente son considerados como capital. Así, casi todas las IMFs satisfacen fácilmente los estándares de adecuación patrimonial. Por ejemplo, BancoSol, una de las IMFs más apalancadas para finales de 1995, tuvo una adecuación patrimonial con riesgos ponderados del 17 por ciento, mucho más de los que lo requerido por el Acuerdo de Basilea.

Hay razones poderosas para oponerse a permitir que las IMFs apalanquen su capital patrimonial (pedir préstamos por una mayor proporción de fondos) en forma tan agresiva como los bancos comerciales. Como la mayoría de países son relativamente poco experimentados en las microfinanzas (hay pocos datos empíricos sobre el rendimiento de una IMF), los reguladores podrían iniciar cautelosamente el ajuste de sus proporciones de apalancamiento. Se sugiere que una proporción inicial entre capital y activos para IMFs no sea inferior a un 20 por ciento aproximadamente, sujeto a un ajuste descendente a medida que la institución y la industria adquieren experiencia.

REQUISITOS DE LIQUIDEZ. La liquidez se refiere al monto disponible de efectivo (o casi efectivo) relativo a la demanda de efectivo de la IMF. Las IMFs están expuestas a altos niveles de riesgo de liquidez: hay factores estacionales que influencian a muchos de sus clientes; las IMFs tienden a depender de donantes, cuyo financiamiento puede ser impredecible; y sus pasivos que no provienen de donantes tienden a ser de corto plazo. Si la organización opera en un mercado financiero estable, podría ser capaz de abordar el riesgo de liquidez solicitando préstamos a corto plazo. Sin embargo, dependiendo de la estabilidad del mercado, los reguladores pueden considerar prudente establecer estándares de liquidez re-

lativamente elevados para las IMFs, tomando en consideración los costos agregados que esto implica.

CALIDAD DE LOS ACTIVOS. La calidad de los activos representa el riesgo para ingresos derivados de préstamos otorgados por la organización. En otras palabras, establece el grado de riesgo que a algunos de la cartera de préstamos no se les pague.

La mayoría de IMFs no requieren de una garantía formal y en cambio sus decisiones relacionadas con los préstamos se basan en las características de los clientes, la solidaridad del grupo y su historial de pago. En muchos países, las regulaciones bancarias limitan el porcentaje de la cartera que puede ser extendido como préstamos no asegurados. Los tipos de garantías ofrecidas por microempresarios no se suelen reconocer. En vez de garantías, los reguladores podrían considerar que los mejores indicadores de la calidad de los activos son el rendimiento de la cartera en el pasado y el actual porcentaje de riesgo de la cartera (definido como el saldo de préstamos pendientes que tienen un monto vencido). Los reguladores bancarios deberían aceptar definiciones flexibles para la seguridad de préstamos que mejoren los incentivos de pago. Actualmente ya hay suficiente experiencia documentada para demostrar que dichos incentivos pueden resultar en moras muy bajas y permitir la prestación de servicios financieros a sectores de la economía que no tienen acceso a garantías convencionales.

Habría que hacer cumplir políticas estrictas sobre el establecimiento de provisiones para pérdidas de préstamos, en proporción con las fechas de vencimiento de los préstamos, la ponderación de riesgos que toma en consideración la calidad de la garantía, y los métodos estándar que pueden ser repetidos con facilidad y en forma coherente. Los reguladores deberían alentar a la adopción de procedimientos estándar de clasificación de préstamos para limitar la discreción administrativa. Es conveniente considerar incentivos para el personal que se ocupa de recuperar pagos atrasados.

Regulaciones como las de los bancos comerciales que requieren documentación elaborada para el otorgamiento de préstamos o que exigen determinados procedimientos para la aprobación de los créditos no son apropiadas para las IMFs porque la viabilidad financiera de las mismas depende de la minimización del costo del procesamiento de los micropréstamos. No es práctico someter los préstamos a una revisión de cada caso.

DIVERSIFICACION DE LA CARTERA. La diversificación de la cartera se refiere a la necesidad de que las instituciones financieras no concentren su cartera en un sector geográfico o en un segmento del mercado. A diferencia de otras instituciones financieras, la mayoría de IMFs tiene carteras altamente especializadas que consisten exclusivamente de préstamos de corto plazo para capital de trabajo otorgados a clientes del sector informal. Aunque una IMF podría tener miles de préstamos otorgados a diversas industrias, factores externos pueden afectar el mercado entero. Los reguladores deberían alentar a las IMFs a diversificar sus carteras de préstamos desarrollando directrices que limiten la concentración en sectores.

Enfoques nacionales en la regulación de IMFs

Aunque la mayoría de países aún no cuenta con una propuesta de regulación de IMFs, Bolivia, Perú y la Unión Económica y Monetaria de África Occidental han determinado que hay necesidad de un nuevo tipo de institución legal para IMFs que deseen empezar a movilizar ahorros (la Casilla 1.11 describe la iniciativa de Bolivia). En África del Sur y en las Filipinas, las IMFs locales han formado asociaciones como primer paso hacia la educación de los reguladores y la promoción del diálogo político. En Indonesia y Perú se ha encargado a un tercero el desempeño de las funciones de supervisión, ya sea en lugar de la superintendencia de bancos o junto a la misma (Berenbach y Churchill 1997).

En todos los países que están considerando establecer nuevos tipos de instituciones, uno de los temas principales es la capacidad limitada de las superintendencias de bancos para supervisar un número cada vez mayor de instituciones pequeñas y altamente descentralizadas. Tal es el caso de Ghana (Casilla 1.12).

Ambiente de políticas económicas y sociales

Luego de examinar la oferta de servicios microfinancieros, las políticas del sector financiero, el ambiente legal, así como los temas de regulación y supervisión, el área final a examinar dentro del contexto del país es el ambiente de las políticas económicas y sociales. Las políticas económicas y sociales influyen tanto en la capacidad de una IMF para prestar servicios financieros con eficacia como en los tipos de actividades que

emprenden las microempresas. Por ejemplo, las políticas económicas que afectan la tasa de inflación de un país, el crecimiento de la economía o el grado de apertura a las fuerzas del mercado, influyen en la tasa de interés de los préstamos, así como en la capacidad de los microempresarios para operar sus empresas con éxito y, por lo tanto, para recurrir a los servicios financieros. La inversión del gobierno en el desarrollo de infraestructura, la escala y el alcance de la pobreza en un país y el acceso a los servicios sociales también afecta la manera en que opera una organización microfinanciera. Si las malas condiciones de las carreteras impiden a los microempresarios llegar hasta los mercados, aprovechar los servicios de salud o enviar a sus hijos a la escuela, sus actividades se ven afectadas y también su uso de los servicios financieros.

Estabilidad económica y política

La volatilidad en todos los mercados afecta el riesgo y por lo tanto las decisiones tomadas por propietarios de empresas e instituciones financieras. En general, la estabilidad de los mercados financieros y otros mercados hace que las microempresas y por consiguiente los servicios microfinancieros sean más viables (Yaron, Benjamin y Piprek 1997).

Las IMFs deberían entender cómo las diferentes consideraciones y políticas económicas afectan a los pobres. En la mayoría de países hay numerosos reportes que destacan la situación económica y las diferentes políticas que afectan la economía. Habría que recolectar los informes producidos por el Banco Mundial, los gobiernos y las instituciones de investigación para desarrollar una evaluación general de la situación económica en un país. Dos medidas comúnmente consideradas son la tasa de inflación y la tasa de crecimiento del producto interno bruto (PIB). Estas medidas proveen algún indicador de la estabilidad económica de un país.

INFLACIÓN. Algún grado de inflación suele estar presente en todas las economías y debe ser considerado al diseñar y al fijar los precios de productos de ahorro y crédito. Tanto profesionales como donantes deberían estar conscientes de la tasa de inflación en los países en donde trabajan, ya que la inflación tiene como resultado un costo real para las IMFs (y sus clientes) que debe ser cubierto con los intereses generados por los préstamos.

Casilla 1.11 Fondos financieros privados en Bolivia

RECIENTEMENTE, EL GOBIERNO DE BOLIVIA CREO UN NUEVO tipo de institución, el fondo financiero privado, con el propósito de "canalizar recursos para financiar las actividades de pequeñas y microempresas en el sector productivo y comercial, así como para otorgar préstamos a personas individuales para compras blandas de bienes duraderos. Como manera adicional de facilitar el acceso al crédito a las personas individuales, [los fondos financieros privados] también podrían dedicarse a operaciones crediticias para consumidores a pequeña escala" (tomado de la ley que establece los fondos).

Incorporación. Los fondos financieros privados se organizarán como corporaciones, lo que constituye una forma ideal de intermediación financiera debido a la estabilidad legal de una entidad comercial en la sociedad civil, y debido a que permite incrementos oportunos o reposición del patrimonio a solicitud de la Superintendencia de Bancos y de las instituciones financieras.

Patrimonio mínimo de operación. Para incorporarse y funcionar, el fondo financiero privado requiere de un capital equivalente a por lo menos US$1 millón. Esto es significativamente menos que los US$3,2 millones que se requieren para la incorporación de un banco. Este capital inicial, junto con un marco estricto y prudencial que establece límites de crédito inferiores a los de los bancos, así como la prohibición de otorgar préstamos a los propios accionistas y gerentes del fondo financiero privado, representa una combinación razonable de respaldo patrimonial y distribución de riesgos crediticios.

Los fondos financieros privados deberían mantener un valor neto equivalente a por lo menos un 10 por ciento de sus activos y sus contingencias ponderadas según el riesgo; las instituciones que ya se encuentran en operación tendrán tres años para ajustar sus niveles patrimoniales a este nuevo requisito legal.

Operaciones financieras. Los fondos financieros privados poseen amplios poderes operativos que permiten el leasing financiero, los préstamos tradicionales, los certificados de depósito para garantizar el rendimiento y el factoring. Esta diversidad de instrumentos crediticios permitirá adaptar la oferta de crédito a las necesidades específicas de los pequeños prestatarios, tanto en el sector productivo como en el comercial, incluyendo a las personas asalariadas.

Los fondos financieros privados podrían prestar a sus clientes servicios financieros tales como cheques o efectos bancarios y órdenes de pago, operaciones de divisas y compra y venta de moneda extranjera. Además, pueden aceptar ahorros y depósitos a plazo y obligaciones contractuales con instituciones bancarias de segundo piso bajo observancia de los límites establecidos por estos intermediarios.

Límites. Para evitar riesgos que pongan en peligro su propósito principal y que son incompatibles con la gran cantidad de capital que implican, los fondos financieros privados se limitan a unos cuantos tipos de operaciones bancarias. Éstas incluyen la captación de depósitos a la vista, operaciones de comercio exterior, operaciones de fideicomiso y otros cargos por servicios fiduciarios, inversiones en capital de empresas, participación en la suscripción y colocación de valores, y administración de fondos de inversión mobiliaria.

Un préstamo único no puede exceder el 3 por ciento del valor neto del fondo financiero privado; los créditos con garantías personales no pueden exceder el 1 por ciento del valor neto del fondo; un fondo financiero privado no puede mantener una relación crediticia con una institución del sistema financiero nacional por más del 20 por ciento de su valor neto; y los accionistas, auditores legales, directores y gerentes, así como personas individuales o entidades asociadas con un fondo financiero privado, no pueden obtener préstamos de la institución.

Fuente: Lubiere 1995.

Las IMFs pueden operar y, de hecho, operan en países con altas tasas de inflación. Una posible manera de abordar la hiperinflación es indexar el contrato del préstamo a un producto o a una moneda fuerte como el dólar estadounidense. Otros medios incluyen mantener financiamiento y activos en dólares estadounidenses, utilizando la deuda en vez del patrimonio (en lo posible), y otorgando préstamos a corto plazo (asegurándose que éstos se ajusten a las necesidades de flujo de efectivo de

los clientes) que permitan el ajuste periódico de las tasas de interés.

Si las IMFs solicitan fondos en préstamo en una moneda que no sea la propia (como en dólares estadounidenses), la inflación puede tener como resultado las pérdidas o ganancias por el cambio de divisas. Tanto donantes como profesionales deben determinar quién se beneficiará de estas potenciales ganancias o quién cubrirá estas pérdidas.

Casilla 1.12 Instituciones financieras no bancarias en Ghana

EN 1993, EL GOBIERNO DE GHANA PROMULGO LA LEY DE Instituciones Financieras No Bancarias para crear un mercado financiero alternativo que trataría de satisfacer las necesidades del amplio sector de la economía de Ghana que no era atendida por instituciones financieras tradicionales. Esto fue una iniciativa audaz y admirable para introducir diversidad en los mercados financieros al crear un ambiente propicio para la participación privada local.

Sin embargo, las regulaciones prudenciales que acompañaban la ley contenían severas desigualdades. En Ghana la gente suele pagar a recolectores informales de ahorros para que les presten servicios de ahorro diario. En vez de percibir intereses sobre sus depósitos, los clientes pagan una comisión para que sus ahorros sean recolectados y sean guardados en un lugar seguro. Por consiguiente, un 60 por ciento del dinero en Ghana se encuentra fuera del sector bancario formal. No obstante, las regulaciones que regían originalmente a las instituciones de ahorro y préstamo limitaban la frecuencia de los depósitos a una vez por semana. Para abordar este tema, las instituciones reguladas ejercieron presión para lograr cambios en la legislación dirigidos a permitir a los clientes realizar depósitos ilimitados.

Además, algunas instituciones financieras no bancarias consideraban que el requisito de capital mínimo de US$100.000 era excesivamente bajo. Tras las presiones ejer-cidas por el sector financiero se está reconsiderando el requisito de capital. Las altas proporciones de reservas también eran dictadas por la superintendencia, la cual exigía a las instituciones financieras no bancarias colocar un 57 por ciento de sus depósitos en primeras y segundas reservas. Esto dejaba a la institución con pocos fondos para invertir en actividades productivas.

Otro tema relacionado con la regulación bancaria se refiere al formato de los reportes. La superintendencia trata de supervisar nueve categorías separadas de instituciones financieras bajo una sola directiz prudencial y con un solo formato de reportes. En vista de que las compañías hipotecarias, los bancos comerciales y las instituciones de ahorro y crédito, por ejemplo, prestan servicios muy diferentes, no pueden reportar la misma información. En respuesta a este tema, las instituciones financieras no bancarias crearon una asociación que actúe como abogado en su nombre.

Estas observaciones condujeron a las siguientes conclusiones:

- Los supervisores bancarios deben aprender a supervisar las características especiales de las IMFs.
- Hay necesidad de un servicio de supervisión más dedicado y activo que podría ser prestado por una institución sombrilla o subcontratado con un organismo externo.

Fuente: Dadson 1997.

TASA DE CRECIMIENTO. El crecimiento anual del PIB es un indicador de la estabilidad económica de ese país y de sus perspectivas de crecimiento futuro. Examinar la tasa de crecimiento es un indicador para donantes y profesionales respecto a las potenciales oportunidades disponibles para microempresarios y por lo tanto puede afectar el crecimiento pronosticado y los requisitos de financiamiento de la IMF.

Aunque siempre es preferible el crecimiento positivo del PIB, las economías estancadas pueden constituir mercados potenciales para la prestación de servicios microfinancieros cuando aumenta el desempleo y más personas se vuelven autoempleadas. Sin embargo, los niveles estancados o en descenso del PIB también tienen como resultado la reducción de los ingresos y una menor demanda de productos y servicios, de lo cual se podría derivar la bancarrota de microempresas. Además, la volatilidad de la economía afecta el riesgo y, por lo tanto, las alternativas para las instituciones microfinancieras y los microempresarios. En general, la estabilidad del mercado financiero y de otros mercados aumenta la viabilidad de las microempresas y, por consiguiente, de los servicios microfinancieros.

TRANSICIÓN Y DESORDENES POLÍTICOS. Las economías de transición y las situaciones de conflicto o de descontento político, en donde los sistemas existentes de redes sociales se han desarticulado y deben ser restablecidos, representan preocupaciones adicionales para las IMFs (ver Casilla 1.13). Por definición, las economías de transición están empezando a desarrollar mercados y empresas del sector privado. Muchas veces la población no está familiarizada con las transacciones empresariales y no suele ser empresarial por naturaleza. Las IMFs deben

Casilla 1.13 Las microfinanzas en áreas de inestabilidad política

EN LA REGIÓN OCCIDENTAL DE KENIA EXISTEN LAS operaciones microfinancieras, pero éstas parecen haber alcanzado sus límites de sostenibilidad y de proyección a los beneficiarios. La adquisición inicial de los préstamos es grande, pero el mercado para créditos reiterados y en especial para aumentar la productividad de las empresas es limitado. En parte ello se debe a la falta de atención generalizada del área por parte del gobierno, lo que a su vez es una función de rivalidad política y tribal. Por consiguiente, la inversión del sector público y otras iniciativas de desarrollo se van a otras partes, y bajo estas condiciones hay cada vez más personas ingresando a la economía informal, no por la ambición de convertirse en empresarios, sino simplemente para sobrevivir. Una IMF que desee operar en esta área debe tomar decisiones estratégicas que podrían comprometer las ortodoxias de la sostenibilidad. Por ejemplo, tendría sentido reducir los objetivos para que a mediano plazo éstos hagan uso de las microfinanzas como medio para calmar el consumo y para aliviar la pobreza, con la esperanza de que, al mejorar las condiciones, habrá un mercado más viable para una verdadera IMF.

Fuente: Contribuido por Thomas Dichter, Proyecto "Sustainable Banking with the Poor", Banco Mundial.

desarrollar la confianza de sus clientes y asegurarse que los prestatarios conozcan las responsabilidades relacionadas con las transacciones financieras. Esto probablemente requerirá dedicar tiempo adicional a los prestatarios, por lo menos al principio, lo que a su vez podría incidir en los costos. (Para obtener información detallada sobre la concesión de microfinanciamiento en las economías de transición, ver Carpenter 1996.) Tanto donantes como profesionales deberían estar conscientes de lo anterior.

La inestabilidad general, corrupción, guerra civil, y rivalidades partidarias o tribales tienen evidentes efectos económicos directos, tales como la migración interna, la emigración, la fuga de capital y la inestabilidad monetaria. Sin embargo, también hay efectos sociales y psicológicos menos tangibles. Cómo las personas ven su futuro, en dónde desean invertir, el grado de su disposición a abrir una empresa permanente, los tipos de productos con los cuales comerciarán y lo que las personas estarían dispuestas a comprar con sus activos disponibles, estará afectado por el ambiente político.

Durante períodos de severo descontento político, es posible que las actividades de las IMFs deban ser pospuestas hasta que se logre un ambiente más estable, en particular en donde hay preocupación por la seguridad del personal y los clientes. Los donantes deben entender la necesidad de suspender actividades o demorar el crecimiento y no presionar a las IMFs a continuar alcanzando objetivos de crecimiento en períodos de malestar social (ver Casilla 1.14).

Niveles de pobreza

Al examinar el contexto del país, es importante que profesionales y donantes conozcan el alcance de la pobreza en el país en donde están operando y determinen las políticas gubernamentales y de los donantes que trabajan para el alivio o la reducción de la pobreza. Entender el grado de pobreza de un país sirve para calcular las dimensiones y necesidades del mercado potencial para los servicios financieros, y también puede ayudar a aclarar o establecer los objetivos de las IMFs o de los donantes.

Inversión en infraestructura y desarrollo de recursos humanos

Una consideración importante al proveer servicios microfinancieros es la existencia de infraestructura adecuada (carreteras, servicios de comunicación, agua y sistemas de drenaje) y de servicios sociales que estén al alcance de las personas, tales como salud, educación y nutrición.

"Mejorar los caminos rurales y la electricidad o proveer fondos de contrapartida para inversiones determinadas por autoridades locales, tales como el manejo de cuencas, para aumentar la capacidad de generación de ingresos para los hogares pobres, frecuentemente es mucho más rentable que prestar servicios financieros, en particular en donde la estructura está subdesarrollada. De manera similar, ofrecer o mejorar la educación primaria rural y los servicios de salud supone el logro de beneficios a más largo plazo para los pobres del área rural, en especial para los más pobres de los pobres, aumentando la productividad del trabajo, que es la mayor ventaja de los pobres." (Yaron, Benjamin y Piprek 1997, 42).

Casilla 1.14 El Fondo de Desarrollo de Albania

A FINALES DE 1992, CUANDO ALBANIA ENTRO EN SU transición hacia una economía de mercado, el programa de crédito rural del Fondo de Desarrollo de Albania empezó a formar asociaciones en los pueblos con el propósito de otorgar préstamos. Para finales de 1996, el fondo estaba funcionando en 170 pueblos de 10 distritos y tenía cerca de 7.000 préstamos pendientes que sumaban más de US$2,4 millones (243 millones de leks). A pesar de una falta generalizada de conocimiento sobre las fuerzas del mercado en Albania, el Fondo de Desarrollo de Albania ha alcanzado un nivel excepcional de pago de los préstamos, y únicamente el fondo de un pueblo incumplió con el pago. Este éxito radica en un buen conocimiento de las redes de los pueblos y en el diseño inicial del proyecto, el cual exigía el pago total de los préstamos antes de desembolsar préstamos adicionales.

En 1992, Albania registró una tasa de inflación del 237 por ciento anual, y su crecimiento del PIB era negativo, –7 por ciento. Fue durante esta época que el Fondo de Desarrollo de Albania empezó a otorgar préstamos. Para abordar dichos índices elevados de inflación y su efecto en el valor de su capital, el fondo estableció una tasa de interés del 5 por ciento anual, con los pagos a capital vinculados al dólar estadounidense. En 1995, la inflación había disminuido al 6 por ciento y el Fondo de Desarrollo de Albania empezó a cobrar el 10 por ciento, mientras el pago de los préstamos ya no estaba vinculado al dólar.

A principios de 1997, hubo desórdenes sociales en Albania debido al fracaso de los planes de ahorro piramidales. Aunque la solicitud de préstamos disminuyó, los oficiales de crédito siguieron en contacto con los prestatarios. El pago de préstamos en enero y febrero (cuando los planes piramidales estaban colapsando) continuó siendo del 100 por ciento en áreas rurales y permaneció elevado en áreas urbanas. Esto ocurrió a pesar de la participación de aproximadamente un 80 por ciento de los agricultores en los planes piramidales y es testimonio de la fortaleza del sistema del Fondo de Desarrollo de Albania.

Fuente: Ledgerwood 1997.

La falta de carreteras, electricidad, servicios de comunicación y demás infraestructura afectará los medios por los cuales opera una IMF y las microempresas que apoya y debería ser tomada en consideración tanto por los donantes como por los profesionales .

Para la base de clientes de una IMF, el hecho de identificar la disponibilidad y el acceso a los *servicios sociales* ayuda a determinar si las necesidades de los clientes están siendo satisfechas y si los objetivos de la IMF son apropiados (es decir, si la IMF puede proveer solamente servicios financieros mientras otras organizaciones gubernamentales y ONGs proveen otros servicios necesarios). Por ejemplo, la disponibilidad de servicios de educación y salud influencia enormemente la capacidad de los microempresarios de incrementar sus actividades empresariales. Cualquier prestación de servicios financieros a los pobres debería considerar la disponibilidad de otros servicios no financieros y el ambiente en donde operan la IMF y los clientes.

Algunas IMFs forman relaciones con otras organizaciones de servicio para coordinar la prestación de servicios financieros, servicios no financieros o servicios sociales, aprovechando las fortalezas correspondientes de cada organización. Sin embargo, habría que notar que la prestación de servicios sociales como salud, educación y planificación familiar no deberían combinarse directamente con la prestación de servicios financieros (un punto analizado en más detalle en el Capítulo 3).

Visión gubernamental del sector microempresarial

Es importante determinar la posición del gobierno en relación al desarrollo del sector informal y de las microempresas, ya que ello incide en las políticas que podrían influenciar la conducta de los microempresarios. Algunos gobiernos reconocen la contribución positiva de las microempresas a la economía y podrían incluir activamente el desarrollo del sector informal en el plan nacional. Sin embargo, en muchos países se presta poca atención a los temas relacionados con el sector informal y su relación con las políticas gubernamentales. La mayoría de marcos de políticas favorecen a los grandes sectores manufactureros y están sesgados en contra del sector formal y las pequeñas empresas.

La mayoría de gobiernos desea promover el desarrollo de empresas en sus países. Algunos gobiernos complementan las metas generales de políticas que aplican a las empresas con políticas específicas y programas dirigidos a pequeñas y microempresas. Es útil la existencia de políticas que establecen un clima favorable para el inicio de nuevas empresas y el crecimiento de empresas existentes. Ejemplos de ello lo constituyen las políticas que minimizan los costos de autorización y registro de las empresas, proveen acceso fácil a la información sobre leyes y regulaciones y facilitan los códigos comerciales que establecen reglas para minimizar el costo de hacer negocios al definir los derechos y las responsabilidades de todas las partes en una transacción (USAID 1995).

La decisión de los gobiernos de involucrarse activamente en el desarrollo de microempresas a través de programas de crédito u otros servicios de desarrollo empresarial puede afectar el ambiente para los proveedores privados de microfinanciamiento, ya sea al distorsionar negativamente el mercado o al contribuir positivamente a la oferta de servicios. Alternativamente, los gobiernos pueden decidir apoyar el sector informal mediante macropolíticas, la asignación de recursos que afectan la microproducción, o bien, trabajar con ONGs que proveen servicios y capacitación.

"La colaboración activa en este sentido incluye el establecimiento de un clima favorable para permitir a estas instituciones continuar y expandir su trabajo con el apoyo pero sin la interferencia de las entidades gubernamentales. Esto puede incluir el reconocimiento nacional del sector microempresarial, apoyo para analizar el tema, financiamiento para investigación y ampliación de programas piloto." (Stearns y Otero 1990, 27)

Las pequeñas y microempresas pueden ser afectadas por políticas gubernamentales, incluyendo la regulación excesiva, niveles prohibitivos de impuestos, protección gubernamental inadecuada en contra de productos importados baratos, falta de rigor en relación con los mercados negros (que tiene como resultado la competencia desleal para el sector microempresarial), acoso por parte de funcionarios gubernamentales por operar negocios en las calles, y servicios inadecuados y altas tarifas de uso en instalaciones de mercados públicos. Muchas de estas regulaciones tienen el efecto de alentar a los microempresarios a permanecer fuera de la corriente legal o formal (ver el análisis de las leyes fiscales de Argentina en la Casilla 1.15).

Cuando las políticas y prácticas afectan negativamente los negocios de los clientes, las IMFs o los donantes pueden decidir emprender intervenciones a nivel de ambiente, tales como trabajar en políticas y cabildeo, además de prestar servicios financieros o de apoyar la prestación de los mismos. El cabildeo puede incluir ayudar a los clientes a organizarse para protestar contra las políticas o

---

Casilla 1.15 Las leyes impositivas en Argentina

En Argentina todas las empresas formales deben estar registradas en la Dirección General Impositiva y deben cumplir con diferentes requisitos fiscales. El impuesto más importante es el *impuesto al valor añadido*, que asciende al 21 por ciento. Las empresas deben cobrar este impuesto en sus ventas y deben pagarlo en todos los productos que compran. La diferencia neta entre ambos se paga anualmente a la Dirección General Impositiva.

Las pequeñas empresas que no son empresas formalizadas, incluyendo a los pequeños agricultores, son penalizadas fuertemente por este sistema. Al comprar suministros deben pagar el impuesto por adelantado y algunas veces se les cobra un impuesto adicional del 50 por ciento sobre las compras como multa por no estar registradas como empresas, elevando el impuesto al valor añadido a un 31,5 por ciento. Luego, no pueden deducir de sus ingresos la cantidad de impuestos pagados porque, como entidades no registradas, no pueden cobrar un impuesto de valor añadido sobre la venta de sus productos o servicios. Los compradores que compran las cosechas a estas empresas no registradas (pequeños agricultores) ofrecen precios bajos, alegando que comprarles representa un mayor riesgo y que podrían ser sancionados por hacerlo. Por lo tanto, el número de compradores dispuestos a trabajar con el sector informal es restringido y ofrece una gama limitada de canales de comercialización.

Fuente: Contribuido por Cecile Fruman, Proyecto "Sustainable Banking with the Poor", Banco Mundial.

---

el trato injusto. Las IMFs pueden influenciar las políticas trabajando por su cuenta o a través de coaliciones de organizaciones similares para ejercer presión, en nombre de sus clientes, sobre los correspondientes organismos gubernamentales o regulatorios (Waterfield y Duval 1996).

Apéndice 1. Riesgos en la industria microfinanciera

Hay cuatro principales áreas de riesgo específicas para las IMFs: el riesgo de cartera, propiedad y gobierno, administración y "industria nueva". El riesgo de cartera se analizó en el texto principal del Capítulo 1. Los demás riesgos se analizan a continuación. El siguiente análisis fue tomado de Berenbach y Churchill (1997).

Propiedad y gobierno

Aunque la regulación y supervisión externa realizadas en forma efectiva por organismos regulatorios son importantes para la salud del sistema financiero, en ninguna medida la supervisión externa puede sustituir la responsabilidad que se origina del gobierno y la supervisión apropiada realizada por los propietarios de las instituciones financieras. Los siguientes puntos ponen de relieve los temas de propiedad y gobierno relativos a la supervisión adecuada de las IMFs:

- *Supervisión adecuada de la administración.* Frecuentemente, los inversionistas en las IMFs son motivados por objetivos sociales. Como resultado, pueden no considerar esta inversión bajo los mismos estándares aplicables a las inversiones comerciales. Los reguladores deberían alentar la participación importante de inversionistas privados, en particular de los directores de empresas locales. Estos inversionistas privados son una fuente importante del gobierno local y un recurso valioso si la IMF enfrenta dificultades. Además, las IMFs se benefician de la participación de varios accionistas importantes que aportan diferentes antecedentes y perspectivas al proceso de gobierno. Además de los inversionistas privados, los reguladores deberían alentar las inversiones de otras instituciones privadas o públicas orientadas hacia el desarrollo, poseedoras de experiencia en microfinanciamiento o experiencia relacionada al financiamiento del desarrollo.

- *Estructuras organizativas y de propiedad.* Si una organización social que es financiada por recursos públicos y que carece de propietarios supervisa la administración y determina las políticas del intermediario financiero regulado, los objetivos sociales podrían adquirir prioridad sobre los objetivos financieros. Esto podría ser una dificultad para determinar el verdadero rendimiento del intermediario financiero regulado, impidiendo que los reguladores bancarios puedan obtener un perfil financiero preciso de la entidad regulada. Arreglos exitosos entre la organización social (la organización no gubernamental) y la IMF regulada puede obte-nerse si la estructura se rige por ciertos principios básicos, incluyendo la transparencia, las transacciones a distancia, la fijación honesta de precios por transferencias, y la independencia operativa. La IMF regulada debe mantener una administración y supervisión independiente de sus servicios financieros.

Los reguladores pueden exigir que la composición de la junta directiva de la IMF incluya a personas profesionales que estén preparadas para definir políticas sólidas y supervisar la administración. Todos los directores deberían ser legalmente responsables del rendimiento de la IMF, como sucede con los directores de compañías del sector privado.

- *Suficiente alcance financiero.* Las IMFs podrían ser capaces de recaudar los requisitos de capital inicial de sus accionistas fundadores. Sin embargo, estos propietarios podrían carecer del alcance financiero o de la motivación para responder a llamados adicionales de capital según sea necesario. Las instituciones de desarrollo podrían requerir un proceso de aprobación prolongado para asegurar el desembolso de fondos. Los reguladores pueden introducir medidas para compensar la limitada capacidad del propietario para proveer capital adicional. Esto puede abordarse mediante las siguientes opciones: establecer fondos adicionales de reserva, limitar la distribución de dividendos hasta alcanzar los parámetros de capital y requerir a los propietarios de la IMF compromisos de financiamiento de emergencia.

Riesgos de administración

Los riesgos de administración que se aplican a las IMFs son generados por los métodos específicos de prestación de servicios financieros.

- *Sistemas operativos descentralizados.* Una estructura organizativa descentralizada que permite la prestación de servicios financieros directamente en el lugar del prestatario o del ahorrante es de importancia fundamental para las microfinanzas. Por consiguiente, los funcionarios de alto nivel deben capacitar y supervisar a los mandos medios, introducir sistemas apropiados de elaboración de reportes y mantener sistemas adecuados de comunicación para que se adopten políticas y procedimientos uniformes. Además, los métodos operativos descentralizados crean un ambiente que puede prestarse fácilmente a prácticas fraudulentas. Los reguladores deberían exigir a las IMFs que mantengan capacidades sólidas y procedimientos agresivos de auditoría interna. Habría que establecer directrices para el desempeño de auditorías externas para IMFs. Por último, son esenciales las medidas adecuadas para las comunicaciones internas y los controles financieros.

- *Eficiencia administrativa.* Las IMFs ofrecen un servicio repetitivo de gran volumen que opera con márgenes muy estrechos. Si los fondos no se vuelven a prestar de inmediato, esto incidirá negativamente en las ganancias. Los reguladores deberían garantizar una alta calidad administrativa para asegurar que se presten servicios rápidos, eficientes y oportunos.
- *Información administrativa.* Los métodos de operación descentralizada, el gran volumen de préstamos a corto plazo, la rápida rotación de la cartera y el requisito de la prestación eficiente de los servicios hacen que la información precisa y actualizada en relación con la cartera sea esencial para la administración eficaz de las IMFs. En general, las IMFs no se han enfocado en proveer información financiera suficiente y apropiada para permitir juicios sobre su viabilidad financiera. Los reguladores gubernamentales, donantes, depositantes potenciales y otros tipos de acreedores potenciales, todos necesitan información moderadamente estándar sobre la viabilidad financiera para poder hacerse juicios informados. Los requisitos de las instituciones reguladas para la elaboración de reportes hacen necesario que las IMFs puedan producir información administrativa precisa, útil y oportuna.

Industria nueva

Una cantidad de riesgos que enfrentan las IMFs se origina del hecho que las microfinanzas constituyen un campo relativamente nuevo. Los servicios financieros formales también pueden ser nuevos para el micromercado.

- *Manejo del crecimiento.* Las IMFs que se expanden hacia nuevos mercados muchas veces encuentran poca competencia. Estas instituciones pueden experimentar un crecimiento dramático en sus años iniciales de operación. Los reguladores deberían monitorear estrechamente las IMFs que superan dramáticamente las proyecciones de crecimiento presentadas en la solicitud de permiso para operar.
- *Nuevos productos y servicios.* Aunque esta industria ha hecho progresos considerables en el diseño de productos y servicios microfinancieros apropiados, el campo todavía es relativamente joven y aún no ha sido probado. Es difícil evaluar cuando un nuevo producto o servicio es una desviación mal concebida de un modelo existente o una innovación en los servicios para el mercado. Los nuevos productos y servicios

deben ser probados antes de su implementación a gran escala. Podría ser apropiado limitar el número de nuevos productos o servicios introducidos simultáneamente. El desafío que enfrentan las IMFs es realizar un gran volumen de transacciones pequeñas en forma sostenible. En vista de este desafío, es más conveniente limitar a las IMFs a productos y servicios relativamente simples y de fácil control.

Fuentes y bibliografía adicional

Basle Committee on Banking Regulations and Supervisory Practices. 1988. "International Convergence of Capital Measurement and Capital Standards." Basilea, Suiza.

Berenbach, Shari y Craig Churchill. 1997. Regulation and Supervision of Microfinance Institutions: Experience from Latin America, Asia and Africa. Occasional Paper 1. Washington, D.C.: MicroFinance Network.

Carpenter, Janney. 1996. Microcredit in Transitional Economies. Organización para Cooperación y Desarrollo Económico (Organisation for Economic Co-operation and Development), Centro de Cooperación con las Economías en Transición (Centre for Co-operation with the Economies in Transition), París, Francia.

CGAP (Consultative Group to Assist the Poorest). 1996a. "The Consultative Group to Assist the Poorest—A Microfinance Program." CGAP Focus Note 1. Banco Mundial, Washington, D.C.

———. 1996b. "Regulation & Supervision of Micro-Finance Institutions: Stabilizing a New Financial Market." CGAP Focus Note 4. Banco Mundial, Washington, D.C.

———. 1997. "How CGAP Member Donors Fund Microfinance Institutions." CGAP Focus Note 11. Banco Mundial, Washington, D.C.

Chaves, Rodrigo A. y Claudio Gonzalez-Vega. 1993. "Should Principles of Regulation and Prudential Supervision Be Different for Microenterprise Finance Organizations?" GEMINI Working Paper 38. Agencia para el Desarrollo Internacional de los Estados Unidos (USAID), Washington, D.C.

———. 1994. "Principles of Regulation and Prudential Supervision and their Relevance for Microenterprise Finance Organizations." En Maria Otero y Elisabeth Rhyne, editoras, New World of Microenterprise Finance. West Hartford, Conn.: Kumarian Press.

———. 1995. "Making the Leap into the Formal Financial System: Structuring Regulation and Prudential Supervision for Microenterprise Finance Organizations." GEMINI Microenterprise Development Brief 19. Agencia para el

Desarrollo Internacional de los Estados Unidos (USAID), Washington, D.C.

Chaves, Rodrigo y Susana Sánchez. 1997. "Formal Sector Suppliers in Rural Mexico." Banco Mundial, Latin America and the Caribbean Region, Finance, Private Sector, and Infrastructure Unit, Washington, D.C.

Christen, Robert P. 1995. "Issues in the Regulation and Supervision of Microfinance." Trabajo presentado en la Conferencia sobre Regulación y Supervisión de Instituciones Microfinancieras, patrocinada por ACCION International, noviembre 27–28, Washington, D.C.

Churchill, Craig, ed. 1997. Regulation and Supervision of Microfinance Institutions Case Studies. Occasional Paper 2. Washington, D.C.:MicroFinance Network.

Cuevas, Carlos E. 1996. "Enabling Environment and Microfinance Institutions: Lessons from Latin America." Journal of International Development 8 (2): 195– 210.

Dadson, Christine. 1997. "Citi Savings and Loans, Ghana." Adaptado de Craig Churchill, editor, "Establishing a Microfinance Industry." MicroFinance Network, Washington, D.C.

Dichter, Thomas. 1997. "Alexandria Business Association" Estudio de caso para el Proyecto Sustainable Banking with the Poor Project. Banco Mundial, South Asia Social Development Unit, Washington, D.C.

Drake, Deborah y Maria Otero. 1992. Alchemists for the Poor: NGOs as Financial Institutions. Monograph Series 6. Washington, D.C.: ACCION International.

FAO (Food and Agriculture Organization). 1995. "Safeguarding Deposits: Learning from Experience." Boletín de Servicios Agrícolas de FAO No. 116. Roma.

Gray, Tom y Matt Gamser. 1994. "Building an Institutional and Policy Framework to Support Small and Medium Enterprises: Learning from Other Cultures." Implementing Policy Change Project. Development Alternatives, Inc., Bethesda, Maryland, Estados Unidos.

Krahnen, Jan Pieter y Reinhard H. Schmidt. 1994. Development Finance as Institution Building: A New Approach to Poverty-Oriented Lending. Boulder, Colo.: Westview Press.

Krutzfeldt, Herman. 1995. "The Experience of BancoSol." Trabajo presentado en la Conferencia de la Red de Microfinanzas (MicroFinance Network Conference), noviembre, Manila.

Ledgerwood, Joanna. 1997. "Albania Development Fund." Estudio de caso para el Proyecto Sustainable Banking with the Poor. Banco Mundial, South Asia Social Development Unit, Washington, D.C.

Lobíere, Jacques Trigo. 1995. "Supervision and Regulation of Microfinance Institutions: The Bolivian Experience." Trabajo presentado en la Conferencia sobre Regulación y Supervisión de Instituciones Microfinancieras, patrocinada por ACCION International, noviembre 27–28, Washington, D.C.

Rhyne, Elisabeth. 1995. "Major Issues in Supervision and Regulation." Trabajo presentado en la Conferencia de la Red Microfinanciera (MicroFinance Network Conference), noviembre, Manila.

Robinson, Marguerite. 1994. "Savings Mobilization and Microenterprise Finance: The Indonesian Experience." In Maria Otero and Elisabeth Rhyne, eds., The New World of Microenterprise Finance. West Hartford, Conn.: Kumarian Press.

Rock, Rachel y Maria Otero, eds. 1997. From Margin to Mainstream: The Regulation and Supervision of Microfinance. Monograph Series 11. Washington, D.C.: ACCION International.

Rosenberg, Richard. 1994. "Beyond Self-Sufficiency: Licensed Leverage and Microfinance Strategy." U.S. Agency for International Development, Washington, D.C.

Stearns, Katherine y Maria Otero, eds. 1990. The Critical Connection: Governments, Private Institutions, and the Informal Sector in Latin America. Monograph Series 5. Washington, D.C.: ACCION International.

USAID (U.S. Agency for International Development). 1995. "Policy Goals, Reform, and Microenterprise Development." Microenterprise Development Brief 25. GEMINI Project, Washington, D.C.

———. 1998. Microenterprise Development Policy Paper. Washington, D.C.

Vogel, Robert C. 1994. "Other People's Money: Regulatory Issues Facing Microenterprise Finance Programs." International Management and Communications Corporation, Washington, D.C.

Waterfield, Charles y Ann Duval. 1996. CARE Savings and Credit Sourcebook. Atlanta, Ga.:CARE.

Women's World Banking Global Policy Forum. 1995. "The Missing Links: Financial Systems That Work for the Majority." Women's World Banking (abril).

Yanovitch, Lawrence y Dennis Macray. 1996. "The Multilateral Development Banks and the Microfinance Sector: Opening Financial Markets to the World's Self-Employed Poor." Paper prepared for the Congressional Task Force on the U.S. and Multilateral Development Banks and the Center for Strategic and International Studies. Foundation for International Community Assistance, Washington, D.C.

Yaron, Jacob, McDonald P. Benjamin, Jr. y Gerda L. Piprek. 1997. Rural Finance; Issues, Design, and Best Practices. Environmentally and Socially Sustainable Development Studies and Monographs Series 14. Washington, D.C.: Banco Mundial.

CAPÍTULO DOS

El mercado objetivo y análisis de impacto

El mercado objetivo es un grupo de clientes potenciales que comparten características determinadas, tienden a comportarse de maneras similares y probablemente son atraídos por una combinación específica de productos y servicios. El mercado objetivo representa un segmento definido del mercado, conformado por clientes identificables que exigen o representan una demanda potencial de servicios microfinancieros. Al seleccionar un mercado objetivo para los servicios financieros, las IMFs deben determinar sus propios objetivos, entender qué motiva a un grupo de clientes y evaluar si el mercado objetivo puede ser alcanzado de una manera financieramente sostenible en algún momento. Lo que es más importante es que los mercados deben seleccionarse en base a la demanda eficaz de servicios financieros y a la capacidad de contraer deudas en dicho mercado.

Las organizaciones que no definen sus objetivos y, por consiguiente, su mercado objetivo, o que no diseñan sus productos a modo de satisfacer las necesidades de este mercado, frecuentemente tienen dificultades para administrar sus operaciones y mantenerse enfocados. Por ejemplo, una organización que simplemente desea prestar servicios financieros a los pobres sin definir quiénes son los pobres y a qué nivel de los pobres desea llegar, muchas veces termina operando con diferentes modelos de crédito, tratando de servir a diferentes grupos y de satisfacer a diferentes donantes. Tanto donantes como profesionales deberían conocer los mercados objetivo apropiados para IMFs en particular, centrándose constantemente en satisfacer las necesidades de los mismos. Específicamente, los donantes no deberían alentar a las IMFs a operar en áreas o segmentos del mercado en donde carecen de experiencia, destrezas o recursos.

Los mercados objetivo pueden identificarse por las características de los clientes (nivel de pobreza, género, etnicidad, casta, religión, etc.) a los cuales se propone atender la IMF y por el tipo o nivel de actividad empresarial (empresas existentes, empresas orientadas al crecimiento o sectores económicos específicos) que desea apoyar. Además, el flujo de efectivo de los clientes y su capacidad para la deuda debe adaptarse a los servicios ofrecidos.

Una vez que un mercado objetivo ha sido seleccionado, es importante determinar si ese mercado de hecho está siendo alcanzado y cuál es el *impacto* que la prestación de servicios financieros tiene sobre ese mercado. Esto se hace mediante el análisis del impacto, lo cual se aborda en la segunda parte de este capítulo.

El Capítulo 1 fue dedicado a la *oferta* de servicios financieros, mientras el presente capítulo se centra en la *demanda* y en cómo determinar el impacto para satisfacer la misma en el mercado objetivo. Resume lo que los interesados deben saber para determinar a quién desean prestar servicios (profesionales) o para apoyar en la prestación de servicios (donantes) y para establecer si logran los resultados deseados.

Este capítulo abarca dos tópicos principales: identificar un mercado objetivo y analizar el impacto de los servicios sobre el mismo.

Objetivos de la institución microfinanciera

La selección de un mercado objetivo depende de los objetivos del proveedor de microfinanciamiento y de la demanda percibida de servicios financieros. En todos los países hay empresas y hogares no atendidos y subatendidos cuyo rango va desde los extremadamente pobres, que podrían no estar económicamente activos, hasta las pequeñas empresas en crecimiento que proveen empleos en sus comunidades. Este rango o secuencia constituye el lado de la demanda de los servicios microfinancieros. Frecuentemente, el lado de la oferta no presenta una secuencia correspondiente de servicios. Las IMFs deben suministrar servicios que llenan los vacíos y que integran al mercado los grupos no atendidos.

La meta de las IMFs como organizaciones de desarrollo es atender las necesidades financieras de los mercados no atendidos o subatendidos como manera de satisfacer los objetivos de desarrollo. Estos objetivos de desarrollo suelen incluir uno o más de los aspectos siguientes:

- Reducir la pobreza
- Potenciar a las mujeres o a los grupos de población en desventaja
- Crear empleos
- Ayudar a las empresas existentes a crecer o diversificar sus actividades
- Promover el desarrollo de nuevas empresas.

En un estudio realizado por el Banco Mundial sobre los préstamos para proyectos de la pequeña y microempresa, los tres objetivos que se citaron con mayor frecuencia fueron los siguientes (Webster, Riopelle y Chidzero 1996):

- Crear empleo y oportunidades de generación de ingresos a través de la creación y la expansión de microempresas
- Aumentar la productividad y los ingresos de grupos vulnerables, en especial las mujeres y los pobres
- Ayudar a las familias rurales a reducir su dependencia de cultivos propensos a ser vulnerables a las sequías, mediante la diversificación de sus actividades de generación de ingresos.

En vista del gran número de variables condicionales según el contexto del país, cada decisión de la organización para ingresar en un mercado objetivo o para atender el mismo implicará equilibrar las condiciones de dicho mercado. El proceso de toma de decisiones debe tener presente las dos metas a largo plazo de las microfinanzas: la *proyección*, atendiendo a las personas constantemente subatendidas por las instituciones financieras (tales como mujeres, pobres y poblaciones indígenas y rurales); y la *sostenibilidad*, generando suficientes ingresos para cubrir los costos que supone la prestación de servicios financieros. Dependiendo del mercado objetivo

seleccionado, hay consecuencias para la posición financiera de la IMF, porque ello afectará los costos. En resumen, existe un equilibrio entre las decisiones sobre los objetivos y la manera de alcanzarlos. El cálculo central para una IMF involucra los objetivos que ésta *puede* establecer y por cuánto tiempo.

Las IMFs necesitan determinar si hay una demanda no satisfecha de servicios financieros y qué grupo objetivo se ajusta a sus finalidades. Por ejemplo, el mercado objetivo de una IMF cuyo propósito es llegar a los más pobres con servicios financieros y otros servicios será diferente del mercado objetivo de una IMF que desea atender a los pobres económicamente activos únicamente con servicios financieros. Además, algunas IMFs podrían desear enfocarse en un sector económico en particular o en un nivel de actividad empresarial como forma de alcanzar sus objetivos.

La selección de objetivos directos e indirectos

Antes de analizar la manera en que las IMFs identifican sus mercados objetivo, vale la pena aclarar los significados y las diferencias entre la selección de objetivos directos e indirectos y explicar por qué la selección de objetivos indirectos (o "identificación" del mercado) es la manera preferida para prestar servicios financieros a un mercado objetivo.

La selección de objetivos directos se suele referir a la asignación de un monto específico de fondos para otorgar crédito a un sector particular de la economía o de la población. La selección de objetivos directos se basa en la creencia de que, debido a que ciertos grupos (los pobres, castas específicas) o sectores (agricultura, pesca) son incapaces de obtener acceso al crédito (u obtener acceso al mismo a precios razonables), el crédito debe hacerse accesible a través de un mandato gubernamental o del donante. En algunos casos el gobierno o el donante también subsidian el costo que tiene el préstamo para el cliente.

No obstante las buenas intenciones de una estrategia de este tipo, habría que ser escéptico con relación a su utilidad (ver Casilla 2.1). Primero, en vista de la fungibilidad del dinero, en la mayoría de casos es imposible saber lo que un préstamo determinado financia "verdaderamente". Segundo, es sumamente dudoso que alguien sepa mejor que los recipiendarios mismos lo que más les conviene. Tercero, la estrategia se apoya en la idea de que "comercio" y "consumo" socialmente son menos valiosos que "producción" y "generación de ingresos" y que, por lo tanto, aquellos no deberían ser financiados. Esto traslada de forma ingenua conceptos de países industrializados a países en desarrollo, y del mundo de los ricos al mundo de los pobres. Por ejemplo, si las personas se dedican al comercio, esto podría ser una mejor línea empresarial para ellos. Sin embargo, el consumo de un hogar pobre muchas veces constituye una manera de fortalecer las capacidades de generación de ingresos a través de una mejor educación y nutrición.

La selección de objetivos directos suele conducir a la alteración crediticia y al bajo índice de pago. También tiene como resultado costos considerables de monitoreo de la elegibilidad y el cumplimiento. Además, los clientes potenciales que tienen negocios rentables pero que carecen de financiamiento o que están subfinanciados podrían ser excluidos porque no se ajustan al perfil. Alternativamente, las personas que llenan los requisitos y obtienen créditos podrían carecer de destrezas empresariales o de una iniciativa rentable que requiera de financiamiento.

La selección de *objetivos indirectos* significa que los productos y servicios han sido diseñados para personas que están más allá de los límites normales del financiamiento formal, en vez de destinar fondos específicos a grupos particulares que se ajustan a un perfil limitado. La selección de objetivos indirectos se centra en aquellas personas que no pueden aprovechar oportunidades de generación de ingresos debido a imperfecciones del mercado u otras barreras para los servicios financieros. La selección de objetivos indirectos da lugar a la autoselección en virtud del diseño de los servicios microfinancieros. Los economistas se refieren a esto como "incompatibilidad de incentivos"; los plazos y condiciones son tales que los clientes no deseados no estarán interesados, tanto porque los productos son menos atractivos para ellos como porque la serie de requisitos impuestos para obtener acceso a los servicios les parecerá excesivamente oneroso. Esto sucede porque las poblaciones que se encuentran fuera del grupo objetivo tienen otras alternativas para servicios financieros que el grupo objetivo no tiene.

Por ejemplo, una IMF que busca proporcionar créditos a los más pobres debería diseñar sus productos crediticios de tal manera que las tasas de interés relativamente altas y el monto bajo de los préstamos sean atractivos únicamente para los más pobres. La IMF también podría requerir garantías colectivas y la asistencia semanal en reuniones de grupo. Los clientes más acaudalados por lo general podrían considerar esto como un inconveniente, lo que hace que el crédito sea atractivo sólo para los clientes más pobres.

La principal diferencia entre la selección de objetivos directos e indirectos radica en los medios utilizados por la IMF y no en el grupo objetivo. La selección de objetivos directos e indirectos podría llegar a los mismos grupos de población o sectores económicos, pero la selección de objetivos directos impone criterios de elegibilidad, mientras la selección de objetivos indirectos diseña productos y servicios apropiados.

La importancia de un flujo de efectivo adecuado y de la capacidad de pagar los intereses de las deudas

La capacidad de endeudamiento es una consideración importante para determinar la demanda de servicios financieros. Al identificar su mercado objetivo, las IMFs deben considerar el flujo de efectivo de los clientes y de los clientes potenciales, así como su capacidad de amortizar los préstamos. El flujo de efectivo es la comparación entre ingresos y egresos de efectivo. La capacidad de endeudamiento se refiere a las deudas adicionales que un cliente puede contraer sin correr el riesgo de un flujo de efectivo insuficiente y del consiguiente incumplimiento del pago del préstamo.[1]

Las IMFs deben considerar la *capacidad de endeudamiento*, en vez de basar sus decisiones relacionadas con los créditos en un enfoque que privilegia la "necesidad de crédito" y arriesga tanto a prestamistas como a prestatarios. Una evaluación de la necesidad de crédito proporciona información cuestionable porque la necesidad de crédito reportada por el interesado contiene sus "sueños". Al enfocarse en la necesidad de crédito y no en la capacidad de endeudamiento, el prestamista arriesga no obtener de vuelta su dinero, y el prestatario se arriesga a un endeudamiento grave. Esto se debe a que no se puede asumir que existe concordancia entre la necesidad de crédito y la capacidad de pago de la deuda.

Independientemente de la manera de identificar el mercado objetivo, es imperativo para las IMFs asegurarse de que cada cliente y grupo objetivo pueda generar suficiente efectivo para amortizar el préstamo en tiempo. Esto, a su vez, determina las *dimensiones* del potencial mercado objetivo (diferenciando entre "necesidad de crédito", o lo que los prestatarios manifiestan desear; y la "demanda efectiva", o lo que los prestatarios pueden y están dispuestos a prestar y pagar).

"Los prestamistas pueden recuperar sus préstamos en tiempo únicamente cuando la capacidad de pago del prestatario es equivalente o superior a la suma de las amortizaciones a capital y el pago de intereses. Los prestatarios pueden amortizar sus préstamos en tiempo sin pasar apuros sólo cuando su capacidad de pago es equivalente o superior a la suma de las amortizaciones a capital y el pago de intereses que estipula el contrato del préstamo. Estas relaciones simples y evidentes definen el rol que juega el crédito en el desarrollo e influencian el destino de las iniciativas para expandir la frontera del financiamiento formal." (Von Pischke 1991, 277).

Para determinar la capacidad de endeudamiento potencial del cliente, la primera consideración es su flujo de efectivo. Luego, es preciso evaluar el grado de riesgo en relación con este flujo de efectivo y otros requisitos que podrían surgir antes de saldar el préstamo de la IMF. Ajustar la capacidad de endeudamiento de un prestatario para el riesgo debería reflejar expectativas razonables sobre las condiciones adversas que podrían afectar la empresa del prestatario. El ajuste para la adversidad debería reflejar la voluntad del prestamista para asumir el riesgo relacionado con la incapacidad de pago del prestatario. A mayor capacidad para asumir riesgos de las IMFs, más altos son los límites de crédito que puede ofrecer el prestamista.

Otros requisitos que deben ser considerados son las deudas con otros prestamistas (los requisitos de prestamistas informales suelen tener prioridad sobre los de las instituciones crediticias formales) y gastos domésticos, tales como alimentos y combustible, impuestos, cuotas escolares y gastos para emergencias, obligaciones sociales importantes y ceremonias.

Las IMFs deben ser conservadoras al evaluar la capacidad de endeudamiento de un mercado objetivo potencial porque determinar la capacidad de endeudamiento de un cliente constituye una parte importante de la identificación de un mercado objetivo y del diseño de productos y servicios apropiados para el mismo. En su mayoría, los prestatarios no se endeudan al máximo de su capacidad de endeudamiento. Los economistas se refieren a esto como "racionamiento interno del crédito". Si los prestatarios pretenden agotar en su totalidad su capacidad de endeudamiento, se estarán comportando de una manera oportunista y corriendo el riesgo de no poder manejar la deuda.

Requisito de patrimonio mínimo

Además de evaluar la capacidad de endeudamiento de los clientes, las IMFs deberían considerar la capacidad de los clientes para contribuir un monto mínimo de patrimonio. En otras palabras, los préstamos no deberían financiar la actividad empresarial completa. Algunas IMFs establecen un porcentaje determinado de patrimonio como una de las condiciones para otorgar el préstamo. Aun cuando el grupo objetivo está conforma-

---

1. Tomado de Von Pischke (1991).

do por empresas que se encuentran en sus inicios y que pertenecen a personas extremadamente pobres, en donde no hay posibilidad de obtener contribuciones patrimoniales en el sentido estricto, algunas IMFs exigen la garantía de algún bien mueble antes de otorgar el préstamo. Otras formas de patrimonio pueden ser los ahorros obligatorios o una cantidad que el prestatario contribuye al proyecto en forma de una "cuota de membresía" o de una "cuota de solicitud de préstamo". Aunque estas cuotas o contribuciones son financieramente insignificantes desde el punto de vista del prestamista, tienen un peso financiero y psicológico para los futuros prestatarios.

En términos bancarios, los requisitos patrimoniales mínimos reducen el riesgo del prestamista. Sin embargo, en las microfinanzas es igualmente importante invocar la base psicológica subyacente a una contribución patrimonial mínima. Las personas aprecian un bien si han trabajado por él o si lo poseen. Esto parece ser un rasgo universal de la naturaleza humana. Si la IMF presta el 100 por ciento del costo de los proyectos o activos, los prestatarios corren poco o ningún riesgo, en vista de que su propio dinero no está en peligro. Al exigir al prestatario una contribución (aun cuando de hecho es una prenda desde el punto de vista del prestamista), las IMFs esperan incrementar la conducta responsable entre los prestatarios y por lo tanto reducir las posibilidades de incumplimiento del pago de los préstamos.

Sin embargo, las IMFs deben monitorear de dónde sus clientes están obteniendo acceso al capital para esta contribución patrimonial mínima. Si para contribuir patrimonio los clientes necesitan solicitar préstamos de otra fuente (a tasas de interés potencialmente más elevadas), éstos podrían estar aumentando el riesgo de incumplimiento.

El riesgo moral

Manejar la capacidad de endeudamiento y asegurar un requisito patrimonial mínimo compensa el riesgo moral. El riesgo moral se define como "el incentivo que posee una persona (agente) que retiene un bien perteneciente a otra persona (principio) para poner en peligro el valor de dicho bien porque el agente no asume la consecuencia total de una eventual pérdida" (Chaves y González-Vega 1994). Por ejemplo, los esfuerzos que realiza un prestatario para pagar un prés-

tamo en su mayoría podrían ser imperceptibles para una IMF; ésta no puede determinar con facilidad qué es atribuible a la falta de esfuerzo del cliente en contraposición a factores como mala suerte o fuerzas externas. Una IMF que puede observar al prestatario podría relacionar las condiciones del contrato crediticio con el esfuerzo realizado por el prestatario, pero como es demasiado caro hacer esto, la opción para la IMF es asegurarse que el flujo de efectivo y la capacidad de endeudamiento del prestatario sean suficientes para pagar la deuda y los intereses. Las IMFs también deben establecer condiciones crediticias aceptables para el prestatario y que tengan como resultado el comportamiento preferido por la IMF. Por lo general, esto significa conceder al prestatario un riesgo mayor (al estar menos dispuestos a perdonar préstamos cuando las cosas salgan mal) de lo que la IMF estaría dispuesta a asumir si tuviera más información (Yaron, Benjamin y Piprek 1997).

Dimensiones del mercado

Las IMFs deberían calcular las dimensiones del mercado de microempresas que se pueden beneficiar de los servicios financieros, para que la necesidad de crédito reportada por el interesado no sea confundida con la capacidad de endeudamiento y la demanda efectiva. Evidentemente, en vista de los costos que se generan al principio de la prestación de servicios en un área determinada, es importante saber lo siguiente:

- ¿Qué tipo de servicios financieros beneficiarán tanto a hogares como a empresas y tendrán una alta probabilidad de pago al prestamista?
- ¿Cuánto será la demanda inicial efectiva del/de los producto(s), y cuál será la capacidad de expansión de ese mercado?

Estas preguntas pueden ser respondidas mediante la realización de algún trabajo de investigación, preferiblemente en forma de entrevistas exhaustivas a clientes potenciales seleccionados por algún trabajo cuantitativo, o bien, mediante la realización de un análisis completo de las limitaciones y de una encuesta a gran escala para calcular el rango total de posibilidades. En cada uno de los métodos seleccionados es importante calcular las dimensiones del mercado para garantizar que, a largo plazo, haya suficiente demanda para justificar la existencia ininterrumpida de la IMF.

Identificación del mercado objetivo

Las empresas con fines de lucro invierten en la identificación de segmentos específicos del mercado para un producto que desean vender o diseñan productos específicamente con un segmento del mercado en mente. Para los donantes o las organizaciones de desarrollo que desean alcanzar metas de desarrollo (en vez de ganancias), la identificación del mercado sirve para un propósito en cierto modo diferente. En este caso, el mercado objetivo es identificado porque está subatendido y se encuentra en alguna situación de desventaja que demora el desarrollo. La meta no la constituyen simplemente las ganancias, sino más bien la distribución más equitativa de los servicios financieros para llegar a grupos que pueden hacer un uso más productivo de los mismos (Bennett 1997).

Sin embargo, aun cuando las metas pueden diferir, las organizaciones de desarrollo aún deben hacer uso del enfoque de las compañías lucrativas para identificar qué desean los clientes seleccionados y cuánto pueden pagar, a fin de ofrecer productos y servicios apropiados. La cuestión no es la necesidad de identificar un mercado objetivo o no, sino la manera de identificarlo.

Entender las características del mercado objetivo ayuda a las IMFs a diseñar productos y servicios para *atraer* a diferentes grupos (en vez de seleccionarlos como objetivo directamente). Esto se convierte en un proceso repetitivo a medida que la IMF amplía sus conocimientos sobre el mercado objetivo y sus necesidades.

Aunque es usual expandir la base de clientes con el paso del tiempo, los proyectos microfinancieros de mayor éxito empiezan con un grupo limitado de clientes para establecer un nicho en el mercado y desarrollar un conocimiento sólido de esta base de clientes.

El mercado objetivo para IMFs suele tomar en consideración una combinación de dos factores:

- Características del grupo de población, incluyendo el nivel de pobreza
- El tipo de microempresas que se están financiando

Características del grupo de población

En muchos países, las personas que operan en el sector informal son analfabetas. Una IMF debe conocer el nivel de alfabetismo (incluyendo el alfabetismo financiero) de su base de clientes para diseñar intervenciones apropiadas. Algunas IMFs requieren que los prestatarios analfa-

betos impriman su huella digital como manera de acordar formalmente los términos de un contrato financiero. Otros han invertido tiempo en enseñarles a los prestatarios a escribir su nombre y a leer números para poder verificar los contratos que suscriben. En muchas IMFs el alfabetismo y las nociones elementales de cálculo aritmético no constituyen prerrequisitos necesarios para obtener acceso a los servicios financieros; sin embargo, éstos deben ser tomados en consideración al diseñar las transacciones de ahorro y crédito.

En base a sus objetivos, los proveedores de microfinanciamiento podrían desear seleccionar un mercado objetivo para abordar una población específica de clientes. Las características del grupo de población toman en cuenta diferentes rasgos distintivos, incluyendo género, nivel de pobreza, enfoque geográfico y etnicidad, casta y religión (ver Gráfica 2.1).

EL ENFOQUE HACIA LAS MUJERES COMO CLIENTES. El objetivo de muchas IMFs es potenciar a las mujeres mejorando su posición económica en la sociedad. La prestación de servicios financieros directamente a mujeres ayuda en este proceso. Las empresarias han despertado especial interés en las IMFs porque casi siempre conforman los segmentos más pobres de la sociedad; suelen ser responsables de la crianza de los hijos (incluyendo educación,

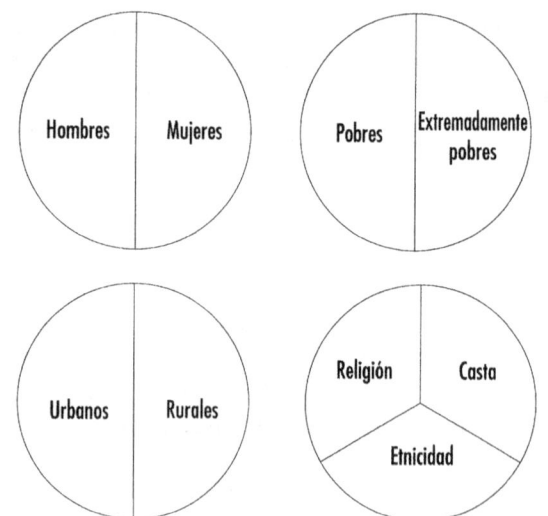

Gráfica 2.1 Características de los clientes

Hombres | Mujeres

Pobres | Extremadamente pobres

Urbanos | Rurales

Religión | Casta | Etnicidad

Fuente: Contribuido por Mike Goldberg, CGAP

salud y nutrición); y frecuentemente tienen menos oportunidades económicas que los hombres.

Las mujeres enfrentan *barreras culturales* que muchas veces las obligan a permanecer confinadas en su casa (por ejemplo, la reclusión que dicta el Islam), lo cual les dificulta el acceso a los servicios financieros. Las mujeres también desempeñan roles más tradicionales en la economía y podrían ser menos capaces de operar una empresa fuera de su casa. Además, las mujeres suelen tener obligaciones domésticas desproporcionadamente grandes.

En algunos casos, los bancos comerciales no están dispuestos a otorgar préstamos a mujeres o a aceptar sus depósitos. Esto se basa en su percepción de que las mujeres son incapaces de controlar los ingresos que llegan al hogar. Además, como el acceso de las mujeres a la propiedad es limitado y su situación legal puede ser precaria, también disponen de menos garantías. Por último, en muchos países las mujeres poseen índices inferiores de alfabetismo, lo que les dificulta desenvolverse en sistemas financieros que dependen de contratos escritos.

La experiencia ha demostrado que las mujeres suelen tener un *gran sentido de la responsabilidad* y que les afecta la presión social (aunque, al igual que los hombres, muchas veces incumplen con el pago de préstamos subsidiados por el gobierno o por otros programas que son percibidos más como caridad que como negocio). Se ha argumentado que un aumento en los ingresos de las mujeres beneficia al hogar y a la comunidad en mayor medida que un aumento correspondiente en los ingresos de los hombres. Las mujeres también han demostrado índices más elevados de pago de préstamos y de ahorro que los clientes masculinos (Casilla 2.2). La evidencia anecdótica sugiere que los índices de atrasos son levemente superiores en los hombres; sin embargo, en vista de que muchas ideas generalmente aceptadas sobre las mujeres y las microfinanzas se basan en la experiencia del Banco Grameen, el cual carece de un grupo de control conformado por hombres, es difícil generalizar de manera concluyente sobre la conducta de pago de hombres y mujeres. Sin embargo, una revisión de los proyectos del Banco Mundial que apoyan el desarrollo empresarial de mujeres encontró que la mayoría de datos de amortización en el monitoreo de proyectos reportó un índice de pago de préstamos más elevado en proyectos enfocados en mujeres que en proyectos similares no dirigidos hacia ellas (Rhyne y Holt 1994).

Las *características* de las empresas de mujeres difieren de manera importante de las de los hombres. En general, las mujeres tienden a dar más peso al mantenimiento del hogar y a la reducción de riesgos en sus estrategias empresariales. Las mujeres también tienden a otorgar menor énfasis al crecimiento empresarial y prefieren invertir las ganancias en sus familias en vez de ampliar la empresa. Otras características incluyen las siguientes:

- La concentración en el comercio, los servicios y la manufactura liviana (particularmente en subsectores que utilizan tecnologías tradicionales)
- La tendencia a empezar con empresas menores y permanecer más pequeñas durante su vida, aunque las empresas de mujeres duran tanto (si no más) como las de los hombres

---

Casilla 2.2 Conclusiones de la Agencia para el Desarrollo Internacional de los Estados Unidos sobre las mujeres prestatarias

EN UN ESTUDIO REALIZADO POR LA AGENCIA PARA EL Desarrollo Internacional de los Estados Unidos (USAID) sobre 11 IMFs exitosas, las conclusiones indican que las organizaciones estudiadas de hecho atienden a un gran número de mujeres, ya sea por decisiones de políticas directas (Banco Grameen, Asociación Dominicana para el Desarrollo de la Mujer o ADOPEM) o debido a la creencia generalizada que sostiene que las mujeres demuestran un mejor rendimiento de pago y están más dispuestas a formar grupos (el Programa Empresarial Rural de Kenia).

Entre los programas que se concentran en mujeres, las motivaciones generalmente incluyen la creencia o la experiencia de que las mujeres son buenos riesgos crediticios y que su acceso a los recursos y servicios probablemente sea menor. Los índices de participación de mujeres en programas sin preferencia de género son determinados por el predominio de mujeres en los grupos de clientes atendidos, así como por características no estudiadas que podrían impedir o facilitar el acceso de las mujeres. Existe alguna correlación entre los programas que ofrecen préstamos más pequeños y los programas que atienden a un mayor número de mujeres, pero la misma está lejos de ser perfecta. Por ejemplo, el monto promedio de los préstamos pendientes de BancoSol es relativamente alto, sin embargo, el 71 por ciento de sus clientes son mujeres.

Fuente: Christian and others, 1995.

■ El uso frecuente de mano de obra familiar y la ubicación de sus empresas en el hogar.

Tanto en ambientes rurales como urbanos las mujeres tienden a dedicarse a actividades que permiten una fácil entrada y salida y que no requieren grandes cantidades de capital de trabajo, activos fijos o destrezas especiales (más allá de las adquiridas en el hogar). Dichas actividades ofrecen flexibilidad de horarios y permiten a las mujeres equilibrar su trabajo y sus obligaciones familiares. Las actividades muchas veces son estacionales, geográficamente ambulantes y se adaptan a las condiciones del hogar y a limitaciones de espacio. El mercado usualmente se restringe a consumidores locales. Estas características implican que las tareas domésticas de las mujeres limitan sus opciones de actividad empresarial, lo cual es una consideración importante al proveer servicios financieros específicos para mujeres.

Las IMFs deben ser proactivas en la identificación de clientes mujeres. Deben ver más allá de las áreas con altas concentraciones de empresas manufactureras. Para promover los servicios a través de las redes existentes de mujeres y por medio de recomendaciones. El género de los oficiales de crédito también puede afectar el nivel de participación de mujeres, dependiendo del contexto social. En esos casos, si no hay disponibilidad de mujeres para desempeñarse como oficiales de crédito (porque carecen de oportunidades de educación o están inhabilitadas para caminar por la calle a solas o de noche), entonces puede ser más aceptable para los oficiales de crédito masculinos trabajar con mujeres en grupos.

Un estudio realizado por el Proyecto "Sustainable Banking with the Poor" del Banco Mundial, titulado "Worldwide Inventory of Microfinance Institutions" (Paxton 1996) encontró que los programas predominantemente para mujeres suelen estar basados en grupos, con préstamos pequeños y plazos cortos. "El monto promedio de los préstamos en los programas dirigidos a mujeres es de US$162, en comparación con US$768 en los programas predominantemente masculinos" (Paxton 1996, 13). Sin embargo, esta conclusión definitivamente no apoya los préstamos por montos menores para mujeres, porque se basa en la identificación de IMFs integradas por mujeres en más del 50 por ciento (y no por un porcentaje perceptible de clientes mujeres).

EL NIVEL DE POBREZA. Debido a que el objetivo de muchas IMFs es la reducción de la pobreza, éstas muchas veces desean enfocarse en los segmentos más pobres de la población. En la mayoría de países hay muchas personas que carecen de acceso a los servicios financieros, desde los más pobres de los pobres, quienes podrían no estar económicamente activos, hasta los pequeños operadores empresariales, quienes posiblemente no califiquen para los servicios del sector financiero formal. Las IMFs suelen medir la *proyección* de sus servicios en términos de escala o del número de clientes que atienden, y el *alcance* o el nivel de pobreza de sus clientes. Los productos y servicios de una IMF variarán según su grado de proyección.

En el campo de las microfinanzas se debate extensamente si el acceso a los servicios financieros beneficia a los "más pobres de los pobres". Aunque actualmente hay muchos ejemplos de programas e instituciones que atienden a los pobres económicamente activos con servicios financieros ofrecidos de una manera autosostenible, hay menos experiencias de éxito en la atención a los más pobres, los indigentes y los discapacitados. Muchos donantes, profesionales y académicos sostienen que debería haber beneficiarios de programas de transferencia que no impliquen una responsabilidad adicional para el recipiendario (Hulme y Mosley 1996).

Uno de los estudios más importantes sobre lo apropiado del microfinanciamiento para los más pobres de los pobres es el realizado por Hulme y Mosley en su libro *Finance against Poverty*. Haciendo uso de datos de IMFs en siete países, ellos comparan los aumentos en los ingresos de los prestatarios con los de un grupo de control. Sus conclusiones sugieren que instituciones exitosas que contribuyen a la reducción de la pobreza son particularmente eficaces para mejorar el nivel de vida de los segmentos medio y superior de los pobres. Sin embargo, los clientes que se encuentran por debajo de la línea de pobreza estaban en peores condiciones después del préstamo que antes del mismo. Además, el impacto sobre los ingresos de los clientes parece tener una relación directa con el nivel de ingresos, lo que reforzaría la tendencia de que aquellas IMFs que desean preservar su viabilidad deben concentrarse en los menos pobres. Una consecuencia relacionada es que el desarrollo y el perfeccionamiento de los productos microfinancieros siguen estando enfocados en los segmentos medio y superior de los pobres, dejando atrás a los más pobres.

Hulme y Mosley sugieren que el reconocimiento de la heterogeneidad de los pobres debería conducir a una mayor innovación y experimentación, lo cual profundiza el alcance de los servicios financieros hacia abajo. Sin embargo, aún hay una demanda no satisfecha de servicios financieros entre los pobres que tienen capacidad de endeudamiento, la cual podría satisfacerse mediante la aplicación de enfoques conocidos por su éxito. Este debate probablemente continuará durante algún tiempo. El "alcance" de la proyección alcanzada por una IMF dependerá en gran medida de sus objetivos y de su capacidad de diseñar productos y servicios apropiados para el nivel de pobreza al cual va dirigido.

En vista de la necesidad de la mayoría de IMFs de alcanzar la sostenibilidad financiera, habrá que tomar en consideración el equilibrio entre la minimización de los costos y el enfoque en los clientes más pobres. Aunque la atención a los extremadamente pobres de hecho podría ofrecerse de una manera financieramente sostenible, es probable que el marco de tiempo para alcanzar la autosuficiencia financiera sea más corto para IMFs que atienden a los pobres económicamente activos. Si el mercado objetivo identificado es el de los más pobres entre los pobres, donantes y profesionales por igual necesitan comprometerse a apoyar la institución durante un período de tiempo más prolongado.

ENFOQUE GEOGRÁFICO. Una de las consideraciones más importantes para una IMF es si atenderá a clientes urbanos o rurales. La decisión afecta enormemente el desarrollo de productos y servicios, y debería basarse tanto en las actividades características de diferentes entornos geográficos como en los niveles variables de desarrollo de infraestructura en áreas urbanas y rurales.

Seleccionar un mercado en áreas urbanas tiene ventajas y desventajas. Depende enormemente de los objetivos de la IMF. Entre las ventajas de enfocarse en un mercado urbano están las siguientes:

- Costos de transacción más bajos (distancias más cortas) para los clientes
- Mayor probabilidad que los clientes sepan leer y escribir
- Potencialmente, una mayor probabilidad de pago, en vista de que las interacciones con los clientes pueden ser más frecuentes
- Un posible apalancamiento a través de relaciones con instituciones financieras formales, en vista de que los clientes urbanos pueden estar físicamente más cercanos a los bancos del sector formal y pueden sentirse más cómodos visitando bancos

- Infraestructura local más desarrollada y mercados más variados.

Sin embargo, los clientes urbanos pueden ser más transitorios, lo que tendría como resultado un mayor riesgo de potencial incumplimiento en los pagos. El otorgamiento de préstamos en base a las características del cliente puede ser más difícil. Además, puede existir el riesgo de covarianza si la mayoría de clientes se desempeña en el mismo sector económico; en otras palabras, si todos son comerciantes en la misma área o fabrican los mismos productos. Cuando la cartera de préstamos de cualquier institución financiera se concentra fuertemente en unas cuantas actividades, los riesgos pueden aumentar considerablemente. Lo mismo sucede en todos los mercados si la región tiene un sector económico principal que empieza a declinar. Financiar a clientes mayores en estos ambientes no diversifica los riesgos con eficacia.

Algunas IMFs proveen servicios financieros en *áreas rurales* únicamente, basadas en una carencia general de oferta de servicios fuera de los centros urbanos y en el hecho de que en algunos países la pobreza es mayormente un fenómeno rural. Por lo tanto, proveer servicios a clientes rurales puede ser un medio eficaz para llegar a un gran número de hogares pobres. Además, frecuentemente hay organizaciones informales locales que pueden ser utilizadas para prestar servicios financieros. Por ejemplo, el sistema *chikola* en Kenia, una especie de sistema de crédito y ahorro rotativo, se ha convertido en el pilar del Programa Empresarial Rural de Kenia (Kenya Rural Enterprise Programme – K-REP; Casilla 2.3).

Sin embargo, los mercados rurales también pueden tener desventajas:

- Puede haber una larga historia de programas de créditos diseñados deficientemente (con crédito subsidiado, sin movilización de ahorros, o con el crédito atado a actividades o adquisiciones específicas).
- Puede haber una base económica menos diversificada.
- El riesgo de covarianza puede ser considerable. Por ejemplo, si la IMF se dedica a los préstamos agrícolas, muchos agricultores pueden trabajar el mismo tipo de cultivo o criar el mismo tipo de animales, lo que tiene como resultado un mayor riesgo en caso de sequía u otro desorden climático.
- Es posible que no existan sucursales de instituciones financieras formales en el área. Esto puede generar problemas cuando los clientes necesitan obtener acce-

Casilla 2.3 Programa Empresarial Rural de Kenia

EL PROGRAMA EMPRESARIAL RURAL DE KENIA (K-REP) FUE establecido en 1984 como ONG de desarrollo que provee crédito para préstamos y asistencia técnica a otras ONGs. Para promover el crecimiento y generar empleo en el sector de la microempresa, K-REP otorga préstamos en forma indirecta a través de ONGs y en forma directa a grupos para los cuales de lo contrario sería sumamente difícil obtener acceso al crédito de bancos comerciales y de otros intermediarios financieros formales.

K-REP ofrece crédito directamente a grupos a través de sus productos crediticios Juhudi y Chikola. Juhudi, iniciado en 1989, provee préstamos en base a una modificación de la metodología de préstamos colectivos utilizada por el Banco Grameen en Bangladesh. K-REP facilita la formación de cinco a siete grupos de miembros llamados wantanos. Hasta seis wantanos se asocian en una kiwa, registrada por el Ministerio de Cultura y Servicios Sociales de Kenia como grupo de autoayuda. El programa Chikola, iniciado en 1991, otorga crédito a empresarios individuales a través de asociaciones de crédito y ahorro rotativo existentes. Bajo el programa Chikola, K-REP otorga un solo préstamo a un grupo establecido, el cual luego lo otorga al por menor, a sus miembros individuales. Para ser elegible el grupo debe ser registrado como grupo de autoayuda, debe haber existido por lo menos durante un año y debe tener un promedio de 20 miembros. Chikola debe operar o intentar operar un fondo crediticio revolvente y debe poseer una cuenta colectiva de ahorros. El nivel de calificación de los ahorros no es inferior al 10 por ciento del monto del préstamo solicitado.

Un oficial de crédito del K-REP evalúa la solicitud de crédito y hace el desembolso por medio de un cheque de banco girado a favor del grupo. Cada grupo debe reunirse por lo menos una vez al mes para realizar actividades grupales, incluyendo la recolección de ahorros y el pago de préstamos. Los pagos programados de préstamos colectivos se hacen (por regulación) mediante transferencias de la cuenta de ahorros colectiva a la cuenta bancaria de K-REP. El límite de crédito es de 25.000 chelines kenianos (aproximadamente US$450) por miembro para el primer préstamo, y los préstamos subsiguientes variarán de monto según las necesidades del grupo y las de sus miembros. Los ahorros del grupo sirven de garantía para el préstamo y cada miembro acepta poner a disposición sus ahorros en caso de incumplimiento de pago de uno de los miembros del grupo.

Fuente: Contribuido por Stephanie Charitonenko-Church, Proyecto "Sustainable Banking with the Poor", Banco Mundial.

---

so a una red de sucursales para hacer depósitos de ahorro o para el pago de préstamos.

- Puede ser más difícil llegar a la escala mínima necesaria de rentabilidad.
- Es probable que la infraestructura esté deficientemente desarrollada y que la población esté más dispersa.

Independientemente de si los microempresarios se encuentren en áreas rurales o urbanas, necesitan tener acceso a los mercados y suministros. Las áreas rurales muchas veces están aisladas de los mercados. Además, la incapacidad de producir y ofrecer productos debido a la falta de infraestructura puede limitar el éxito y las posibilidades de crecimiento de los microempresarios, limitando así la demanda de servicios financieros. Un buen sistema de transporte reduce los costos de este rubro, tanto para los clientes como para las IMFs. Algunas IMFs, como por ejemplo el Banco Grameen, operan sucursales en las mismas áreas geográficas que sus clientes, y es así como superan la barrera que les dificulta el acceso a los servicios financieros debido al mal estado de las carreteras y a los servicios de transporte inadecuados.

Las IMFs dependen del logro de cierta escala de operaciones para alcanzar la sostenibilidad. Prestar servicios a poblaciones que se encuentran muy dispersas conlleva mayores costos de transacción. Sin embargo, aunque es más difícil atender áreas de menor densidad poblacional, se están desarrollando nuevos métodos, como por ejemplo bancos de comunidad independientes, a fin de superar este problema mediante la descentralización de la mayoría de transacciones financieras a nivel de los poblados mismos, limitando así los costos de transporte.

ETNICIDAD, CASTA Y RELIGIÓN. En la mayoría de países hay grupos definidos étnica o tradicionalmente que no son atendidos o que son subatendidos por las instituciones financieras formales. Hay casos en donde un grupo determinado en una comunidad no tomará parte en un proyecto de servicios financieros debido a influencias religiosas, étnicas u otras influencias sociales. Es importante conocer estas restricciones al identificar un mercado objetivo, a fin de poder desarrollar productos y servicios que tomen en consideración las limitaciones a que están sujetos algunos grupos.

Desarrollar y mantener un nivel de confianza cuando están involucrados diferentes grupos étnicos o religiosos puede dificultar la prestación de servicios financieros (las castas, aunque no constituyen solamente un factor étnico, pueden representar barreras culturales similares a las diferencias étnicas.) Las sociedades difieren en cuanto a su inventario de "capital social: aquellas características de la organización social, como *redes, normas y confianza*, que facilitan la coordinación y cooperación para beneficio mutuo" (Putnam 1993, 36). Estas estructuras dependen de las tradiciones de colaboración y de cierto nivel de confianza entre los miembros de una sociedad. En sociedades cuyo capital social es elevado, en donde se han desarrollado sistemas y estructuras para desarrollar la confianza y para fomentar transacciones sociales y económicas más allá de la familia y los parientes, será más fácil y menos costoso desarrollar sistemas sostenibles para la intermediación financiera (Bennett 1997).

Al identificar un mercado objetivo, las IMFs deben asegurarse de poder *comunicarse* claramente con sus clientes. Si existen barreras idiomáticas severas, ello podría ocasionar que los servicios financieros para determinados clientes se vuelvan excesivamente costosos. Además, la terminología legal o financiera, aun cuando forma parte del idioma del cliente, podría crear una barrera de comunicación. Las IMFs deben asegurarse de que la comunicación con los clientes se ajuste a su nivel de comprensión, en particular si los clientes están ansiosos por obtener acceso a los servicios financieros y no conocen todas las implicaciones y responsabilidades que esto conlleva. (Casilla 2.4).

Algunos grupos religiosos no permiten a sus miembros tomar parte en transacciones financieras. Tanto donantes como profesionales deberían estar conscientes de las prácticas religiosas que podrían afectar la prestación de servicios financieros y, por consiguiente, los objetivos y metas de la IMF. La banca islámica es un ejemplo de los mercados financieros directamente afectados por las prácticas religiosas (Casilla 2.5).

Tipos de microempresas

Además de determinar las características del grupo de población que será atendido por la IMF, también es importante considerar los tipos de actividades en que se

---

Casilla 2.4 La influencia de la etnicidad y el lenguaje en las microfinanzas

LOS PUEBLOS DOGON EN MALI HAN PERMANECIDO MUY apartados a lo largo de los años debido a su aislamiento físico y a la condición deficiente de las redes de comunicación. Por consiguiente, la cultura Dogon es relativamente homogénea y las tradiciones siguen siendo muy fuertes. Además, los pueblos han mantenido su propia identidad lingüística. Los dialectos varían de un pueblo a otro, lo cual dificulta la comunicación. Dogon posee sólo 600.000 habitantes, los cuales hablan por lo menos 30 dialectos diferentes.

Para una IMF local, la multitud de dialectos tiene tres aspectos importantes. Primero, todo el personal debe ser contratado localmente, tomando en consideración su capacidad para dominar varios dialectos. Segundo, las actividades de capacitación y los documentos de la administración bancaria para los habitantes del pueblo deben ser adaptados a varios dialectos. Tercero, el establecimiento de redes entre los bancos de los pueblos implica muchas traducciones.

Fuente: Contribuido por Cecile Fruman, Proyecto "Sustainable Banking with the Poor", Banco Mundial.

---

desenvuelve el mercado objetivo y el nivel de desarrollo de la empresa que se está financiando. Esto definirá adicionalmente los tipos de productos y servicios apropiados para el mercado de IMFs.

Las empresas pueden variar, dependiendo si existían con anterioridad o si son nuevas; si son inestables, estables o si están creciendo; y si se dedican a actividades comerciales, de producción o de servicios (Gráfica 2.2).

EMPRESAS EXISTENTES O NUEVAS. Al identificar un mercado objetivo, una IMF debe considerar si se concentrará en empresarios que ya operan una microempresa o en empresarios (o potenciales empresarios) que necesitan servicios financieros para poner en marcha una empresa y posiblemente para alguna forma de capacitación empresarial.

El capital de trabajo es la limitación más común identificada por los empresarios en *microempresas existentes*. Para obtener acceso al capital de trabajo, los microempresarios frecuentemente solicitan préstamos de fuentes financieras informales, tales como la familia y los amigos; de proveedores o de un prestamista local. Por lo general,

Casilla 2.5 La banca islámica

LOS PROVEEDORES FINANCIEROS DE LOS PAISES ISLAMICOS están sujetos a leyes bancarias específicas. La principal diferencia entre los productos bancarios islámicos y los convencionales es que la banca islámica no permite que el dinero sea tratado como objeto. El dinero debe ser utilizado en forma productiva (como la mano de obra o la tierra), y los ingresos se basarán únicamente en ganancias o en pérdidas reales. El banco y el empresario comparten el riesgo del proyecto. Los bancos islámicos no pueden cobrar ni pagar intereses (riba), ni pueden exigir medidas específicas en previsión de la inflación. Asimismo, estos bancos tienden a obtener sus ganancias a través de cargos e inversiones que no generan intereses (eso es, a través de las ganancias del proyecto). Sin embargo, cabe notar que debido a la naturaleza competitiva del ámbito bancario en general, el rendimiento de los productos bancarios islámicos se acerca al de los productos similares desarrollados por bancos convencionales.

Los bancos islámicos se rigen por el sharia (ley islámica y consejos de asesores), que dicta los productos correctos desde el punto de vista del Islamismo. Los sharia y sus interpretaciones de los textos religiosos varían según el país, lo que dificulta el desarrollo de productos estándar. Esto complica las iniciativas para establecer un ambiente regulatorio adecuado.

De alguna manera, la banca islámica es apropiada para las microfinanzas. En muchos casos no se exigen garantías. En vez de ello se hace énfasis en la rentabilidad del proyecto. Sin embargo, como por la naturaleza de la banca islámica muchas veces se exige al banco compartir con el cliente los riesgos del proyecto, se requiere de un estudio del proyecto más detallado del que llevaría a cabo un banco convencional. Por consiguiente, algunos bancos islámicos contratan a personal con formación técnica además del personal financiero más convencional.

Fuente: Khayat 1996.

Gráfica 2.2 Tipos de microempresas

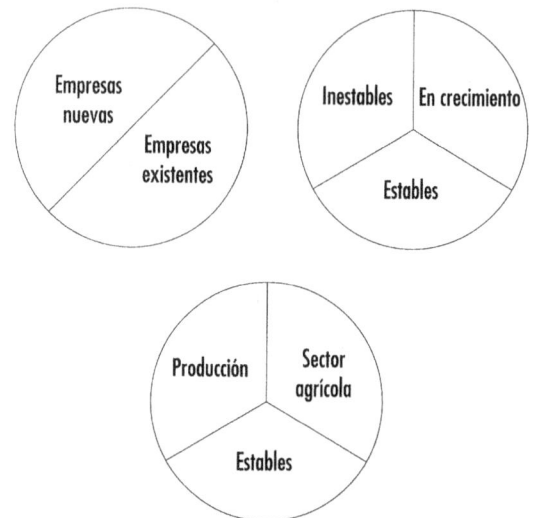

Fuente: Contribuido por Mike Goldberg, CGAP.

de la solicitud de préstamos y de ahorrar en diferentes momentos, según sea necesario).

Las ganancias también pueden incrementarse a través de la adquisición de bienes de capital, tales como máquinas de coser o calesas. El acceso a servicios financieros permanentes, incluyendo los préstamos para compras de capital y los servicios de ahorro para aumentar las reservas, permite a los microempresarios incrementar su base de activos y mejorar su capacidad de generación de ingresos.

Hay muchas ventajas en el trabajo con microempresarios existentes con anterioridad. Las empresas activas poseen un historial de éxito, lo cual reduce enormemente el riesgo para la IMF. Además, los microempresarios existentes tienen el potencial de crecer y de crear oportunidades de empleo. Sin embargo, algunos posiblemente tengan otras deudas (con prestamistas individuales, familiares u otras IMFs), a quienes pagarán con los ingresos de los nuevos préstamos, aumentando así el riesgo de incumplimiento para el nuevo prestamista (Casilla 2.6).

El objetivo de las IMFs que se dirigen a los empresarios potenciales frecuentemente es el alivio de la pobreza, en el supuesto que al ayudar a los empresarios potenciales a *poner en marcha* sus propias empresas, aumentarán sus ingresos y, por consiguiente, se reducirá su nivel de pobreza.

los prestamistas cobran tasas de interés relativamente altas y podrían no ofrecer productos crediticios o condiciones apropiadas para el prestatario. La capacidad de solicitar préstamos y de ahorrar en una IMF puede incrementar las ganancias de los microempresarios (a través de tasas de interés más bajas y del acceso a productos crediticios diseñados apropiadamente) y puede mejorar su capacidad para manejar necesidades de capital de trabajo (a través

---

Casilla 2.6 El trabajo realizado por la Asociación para el Desarrollo de Microempresas con microempresas existentes

LA ASOCIACIÓN PARA EL DESARROLLO DE MICROEMPRESAS (ADEMI) creó una metodología crediticia eficaz para satisfacer las necesidades de los clientes urbanos de bajos ingresos en la República Dominicana. En junio de 1997, ADEMI tenía una red de 25 subsidiarias para atender a más de 16.300 clientes. Sus activos sumaban RD606 millones (US$43 millones) y su patrimonio, RD242 millones (US$17 millones). ADEMI ha atendido a más de 40.000 pequeñas y microempresas durante los últimos 15 años, con un impacto directo en los trabajos de más de 200.000 propietarios y empleados de pequeñas y microempresas.

Objetivos. La creación de empleo y la prestación de servicios financieros sostenibles.

Clientes objetivo. Microempresas establecidas con un mínimo de un año de experiencia y con el potencial de crear nuevos empleos. Los clientes deben tener más de 18 años de edad, mostrar iniciativa y tener un nivel mínimo de aptitud empresarial para garantizar su éxito y crecimiento.

Servicios. Préstamos para capital de trabajo o la adquisición de maquinaria y equipo (activos fijos); y la tarjeta de crédito ADEMI Mastercard; préstamos para mejoramiento de viviendas; y servicios mínimos de ahorro. ADEMI no otorga préstamos de consumo.

Método. Préstamos individuales sin garantía formal, aunque ADEMI promueve el uso de fiadores y recupera la posesión de equipo o confisca otros activos cuando un cliente no paga. Todos los prestatarios deben suscribir un contrato legal y un pagaré, declarando su obligación de pagar los fondos en plazos especificados. En promedio, los plazos legales son de 10 a 34 meses; el pago se realiza en forma mensual; el monto promedio de los préstamos oscila entre US$1.000 y US$10.000 para microempresas; y las tasas de interés, entre el 2,2 y el 3 por ciento mensual.

Fuente: Benjamin y Ledgerwood 1998.

---

so a ciertos campos (debido a requisitos de inversión mínima, niveles tecnológicos y contactos en el mercado), un enfoque integral puede preparar a los empresarios potenciales antes de contraer una deuda. Sin embargo, el impacto de los cursos de capacitación y la asistencia técnica no están claramente relacionados con una mayor producción, rentabilidad, creación de empleos y reinversión. Si los servicios son subsidiados, puede ser difícil retirar los subsidios y poner a la empresa en igualdad de condiciones con los competidores locales. También, los programas de capacitación muchas veces asumen que cualquier persona puede convertirse en empresario, lo cual no es el caso porque no todas las personas están dispuestas a correr los riesgos inherentes a poseer y operar una empresa (aunque los servicios de intermediación social pueden ayudar; ver Capítulo 3). Además, los cursos de capacitación relacionados con el acceso al crédito en ocasiones asumen que los empresarios no pueden contribuir con su propio patrimonio y que el crédito debería otorgarse para el 100 por ciento de la inversión.

La mayoría de IMFs prefiere enfocarse en las empresas existentes, tal vez invirtiendo en empresas nuevas solamente una pequeña porción de su cartera y, por lo tanto, reduciendo su riesgo. De nuevo, esto depende de sus objetivos y del equilibrio entre los costos mayores (y préstamos menores) para empresas nuevas, por una parte, y la sostenibilidad, por la otra.

NIVEL DE DESARROLLO EMPRESARIAL. El nivel de desarrollo empresarial es otra consideración al identificar los tipos de microempresas a las cuales una IMF desea prestar servicios financieros. Esto está estrechamente relacionado con el nivel de pobreza existente en un mercado objetivo potencial. Por lo general, hay tres niveles de desarrollo empresarial de microempresas que se benefician del acceso a los servicios financieros:

- *Sobrevivientes inestables*, con operadores que no han encontrado otro empleo, cuyas empresas tienden a ser muy inestables por un período limitado de tiempo
- *Sobrevivientes estables*, con operadores para quienes la microempresa provee un medio de vida modesto pero decente, pero que rara vez crece
- *Empresas en crecimiento* o empresas que tienen el potencial de crecer y de convertirse en pequeñas empresas realmente dinámicas.

Los *sobrevivientes inestables* constituyen el grupo más difícil para prestar servicios financieros de una manera

---

Sin embargo, los empresarios potenciales muchas veces necesitan más que sólo servicios financieros. Muchos necesitan capacitación en destrezas u otros insumos para hacer que sus empresas tengan éxito. Cuando existen barreras considerables para obtener acce-

sostenible porque los montos de los préstamos tienden a permanecer pequeños y el riesgo de fracaso de las empresas es alto. Enfocarse en sobrevivientes inestables como mercado objetivo puede tener como resultado la inversión de una gran cantidad de tiempo en los clientes sólo para asegurarse de que sus empresas sobrevivirán y que se mantendrán con la capacidad de amortizar préstamos. También podría haber necesidad de alguna asistencia técnica, de lo que se podrían derivar inversiones de tiempo adicionales y costos mayores. Además, los sobrevivientes inestables muchas veces necesitan créditos para facilitar el consumo y no para actividades de generación de ingresos. Dependiendo de los objetivos de la IMF, estos préstamos provisionales podrían ser o no ser apropiados.

Por lo general, la capacidad de endeudamiento de los sobrevivientes inestables no aumenta. Por consiguiente, la IMF es limitada en sus intentos de reducir costos o de aumentar los ingresos porque los montos de los préstamos permanecen bajos. Aunque la meta inmediata de las IMFs no siempre es alcanzar la autosuficiencia financiera, a largo plazo la decisión de concentrarse en los sobrevivientes inestables probablemente sería una estrategia de tiempo limitado porque el acceso al financiamiento de donantes podría ser restringido.

Los *sobrevivientes estables* integran el grupo en el cual se centran muchas IMFs y para los cuales es vital el acceso a una fuente constante de crédito. Éste es el grupo que se beneficia del acceso a los servicios financieros para satisfacer tanto las necesidades de producción como de consumo, aunque no necesariamente soliciten a la IMF otros aportes.

Los sobrevivientes estables son seleccionados por los proveedores microfinancieros cuyo objetivo es la reducción de la pobreza. Para estas empresas, los ingresos por mano de obra son relativamente bajos, y las imperfecciones del mercado y las condiciones de un solo comprador pueden tener como resultado posiciones desiguales en las negociaciones. Muchas veces, los sobrevivientes estables son mujeres que se desempeñan en actividades relacionadas con la familia (proveer alimentos, agua y medicinas, cocinar y cuidar a los niños), a la vez que se dedican a actividades de generación de ingresos. Hay cambios estacionales y ciclos en la vida doméstica que muchas veces obligan a estas personas a consumir en vez de invertir en la empresa. Por lo general, las ganancias son bajas y conducen a una baja reinversión, una baja producción y un alto nivel de vulnerabilidad.

Las ganancias permanecen bajas a causa de los siguientes factores:

- La naturaleza poco especializada del producto
- La falta de información oportuna y completa sobre el mercado (más allá del mercado local)
- Las instalaciones de infraestructura subdesarrolladas
- La falta de servicios de valor agregado (como el empaque)
- El número de productores con productos similares.

Las experiencias con este grupo objetivo han demostrado ventajas y desventajas. Entre las ventajas cabe enumerar las siguientes:

- El alto impacto de un proyecto de servicios financieros en los niveles de pobreza, en vista de que estas empresas son manejadas por hogares pobres.
- El alto índice de pago, debido al acceso limitado a otras fuentes de crédito y a los costos económicos, sociales y financieros de dichas alternativas
- Servicios de ahorro eficaces, en vista de que rara vez hay formas alternativas seguras y líquidas de ahorro que ofrecen una ganancia para los operadores de estas empresas (también son una ayuda para el consumo de hogares pobres)
- Una disposición general a trabajar con nuevas tecnologías crediticias (tales como grupos) como alternativa a una garantía tangible.

Las desventajas podrían incluir las siguientes:

- Poca o ninguna creación de empleos como resultado del apoyo a estas empresas
- Crecimiento potencial limitado o alto riesgo de covarianza porque muchos empresarios se desempeñan en el mismo negocio (financiarlos puede crear un exceso de competencia, lo que significa que la cartera de préstamos debe crecer al aumentar el número de clientes en vez de aumentar los montos de los préstamos para buenos clientes)
- Dificultad de movilización de ahorros a largo plazo, en vista de que los hogares están acostumbrados al aumento estacional de los ahorros y a ciclos de liquidación.

Las *empresas en crecimiento* frecuentemente son el foco de las IMFs cuyo objetivo es la creación de empleos y cuyo deseo es trasladar a los microempresarios del sector informal a un ambiente cada vez más formal. Estas IMFs muchas veces establecen conexiones con el sector formal y proveen productos y servicios adicionales. Las empresas en crecimiento representan el extremo superior de la escala de pobreza: suelen representar el menor riesgo para la IMF. Aunque por lo general constituyen una serie heterogénea de empresas, tienden a compartir algunas características y enfrentan problemas similares. La mayoría tiene experiencia tanto en la producción como en la adopción de riesgos, sus registros contables se reducen a un mínimo y por lo general no pagan impuestos. Además, frecuentemente poseen poca o ninguna experiencia administrativa formal. Otras similitudes incluyen las siguientes:

- *Línea de productos y mano de obra*. Las empresas que producen un único producto o una sola línea de productos para atender a una variedad reducida de puntos de venta en el mercado y de clientes tienden a hacer uso de técnicas de producción que requieren mucha mano de obra y dependen de la mano de obra de familiares y aprendices.
- *Capital de trabajo y manejo de activos fijos*. Estas empresas desarrollan lentamente su base de activos y lo hacen en forma *ad hoc*. Dependen en gran medida del crédito familiar para el capital de inversión inicial y de préstamos del sector informal como capital de trabajo. El flujo de efectivo es una preocupación constante, y son muy sensibles a las oscilaciones en los precios de la producción y de la materia prima. Muchas veces utilizan equipo de segunda mano.

Las microempresas orientadas al crecimiento podrían ser un grupo objetivo atractivo porque ofrecen potencial para la creación de empleos y capacitación vocacional dentro de la comunidad. Pueden parecerse a las empresas del sector formal en términos de los activos fijos, la permanencia y la planificación, lo que ofrece el potencial de garantías físicas y un análisis empresarial más completo. Todos estos elementos compensan el riesgo para la IMF.

Sin embargo, seleccionar las microempresas orientadas al crecimiento puede requerir un enfoque más involucrado por parte de la IMF. Las empresas orientadas al crecimiento podrían necesitar algunos o todos los servicios siguientes:

- Asistencia para seleccionar nuevas líneas de productos y servicios de valor agregado
- Capital de trabajo y a veces créditos de inversión de más largo plazo
- Sistemas contables para rastrear los costos
- Asesoría de mercadeo para ayudar a encontrar nuevos mercados.

TIPO DE ACTIVIDAD EMPRESARIAL. Aunque el nivel de desarrollo empresarial es una consideración importante al identificar un mercado objetivo, el sector de actividades económicas también es importante. Por lo general, las empresas pueden dividirse en los tres sectores primarios: producción, servicios y agricultura. Cada sector tiene sus propios riesgos específicos y necesidades de financiamiento que influencian directamente las decisiones tomadas por la IMF y los productos y servicios proporcionados. La Tabla 2.1 identifica el propósito del préstamo, el plazo del préstamo y la garantía disponible para cada uno de los tres sectores primarios.

El enfoque en un solo sector económico trae consigo varias ventajas:

- Los oficiales de crédito pueden enfocar su aprendizaje en un solo sector, y por lo tanto desarrollan un conocimiento de las características y los asuntos que enfrentan sus prestatarios. Por consiguiente, podrían ser capaces de proporcionar asistencia técnica con mayor facilidad si se requiere.
- Un producto crediticio podría ser suficiente para todos, racionalizando así las operaciones y reduciendo los costos de las transacciones.

Sin embargo, las IMFs están sujetas al riesgo de covarianza cuando seleccionan un mercado objetivo activo en un solo sector económico.

Tabla 2.1 Características del crédito del sector empresarial

Criterio	Agricultura	Producción	Servicios
Uso de los fondos del préstamo	Capital de trabajo, algunos activos fijos	Capital de trabajo, activos fijos, infraestructura	Capital de trabajo, algunos activos fijos
Plazo del préstamo	Estación de cultivo	6 meses–5 años	4 meses–2 años
Monto de la garantía disponible	Mínimo	Bueno	Mínimo

Fuente: Waterfield y Duval 1996.

No todas la IMFs se dirigen a un solo sector económico. Muchas prestan servicios financieros a una combinación de sectores, diseñando productos crediticios o de ahorro o ambos para cada uno de los mismos. Sin embargo, por lo general se recomienda que las IMFs se enfoquen en un solo sector hasta que hayan desarrollado un enfoque sostenible antes de desarrollar nuevos productos (teniendo en mente el mayor riesgo de covarianza).

Dependiendo de los objetivos de las IMFs, la selección de un mercado objetivo basado en el sector empresarial le permite diferenciar claramente sus productos e influenciar el tipo de actividades en un área determinada. Esto se evidencia en la experiencia de la Fundación para el Financiamiento y Desarrollo Empresarial en Albania (Casilla 2.7).

Una vez un mercado objetivo ha sido identificado, la IMF debe diseñar sus productos y servicios para satisfacer las necesidades de dicho mercado (ver Capítulo 3). Sin embargo, antes de hacerlo, es importante considerar el tipo de impacto que la IMF espera lograr. Esto ayudará a desarrollar productos y servicios y debería ser considerado parte del proceso de diseño. Esto es particularmente relevante si la IMF desea mantener una base de datos sobre el mercado objetivo para ver el impacto de los servicios financieros con el paso del tiempo.

Análisis de impacto

Analizar el impacto de las intervenciones microfinancieras es especialmente importante si las intervenciones en última instancia se dirigen a la reducción de la pobreza (como lo son la mayoría).[2] Si los profesionales de las microfinanzas no realizan esfuerzos para determinar quién está siendo beneficiado por los servicios financieros y cómo los mismos están afectando sus vidas, se hace difícil justificar las microfinanzas como una herramienta de reducción de la pobreza.

En el sentido más genérico, el análisis de impacto es cualquier proceso que busca determinar si una intervención ha tenido el resultado deseado. Si la intervención es, por ejemplo, un programa de vacunación y el resultado deseado es prevenir la polio, el análisis de impacto se enfocaría en los índices de polio. Si se pudiera demostrar que los índices de polio disminuyeron como resultado de las vacunaciones, el programa podría considerarse exitoso. En otras palabras, el impacto analizado debería corresponder al resultado deseado.

El análisis de impacto de las microfinanzas es el proceso por el cual se determinan los efectos de las microfinanzas como intervención. Los efectos examinados dependen de los resultados que se persiguieron (los objetivos de la IMF). Por lo general, mientras más limitadas son las metas de la intervención, menos problemático es el análisis de impacto.

Las decisiones respecto al grado, la frecuencia y el alcance de un análisis de impacto implican la consideración de los siguientes factores:

- El tiempo y el costo
- Los inconvenientes para la institución y sus clientes

Casilla 2.7 El Enfoque de Desarrollo de Sectores de la Fundación de Financiamiento y Desarrollo Empresarial

La FUNDACIÓN DE FINANCIAMIENTO Y DESARROLLO Empresarial (FEFAD) inició operaciones en Tirana, Albania, en enero de 1996. FEFAD otorga préstamos a personas individuales en áreas urbanas para pequeñas y medianas empresas. A finales de 1996, tenía más de 300 préstamos pendientes con un saldo total pendiente de 165 millones de leks (US$1,5 millones).

FEFAD se concentra en tres sectores empresariales: producción (40 por ciento), servicios (20 por ciento), y comercio (40 por ciento). No se financian proyectos de construcción ni actividades agrícolas. Las tasas de interés anuales en febrero de 1997 eran del 26 por ciento para préstamos de producción, del 30 por ciento para préstamos de servicios y del 32 por ciento para préstamos de comercio. El diferencial en las tasas de interés se basa en un mayor interés de FEFAD por la promoción de las actividades de producción sobre aquellas de los otros dos sectores.

Fuente: Ledgerwood 1997.

---

2. Esta sección fue escrita por Thomas Dichter. Se asume un conocimiento básico de estadística, de las técnicas de muestreo y del amplio espectro de métodos de evaluación de campo. Si hay palabras con las cuales los lectores no están familiarizados, deberían leer algunas de las fuentes enumeradas al final de este capítulo para entender mejor las destrezas y los recursos necesarios para realizar un análisis de impacto microfinanciero.

- La manera en cómo se utilizarán los resultados (el temor de malas noticias).

Todas las intervenciones pueden tener consecuencias no planeadas. Es opcional buscar e investigar los impactos no planeados, pero el análisis es más completo en la medida que estas consecuencias no planeadas puedan ser esclarecidas.

Algunos usuarios probables de los análisis de impacto de las microfinanzas pueden ser los siguientes:

- Profesionales de las microfinanzas
- Donantes
- Formuladores de políticas
- Académicos.

Tanto profesionales como donantes suelen preocuparse de mejorar sus instituciones o las instituciones que apoyan, y de saber si sus intervenciones tienen el impacto deseado. Por lo tanto, también podrían estar interesados en el análisis de impacto como forma de investigación del mercado a través del cual podrán aprender más sobre las necesidades de sus clientes y sobre la manera de mejorar sus servicios. La evaluación de los impactos también puede contribuir a las decisiones relacionadas con las asignaciones presupuestarias.

A los formuladores de políticas y a los académicos solamente les preocupa atribuir los efectos del impacto a las intervenciones de las microfinanzas. Pueden utilizar la información de la evaluación del impacto para influenciar los cambios de políticas y las decisiones relacionadas con la asignación presupuestaria y para abordar cuestiones apropiadas para la investigación académica.

Los impactos a ser analizados podrían guardar una correlación con los impactos deseados. La mayoría de IMFs ven en el microfinanciamiento un medio rentable de reducir o de aliviar la pobreza, pero las intenciones y expectativas detalladas de los programas de microfinanciamiento pueden diferir considerablemente. Un buen punto de partida para los analistas de impacto es la misión o meta de la IMF.

Tipos de impacto

En términos generales, los impactos de las actividades microfinancieras se pueden agrupar en tres categorías:

- Económica
- Sociopolítica o cultural
- Personal o psicológica

Dentro de cada una de estas categorías hay diferentes niveles de efecto y diferentes objetivos.

IMPACTOS ECONÓMICOS. Los impactos económicos pueden ser a nivel de la economía misma. Una IMF que beneficia a cientos de miles de clientes puede esperar o desear causar impacto en términos de cambios en el crecimiento económico de una región o sector.

- Una IMF puede buscar resultados a nivel de la empresa. En ese caso, buscará la expansión empresarial o la transformación de la empresa como impacto primario.
- Otra podría buscar ganancias netas en los ingresos de un subsector de la economía informal (por ejemplo, los operadores y propietarios de calesas de tres ruedas).
- Otra puede aspirar a causar impacto en términos de la acumulación agregada de riqueza a nivel de la comunidad o del hogar.
- Otra puede buscar impactos positivos en términos de "protección" de ingresos o recursos económicos (reduciendo la vulnerabilidad de los pobres a través de lo que se ha dado en llamar ayuda al consumo).

IMPACTOS SOCIOPOLÍTICOS O CULTURALES. Una IMF puede desear un cambio en la condición político-económica de un subsector en particular.

- Un proyecto dirigido al crédito para dueños de calesas de tres ruedas puede esperar que el mejoramiento de su negocio les permitirá trasladarse colectivamente a una condición formal, ya sea formando una asociación o teniendo la posibilidad de cambiar las políticas a su favor.
- Una IMF en un área rural remota podría esperar ayudar a transferir a los habitantes rurales de una economía de trueque a una economía monetarizada.
- Otra puede esperar cambios en las relaciones de poder (y condición). Por ejemplo, una IMF dirigida a un grupo étnico minoritario podría buscar impacto en términos de cambiar el equilibrio de poder entre ese grupo y el grupo mayoritario local.
- Otra podría aspirar a lograr como impacto primario, la redistribución de activos (y del poder o la toma de decisiones) a nivel del hogar (por ejemplo, trasladar parte de las decisiones económicas de hombres a mujeres).
- Otra podría tratar de lograr cambios en la nutrición de los niños o en la educación como resultado de una actividad microfinanciera dirigida a sus madres.

Casilla 2.8 El impacto del financiamiento en la economía rural de la India

UN ESTUDIO RECIENTE SOBRE EL FINANCIAMIENTO RURAL en la India analiza datos de los años 1972 a 1981 para 85 distritos rurales. El estudio encontró que el gobierno de la India había ejercido una política de expansión rápida y forzada de los bancos comerciales hacia las áreas rurales. Esta expansión tuvo como resultado un rápido aumento de empleos rurales no agrícolas y un incremento modesto en el índice salarial rural. Por deducción el estudio concluye que esta política debe haber incidido considerablemente en el crecimiento del sector rural no agrícola. Estas conclusiones sugieren que la expansión de los bancos comerciales hacia las áreas rurales tuvo como resultado la eliminación de severas limitaciones en los mercados financieros rurales y condujo a una profundización significativa del financiamiento rural.

El gobierno de la India también ejerció una política de dirección en los bancos comerciales y en las instituciones crediticias cooperativas, a fin de otorgar préstamos específicamente para la agricultura. El estudio encontró que la expansión de los volúmenes de crédito rural y agrícola registraban un pequeño impacto positivo sobre la producción agrícola en conjunto. Este pequeño aumento se debe a un incremento en el uso de fertilizantes y al aumento de inversiones en animales y en sistemas de bombeo para irrigación.

A su vez, disminuyó el empleo agrícola. Esto sugiere que la política de préstamos obligados para la agricultura tenía un impacto mayor en la sustitución de capital por mano de obra que en la producción agrícola, un resultado evidentemente contraproducente si se toma en cuenta la abundancia de mano de obra en la India.

El estudio hace una comparación entre el modesto aumento de la producción agrícola y los costos que para el gobierno genera el crédito dirigido para la agricultura, subsidiado modestamente. Los costos para el gobierno incluyen los cálculos aproximados de los costos de transacción, el subsidio de los intereses y las pérdidas de préstamos en el sistema. Asumiendo un índice de mora del 10 por ciento, las conclusiones sugieren que el valor de la producción agrícola adicional provocada por el crédito dirigido casi cubrió el costo que para el gobierno significaba su otorgamiento. Por supuesto, los agricultores poseen costos adicionales al hacer sus inversiones, los cuales no están incluidos en los costos del gobierno.

Estas conclusiones indican que la profundización del sistema de intermediación financiera rural en la India ha registrado grandes beneficios a favor del crecimiento rural, el empleo y la asistencia social, pero que el beneficio del crédito dirigido específicamente a la agricultura fue dudoso.

Fuente: Binswanger y Khandker 1995.

IMPACTOS PERSONALES O PSICOLÓGICOS. El microfinanciamiento puede desarrollar en los prestatarios la conciencia de sí mismos.

Estos impactos constituyen la otra mitad de los efectos de potenciación. La primera mitad es política en algún sentido: las personas adquieren mayor poder en el hogar o en la comunidad como resultado de los servicios financieros. La segunda mitad es interna y tiene relación con el cambio que una persona experimenta en la visión de sí mismo. Un cambio de este tipo, si es positivo, puede allanar el camino para otros cambios. Por ejemplo, una persona que se siente más confiada podría estar dispuesta a correr nuevos tipos de riesgos, tales como poner en marcha o expandir una empresa.

Por supuesto, las tres categorías de impacto general (así como los diferentes niveles y objetivos) pueden variar en términos de los efectos primarios y secundarios. Por último, un impacto de alguna de estas categorías puede causar impacto sobre una o varias de las categorías restantes.

¿Qué tipos de impactos hemos observado con las microfinanzas?

En la breve historia del análisis de impacto de la microfinanzas, hemos visto relativamente poco impacto a nivel macro. Sin embargo, pocas IMFs buscan impactos a nivel de la economía en conjunto.

En relación a los impactos a nivel de las microempresas en la economía informal, el conjunto de evidencias sugiere que el crédito a la microempresa no tiene como resultado un aumento neto significativo en el empleo, pero puede conducir, y de hecho lo hace, al mayor uso de la mano de obra familiar. Podemos afirmar que aún no hay evidencia sólida de crecimiento y transformación empresarial como resultado del crédito a la microempresa, pero hay evidencia de que el crédito permite a las empresas sobrevivir (mantener sus operaciones) en momentos de crisis.

El campo de las microfinanzas aún no ha acumulado un gran conjunto de análisis de impacto investigados en profundidad. En años recientes, se han realizado revisiones de los estudios de impacto existentes y éstos, al igual que otras investigaciones en relación con la naturaleza de la pobreza a nivel de las bases, han empezado a interactuar con la disciplina del análisis de impacto. Como resultado, las preguntas han empezado a cambiar. Una nueva evidencia empírica permite redirigir algunas de las preguntas sobre el impacto y con ello las microfinanzas mismas.

Johnson y Rogaly (1997), por ejemplo, establecen una distinción útil entre las tres fuentes de pobreza:
- Falta de ingresos
- Vulnerabilidad a las fluctuaciones de ingresos
- Impotencia (pocas opciones y poco control).

Por lo tanto, las intervenciones pueden promover la generación de ingresos, proteger los ingresos o potenciar a las personas. Ellos indican que la mayoría de IMFs, en especial las manejadas por ONGs, miden (o más frecuentemente calculan) solamente el primero de estos. Así, sólo toman en cuenta los cambios de ingresos como resultado del crédito (Johnson y Rogaly 1997). Esto está cambiando gradualmente.

A NIVEL DEL HOGAR. Aunque muchas IMFs aún dirigen el crédito a microempresas del sector informal existentes con anterioridad, actualmente muchas otras dirigen el crédito específicamente a mujeres dedicadas a lo que podría llamarse una actividad de generación de ingresos y no una empresa. A estas IMFs les preocupa menos si el crédito es utilizado para "propósitos empresariales". Unas cuantas IMFs también otorgan préstamos explícitamente para el consumo y buscan impactos a nivel del hogar.

Convertir a los hogares y a la economía doméstica en los objetivos de las microfinanzas está aumentando, en vista de que la investigación demuestra la importancia de reducir la inseguridad económica de los pobres, no a través del aumento de sus ingresos, sino de la "protección" de lo poco que tienen y de la reducción de su vulnerabilidad (Corbett 1988).

Una revisión reciente de la investigación sobre el impacto analiza el concepto de "la cartera económica doméstica" como la suma total de recursos humanos, físicos y financieros, que se encuentra en una relación dinámica con la suma total de actividades domésticas de consumo, producción e inversión (Dunn 1996). Este enfoque muy realista respecto a la manera en que el crédito es utilizado por muchos prestatarios nos ayuda a entender que las categorías de "prestar para la producción" y "prestar para el consumo" no siempre son útiles en la práctica.

A NIVEL INDIVIDUAL. En forma similar, cuando el hogar –visto como una pequeña economía en sí misma– se convirtió en el concepto rector del análisis de impacto, los modelos económicos formales de toma de decisiones domésticas ingresaron en el razonamiento económico. Por ejemplo, "el rol de las preferencias individuales, los recursos y el poder de negociación en decisiones intradomésticas" actualmente se reconoce como importante (Chen y Dunn 1996). Dichos conceptos están empezando a usarse como maneras de establecer cambios tanto a nivel del hogar (como una unidad social y económica) como entre las personas que viven en el mismo. Por lo tanto, mientras la evidencia de los impactos importantes para la salud y la nutrición es insignificante y los resultados en la educación como resultado de las intervenciones microfinancieras son mixtos, actualmente podemos ver resultados de "potenciación" de la mujer que son significativos. (Debería hacerse énfasis en que nos estamos refiriendo a cambios atribuibles al crédito únicamente. Hay estudios que indican que al combinar los servicios crediticios con servicios de educación sobre salud o nutrición, ofrecidos a grupos, éstos tienen como resultado las mejoras en la salud, nutrición y educación.)

Equivalentes de impacto

Realizar un buen impacto de análisis (y, por consiguiente, creíble) puede ser difícil y costoso. Para abordar este dilema, existe una escuela de pensamiento que aboga por ciertos "equivalentes" del impacto. Otero y Rhyne han resumido la historia reciente de las microfinanzas y sostienen que se ha observado un desplazamiento del enfoque que privilegia a la empresa individual o al cliente de los servicios financieros hacia uno que se centra en las instituciones que prestan los servicios. Este enfoque de los sistemas financieros "necesariamente relaja su atención al 'impacto' en términos del crecimiento medible de la empresa y en cambio se enfoca en los indicadores de un mayor acceso a los servicios financieros" (Otero y Rhyne 1994).

A veces, la *disposición a pagar* se considera como un equivalente del impacto. Esencialmente esta visión deriva de un paradigma de las economías de mercado – los clientes son los clientes; si el producto se pone a su disposición y ellos lo compran, entonces hay un valor. Por lo tanto, el análisis de impacto de las microfinanzas debería concentrarse en la evidencia de una buena proyección y de la disposición a pagar.

El razonamiento que considera la disposición a pagar como una prueba de impacto se basa en que los servicios financieros suelen requerir que los clientes paguen el costo de adquisición del servicio en forma de pagos de intereses y de cargos, así como la transacción y el costo de oportunidad del tiempo necesario para asistir a reuniones de grupos o de abordar otros aspectos del proceso crediticio. Si los clientes hacen uso de los servicios (créditos) en repetidas ocasiones y, por lo tanto, pagan por ellos en repetidas ocasiones (y a tiempo), es evidente que valoran los servicios más que el costo. Por lo tanto, se puede conjeturar que el cliente considera que los beneficios (el impacto) de este servicio en su vida excede el costo. Los índices altos de pago y los atrasos bajos pueden tomarse como una evidencia a primera vista de la disposición a pagar. (Esto también se puede aplicar a los servicios de ahorro; si la gente continúa utilizando los servicios de ahorro en una IMF, se puede asumir que el servicio es valorado).

Pero hay algunas advertencias respecto a esta prueba. Por ejemplo, cuando un cliente utiliza un servicio una sola vez (y se retira) o si el servicio tiene un precio inferior a su valor en el mercado (por ejemplo, a través de tasas de interés subsidiadas), no queda claro si este servicio aún sería valorado si el costo fuera elevado a un monto sostenible. La prueba de la disposición a pagar también puede proporcionar resultados poco claros si un servicio determinado es relacionado con otros servicios (tales como educación para la nutrición), si implica coerción (como en el caso que una mujer es obligada por su marido a solicitar un préstamo), o si los efectos intradomésticos son mixtos (por ejemplo, la disminución de la asistencia de las niñas a la escuela a causa de las mayores exigencias de mano de obra en el hogar).

Por lo tanto, aunque la disposición a pagar es un equivalente simple y de bajo costo para el impacto, las

debilidades son considerables e incluyen las siguientes consideraciones:

- La magnitud del impacto es difícil de determinar.
- Los efectos intradomésticos no son captados.
- El impacto del desarrollo a largo plazo (reducción de la pobreza) es indefinido.

Quizá el mayor argumento en contra de los equivalentes determinados por el mercado, tales como la disposición a pagar, es que suponen que el microfinanciamiento es un producto para el mercado como cualquier otro. Si el microfinanciamiento fuera un mero producto no habría que preocuparse de ver más allá de la disposición a pagar, de la misma manera en que los vendedores de cigarrillos interpretan sus ganancias como evidencia suficiente del éxito de su producto. El microfinanciamiento, sin embargo, supone ser una herramienta para la reducción de la pobreza, que es la razón por la cual muchos expertos sostienen que analizar su impacto en la pobreza es una tarea inevitable (ver Hulme 1997, quien afirma claramente que el monitoreo del rendimiento de la IMF no es suficiente).

Los análisis de impactos orientados a los clientes

La otra escuela de pensamiento en relación con el análisis de impacto considera que es preciso intentar evaluar, analizar y medir los impactos directos. Desafortunadamente, el dilema del costo y la dificultad inherente de conducir un análisis de este tipo han sido problemas persistentes, los cuales han conducido a una actitud general de evitar la tarea. Pocas IMFs invierten mayormente en el análisis de impactos, y las publicaciones sobre microfinanzas y desarrollo microempresarial han sido notablemente escuetas en lo referente al análisis del tema. (Por ejemplo, el Small Enterprise Development Journal ha publicado muy pocos artículos sobre el tema en los últimos siete años). Una excepción es PRODEM en Bolivia (Casilla 2.9).

Se estableció con anterioridad qué medidas están relacionadas con la misión y las metas de una IMF. Si, por ejemplo, la misión de la IMF es la reducción de la pobreza, una pregunta adicional a ser planteada sería: ¿Cómo interviene la IMF en nombre de los pobres? Si el otorgamiento de crédito es el instrumento principal, entonces el tema decisivo para cualquier investigación de impacto será necesariamente el ser humano, independientemente de si el enfoque se encuentra en aumentar los

---

Casilla 2.9 El Proyecto de Análisis de Impacto y Mercado de PRODEM

PRODEM ES UNA ORGANIZACIÓN BOLIVIANA SIN FINES DE lucro que brinda apoyo al sector de la microempresa con el propósito de mejorar la calidad de vida de los empresarios del sector informal. En 1995, Calmeadow, una organización canadiense sin fines de lucro que trabaja en el campo de las microfinanzas, desarrolló un estudio de impacto para PRODEM. A diferencia de los enfoques tradicionales del análisis de impacto, que están dirigidos a relacionar los cambios en la calidad de vida de los prestatarios con el uso de servicios financieros, este estudio de impacto fue diseñado para proveer retroalimentación directa, no sólo sobre los cambios que podrían ocurrir en las vidas de los clientes de PRODEM durante el período que están asociados con esta organización, sino también en sus necesidades de crédito cambiantes y en la naturaleza evolutiva de sus actividades productivas. Se esperaba que la información generada ayudaría a PRODEM a desarrollar adicionalmente sus productos crediticios para mejorar los servicios que ofrece como microprestamista rural.

El estudio fue diseñado para analizar los sistemas de relaciones que constituyen las vidas productivas de los clientes de PRODEM (proveedores, comerciantes, transportistas y mercados de compradores) y para proveer la oportunidad de conocer el rol actual y potencial de PRODEM como parte de las estrategias financieras (tanto para la producción como para el consumo doméstico) de estos clientes.

El estudio se basó en seis objetivos:
- Evaluar indicadores de cambio socioeconómico para clientes y sus hogares a lo largo de un período de tres años que puede ser relacionado con el uso de los servicios crediticios de PRODEM.
- Evaluar cambios en las empresas de los clientes y en sus actividades productivas a consecuencia del acceso a los servicios crediticios de PRODEM.
- Evaluar el impacto de los servicios crediticios de PRODEM en subsectores económicos seleccionados para proveer la oportunidad de conocer el contexto de las operaciones de las empresas de los clientes de PRODEM.
- Adquirir un mayor conocimiento de los mercados de los clientes rurales para evaluar las necesidades de crédito y las oportunidades del mercado.
- Utilizar la recolección de datos y los procesos analíticos como oportunidad de desarrollo del personal, tanto para los oficiales de campo como para el personal de las oficinas centrales a través de la exposición a nuevos enfoques metodológicos.
- Contribuir al campo de la evaluación de impacto en general mediante el desarrollo de un modelo de estudio innovador que incorpora el análisis del impacto del crédito nuevo en mercados locales y vincula los impactos a nivel doméstico y empresarial con los cambios que ocurren en los mercados de los cuales dependen.

El estudio hizo uso de datos recolectados a través de encuestas y entrevistas exhaustivas en dos áreas en donde opera PRODEM y en una comunidad de control.

Fuente: Burnett 1995.

---

ingresos o los efectos de la cartera económica doméstica o los resultados de potenciación. Aquí es donde empieza la mayoría de los dilemas metodológicos.

EL DILEMA DEL TEMA HUMANO COMO "OBJETIVO DINÁMICO". Si una IMF desea inducir un cambio positivo en la vida de los pobres, a mayor impacto esperado como resultado de una intervención directa, mayor será la complejidad de la dinámica humana que enfrentará el análisis. Para el microfinanciamiento dirigido a reducir la pobreza, la esencia del problema de la medición de impacto es que su objeto son seres humanos. Como tales son únicos, y también forman parte de una cultura y una sociedad. Y como si no fuera suficiente tratar con estas tres variables (la cultura, la sociedad y la persona), las tres pueden cambiar a diferente velocidad.

Si la misión de un proyecto de desarrollo fuera construir una represa para irrigar miles de acres de tierras anteriormente incultivables, el impacto de dichas metas podría evaluarse con alguna confianza. El impacto de la represa sobre la tierra podría medirse con precisión. Podría haber pocas dudas sobre conclusiones que indicaran que un número específico de hectáreas mejoraron las condiciones del suelo y, por consiguiente, se produjo un número de toneladas de alimentos en donde anteriormente no crecía nada. También habría, por supuesto, impactos en las vidas de las personas, y estos habrían sido más difíciles de evaluar, pero ellos no eran los objetivos declarados del proyecto.

En el caso de las microfinanzas se observa un dilema similar, pero con una diferencia. Si una IMF está dirigida a prestar servicios financieros a los pobres para reducir su pobreza, entonces la institución no puede refugiarse simplemente en evaluar lo bien que se ponen los servicios a disposición de las personas (lo cual equivale a considerar lo bien que fue construida la represa). Debido a que el resultado final declarado –la reducción de la pobreza– es plenamente medible sólo en relación directa con las vidas de los seres humanos, el número de posibles efectos, distorsiones y variantes de dichos efectos es, para expresarlo suavemente, mucho mayor que en el caso donde la intención del impacto directo de un proyecto es lograr aumentar las áreas cultivables como resultado de la construcción de una represa.

La interacción dinámica entre los seres humanos individuales, su sociedad local y su cultura puede producir resultados sorprendentes y puede anular un impacto positivo. Yaqub (1995) describe un plan de microcrédito para grupos, operado por BRAC en Bangladesh. El plan fue considerado exitoso – según la medición del aumento de riqueza agregada de los miembros. Pero se debe precisamente a la riqueza agregada que la naturaleza de las relaciones en el grupo y su cultura empezaron a cambiar. Debido a que ni los integrantes del grupo ni sus "oportunidades de vida" son las mismas, algunas personas se fueron encontrando gradualmente en mejores condiciones que otros. Como demostró Yaqub, algunos miembros con nuevas riquezas empezaron a considerar que tenían menos que perder al ignorar la presión del grupo para pagar y, por lo tanto, se convirtieron en clientes morosos. Ésta fue una función del nuevo poder de su riqueza y no de su incapacidad de pago. Si el incumplimiento del pago causado por el uso exitoso del crédito tuvo como resultado la disolución del grupo y la subsiguiente inelegibilidad de otros miembros para préstamos futuros, aun sus ganancias podrían peligrar. Dicho de manera simple, si la historia del análisis del impacto se detuviera con la acumulación de riqueza agregada, dejaría de lado un resultado muy importante.

Sin embargo, aun previo a considerar estas consecuencias no planeadas y sus efectos colaterales de retroalimentación, hay otros problemas prácticos que implican el trato con sujetos humanos.

TRANSPARENCIA Y HONESTIDAD DE LOS CLIENTES. Por lo general se entiende que el dinero es fungible; eso significa que alguien puede tomar un préstamo con el propósito declarado de iniciar o financiar una empresa y luego utilizar los ingresos provenientes del préstamo, ya sea para invertir en la empresa o para pagar la educación o la boda de su hijo, y posteriormente utilizar otros ingresos domésticos para invertir en la empresa. Si los clientes consideran que no recibirán otro préstamo si no han utilizado realmente el préstamo anterior para el propósito declarado, podrían no reportar con precisión el uso del préstamo.

Además, hay muchas otras razones para no informar con exactitud, entre éstos:

- Vergüenza
- Miedo de fiscalización
- No desear que otros en la comunidad se enteren
- Desear impresionar a la persona que hace la pregunta
- Una manera de calcular las cosas diferente a la del cuestionario; eso significa que es posible que la persona que responde realmente no conozca las respuestas a las preguntas.

LOS INTERESES CREADOS DEL EQUIPO DE EVALUACIÓN. Las personas que realizan la evaluación de impacto podrían tener intereses en los resultados del estudio y, por lo tanto, podrían distorsionar algunas respuestas consciente o inconscientemente. A cualquiera que se le pague para hacer algo podría tener interés en complacer a la agencia que le paga, en especial si le paga para realizar una evaluación de impacto para la agencia cuyo proyecto se está evaluando. Un interés de este tipo puede expresarse inconscientemente, aun en el propio diseño del instrumento de la encuesta o en la selección de la muestra. A nivel de recolección de datos, es posible que los enumeradores, entrevistadores o intérpretes podrían evitar o ignorar sutilmente los datos que pudieran ser ofensivos para la agencia que patrocina la evaluación.

EL DILEMA DE LA ATRIBUCIÓN. Atribuir al crédito un cambio de ingresos requiere el conocimiento detallado de todas las fuentes y de los usos que el cliente haya hecho de los fondos (lo que a su vez está relacionado con el tema de la fungibilidad). Encontrar las fuentes del cliente y el uso de los fondos se dificulta por la cuestión de la honestidad y la transparencia de las personas que responden el cuestionario, así como por el hecho fundamental que las estrategias de sobrevivencia de la mayoría de personas, en especial de los pobres, son complejas e incluyen juicios diarios (y malabarismos) en relación con nuevas oportunidades y obstáculos, así como con costos nuevos y obligaciones antiguas.

Además, la atribución requiere conocer todas las demás circunstancias e influencias que ocurrieron mientras se emprendió la intervención crediticia, y separarlas de los impactos específicos del programa de préstamo y ahorro.

Hay otras interacciones dinámicas que constituyen funciones del propio microfinanciamiento. El uso de un servicio financiero puede afectar o influenciar la demanda y utilidad de los otros. Estas interacciones también son difíciles de rastrear.

IMPACTOS HIPOTÉTICOS EN AUSENCIA DE LOS SERVICIOS.
Una faceta diferente del dilema de la atribución es la dificultad para determinar cómo habrían variado los resultados sin una intervención. Para determinar esto se requiere, como mínimo, del establecimiento de bases y de grupos de control. Éstas son tareas que no sólo son costosas, sino en algún sentido son imposibles de realizar perfectamente, en vista de que es muy poco probable que se pueda encontrar una muestra de personas similar en todos los aspectos con otra muestra, más allá del hecho que un grupo no obtuvo crédito y el otro sí. Además, calcular esas similitudes y realizar encuestas de base está sujeto a los mismos tipos de errores de reporte que hemos notado anteriormente. No obstante, es posible hacerse una idea de lo que podría haber ocurrido en ausencia de los servicios cuando se observa cuántas otras opciones de financiamiento existen, cuán accesibles son éstas respecto a la misma clientela y cuán atractivo es su precio (incluyendo el precio de los costos de transacción social).

De manera similar a la cuestión de qué habría sucedido si el préstamo no hubiera sido solicitado, también se debe considerar qué otras opciones de intervención estaban disponibles y qué recursos podrían haber sido utilizados para otras intervenciones diferentes a la prestación de servicios financieros.

IMPACTOS TEMPORALES. Un dilema adicional es la cuestión del valor absoluto de las conclusiones. Asumiendo que se descubre que una intervención fue exitosa o parecía serlo, elevando los ingresos de las personas o reduciendo su impotencia, habría que preguntarse: ¿Ellos han logrado sobrepasar la línea de la pobreza? ¿Las estructuras locales en donde su vida ha transcurrido se han alterado de manera significativa? En resumen, ¿cuán duraderos son los cambios? Visto de manera empírica, es evidente que los cambios pequeños se

pueden disolver muy rápidamente. Los pequeños logros hacia el aumento de los ingresos o los niveles de nutrición o los cambios en las relaciones de poder dentro de la familia pueden ser reducidos o anulados por otras reacciones y fuerzas, algunas de las cuales son ambientales, macroeconómicas (aun relacionadas con el comercio mundial) o políticas.

La utilidad de un préstamo obviamente depende de las circunstancias, las cuales pueden variar. Si, por ejemplo, las mujeres pobres aceptan préstamos en repetidas ocasiones por varios ciclos, esto simplemente es indicador de que ellas han podido encontrar maneras de garantizar el pago. Especialmente en casos en donde las mujeres carecen de un acceso constante y directo a los ingresos, los estudios de campo han encontrado que ellas piden dinero prestado a otros miembros de la familia, toman de los ingresos provenientes de remesas de dinero o hasta toman de sus propias reservas de comida para pagar el préstamo. Hay razones altamente variables por lo cual ellas podrían hacer un esfuerzo que puede parecer un signo de lo mucho que valoran el servicio. Ellas deben pedir prestado porque el préstamo llega en un momento de particular necesidad, porque alguien más les ha pedido solicitar el préstamo en su nombre, porque temen desprestigiarse ante su grupo, porque están forjando un historial crediticio en la convicción de que podrían obtener un crédito mayor en el futuro, o aun porque están contando con poder incumplir con el pago en un futuro (cuando el seguimiento de los préstamos finalmente disminuye), basadas en sus experiencias con intervenciones crediticias anteriores. En la investigación de caso para el proyecto "Sustainable Banking with the Poor", los índices de abandono han ido aumentando, en particular entre los grupos objetivo en donde las perspectivas de un crecimiento sostenido de los ingresos no son prometedoras.

¿Cuándo debería evaluarse el impacto?

La cuestión de cuándo realizar una evaluación de impacto no es solamente un asunto práctico de costo y ventaja metodológica, Al igual que con los demás aspectos del impacto, esta cuestión también se relaciona con la misión y el propósito de cada IMF.

EVALUACIÓN DE IMPACTO ANTES DE LA INTERVENCIÓN. Si la misión contiene un compromiso absoluto para llegar directamente al segmento más pobre de la población (como es el caso con "Credit and Savings for Hard-core Poor Network (CASH-POR) en las Filipinas), entonces la realización de una evaluación de impacto de base antes del inicio de los servicios financieros es esencial para descubrir quién será el principal beneficiario de los préstamos en términos de riqueza relativa. Esto no debe ser excesivamente costoso. En muchos pueblos de Asia, por ejemplo, el material utilizado para los techos de la gente puede ser un indicador confiable de pobreza relativa. Por lo tanto, CASHPOR propone un índice de casa basado simplemente en mediciones comparativas de las tres dimensiones de la casa y una anotación sobre el material del techo (Gibbons 1997b).

EVALUACIÓN DE IMPACTO TRAS LA INTERVENCIÓN. El enfoque convencional para la evaluación y el análisis de impacto es llevar a cabo la investigación después de que la IMF haya estado operando por un período de tiempo definido, como por ejemplo tres años (un período impuesto frecuentemente por los donantes). Este enfoque se suele dividir en tres fases: primero, un estudio de base que establece algunos controles al principio de las operaciones de la IMF, luego una evaluación de impacto intermedia, seguida por una evaluación realizada 18 meses o dos años más tarde. Cada vez más, este enfoque se considera como inadecuado.

EVALUACIÓN DE IMPACTO DURANTE LA INTERVENCIÓN. Aquellas personas que están más interesadas en la dinámica humana y social y los problemas metodológicos que ésta presenta recomiendan que la evaluación de impacto se realice continuamente y que alguien de la IMF permanezca dedicada a un corte transversal representativo de clientes con el paso del tiempo. Esto está dando en llamarse "monitoreo de impacto". Obviamente, este enfoque probablemente implicará mantener a un miembro del personal de la IMF por tiempo completo para este propósito.

Métodos de evaluación de impacto

Al evaluar las revisiones de los estudios de impacto de las microfinanzas realizados en años recientes (por ejemplo, Gaile y Foster 1996) y al recordar los dilemas antes mencionados, es tentador concluir que el número de problemas descubiertos es tan grande que las perspectivas de superarlos son escasas. Sin embargo, lo contrario parece ser el caso. El consenso parece ser que *métodos múltiples* (en contraposición a un método simple) *deben ser utilizados* y que la combinación de enfoque cualitativos y cuantitativos puede ser la única manera de superar estos dilemas (Hulme 1995; Carvalho y White 1997).

El número cada vez mayor de fuentes publicadas sobre la evaluación del impacto de las microfinanzas abunda en detalles sobre las dificultades de diferentes enfoques. Por ejemplo, Gaile y Foster revisaron 11 estudios y concluyeron que "alguna forma de diseño cuasiexperimental es apropiado" junto con un análisis estadístico de variación múltiple. Sus recomendaciones incluyen una muestra de aproximadamente 500, "que debería permitir el uso eficaz de variables de control y abordar problemas relacionados con un análisis longitudinal; los estudios longitudinales deberían prever un intervalo de 18 a 24 meses entre las rondas de recolección de datos". Asimismo, su revisión concluyó que "ninguno de los estudios revisados exitosamente controló la fungibilidad de los recursos entre hogar y empresa."

Ellos recomiendan que los métodos de control incluyan:

- "Métodos de control identificados estadísticamente", los cuales ellos consideran como suficientes para abordar la mayoría de temas de control
- Género, que es una variable decisiva de control
- Iniciativas constantes para controlar la fungibilidad
- Métodos de control que constituyen una función de los datos disponibles

Entre otras lagunas en los estudios que ellos revisaron se encontraban:

- La consideración mínima en lo que se refiere a la localización de la IMF, que es uno de los principales factores determinantes del éxito.
- Demasiada poca atención a metodologías alternativas, tales como métodos cualitativos y análisis contrapositivos
- Atención escasa a asuntos relacionados con el cuestionario, tales como la fatiga producida por exceso de encuestas y la necesidad de traducción.
- La inclusión poco frecuente de temas como políticas, favoritismo, corrupción responsabilidad y fugas, como parte del diseño.

Evaluar la acumulación de activos a nivel doméstico es un enfoque que también se recomienda cada vez más como enfoque del estudio de impacto, especialmente como manera de superar las dificultades inherentes a la evaluación precisa de los cambios de ingreso.

Barnes (1996) identifica, en las publicaciones sobre la microempresa, seis enfoques para evaluar los activos:

- Asignar un valor monetario actual a activos y pasivos
- Especificar si se tiene o no un bien específico que podría ser utilizado para analizar la estructura de propiedad u otras dimensiones cualitativas
- Calcular el valor del flujo de los activos productivos
- Clasificar activos en base al supuesto valor monetario de cualidades adicionales
- Elaborar un índice que sea una combinación de medidas
- Determinar el significado de los activos para los propietarios y los efectos sociales de los activos.

Barnes también apunta que el mayor problema cuantitativo con respecto a la acumulación de activos incluye la depreciación y la evaluación de los activos físicos.

Se debe a que estas dificultades son inevitables y a que hay una convergencia de opinión en cuanto a que es necesario utilizar una mezcla de métodos. Lo esencial de los métodos cuantitativo y cualitativo se revisa brevemente a continuación.

Características fundamentales de los enfoques cualitativos

Las alternativas a los instrumentos cuantitativos y las evaluaciones de impacto prescritas con mayor frecuencia caen dentro de los campos de la sociología y la antropología. El enfoque más reciente hace énfasis en la observación participante, que es el método clásico de trabajo de campo antropológico. La observación participante no es tanto un método separado como una combinación de métodos y técnicas utilizados para abordar los problemas que representa la complejidad de las organizaciones sociales. (Como se notaba anteriormente, los humanos individuales son suficientemente complejos y, en realidad, los humanos casi nunca están solos. Siempre son parte de una unidad social, con niveles de complejidad tanto mayores). Como lo expresa un libro de texto sobre el tema de la observación participante: "esta mezcla de técnicas... implica cierta cantidad de auténtica interacción social en el campo con los temas de estudio, alguna observación directa de acontecimientos relevantes, algunas entrevistas formales y muchas entrevistas informales, algunos recuentos sistemáticos... y un

final abierto en cuanto a los rumbos que adopta el estudio."(McCall y Simmons 1969).

Las características generales importantes de dichos enfoques suelen incluir las siguientes:

- *Intensidad* (una presencia continua o normal entre los clientes a través del tiempo). Esto permite al investigador profundizar su conocimiento de lo que está sucediendo y a la vez permite que se desarrolle confianza por parte de la persona que responde. Naturalmente no es posible estar presente entre las personas por algún tiempo sin interacción social y, de allí, el uso de la palabra "participante" en el término "observación participante".

- *Observación estructural.* La observación no es una función tan pasiva como podría parecer. El investigador que estudia los impactos de las microfinanzas tiene en mente algunas hipótesis acerca de los indicadores y, por supuesto, prestará estricta atención a los mismos. Por lo tanto, éstos forman parte de un plan de observación estructurado. La actividad real en el campo podría incluir entrevistas formales, utilizando un cuestionario o una guía para la entrevista. La parte de observación entra al juego como una forma de control de investigación. Como ejemplo simple, al preguntar sobre activos domésticos, la persona que responde podría mencionar que recientemente adquirió un radio o un espejo. Si la entrevista se realiza en el hogar de la persona que responde el entrevistador capacitado (observador) echará un vistazo alrededor para ver si el radio o el espejo están a la vista. Si no está, el entrevistador puede preguntar dónde se encuentra.

- *Triangulación.* La triangulación incluye revisar los datos con las personas que responden y cotejarlos con otras personas para obtener diferentes puntos de vista sobre el mismo fenómeno. El uso prudente de la triangulación ayuda a enfrentar los problemas de la poca confianza inherente a la persona que responde y a la causalidad.

- *Final abierto.* Ésta es la característica que causa alguna dificultad metodológica, porque implica que el esfuerzo podría no tener fin o que no tiene rigor metodológico. De hecho, el concepto del final abierto es una respuesta (de nuevo) al dinamismo y la complejidad humana. Es otra manera de decir que el proceso de evaluación de impacto debe estar preparado a ir a donde conducen los datos. Muchas veces las conclusiones o indicaciones de las conclusiones son una sorpresa y podrían no ajustarse a una hipótesis anterior. En muchos casos estas conclusiones son descartadas, en especial si no son numéricamente significativas. En la observación participante el objetivo es *hacer uso* de dichas conclusiones al seguir sus "pistas" para ver qué importancia podrían tener.

Traducido a la técnica de "muestreo" (el proceso de selección de las personas con las cuales interactuar), los finales abiertos significan lo que se llama muestreo de improbabilidad. Esto empieza con el sentido común – asegurar la diversidad mediante la selección de una variedad de personas en una gama de situaciones. Pero también significa encontrarse en una posición de aprovechar una reunión accidental con alguien o de seguir un ejemplo.

Los métodos de *evaluación rural rápida* se derivan de los enfoques sociológicos y antropológicos clásicos que también incluyen el uso de entrevistas semiestructuradas con informantes clave, observación participante y los principios metodológicos de triangulación y finales abiertos. Pero la evaluación rural rápida es más interactiva y apunta a una duración menor. También emplea nuevas técnicas como las siguientes (trabajo de Robert Chambers en Carvalho y White 1997):

- *Grupos de atención* con 5 a 12 participantes de origen o situaciones similares (estos pueden ser observadores o los sujetos del análisis)
- *Modelización y mapas sociales* trazados por los participantes (frecuentemente sobre el terreno) para indicar cuáles instituciones y estructuras de su comunidad son importantes en sus vidas
- *Mapas estacionales* o calendarios en los cuales las comunidades muestran cómo diferentes fenómenos de sus vidas varían en el transcurso de un año
- *Análisis del uso del tiempo diario*
- *Diagramación de conexiones participativas* que muestren cadenas de causalidad
- *Diagramas de Venn* que muestran la importancia relativa de las diferentes instituciones o de las personas individuales en la comunidad
- *Clasificación de la riqueza*

Características fundamentales de los enfoque cuantitativos

Por definición, los enfoques cuantitativos (la palabra "cuantitativo" deriva de latín "quantus", que significa

"de qué tamaño") implica la cuantía (unidades) o cosas que se pueden contar, incluyendo ingresos, gastos doméstico y salarios. Como las conclusiones deben formularse a partir de estos números, las reglas de estadística deben aplicarse rigurosamente. La probabilidad es una de las más importantes entre estas reglas, y por lo tanto el muestreo (seleccionar a las personas, los hogares o las empresas que se encuestarán) es sumamente importante y debe hacerse escrupulosamente para asegurarse que se logre la selección al azar (es decir, que cada unidad en la población a ser estudiada tiene las mismas oportunidades de ser seleccionada). La teoría de la probabilidad exige que los números de las unidades a estudiar sean relativamente grandes y generalizadas para garantizar su validez estadística.

Los *enfoques cuantitativos* a los impactos de las microfinanzas dependen de cuestionarios diseñados y probados con anterioridad. Éstos son más bien formales y no carentes de estructura porque las respuestas deben ser comparables y fáciles de contar. Debido a que los cuestionarios de las encuestas son estructurados y relativamente fijos, hay poca probabilidad de interacción entre el entrevistador y la persona que responde. Como resultado, los cuestionarios de las encuestas dependen casi totalmente de la memoria de la persona que responde. Esto podría ser poco fidedigno si los acontecimientos recordados son de mucho tiempo atrás.

Debido a la cobertura generalizada necesaria, el costo de diseñar, probar y administrar enfoques cuantitativos suele ser mayor que el de los enfoques cualitativos.

La razón por la cual los enfoques cuantitativos han sido tradicionalmente atractivos para los formuladores de políticas, sin embargo, deriva del concepto de que hay una fuerza en las cifras. Las cifras ofrecen confianza y fiabilidad precisamente porque se supone que representan medidas verdaderas. Si los métodos utilizados han sido aplicados con rigor, es posible verificar la precisión de los resultados.

El apéndice 1 provee una matriz comparando algunos de los principales métodos cuantitativos utilizados en el análisis de impacto de las microfinanzas.

En general, los métodos cuantitativos disponibles pertenecen a tres categorías:
- Métodos experimentales
- Métodos cuasiexperimentales
- Métodos no experimentales.

Los *métodos experimentales* contienen un experimento natural o inventado en donde algún grupo seleccionado al azar recibe el "trato" o, dicho en términos de desarrollo, la "intervención" (aquí, los servicios microfinancieros). Luego los resultados son comparados con un grupo de controles seleccionado al azar a quien se oculta el tratamiento. La selección al azar garantiza que no hay diferencia –observable o no observable– entre ambos grupos. Por consiguiente, en teoría, si hay una diferencia significativa en los resultados puede ser sólo el efecto del tratamiento. Aunque el rol de los métodos experimentales ha sido expandido en años recientes, hay muchos casos en donde dichos experimentos son difíciles o imposibles debido al costo o a las implicaciones morales o políticas (Deaton 1997, 92).

Los métodos *cuasiexperimentales* intentan imitar el análisis de los experimentos controlados, grupos de control y tratamiento creados a partir de personas diferentes. Las diferencias entre los grupos de control y tratamiento pueden ser visibles o no visibles debido a su selección no aleatoria.

Los métodos *no experimentales* utilizan datos de encuestas no experimentales (no aleatoria) para estudiar las diferencias de conducta entre las diferentes personas, y relacionan el grado de exposición al tratamiento con las variaciones en los resultados. La ausencia de un grupo de control separa estos métodos de los métodos cuasiexperimentales.

La *econometría* es una técnica analítica que aplica métodos estadísticos a problemas económicos. Las técnicas econométricas han sido utilizadas extensamente para analizar datos recolectados con métodos cuasiexperimentales y no experimentales. Los economistas y los econometristas han estado estudiando métodos estadísticos para la evaluación de programas durante por lo menos 25 años (ver Moffitt 1991, 291). Durante este tiempo muchas técnicas econométricas han sido desarrolladas para mitigar los diferentes problemas asociados con la selección no aleatoria de datos. Algunas de las técnicas disponibles para realizar análisis econométricos se describen a continuación, junto con sus ventajas y desventajas.

Quizá la opción más fundamental en un análisis econométrico es seleccionar un modelo. Cada análisis de un sistema económico, social o físico se basa en alguna estructura lógica subyacente, conocida como modelo, que describe la conducta de los agentes en el sistema y es el marco básico de análisis. En economía, al igual que en las ciencias físicas, este modelo se expresa en ecuaciones que describen la conducta de variables económicas y relacionadas. El modelo que un investigador formula podría consistir de una sola ecuación o de un sistema que incluye varias ecuaciones.

En la especificación de una sola ecuación (análisis de regresión), el analista selecciona una variable individual (dependiente, indicada como Y) cuya conducta el investigador está interesado en explicar. Luego el investigador identifica una o una serie de variables (independientes, indicadas con una X) que tienen efectos causales en la variable dependiente. En algunos estudios econométricos el investigador podría estar interesado en más de una variable dependiente y por consiguiente formulará varias ecuaciones al mismo tiempo. Éstas se conocen como modelos de ecuación simultánea (Ramanathan 1997, 6)

Para calcular el modelo econométrico que especifica un investigador se necesitan datos de muestras sobre las variables dependientes e independientes (Hulme 1997, 1). Los datos se suelen tomar de uno de dos escenarios. Una muestra representativa es una muestra de un número de unidades de observación, todas las cuales se obtienen en el mismo punto en el tiempo. Una sucesión de tiempo es una serie de observaciones que se obtienen de la misma unidad de observación en un número de puntos a lo largo del tiempo (por lo general distribuidos uniformemente). Muchos estudios recientes se han basado en muestras representativas de sucesiones de tiempo, lo cual generalmente consiste en observar la misma muestra representativa en varios puntos en el tiempo. En vista de que la serie de datos típicos de este tipo consiste de un gran número de unidades de muestras representativas observadas en unos cuantos puntos en el tiempo, el término común "serie de datos de panel" se ajusta más a este tipo de estudio (Greene 1997, 102).

Comparaciones entre enfoques cuantitativos y cualitativos

La principal diferencia subyacente entre los enfoques cuantitativos y cualitativos es su posición filosófica en cuanto a la "realidad". El enfoque cualitativo sostiene esencialmente que hay múltiples formas de realidad y que la "realidad" que está en juego depende del punto de vista que se adopte. Los defensores del enfoque cualitativo dicen, por ejemplo, que la pobreza no puede definirse únicamente por el donante o el personal del proyecto, pero también debe ser definida por los pobres mismos, porque la pobreza es más que simplemente la falta de ingresos. El enfoque cuantitativo asume esencialmente que hay una sola realidad que puede ser cuantificada. En el caso de la pobreza, el enfoque cuantitativo consideraría apropiado tener encuestadores externos que determinen indicadores de pobreza adecuados, tales como la falta de ingresos, activos, acceso a los servicios básicos, salud, nutrición, agua potable y otras variables medibles, ya sea con respuestas afirmativas o negativas o mediante un recuento real.

Estas diferencias básicas han sido resumidas bajo el concepto comúnmente aceptado que sostiene que el análisis de impacto cuantitativo es más una "ciencia", mientras los enfoques cualitativos son más un "arte" (Hulme 1997, 1).

Mientras para los *datos* en los métodos cuantitativos las variables (por ejemplo, el gasto en comida) deben ser enumerables, en los métodos cualitativos solamente las respuestas a las preguntas o el número de veces que fue observado un fenómeno puede ser contado, en vista de que las variables son actitudes, preferencias y prioridades. Como resultado, aunque los enfoques cuantitativos no tienden a los errores que involucran la representatividad de la muestra, se inclinan enormemente a lo que se llama "error no proveniente del muestreo". Lo contrario sucede con los enfoques cualitativos.

Los *procesos* por los cuales son implementados ambos métodos, el cuantitativo y el cualitativo, necesariamente depende de los trabajadores de campo, ya sea que estén empleados como enumeradores, encuestadores, entrevistadores, observadores participantes, traductores o facilitadores de grupos de atención. Una gran debilidad potencial tanto en el método cuantitativo como en el cualitativo es que la calidad de este personal puede variar sumamente. Por consiguiente, si se debe realizar un análisis de impacto, quienes pagan por éste en primer lugar deberían invertir en personal de campo de alta calidad. Esto implica la selección cuidadosa, capacitación y supervisión, así como una política salarial razonable.

Integración de metodologías

"La clave es aprovechar la amplitud del enfoque cuantitativo y el alcance del enfoque cualitativo. La combinación exacta de trabajo cualitativo y cuantitativo dependerá del propósito del estudio y del tiempo disponible, las destrezas y recursos. En general, la integración de metodologías puede tener como resultado una mejor medición; confirmar, refutar, enriquecer y explicar puede resultar en un mejor análisis; y fundir las conclusiones cuantitativas y cualitativas en una serie de recomendaciones respecto a las políticas puede conducir a una mejor acción." (Carvalho y White 1997)

Carvalho y White (1997) recomiendan tipos específicos de integración, tales como:

- Utilizar los datos de la encuesta cuantitativa para seleccionar muestras cualitativas
- Utilizar la encuesta cuantitativa para diseñar la guía de entrevista para el trabajo cualitativo
- Utilizar el trabajo cualitativo para realizar una prueba previa del cuestionario cuantitativo
- Utilizar el trabajo cualitativo para explicar los resultados imprevistos de los datos cuantitativos.

La elección de la unidad de análisis

Independientemente de la unidad de análisis (el cliente individual, la empresa, el hogar o la comunidad), es importante investigar, conocer y entrevistar a no usuarios así como a usuarios del servicio financiero. Los no usuarios pueden ser de dos tipos: aquellos que eran y dejaron de ser usuarios (marginados) y aquellos que nunca fueron usuarios.

EL CLIENTE COMO CLIENTE. Esta unidad de análisis se centra en el cliente individual como cliente de los servicios microfinancieros. El propósito principal de un análisis de este tipo es la investigación de mercado – reunir las percepciones de los clientes respecto a los servicios para mejorarlos. Esto tiene validez si han surgido preocupaciones acerca de la proyección o si hay marginados.

EL CLIENTE COMO INDIVIDUO. Tanto los métodos cuantitativos como los cualitativos pueden centrarse en el cliente como individuo (a lo que también se llama análisis de impacto intradoméstico cuando se extiende a otros miembros del hogar del cliente). La ventaja de este nivel de investigación es que los clientes individuales son definidos e identificados con facilidad. Pueden ser encuestados o se puede interactuar con ellos en grupos de atención a través de entrevistas o de la observación participante.

Entre los impactos que se buscarán a este nivel se encuentran los cambios de ingresos, asignación de ingresos (pagar la cuotas escolares de las niñas, por ejemplo), cambios de conducta (tales como la disposición a correr riesgos), cambios de posición social o percepción de sí mismos, y así sucesivamente.

Las desventajas de enfocarse en el cliente como individuo es que los cálculos de la magnitud del impacto pueden ser altamente subjetivos y es probable que vayan más allá de la persona o las personas encuestadas. Por lo tanto, se vuelve difícil separar los impactos en los sujetos primarios de los impactos que se extienden a los demás.

LA EMPRESA. Utilizar la empresa como unidad de análisis asume que la meta de la IMF es principalmente económica: un cambio en las perspectivas generales de la empresa (crecimiento, mayores ganancias, mayor producción, mayores ventas, adquisición de un bien productivo, aumento general de competitividad o alguna evidencia de transformación empresarial, tal como el traslado a un lugar fijo).

La principal ventaja metodológica de esta unidad de análisis es la disponibilidad de herramientas analíticas conocidas, tales como la rentabilidad y rendimiento de las inversiones (Hulme 1997, 6). Una desventaja radica en definir la empresa con suficiente claridad para compararla con otras empresas. Muchas microempresas son actividades de sobrevivencia más que empresas en el sentido convencional. Por lo tanto, frecuentemente se carecerá de la información necesaria para el análisis. La desventaja principal, sin embargo, es el problema de la fungibilidad: el hecho de que no es posible asegurar si el dinero del préstamo ha sido invertido en beneficio de la empresa o del hogar (en especial cuando esta distinción no es evidente para el empresario).

EL SUBSECTOR. Esta unidad y nivel de análisis se usa rara vez o nunca en el análisis de impacto de las microfinanzas. Se informa de esto a los lectores para recordarles que el nivel de análisis depende de la naturaleza de la intervención y de los resultados deseados. Es posible que un programa de microfinanzas sea diseñado para centrarse en un subsector de la economía. Por lo tanto, aparte de utilizar las empresas en ese subsector (por ejemplo, todos los tejedores de canastas) como unidades de análisis, la muestra entera también se estudiaría en el conjunto. Los indicadores podrían incluir los empleos creados; la producción total; los cambios en los subcontratos con otros subsectores; el alivio de limitaciones que afectan a todo el subsector, tales como el abastecimiento de insumos; y cambios en los precios ocasionados por cambios en el subsector. No es necesario decir que este nivel de análisis está altamente orientado a la investigación y requiere de una cantidad considerable de tiempo y recursos.

LA CARTERA ECONOMICA DOMÉSTICA. Este enfoque estudia el hogar, el individuo y su actividad económica y la sociedad local en donde se sitúa y establece interacciones entre ellos. Un análisis de este tipo es difícil y costoso y por lo general requiere tanto de un alto grado de especialización técnica y de un buen conocimiento de los contextos locales. Puede implicar vivir en un sitio por un período de tiempo. La recompensa, sin embargo, es que ofrece un panorama más completo de los impactos y de las conexiones entre diferentes partes del todo.

En resumen, el análisis de impacto no es sencillo y conlleva costos reales. En un momento de las microfinanzas en que la sostenibilidad institucional es casi una meta universal, encontrar la manera de financiar un impacto de análisis representa serios desafíos. Sin embargo, el futuro de las microfinanzas podría correr peligro como herramienta deliberada para la reducción de la pobreza. Probablemente es mejor si las previsiones para el análisis de impacto forman parte de las actividades de la IMF desde el principio, y si al sujeto se le otorga la misma prioridad que a la sostenibilidad financiera. El análisis de impacto es posible, a pesar de todas sus dificultades desalentadoras. Actualmente, el consenso parece ser que el primer paso sería tomar en serio la tarea para dedicar el cuidado y el talento apropiados para su realización.

Apéndice 1. Evaluación cuantitativa de impacto

Impactos más comunes analizados con métodos cuantitativos

Nivel empresarial	*Nivel doméstico*	*Nivel individual*
Producción	Ingresos	Potenciación de las mujeres
Acumulación de activos	Especialización	Control sobre las finanzas y otros recursos
Manejo del riesgo	Diversificación	Uso de anticonceptivos
Tecnología	Acumulación de activos	Niños
Empleo	Ahorros	Índices de sobrevivencia
Administración	Consumo	Salud y nutrición
Mercado	Alimentos	Educación
Ingresos	No alimentos	Explotación

Métodos cuantitativos más comunes utilizados para analizar impactos

Método cuantitativo	*Ventajas*	*Desventajas*
Experimental	■ La forma más fácil de identificar el efecto de los programas en vista de que el tratamiento y los grupos de control son aleatorios	■ Dificultad frecuente para encontrar o crear una situación en donde existe un verdadero experimento
Cuasiexperimental	■ Puede resolver algunos problemas confundiendo los datos no experimentales mediante la simulación de un verdadero grupo de control	■ Difícil crear un grupo de control libre de opiniones sesgadas. ■ Se requiere de algunas suposiciones en relación con los datos
No experimental	■ Las suposiciones hechas rara vez son específicas para los casos y, por lo tanto, pueden conducir a resultados generalizables	■ El método más complicado para hacer la separación entre los efectos de la participación en el programa y otros factores ■ Se requiere de muchas suposiciones de los datos, las cuales podrían no ser satisfechas

Opciones econométricas

Método cuantitativo	*Ventajas*	*Desventajas*
Tipo de modelo		
Regresión lineal simple (regresión de dos variables)	■ Es el más simple de los modelos ■ Puede ser utilizado para manejar relaciones no lineales, siempre y cuando el modelo sea lineal en los parámetros	■ La suposiciones requeridas muchas veces no son realistas para la mayoría de aplicaciones (los cálculos no son sesgados, son coherentes y eficientes)
Regresión de variación múltiple	■ Las suposiciones del modelo de regresión lineal simple pueden ser relajados de algún modo permitiendo una aplicación más generalizada ■ Puede acomodar no linealidades ■ Permite el control de una subserie de variables independientes (explicativas)	■ La inclusión de un exceso de variables puede empeorar la precisión relativa de los coeficientes individuales ■ La consiguiente pérdida de grados de libertad reduciría el poder de la prueba realizada sobre los coeficientes

	para examinar el efecto de variables independientes seleccionadas	
Ecuación simultánea	■ Permite la determinación simultánea de varias variables dependientes	■ Debe considerar problemas adicionales de simultaneidad e identificación
Selección de la serie de datos		
Muestra representativa única	■ Provee una imagen relativamente rápida y barata de un grupo representativo en un momento dado en el tiempo	■ No puede medir la dinámica (magnitud o índice) del cambio a nivel individual
Muestra representativa repetida	■ Puede rastrear los resultados o los comportamientos de grupos e individuos con menos inversión y en menos tiempo	■ No puede medir la dinámica (magnitud o índice) del cambio a nivel individual
Longitudinal o panel	■ Permite el análisis de cambios dinámicos a nivel individual ■ Puede ser utilizado para medir cambios dinámicos representativos del grupo con el paso del tiempo	■ Desgaste y cambio en el panel original con el paso del tiempo ■ Los períodos de medición suelen ser largos y están asociados con altos costos

Fuente: Contribuido por Stephanie Charitonenko-Church, Proyecto "Sustainable Banking with the Poor", Banco Mundial.

Fuentes y bibliografía adicional

Almeyda, Gloria. 1996. Money Matters: Reaching Women Microentrepreneurs with Financial Services. Washington, D.C.: Fjondo de Desarrollo de las Naciones Unidas para la Mujer y Banco Interamericano de Desarrollo.

Barnes, Carolyn. 1996. "Assets and the Impact of Microenterprise Finance Programs." AIMS (Assessing the Impact of Microenterprise Services) Brief 6. U.S. Agencia para el Desarrollo Internacional de los Estados Unidos (USAID), Washington, D.C.

Benjamin, McDonald y Joanna Ledgerwood. 1998. "The Association for the Development of Microenterprises (ADEMI): 'Democratising Credit' in the Dominican Republic." Estudio de caso para el Proyecto Sustainable Banking with the Poor, Banco Mundial, Washington, D.C.

Bennett, Lynn. 1993. "Developing Sustainable Financial Systems for the Poor: Where Subsidies Can Help and Where They Can Hurt." Talking notes for the World Bank AGRAP Seminar on Rural Finance, May 26, Washington, D.C.

———. 1997. "A Systems Approach to Social and Financial Intermediation with the Poor." Trabajo presentado en el Banking with the Poor Network/Banco Mundial Asia Regional Conference on Sustainable Banking with the Poor, November 3–7, Bangkok.

Bennett, Lynn y Mike Goldberg. 1994. Enterprise Development and Financial Services for Women: A Decade of Bank Experience. Banco Mundial, Asia Technical Department, Washington, D.C.

Binswanger, Hans y Shahidur Khandker. 1995. "The Impact of Formal Finance on the Rural Economy of India." Journal of Development Studies 32 (2): 234–62.

Blair, Edmund. 1995. "Banking: MEED Special Report." Middle East Business Weekly 39 (Junio): 23–38.

Burnett, Jill. 1995. "Summary Overview of PRODEM Impact and Market Analysis Project." Calmeadow, Toronto, Canadá.

Berger, Marguerite, Mayra Buvinic y Cecilia Jaramillo. 1989. "Impact of a Credit Project for Women and Men Microentrepreneurs in Quito, Ecuador." In Marguerite Berger and Mayra Buvinic, eds., Women's Ventures: Assistance to the Informal Sector in Latin America. Hartford, Conn.: Kumarian Press.

Bolinick, Bruce R. y Eric R. Nelson. 1990. "Evaluating the Economic Impact of A Special Credit Programme KIK/KMKP in Indonesia." Journal of Development Studies; 26 (2): 299–312.

Carvalho, Soniya y Howard White. 1997. Combining the Quantitative and Qualitative Approaches to Poverty Measurement and Analysis: The Practice and Potential. Banco Mundial Technical Paper 366. Washington, D.C.

CGAP (Consultative Group to Assist the Poorest). 1996. "Financial Sustainability, Targeting the Poorest and Income Impact: Are There Trade-offs for Micro-finance Institutions?" CGAP Focus Note 5. Banco Mundial, Washington, D.C.

Chambers, Robert. 1992. "Rural Appraisal: Rapid, Relaxed and Participatory." Discussion Paper 311. University of Sussex, Institute of Development Studies, Reino Unido.

Chaves, Rodrigo A. y Claudio Gonzalez-Vega. 1994. "Principles of Regulation and Prudential Supervision and Their Relevance for Microenterprise Finance Organizations." In Maria Otero and Elizabeth Rhyne, eds., The New World of Microenterprise Finance. W. Hartford, Conn.: Kumarian Press.

Chen, Martha y Elizabeth Dunn. 1996. "AIMS Brief 3." U.S. Agency for International Development, Washington, D.C.

Christen, Robert Peck, Elisabeth Rhyne, Robert C. Vogel y Cressida McKean. 1995. Maximizing the Outreach of Microenterprise Finance: An Analysis of Successful Microfinance Programs. Program and Operations Assessment Report 10. Washington, D.C.: Agencia para el Desarrollo Internacional de los Estados Unidos (USAID).

Corbett, Jane. 1988. "Famine and Household Coping Strategies." World Development 16 (9): 1099–112.

Deaton, A. 1997. The Analysis of Household Surveys: A Microeconomic Approach to Development Policy. Baltimore, Md.: The Johns Hopkins University Press.

Downing, Jeanne y Lisa Daniels. 1992. "Growth and Dynamics of Women Entrepreneurs in Southern Africa." GEMINI Technical Paper 47. Agencia para el Desarrollo Internacional de los Estados Unidos (USAID), Washington, D.C.

Dunn, Elizabeth. 1996. "Households, Microenterprises, and Debt." AIMS Brief 5. Agencia para el Desarrollo Internacional de los Estados Unidos (USAID), Washington, D.C.

Gaile, Gary L. y Jennifer Foster. 1996. "Review of Methodological Approaches to the Study of the Impact of Microenterprise Credit Programs." AIMS (Assessing the Impact of Microenterprise Services project) paper, Management Systems International, Washington, D.C.

Garson, José. 1996. "Microfinance and Anti-Poverty Strategies. A Donor Perspective." United Nations Capital Development Fund Working Paper. UNDCF, New York.

Gibbons, David. 1997a. "Targeting the Poorest and Covering Costs." Trabajo presentado en la Microcredit Summit, febrero 3, Washington, D.C.

———. 1997b. Remarks made at the Microcredit Summit, February, Washington, D.C.

Goetz, Anne Marie y Rina Sen Gupta. 1993. "Who Takes Credit? Gender, Power, and Control over Loan Use in Rural Credit Programmes in Bangladesh." Institute of Development Studies, University of Sussex, and Bangladesh Institute of Development Studies, Dhaka.

Goldberg, Mike. 1992. Enterprise Development Services for Women Clients. Population and Human Resources, Women in Development. Washington, D.C.: Banco Mundial.

Greene, W.H. 1997. Econometric Analysis. Upper Saddle River, N.J.: Prentice Hall.

Hulme, David. 1995. "Finance for the Poor, Poorer, or Poorest? Financial Innovation, Poverty, and Vulnerability." Paper presented at the Finance against Poverty Seminar, March 27, Reading University, Reino Unido.

———. 1997. "Impact Assessment Methodologies for Microfinance: A Review." Documento preparado para CGAP Working Group on Impact Assessment Methodologies, Washington, D.C.

Hulme, David y Paul Mosley. 1996. Finance Against Poverty. London: Routledge.

Johnson, Susan y Ben Rogaly. 1997. Microfinance and Poverty Reduction. London: Oxfam and ActionAid.

Khayatt, Djenan. 1996. Private Sector Development. Washington, D.C.: Banco Mundial.

Lapar, Ma. Lucila A., Douglas H. Graham, Richard L. Meyer y David S. Kraybill. 1995. "Selectivity Bias in Estimating the Effect of Credit on Output: The Case of Rural Non-farm Enterprises in the Philippines." Ohio State University, Department of Agricultural Economics and Rural Sociology, Columbus, Ohio.

Lawai, Hussain. 1994. "Key Features of Islamic Banking." Journal of Islamic Banking 11 (4): 7–13.

Ledgerwood, Joanna. 1997. "Albanian Development Fund." Estudio de caso para el Proyecto Sustainable Banking with the Poor. Banco Mundial, Washington, D.C.

Liedhom, Carl y Donald C. Mead. 1987. "Small Scale Industries in Developing Countries: Empirical Evidence and Policy Implications." International Development Paper 9. Michigan State University, East Lansing, Mich.

Mahajan, Vijay y Bharti Gupta Ramola. 1996. "Financial Services for the Rural Poor and Women in India: Access and Sustainability." Journal of International Development 8 (2): 211–24.

Malhotra, Mohini. 1992. "Poverty Lending and Microenterprise Development: A Clarification of the Issues." GEMINI Working Paper 30. Agencia para el Desarrollo Internacional de los Estados Unidos (USAID), Washington, D.C.

McCall, George J. y J.L. Simmons. 1969. Issues in Participant Observation. Reading, Mass.: Addison-Wesley.

McCracken, Jennifer A., Jules N. Pretty y Gordon R. Conway. 1988. An Introduction to Rapid Rural Appraisal for Agricultural Development. London, U.K.: International Institute for Environment and Development, Sustainable Agriculture Programme.

Moffit, R. 1991. "Program Evaluation with Nonexperimental Data." Evaluation Review 15 (3): 291–314.

Naponen, Helzi. 1990. "Loans to the Working Poor: A Longitudinal Study of Credit, Gender, and the Household Economy." PRIE Center for Urban Policy Research, Rutgers University, New Brunswick, N.J.

O'Sullivan, Edmund. 1994. "Islamic Banking: MEED Special Report." Middle East Business Weekly 38 (August): 7–13.

Otero, Maria y Rhyne, Elizabeth, eds. 1994. The New World of Microenterprise Finance. West Hartford, Conn.: Kumarian Press.

Parker, Joan y C. Aleke Dondo. 1995. "Kenya: Kibera's Small Enterprise Sector—Baseline Survey Report." GEMINI Working Paper 17. Agencia para el Desarrollo Internacional de los Estados Unidos (USAID), Washington, D.C.

Paxton, Julia. 1996. "Worldwide Inventory of Microfinance Institutions." Proyecto Sustainable Banking with the Poor, Banco Mundial, Washington, D.C.

Pederson, Glen D. 1997. "The State of the Art in Microfinance. A Summary of Theory and Practice." Proyecto Sustainable Banking with the Poor, Banco Mundial, Washington, D.C.

Pitt, Mark y Shahidur R. Khandker. 1996. Household and Intrahousehold Impact of the Grameen Bank and Similar Targeted Credit Programs in Bangladesh. Banco Mundial Discussion Paper 320. Washington, D.C.

Putnam, Robert D., con Robert Leonardi y Raffaella Y. Nanetti. 1993. Making Democracy Work: Civic Traditions in Modern Italy. Princeton, N.J.: Princeton University Press.

Ramanathan, R. 1997. Introductory Econometrics with Applications. Baltimore, Md.: Academic Press.

Rhyne, Elisabeth y Sharon Holt. 1994. "Women in Finance and Enterprise Development." ESP Discussion Paper 40. Banco Mundial, Washington, D.C.

Schuler, Sidney Ruth y Syed M. Hashemi. 1994. "Credit Programs, Women's Empowerment and Contraceptive Use in Rural Bangladesh." Studies in Family Planning 25 (2): 65–76.

Sebstad, Jennifer, Catherine Neill, Carolyn Barnes, con Gregory Chen. 1995. "Assessing the Impacts of Microenterprise Interventions: A Framework for Analysis." Managing for Results Working Paper 7. Agencia para el Desarrollo Internacional de los Estados Unidos (USAID), Office of Microenterprise Development, Washington, D.C.

Sharif bin Fazil, Muhammad. 1993. "Financial Instruments Conforming to Shariah." Journal of Islamic Banking 10 (4): 7–20.

Von Pischke, J.D. 1991. Finance at the Frontier. Banco Mundial, Economic Development Institute. Washington, D.C.

Waterfield, Charles y Ann Duval. 1996. CARE Savings and Credit Sourcebook. Atlanta, Ga:CARE.

Webster, Leila, Randall Riopelle y Anne-Marie Chidzero. 1996. Banco Mundial Lending for Small Enterprises, 1989–1993. Banco Mundial Technical Paper 311. Washington, D.C.

Weidemann, Jean. 1993. "Financial Services for Women." GEMINI Technical Note 3. Agencia para el Desarrollo Internacional de los Estados Unidos (USAID), Washington, D.C.

Yaqub, S. 1995. "Empowered to Default? Evidence from BRAC's Microcredit Programmes." Journal of Small Enterprise Development 6 (4) diciembre.

Yaron, Jacob, McDonald P. Benjamin, Jr. y Gerda L. Piprek 1997. "Rural Finance: Issues, Design, and Best Practices." Environmentally and Socially Sustainable Development Studies and Monographs Series 14. Banco Mundial, Rural Development Department. Washington, D.C.

Productos y servicios

En el capítulo 1 se examinaron diferentes factores contextuales que afectan la oferta de *servicios financieros* para mujeres y hombres de bajos ingresos. En el capítulo 2 se analizaron los objetivos de las IMFs, y las maneras de identificar un mercado objetivo y de evaluar impactos. En este capítulo se estudia la gama de productos y servicios que una IMF podría ofrecer tomando en consideración el análisis de la oferta y demanda descrito en los dos capítulos anteriores.

Las IMFs pueden ofrecer a sus clientes una variedad de productos y servicios. En primer lugar están los servicios financieros. Sin embargo, debido a la naturaleza de los clientes objetivo de las IMFs –mujeres y hombres pobres que carecen de activos tangibles, que frecuentemente viven en áreas remotas y que posiblemente son analfabetas– las mismas no pueden operar de igual manera que la mayoría de instituciones financieras formales. Las instituciones financieras formales por lo general no consideran como inversiones atractivas las pequeñas empresas informales manejadas por los pobres. Los montos de los préstamos que necesitan estas empresas son excesivamente bajos y es demasiado difícil obtener información de los clientes (los cuales posiblemente se comunican en dialectos locales que el prestamista desconoce). Muchas veces los clientes también viven demasiado retirados y hay que invertir mucho tiempo en visitar sus granjas o negocios, en especial si éstos se encuentran en áreas marginales urbanas. Todo esto significa que los costos por cada dólar prestado serán sumamente altos. Y a esto se suma que no hay una seguridad tangible para el préstamo (Bennett 1994).

Esto significa que hombres y mujeres de bajos ingresos enfrentan barreras tremendas al tratar de obtener acceso a las instituciones establecidas de servicios financieros. La intermediación financiera corriente por lo general no alcanza para ayudarles a participar y, por lo tanto, las IMFs deben crear mecanismos para llenar los vacíos generados por la pobreza, analfabetismo, género y aislamiento. Las instituciones locales deben ser creadas y cultivadas, y las destrezas y la confianza de nuevos clientes deben ser desarrolladas. En muchos casos los clientes también tienen necesidad de habilidades específicas de producción y administración de empresas, así como de un mejor acceso a los mercados para que puedan hacer uso rentable de los servicios financieros que les son brindados (Bennett 1994).

Proveer servicios financieros eficaces a mujeres y hombres de bajos ingresos frecuentemente requiere de intermediación social – "el proceso de crear capital social como apoyo a la intermediación financiera sostenible con grupos o personas individuales que pertenecen al sector pobre y desfavorecido" (Bennett 1997). La mayoría de IMFs ofrece alguna forma de intermediación social, en particular si trabaja con grupos. En algunos casos la intermediación social es realizada por otras organizaciones que trabajan con IMFs.

Además, algunas IMFs prestan *servicios de desarrollo empresarial*, tales como la capacitación de destrezas y la capacitación empresarial básica (incluyendo contabilidad, mercadeo y producción) o *servicios sociales*, tales como atención médica, educación y alfabetización. Estos servicios pueden mejorar la capacidad de hombres y mujeres de bajos ingresos para operar microempresas en forma directa o indirecta.

La decisión para determinar cuáles servicios ofrecer depende de los objetivos de las IMFs, las demandas del mercado objetivo, la existencia de otros proveedores de servicios y del cálculo preciso de los costos y la factibilidad de la prestación de servicios adicionales. Este capítulo despertará el interés de los donantes que están considerando apoyar una actividad microfinanciera, o bien, a IMFs existentes que están considerando ampliar su oferta de servicios o cambiar su manera operar. En particular, la perspectiva general de los productos y servicios que podría ofrecer una IMF a sus clientes permite al lector determinar el nivel en que satisface las necesidades y exigencias del mercado objetivo.

El marco de sistemas

Prestar servicios microfinancieros a clientes marginales es un proceso complejo que exige muchos diferentes tipos de destrezas y funciones. Lo anterior podría requerir a más de una sola institución. Aun las IMFs que adoptan un enfoque *integrado* no siempre proveen todos los servicios que demanda el grupo objetivo (ver más adelante). Por lo tanto, entender cómo se desarrolla el proceso de intermediación financiera y social requiere de un *análisis de sistemas* en vez de un simple análisis institucional.[1]

La perspectiva de sistemas es importante, no sólo porque podría haber diferentes instituciones involucradas, sino también porque es probable que estas instituciones posean metas institucionales muy diferentes o "misiones corporativas". Por lo tanto, si está involucrado un banco comercial, su meta es desarrollar su patrimonio y ofrecer una ganancia a sus propietarios. En contraste, tanto agencias gubernamentales como no gubernamentales (ONGs), a pesar de todas sus diferencias, son organizaciones de servicio, y no instituciones lucrativas. Los mismos clientes de ahorro y crédito, si están constituidos como organización de membresía, tienen su propia misión corporativa: servir a sus miembros que son tanto clientes como propietarios.

El enfoque de sistemas es útil para donantes y profesionales porque facilita la comprensión y el trato honesto del tema de los *subsidios.* Nos permite considerar a cada institución involucrada en el proceso de intermediación como un *lugar separado de sostenibilidad* cuando se realiza la evaluación de la viabilidad comercial de todo el sistema. Cuando se trata de cubrir los costos de la prestación de servicios dentro del marco de sistemas, cada institución podría tener una perspectiva diferente. Para las institu-

ciones financieras formales y las organizaciones afiliadas, la sostenibilidad financiera constituye una meta esencial. Aunque se espera que las ONGs operen eficientemente y cubran la mayor parte posible de sus costos, no se espera que generen ganancias. Por lo general, éstas trabajan para prestar servicios financieros a un grupo objetivo para el cual ha fracasado "el mercado". Para muchas ONGs la autosostenibilidad financiera como institución no es una meta que concuerda con sus misiones corporativas.

Al considerar el sistema en conjunto se hace más evidente en dónde están los subsidios. Si una institución determinada se dedica solamente a ofrecer intermediación social, es posible tomar una decisión informada para proveer un subsidio constante a dicho servicio. El enfoque de sistemas nos permite tomar en cuenta que el microfinanciamiento es una mezcla de "negocio" y "desarrollo". En vez de tratar de obligar a los bancos formales a convertirse en ONGs que se preocupen de la intermediación social, la potenciación y la participación; y en vez de instar a las ONGs a convertirse en bancos generadores de ganancias, podemos alentar a las instituciones a formar asociaciones estratégicas en donde cada una se dedica a lo que sabe hacer mejor, cumpliendo su propia misión corporativa y a su vez combinando diferentes destrezas para proveer un sistema duradero que brinde a los pobres el acceso a los servicios financieros.

(Sin embargo, es importante notar que ha empezado a surgir un nuevo tipo de ONGs denominado "ONGs empresariales". En el discurso que rodea actualmente a las microfinanzas, parece existir la expectativa de que todas las ONGs dedicadas a las microfinanzas se transformarán básicamente en instituciones financieras para alcanzar la meta de la autosostenibilidad financiera. Debido a que no todas las ONGs son iguales, hay necesidad de una prudencia considerable antes de formular esta conclusión. Antes de alentar a una ONG a convertirse en una institución financiera formal, es importante conocer a fondo las metas institucionales de la organización, su capacidad administrativa y su experiencia. No todas las ONGs pueden –o deben– convertirse en bancos. De hecho, hay muchos roles válidos que las ONGs pueden desempeñar en un sistema sostenible de intermediación financiera, aun cuando éstas no puedan volverse financieramente autosostenibles de la manera que lo

---

1. Este análisis fue tomado de Bennett (1997).

puede hacer un banco o una cooperativa con un buen rendimiento).

Dentro del marco de sistemas hay dos categorías generales de servicios que pueden prestarse a los clientes de microfinanciamiento:

- La *intermediación financiera* o la prestación de productos y servicios financieros, tales como ahorro, crédito, seguros, tarjetas de crédito y sistemas de pago. La intermediación financiera no debería requerir subsidios constantes.

- La *intermediación social* o el proceso de desarrollo del capital humano y social requerido por la intermediación financiera sostenible para los pobres. La intermediación social podría requerir subsidios por un período más prolongado que la intermediación financiera, pero al final los subsidios deberían ser eliminados.

- Los *servicios de desarrollo empresarial* o servicios no financieros que asisten a los microempresarios. Éstos incluyen capacitación empresarial, mercadeo y servicios tecnológicos, desarrollo de destrezas y análisis del subsector. Los servicios de desarrollo empresarial podrían requerir de subsidios o no, dependiendo de la disponibilidad y capacidad de los clientes para pagar por los mismos.

- Los *servicios sociales* o servicios no financieros que se concentran en mejorar el bienestar de los microempresarios. Éstos incluyen atención médica, nutrición, educación y alfabetización. Es probable que los servicios sociales requieran de subsidios constantes, los cuales muchas veces son proporcionados por el Estado o a través de donantes que apoyan a las ONGs.

El grado en que una IMF presta cada uno de estos servicios depende de su enfoque "minimalista" o "integrado".

Las instituciones de microfinanzas: ¿minimalistas o integradas?

Por definición las IMFs prestan servicios financieros. Sin embargo, una IMF también podría ofrecer otros servicios como manera de mejorar la capacidad de sus clientes para utilizar servicios financieros. Hay un gran debate en el campo de las microfinanzas que contempla si las IMFs deberían ser *minimalistas* –ofreciendo sólo

intermediación financiera– *o integradas* –ofreciendo intermediación financiera y otros servicios (Gráfica 3.1). La mayoría de IMFs ofrecen cierto grado de intermediación social. La decisión de ofrecer servicios no financieros determina si una IMF es minimalista o integrada.

Las IMFs que utilizan el *enfoque minimalista* normalmente ofrecen sólo intermediación financiera, pero ocasionalmente podrían ofrecer ciertos servicios de intermediación social. Los minimalistas basan su enfoque en la premisa de que falta una sola pieza para el crecimiento empresarial, que por lo general se considera ser la falta de crédito asequible y accesible a corto plazo, el cual puede ser ofrecido por la IMF. Aunque es posible que falten otras piezas, la IMF reconoce su ventaja comparativa al proveer sólo intermediación financiera. Se asume que otras organizaciones proveen otros servicios exigidos por los clientes objetivo. Este enfoque ofrece ventajas de costo para la IMF y le permite mantener un enfoque claro, en vista de que desarrolla y presta un solo servicio a los clientes.

El *enfoque integrado* adopta una visión más holística del cliente. Ofrece una combinación o una gama de intermediación financiera y social, desarrollo empresarial y servicios sociales. Aunque podría no ofrecer todos estos servicios, la IMF aprovecha su proximidad a los clientes y, basada en sus objetivos, presta los servicios que considera más necesarios o para cuya prestación posee una ventaja comparativa.

Una IMF selecciona un enfoque minimalista o uno más integrado según sus objetivos y las circunstancias de oferta y demanda en que opera. Si una IMF decide adoptar un enfoque integrado, debería estar consciente de los aspectos potenciales siguientes:

- Proveer servicios financieros y no financieros son dos actividades diferentes, que a veces podrían ocasionar que una institución se dedique a objetivos opuestos.

- Para los clientes frecuentemente es difícil establecer la diferencia entre los "servicios sociales", que suelen ser gratuitos, y los "servicios financieros", que tienen un costo, cuando ambos son prestados por la misma organización.

- Las IMFs que ofrecen muchos servicios podrían tener dificultades para identificar y controlar los costos por servicio.

- Los servicios no financieros rara vez son financieramente sostenibles.

Gráfica 3.1 Enfoques minimalistas e integrados de las microfinanzas

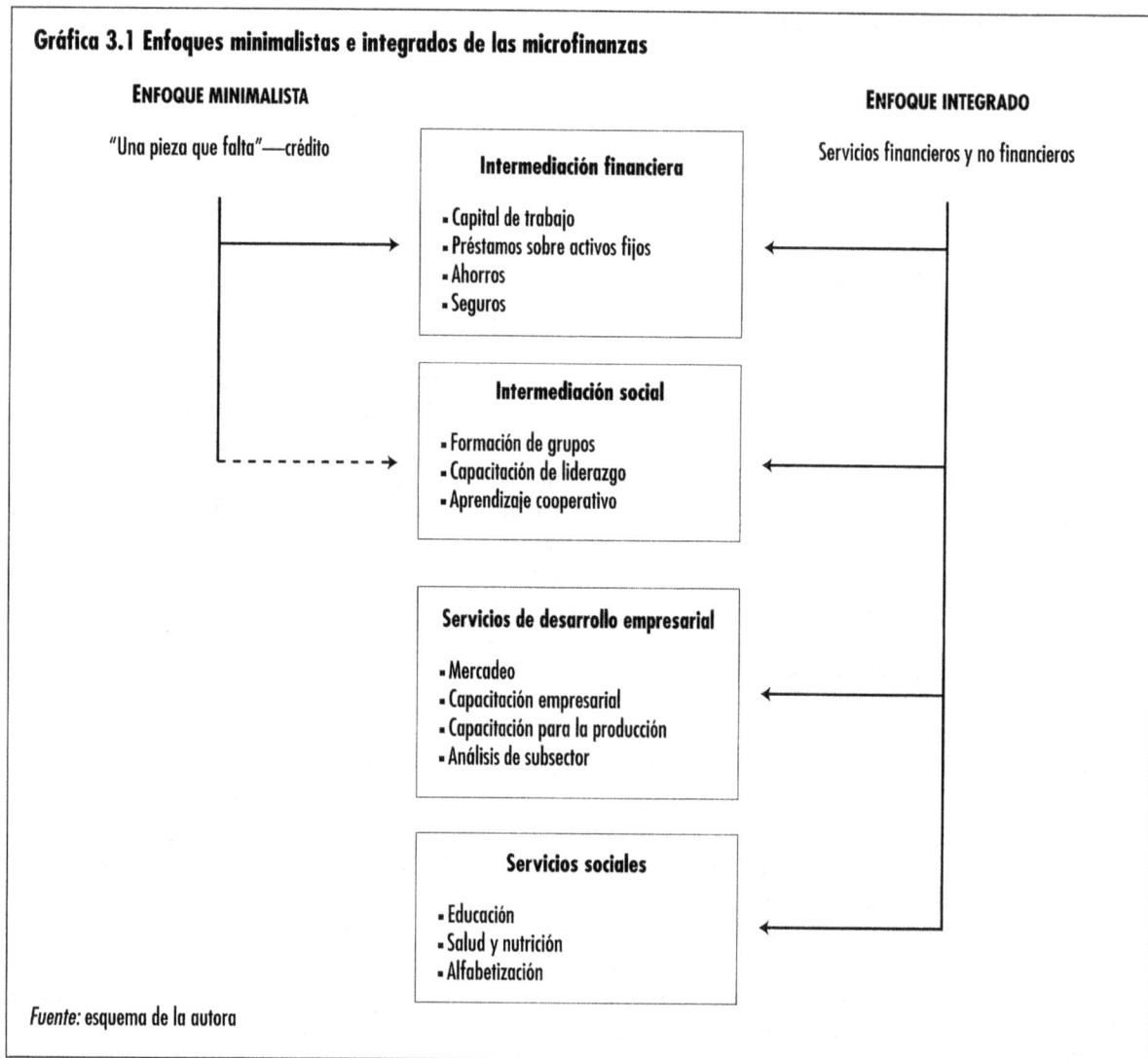

ENFOQUE MINIMALISTA

"Una pieza que falta"—crédito

ENFOQUE INTEGRADO

Servicios financieros y no financieros

Intermediación financiera

- Capital de trabajo
- Préstamos sobre activos fijos
- Ahorros
- Seguros

Intermediación social

- Formación de grupos
- Capacitación de liderazgo
- Aprendizaje cooperativo

Servicios de desarrollo empresarial

- Mercadeo
- Capacitación empresarial
- Capacitación para la producción
- Análisis de subsector

Servicios sociales

- Educación
- Salud y nutrición
- Alfabetización

Fuente: esquema de la autora

La intermediación financiera

El rol principal de las IMFs es proveer intermediación financiera. Esto incluye la transferencia de capital o liquidez de aquellos que tienen exceso en un momento determinado hacia aquellos que están escasos en ese mismo momento. En vista de que la producción y el consumo no suceden simultáneamente, se necesita de algo que coordine estos diferentes ritmos. "El financiamiento en forma de ahorro y crédito surge para permitir la coordinación. El ahorro y el crédito son más eficientes cuando los intermediarios comienzan a transferir fondos de empresas y personas individuales que han acumulado fondos y que están dispuestos a ofrecer li-

quidez a aquellos que desean adquirirla (Von Pischke 1991, 27).

Aunque prácticamente todas las IMFs proveen servicios crediticios, algunas también proveen otros productos financieros, incluyendo ahorros, seguros y pagos de servicios. La decisión sobre qué tipo de servicios financieros proveer y el método para ofrecerlos depende de los objetivos de la IMF, las exigencias de su mercado objetivo y su estructura institucional.

Dos imperativos de importancia fundamental que deben ser considerados al prestar servicios financieros son los siguientes:

- Responder con eficacia a la demanda y a las preferencias de los clientes

- Diseñar productos simples que los clientes puedan entender con facilidad y que las IMFs puedan manejar fácilmente.

La gama de productos proporcionados generalmente incluyen:
- Crédito
- Ahorro
- Seguro
- Tarjetas de crédito
- Servicios de pago.

La siguiente sección provee una breve descripción de los productos que las IMFs ofrecen a sus clientes. Esta perspectiva general se presenta con el propósito de familiarizar al lector con la manera singular de prestar servicios financieros a los microempresarios. La información específica sobre cómo diseñar productos de crédito y ahorro se encuentra en los capítulos 5 y 6. El Apéndice 1 resume los principales enfoques de intermediación financiera.

Crédito

El crédito lo constituyen fondos prestados bajo condiciones de pago especificadas. Cuando no hay suficientes ahorros acumulados para financiar una empresa y cuando el rendimiento de los fondos prestados excede la tasa de interés a pagar por los mismos, es razonable solicitar un préstamo en vez de posponer la actividad empresarial hasta después de acumular suficientes ahorros, en el supuesto que hay capacidad de pago de los intereses de la deuda (Waterfield y Duval 1996).

Por lo general, los préstamos se otorgan con propósitos productivos, o sea, para la generación de ingresos en una empresa. Algunas IMFs también otorgan préstamos para consumo, vivienda y ocasiones especiales. Aunque muchas IMFs insisten en otorgar únicamente préstamos productivos, todo préstamo que contribuya a aumentar la liquidez del hogar libera los ingresos de la empresa, los cuales pueden ser reinvertidos en el negocio.

La mayoría de IMFs se propone alcanzar la sostenibilidad (que podría incluir o no la sostenibilidad financiera; ver capítulo 9) al garantizar que los servicios ofrecidos puedan satisfacer las exigencias de los clientes; que las operaciones sean lo más eficientes posible y que los costos sean minimizados; que las tasas de interés y los cargos sean suficientes para cubrir los costos; y que los clientes estén motivados para pagar los préstamos. Las IMFs

pueden ser sostenibles en el supuesto que posean suficientes fondos para continuar operando a largo plazo. Estos fondos pueden obtenerse solamente a través de ingresos por operación o a través de una combinación de donaciones y de ingresos por operación. A medida que se desarrollan las microfinanzas, se establecen principios definidos que conducen a los *préstamos financieramente viables* (Casilla 3.1).

Los *métodos de concesión de crédito* por lo general se pueden dividir en dos grandes categorías de enfoques –individuales y colectivos– en base a la manera en que la IMF ofrece y garantiza sus préstamos (adaptado de Waterfield y Duval 1996).
- Los *préstamos individuales* son otorgados a personas individuales en base a su capacidad para ofrecer a la IMF una promesa de pago y cierto nivel de seguridad.
- Los *enfoques colectivos* otorgan préstamos a grupos, ya sea a personas individuales que pertenecen a un grupo y que garantizan mutuamente sus préstamos o bien a grupos que a su vez ofrecen préstamos a sus miembros.

PRÉSTAMOS INDIVIDUALES. Las IMFs han desarrollado con éxito modelos eficaces para otorgar préstamos a personas individuales, los cuales combinan préstamos formales, como los préstamos tradicionales de las instituciones financieras; con préstamos informales, como los de los prestamistas individuales.

Las *instituciones financieras* formales basan sus decisiones crediticias en las características de la empresa y del cliente, incluyendo el flujo de caja, la capacidad de endeudamiento, el historial de resultados financieros, las garantías y el carácter. Los prestamistas del sector formal también han comprobado la utilidad de los fiadores personales para motivar a los clientes a pagar sus préstamos. Han demostrado el valor de un enfoque empresarial y la importancia de lograr la recuperación de costos en sus operaciones crediticias. Finalmente, han establecido la importancia de la regulación externa para salvaguardar los ahorros de los clientes y la institución misma. Sin embargo, las prácticas crediticias del sector formal frecuentemente no son apropiadas para las instituciones de microfinanzas, ya que muchas microempresas o propietarios de empresas no poseen muchos activos ni sistemas adecuados para la elaboración de reportes financieros.

Los *prestamistas del sector informal* aprueban los préstamos en base al conocimiento personal de los prestatarios y no en base a un sofisticado análisis de factibilidad, y

---

Casilla 3.1 Principios rectores de los préstamos financieramente viables para empresarios pobres

Principio 1. Ofrecer servicios que corresponden a las preferencias de los empresarios pobres

Estos servicios podrían incluir:

- *Préstamos a corto plazo, compatibles con los patrones de egresos e ingresos de la empresa.* Los programas de ACCION International suelen otorgar préstamos por plazos de tres meses, y el Banco Grameen, por un año.
- *Préstamos reiterados.* El pago total de un préstamo permite el acceso al siguiente. Los préstamos reiterados constituyen el crédito para apoyar el manejo financiero como un proceso y no como una circunstancia aislada.
- *Usos relativamente poco restringidos.* Aunque la mayoría de programas selecciona clientes con empresas activas (y, por lo tanto, el flujo de caja para el pago), reconocen que los clientes podrían necesitar usar fondos para una mezcla de propósitos domésticos o empresariales.
- *Préstamos muy pequeños, apropiados para satisfacer los requisitos financieros cotidianos de las empresas.* El monto promedio de los préstamos en Badan Kredit Kecamatan en Indonesia y Grameen está muy por debajo de US$100, mientras la mayoría de actividades de ACCION y del Banco Rakyat Indonesia ofrecen préstamos por un promedio que oscila entre US$200 y US$800.
- *Un enfoque amistoso para los clientes.* Localizar puntos de venta cercanos a los empresarios, usar solicitudes sumamente simples (frecuentemente de una página), y limitar el tiempo entre la solicitud y el desembolso a unos cuantos días. Desarrollar una imagen pública de accesibilidad para los pobres.

Principio 2. Racionalizar las operaciones para reducir los costos unitarios

Desarrollar operaciones altamente racionalizadas, minimizando el tiempo del personal por préstamo.

Estandarizar el proceso de otorgamiento de préstamos. Simplificar las solicitudes y aprobarlas en base a criterios fácilmente verificables, como la existencia de una empresa en funcionamiento. Descentralizar la aprobación del préstamo. Mantener oficinas de bajo costo; Badan Kredit Kecamatan opera sus puestos en los pueblos una vez por semana en las instalaciones del gobierno local, pagando pocos o ningún gasto indirecto, llegando hacia las áreas rurales más remotas. Seleccionar el personal de las comunidades locales, incluyendo a personas con niveles más bajos de educación (y, por consiguiente, con expectativas salariales más bajas) que el personal en las instituciones bancarias formales.

Principio 3. Motivar a los clientes a pagar los préstamos.

Esto sustituye el análisis del proyecto previo a otorgar el préstamo y las garantías formales, asumiendo que los clientes serán capaces de pagar el mismo. Concentrarse en brindar motivación para pagar. Estas motivaciones podrían incluir:

- *Grupos de responsabilidad conjunta.* Un arreglo por el cual unos cuantos prestatarios garantizan mutuamente sus préstamos es la motivación de pago utilizada con mayor frecuencia. Esta técnica es empleada por Grameen y, de una manera levemente diferente, por los afiliados de ACCION. Ha demostrado ser eficaz en muchos países y escenarios diferentes de todo el mundo. Los préstamos basados en las características de los clientes pueden ser eficaces cuando la estructura social es cohesiva, tal como se ha demostrado en toda la variedad de programas de crédito de Indonesia.
- *Incentivos.* Incentivos tales como garantizar el acceso a los préstamos motivan el pago, al igual que el aumento de los montos y los precios preferenciales a cambio del pago puntual. Las instituciones que motivan con éxito el pago desarrollan la competencia del personal y una imagen pública que evidencia que el cobro de los préstamos es tomado seriamente.

Principio 4. Cobrar el costo total de tasas de interés y cargos

Los montos bajos de los préstamos necesarios para atender a los pobres pueden resultar en costos por préstamo que requieren tasas de interés significativamente superiores a las de los bancos comerciales (aunque significativamente inferiores a las tasas de interés del sector informal). Los empresarios pobres han demostrado la voluntad y la capacidad de pagar dichos intereses por servicios cuyos atributos concuerdan con sus necesidades.

Fuente: Rhyne y Holt 1994.

---

utilizan garantías informales. También demuestran la importancia de responder rápidamente a las necesidades de los prestatarios con un mínimo de procedimientos burocráticos. Quizá lo más importante es que los prestamistas individuales demuestran que los pobres pagan sus préstamos y tienen la capacidad de pagar tasas de interés relativamente altas. Sin embargo, muchas veces no se recurre a los préstamos de los prestamistas individuales con motivos productivos, sino más bien para emergencias o para el consumo. Por lo general, éstos se obtienen por un período relativamente corto.

Las características de los modelos crediticios individuales incluyen (Waterfield y Duval 1996, 84):

- La seguridad de los préstamos por medio de algún tipo de garantía (cuya definición es menos rigurosa que la de los prestamistas formales) o un codeudor (una persona que acepta ser legalmente responsable del préstamo pero quien, por lo general, no ha obtenido un préstamo de la IMF).
- La investigación de los clientes potenciales a través de su historial crediticio y de las referencias de carácter.
- La adaptación del monto y el plazo del préstamo según las necesidades de la empresa.
- El aumento frecuente del monto y el plazo del préstamo en el transcurso del tiempo.
- Los esfuerzos del personal para desarrollar relaciones estrechas con clientes, de manera que cada uno represente una inversión importante de tiempo y energía del personal.

Los préstamos individuales requieren del contacto estrecho y frecuente con los clientes individuales. Muchas veces éstos tienen éxito en áreas urbanas en donde hay posibilidades de acceso para los clientes. Los préstamos individuales también pueden ser exitosos en áreas rurales, en particular a través de cooperativas de ahorro y crédito o de uniones de crédito. Tanto en áreas urbanas como rurales, los prestamos individuales se suelen concentrar en financiar empresas de producción, cuyos operadores suelen estar en mejores condiciones que los extremadamente pobres.

La Fédération des Caisses d'Epargne et de Crédit Agricole Mutual en Benin es un ejemplo del otorgamiento eficaz de préstamos individuales en áreas rurales (Casilla 3.2).

Debido a que los oficiales de crédito deben dedicar un tiempo relativamente prolongado a los clientes individuales, suelen atender entre 60 y 140 clientes. Por lo general, los montos de los préstamos otorgados a personas individuales son mayores que los de los otorgados a los integrantes de algún grupo. Por consiguiente, al considerar un número igual de préstamos, los otorgados a personas individuales proveen una *base de ingresos* mayor que los colectivos para cubrir los costos de otorgar y mantener dichos préstamos. La base de ingresos es el monto pendiente de una cartera de préstamos que genera ingresos por intereses. Como los ingresos por intereses se basan en un porcentaje del monto otorgado, mientras mayor es el monto más ingresos genera y, por consiguiente, se produce una mayor disponibilidad de fondos para cubrir costos, aun cuando los costos de manejo de préstamos mayores no son mucho más elevados que los costos de los préstamos de montos menores (ver capítulo 9). Además, los modelos de préstamos individuales pueden ser menos costosos y su establecimiento podría requerir menos inversión de mano de obra que los modelos colectivos.

La Asociación para el Desarrollo de Microempresas en la República Dominicana constituye un excelente ejem-

---

Casilla 3.2 Préstamos individuales en la Fédération des Caisses d'Epargne et de Crédit Agricole Mutuel, Benin

LA FÉDÉRATION DES CAISSES D'EPARGNE ET DE CRÉDIT Agricole Mutuel (FECECAM) es una gran red de cooperativas de ahorro y crédito con más de 200.000 clientes. La mayoría de los préstamos se otorgan a personas individuales. El análisis del préstamo lo realiza un comité de crédito integrado por representantes de los pueblos a los cuales la cooperativa de ahorro y crédito presta servicios financieros. Por lo tanto, los préstamos son basados en las características de los clientes, aunque también se exige alguna forma de garantía. Los prestatarios también deben poseer una cuenta de ahorro con la cooperativa, y el monto del préstamo que reciben está relacionado con su volumen de ahorros. Los ahorros no pueden ser retirados hasta después de finalizada la amortización del préstamo. En el caso de los préstamos agrícolas, el grupo de agricultores del pueblo participa en el análisis del crédito y actúa como garante.

Los préstamos individuales han estado muy orientados hacia los hombres porque ellos poseen la mayoría de activos (y, por consiguiente, garantías) y como jefes de familia reciben el apoyo del grupo de agricultores. Para las mujeres este enfoque ha sido bastante ineficaz. En 1993 la federación introdujo los préstamos colectivos para mujeres. La meta es ayudar a las mujeres a familiarizarse con las cooperativas de ahorro y crédito y acumular suficientes ahorros para convertirse en prestatarias individuales tras obtener dos o tres préstamos con el respaldo de su grupo.

Fuente: Fruman 1997.

plo de una IMF exitosa que otorga préstamos individuales (Casilla 3.3).

PRÉSTAMOS COLECTIVOS. Los préstamos colectivos implican la formación de grupos de personas con el deseo común de obtener acceso a los servicios financieros. Los enfoques de los préstamos colectivos frecuentemente imitan o se basan en grupos informales existentes de ahorro y crédito. Estos grupos existen prácticamente en cada país y reciben diferentes nombres, entre los cuales asociación de crédito y ahorro rotativo es el más común (Casilla 3.4).

Los enfoques de préstamo colectivo han adaptado el modelo de las asociaciones de crédito y ahorro rotativo para ofrecer una flexibilidad adicional en cuanto a los montos y los plazos de los préstamos y, por lo general, permiten a los prestatarios obtener acceso a los fondos cuando lo necesitan, en vez de hacerlos esperar su turno. Entre los modelos de préstamos colectivos mucho más

conocidos están el Banco Grameen en Bangladesh y los préstamos colectivos de grupos de solidaridad de ACCION International; ambos facilitan la formación de grupos relativamente reducidos (entre 5 y 10 personas) que otorgan préstamos *individuales* a los miembros del grupo. Otros modelos, tales como el modelo bancario de comunidad de la Fundación de Asistencia Comunitaria Internacional (FINCA), utilizan grupos mayores, de entre 30 y 100 miembros, y otorgan préstamos al *grupo* mismo y no a las personas individuales.

Algunas de las *ventajas* de los préstamos colectivos se citan frecuentemente en las publicaciones sobre microfinanzas. Una característica importante de los préstamos colectivos es el uso de la presión de grupo como sustituto de la garantía. Muchos programas de préstamos colectivos están dirigidos a los más pobres que no pueden satisfacer los requisitos tradicionales de garantías exigidos por la mayoría de instituciones financieras. Debido a ello, se establecen garantías colectivas como sustitutos de las

---

Casilla 3.3 La Asociación para el Desarrollo de Microempresas

LA ASOCIACION PARA EL DESARROLLO DE MICROEMPRESAS (ADEMI) provee crédito y asistencia técnica a microempresarios y pequeñas empresas. El servicio de crédito tiene las siguientes características:

- Énfasis en proveer crédito a microempresas, seguido por una cantidad apropiada de asistencia técnica no obligatoria, complementaria y directa.
- Préstamos iniciales pequeños, con plazos cortos, otorgados para capital de trabajo y cuyos montos se incrementan en préstamos posteriores, concediéndose plazos más largos para la compra de activos fijos.
- Uso de bancos comerciales para el desembolso y el cobro de los préstamos
- Préstamos con tasas de interés reales y positivas
- Prudencia en los desembolsos, para que la fecha del préstamo y el monto sean apropiados.

Los montos y los plazos de cada préstamo de la Asociación son establecidos individualmente por un oficial de crédito, tomando en cuenta las necesidades del cliente y su capacidad de pago. Los préstamos son aprobados por la gerencia. La mayoría de préstamos para microempresarios se otorgan para plazos de hasta un año, aunque en el caso de los préstamos otorgados para la adquisición de activos fijos, los plazos pueden ser más largos.

ADEMI utiliza una combinación de garantías y garantes para asegurar sus préstamos. A todos los prestatarios se les solicita suscribir un contrato legal en donde declaran su obligación de pagar los fondos en los plazos especificados. La mayoría de clientes también tiene un garante o codeudor que asume la responsabilidad total del cumplimiento de las condiciones del contrato en caso que cliente no se encuentre en capacidad o en disposición de amortizar el préstamo. Según sea factible, también se solicita a los prestatarios suscribir escrituras para propiedades o maquinaria a manera de garantía para los préstamos. En algunos casos también se podría solicitar a los garantes entregar garantías en nombre del prestatario.

Sin embargo, ADEMI recomienda con insistencia que, en caso de no poder ofrecer una garantía, el acceso de los solicitantes al crédito de la Asociación debería ser limitado. Cuando nuevos prestatarios no pueden ofrecer una garantía, los oficiales de crédito dependen fuertemente de la información como sustituto de la garantía. En estas situaciones, el oficial de crédito investigará la reputación del solicitante, de igual manera que lo haría un prestamista informal. Se podrían visitar las tiendas y los bares vecinos y también pedir a los solicitantes que, en lo posible, presenten estados financieros o recibos de pago de servicios públicos. Cada solicitud se considera en forma individual.

Fuente: Ledgerwood y Burnett 1995.

garantías tradicionales. Aunque muchas personas suponen que las garantías colectivas incluyen la estricta responsabilidad conjunta de los miembros del grupo, rara vez se responsabiliza a los miembros. En cambio, la falta de pago de un miembro suele significar que se suspende el crédito para otros miembros del grupo hasta que el préstamo sea pagado. La agrupación financiera y social suscita varios tipos de dinámicas de grupo que pueden acrecentar los índices de pago. Por ejemplo, la presión ejercida por otros miembros del grupo puede funcionar como incentivo de pago, en vista de que los miembros no desean traicionar a los demás integrantes de su grupo ni desean ser víctimas de algún tipo de sanción social impuesta por el grupo a consecuencia de la mora. En otros casos, el grupo posiblemente reconozca una razón legítima que motive el atraso de algunos de sus miembros y le ofrecerá ayuda hasta que el problema haya sido resuelto. En otros casos, los ahorros obligatorios de los miembros del grupo podrían ser utilizados para pagar el préstamo de un cliente moroso.

Otra ventaja de los préstamos colectivos es que podría reducir ciertos costos de transacción institucionales. Al trasladar al grupo los costos de investigación y monitoreo, una IMF puede llegar a un gran número de clientes a través de la autoselección de los miembros del grupo, aun ante la posibilidad de que ésta suceda en base a información asimétrica. Una de las razones por las cuales es importante la autoselección es que los miembros de la misma comunidad suelen tener un excelente conocimiento de las personas que son riesgos crediticios confiables y de las que no lo son. Las personas son muy cautelosas respecto a las personas que admiten en su grupo, en vista del peligro de perder su propio acceso al crédito (o de que sus propios ahorros sean utilizados para pagar otros préstamo). Por lo tanto, la formación de grupos es un componente decisivo para los préstamos colectivos exitosos. Además, para reducir costos a través de la investigación y el monitoreo interno de los clientes en el grupo, las IMFs que utilizan los préstamos colectivos

---

Casilla 3.4 Asociaciones de crédito y ahorro rotativo

LAS ASOCIACIONES DE CRÉDITO Y AHORRO ROTATIVO (ROSCA) son grupos informales desarrollados por sus miembros a nivel de las bases. Se les conoce por diferentes nombres en los diferentes países. Por ejemplo, en África occidental son *tontines*, *paris* o *susus*; en Sudáfrica son *stokvels*; en Egipto son *gam'iyas*; en Guatemala son *cuchubales*; y en México son *tandas*.

Las personas que integran un grupo autoseleccionado aceptan contribuir semanal o mensualmente una cantidad fija de dinero. Luego, los miembros se turnan para recibir el monto total recolectado en el período hasta que todos hayan tenido la oportunidad de recibir fondos. El orden en el cual los miembros reciben los fondos es determinado por rifa, mutuo acuerdo o bien por necesidad o por emergencias personales de los integrantes del grupo. Frecuentemente la persona que inició la formación de la asociación es la primera en recibir los fondos.

No se cobran intereses en forma directa, pero éstos están implícitos. Las personas que se benefician del préstamo más hacia el principio tienen ventajas sobre aquellos que lo reciben hacia el final. Las asociaciones de crédito y ahorro rotativo también juegan un importante rol social. Los miembros pueden intercambiar turnos cuando alguien tiene

necesidad, y algunas asociaciones crean un fondo de garantía de asistencia mutua. Hay variaciones en cuanto al número de personas que integran los grupos, a los montos "ahorrados", a la frecuencia de las reuniones y al orden de prioridad para recibir préstamos. En América Latina las asociaciones comerciales (tandas) se utilizan para comprar costosos bienes de consumo duraderos, tales como vehículos o maquinaria. Algunas personas pertenecen a varias asociaciones. Las asociaciones de crédito y ahorro rotativo pueden ser rurales o urbanas e incluyen a hombres y mujeres, por lo general en grupos separados y algunas veces juntos. Los miembros pueden pertenecer a cualquier nivel de ingresos; participan muchos funcionarios estatales o empleados de oficina.

Sin embargo, las asociaciones de crédito y ahorro rotativo son limitadas debido a su falta de flexibilidad. Los miembros no siempre pueden recibir un préstamo cuando lo necesitan ni obtenerlo por el monto requerido. Asimismo, la membresía en algunas asociaciones implica altos costos sociales y de transacción, tales como reunirse en intervalos regulares y ofrecer un refrigerio a los asistentes. Las asociaciones de crédito y ahorro rotativo también implican riesgos por la posibilidad de que alguno de los miembros se retire antes de que a todos les haya tocado su turno para recibir las contribuciones.

Fuente Krahnen y Schmidt 1994.

también pueden ahorrar mediante el uso de una estructura jerárquica. Por lo general, los oficiales de crédito no tratan con miembros individuales del grupo sino hacen los cobros a un líder local o del grupo, reduciendo así los costos de transacción. Puhazhendhi (1995) encontró que los bancos microfinancieros que utilizan intermediarios como grupos de autoayuda reducen los costos de transacción con mayor éxito que los bancos que trabajan directamente con los clientes.

Aunque se han reportado numerosas ventajas potenciales de los préstamos de grupos, también existen algunas *desventajas*. Bratton (1986) demuestra que, en los años de bonanza, las instituciones crediticias colectivas registran mejores índices de pago que los programas de préstamos individuales, pero las mismas registran peores índices de pago en años con algún tipo de crisis. Si varios miembros de un grupo enfrentan dificultades de pago, el grupo entero muchas veces fracasa, lo que conduce al efecto dominó. Este efecto fue un determinante fuerte y significativo para el pago de préstamos colectivos en un estudio realizado en Burkina Faso (Paxton 1996b) y es indicador de la inestabilidad inherente a los préstamos colectivos en ambientes riesgosos (Casilla 3.5).

Algunos críticos cuestionan la suposición de que los costos de transacción son realmente inferiores en los préstamos colectivos (por ejemplo, Huppi y Feder 1990). Los costos de capacitación colectiva tienden a ser relativamente elevados, y no se establece una relación duradera entre el banco y el prestatario individual. No sólo son altos los costos de transacción institucional, sino los costos de transacción de los clientes también son elevados a medida que se traslada más responsabilidad de la IMF a los clientes mismos. Finalmente, aunque parece que algunas personas trabajan bien en grupos, existe la preocupación de que muchas personas prefieren los préstamos individuales, para no exponerse a los castigos financieros derivados del pago irresponsable de otros miembros del grupo. En vista de la presencia de ventajas y desventajas en conflictos asociados con los préstamos colectivos, no es sorprendente ver que los préstamos colectivos funcionan bien en algunos contextos y fracasan en otros (ver Casilla 3.6).

Ahorros

La movilización de ahorros ha sido un tema controversial en las microfinanzas. En años recientes, ha aumentado la conciencia entre formuladores de políticas y profesionales sobre la existencia de un gran número de planes de ahorro informales e IMFs en todo el mundo (en particular, organizaciones de las uniones de crédito) que han sido muy exitosas para la movilización de ahorros. Estos acontecimientos son testimonio de que *los clientes de bajos ingresos pueden ahorrar y de hecho lo hacen*. El "Inventario

---

Casilla 3.5 Inestabilidad de pago en Burkina Faso

UN ESTUDIO SOBRE PRÉSTAMOS COLECTIVOS REALIZADO EN 1996, examina la dinámica de grupo en relación con el pago de préstamos en 140 grupos de Sahel Action. Se demostró que existen variables que influyen positivamente el pago exitoso de los préstamos, incluyendo la solidaridad de grupo (ayudar a un miembro del grupo que lo necesita), la localización (el rendimiento urbano es mejor que el rural), el acceso al crédito informal, un buen liderazgo y la capacitación. Sin embargo, hay otras variables que conducen a la inestabilidad de pago.

La variable que tuvo el efecto más desestabilizador sobre el pago de los préstamos fue el efecto dominó: la responsabilidad conjunta no sólo existía a nivel del grupo sino también a nivel de la comunidad, en el sentido que si algunos de los grupos locales incumplía con el pago de su préstamo no se otorgaban préstamos a otros grupos en el pueblo.

En ese contexto, la existencia de morosos en el pueblo era un incentivo para que los grupos que solían pagar puntualmente dejaran de pagar. Además, los grupos desarrollaron una tendencia a no pagar luego de varios ciclos de préstamos. Una posible explicación para este fenómeno es que los plazos y las condiciones del préstamo colectivo ya no satisfacían la demanda de cada uno de los miembros del grupo en ciclos de préstamos consecutivos, lo cual tuvo como resultado que uno o varios miembros dejaran de pagar.

Hay factores externos positivos y negativos dentro de cada programa de crédito colectivo. Sin embargo, en vista de la importancia y de lo delicado que es mantener fuertes índices de pago, es crucial la comprensión profunda de los factores que conducen a la inestabilidad de pago para reducir las causas de la morosidad generalizada.

Fuente: Paxton 1996b.

Casilla 3.6 El rol de los grupos en la intermediación financiera

Directrices para el uso eficaz de grupos:

- Los grupos son más eficaces si son pequeños y homogéneos.
- La imposición de sanciones e incentivos colectivos (tales como no tener acceso a préstamos adicionales mientras una persona está morosa) mejora el rendimiento de los préstamos.
- Los montos de los préstamos incrementados consecutivamente permiten a los grupos la eliminación de malos riesgos.
- Los desembolsos escalonados otorgados a los miembros del grupo pueden basarse en el desempeño de pago de los demás miembros.

Posibles ventajas derivadas del uso de grupos:

- Las economías de escala (una clientela mayor con incrementos mínimos en los costos de operación).
- Las economías de alcance (una mayor capacidad para ofrecer múltiples servicios a través del mismo mecanismo colectivo).
- Mitigación de la asimetría de información relacionada con prestatarios y ahorrantes potenciales mediante el conocimiento de los miembros individuales por parte del grupo.
- Reducción de los riesgos de peligro moral a causa del monitoreo y la presión del grupo.
- Sustitución de la responsabilidad conjunta por la garantía individual.

- Una mejor recolección de los préstamos a través de la investigación y la selección, la presión del grupo y la responsabilidad conjunta, en especial si se incorporan sanciones e incentivos en las condiciones del préstamo.
- Una mejor movilización de ahorros, en especial si se incorporan sanciones e incentivos en un plan colectivo.
- Costos administrativos más bajos (selección, investigación y recolección de préstamos) una vez hecha la inversión inicial en el establecimiento y la educación de los grupos.

Riesgos relacionados al uso de grupos:

- Registros deficientes y falta de aplicación de las condiciones de los contratos.
- Potencial de corrupción y control por parte de un líder poderoso dentro del grupo.
- Riesgo de covarianza por actividades similares de producción.
- Problemas generalizados de pago (efecto dominó).
- Participación limitada de las mujeres en grupos mixtos.
- Altos costos iniciales (en especial de tiempo) para formar grupos viables.
- Debilitamiento potencial del grupo ante la eventual ausencia del líder.
- Mayores costos de transacción para prestatarios (el tiempo invertido en las reuniones y la realización de algunas funciones administrativas voluntarias).

Fuente: Yaron, Benjamin y Piprek 1997.

---

de las Instituciones de Microfinanzas en el Mundo" del Banco Mundial encontró que muchas de las instituciones mayores y más sostenibles en las microfinanzas dependen fuertemente de la movilización de ahorros. En 1995, en las instituciones de microfinanzas encuestadas se registró la existencia de más de US$19 mil millones en más de 45 millones de cuentas de ahorro, comparados con casi US$7 mil millones en 14 millones de cuentas activas de préstamos. Muchas veces subestimados en las microfinanzas, los depósitos proveen un servicio de gran valor para los pobres del mundo, quienes rara vez tienen lugares confiables para guardar su dinero o la posibilidad de ganar un ingreso generado por sus ahorros (Paxton 1996a, 8).

La encuesta también encontró que la capacidad de movilizar depósitos con eficacia depende en gran medida del ambiente macroeconómico y legal. "El análisis estadístico de las instituciones encuestadas revela una correlación positiva entre la cantidad de depósitos movilizados y el crecimiento promedio en el PIB per cápita del país entre 1980 y 1993. De manera similar, se establece una correlación negativa entre las mayores proporciones de depósitos y los altos índices de inflación. Por último, se establece una correlación positiva entre los montos de los depósitos y los altos niveles de densidad poblacional" (Paxton 1996a, 8). Además, se encontró que las instituciones que operan con fondos de donantes generalmente tienen un alto índice de crecimiento de la cartera de préstamos, mientras los programas de depósito crecieron más lentamente (probablemente debido a una falta de fondos). También, se encontró que en las instituciones que movilizaron depósitos los montos de los préstamos eran mayores en promedio y que las mismas tenían mayores probabilidades de trabajar en áreas urbanas que las instituciones que únicamente ofrecen crédito. Esto último se relaciona con el hecho que la mayoría de instituciones que aceptan ahorros deben estar reguladas para hacerlo. Las instituciones urbanas mayores tienden a estar reguladas con mayor frecuencia que las IMFs más pequeñas, y muchas veces llegan a una clientela con un nivel de ingresos superior.

El Banco Rakyat Indonesia y el Banco de Agricultura y Cooperativas Agrícolas de Tailandia son ejemplos conocidos de IMFs establecidas con una movilización de ahorros en rápido crecimiento. Las Caisses Villageoises in Pays Dogon, Malí, constituyen otro ejemplo, aunque menos conocido (Casilla 3.7).

LOS AHORROS OBLIGATORIOS. Los ahorros obligatorios difieren sustancialmente de los ahorros voluntarios. Los ahorros obligatorios (o la compensación de saldos) representan fondos que deben ser contribuidos por los prestatarios como condición para obtener un préstamo, en algunas ocasiones como porcentaje del préstamo, y en otras, como monto nominal. En su mayoría, los ahorros obligatorios pueden considerarse parte de un producto crediticio y no como un verdadero producto de ahorro, en vista de que están estrechamente ligados a la obtención y el pago de préstamos. (Por supuesto, para el prestatario los ahorros obligatorios representan un activo mientras el préstamo representa un pasivo; por lo tanto, el prestatario no puede considerar los ahorros obligatorios como parte del producto crediticio.)

Los ahorros obligatorios son útiles para:

- Demostrar a los prestatarios el valor de las prácticas de ahorro
- Servir de mecanismo de garantía adicional para asegurar el pago de los préstamos
- Demostrar la capacidad de los clientes para manejar el flujo de caja y para hacer contribuciones periódicas (lo que es importante para el pago del préstamo)
- Ayudar a fortalecer la base de activos de los clientes.

Sin embargo, los ahorros obligatorios muchas veces son percibidos (correctamente) por los clientes como un "cargo" que deben pagar para participar y obtener acceso al crédito. Por lo general, los ahorros obligatorios no

---

Casilla 3.7 Caisses Villageoises, Pays Dogon, Malí

LAS CAISSES VILLAGEOISES FUERON ESTABLECIDAS EN PAYS Dogon, Malí, en 1996. Ahora existen 55 de este tipo de bancos de comunidad independientes. Las caisses movilizan ahorros de sus miembros, que son hombres y mujeres de la localidad o de las poblaciones vecinas. Los depósitos se utilizan para hacer préstamos a los miembros según decisiones tomadas por el comité de crédito del pueblo.

El 31 de diciembre de 1996, las Caisses Villageoises habían movilizado US$320.000. El depósito promedio ascendía a US$94, equivalente al 38 por ciento del PIB per cápita. Cada banco de comunidad estableció sus propias tasas de interés en base a su experiencia con grupos locales tradicionales que proveen préstamos a sus miembros o con fuentes informales de servicios financieros. En 1996, la tasa de interés nominal para los depósitos era del 21 por ciento en promedio; en vista de que el índice de inflación era del 7 por ciento en promedio, la tasa de interés real era del 14 por ciento. Un nivel de intereses tan alto era necesario porque las caisses operan en un ambiente en donde el dinero es muy escaso debido a la producción mínima de cultivos comerciales en el área y a los montos irregulares de excedentes de granos para su comercialización. Tradicionalmente, los agricultores prefieren ahorrar en ganado o invertir sus ahorros en sus pequeñas empresas.

Aun con las altas tasas de interés, hay relativamente pocos miembros que ahorran en las caisses. De los 21.500 miembros de las Caisses Villageoises, menos del 20 por ciento utilizó una cuenta de ahorro durante el año de 1996. Como resultado, el volumen de las solicitudes de préstamos supera el monto de los ahorros movilizados. A partir de 1989, las caisses han solicitado préstamos al National Agriculture Bank para satisfacer las necesidades de sus clientes. Sin embargo, el monto que una caisse individual puede solicitar prestado está en función del monto de los ahorros que ha movilizado (una vez y media a dos veces el monto que pueden solicitar en préstamo en el National Agriculture Bank). De esta manera, el incentivo para movilizar ahorros sigue siendo alto para la caisse, y los miembros tienen una importante sensación de propiedad en vista de que sus ahorros determinan el crecimiento de la misma. En diciembre de 1996, el volumen de depósitos respecto al volumen de préstamos pendientes era del 41 por ciento.

Fuente: Contribuido por Cecile Fruman, Proyecto "Sustainable Banking with the Poor", Banco Mundial.

pueden ser retirados por los miembros mientras tienen un préstamo pendiente. De esta manera, los ahorros actúan como una forma de garantía. Por lo tanto, los clientes no pueden usar sus ahorros hasta que su préstamo haya sido amortizado. En algunos casos, los ahorros obligatorios no pueden retirarse hasta que el prestatario realmente retire su membresía de la IMF. Esto a veces tiene como resultado la solicitud de préstamos por montos que de hecho son inferiores a sus ahorros acumulados. Sin embargo, actualmente muchas IMFs están empezando a notar lo injusto de esta práctica y están permitiendo a sus clientes y a sus miembros retirar sus ahorros obligatorios si no tienen un préstamo pendiente o si aún hay una cierta cantidad de ahorros depositados en la IMF. (Los ahorros obligatorios se analizan posteriormente, en el capítulo 5.)

LOS AHORROS VOLUNTARIOS. Tal como lo sugiere su nombre, los ahorros voluntarios no constituyen una parte obligatoria del acceso a los servicios crediticios. Los servicios de ahorro voluntario se proveen tanto a prestatarios como a no prestatarios, quienes pueden depositar o retirar los mismos de acuerdo con sus necesidades. (Aunque en ocasiones los ahorrantes deben ser miembros de la IMF, otras veces los servicios de ahorro están a disposición del público en general.) Las tasas de interés pagadas oscilan entre las relativamente bajas y las levemente superiores a las que ofrecen las instituciones financieras formales. La prestación de servicios de ahorro ofrece ventajas tales como los préstamos de consumo para los clientes y una fuente estable de fondos para la IMF.

El requisito de ahorro obligatorio y la movilización de ahorros voluntarios refleja dos filosofías muy diferentes (CGAP 1997). La primera presupone que a los pobres se les debe enseñar a ahorrar y que deben conocer la disciplina financiera. La segunda asume que los trabajadores pobres practican el ahorro, pero que necesitan instituciones y servicios que se ajusten a sus necesidades. Los clientes de microfinanciamiento podrían no sentirse cómodos al depositar ahorros voluntarios en cuentas de ahorro obligatorio y aun en otras cuentas con la misma IMF. Debido a que muchas veces los clientes no pueden retirar los ahorros obligatorios hasta que su préstamo haya sido amortizado (o después de una determinada cantidad de años), éstos temen que tampoco tendrían acceso fácil a sus ahorros voluntarios. Por consiguiente, las IMFs siempre deberían separar claramente los servicios de ahorro obligatorio de los voluntarios.

Hay tres condiciones que deben existir para que una IMF tome en consideración la movilización de ahorros voluntarios (CGAP 1997):

- Un ambiente propicio, que incluye marcos legales y regulatorios apropiados, un nivel razonable de estabilidad política y condiciones demográficas apropiadas
- Capacidades de supervisión suficientes y eficaces para proteger a los depositantes
- Un buen manejo constante de los fondos de las IMFs. La IMF debería ser financieramente solvente y registrar un alto índice de recuperación de préstamos.

Los requisitos para la eficaz movilización de ahorros voluntarios incluyen (Yaron, Benjamin y Piprek 1997):

- Un alto nivel de confianza de los clientes en la institución (una sensación de seguridad)
- Una tasa de interés positiva y real para los depósitos (que requerirá tasas de interés positivas y reales para otorgar préstamos con fondos externos
- Flexibilidad y diversidad de instrumentos de ahorro
- Seguridad
- Acceso fácil a depósitos de clientes
- Acceso fácil a la IMF (ya sea a través de su red de sucursales o de oficiales bancarios ambulantes)
- Incentivos para el personal de las IMFs relacionados con la movilización de ahorros.

La prestación de servicios de ahorros por una IMF puede contribuir a una mejor intermediación financiera debido a los siguientes factores (Yaron, Benjamin y Piprek 1997):

- Proveer a los clientes un lugar seguro para guardar sus ahorros, posibilitar patrones de consumo, proteger contra el riesgo y acumular activos mientras se generan ingresos reales más altos de los que se podrían lograr ahorrando en el hogar o ahorrando en especie
- Aumentar la percepción de "propiedad" de los clientes de una IMF y, por lo tanto, aumentar su compromiso potencial a pagar los préstamos a la IMF.
- Alentar a la IMF a intensificar los esfuerzos de cobro de los préstamos debido a las presiones de mercado provenientes de los depositantes (en especial si éstos pierden la confianza en la IMF)
- Proveer una fuente de fondos para la IMF, que puede contribuir a mejorar la proyección de los préstamos hacia sus clientes, aumentar la autonomía con relación a gobiernos y donantes y reducir la dependencia de los subsidios.

La movilización no siempre es factible o deseable para la IMFs: las complejidades administrativas y los costos asociados con la movilización de ahorros –en especial los montos pequeños– podrían ser prohibitivos. Las instituciones también podrían encontrar difícil cumplir con las regulaciones prudenciales que aplican a las instituciones que aceptan depósitos.

Además, la volatilidad de las carteras de préstamos microfinancieros podría someter a los depósitos a un riesgo inusualmente alto si la IMF hace uso de los ahorros para financiar operaciones crediticias inseguras. Adicionalmente, las IMFs que ofrecen servicios de ahorro voluntario deben tener mayor liquidez para hacer frente al incremento inesperado de los retiros de ahorro. La prestación de servicios de ahorro crea una institución fundamentalmente diferente a la que provee sólo crédito. Habrá que actuar con prudencia al decidir la prestación de servicios de ahorro.

Seguros

Las IMFs están empezando a experimentar con otros productos y servicios financieros, tales como seguros, tarjetas de crédito y servicios de pago. Muchos programas de préstamos colectivos ofrecen un plan de seguro o garantía. Un ejemplo típico es el Banco Grameen. Se solicita a cada miembro que contribuya un 1 por ciento del monto del préstamo a un fondo de seguro. En caso de muerte de un cliente este fondo es utilizado para pagar el préstamo y para proveer a la familia del cliente fallecido los medios para cubrir los gastos del entierro.

El seguro es un producto que las IMFs probablemente ofrecerán más extensamente en el futuro porque entre sus clientes hay una demanda creciente de seguros médicos o de seguros para préstamos en caso de muerte o pérdida de activos. La Asociación de Mujeres Autoempleadas en Gujarat, India, provee un buen ejemplo de una IMF que satisface las necesidades de servicios de seguro de sus clientes (Casilla 3.8).

Tarjetas de crédito y tarjetas inteligentes

Entre los demás servicios que algunas IMFs están empezando a ofrecer están las tarjetas de crédito y las tarjetas inteligentes.

TARJETAS DE CRÉDITO. Estas tarjetas permiten a los prestatarios el acceso a una línea de crédito en el momento que la necesiten. Las tarjetas de crédito se utilizan cuando se hace una adquisición (asumiendo que el

---

Casilla 3.8 Seguro de la Asociación de Mujeres Autónomas

LA ASOCIACION DE MUJERES AUTÓNOMAS (SELF-Employed Women's Association – SEWA) es la institución central de una red de organizaciones interrelacionadas. Fue fundada en 1972 como gremio comercial de mujeres autónomas en Ahmedabad en el estado de Gujarat, India. La asociación se dedica a tres áreas: organizar a las mujeres en gremios; establecer organizaciones económicas alternativas en forma de cooperativas; y prestar servicios tales como operaciones bancarias, vivienda y atención a niños.

El banco de la asociación fue establecido en 1974 para prestar servicios bancarios y de seguros. Éste actúa como administrador del plan de seguros que ofrece la Asociación de Mujeres Autónomas para sus miembros. Actualmente, los servicios de seguros son prestados por Life Insurance Corporation de la India y por United India Insurance Company y son complementados por un tipo especial de seguro para mujeres trabajadoras ofrecido por la asociación.

El banco actúa como intermediario, haciendo paquetes de servicios de seguros para sus miembros y ayudando a las mujeres a solicitar y resolver reclamos de seguros.

Los miembros que desean adquirir un seguro tienen dos opciones: pagar una prima de 60 rupias cada año y tener todos los beneficios, o hacer un depósito fijo único, de 500 rupias, en el banco de la asociación. El interés sobre el depósito fijo se utiliza para pagar la prima anual. Para miembros que optan por el plan de depósito fijo, la asociación también les proporciona un subsidio de maternidad de 300 rupias, el cual es pagado a través de su banco.

El banco no cobra por este servicio a sus miembros o a los miembros de la asociación y no recibe comisiones de las compañías aseguradoras. Sin embargo, recibe una suma anual de 100.000 rupias por manejar estos servicios en nombre de la asociación. Además, la asociación paga los salarios del personal responsable de administrar los planes de seguro.

Fuente: Biswas y Mahajan 1997.

abastecedor de los productos la acepta) o cuando se desea tener acceso a efectivo (la tarjeta de crédito es denominada algunas veces "tarjeta de débito" si el cliente está retirando sus propios ahorros).

El uso de tarjetas de crédito aún es muy nuevo en el campo de las microfinanzas; únicamente se conocen unos cuantos ejemplos. Las tarjetas de crédito sólo pueden ser usadas cuando hay una infraestructura adecuada dentro del sector financiero formal. Por ejemplo, algunas tarjetas de crédito proveen acceso a efectivo a través de cajeros automáticos. Si no hay una amplia red de estas máquinas y si los establecimientos de venta detallista no aceptan tarjetas de crédito, entonces la utilidad de las tarjetas es limitada.

Las tarjetas de crédito ofrecen ventajas considerables, tanto a los clientes como a las IMFs. Las tarjetas de crédito pueden servir para lo siguiente:

- Minimizar costos administrativos y de operación
- Hacer más eficientes las operaciones
- Proveer a los prestatarios una línea de crédito constante, permitiéndoles complementar su flujo de caja de acuerdo a sus necesidades.

Un ejemplo reciente de una IMF que provee tarjetas de crédito a sus clientes de bajos ingresos es la Asociación para el Desarrollo de Microempresas (Casilla 3.9).

TARJETAS INTELIGENTES. El Swazi Business Growth Trust en el Reino de Swazilandia provee a sus clientes las *tarjetas inteligentes*, que son similares a las tarjetas de crédito pero que por lo general no están disponibles para uso en establecimientos de ventas detallistas (Casilla 3.10). Las tarjetas inteligentes contienen un chip de memoria con información acerca de la línea de crédito disponible para el cliente en una institución crediticia.

Servicios de pago

En los bancos tradicionales los servicios de pago incluyen el cambio de cheques y los privilegios de emisión de cheques para clientes que mantienen depósitos (Caskey 1994). En este sentido los servicios de pago de los bancos están ligados a sus servicios de ahorro. Las IMFs podrían ofrecer servicios de pago similares, ya sea con sus servicios de ahorro (si fuera aplicable) o en forma separada a cambio del pago de un cargo. Si los servicios de pago están ligados a los servicios de ahorro, la IMF puede pagar una

tasa de interés artificialmente baja sobre las cuentas de depósito de los clientes, para cubrir el costo de dichos servicios. De lo contrario, se cobra un cargo para cubrir estos costos, que incluyen pago de personal, infraestructura y seguro. Los cargos pueden basarse en un porcentaje del monto del cheque o pueden ser de una cantidad mínima fija con cargos adicionales para nuevos clientes. Además, como la IMF adelanta fondos sobre cheques que posteriormente son compensados a través del sistema bancario, incurre en gastos de intereses sobre los fondos adelantados y corre el riesgo de que algunos cheques cambiados sean incobrables por fondos insuficientes o por fraude. Por lo tanto, las IMFs deben mantener por lo menos una relación con un banco para compensar los cheques cobrados.

Además del cambio de cheques y de los privilegios de emisión de cheques, los servicios de pago incluyen la transferencia y la remisión de fondos de un área a otra. Muchas veces, los clientes de microfinanciamiento necesitan servicios de transferencia; sin embargo, los montos que cobran las instituciones financieras formales para

---

Casilla 3.9 La tarjeta de crédito Mastercard de la Asociación para el Desarrollo de Microempresas

EN MAYO DE 1996, LA ASOCIACION PARA EL DESARROLLO de Microempresas (ADEMI) lanzó la tarjeta de crédito ADEMI Mastercard junto con el Banco Popular Dominicano. Además de usar la tarjeta para pagar sus compras, los clientes pueden retirar efectivo en 45 sucursales del Banco Popular y en 60 cajeros automáticos. Para calificar para la tarjeta, los clientes deben haber operado sus empresas por un mínimo de un año, deben registrar ingresos mensuales de por lo menos 3.000 pesos (aproximadamente US$230), deben haber solicitado a ADEMI préstamos por un mínimo de 3.000 pesos, y deben tener un buen historial crediticio. La asociación se propone alcanzar la meta de 5.000 tarjetahabientes en el primer año. ADEMI considera que la iniciativa de la tarjeta de crédito Mastercard es un avance en el desarrollo de la confianza de los propietarios de microempresas y contribuye a elevar su prestigio.

Fuente: Contribuido por McDonald Benjamin, East Asia and Pacific Region Financial Sector and Development Unit (Unidad del Sector Financiero y el Desarrollo de la Región de Asia del Este y el Pacífico), Banco Mundial.

Casilla 3.10 Las tarjetas inteligentes del fideicomiso Swazi Business Growth Trust

LAS TARJETAS INTELIGENTES SON UNA NUEVA TECNOLOGIA financiera promovida por Growth Trust Corporation, un afiliado lucrativo de Swazi Business Growth Trust, con ayuda de Development Alternatives, Inc. y de la Agencia para el Desarrollo Internacional de los Estados Unidos.

Los bancos comerciales de Swazilandia no tienen interés en proveer servicios financieros a clientes del fideicomiso debido a los altos costos de transacción que conlleva atender a estas pequeñas empresas. Growth Trust Corporation se estableció para prestar servicios financieros en forma de préstamos para viviendas y para microempresas. Para minimizar los costos administrativos y de operación, la corporación introdujo la tarjeta inteligente. Cada cliente posee una de estas tarjetas, las cuales están provistas de un chip de memoria en la superficie que contiene información sobre el monto de la línea de crédito que él ha obtenido. Los bancos comerciales disponen del equipo para leer las tarjetas, y los clientes

de Swazi Business Growth Trust pueden retirar fondos y hacer pagos en sucursales de diferentes bancos comerciales en Swazilandia. Una transacción con la tarjeta inteligente tarda una fracción del tiempo que se invierte en realizar una transacción normal en una ventanilla bancaria. Growth Trust Corporation tiene una línea de crédito con los bancos participantes y al final de cada día recolecta en los bancos la información sobre las transacciones realizadas.

Las tarjetas inteligentes permiten que el fideicomiso pueda monitorear fácilmente los movimientos de desembolso y pago. El fideicomiso planea conectar la red de tarjetas inteligentes con la de los bancos comerciales, una vez que lo permita el sistema de teléfonos de Swazilandia. Los bancos comerciales están dispuestos a prestar este servicio gratuitamente en vista de que el fideicomiso es una organización sin fines de lucro dirigida a una clientela diferente, de bajos ingresos.

Fuente: McLean y Gamser 1995.

---

hacer una transferencia podrían superar los límites del cliente. En ausencia de los servicios de transferencia los clientes podrían verse obligados a llevar consigo montos de efectivo (relativamente) elevados, incurriendo así en riesgos innecesarios. Para ofrecer servicios de pago las IMFs deben tener una extensa red de sucursales o cultivar relaciones con uno o más bancos (Casilla 3.11). Muchas veces esto es difícil de lograr.

Actualmente, hay pocas IMFs que ofrecen estos servicios, pero se anticipa que, cada vez más, en el futuro reconocerán la existencia de una demanda de servicios de pago y aumentarán su capacidad para cubrir los costos asociados con dichos servicios.

La intermediación social

Para personas que están "más allá de los límites" del financiamiento formal debido a sus desventajas sociales y económicas (Von Pischke 1991), la intermediación

---

Casilla 3.11 Demanda de servicios de pago en la Fédération des Caisses d'Epargne et de Crédit Agricole Mutuel, Benin

LA FÉDÉRATION DES CAISSES D'EPARGNE ET DE CRÉDIT Agricole Mutuel (FECECAM) tiene la mayor proyección de todas las instituciones financieras en Benin, con 64 sucursales locales, de las cuales muchas se encuentran en áreas remotas. Por esta razón se ejerce una presión generalizada para que el banco ofrezca servicios de pago, ya que su extensa red ofrece una oportunidad única para transferir fondos desde la ciudad capital, Cotonou, hacia algunas poblaciones remotas. La demanda de servicios de pago proviene de una variedad de actores. Los clientes afiliados están interesados porque este servicio les ayudaría a recibir remesas o hacer transferencias para parientes. Los gobiernos

y donantes que trabajan estrechamente con los agricultores o las comunidades pobres también están interesados porque podrían hacer transferencias de pagos por concepto de subsidios.

Por ahora, la federación no tiene la capacidad administrativa para ofrecer servicios de pago. Además, el Artículo 24 del marco regulatorio para uniones de crédito (conocidas como ley de PARMEC o Programme d'appui à la réglementation des Mutuelles d'épargne et de Crédit) no permite que estas instituciones transfieran fondos u ofrezcan cheques, lo cual limita enormemente la posibilidad de ofrecer servicios de pago.

Fuente: Fruman 1997.

financiera exitosa frecuentemente está acompañada de la intermediación social. La intermediación social prepara a *personas* o grupos marginados para establecer relaciones empresariales sólidas con IMFs.[2]

La evidencia ha demostrado que es más fácil establecer sistemas de intermediación financiera sostenible con los pobres en sociedades que promueven los esfuerzos de cooperación a través de clubes locales, asociaciones de iglesias o grupos de trabajo; en otras palabras, sociedades con altos niveles de capital social.

Quizá más que cualquier otra transacción económica, la intermediación financiera depende del capital social porque depende de la confianza entre el prestatario y el prestamista. En aquellos lugares donde ni los sistemas tradicionales ni las instituciones modernas proveen una base para esa confianza, los sistemas de intermediación financiera son difíciles de establecer.

Por lo tanto, la intermediación social se puede entender como el proceso de desarrollo del capital humano y social necesario para la intermediación financiera sostenible con los pobres.

Las IMFs que prestan servicios de intermediación social lo suelen hacer a través de grupos, pero algunas también trabajan con personas individuales. El siguiente análisis se centra principalmente en la intermediación social colectiva, incluyendo los enfoques que otorgan préstamos directamente a grupos y aquellos que otorgan préstamos a miembros individuales de grupos. Definido sin excesivo rigor, los "grupos" incluyen a pequeños grupos de solidaridad (tales como los que se encuentran en los modelos crediticios de ACCION y Grameen), así como grandes uniones de crédito o caisses villageoises. En donde es pertinente, también se analizan los servicios de intermediación social individual.

La intermediación social colectiva se define como el esfuerzo de *desarrollar la capacidad institucional de grupos y de invertir en los recursos humanos de sus miembros*, de manera que puedan empezar a funcionar más por su propia cuenta con menos ayuda del exterior. Este aspecto de la intermediación social responde a la conciencia creciente de que algunos de los pobres —en especial aquellos en áreas remotas, escasamente pobladas, en donde son bajos los niveles de capital social— no están listos para la intermediación financiera sostenible sin antes recibir alguna asistencia de desarrollo de capacidades.

Hay una variedad de desarrollos de capacidades que es posible realizar sin intermediación social. Algunas IMFs simplemente se centran en el desarrollo de la cohesión del grupo para asegurar que los miembros continúen garantizándose sus préstamos mutuamente y que se beneficien lo más posible de las redes y de la potenciación que ocurre a partir de la pertenencia a un grupo. Otras IMFs buscan desarrollar un sistema financiero paralelo por medio del cual el grupo se hace cargo realmente del proceso de intermediación financiera (Casilla 3.12). Frecuentemente, eso sucede con el grupo que en primer lugar maneja sus propios fondos de ahorro interno y que más adelante adopta el riesgo de otorgar préstamos y las tareas bancarias asociadas con otorgar préstamos con fondos externos. Este aspecto de la intermediación incluye sobre todo la capacitación de los miembros del grupo en administración participativa, contabilidad y destrezas administrativas financieras básicas, y la asistencia a los grupos para establecer un buen sistema de archivo. Esto frecuentemente requiere de subsidios iniciales similares a los subsidios por tiempo limitado necesarios para la intermediación financiera (Gráfica 3.2).

En última instancia, la cohesión del grupo y la capacidad de automanejo les permite bajar los costos de la intermediación financiera al reducir la morosidad por medio de la presión del grupo y, por consiguiente, disminuir los costos de transacción en que incurren las IMFs al tratar con muchos prestatarios y ahorrantes pequeños (Bennett, Hunte y Goldberg 1995).

Sin embargo, no toda la intermediación social resulta en la formación de grupos, y no siempre es proporcionada por la misma institución que provee la intermediación financiera. En África occidental las ONGs u otras organizaciones locales (públicas o privadas) visitan pueblos remotos en donde el acceso a los servicios financieros se limita a desarrollar la conciencia de los servicios disponibles entre los miembros individuales del pueblo. Éstas ayudan a las personas a abrir cuentas y a administrar sus fondos, y por lo general aumentan su nivel de confianza en sí mismos cuando tratan con instituciones financieras. Los servicios de intermediación social para personas individuales pueden ser proporcionados por la

---

2. Esta sección se basa en documentos escritos por Lynn Bennett entre 1994 y 1997.

Casilla 3.12 Los bancos de comunidad: un ejemplo del sistema paralelo

CONCEBIDO EN 1985 COMO EXPERIMENTO DE DESARrollo comunitario con un programa de ahorro y crédito para mujeres, en Costa Rica, el modelo de operaciones bancarias locales se ha convertido en un modelo cada vez más popular para facilitar a mujeres pobres el acceso a los servicios financieros. FINCA, CARE, Catholic Relief Services, Freedom From Hunger y una serie de organizaciones no gubernamentales (ONGs) locales han empezado a implementar bancos de comunidad en toda América Latina, África y Asia. La Red de Promoción y Educación Empresarial (Small Enterprise Education and Promotion Network – SEEP) recientemente reportó que hay "más de 3.000 bancos relacionados con los miembros de SEEP y sus socios, los cuales atienden aproximadamente a 34.000 miembros, que son mujeres en un 92 por ciento. El monto promedio de los préstamos es de US$80 y la cartera colectiva asciende a casi US$8,5 millones."

Fuente: Bennett 1997.

El modelo suele establecer un sistema paralelo manejado por líderes electos, aunque hay un número de casos cada vez mayor de bancos de comunidad que establecen relaciones con instituciones del sector financiero formal o que conforman una federación de organizaciones sombrilla. El banco de comunidad provee un sistema de responsabilidad conjunta para sus 25 a 50 miembros y también actúa como servicio seguro de ahorro. Los miembros individuales acumulan ahorros y eventualmente se convierten en su propia fuente de capital de inversión.

Las "reglas del juego" para la membresía –asistencia a reuniones, ahorro, crédito y servicios no financieros– son desarrolladas por las propias mujeres, usualmente con orientación ofrecida por un trabajador de campo de una ONG. La capacidad de hacer cumplir los contratos de los créditos es responsabilidad de los líderes, con el apoyo de sus miembros. (Para más información sobre operaciones bancarias de comunidad ver el Apéndice 1.)

IMF misma o por otras organizaciones que intentan relacionar a los clientes de bajos ingresos con el sector financiero formal.

La Agence de Financement des Initiatives de Base, un Fondo Social de Benin, provee un buen ejemplo (Casilla 3.13).

Servicios de desarrollo empresarial

Las IMFs que adoptan un enfoque integrado muchas veces prestan algún tipo de servicios de desarrollo empresarial (algunas IMFs se refieren a estos servicios como servicios de desarrollo empresarial, servicios no financieros o

---

Gráfica 3.2 Intermediación social colectiva

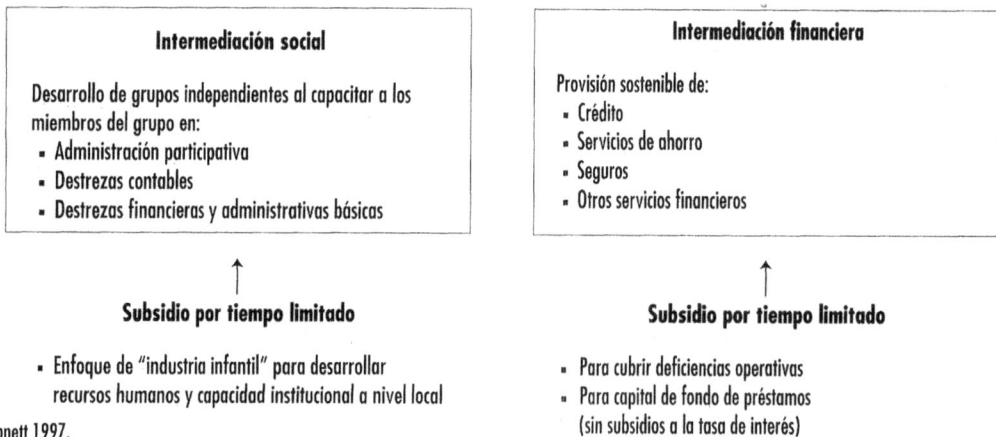

Intermediación social

Desarrollo de grupos independientes al capacitar a los miembros del grupo en:
- Administración participativa
- Destrezas contables
- Destrezas financieras y administrativas básicas

↑

Subsidio por tiempo limitado

- Enfoque de "industria infantil" para desarrollar recursos humanos y capacidad institucional a nivel local

Intermediación financiera

Provisión sostenible de:
- Crédito
- Servicios de ahorro
- Seguros
- Otros servicios financieros

↑

Subsidio por tiempo limitado

- Para cubrir deficiencias operativas
- Para capital de fondo de préstamos (sin subsidios a la tasa de interés)

Fuente: Bennett 1997.

Casilla 3.13 Intermediación social en un fondo social en Benín

LA AGENCE DE FINANCEMENT DES INITIATIVES DE BASE ES un fondo social en Benín, apoyado por el Banco Mundial y la Deutsche Gesellschaft für Technische Zusammenarbeit. Su meta es ayudar a aliviar la pobreza desarrollando la infraestructura, las capacidades comunitarias, las ONGs y la intermediación social. En vista de la cantidad de instituciones microfinancieras o de proveedores de microfinanciamiento en Benín, muchos de los cuales registran un buen funcionamiento, el fondo social ha decidido no dedicarse a la intermediación financiera. En cambio, se ha enfocado en ayudar a las instituciones existentes a expandir su proyección hacia los segmentos más pobres de la población. Para ello ha dependido de ONGs que trabajan con pequeños empresarios en los pueblos más remotos o en comunidades pobres, ayudándolos a conocer los principios rectores de las IMFs existentes, y luego relacionándolos con la IMF de su elección. Las ONGs también transmiten a las IMFs los comentarios que escuchan en el pueblo, para que éstas puedan adaptar sus servicios y productos para satisfacer mejor la demanda específica de esta clientela objetivo. Este rol de intermediación social desempeñado por las ONGs debería conducir a una mayor intermediación financiera para la población subatendida en Benín.

Fuente: Contribuido por Cecile Fruman, Proyecto "Sustainable Banking with the Poor", Banco Mundial.

---

asistencia).[3] Si estos servicios no los ofrece directamente la IMF, podría haber una serie de otras instituciones públicas y privadas que proveen servicios de desarrollo empresarial dentro del marco de sistemas al cual tienen acceso los clientes de la IMF.

Los servicios de desarrollo empresarial incluyen una amplia gama de intervenciones no financieras, incluyendo:

- Servicios tecnológicos y de mercadeo
- Capacitación empresarial (Casilla 3.14)
- Capacitación de la producción
- Intervenciones y análisis del subsector.

Casilla 3.14 Capacitación en destrezas empresariales

LA FUNDACION CARVAJAL EN COLOMBIA OFRECE CURSOS prácticos breves sobre una gama de tópicos de contabilidad, mercadeo y administración, adaptados a las necesidades de las microempresas.

Empretec en Ghana imparte un curso de capacitación administrativa de dos niveles para operadores de microempresas que exhiben características empresariales específicas y que están dispuestos a adoptar nuevas actitudes y herramientas administrativas.

Fuente: Contribuido por Thomas Dichter, Proyecto "Sustainable Banking with the Poor", Banco Mundial.

Los proveedores más comunes de servicios de desarrollo empresarial a la fecha han sido los siguientes:

- ONGs realizando proyectos de microfinanzas con enfoques integrados
- Institutos de capacitación
- Redes
- Universidades
- Empresas privadas (compañías de capacitación, subcontratistas de agencias de ayuda bilateral)
- Grupos de productores (o cámaras de comercio)
- Agencias gubernamentales (asistencia a pequeñas empresas, agencias de promoción de exportaciones)
- Redes informales que proveen capacitación de producción a través de aprendizajes

Estudios patrocinados por la Agencia para el Desarrollo Internacional de los Estados Unidos a finales de los ochenta encontró que los programas de servicios de desarrollo empresarial podrían dividirse en:

- Programas de *formación empresarial*, ofreciendo capacitación en destrezas específicas del sector, tales como tejido de textiles así como capacitación para personas que podrían poner en marcha negocios de ese tipo
- Programas de *transformación empresarial*, proporcionando asistencia técnica, capacitación y tecnología para ayudar a los microempresarios existentes a dar un salto cuantitativo y cualitativo en términos de escala de producción y mercadeo.

---

3. Esta sección y el apéndice 2 fueron escritos por Thomas Dichter, Proyecto "Sustainable Banking with the Poor", Banco Mundial.

Hay una diferencia adicional entre los servicios *directos e indirectos*, que tiene relación con la interacción entre el proveedor de servicios y las empresas (Casilla 3.15). Los servicios directos son aquellos que ponen al cliente en contacto con el proveedor. Los servicios indirectos se refieren a los que benefician al cliente sin ese contacto directo, como en intervenciones a nivel de políticas.

Todos los servicios de desarrollo empresarial tienen como meta el rendimiento mejorado de la empresa en cuestión que a su vez mejora la condición financiera del propietario u operador. En cierto sentido, los servicios de desarrollo empresarial constituyen una categoría residual o comodín; pueden ser casi todo excepto servicios financieros. Como resultado, constituyen un campo donde trabajar, mucho más amplio y más complejo que las áreas de crédito y ahorro (Casilla 3.16).

Algunos expertos sugieren que los servicios de desarrollo empresarial sean proporcionados por una institución diferente a la que presta servicios financieros. Sin embargo, si una IMF decide proveer dichos servicios, deberían ser claramente separados de otras actividades y también se debería dar cuenta de éstos en forma separada. Además, los servicios de desarrollo nunca deberían ser un requisito para obtener servicios financieros.

Estos servicios también deberían prestarse a cambio del pago de cargos. Aunque la recuperación total de los costos podría no ser posible, la meta debería ser generar la mayor cantidad de ingresos posible para cubrir los costos de prestación de los servicios. Es por esta razón que algunos proveedores tradicionales (tales como agencias gubernamentales) han estado en esta arena; ellos saben que los servicios de desarrollo empresarial deben ser sub-sidiados. Los servicios casi siempre incluirán algún tipo de subsidio, que debe ser externo a las empresas a menos que sea proporcionado por grupos de empresas que dedican una parte de sus ganancias a mantener los servicios en funcionamiento. Aun las empresas privadas (o subcontratistas de agencias de ayuda bilateral) y las universidades suelen prestar servicios de desarrollo empresarial bajo subsidios de fundaciones y gobiernos.

Los servicios directos a empresas (tales como el empresariado y la capacitación en destrezas empresariales), la organización de microempresas en clústers, etc. requieren que el proveedor sea sensible a las circunstancias de los pobres; que posea capacidad para seguir adelante y trabajar por períodos prolongados en comunidades pobres; y que tenga espíritu de dedicación para ayudar a los pobres. Estas características suelen encontrarse entre las personas que trabajan en ONGs.

En general, los servicios de desarrollo empresarial son problemáticos de alguna manera, porque aun cuando las ventajas pueden ser grandes, es difícil juzgar el impacto o el rendimiento del propio proveedor de servicios. Los proyectos de servicios de desarrollo empresarial por lo general no incluyen el dinero como artículo, sin más bien la transferencia de conocimiento en forma de destrezas, información, investigación y análisis. Los ingresos para el cliente como resultado de este nuevo conocimiento son difíciles de evaluar. En forma similar, como el cliente no puede medir el valor del "conocimiento" en el "punto de compra", pagar su costo total al proveedor rara vez es posible.

Casilla 3.15 Servicios de asesoría empresarial directa e indirecta

LA ASOCIACIÓN EMPRESARIAL DE MUJERES EN Swazilandia visita con regularidad los talleres de los clientes para proveer asesoría administrativa básica, a cambio de un cargo (servicios directos).

En forma alternativa, la asociación de carpinteros de Ouagadougou, Burkina Faso, desarrolló un folleto promocional para aumentar el número y el volumen de los contratos con empresas pequeñas y medianas y agencias gubernamentales (servicios indirectos).

Fuente: Contribuido por Thomas Dichter, Proyecto "Sustainable Banking with the Poor", Banco Mundial

---

Casilla 3.16 Los negociantes de ganado en Malí

EN PAYS DOGON, MALI, UNA IMF QUE PRESTA SERVICIOS de desarrollo empresarial ayudó a organizar una reunión con negociantes de ganado, en donde identificaron que su principal necesidad es un medio confiable de transporte para trasladar el ganado de los pueblos hacia las ciudades. Se decidió convocar a una segunda reunión e invitar a algunos de los transportistas locales para analizar los problemas y para identificar soluciones. Como resultado, los negociantes de ganado comenzaron a compartir carga para reducir los costos. También empezaron a presionar a los transportistas para proveer servicios de transporte puntuales y de alta calidad.

Fuente: Contribuido por Cecile Fruman, Proyecto "Sustainable Banking with the Poor", Banco Mundial

Ciertos estudios han cuestionado el valor de los servicios de desarrollo empresarial en las áreas siguientes:

- *Impacto.* Algunos estudios han demostrado que en muchos casos, hay poca diferencia en lo que respecta a ganancias y eficiencia, entre aquellas microempresas que únicamente obtuvieron crédito y aquellas que obtuvieron un paquete integrado de crédito y de servicios de desarrollo empresarial.
- *Costo e impacto.* Según Rhyne y Holt (1994), "estos programas [de servicios de desarrollo empresarial] tienden a caer en uno de dos patrones. O han prestado servicios genéricos a gran número de empresas con poco impacto en las mismas; o han brindado asistencia a la medida a unas cuantas empresas, a un alto costo por beneficiario."
- *Proyección.* Una queja común sobre los servicios de desarrollo empresarial es que el acceso de las mujeres a dichos servicios es limitado. Un estudio realizado para el Fondo de Desarrollo de las Naciones Unidas para la Mujer en 1993 estableció que únicamente un 11 por ciento de los espacios de capacitación empresarial patrocinados por el gobierno fueron aprovechados por mujeres, debido a los conflictos de tiempo entre su trabajo y las responsabilidades del hogar, la localización (muchas veces alejado del pueblo o del barrio marginal), y el prejuicio que existe en algunas instituciones de capacitación formal en contra del trabajo con clientes mujeres.

La respuesta principal a estas dudas es que los enfoques de servicio de desarrollo empresarial son muy variados, y que a la fecha sólo unas cuantas de muchas posibilidades han sido probadas. Es prematuro concluir que estos servicios tienen poco impacto o tienen límites inherentes en términos de proyección. Tampoco hay suficientes casos en los que los servicios de desarrollo empresarial son provistos exclusivamente y no como parte de un paquete integrado. Sin embargo, éstos probablemente son mucho más valiosos para microempresas mayores, en vista de que las menores muchas veces están dedicadas a actividades tradicionales cuya realización es conocida para las personas. Hay un alto costo involucrado en la prestación de servicios de desarrollo empresarial directamente a empresas individuales, pero si la empresa que obtuvo asistencia crece y crea empleos significativos, las ventajas a largo plazo pueden exceder el costo inicial. Las opiniones en conflicto antes mencionadas sólo se refieren a la prestación directa de servicios de desarrollo empresarial y no toman en consideración los ingresos potencialmente elevados que se acumulan a la prestación indirecta.

Ha habido poca documentación sobre los resultados de los servicios de desarrollo empresarial porque estos servicios muchas veces han formado parte de enfoques integrados. Y, a diferencia de los servicios financieros, la amplia gama de enfoques y estrategias posibles bajo el título de servicios de desarrollo empresarial significa que hay menos técnicas aceptadas para ser aprendidas y adaptadas por las IMFs que desean adoptar este enfoque.

El hecho de que una IMF provea servicios de desarrollo empresarial depende de sus metas, visión y capacidad para atraer fondos de donantes para subsidiar los costos. (Ver Apéndice 2 para más información acerca de los servicios de desarrollo empresarial.)

Servicios sociales

Aunque servicios sociales como salud, nutrición, educación y alfabetización muchas veces son proporcionados por el Estado, por una ONG local (con o sin ayuda de una ONG internacional) o por una organización comunitaria, algunas IMFs han decidido prestar servicios sociales además de los servicios de intermediación financiera (Casilla 3.17). De esta manera, pueden aprovechar el contacto con los clientes durante el desembolso y el pago del préstamo.

Como en el caso de los servicios de desarrollo empresarial, la prestación y el manejo de servicios sociales debería mantenerse lo más separado posible de la prestación y el manejo de servicios de intermediación financiera. Esto no significa que los servicios sociales no pueden ser brindados en reuniones de grupo, pero deben ser identificados claramente como separados de los servicios de crédito y ahorro. Además, no es razonable esperar que los ingresos generados por la intermediación financiera cubran siempre los costos de los servicios sociales. Más bien, lo más probable es que los servicios sociales requerirán subsidios permanentes. Las IMFs que deciden prestar servicios sociales deben estar conscientes de los costos en que se incurre y deben asegurarse de que los donantes que apoyan la IMF conozcan las implicaciones de la prestación de estos servicios.

Freedom From Hunger provee un ejemplo de una ONG internacional que presta servicios sociales junto con la intermediación financiera (Casilla 3.18).

Casilla 3.17 ¿Quién ofrece servicios sociales?

UNA ENCUESTA RECIENTE DEL BANCO MUNDIAL EXAMINÓ LA variedad de servicios financieros y no financieros ofrecidos por más de 200 instituciones de microfinanzas en todo el mundo

El análisis de los tipos de instituciones que ofrecen servicios sociales demostró que las organizaciones no gubernamentales (ONGs) estaban más dedicadas a prestar servicios y capacitación relacionada con salud, nutrición, educación y formación de grupos. Esta tendencia era particularmente pronunciada en Asia. La tendencia en las uniones de crédito era un mayor enfoque financiero que las ONGs, aunque también estaban dedicadas a la alfabetización y a la capacitación vocacional. Los bancos y los bancos de ahorro estaban enfocados más limitadamente en los servicios financieros, tal como lo demuestra la proporción entre el personal social y el personal financiero (ver gráfica).

Proporción entre el personal social y el personal financiero

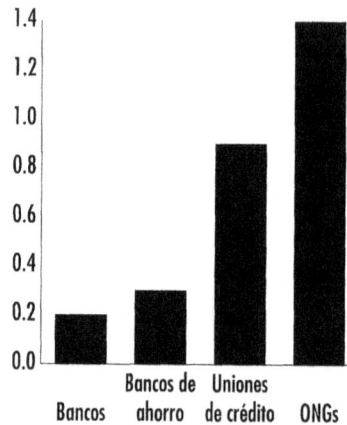

Fuente: Paxton 1996a.

Casilla 3.18 Freedom From Hunger: ofreciendo capacitación en nutrición mediante el microfinanciamiento

FREEDOM FROM HUNGER ES UNA ORGANIZACION NO gubernamental internacional (ONG) con sede en Davis, California, que opera en América Latina, África y Asia. Esta organización sostiene que es poco probable que los servicios microfinancieros alivien la mayoría de cargas de la pobreza si no ocurren cambios importantes en el comportamiento económico, social, médico y nutricional de los participantes.

Su premisa básica es que las personas muy pobres –en especial mujeres en áreas rurales– enfrentan grandes obstáculos para convertirse en buenos clientes de los servicios financieros. Las razones para lo anterior incluyen el aislamiento social, la falta de confianza en sí mismas, la experiencia empresarial insuficiente y problemas serios de salud y nutrición. Cuando la meta es proveer crédito para el alivio de la pobreza de una familia entera, los clientes necesitan más que sólo préstamos. Necesitan servicios de educación que aborden específicamente estos obstáculos y que provean un marco de soluciones.

Freedom From Hunger utiliza el modelo de "crédito con educación" de los bancos de comunidad que consiste en préstamos colectivos para los pobres en donde las reuniones regulares se aprovechan para propósitos educativos y financieros. La organización sostiene que los modelos de préstamos colectivos tienen un potencial social y económico, y que se debe tomar conciencia de este doble potencial para tener un impacto en la pobreza. Al ayudar a los pobres a manejar con éxito sus propios grupos de autoayuda y a utilizar el crédito para incrementar sus ingresos y empezar a ahorrar, estos programas desarrollan actividades vitales que aumentan en ellos la confianza, la autoestima y el control sobre el ambiente que los rodea.

En los programas de crédito con educación, una parte de cada reunión regular es dedicada a una sesión de aprendizaje. Inicialmente, un miembro del personal del programa (usualmente una persona medianamente educada, originaria del área) dirige las sesiones de aprendizaje. Los miembros del banco de comunidad identifican los problemas relacionados con la pobreza que las personas enfrentan en su vida cotidiana y se motivan a desarrollar y utilizar soluciones apropiadas para el lugar. Los tópicos abordados en las sesiones de aprendizaje varían entre la administración de los bancos de comunidad y la economía básica de la microempresa para mejorar la salud y la nutrición de mujeres y niños.

(continúa en la página siguiente)

Casilla 3.18 Freedom From Hunger: ofreciendo capacitación en nutrición mediante el microfinanciamiento (continuación)

FREEDOM FROM HUNGER SE HA COMPROMETIDO A LOGRAR la recuperación total de los costos financieros y de operación a través de los ingresos generados por los intereses de préstamos otorgados a los bancos de comunidad. Sin embargo, Freedom From Hunger y otras instituciones que otorgan crédito acompañado de educación (Catholic Relief Services, Katalysis, Plan International y World Relief, entre otros) difieren en sus actitudes hacia el uso de los ingresos de las operaciones crediticias para el pago de los costos de la educación. Algunas instituciones tienen agentes de campo separados que prestan servicios financieros y educativos al mismo banco de comunidad. Consideran la educación como un servicio social que puede y debe ser subsidiado por donaciones o por impuestos gubernamentales, y también consideran que las destrezas necesarias para ofrecer educación y servicios financieros eficaces son demasiadas y excesivamente variadas para ser dominadas por un solo agente de campo. Otros profesionales tratan de minimizar el costo marginal de la educación mediante la capacitación y el apoyo de cada agente de campo para la provisión de servicios financieros y educación al mismo banco de comunidad. Estos profesionales limitan el número, el alcance y la asignación de tiempo para los tópicos a abordar, para que el costo marginal de la educación sea suficientemente bajo y para que tasas de interés razonables puedan cubrir tanto los costos de los servicios financieros como los de educación. También consideran que el costo marginal de la educación puede ser cobrado legítimamente a los bancos de comunidad porque convierte a los miembros en mejores clientes de servicios financieros, al mejorar sus destrezas de sobrevivencia familiar, productividad y sus habilidades administrativas.

Los profesionales del crédito con educación consideran que no brindar educación también podría tener un costo, como el brote de epidemias, el estancamiento del crecimiento de los préstamos y el retiro de miembros debido a enfermedades de sus hijos. Actualmente se realizan estudios comparativos para determinar el impacto de los programas de crédito para educación.

Fuente: Freedom From Hunger 1996.

Apéndice 1. Enfoques microfinancieros

Las siguientes páginas ofrecen información sobre algunos de los enfoques microfinancieros más conocidos. Los enfoques presentados son los siguientes:

- Préstamos individuales
- Préstamos de solidaridad del Banco Grameen
- Préstamos a grupos de solidaridad en América Latina
- Operaciones bancarias de comunidad
- Bancos de comunidad independientes.

Aunque los enfoques microfinancieros suelen incluir algunos temas relacionados con el diseño de productos específicos, una medida primordial para diferenciar un enfoque de otro es la selección de los productos y servicios que se ofrecen y la manera en que éstos son provistos. Cualquier enfoque debe basarse en el mercado objetivo y en su demanda de intermediación financiera, así como en otros productos, en factores contextuales del país, y en los objetivos y la estructura institucional de la IMF. Estos enfoques no operan aisladamente. Muchos de éstos dependen de otras instituciones (públicas o privadas) para la prestación de servicios adicionales, a modo que los clientes objetivo puedan utilizar efectivamente los servicios financieros.

El Fideicomiso Grameen apoya con financiamiento y asistencia técnica a las instituciones que reproducen el modelo del Banco Grameen en todo el mundo. No obstante, el Fideicomiso Grameen apoya únicamente a las IMFs que hacen una réplica *exacta* del modelo durante sus primeros dos años, tal como se implementa en Bangladesh. Grameen sostiene que su modelo es exitoso con *todos* su elementos y que si algunos son rechazados o modificados, la IMF podría fracasar. Después de dos años de operaciones las instituciones que reproducen el modelo pueden introducir cambios si consideran que algunos elementos deben adaptarse al contexto local.

Otros profesionales están fuertemente a favor de la *adaptación*. Ellos consideran que no hay un solo modelo apropiado para todas las situaciones y que cada modelo debe ser adaptado al contexto local para ajustarse a sus necesidades locales. Esto requiere que las IMFs sean flexibles y creativas. ACCION ha tenido éxito para adaptar su modelo de préstamos otorgados a grupos de solidaridad en contextos diferentes.

Casilla A3.1.1 Capacitación de agentes multiplicadores de programas en África occidental

EN ÁFRICA OCCIDENTAL SE HA ESTABLECIDO UN CICLO innovador de capacitación para agentes multiplicadores de programas (Itinéraire de Formation-Diffusion). El ciclo total tiene una duración de siete meses, durante el cual los agentes multiplicadores se someten a un mes de capacitación formal y permanecen por un período de cuatro meses en tres diferentes IMFs, participando en todas las actividades de la institución. En los últimos tres meses, las personas entrenadas diseñan su propia IMF, haciendo uso de la experiencia adquirida en el campo y recurriendo al conocimiento de su propio mercado. Con un proceso de este tipo, las IMFs recién establecidas se pueden convertir en una síntesis de varios programas exitosos. Tras la capacitación inicial los agentes multiplicadores obtienen asistencia técnica constante y seguimiento por parte de los programas modelo.

Fuente: Contribuido por Cecile Fruman, Proyecto "Sustainable Banking with the Poor", Banco Mundial.

Préstamos individuales

Los préstamos individuales se definen como la provisión de crédito a personas que no pertenecen a un grupo que es responsable colectivamente del pago del préstamo. Los préstamos individuales requieren de un contacto frecuente y estrecho con los clientes individuales para ofrecer productos crediticios que se ajusten a las necesidades específicas de la empresa. Los préstamos individuales son muy exitosos en el caso de empresas mayores, urbanas y de producción, y de clientes que poseen alguna forma de garantía o de un codeudor dispuesto. En áreas rurales, los préstamos individuales también pueden ser exitosos al otorgarlos a pequeños agricultores.

MÉTODO. Los clientes son personas individuales que trabajan en el sector informal y que necesitan capital de trabajo y crédito para adquirir activos fijos. Los oficiales de crédito suelen trabajar con un número de clientes relativamente bajo (entre 60 y 140) y desarrollan relaciones estrechas con ellos en el transcurso de los años, muchas veces proporcionando una asistencia técnica mínima. Los montos de los préstamos y las condiciones se basan en análisis prudentes realizados por el oficial de crédito. Las tasas de interés son más elevadas que en los préstamos del sector formal, pero inferiores a las de los préstamos del sector informal. La mayoría de IMFs requieren alguna forma de garantía o de codeudores. Por lo general no se exigen ahorros obligatorios.

A la solicitud de préstamo se suelen adjuntar proyecciones y análisis financieros detallados. El monto y las condiciones se negocian con el cliente y el supervisor del oficial de crédito o con otros oficiales de crédito. Hay necesidad de entregar la siguiente documentación: contrato del préstamo; detalles respecto a las referencias de los clientes; si aplica, un formulario firmado por el codeudor y su información personal; escrituras legales de los activos ofrecidos en garantía; y el historial crediticio. Los oficiales de crédito suelen contratarse en la comunidad, para que puedan basar su análisis en su conocimiento de la solvencia del cliente (préstamos basados en las características de los clientes).

El préstamo suele ser desembolsado en la sucursal. Muchas veces se hace una visita al negocio del cliente para verificar que éste ha hecho las adquisiciones especificadas en el contrato del préstamo. Se realizan pagos periódicos en la sucursal o a través de pagos aprobados previamente.

PRODUCTOS. Los montos de los préstamos pueden variar entre US$100 y US$3.000, con plazos entre seis meses y cinco años. Podrían proporcionarse servicios de ahorro, dependiendo de la estructura institucional de la IMF. Los oficiales de crédito podrían brindar capacitación y asistencia técnica; la capacitación puede ser obligatoria u ofrecerse a cambio del pago de cargos.

EJEMPLOS NOTABLES. Éstos incluyen a ADEMI, en la República Dominicana; Cajas Municipales, en Perú; el Banco Rakyat Indonesia; Agence de Credit pour l'Enterprise Privée, en Senegal; Alexandria Business Association, en Egipto; Self-Employed Women's Association, en la India; Fédération des Caisses d'Epargne et de Crédit Agricole Mutuel, en Benin; y Caja Social, en Colombia.

Clientes apropiados. Los clientes son empresas urbanas o pequeños agricultores, incluyendo a hombres y mujeres, y pueden ser pequeñas empresas con ingresos medianos, microempresas y empresas de producción.

Préstamos colectivos de solidaridad de Grameen

Este modelo de préstamos fue desarrollado por el Banco Grameen de Bangladesh para atender a mujeres del área rural sin tierra que desean financiamiento para actividades generadoras de ingresos. Este modelo predomina sobre todo en Asia, pero ha sido reproducido en otros contextos. El Fideicomiso Grameen ha sido reproducido por más de 40 instituciones en Asia, África y América Latina.

MÉTODO. Grupos de cinco miembros, en condiciones similares y no emparentados entre sí, se forman independientemente y son incorporados a "centros locales" hasta un máximo de ocho grupos. La asistencia a reuniones semanales, contribuciones de ahorros semanales, las contribuciones al fondo colectivo y el pago de los seguros son obligatorios. Se deben contribuir ahorros durante cuatro a seis semanas antes de recibir un préstamo y éstos deben continuar por la duración del plazo del préstamo. El fondo colectivo es manejado por el grupo y puede ser concedido en préstamo dentro del grupo. Los miembros del grupo garantizan mutuamente sus préstamos y son responsabilizados legalmente del pago por otros miembros. No se otorgan préstamos adicionales si todos los miembros no pagan sus préstamos a tiempo. No se requiere de garantías. Las reuniones semanales obligatorias incluyen actividades de desarrollo de la autoestima y la aplicación de medidas disciplinarias.

En las reuniones semanales el oficial de crédito local otorga préstamos a personas individuales dentro del grupo. Sin embargo, solamente dos miembros obtienen préstamos inicialmente. Tras un período de pago exitoso, dos miembros más reciben préstamos. El miembro final recibe su préstamo tras otro período de pago exitoso. Por lo general, Grameen provee orientación antes de otorgar el crédito, pero ofrece una asistencia técnica mínima. La evaluación de los préstamos es realizada por los miembros del grupo y los líderes del centro. El personal de las sucursales verifica la información y realiza visitas periódicas a las empresas de los clientes. Los oficiales de crédito suelen atender entre 200 y 300 clientes.

PRODUCTOS. El crédito se otorga por un plazo de entre seis meses y un año y los pagos se realizan semanalmente. Los montos de los préstamos suelen oscilar entre US$100 y US$300. Las tasas de interés son del 20 por ciento anual. Los ahorros son obligatorios.

EJEMPLOS NOTABLES. Éstos incluyen el Banco Grameen y el Bangladesh Rural Advancement Committee, en Bangladesh; Tulay sa Pag-Unlad, Inc. y el Proyecto Dungganon, en las Filipinas; Sahel Action, en Burkina Faso; y Vietnam Women's Union.

CLIENTELA APROPIADA. Los clientes provienen de áreas rurales o urbanas (densamente pobladas) y por lo general se trata (aunque no exclusivamente) de grupos de mujeres de bajos ingresos (se verifican los medios que poseen para asegurarse la proyección hacia los más pobres) que buscan actividades generadoras de ingresos.

Préstamos colectivos de solidaridad en América Latina

El modelo de préstamos colectivos de solidaridad otorga créditos a miembros individuales en grupos de cuatro a siete. Los miembros se garantizan sus préstamos entre sí en sustitución de la garantía tradicional. Los clientes suelen ser mujeres vendedoras del mercado que reciben préstamos de capital de trabajo muy pequeños y de plazos cortos. Este modelo fue desarrollado por ACCION International en América Latina y ha sido adaptado por muchas IMFs.

MÉTODO. Por lo general, los clientes pertencen al sector microempresarial informal, tales como comerciantes y vendedores que necesitan montos pequeños de capital de trabajo. Los miembros del grupo garantizan colectivamente el pago del préstamo, y su acceso a préstamos subsiguientes depende del pago exitoso de todos los miembros del grupo. Los pagos se realizan semanalmente en la oficina del programa. El modelo también incorpora asistencia técnica mínima para los prestatarios, tales como capacitación y desarrollo de la organización. Los oficiales de crédito generalmente trabajan con un número entre 200 y 400 clientes y normalmente no llegan a conocer muy bien a los mismos. La aprobación de los préstamos es tarea de los oficiales de crédito, en base a un análisis económico mínimo de cada solicitud de préstamo. El desembolso del préstamo se hace al líder del grupo en la oficina de la sucursal, la cual los distribuye inmediatamente a cada miembro individual. Los oficiales de crédito realizan visitas breves y ocasionales a los clientes individuales.

Los miembros del grupo suelen recibir préstamos por montos iguales, y hay flexibilidad para otorgar préstamos subsiguientes. Los montos y los plazos de los préstamos son incrementados gradualmente una vez los clientes demuestran la capacidad de contraer deudas por cantidades mayores. Las solicitudes de préstamo son simples y se revisan rápidamente. Por lo general, se exigen ahorros, pero muchas veces éstos son deducidos del monto del préstamo en el momento de realizar el desembolso, en vez de obligar a los clientes a ahorrar antes de recibir un préstamo. Los ahorros sirven principalmente como saldo compensador, garantizando una porción del monto del préstamo.

PRODUCTOS. Los montos iniciales de los préstamos suelen ser entre US$100 y US$200. Los préstamos subsiguientes no tienen un límite máximo. Frecuentemente, las tasas de interés son muy elevadas y también se cobran cargos por servicios. Los ahorros suelen exigirse como una porción del préstamo; algunas instituciones promueven el establecimiento dentro del grupo de fondos de emergencia internos que funcionan como una red de seguridad. Se ofrecen muy pocos productos de ahorro voluntario.

EJEMPLOS NOTABLES. Éstos incluyen a afiliados de ACCION: PRODEM, BancoSol Bolivia; Asociación Grupos Solidarios de Colombia; y Génesis y PROSEM en Guatemala.

CLIENTELA APROPIADA. Los clientes son urbanos en su mayoría se incluyen a hombres y mujeres con ingresos bajos o medianos (microempresas, comerciantes o vendedores).

Operaciones bancarias de comunidad

Los bancos de comunidad son asociaciones de ahorro y crédito manejadas por la comunidad, establecidas para proveer acceso a servicios financieros en áreas rurales, desarrollar un grupo comunitario de autoayuda, y ayudar a los miembros a acumular ahorros (Otero y Rhyne 1994). El modelo fue desarrollado a mediados de los ochenta por la Fundación de Asistencia Internacional a las Comunidades (FINCA). La membresía en un banco de comunidad oscila usualmente entre 30 y 50 personas, de las cuales la mayoría son mujeres. La membresía se basa en la autoselección. El banco es financiado por la movilización interna de los fondos de los miembros, así como por préstamos otorgados por la IMF.

MÉTODO. Un banco de comunidad está compuesto por su membresía y por un comité de administración, el cual es capacitado por la IMF patrocinadora. La IMF patrocinadora solicita al banco un préstamo para capital inicial (cuenta externa), y sobre este préstamo otorga créditos a sus miembros. Todos los miembros suscriben el acuerdo del préstamo para ofrecer una garantía colectiva. El monto del préstamo otorgado al banco de comunidad se basa en la suma de todas las solicitudes de préstamo de los miembros. Aunque el monto varía de un país a otro, los primeros préstamos suelen ser de corto plazo (cuatro a seis meses) y sus montos son bajos (US$50), a ser pagados en cuotas semanales. El monto del segundo préstamo es determinado por los ahorros que el miembro haya acumulado durante el primer período del préstamo a través de contribuciones semanales. La metodología supone que los miembros ahorrarán un mínimo de un 20 por ciento del monto del préstamo por ciclo (cuenta interna). Los préstamos de la cuenta interna (ahorros de los miembros, ingresos por intereses), establecen sus propios plazos, que por lo general son más cortos, y sus propias tasas de interés que suelen ser mucho más elevadas. Los préstamos otorgados a los bancos de comunidad suelen proporcionarse en una serie de ciclos fijos, usualmente entre 10 y 12 meses cada uno, con pagos globales al finalizar cada ciclo. Los montos de los préstamos subsiguientes son relacionados con la suma total ahorrada por los miembros individuales del banco. Los bancos de comunidad tienen un alto grado de independencia y control democrático. Se celebran reuniones a intervalos regulares semanales o mensuales para recolectar los depósitos de ahorro, desembolsar préstamos y atender asuntos administrativos, y, si aplica, continuar capacitando con el oficial de la IMF.

PRODUCTOS. Los ahorros de los miembros están ligados a los montos de los préstamos y son utilizados para financiar nuevos préstamos o actividades colectivas de generación de ingresos. No se pagan intereses sobre los ahorros. Sin embargo, los miembros obtienen una parte de las ganancias del banco generadas por nuevos préstamos o por inversiones. Los dividendos distribuidos son directamente proporcionales con el monto de ahorros que cada persona haya contribuido al banco.

Los préstamos tienen tasas de interés comercial (1 a 3 por ciento mensual) y tasas más altas si provienen de una cuenta interna. Algunos bancos han ampliado su oferta de servicios para incluir educación sobre innovaciones agrícolas, nutrición y salud.

Ejemplos notables. Éstos incluyen a FINCA en México y Costa Rica; CARE, en Guatemala; Save The Children, en El Salvador; Freedom From Hunger, en Tailandia, Burkina Faso, Bolivia, Malí y Ghana; y Catholic Relief Services, en Tailandia y Benin. El modelo original ha sido adaptado de una variedad de maneras. En FINCA en Costa Rica los miembros del comité aceptan las tareas de receptores y de gerentes de banco. Catholic Relief Services trabaja a través de ONGs locales. Freedom From Hunger en Africa occidental trabaja directamente con las uniones de crédito a fin de ayudarles a aumentar su membresía entre las mujeres. Sus clientes son habilitados para formar la unión de crédito.

CLIENTELA APROPIADA. Usualmente, los clientes provienen de áreas rurales o de áreas escasamente pobladas pero suficientemente unidas. Sus ingresos son muy bajos pero poseen capacidad de ahorro, y entre ellos predominan las mujeres (aunque el programa también es adecuado para hombres o grupos mixtos).

Bancos de comunidad independientes (asociaciones de ahorro y crédito)

Los bancos de comunidad independientes son establecidos y manejados por comunidades de pueblos rurales. Difieren de los bancos de comunidad en que pueden satisfacer las necesidades del pueblo en conjunto, no sólo de un grupo de 30 a 50 personas. Este modelo fue desarrollado por una ONG francesa, el Centre for International Development and Research, a mediados de los años ochenta.

MÉTODO. El programa de apoyo identifica pueblos en donde la cohesión social es fuerte y en donde se expresa claramente el deseo de establecer un banco de la comunidad. Los habitantes de la comunidad –hombres y mujeres en conjunto– determinan la organización y las reglas de su banco. Eligen a un comité de manejo y crédito y a dos o tres gerentes. Los bancos de comu-

nidad independientes en los pueblos movilizan ahorros y extienden préstamos individuales a corto plazo a los habitantes del pueblo. El programa patrocinador no provee líneas de crédito. El banco debe depender de su movilización de ahorros.

Después de un año o dos los bancos de comunidad desarrollan una red informal o una asociación en donde discuten temas de actualidad y tratan de resolver sus dificultades. La asociación actúa como intermediario y negocia las líneas de crédito con los bancos de comunidad, generalmente en un banco de desarrollo agrícola. Esto conecta a los bancos de comunidad con el sector financiero formal. Debido a que la administración está sumamente descentralizada, los servicios centrales se limitan a control interno y auditoría, capacitación específica y representación. Los bancos de comunidad pagan por estos servicios, lo cual garantiza la sostenibilidad financiera del modelo.

PRODUCTOS. Éstos incluyen ahorros, cuentas corrientes y depósitos a plazo fijo. Los préstamos son a corto plazo y para capital de trabajo. No hay una conexión entre los montos de los préstamos y la capacidad de ahorro de los miembros; las tasas de interés son establecidas por cada pueblo según su experiencia con las asociaciones tradicionales de ahorro y crédito. Mientras más remota sea el área, más altas tienden a ser las tasas de interés, porque el costo de oportunidad del dinero es alto. Los préstamos son pagados en una sola cuota; son individuales y hay necesidad de una garantía, pero sobre todo es la confianza del pueblo y la presión social lo que garantiza los altos índices de pago. Los comités administrativos, los gerentes y los miembros, todos son sometidos a capacitación extensa. Algunos programas también proveen asistencia técnica a los microempresarios que están iniciando un negocio.

EJEMPLOS NOTABLES. Éstos incluyen las Caisses Villageoises d'Epargne et de Crédit Autogérées en Malí (Pays Dogon), Burkina Faso, Madagascar, Gambia (Village Savings and Credit Associations o VISACA), São Tomé y Camerún.

CLIENTELA APROPIADA. Los clientes se encuentran en áreas rurales e incluyen a hombres y mujeres de bajos ingresos y con cierta capacidad de ahorro.

Apéndice 2. Ajustar a la demanda los servicios de desarrollo empresarial

Diseñar servicios apropiados de desarrollo empresarial requiere del conocimiento de la gran cantidad de sistemas (culturales, legales, políticos, macroeconómicos, locales y de mercado) dentro de los cuales operan las microempresas. Los microempresarios y los operadores de pequeñas empresas podrían estar menos conscientes que sus contrapartes mayores acerca del grado en que dichos sistemas pueden incidir en su actividad empresarial.

Se puede visualizar estos contextos como una serie de círculos concéntricos, con la persona que opera el negocio en el centro (Gráfica A3.2.1).

Círculo 1. El operador de la empresa

El propietario mismo de la empresa es el primer contexto en donde él o ella opera. Cada persona trae a la empresa sus propias circunstancias, energías, carácter, destrezas e ideas. A este nivel, las limitaciones del éxito de la empresa muchas veces tienen relación con factores intangibles como la presencia o la ausencia de confianza, tenacidad, inventiva, ambición, adaptabilidad y la capacidad de aprender. De manera similar, el nivel de destrezas básicas

Gráfica A3.2.1 El contexto del empresario

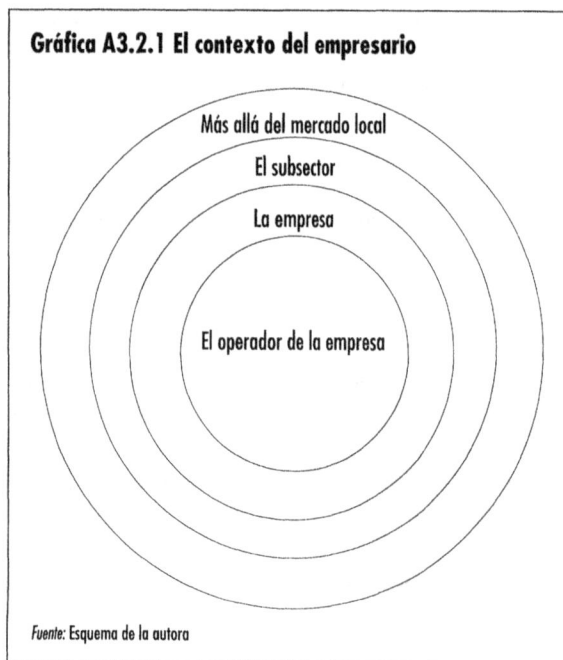

Más allá del mercado local

El subsector

La empresa

El operador de la empresa

Fuente: Esquema de la autora

del operador de la empresa (alfabetismo y nociones elementales de cálculo aritmético) y sus aplicaciones en la misma (contabilidad, capacidad para leer las instrucciones de mantenimiento de una máquina) obviamente influirá en los resultados. Algunas de estas necesidades se abordan a través de la prestación de intermediación social o de servicios sociales.

Más allá del empresario mismo está el ámbito de los conocimientos y las destrezas que están *directamente relacionados con la conducción de la empresa*. En la cúspide del segundo círculo (la empresa misma) el énfasis aún está en el conocimiento que posee el operador. La capacitación en destrezas empresariales dirigida a impartir habilidades básicas como contabilidad y archivo suele incluir destrezas razonablemente genéricas y por lo tanto se presta para la enseñanza.

Para empresas nuevas un proveedor de servicios de desarrollo empresarial puede introducir conceptos del mercado y cursos que proveen oportunidades prácticas para contabilidad, cálculo, temas legales (inscripción), planificación empresarial, mercadeo y fijación de precios, así como orientación para los clientes.

Un programa podría, por ejemplo, ayudar a una mujer que atiende una tienda a descubrir un sistema de inventario y una simple hoja de trabajo para monitorear los costos de operación. Ella también podría mantener un libro que enumera aquellos productos solicitados por sus clientes, pero que ella no vende actualmente.

Es muy importante saber qué empresarios tienen posibilidades de volverse exitosos. Por consiguiente, se pueden solicitar algunas pruebas de compromiso y ambición. Un método es hacer que las personas paguen o acepten pagar posteriormente una porción de sus ganancias para el proveedor de servicios. Otra es no ofrecer el servicio hasta que se alcance cierto nivel de actividad empresarial.

También es importante diferenciar entre las destrezas que se pueden impartir exitosamente a través de la enseñanza (las destrezas empresariales genéricas se analizan anteriormente) y aquellas que necesitan impartirse una a una al establecer la empresa (ver más adelante).

Círculo 2. La empresa misma

El segundo círculo concéntrico que rodea al empresario es la empresa misma. Esto es donde se realizan todas las operaciones en la empresa, desde comprar insumos hasta hacer y vender el producto o servicio. A este nivel, los problemas y limitaciones encontrados empiezan a tener relación tanto con las fuerzas externas al operador como con el conocimiento del operador.

Los servicios de desarrollo empresarial proporcionados directamente a la empresa tienden a ser de naturaleza menos genérica y son más hechos a la medida. Por lo tanto, aumenta el costo de la prestación del servicio. A este nivel el proveedor del servicio debe entender qué es el producto o servicio, cómo se produce, qué tecnología se utiliza, qué mano de obra humana incluye y cuáles son los insumos. Por ejemplo, si un sastre necesita zípers o botones, ¿cómo son abastecidos y, en dado caso, cómo son inventariados? Si se necesita almacenamiento, ¿cómo conseguirlo? ¿Se pierde tiempo porque no podía programarse el mantenimiento con regularidad o porque no hay existencia de repuestos para piezas que se desgastan por falta de previsión? ¿Qué sucede con los empleados u otros aportes humanos de los cuales depende la empresa? ¿Se trata de miembros de la familia? ¿Devengan un salario? ¿Cómo se les paga? ¿Se quedan en la empresa o se van para convertirse en competidores?

¿La producción puede ser mejorada si se modifica el flujo de trabajo mismo o si se modifica la organización física del espacio de trabajo? ¿Hay desperdicios que pueden ser eliminados o reducidos? ¿Los cambios de sincronización de la producción o la venta incide positivamente en el balance final del propietario?

Muchos cambios que se pueden hacer dentro de la empresa se los debe hacer notar al empresario una persona externa. Esa persona externa pueden ser un "experto" o un asesor que trabaja para el proveedor de servicios de desarrollo empresarial o un colega que trabaja en el mismo tipo de empresa.

La serie de métodos utilizados en servicios de desarrollo empresarial a nivel de empresa oscilan entre las visitas a nivel empresarial en el lugar por un asesor empresarial normal y la creación de oficinas locales que ofrecen servicios de asesoría empresarial a las personas que las visitan y clústers de empresas o redes industriales. Aun en el caso de empresarios urbanos educados, estos métodos podrían incluir asesoría por medio de documentos impresos o que los empresarios pueden aprender por sí mismos, por ejemplo, al resolver una serie de preguntas que les proveen el equivalente del "punto de vista de una persona externa".

Mientras mayor es el alejamiento de los servicios de desarrollo empresarial *directos* y personales, y mayor es el acercamiento a la prestación de servicios *indirectos*, aumentan las probabilidades de descenso de los costos por cliente. Pero en el caso de la prestación de servicios indirectos, no es posible lograr automáticamente resultados similares a los resultados que es posible alcanzar con el servicio directo. Los servicios indirectos a nivel empresarial también pueden incluir parques industriales e incubadoras empresariales. Éstas se pueden establecer en base a la pertenencia a un mismo subsector productivo, es decir, concentrando a las empresas que se encuentran en el mismo subsector o en subsectores relacionados (por ejemplo, las dedicadas al trabajo de la madera) o que comparten la característica de estar empezando. El primer beneficio consiste en que las empresas nuevas comparten los costos de recibir subsidios para cubrir los gastos en infraestructura y servicios básicos como electricidad, agua, espacio de almacenamiento y maquinaria. Mediante la concentración de empresas en el mismo lugar, éstas también se benefician de economías externas: el surgimiento de proveedores que suministran materia prima y componentes a un precio de mayorista, maquinaria y repuestos nuevos y de segunda mano, y el surgimiento de una reserva de trabajadores con destrezas específicas para el sector.

En ocasiones, el parque industrial o la incubadora empresarial ofrece beneficios intangibles pero igualmente importantes para las empresas nuevas al permitir que los empresarios conversen informalmente. Muchas veces esto desarrolla la confianza y fomenta el descubrimiento de nuevas soluciones a los problemas. De manera más tangible, en la incubadora muchas veces se desarrollan arreglos de subcontratación en la medida que las empresas maduran y crecen.

Desafortunadamente, los parques industriales y las incubadoras empresariales muchas veces han fracasado. Muchos operadores de microempresas tratan de evitar la regulación y los impuestos, y frecuentemente el traslado a un parque industrial o a una incubadora no les incentiva por la visibilidad que ello implica. Muchas veces, las microempresas dependen de los clientes de la calle, por lo que retirarse de los vecindarios de bajos ingresos podría significar para ellos la pérdida de clientes. Éstos son problemas que se pueden resolver prestando una mayor atención a la localización de dichos parques e incubadoras. En general, los problemas con estas iniciativas fracasadas muchas veces se han debido más al hecho de que éstas han sido iniciadas por agencias gubernamentales sin una preparación cuidadosa, sin incentivos apropiados para trabajadores gubernamentales y sin la participación de los usuarios futuros en su planificación.

Círculo 3. El subsector

Todas las empresas operan en el contexto de otras empresas en el mismo subsector con los mismos vendedores y abastecedores de insumos y servicios para el subsector. Un subsector se identifica por su producto final e incluye todas las empresas dedicadas al suministro de materia prima, producción y distribución del producto (Haggeblade y Gamser 1991). El análisis del subsector describe el sistema económico de las empresas relacionadas con el producto final e incluye la prestación de servicios financieros y no financieros. Un subsector se define como toda la variedad de empresas dedicadas a manufacturar y vender un producto o un grupo de productos, desde los abastecedores iniciales de insumos hasta los vendedores finales detallistas. Las áreas típicas de intervención incluyen el desarrollo de tecnología, la capacitación de destrezas, el mercadeo colectivo o la adquisición de insumos, y, en algunos casos, el cabildeo para promover políticas específicas (Rhyne y Holt 1994). Algunos ejemplos de subsectores que han sido desarrollados por IMFs son: productos lácteos, lana, seda, aceite de palma y pesca.

El enfoque del subsector hace énfasis en lo siguiente (Rhyne y Holt 1994, 33):

- *Acceso al mercado.* El enfoque del subsector se propone identificar tanto las secciones crecientes de los mercados del subsector como las barreras que deben superarse para que las pequeñas empresas obtengan acceso a dichos mercados de crecimiento.
- *Apalancamiento.* El enfoque se propone lograr la rentabilidad mediante la identificación de intervenciones que pueden afectar a grandes cantidades de empresas a la vez, muchas veces a través de mecanismos indirectos e impersonales.
- *Liberación de restricciones.* Muchas de las restricciones más importantes que aborda son altamente específicas para la industria y por lo tanto no son captadas por el desarrollo empresarial "genérico".

El análisis del subsector requiere de versatilidad en el diseño y de acceso flexible a una amplia gama de destrezas. Las instituciones que identifican el análisis del

subsector como una manera de intervención deberán tomar en consideración muchos asuntos.

Entre las restricciones comunes a nivel de subsector están las siguientes:

- Competencia creciente, en vista de que las barreras bajas de acceso permiten el ingreso de nuevas microempresas en el mercado
- Espacio para la infraestructura física del mercado, incluyendo bodegas para almacenamiento
- La imposición de cargos o el soborno que exigen las autoridades locales
- Disponibilidad, confiabilidad y costo del transporte
- Disponibilidad de insumos, en caso se dificulte conseguir con regularidad un producto que la empresa necesite para la producción
- Falta de tecnología apropiada
- Límites (permanentes, cíclicos, estacionales) en el poder adquisitivo de los clientes
- Falta de diversidad de productos
- Dominación por parte de los intermediarios.

Por ejemplo, la estructura de propiedad del transporte podría ser corregida por un grupo de empresas con ayuda de un proveedor de servicios de desarrollo empresarial. Una ONG estadounidense que se desempeñaba en el área rural de Zaire a mediados de los años ochenta ayudó a los agricultores locales a constituirse en accionistas de una empresa de transporte por carretera, la cual fue creada mediante un fondo común de recursos. Esta empresa benefició a los productores que no lograban generar ganancias porque el transporte era excesivamente caro. El proveedor de servicios realizó el trabajo legal que implicaba establecer esta empresa y ayudó a elaborar el plan de financiamiento para el primer vehículo.

Muchas veces la manera de comprar productos constituye una limitación a la eficiencia. Por ejemplo, en el negocio de ropa usada en gran parte de África la calidad de las pacas es variable. El comprador no sabe lo que contienen y no puede revisarlas antes de comprarlas. Por consiguiente, el comprador muchas veces se resiste a establecer un fondo común para comprar pacas junto con otros vendedores. Sin embargo, esta restricción podría ser superada si un proveedor de servicios de desarrollo empresarial propusiera una manera de disminuir este riesgo (por ejemplo, estableciendo fondos comunes para comprar con otros vendedores y luego creando un canal secundario de distribución en donde de hecho *se podría* conocer el contenido de cada paca antes de volverla a embalar).

Suele ser problemático encontrar proveedores de insumos, repuestos o equipo. Posiblemente muchas personas no conocen fuentes alternas.

La propia tecnología frecuentemente es una limitación. Es posible desarrollar nuevas tecnologías que se adapten a un nivel específico del subsector. Los precios también pueden ser una restricción. En algunos subsectores, en particular la venta insignificante detallista en el mundo urbano en desarrollo, el precio puede ser el único aspecto que diferencia a vendedores vecinos (sin tomar en cuenta su personalidad). Es probable que los productos sean los mismos, y como un vendedor está literalmente a seis pulgadas de distancia del siguiente, la localización no es un factor. Sin embargo, el precio no puede variar mayormente o no varía en absoluto. Al estudiar el suministro del producto comerciado (por ejemplo, zapatos) y la naturaleza de sus ventas al por mayor, podría ser posible la creación de una cooperativa de compradores a través de la cual todos los vendedores minoristas pueden reducir el precio que pagan y, por lo tanto, trasladar esos ahorros al consumidor (aunque esta ventaja competitiva podría ser muy efímera).

El momento de la producción de algunos productos afecta el precio. Los vendedores minoristas de alimentos frescos suelen estar a merced del ciclo de producción agrícola y no saben cómo equilibrar la relación entre su suministro y la demanda de los clientes. El almacenamiento o el valor agregado (por ejemplo al secar los alimentos) coloca a los vendedores en una situación de ventaja con respecto al precio.

EXPANSIÓN DE LA GAMA DE ABASTECEDORES Y CLIENTES. Esto se puede lograr mediante el establecimiento de clústers y redes, y con la creación de intermediarios o asociaciones. Las opciones directas en donde puede ayudar el proveedor de servicios de desarrollo empresarial es la organización de ferias comerciales, iniciativas promocionales colectivas, cooperativas de comercio, salones de exposición y espacios de exhibición, parques industriales, incubación empresarial, y así sucesivamente. El establecimiento de reservas de empleados o el intercambio temporal de empleados puede aliviar algunas restricciones en el mercado laboral, y los proveedores de servicios de desarrollo empresarial pueden actuar como intermediarios para realizar subcontrataciones entre las empresas.

REDES Y CLUBES DE EMPRESARIOS. Las visitas recíprocas entre las empresas y otras formas de creación de redes de clústers o de redes industriales pueden modificar los parámetros del mercado. Alentar a los empresarios a trabajar juntos y a combinar fuerzas es esencial para el desarrollo de las microempresas. La cooperación entre empresas, el aprendizaje mutuo y la innovación colectiva muchas veces puede ampliar las posibilidades de las microempresas para aumentar su participación en el mercado y sus ganancias. Algunos ejemplos de esto son los siguientes:

- Compartir información sobre mercados o abastecedores
- Establecer cooperativas conjuntas
- Participar conjuntamente en ofertas para ganar contratos
- Compartir los costos de alquiler de un stand en una feria o mercado
- Reducir costos de almacenamiento dividiendo las instalaciones

MEJORAMIENTO DE LA INFRAESTRUCTURA DE MERCADO. El Proyecto del Banco Mundial para la Reducción de la Pobreza en el Suroeste de China incluye la construcción de mercados para agricultores con el propósito de mejorar las relaciones entre los productores domésticos de bajos ingresos, en condados pobres de la zona montañosa de China suroccidental, y las empresas de transporte de los mercados emergentes en la costa sur de China.

Círculo 4. Más allá del mercado local

El último de los círculos concéntricos que rodean al microempresario individual es el más amplio y el que se encuentra más alejado de su empresa. De hecho, en los niveles macro, las fuerzas que ejercen restricciones sobre la empresa son considerables. Las mismas pueden ser a nivel nacional, regional y aun a nivel del comercio mundial. Se extienden más allá del mercado y las fuerzas económicas en general incluyen:

- Las fuerzas sociales y políticas nacionales (corrupción, inestabilidad, rivalidades tribales, la admisión o exclusión de vendedores, inversionistas y abastecedores no nativos) y las fuerzas geopolíticas (por ejemplo, el final de la influencia de la política de la guerra fría sobre África).
- Las fuerzas y restricciones regulatorias y de políticas. Las leyes podrían trabajar a favor o en contra de un sector (o de un subsector) o a favor de un solo canal

Casilla A3.2.1 Diálogo de políticas en El Salvador

A MEDIADOS DE LOS AÑOS OCHENTA, UNA ORGANIZACIÓN no gubernamental estadounidense que se dedica a hacer estudios sobre los subsectores en El Salvador identificó una política gubernamental que permitió la importación de sogas e inadvertidamente generó competencia para pequeñas empresas rurales que fabrican sogas de fibra de henequén. El gobierno simplemente no tuvo conciencia de que las necesidades domésticas de cuerda barata podían ser satisfechas con la producción local. Después de conocer este estudio a través del "diálogo de políticas", el gobierno modificó las regulaciones de importación a favor de los productores locales. El alto costo inicial de los estudios se amortizó rápidamente una vez que mejoró la situación para muchos de los productores locales.

Fuente: Contribuido por Thomas Dichter, Proyecto "Sustainable Banking with the Poor", Banco Mundial.

en un sector particular y en contra de otro canal en el mismo sector. De manera similar, las leyes afectan la forma de operar de los prestamistas (la presencia de una ley de garantías rigurosa y confiable afectará la naturaleza de los préstamos en todo el sector financiero). Los impuestos y los requisitos para autorizar empresas pueden constituir restricciones importantes.

- Las fuerzas del mercado a niveles macro, como el dinamismo o la debilidad de otros exportadores del mismo producto en otros países (por ejemplo, Ghana fue un exportador importante de aceite de palma hasta que fue rebasado por Malasia), o la disponibilidad de envases uniformes para los minoristas a niveles micro en un país (en Kenia, por ejemplo, a finales de los años ochenta, la producción y venta de miel fue afectada negativamente por no haber disponibilidad inmediata de pequeños envases de tamaño uniforme).
- Las fuerzas del mercado laboral nacional y mundial, incluyendo cambios en los patrones laborales de los migrantes (por ejemplo, los filipinos ya no van a trabajar a Arabia Saudita, lo que modifica la naturaleza de la competencia en el campo de las nuevas microempresas en Filipinas); la naturaleza de la educación anterior de los trabajadores, en especial en áreas de destrezas técnicas; o la influencia de factores culturales en la disposición de las personas para aceptar ciertos tipos de trabajo.

- Las restricciones y las posibilidades que ofrece el sector financiero contiguo, tal como una industria aseguradora viable que puede establecer los precios de los seguros a una tasa accesible para pequeñas empresas que invierten en equipo de capital o en vehículos.

En general, las restricciones más alejadas son las más difíciles de superar para los empresarios y pueden ser las más vinculantes. Éstas son las fuerzas que establecen los límites y que en última instancia podrían impedir la transformación de las microempresas en un sector determinado. El proveedor de servicios de desarrollo empresarial debe conocer estas restricciones, aun cuando su estudio es el más difícil y costoso, y además requiere de una capacidad especial para analizar grandes fuerzas, así como la inversión en una investigación rigurosa. Una vez se formulan conclusiones acerca de estas restricciones a nivel macro, la implementación de soluciones reales también es difícil y no sólo requiere de capacidad técnica sino frecuentemente también de destreza política.

Aunque muy pocos proveedores de servicios empresariales han operado a este nivel de intervención, en teoría las ventajas y los efectos multiplicadores pueden ser grandes. Un proveedor de servicios que trabaja de esta manera evidentemente está prestando un servicio indirecto a las empresas, el cual no puede proveer para sí mismo el empresario individual ni los grupos de personas individuales unidas.

El proveedor de servicios de desarrollo empresarial puede realizar estudios del sector para identificar restricciones ocultas e invisibles para el empresario individual, o restricciones que el empresario conoce pero que no puede modificar sin ayuda.

Fuentes y bibliografía adicional

Bennett, Lynn. 1993. "Developing Sustainable Financial Systems for the Poor: Where Subsidies Can Help and Where They Can Hurt." Talking notes for the Banco Mundial AGRAP Seminar on Rural Finance, mayo 26, Washington, D.C.

———. 1994. "The Necessity—and the Dangers—of Combining Social and Financial Intermediation to Reach the Poor." Trabajo presentado en la conferencia Financial Services and the Poor at the Brookings Institution, septiembre 28–30, Washington, D.C.

———. 1997. "A Systems Approach to Social and Financial Intermediation with the Poor." Trabajo presentado en el

Banking with the Poor Network/Banco Mundial Asia Regional Conference on Sustainable Banking with the Poor, noviembre 3–7, Bangkok.

Bennett, L., P. Hunte y M. Goldberg. 1995. "Group-Based Financial Systems: Exploring the Links between Performance and Participation." Banco Mundial, Asia Technical Department, Washington, D.C.

Biswas, Arun y Vijay Mahajan. 1997. "SEWA Bank." Estudio de caso para el Proyecto Sustainable Banking with the Poor, Banco Mundial, Washington, D.C.

Bratton, M. 1986. "Financing Smallholder Production: A Comparison of Individual and Group Credit Schemes in Zimbabwe." Public Administration and Development (UK) 6 (abril/junio): 115–32.

Caskey, John P. 1994. "Fringe Banking—Check-Cashing Outlets, Pawnshops, and the Poor." Russel Sage Foundation, Nueva York.

Committee of Donor Agencies for Small Enterprise Development. 1998. "Business Development Service for SMEs: Preliminary Guidelines for Donor-Funded Interventions." Private Sector Development, Banco Mundial, Washington, D.C.

CGAP (Consultative Group to Assist the Poorest). 1997. "Introducing Savings in Microcredit Institutions: When and How?" Focus Note 8. Banco Mundial, Washington, D.C.

Freedom From Hunger. 1996. "The Case for Credit with Education." Credit with Education Learning Exchange Secretariat, Davis, California.

Fruman, Cecile. 1997. "FECECAM–Benin." Case Study for the Sustainable Banking with the Poor Project, Banco Mundial, Washington, D.C.

Goldmark, Lara, Sira Berte y Sergio Campos. 1997. "Preliminary Survey Results and Case Studies on Business Development Services for Microentrepreneurs." Banco Interamericano de Desarrollo, Departamento de Programas Sociales y Desarrollo Sostenible, Unidad de Microempresa, Washington, D.C.

Haggeblade, J. y M. Gamser. 1991. "A Field Manual for Subsector Practitioners." GEMINI Technical Note. Agencia para el Desarrollo Internacional de los Estados Unidos, Washington, D.C.

Huppi, M. y Gershon Feder. 1990. "The Role of Groups and Credit Cooperatives in Rural Lending." Banco Mundial Research Observer (International) 5 (2): 187–204.

Krahnen, Jan Pieter y Reinhard H. Schmidt. 1994. Development Finance as Institution Building: A New Approach to Poverty-Oriented Lending. Boulder, Colo.: Westview Press.

Ledgerwood, Joanna y Jill Burnett. 1995. "Individual Micro-Lending Research Project: A Case Study Review— ADEMI." Calmeadow, Toronto, Canadá.

McLean, Doug y Matt Gamser. 1995. "Hi-Tech at the Frontier: Reducing the Transaction Cost of Lending in Swaziland with the Smart Card." Seminar Abstract 5, Sustainable Banking with the Poor Project, Banco Mundial, Washington, D.C.

Nelson, Candace, Barbara McNelly, Kathleen Stack y Lawrence Yanovitch. 1995. Village Banking: The State of Practice. The SEEP Network. Nueva York: Pact Publications.

Otero, Maria y Elisabeth Rhyne. 1994. The New World of Microenterprise Finance: Building Healthy Financial Institutions for the Poor. West Hartford, Conn.: Kumarian Press.

Paxton, Julia. 1996a. "A Worldwide Inventory of Microfinance Institutions." Banco Mundial, Proyecto Sustainable Banking with the Poor, Washington, D.C.

———. 1996b. "Determinants of Successful Group Loan Repayment: An Application to Burkina Faso." Ph.D. diss., Department of Agricultural Economics and Rural Sociology, Ohio State University, Columbia.

Puhazhendhi, V. 1995. "Transaction Costs of Lending to the Rural Poor: Non-Governmental Organizations and Self-help Groups of the Poor as Intermediaries for Banks in India." Foundation for Development Cooperation, Brisbane, Australia.

Rhyne E. y S. Holt. 1994. "Women in Finance and Enterprise Development." Education and Social Policy Discussion Paper 40. Banco Mundial, Washington, D.C.

Von Pischke, J.D. 1991. Finance at the Frontier: Debt Capacity and the Role of Credit in the Private Economy. Banco Mundial, Economic Development Institute. Washington, D.C.

Waterfield, Charles y Ann Duval. 1996. CARE Savings and Credit Sourcebook. Atlanta, Ga.: CARE.

Women's World Banking. 1996. Resource Guide to Business Development Service Providers. New York.

Yaron, Jacob, McDonald Benjamin y Gerda Piprek. 1997. "Rural Finance Issues, Design and Best Practices." Banco Mundial, Agriculture and Natural Resources Department, Washington, D.C.

CAPÍTULO CUATRO

La institución

En el capítulo 3, presentamos el "marco de sistemas" en el cual diferentes instituciones pueden participar en la prestación de servicios requeridos por clientes de bajos ingresos. En este capítulo se discute la institución principal que proporciona servicios financieros, su estructura institucional y su capacidad de responder a las necesidades de sus clientes.

En su mayoría, las IMFs han sido creadas como organizaciones no gubernamentales (ONGs); sin embargo, conforme se desarrolla el campo de las microfinanzas, el enfoque se está desplazando desde la prestación de servicios de crédito hacia un verdadero proceso de intermediación financiera, incluyendo la prestación de servicios de ahorro y otros servicios financieros requeridos por los pobres que trabajan. Adicionalmente, la decreciente base de recursos (fondos de donantes) para apoyar la creciente demanda implica que eventualmente las IMFs deberán apoyarse a sí mismas. Junto con este cambio de perspectiva, existe una mejor comprensión de las implicaciones de la estructura institucional para lograr alcanzar los objetivos de mejores servicios, escala y sostenibilidad.

Actualmente, muchas IMFs están empezando a considerar las ventajas y desventajas de las diferentes estructuras institucionales. En este capítulo se examina la gama de tipos de instituciones apropiadas para las microfinanzas y para cumplir con los objetivos de las IMFs, incluyendo estructuras formales, semiformales e informales. Además, se abordan otros temas institucionales que incluyen:

- Crecimiento y transformación institucional
- Propiedad y gobierno
- Acceso a nuevas fuentes de financiamiento
- Capacidad institucional

La mayoría de IMFs han establecido, o están estableciendo, *asociaciones estratégicas* con otras agencias de desarrollo, como gobiernos, donantes y ONGs internacionales. Al decidir con quién cooperar, deben ser considerados los objetivos de las IMFs y los del socio potencial de desarrollo. Las asociaciones estratégicas afectan la estructura de las IMFs, así como sus fuentes de financiamiento y sus actividades. En la primera sección de este capítulo, se presenta una perspectiva general sobre la importancia de las instituciones (y las instituciones asociadas) y se describen los diversos tipos de instituciones. En las demás secciones, el enfoque está en los temas institucionales que surgen conforme crecen las IMFs y amplían sus operaciones.

Este capítulo será de interés para los donantes o consultores que están estudiando o evaluando las IMFs y para los profesionales que están considerando transformar la estructura institucional de éstas, examinando temas de gobierno o desarrollando nuevas fuentes de financiamiento; además, puede ser de interés para los profesionales, donantes y ONGs internacionales que están en el proceso de seleccionar instituciones asociadas.

Importancia de las instituciones

Una institución es una colección de activos –humanos, financieros y otros– combinados para desempeñar actividades tales como otorgar préstamos y recibir depósitos a plazo fijo[1]. Una actividad de una sola vez,

---

1. El autor de esta sección y de la siguiente, que trata de los tipos de instituciones, es Reinhardt Schmidt, Internationale Projekt Consult (IPC) GmbH.

como un "proyecto", no es una institución. Por consiguiente, debido a su propia naturaleza, una institución tiene una función y cierta permanencia. Sin embargo, al observar a proveedores específicos de intermediación financiera para mujeres y hombres de bajos ingresos en un país dado, se pueden distinguir fácilmente las diferencias en el grado en el que éstos realmente son instituciones, es decir, hasta qué punto tienen una función claramente definida y están establecidas y manejadas para desempeñar su función en forma permanente. Es evidente que la permanencia es un factor importante; las mujeres y los hombres pobres necesitan tener acceso permanente y confiable a los servicios de ahorro y crédito, y esta permanencia pueden garantizarla únicamente las instituciones estables.

Atributos de una institución eficaz

Una institución eficaz tiene tres atributos:

1. Proporciona servicios al grupo objetivo relevante.

- *Los servicios apropiados* incluyen la oferta de préstamos que se ajustan a la demanda de los clientes. Esto se refiere al monto y el vencimiento de los préstamos, los requisitos de garantías y los procedimientos aplicados al otorgar préstamos y garantizar el pago de préstamos. Una IMF eficaz debe contar con la tecnología crediticia apropiada (o estar dispuesta a adoptarla), lo cual permitirá el diseño y la distribución de servicios de alta calidad, de modo que sean atractivos y accesibles para el grupo objetivo.

- *El alcance de los servicios* debe ser consistente con la situación de la clientela. En algunos casos, es posible que todo lo que se necesita es simplemente ofrecer un tipo determinado de préstamos; en otros casos, puede haber necesidad de ofrecer una serie de diferentes tipos de préstamos, o bien puede ser más importante ofrecer servicios de depósito y transferencia de pagos o una combinación de todos los servicios mencionados.

- *Los precios* que deben pagar los clientes por los servicios ofrecidos por la institución, generalmente no son de gran importancia, según la experiencia práctica. Sin embargo, los *costos de transacción* bajos para los clientes, un alto grado de *liquidez* de depósito y la *rápida disponibilidad* de los préstamos, constituyen características extremadamente importantes que debe proporcionar una institución que está orientada hacia los grupos objetivo.

2. Las actividades y servicios ofrecidos por la institución no sólo son requeridos, sino que además tienen algún impacto positivo identificable en las vidas de los clientes.

3. Se trata de una institución fuerte, estable y financieramente sólida.

Debido a que las personas que pertenecen al grupo objetivo requieren de una provisión confiable de servicios financieros -es decir, deben tener acceso a facilidades de crédito- y necesitan poder contar con una institución a la cual pueden confiar sus depósitos, es de primordial importancia que la IMF sea una entidad estable o sostenible, o por lo menos esté claramente en proceso de serlo.

Antes que nada, la *estabilidad* tiene una dimensión financiera. Una institución estable es aquélla cuya existencia y función no están amenazadas por la falta de fondos para realizar los pagos necesarios; debe ser solvente en cualquier momento y también en el futuro previsible; adicionalmente, una institución sostenible debe tener la capacidad de mantener o *expandir su escala de operaciones*. Esto es importante por dos razones: una es que únicamente una institución en crecimiento puede responder a la demanda que presenta su clientela normalmente; y la otra es que muchas instituciones financieras de desarrollo que atienden a clientes pobres son tan pequeñas que los costos unitarios de sus operaciones son demasiado elevados. El crecimiento es una forma eficaz de reducir los costos.

A veces, los expertos afirman que una IMF no debería depender del apoyo externo sino más bien deberían ser *independientes de los subsidios*. Para esto es necesario que los ingresos provenientes de sus operaciones sean suficientes como para cubrir todos sus costos, incluyendo pérdidas de préstamos, el costo de oportunidad del patrimonio y el costo pleno de la deuda, ajustado a la inflación. Este es un requisito con el cual debe cumplir toda institución madura, al igual que cualquier empresa comercial. Sin embargo, en la mayoría de los casos prácticos la pregunta real no es si una IMF ya es autosuficiente financieramente –la mayoría no lo son– sino más bien, hasta qué punto sus costos exceden sus ingresos y si su dependencia del apoyo externo disminuye con el tiempo, y con cuánta rapidez lo hace. Una IMF debe tener la capacidad y la determinación para realizar progresos visibles para alcanzar la autosuficiencia financiera.

Tabla 4.1 Características clave de una institución microfinanciera sólida

Áreas clave	Características
Visión	■ Una declaración de su misión en la que se define el mercado objetivo y los servicios ofrecidos y que está respaldada por la administración y el personal. ■ Un fuerte compromiso por parte de la administración para dedicarse a las actividades de microfinanzas como un nicho del mercado potencialmente lucrativo (en términos de personas y fondos). ■ Un plan empresarial que define cómo se alcanzarán objetivos estratégicos específicos en un período de tres a cinco años.
Servicios financieros y métodos de prestación de los mismos	■ Servicios financieros sencillos adaptados al contexto local y para los cuales existe una gran demanda por parte de los clientes, tal como está descrito en la declaración de su misión. ■ Descentralización de la selección de clientes y la prestación de servicios financieros.
Estructura de organización y recursos humanos	■ Descripciones de puestos precisas, capacitación relevante y revisiones de desempeño efectuadas con regularidad. ■ Un plan empresarial que especifique las prioridades de capacitación y un presupuesto que adjudique los fondos adecuados para la capacitación proporcionada a nivel interno o externo (o ambos). ■ Incentivos apropiados basados en el desempeño, ofrecidos al personal y la gerencia.
Administración y finanzas	■ Procesamiento de préstamos y otras actividades basadas en prácticas estandarizadas y manuales de operaciones; que los miembros del personal comprendan plenamente. ■ Sistemas de contabilidad que generen información exacta, oportuna y transparente como ingresos en el sistema de información de la gerencia. ■ Auditorías internas y externas llevadas a cabo en intervalos regulares. ■ Presupuestos y proyecciones financieras realizadas en forma regular y realista.
Sistema de información administrativa	■ Sistemas que proporcionen información oportuna y exacta sobre los indicadores clave que son de mayor relevancia para las operaciones y que son utilizados con regularidad por el personal y la administración para monitorear y guiar las operaciones.
Viabilidad institucional	■ Personalidad jurídica y cumplimiento con los requisitos de supervisión. ■ Responsabilidades y derechos claramente definidos de los propietarios, la junta directiva y la gerencia. ■ Un segundo nivel sólido de gerentes capacitados a nivel técnico.
Proyección y sostenibilidad financiera	■ Lograr actuar a una escala significativa, incluyendo a una gran cantidad de clientes que tienen escaso acceso a los servicios (por ejemplo, los pobres y las mujeres.) ■ Lograr que la cobertura de los costos de operaciones y financieros progresen claramente para alcanzar la plena sostenibilidad (como se demostrará en los estados financieros y proyecciones financieras revisados en auditorías).

Fuente: Fruman e Isern 1996.

No todos los aspectos de la estabilidad pueden expresarse en cifras; uno de estos aspectos es la *estabilidad de organización*. Una sólida IMF debe tener una estructura de organización y propiedad que ayude a garantizar su estabilidad en lo financiero y con respecto a su grupo objetivo. No se puede declarar que una institución es estable si ésta sencillamente se aleja de su grupo objetivo original de clientes pobres tan pronto como empieza a crecer y volverse más eficaz y profesional. Esta tentación es grande, ya que los pobres no son el grupo objetivo más rentable ni el más fácil de atender. Por lo tanto, es aún más importante que una IMF tenga una estructura de propiedad y gobierno –es decir, una división de roles entre la administración y la junta directiva o la junta supervisora– para evitar que la institución "se disperse en la irrelevancia social".

Importancia de las instituciones asociadas

La mayoría de IMFs, con la posible excepción de algunos bancos comerciales, trabajan con una o más agencias de desarrollo o socios. Estas agencias de desarrollo pueden ser ONGs internacionales, gobiernos o donantes que proporcionan asistencia técnica, financiamiento y capacitación a la IMF misma, en vez de hacerlo para los clientes de ésta. (Aunque algunas instituciones asociadas de hecho pueden proporcionar servicios directamente a los clientes de una IMF, en este caso estamos considerando a socios que ayuden a desarrollar la capacidad de una IMF para proporcionar intermediación financiera.) Tanto los profesionales como los donantes deberían tomar en cuenta la importancia de las asociaciones estratégicas, ya que es esencial fortalecer las instituciones locales y desarrollar su capacidad de responder a la creciente demanda de los clientes de bajos ingresos.

El término "socio" no sugiere una relación sesgada, en la cual la parte más poderosa y con más recursos impone su voluntad y sus ideas a la otra parte; al contrario, los socios discuten y definen en conjunto los objetivos y las formas de alcanzarlos. En una asociación estratégica, ambas partes tienen el mismo derecho de determinar lo que pueden hacer los socios, así como lo que desean realizar conjuntamente.

Se forma una asociación estratégica cuando:
"Las organizaciones buscan fortalecerse y mantenerse mutuamente. [La asociación estratégica] es un proceso de potenciación que se basa en la confianza y solidaridad de visión y enfoque, que reconoce la contribución mutua y la igualdad. Ambos socios desempeñan roles complementarios, establecidos por medio de negociaciones y sujetos al cambio conforme crece la asociación estratégica y cambian las circunstancias." (Long, Daouda y Cawley 1990, 124)

Las *instituciones locales* pueden aportar a la asociación estratégica la ventaja de conocer mejor las circunstancias locales: el grupo objetivo o la clientela, su situación y demanda de servicios financieros, el mercado financiero local y las leyes y costumbres locales. Adicionalmente, existen consideraciones éticas y políticas por las cuales es aconsejable que una institución extranjera tenga un socio local. Y por último, pero no por eso menos importante, se requiere de un socio local cuando se ha establecido una institución y el socio extranjero está pensando en retirarse de la IMF y dejarla en manos de personas locales. Los fracasos de miles de proyectos financieros de desarrollo ocurridos en el pasado demuestran que si se desea crear una institución permanente con un impacto duradero para mujeres y hombres de bajos ingresos, es necesario contar no solamente con una base institucional sino además, con la participación de socios locales sólidos.

Las *agencias asociadas extranjeras* pueden aportar fondos, asistencia técnica y capacitación a la asociación estratégica. Muchas veces, las agencias asociadas extranjeras están familiarizadas con las "mejores prácticas" microfinancieras y tienen acceso a información y fuentes a las que no podrían tener fácil acceso los socios.

Freedom From Hunger, una ONG estadounidense, se enfoca en vincular sus operaciones de IMFs en África con bancos y uniones de crédito locales. Esto les ha permitido enfocarse principalmente en la asistencia técnica y, a su vez, crear instituciones sostenibles en los países en que trabaja esta ONG (Casilla 4.1).

La selección de socios implica la cooperación, y ésta puede ocurrir únicamente si existe un propósito común, el respeto mutuo y una actitud abierta, además de la disposición por parte de ambos socios de contribuir para alcanzar la meta común. Por lo tanto, no existe una respuesta única a la pregunta, ¿qué características tiene una buena institución asociada local o internacional? Depende de cuál sea la otra organización asociada, cuáles son sus ideas y objetivos, qué puede aportar y en qué forma está dispuesta a desempeñar el rol de socio.

Casilla 4.1 Freedom From Hunger: asociación estratégica con instituciones locales

LA ORGANIZACIÓN FREEDOM FROM HUNGER (FFH) TRABAJA extensamente en Africa con socios locales. En vez de ir a un país y establecer su propia actividad de microfinanzas, Freedom From Hunger selecciona a instituciones financieras formales locales, las capacita para que conozcan su propio modelo de préstamos y proporciona asesoría técnica. La organización ha identificado las ventajas de este tipo de asociación estratégica para ambas partes:

■ Freedom From Hunger reduce el costo de prestación de servicios porque en muchos casos la institución local puede financiar su propia cartera. Los conocimientos y la experiencia de Freedom From Hunger respecto al manejo financiero ayudan considerablemente en la administración inicial y continua. El socio local ofrece a los clientes el acceso al sector financiero formal. Las uniones de crédito, como socios, aportan especiales ventajas debido a que cuentan con una red de contactos, conocen a sus clientes y además proporcionan otro tipo de conocimientos locales.

■ El socio local obtiene el acceso a clientes con capacidad de pago utilizando el modelo de Freedom From Hunger, el cual se caracteriza por un alto índice de pagos de los préstamos y garantías de préstamos en grupo. Además, con sus ahorros los nuevos clientes ayudan a establecer el capital de préstamos del banco y su rentabilidad. Finalmente, llegar a los clientes objetivo de Freedom From Hunger representa una inversión en el bienestar de los pobres de la que el banco puede derivar beneficios en los campos de relaciones públicas y mercadeo.

Para lograr que funcione este modelo, se debe prestar especial atención a una serie de temas. El mayor desafío para la ONG internacional es encontrar socios financieros que estén interesados en el sector de los pobres y en la microem-

presa y que iniciarán la relación con un sincero compromiso a largo plazo. No es casualidad que la mayoría de los socios de Freedom From Hunger sean uniones de crédito o bancos de desarrollo - instituciones con una sólida misión social o de desarrollo. No se ha probado cómo funcionaría este enfoque con socios a quienes interesa principalmente la rentabilidad.

Las siguientes decisiones son de importancia complementaria, pero significativa:

■ La salud financiera de la institución crediticia

■ La fuente de financiamiento para la cartera (en algunos casos, es el banco o la unión de crédito; en otros la ONG internacional; es posible que ésta tenga que complementar los recursos disponibles de la organización asociada)

■ La fuente de financiamiento para costos de operaciones

■ La selección de los miembros del personal que proporcionan servicios de programa

■ La responsabilidad por la pérdida de préstamos.

Cuando estos arreglos se han definido exitosamente, la ONG internacional puede ver cómo sus actividades aumentan mucho más de lo que hubieran podido crecer si contara únicamente con sus propios recursos; puede llegar a ser sostenible, ya sea bajo su propio control o bajo el de la institución financiera local. En el segundo caso, además se habrá logrado establecer actividades de microfinanzas dentro del sistema financiero formal en una forma que ayuda a evitar muchos de los difíciles desafíos inherentes a otros modelos. Los servicios financieros se ofrecen bajo los auspicios de una institución regulada que puede proporcionar seguridad y estabilidad a sus clientes, y no es necesario transformar a la organización o crear una nueva institución financiera para proveer servicios a quienes más se desea servir.

Fuente: SEEP Network 1996a.

Tipos de instituciones

A continuación, se presenta una breve discusión de cada tipo de institución que incluye un perfil de su idoneidad como socio para un donante, una ONG internacional o un gobierno; no se discutirá la idoneidad de los donantes, las ONGs internacionales y los gobiernos como socios.

Las *instituciones formales* se definen como aquéllas que están sujetas no solamente a las leyes y regulaciones generales sino además, a supervisión y regulaciones bancarias específicas. Las *instituciones semiformales* son aquéllas

que son formales porque se trata de entidades registradas sujetas a todas las leyes generales relevantes, incluyendo la ley comercial, pero son informales porque, con pocas excepciones, no están sujetas a regulación y supervisión bancaria. Los *proveedores informales* (a quienes generalmente no se denomina instituciones) son aquéllos a los que no aplican ni leyes específicas bancarias ni leyes comerciales generales y cuyas operaciones además son tan informales que muchas veces las disputas que puedan surgir en la relación con ellos no pueden arreglarse recurriendo al sistema legal.

Instituciones financieras formales

Los siguientes son los tipos más usuales de instituciones financieras formales:

BANCOS DE DESARROLLO PÚBLICOS. Hasta hace muy poco tiempo, los bancos de desarrollo había sido un tipo especial de bancos de gran escala, centralizados y propiedad del gobierno. La mayoría de ellos funcionaba con amplio apoyo financiero proveniente de organizaciones extranjeras e internacionales, y se establecieron para proporcionar servicios financieros a sectores estratégicos como el sector agrícola o industrial. La mayoría de ellos eran producto de los enfoques tradicionales de intervención que dan un mayor énfasis a los desembolsos con tasas de interés bajas y subsidiadas, en vez de hacer énfasis en la calidad de los préstamos.

Tradicionalmente, sus clientes han sido grandes empresas. En la década de los años 1970, varios bancos de desarrollo empezaron a ofrecer sus servicios a pequeños agricultores y pequeñas empresas; sin embargo, debido a que intentaron hacerlo utilizando la misma tecnología crediticia y estructuras organizadas que habían utilizado anteriormente, su éxito fue extremadamente modesto.

Los *bancos de desarrollo rural y bancos especializados para el desarrollo de la pequeña empresa* sobrevivieron a la reciente ola de reformas del sector financiero que afectó a mucho países, tienen algunas características atractivas: casi todos cuentan con una amplia red de sucursales; actualmente, muchos de ellos son receptores activos de depósitos; y con mucha frecuencia son las únicas instituciones de gran escala en áreas rurales que ofrecen por lo menos un mínimo de servicios financieros para los clientes pobres (Casilla 4.3).

Los bancos de desarrollo pueden considerarse buenos socios para las agencias de desarrollo extranjeras, no en el sentido tradicional de proveer fondos, sino más bien para mejorar y reformular sus estructuras de organización y manejo financiero, así como para rediseñar la forma en que proporcionan servicios a los clientes más pobres. Antes de emprender este tipo de asociación estratégica es necesario responder a las siguientes interrogantes: si existe la apertura al cambio y si los bancos de desarrollo están en la disposición de renunciar a los amplios poderes que formaban parte del enfoque tradi-

cional; si una organización extranjera tiene los suficientes recursos para apoyar este cambio; y si el mismo es deseado no solamente por las personas que forman parte del banco, sino también por los políticos relevantes del país.

BANCOS DE DESARROLLO PRIVADOS. Los bancos de desarrollo privados constituyen una categoría especial de bancos que existe en algunos países en vías de desarrollo. Su meta es el desarrollo económico a gran escala y están dirigidos a llenar vacíos de capital en aquellos segmentos del sector productivo que son considerados de alto riesgo según los estándares comerciales. Muchas veces, tienen requisitos de capital más bajos que los bancos comerciales y gozan de algunas exenciones, ya sea en forma de exenciones de impuestos o requisitos de reservas reducidas (Casilla 4.4).

BANCOS DE AHORRO Y BANCOS DE AHORRO EN OFICINAS DE CORREOS. El estatuto legal y la propiedad de los bancos de ahorro varía, pero generalmente no son propiedad del

---

Casilla 4.2 Tipos de instituciones financieras

Instituciones formales
- Bancos de desarrollo públicos
- Bancos de desarrollo privados
- Bancos de ahorro y bancos de ahorro en oficinas de correos
- Bancos comerciales
- Intermediarios financieros no bancarios.

Instituciones semiformales
- Uniones de crédito
- Cooperativas de múltiples propósitos
- ONGs
- (Algunos) grupos de autoayuda.

Proveedores informales
- Prestamistas individuales (netamente dedicados a esta actividad)
- Comerciantes, propietarios de bienes inmuebles y similares (como los prestamistas individuales)
- (La mayoría de) grupos de autoayuda
- Asociaciones de ahorro y crédito rotativo (grupos de trabajo, grupos de autoayuda de propósitos múltiples)
- Familias y amigos.

Fuente: Investigación del autor.

Casilla 4.3 Bancos de desarrollo

LOS BANCOS DE DESARROLLO PUEDEN OTORGAR PRÉSTAMOS directamente o a través de intermediarios, como se muestra en los siguientes ejemplos.

Otorgar préstamos directamente. El Bank for Agriculture and Agricultural Cooperatives – BAAC (Banco para la Agricultura y las Cooperativas Agrícolas), en Tailandia, es un banco estatal de desarrollo, creado en 1966 para proveer asistencia financiera a agricultores en actividades relacionadas con la agricultura. A partir de las reformas financieras realizadas en 1989, las iniciativas del banco se han dirigido predominantemente al sector de bajos a medianos ingresos. Al principio, la mayoría de préstamos se otorgaron a través de las cooperativas agrícolas, pero los problemas relacionados con el pago de los préstamos motivaron al banco a otorgarlos directamente a los agricultores.

Otorgar préstamos a través de intermediarios. La experiencia del Banque Nationale de Développement Agricole – BNDA (Banco Nacional de Desarrollo Agrícola), un banco estatal en Malí, es muy distinta. Este banco dejó de otorgar préstamos directamente a los clientes en las áreas rurales a principio de la década de los años 1990, debido a los índices de pago tan bajos. Se obtuvo mejores resultados al otorgar préstamos a cooperativas y grupos de agricultores en las aldeas. En años más recientes, el Banque Nationale ha empezado a otorgar préstamos a IMFs, como las caisses villageoises –bancos de comunidad– en tres regiones del país. A su vez, estas instituciones otorgan préstamos a sus clientes. Esta conexión ha sido extremadamente exitosa, con altos índices de pago de préstamos y costos muy reducidos para el banco. Ahora, el banco desea involucrarse directamente en el establecimiento de bancos rurales autónomos en otras áreas del país. Si su única motivación para hacerlo es canalizar más fondos hacia la economía rural, esto puede ser una estrategia peligrosa. En realidad, el éxito de las caisses villageoises en Malí se basa en el hecho de que son propiedad de los aldeanos - y este sentido de propiedad podría debilitarse si el Banque Nationale está demasiado involucrado.

Fuente: Contribuido por Cecile Fruman, Proyecto de Sustainable Banking with the Poor, Banco Mundial.

gobierno central de su país, y muchas veces tienen una mezcla de propietarios públicos y privados. Algunos, como los que se encuentran en Perú, fueron establecidos por las municipalidades y eran propiedad de éstas; otros, como los bancos rurales en Ghana, sencillamente son pequeños bancos locales propiedad de los habitantes de las comunidades.

Tal como lo indica su nombre, los bancos de ahorro tienden a enfatizar la movilización de ahorros más que otros bancos. Su mayor ventaja es que están descentralizados, arraigados en la comunidad local e interesados en servir a los pequeñas empresas locales.

En muchos países, existen bancos de ahorro que a la vez son oficinas de correos y están diseñados según patrones impuestos por los anteriores poderes coloniales. Un típico banco de ahorro en oficina de correos funciona a través de los mostradores de las oficinas de correos, y por lo tanto tiene una red muy extensa de sucursales; no ofrece servicios de crédito sino únicamente recibe depósitos y proporciona servicios de transferencias monetarias. Normalmente, el superávit de depósitos se invierte en bonos del Estado o simplemente es transferido a la tesorería nacional. La mayoría de bancos de ahorro en ofici-

nas de correos forman parte de la administración del sistema de correos del país (Casilla 4.5).

Con algunas excepciones notables, los bancos de ahorro en oficinas de correos están en malas condiciones, tanto financieramente como en el aspecto de operaciones. Su situación financiera es pobre debido a que tienen que transferir sus depósitos netos a la tesorería nacional, entidad que muchas veces no desea reconocer su deuda para con los bancos de ahorro en oficinas de correos. Sus debilidades en cuanto a la organización se derivan del hecho de que son manejados por el sistema de servicios de correos, el cual no tiene un interés genuino en que sean exitosos. Esta situación es aún más lamentable en vista de que los servicios de depósito y transferencia monetaria al alcance de la mayoría de los pobres son "necesidades financieras básicas" que no son cubiertas por otras instituciones a costos de transacción comparativamente bajos.

Los bancos de ahorro podrían ser socios atractivos para realizar varios tipos de actividades microfinancieras. Sus puntos fuertes radican en que están descentralizados, arraigados en la comunidad local e interesados en servir a las pequeñas empresas locales. Algunos bancos de ahorro,

---

Casilla 4.4 La conversión de Tulay sa Pag-Unlad en un banco de desarrollo privado

TULAY SA PAG-UNLAD, INC. (TSPI), EN LAS FILIPINAS, determinó que crearía un banco de desarrollo privado basado en el ambiente de regulaciones actual y en su propia capacidad institucional.

- Las nuevas regulaciones bancarias permiten el establecimiento de bancos de desarrollo privados con requisitos de capital mucho más bajos (US$1,7 millones, en vez de los US$50 millones requeridos para establecer bancos comerciales). Sin embargo, los nuevos bancos de desarrollo privados únicamente pueden operar fuera del área metropolitana de Manila, lo que significa que TSPI tendrá que considerar cuidadosamente la localización de sus sucursales para permanecer cerca de la base de clientes que se desea atender.

- Aunque TSPI ha logrado crear una línea de productos diversificados, uno de sus cuatro servicios crediticios, Sakbayan, que otorga préstamos a conductores de triciclos y taxis, es significativamente mayor que los demás servicios y se convertirá en el producto ancla del banco. Sin embargo, este producto tiene un potencial de crecimiento limitado debido a que las rutas de los taxis están reguladas. Por lo tanto, es una tarea prioritaria de TSPI fortalecer las demás líneas de productos.

- TSPI reconoce que aún enfrenta algunos temas de desarrollo de capacidad, incluyendo el desarrollo de recursos humanos y sistemas. Sin embargo, la presión de suministrar capital adicional para otorgar préstamos y la potencialmente breve "ventana de oportunidad" en cuanto a regulaciones son factores que demandan avanzar hacia la creación de un banco de desarrollo privado.

Tomando en cuenta estas situaciones, una opción que se está considerando es una *estructura de transición especial*, integrando el nuevo banco y la ONG original en una organización con personal compartido y una misión de unificación. El banco y la ONG mantendrían estados financieros separados y transacciones entre compañías transparentes pero compartirían muchas de las funciones de la oficina central y algunas funciones administrativas. La ONG sería responsable del producto Kabuhayan enfocado en las personas más pobres, además de las sucursales localizadas dentro del área metropolitana de Manila que no pueden transferirse legalmente al banco; y el banco sería responsable de los productos crediticios más rentables, localizados en las sucursales que están más preparadas para adquirir el estatus de banco.

El período de transición tomaría de dos a tres años mientras crezca el banco y se amplíe lo suficiente para operar dentro de Manila e incorporar las demás agencias de TSPI. En ese momento, el banco y la ONG separarían todas las funciones y el personal. La decisión de fusionar el servicio Kabuhayan en el banco se tomaría en ese momento, o más adelante. Si la conclusión fuera que nunca se alcanzaría la viabilidad comercial, entonces la ONG continuaría con una estructura de oficina central separada. Mientras tanto, la estructura unificada proporciona varias ventajas evidentes al TSPI:

- Se controlan los costos administrativos.
- Se evitan los potenciales conflictos culturales entre la ONG y el banco, respecto a la misión.
- Se garantizan las políticas coherentes, la evaluación del desempeño y las expectativas realistas.

Fuente: Calmeadow 1996.

---

como aquellos en el Perú, se encuentran entre las instituciones financieras más exitosas con orientación hacia grupos objetivo, mientras que otros pueden ser socios apropiados para realizar actividades cuyo objetivo es reestructurar el sistema de bancos de ahorro.

BANCOS COMERCIALES. Los bancos comerciales son instituciones financieras formales que se enfocan en otorgar préstamos a corto y largo plazo a empresas establecidas. Un banco comercial típico tiene poca experiencia en la prestación de servicios financieros a microempresarios y pequeños agricultores; sin embargo, recientemente

algunos bancos comerciales reconocieron que podría ser beneficioso establecer una relación empresarial con estos clientes (Casilla 4.6). Además, comprenden que podría ser necesario proveer servicios en formas diferentes al enfoque tradicional de los servicios bancarios comerciales.

Existen 12 principios básicos con los que deben cumplir los bancos si deciden enfocar una parte de sus operaciones en los clientes de bajos ingresos (Yaron, Benjamin y Piprek 1997):

1. Garantizar un gobierno apropiado
2. Definir las estrategias y objetivos de la institución
3. Aprender de la competencia en el sector informal

Casilla 4.5 El Banco de Ahorro de Madagascar

DESDE 1918 HASTA 1985, LA ADMINISTRACIÓN DE CORREOS en Madagascar recibía los ahorros; en 1985 se creó el Banco de Ahorro de Madagascar (Caisse d'Épargne Madagascar) bajo la supervisión financiera del Ministerio de Finanzas y la supervisión técnica del Ministerio de Correos y Telecomunicaciones. El Banco de Ahorro de Madagascar inició con 46 oficinas de correos existentes. En junio de 1996, estaba operando a través de 174 ventanillas localizadas tanto en las ciudades principales como en pequeñas ciudades remotas. El banco paga a la administración de correos el 0,8 por ciento sobre los ahorros depositados, por concepto de uso de las instalaciones de correos.

El Banco de Ahorro de Madagascar provee únicamente servicios de ahorro a sus clientes; éstos ganan intereses sobre sus ahorros dependiendo del tiempo que el dinero permanece en el banco. Una vez al año, todos los clientes entregan sus libretas de transacciones a la sucursal del banco o la oficina de correos para que se calcule el interés acumulado.

El Banco de Ahorro de Madagascar se enfoca hacia los clientes pobres, lo cual es evidente si se observa un saldo promedio de ahorros de menos de US$32. Esto representa el 28 por ciento del producto interno bruto (PIB). En junio de 1996, el número total de clientes era de 372.291, de los cuales el 46 por ciento eran mujeres.

Fuente: Galludec 1996.

Casilla 4.6 Caja Social: un banco comercial colombiano que atiende a los pobres

CAJA SOCIAL, FUNDADA EN 1911 EN COLOMBIA COMO EL St. Francis Xavier Workmen's Circle and Savings Bank (Banco de Ahorro y del Círculo de Trabajadores San Francisco Javier), es un ejemplo de un banco comercial que tiene una cartera de microfinanzas significativa. Su mandato original fue promover los ahorros entre los pobres del país. Su éxito en la movilización de depósitos llevó a una expansión de sucursales bancarias de ahorros en toda Colombia. En 1991, Caja Social fue transformada oficialmente en un banco comercial. Sus actividades, supervisadas por la asociación estratégica de cartera, Fundación Social, varían desde el crédito hipotecario hasta los préstamos y el leasing para pequeñas empresas.

En septiembre de 1995, Caja Social tenía 1.159.204 cuentas de ahorro activas (de US$338 en promedio) y 173.033 préstamos pendientes de pago (de US$2.325 en promedio). Aunque Caja Social sirve a numerosos clientes de ingresos medios, un porcentaje significativo de sus actividades están enfocadas en los clientes de bajos ingresos. Casi

el 20 por ciento de sus clientes ganan menos de US$3.000 anuales, lo cual constituye el 75 por ciento del ingreso promedio del país por cada adulto económicamente activo. Dada la enorme escala del banco, esto se traduce a mucho más de 225.000 clientes de bajos ingresos. Adicionalmente, la Caja ha tenido éxito en abordar a la clientela femenina; aproximadamente el 43 por ciento de sus clientes son mujeres.

La Caja Social siempre ha mantenido el objetivo de asistir a los pobres del país, y ha encontrado que este nicho de mercado es beneficioso financieramente. En realidad, éste ha sido uno de los bancos más rentables en el sistema financiero de Colombia. Los índices de atrasos en los pagos son manejables y permanecen a un nivel del 4,5 por ciento; el banco ha logrado ser autosuficiente operativa y financieramente sin depender de subsidios, ya sea de organizaciones nacionales o internacionales. La experiencia de Caja Social ha demostrado que proveer servicios bancarios a los pobres puede ser sostenible y rentable.

Fuente: Contribuido por Julia Paxton, Proyecto Sustainable Banking with the Poor, Banco Mundial.

---

4. Descubrir cuáles son los servicios que en realidad desean los clientes
5. Establecer métodos de servicio apropiados
6. Incluir costos de transacción
7. Cubrir los costos en base a préstamos con tasas de interés apropiadas y positivas
8. Elaborar los términos y condiciones de los préstamos de acuerdo con las necesidades de la clientela objetivo

9. Monitorear y mantener la calidad de los activos
10. Manejar y diversificar los riesgos
11. Movilizar los recursos de ahorros en el mercado
12. Motivar a los miembros del personal e invertir en ellos (con información e incentivos).

Algunos bancos deciden desarrollar una gama de servicios para microempresarios y campesinos y luego proveer servicios directamente para ellos en sus propias comunidades. El enfoque más tradicional son las operaciones bancarias por medio de sucursales bancarias en las que los cajeros proveen servicios en un edificio propiedad del banco. Se requiere de una red de sucursales altamente descentralizada, que incluya a sucursales muy pequeñas con activos fijos mínimos, localizadas en pueblos con una ubicación céntrica, donde se pueda prestar servicios a los clientes pobres que habitan en las áreas rurales aledañas o en áreas marginales urbanas. Este es el enfoque probablemente más apropiado para los bancos, pero es costoso. Es posible que otros bancos prefieran apoyarse en los intermediarios, actuando como "mayoristas" y no como "detallistas".

"Dirigirse a grupos más populares" es el término técnico que se utiliza para describir los proyectos que buscan introducir nuevos enfoques en un banco comercial que hasta ahora no había intentado proveer servicios para una clientela más pobre. Por ejemplo, ésta es la parte medular de lo que está poniendo en práctica el Banco Interamericano de Desarrollo en sus programas "microglobales" en América Latina. Otro ejemplo es el Fondo de la Pequeña Empresa de Rusia establecido por el Banco Europeo para la Reconstrucción y el Desarrollo. En ambos casos, se selecciona y analiza cuidadosamente a algunos bancos comerciales y después de una evaluación positiva, éstos podrán recibir financiamiento y asistencia técnica para crear departamentos pequeños y micropréstamos.

INSTITUCIONES FINANCIERAS NO BANCARIAS. En algunos países, se han establecido regulaciones especiales para las instituciones financieras no bancarias. Estas instituciones son creadas para sortear la incapacidad de algunas IMFs de responder a los estándares y requisitos de la banca comercial debido a la naturaleza de sus préstamos. Algunos ejemplos de instituciones financieras no bancarias son la Caja de Ahorro y Préstamo Los Andes, en Bolivia; y Acción Comunitaria del Perú (MiBanco) (Casilla 4.7).

Las financieras son intermediarios financieros no bancarios que canalizan los fondos patrimoniales, las ganancias retenidas u otro capital prestado para otorgar préstamos pequeños, sin garantías y de corto plazo. Frecuentemente, a estas empresas se les asocia con contratos de pago a plazos y con créditos de consumo. Muchas veces, no se les permite movilizar ahorros; sin embargo, sus actividades varían según sus estatutos. Por ejemplo, algunas pueden movilizar depósitos a plazo fijo pero no pueden movilizar depósitos según demanda. Actualmente, en algunos países se está adaptando su estructura para proveer un vehículo regulado para las microfinanzas con requisitos de ingreso menores que los exigidos a un banco comercial (Casilla 4.8).

Casilla 4.7 Caja de Ahorro y Préstamo Los Andes

EN 1995, CAJA DE AHORRO Y PRÉSTAMO LOS ANDES SE estableció como el primer fondo financiero privado de Bolivia. Los Andes surgió a partir de la entidad crediticia de micropréstamos no gubernamental ProCrédito, con la asistencia técnica de la empresa consultora privada Internationale Projekt Consult GmbH (IPC), financiada por la agencia alemana de desarrollo, GTZ. El requisito de capital mínimo para un fondo financiero privado es de US$1 millón. La mayoría del total de US$600.000 de capital aportado a Los Andes provino de Pro-Crédito.

Desde su inicio como Pro-Crédito en 1992, la institución planificó entrar en el sector financiero regulado. Una vez que se convirtió en fondo privado, no se implementó ningún cambio en la organización. Ya existían sistemas sofisticados de información administrativa, los cuales integran los datos sobre las operaciones de ahorro y crédito. Por

consiguiente, Los Andes ha logrado generar los informes requeridos para el banco central y la superintendencia de Bolivia con pocas modificaciones.

En contraste con Los Andes, BancoSol (Banco Solidario, S.A.) entró en el sector financiero regulado como banco comercial privado en 1992, debido a que los fondos financieros privados aún no existían. Como resultado de ello, BancoSol se convirtió en el primer banco comercial en el mundo dedicado exclusivamente a proveer servicios financieros al sector de la microempresa. Esto ayuda a explicar la razón por la cual se considera que la Superintendencia de Bancos de Bolivia es una de las más innovadoras en América Latina, pues ésta está dando pasos significativos para crear un mercado financiero competitivo y se ha comprometido a abrir el sector financiero a la microempresa.

Fuente: Rock 1997.

Casilla 4.8 Acción Comunitaria del Perú

ORIGINALMENTE, ACCIÓN COMUNITARIA DEL PERU consideró transformarse en una empresa financiera (para lo cual se requiere de un capital de base mínimo de US$2,7 millones) o un banco comercial (para lo cual se requiere un capital de base mínimo de US$6 millones). Sin embargo, el banco de desarrollo peruano, COFIDE, propuso la formación de una nueva categoría de instituciones financieras no bancarias para responder a las necesidades financieras de la pequeña y microempresa. En diciembre de 1994, la superintendencia emitió una resolución creando una nueva estructura llamada Entidades de Desarrollo para la Pequeña y Microempresa (EDPYME). Como una entidad de este tipo, una IMF con un requisito de capital mínimo de US$265.000 puede tener acceso a mercados de capital, financiamiento bancario adicional y servicios de crédito especiales de redescuento de COFIDE. Se requiere que EDPYME mantenga una reserva de pérdida de préstamos equivalente al 25 por ciento del capital, y cada año debe transferirse a esta reserva por lo menos el 10 por ciento de las utilidades, después de pagados los impuestos. En la resolución se especifica que la entidad debe proveer financiamiento a personas que realizan actividades caracterizadas como de pequeña o microempresa.

Fuente: Montoya 1997.

Instituciones financieras semiformales

Los tipos más comunes de instituciones financieras semiformales son las cooperativas y las ONGs financieras.

UNIONES DE CRÉDITO, COOPERATIVAS DE AHORRO Y CRÉDITO Y OTRAS COOPERATIVAS FINANCIERAS. Existe una gran variedad de formas de instituciones financieras cooperativas (que muchas veces se identifican como *uniones de crédito o cooperativas de ahorro y crédito*). Estas instituciones desempeñan un rol significativo en la prestación de servicios financieros para grupos objetivo de bajos ingresos. En varios países, las instituciones financieras cooperativas están estructuradas de acuerdo a los modelos de las uniones de crédito o sistemas cooperativos de Estados Unidos y de Canadá. Otras instituciones cooperativas, como Raiffeisen (Alemania), Credit Mutuel (Francia), Alternative Bank (Suiza) y Triodos (Holanda) se inspiraron en modelos desarrollados en Europa.

Las cooperativas financieras proveen servicios de ahorro y crédito a miembros individuales. Éstas "desempeñan una función de intermediación financiera activa, especialmente mediando los flujos de las áreas urbanas y semiurbanas hacia las rurales entre ahorrantes netos y prestatarios netos y, a la vez, garantizando que los recursos de préstamos permanezcan en las comunidades desde las cuales se movilizaron los ahorros" (Magill 1994, 140).

Las cooperativas financieras están organizadas y son manejadas de acuerdo a los principios básicos de cooperativas: no hay accionistas externos; los miembros son los propietarios de la institución; y cada miembro tiene el derecho a un voto dentro de la organización. Además de poseer acciones canjeables por su valor nominal, los miembros pueden depositar dinero en la organización o solicitar un préstamo a ésta. Usualmente, la membresía es resultado de algún lazo común entre los miembros, muchas veces a través del empleo o por la pertenencia a la misma comunidad. El liderazgo encargado de la formulación de políticas proviene de los mismos miembros de la cooperativa; son miembros que se ofrecen de voluntarios o son electos para ocupar estos cargos. Las cooperativas financieras raras veces están sujetas a la regulación bancaria; usualmente, o no están reguladas o están sujetas a las leyes y regulaciones especiales para cooperativas en general. En algunos países se están desarrollando regulaciones específicas para las uniones de crédito. En el West African Economic and Monetary Union (que cuenta con ocho países afiliados), en 1994 se emitió una ley para las asociaciones de ahorro y crédito, colocando a estas instituciones bajo la supervisión del Ministerio de Finanzas de cada país.

Las características de las cooperativas financieras incluyen:

- Clientes que tienden a provenir de grupos de ingresos bajos e ingresos bajos medios.
- Servicios de naturaleza casi exclusivamente financiera.
- Capital autogenerado, típicamente sin depender de financiamiento externo para cubrir los costos de operaciones, que generalmente se mantienen bajos.

Muchas veces, las cooperativas financieras individuales deciden afiliarse a una federación nacional (institución sombrilla), la cual tiene los siguientes propósitos: representar a las uniones de crédito a nivel nacional, proveer capacitación y asistencia técnica a las uniones de crédito afiliadas, actuar como entidad central de depósito y de préstamos entre cooperativas y, en algunos casos,

Casilla 4.9 Rehabilitación de una unión de crédito en Benin

LA HISTORIA DE LA FÉDÉRATION DES CAISSES D'ÉPARGNE ET de Crédit Agricole Mutuel se remonta a los años 1970. En 1975, se estableció la Caisse Nationale de Crédit Agricole (Banco Nacional de Crédito Agrícola) como un banco de desarrollo público, seguido en 1977 por las primeras uniones de crédito locales y regionales. En el transcurso de los siguientes 10 años, se crearon 99 uniones de crédito locales. La Caisse Nationale de Crédit Agricole asumió el rol de una federación nacional, controlando las operaciones de toda la red y excluyendo a los gerentes electos del manejo y el control. Como resultado de esto, la administración del banco desarrolló reglas y procedimientos que fueron impuestas a los gerentes y miembros electos; de esta manera, los grupos a quienes se servía no tenían la capacidad de expresar sus preocupaciones y demandas. Este enfoque jerárquico demostró ser altamente perjudicial.

El rendimiento financiero de la red se deterioró lentamente, y los ahorros ya no estaban seguros. En noviembre de 1987, la Caisse Nationale de Crédit Agricole se liquidó. Sin embargo, un estudio llevado a cabo en 1988 demostró que las uniones de crédito locales habían permanecido funcionando en medio de la crisis y los ahorros de los miembros permanecieron en crecimiento. Para fortalecer la autonomía de la red, el Gobierno de Benin decidió iniciar un programa de rehabilitación. Enfatizó la importancia de la libertad total de las uniones de crédito locales para definir sus propias políticas, incluyendo el establecimiento de tasas de interés. La primera fase del programa de rehabilitación (1989-93) se llevó a cabo con la colaboración del gobierno, los miembros de la red y los donantes que contribuyeron con fondos para efectuar los reembolsos a los depositantes, financiar estudios y cubrir el déficit de operaciones de la red. Los resultados de la primera fase fueron muy alentadores en cuanto a que el proyecto cumplió con sus principales objetivos: volver a establecer la confianza de la población rural en la red, fortalecer el manejo por parte de directivos electos y mejorar la disciplina financiera.

En vista de los resultados de la primera fase, especialmente el entusiasmo demostrado por los principales participantes, inició una segunda fase de rehabilitación (1994-98). Los objetivos de la segunda fase -que actualmente se está llevando a cabo- son los siguientes:

- Reestructuración financiera de la red, para movilizar depósitos y otorgar préstamos, y para generar ingresos para cubrir los gastos de operaciones
- Transferencia de responsabilidad a directivos electos por medio de la creación de una federación nacional para gobernar la expansión de la red, la estructura y la capacitación del personal y los directores.
- Creación de la secretaría técnica de la federación para proporcionar apoyo técnico específico (como capacitación e inspección) y garantizar la implementación de las políticas generales.

La segunda fase de la rehabilitación aún continúa, pero ya se cumplió con la mayoría de sus objetivos. El crecimiento de la red ya ha excedido bastante las expectativas. Ya casi se ha completado la transición del estatus de proyecto hacia el estatus de una red operativa y autónoma que ofrece una amplia gama de servicios de crédito y ahorro.

Fuente: Fruman 1997.

---

canalizar los recursos provenientes de donantes externos hacia el sistema nacional de cooperativas. Usualmente, los contactos con los socios en el extranjero son manejados por una institución sombrilla; para afiliarse a ésta, es requisito adquirir capital de acciones y pagar cargos anuales a la institución sombrilla nacional o regional. Los miembros tienen derecho a votar para elegir a los líderes a nivel nacional y para definir las políticas, además de participar en los servicios y programas patrocinados a nivel nacional.

Los servicios de ahorro son una característica clave para incrementar el capital y muchas veces están atadas a los préstamos. Generalmente, se otorga crédito con el enfoque "minimalista"; los préstamos cooperativos requieren de una garantía baja y se otorgan en base a referencias personales y a miembros que actúan como codeudores para que otros miembros puedan obtener préstamos.

Sin duda alguna, existen sistemas de cooperativas que funcionan eficazmente y además, tan sólo el número de personas que integran estos sistemas y la suma de los depósitos y préstamos ya es impresionante. Sin embargo, muchos sistemas no funcionan tan bien como podría esperarse de acuerdo a su filosofía básica. Al mismo tiempo, éstos constituyen socios muy difíciles para instituciones del extranjero. La causa de ambas dificultades es su estructura y el mecanismo que, en principio, debería permitirles funcionar apropiadamente.

- El grupo que constituye la organización es suficientemente reducido como para permitir que los miembros se conozcan a fondo.
- Los miembros cambian sus roles con regularidad, de depositantes netos a prestatarios netos y viceversa.

Si no se cumple con estas condiciones, una cooperativa se vuelve inestable: no puede monitorearse el manejo y surge un conflicto estructural entre los prestatarios netos (quienes prefieren las tasas de interés bajas y poca presión para el pago del préstamo) y los depositantes netos (quienes prefieren tasas de interés altas y un manejo muy cauteloso de sus depósitos).

ONGs FINANCIERAS. Las ONGs son el tipo de IMF más común. El Inventario Mundial de las Instituciones Microfinancieras del Banco Mundial encontró que de las 206 instituciones que respondieron a un cuestionario de dos páginas, 150 eran ONGs (Paxton 1996).

Aun más que con otro tipo de instituciones, la discusión sobre las ONGs que proveen servicios financieros debe comenzar por enfatizar que realmente se trata de un grupo muy diverso. La definición general de una ONG se basa en lo que no es: ni está relacionada con el gobierno ni tiene fines de lucro; esto ya indica sus fortalezas específicas, que son la principal razón por la que este tipo de institución es común como IMF.

Las ONGs financieras deberían diferenciarse de dos otros tipos de instituciones no gubernamentales y sin fines de lucro: los grupos de autoayuda y las cooperativas. Estas instituciones se basan en la membresía, mientras que las ONGs no se establecen y manejan por medio de miembros del grupo objetivo, sino por personas externas, muchas veces mujeres y hombres de la clase media del país que desean apoyar a personas más pobres por razones sociales, éticas y políticas. Por ejemplo, una de las primeras ONGs latinoamericanas que otorgan préstamos a los microempresarios locales, una organización con base en Cali llamada DESAP, fue iniciada y manejada por el hijo de una de las familias más acaudaladas en Colombia, quien consideraba que el hecho de que el gobierno tuviera en el abandono a la microempresa constituía una seria amenaza a la estabilidad política de su país.

A pesar del hecho de que no se basan en la membresía, muchas ONGs están cerca de su grupo objetivo en cuanto a localización y comprensión. Es posible que una ONG establecida por empresarios locales para proveer servicios a microempresarios, realmente esté en mejores condiciones para responder a las necesidades de sus clientes que una institución manejada por funcionarios gubernamentales o banqueros tradicionales.

Todo esto indica que las ONGs financieras son candidatos especialmente promisorios para las instituciones extranjeras que están buscando un socio local. Sin embargo, existen algunos factores por lo que las ONGs son menos atractivas. Las debilidades de muchas de las ONGs, aunque ciertamente no de todas, pueden atribuirse a una combinación de los siguientes factores (de los cuales no todos se aplican exclusivamente a este tipo de organizaciones):

- La falta de visión para los negocios con la que se establecen y manejan algunas ONGs
- Las aspiraciones demasiado ambiciosas respecto a su relevancia social
- La escala limitada de sus operaciones, que no les permite beneficiarse de economías de escala elementales
- El uso frecuente de fondos donados o préstamos blandos provenientes de organizaciones de desarrollo del extranjero
- La influencia de personas que no pertenecen al grupo objetivo y que, por lo tanto, no están sujetas a la presión de las demás personas del grupo y no resultan afectadas directamente si eventualmente se pierden los recursos económicos de la institución.

Todos estos factores pueden conjugarse para crear una situación en la que los aspectos empresariales y financieros de una ONG financiera no se tratan con el cuidado requerido. Sin embargo, la experiencia empresarial y la estabilidad son requisitos indispensables si la institución desea tener un efecto positivo permanente en el grupo objetivo.

Otra debilidad de muchas ONGs es su falta de perspectiva y estrategia de largo plazo (o de una planificación empresarial eficaz). Las preguntas que podrían formularse al mirar hacia el futuro, serían: ¿En qué situación se encontrará la organización dentro de algunos años? ¿Seguirá existiendo, habrá fracasado con el transcurso del tiempo, o sobrevivirá y hasta prosperará? ¿Cómo es posible lograr su supervivencia? ¿Se alejará de su grupo objetivo original simplemente para sobrevivir financieramente? Según evidencia y experiencias disponibles, para que la mayoría de ONGs logren sobrevivir sin perder la orientación hacia su grupo objetivo original, primero deben convertirse en instituciones profesionales y luego, si se desea, pueden expandirse y finalmente transformar su estructura institucional.

Proveedores financieros informales

Probablemente, las finanzas informales son mucho más importantes para el manejo financiero de los hogares pobres que la prestación de servicios por parte de instituciones financieras formales y semiformales. Por razones obvias, las finanzas informales se manifiestan en muchas formas y no siempre pueden llamarse instituciones financieras. Algunos agentes en los mercados financieros informales tienen por lo menos cierto aspecto de institu-

ción financiera. Esto se aplica a los prestamistas y cobradores informales –conocidos, por ejemplo, como "hombres susu" en Ghana– y a los millones de asociaciones de ahorro y crédito rotativo que existen y operan con muchas variantes y bajo muchos nombres diferentes en casi todos los países en vías de desarrollo. Los grupos de autoayuda también son un tipo de institución financiera informal (a veces semiformal). Parece menos apropiado utilizar el término "institución financiera" para los comerciantes y fabricantes que proporcionan crédito comercial a sus clientes, y esta clasificación es completamente inapropiada para una fuente de suma importancia de actividades financieras informales, es decir, la red de amigos y familiares.

Casilla 4.10 CARE de Guatemala: El Programa Women's Village Banking (Operaciones Bancarias para Mujeres en las Áreas Rurales)

CARE ES UNA ORGANIZACIÓN INTERNACIONAL SIN FINES DE lucro fundada en 1946. Fue creada para proveer asistencia e implementar programas de desarrollo a los necesitados. De mediados a finales de la década de los años ochenta, CARE International mostró un creciente interés en los programas microempresariales. Estos programas, particularmente de microfinanzas, obtuvieron reconocimiento a nivel mundial durante los años ochenta, en parte por el éxito de los programas de microfinanzas como el Banco Grameen y el Banco Rakyat Indonesia. Aunque a CARE le faltaba experiencia en este campo, surgió el interés por experimentar con el desarrollo de la microempresa y se contrató a consultores externos para facilitar y supervisar los primeros experimentos realizados en este campo. CARE de Guatemala fue uno de los programas seleccionados para realizar trabajo de desarrollo en el campo de la microempresa.

Aunque CARE de Guatemala empezó a proveer programas de salud, educación y generación de ingresos ya desde 1959, su programa de operaciones bancarias para mujeres en las áreas rurales fue fundado en 1989. En su breve historia, este programa hizo avances en la prestación de servicios de microfinanciamiento para algunas de las personas más marginadas de América Latina. Usando un método de operaciones bancarias en comunidades, en 1995, el programa otorgó préstamos en un promedio de únicamente US$170 a aproximadamente 10.000 mujeres de las áreas rurales de Guatemala.

El rendimiento del programa de operaciones bancarias de comunidad de CARE ha ido mejorando constantemente.

Todos los indicadores de proyección, costos, pagos de préstamos, sostenibilidad y ganancias fueron más favorables en los años de 1991 a 1995. Sin embargo, el simple hecho de que hayan mejorado estas cifras no necesariamente indica que el programa se encuentra en una trayectoria sostenible; aún así, el programa se ve afectado por altos costos de gastos indirectos y la dependencia de donantes, y si esto no se cambia, impedirá que este programa se vuelva sostenible.

El programa de operaciones bancarias de comunidad representa un cambio respecto a los demás programas humanitarios de CARE de Guatemala. Por primera vez, un programa está generando ingresos provenientes de los mismos pobres a quienes sirve. Al igual que muchas organizaciones sin fines de lucro que incursionan en el campo de las microfinanzas, existen objetivos duales que impulsan el programa de operaciones bancarias de comunidad en dos direcciones. Muchas veces, los programas de microfinanzas de las ONGs a nivel mundial se crearon para mejorar las vidas de los pobres sin importar los costos, los pagos de préstamos o la sostenibilidad, y conforme los programas han proliferado y los donantes se han tornado más insistentes en el rendimiento financiero, se ha introducido el objetivo secundario de la sostenibilidad. Debido a la cultura de dependencia de donantes y subsidios que imperó por muchos años, el programa de operaciones bancarias rurales de CARE ha tenido dificultades para rechazar unilateralmente la asistencia por parte de donantes e insistir en alcanzar la completa sostenibilidad financiera.

Fuente: Contribuido por Julia Paxton, Proyecto Sustainable Banking with the Poor, Banco Mundial.

Se requiere de un cierto grado de institucionalización y especialización de funciones para que una entidad localizada en un país en vías de desarrollo sea un socio potencial en el contexto de un proyecto de desarrollo relacionado con las finanzas. Existen muy pocas instituciones informales que pueden desempeñar el rol de socio local. Esto es lamentable pues, si pudieran ser socios, muchos tipos de proveedores informales de servicios financieros podrían funcionar muy bien, debido a que ciertamente tienen la capacidad de llegar al grupo objetivo y su existencia permanente demuestra que son sostenibles. Pero muchos arreglos informales, como las asociaciones de ahorro y crédito rotativo, probablemente únicamente se desestabilizarían como consecuencia de las iniciativas para incluirlas como socios, ya que los mecanismos en los que se basan dependen de su informalidad sin restricciones.

La importante excepción que debe mencionarse acá son los *grupos de autoayuda*. Existen muchos grupos de autoayuda, conformados por mujeres independientes, que apoyan informalmente las actividades económicas de los miembros proporcionando garantías mutuas que facilitan el acceso de éstos a préstamos bancarios, pidiendo prestado y prestándose dinero entre ellos, o alentándose mutuamente a ahorrar con regularidad (Casilla 4.11). Sin embargo, al mismo tiempo estos grupos son lo suficientemente visibles o "formales" para establecer contacto con algunas agencias de desarrollo. Existen algunas características identificables de un grupo de autoayuda eficaz: muestra un alto grado de coherencia y fuertes intereses comunes entre sus miembros; tiene una estructura democrática y, al mismo tiempo, cuenta con un sólido liderazgo; y uno de los objetivos importantes es la potenciación de sus miembros.

Sin embargo, en los proyectos de desarrollo pocas veces se utiliza a estos grupos como socios principales; más bien, algunos de ellos tratan de establecer una red compuesta por varios socios, incluyendo a grupos de autoayuda e instituciones que proveen servicios financieros para los grupos de autoayuda o sus miembros. Únicamente en muy pocos casos excepcionales, los grupos de autoayuda conformados por pobres, con un enfoque en temas financieros, lograron ser socios en el contexto de proyectos que tienen el objetivo de crear instituciones financieras semiformales, como cooperativas u ONGs.

Crecimiento y transformación institucional

En su mayoría, las IMFs son creadas como instituciones semiformales, ya sea como ONGs o como algún tipo de cooperativa de ahorro y crédito. Dadas estas estructuras institucionales, muchas veces se ven limitadas por la falta de fuentes de financiamiento y la incapacidad de proporcionar productos adicionales. A no ser que la IMF esté autorizada para movilizar depósitos y tenga la capacidad para hacerlo, o que haya alcanzado la sostenibilidad financiera y tenga acceso a fuentes de financiamiento comercial, muchas veces el acceso de la misma se limita a los fondos provenientes de donantes. Además, conforme crecen las instituciones microfinancieras, se presenta la necesidad de un gobierno eficaz y la cuestión de la propiedad.

Para las IMFs que están estructuradas como instituciones financieras formales, es decir, los bancos de desarrollo o comerciales, los temas de crecimiento y transformación no son tan significativos. Generalmente, el crecimiento dentro de una institución formal puede acomodarse dentro de la estructura existente. La transformación raras veces es un tema a considerarse, a excepción del caso cuando un banco comercial o de desarrollo crea una IMF subsidiaria, como por ejemplo el Banco Desarrollo en Chile; sin embargo, esto ocurre con muy poca frecuencia. Muchas veces, las instituciones formales cuentan con los sistemas para integrar este cambio.

La siguiente discusión está adaptada de SEEP Network 1996a, y se enfoca en las instituciones semiformales y las maneras en que manejan su crecimiento institucional. Se presentan tres opciones: manejar la estructura existente y manejar el crecimiento dentro de esa estructura; formar una institución sombrilla para apoyar el trabajo de las IMFs existentes; y transformarse en una nueva y formalizada institución financiera. Después de esto, se discute el gobierno y la propiedad y el acceso a los mercados de capital - que son temas que surgen cuando se expande una IMF.

Expansión dentro de una estructura existente

Dependiendo de los objetivos de la IMF y los factores contextuales en el país en el que trabaja, una ONG o cooperativa puede ser la estructura institucional más apropiada, siempre y cuando la IMF pueda continuar creciendo y respondiendo a a las demandas del mercado

Casilla 4.11 El uso de grupos de autoayuda en Nepal

EXISTEN MUCHAS ONGs INTERNACIONALES Y PROGRAMAS del gobierno en Nepal en los que se utiliza a los grupos de autoayuda locales o las cooperativas de ahorro y crédito para otorgar microfinanciamiento. Éstas proveen algunos o todos los servicios siguientes:

■ Fondos revolventes para otorgar préstamos
■ Donaciones para cubrir los costos de operaciones, incluyendo los salarios del personal y otros gastos de operaciones
■ Fondos de contrapartida, en los cuales la ONG internacional iguala (o proporciona un múltiplo de) la cantidad de ahorros recibida por la cooperativa de ahorro y crédito, provenientes de sus miembros
■ Asistencia técnica, incluyendo desarrollo de proyectos, formación de grupos, capacitación de personal y clientes y manejo financiero.

Mercado Objetivo. Muchas ONGs internacionales que apoyan a cooperativas de ahorro y crédito, se enfocan en llegar hasta los "más pobres entre los pobres" proporcionándoles servicios financieros. Adicionalmente, los grupos objetivo de muchas de ellas específicamente son las mujeres, porque se piensa que los beneficios de un mayor poder económico serán mayores para las mujeres debido a que generalmente ellas son responsables de la salud y educación de sus hijos y el bienestar de toda la comunidad. Sin embargo, muchas veces estas organizaciones combinan los servicios financieros con los servicios sociales, y con frecuencia esto tiene como resultado que se presenten índices más bajos de pago de préstamos, porque los servicios sociales usualmente se prestan de forma gratuita, y éste no es el caso de los servicios financieros.

Metodología. En los programas apoyados por el gobierno y las ONGs internacionales, las cooperativas de ahorro y crédito son responsables de prestar servicios financieros para los clientes. Las cooperativas utilizan grupos para recibir los depósitos de créditos y ahorros. Generalmente, los montos de los préstamos otorgados por las cooperativas son reducidos y no se requiere de una garantía física; en vez de ello, se proporcionan garantías colectivas. Con pocas excepciones, las cooperativas de ahorro y crédito otorgan préstamos a relativamente corto plazo, generalmente de menos de un año, y más de la mitad de ellos tienen un plazo menor de seis meses. Generalmente, la evaluación de los préstamos es realizada por el grupo, guiado en parte por

miembros del personal. Las tasas de interés sobre los préstamos a prestatarios finales oscilan entre el 10 y el 36 por ciento, y las tasas más elevadas son aplicadas para los programas con fondos no gubernamentales. Algunos programas de ONGs, especialmente los que proporcionan servicios de microfinanciamiento como una actividad de menor importancia, cobran tasas de interés muy bajas, a veces del 1 por ciento. No es de sorprender que el índice de pago de estos préstamos es muy bajo debido a que los prestatarios tienden a percibirlos como donaciones y no como préstamos.

Usualmente, los ahorros son obligatorios y se requieren semanal o mensualmente. En la mayoría de los casos, estos ahorros no pueden retirarse, lo cual resulta en índices efectivos de préstamos significativamente más elevados. Las tasas de interés pagadas sobre estos ahorros varían desde el 0 al 8 por ciento, y para la mayoría se paga el 8 por ciento. (Usualmente, los intereses pagados simplemente se agregan a los ahorros.) Muchas veces los ahorros son manejados por el grupo mismo, lo que tiene como resultado que tienen acceso tanto a "préstamos internos" (aquéllos que provienen de los ahorros del grupo) como a "préstamos externos" (aquéllos otorgados por la cooperativa). Es de notarse que las tasas de interés sobre los préstamos internos, establecidas por el grupo, muchas veces son considerablemente más elevadas que las de los préstamos externos, aun dentro de los mismos grupos. Esto indica que los prestatarios pueden pagar intereses más altos y no requieren de tasas de interés subsidiadas; y además, indica que el hecho de ser "propietarios" de los fondos influye fuertemente en las tasas de interés establecidas para los préstamos otorgados y los pagos de préstamos, contribuyendo esto a su vez a la sostenibilidad financiera.

El éxito de las cooperativas de ahorro y crédito que proveen servicios de microfinanzas y que son apoyadas por el gobierno y ONGs internacionales es mayor que el de los programas con mandato del gobierno que no utilizan las cooperativas. La experiencia obtenida en los últimos cinco años demuestra que las cooperativas de ahorro y crédito pueden proveer servicios financieros a costos mucho más bajos que el mismo gobierno para alcanzar el mercado objetivo al que se desea llegar. Sin embargo, estos programas aún están siendo afectados por grandes pérdidas de préstamos y un manejo ineficiente.

Fuente: DEPROSC y Ledgerwood 1997.

objetivo. Las estructuras existentes pueden ser las más apropiadas, ya que la formalización de las instituciones puede requerir de sustanciales requisitos de capital y reservas. Como intermediarios financieros formales, pueden llegar a estar sujetas a leyes de usura u otras regulaciones que limitan la capacidad de operar de la IMF.

Por ejemplo, el Centro de Créditos y Capacitación Humanística, Integral y Sistemática para la Pequeña y Microempresa, una ONG microfinanciera en Nicaragua, deseaba expandir sus servicios de micropréstamos (ver la Casilla 4.12). Se consideró la creación de un banco formal pero se encontró que el ambiente de regulaciones en

---

Casilla 4.12 Utilización de la ONG como medida estratégica para la expansión

El Centro de Créditos y Capacitación Humanística, Integral y Sistemática para la Pequeña y Microempresa (CHISPA), un programa de la ONG Asociación de Desarrollo Económico Menonita (MEDA, por sus siglas en inglés), se enfoca en las personas más pobres entre los económicamente activos en los sectores productivo, comercial y de servicios dentro y en los alrededores de la ciudad de Masaya, Nicaragua. Establecido en 1991, el fondo crediticio se valuó en US$740.000, con más de 3.500 préstamos activos en 1996. La cartera incluye grupos de solidaridad y clientes individuales. El 58 por ciento de los clientes son mujeres.

En 1996, la cartera tenía un índice de pago de préstamos del 97 por ciento, una tasa de interés nominal del 27,5 por ciento, un costo por dólar prestado de menos de 15 centavos y un nivel de autosuficiencia del 62 por ciento, incluyendo los costos financieros, esperando alcanzar la autosuficiencia a mediados de 1997. El plan empresarial del programa estipula que se llegará a atender a casi 9.000 clientes activos a finales de 1999, incrementando la cartera de préstamos de US$890.000 a US$1,6 millones y desarrollando una institución local con un marco legal que permita la realización de actividades de crédito y ahorro.

Basado en estas proyecciones de crecimiento, CHISPA consideró las opciones de formar ya sea un banco o una unión de crédito. Aunque en Nicaragua las regulaciones para los bancos son relativamente favorables, el requisito de US$2 millones de capital aportado es el doble de la cartera actual de la institución, y para ser eficaz, un banco debería ser apalancado por lo menos cuatro o cinco veces. Por lo tanto, la escala de operaciones proyectada en realidad debería ser de aproximadamente US$8 millones antes de que se considere la creación de un banco. Además, existe un requisito de reserva legal sobre depósitos de ahorro (el 15 por ciento para las cuentas en Córdobas y el 25 por ciento para cuentas en dólares); estos porcentajes deben colocarse en cuentas que no perciben intereses en el banco central. Además, los bancos

deben pagar un impuesto del 30 por ciento sobre las ganancias netas o el 4 por ciento sobre el valor neto, dependiendo cuál suma sea la más alta.

En Nicaragua, las uniones de crédito son reguladas por el Ministerio de Trabajo y básicamente no existen requisitos de capital mínimo, provisiones para pérdidas de préstamos, liquidez, reservas legales ni proporciones de patrimonio; no pagan impuesto sobre la renta corporativo excepto cuando pagan dividendos. Una unión de crédito puede ofrecer crédito y ahorro pero no puede proporcionar cuentas de depósitos monetarios o tarjetas de crédito, y únicamente puede ofrecer servicios a sus propios miembros y no al público en general. Sin embargo, implicaría muchos riesgos formar una unión de crédito debido a la escala de operaciones que ya ha alcanzado CHISPA y al resultado impredecible de la selección de los miembros de la junta directiva. Normalmente, las uniones de crédito se forman a lo largo de un período de crecimiento gradual basado en acciones y ahorros acumulados de los miembros, quienes todos están interesados en su solvencia o hasta su rentabilidad.

Por otra parte, actualmente las ONGs no están reguladas ni deben pagar impuestos, excepto en algunas municipalidades como la de Masaya, donde se recauda un impuesto del 2 por ciento sobre la ganancia bruta. Las ONGs pueden proporcionar una gama de servicios de crédito sin restricciones, aunque no pueden ofrecer ningún tipo de cuentas de ahorro, cuentas de depósitos monetarios o tarjetas de crédito; sin embargo, existen planes para que las entidades sin fines de lucro sean supervisadas por la superintendencia de bancos dentro de un año. Si eso sucede, las ONGs podrían captar ahorros y calificar para algún capital concesional que actualmente únicamente está disponible para los bancos.

La incorporación como ONG, ya sea como figura final o en forma provisional, proporciona a CHISPA una sólida base legal y de organización para progresar con su misión de servir a los pobres económicamente activos.

Fuente: Bremner 1996.

Nicaragua no era adecuado. Este ejemplo demuestra la forma en como los factores contextuales locales pueden restringir o facilitar la selección de la estructura institucional.

Creación de una institución sombrilla

Algunas IMFs, especialmente aquéllas que tienen ONGs internacionales como socios, pueden decidir crear una institución sombrilla como un medio para manejar el crecimiento y tener acceso a fuentes de financiamiento adicionales. Una institución sombrilla es una institución legalmente inscrita de servicios mayoristas, la cual provee servicios financieros, administrativos y otros servicios a IMFs que operan como instituciones detallistas. Estas instituciones sombrilla son similares a las instituciones sombrilla para las cooperativas financieras; sin embargo, en este caso la IMF o, más probablemente, su socio o donante extranjero determina que se requiere de una organización de segundo nivel para proporcionar fondos mayoristas y facilitar el intercambio de información y "las mejores prácticas". En vez de basarse en la membresía, la institución sombrilla es establecida por una organización externa y es propiedad de ésta. Las instituciones sombrilla

---

Casilla 4.13 Catholic Relief Services: Utilización del modelo de institución sombrilla para la expansión

LA ENTIDAD CATHOLIC RELIEF SERVICES APOYÓ LA creación de la Small Enterprise Development Company, Ltd. (Empresa de Desarrollo de la Pequeña Empresa, Ltda.), una empresa financiera en Tailandia, para proporcionar intermediación financiera y servicios de fortalecimiento institucional a sus ONGs y a sus uniones de crédito que actúan como contrapartes (que actualmente son cinco), implementando la metodología de bancos de comunidad. La empresa puede facilitar el uso de los ahorros colectivos además de atraer a donantes y banqueros. Se espera que alcanzará la autosuficiencia financiera en 1999, cuando estará manejando una cartera de US$910.000 y cobrando un diferencial del 6 al 10 por ciento. A su vez, las entidades de contrapartida estarán otorgando préstamos de fondos a 175 bancos en las áreas rurales con casi 11.000 miembros.

En Indonesia, Catholic Relief Services está apoyando el desarrollo de servicios financieros formales en dos niveles: la creación de 20 bancos de crédito subdistritales, llamado Bank Perkredital Rakyats, y la formación de una empresa de responsabilidad limitada a escala nacional llamada Self Reliance Corporation. Los grupos objetivo tradicionales de Catholic Relief Services, los Usaha Bersamas (grupos rurales de ahorro y crédito), recibirán servicios financieros directamente de los bancos de crédito subdistritales. Respecto a las subsidiarias de ganancias con fines de lucro de las ONGs asociadas de Catholic Relief Services, los bancos de crédito subdistritales les ayudarán a incrementar el número de clientes servidos de 16.000 a más de 30.000 en cinco años, con préstamos de un promedio de US$150. Se espera que los bancos sean autosuficientes en 24 meses. La entidad Self Reliance Corporation funcionará como una empresa inscrita en Indonesia y ayudará

con el inicio y manejo de los bancos de créditos. La corporación buscará una inversión de patrimonio del 51 por ciento en todos los nuevos bancos de crédito, y las entidades de contrapartida serán propietarias del 20 al 49 por ciento. Los ingresos deberían permitir que la corporación alcance la autosuficiencia financiera hacia finales del tercer año.

En Perú, Catholic Relief Services está apoyando a ocho miembros de COPEME, un consorcio local de ONGs empresariales, para formar Entidades de Desarrollo para la Pequeña y Microempresa o una empresa financiera para atender a los departamentos de Lima, Callao, Lambayeque, Arequipa, Piura y Trujillo. La empresa funcionará como una institución con fines de lucro financiada por inversiones comerciales y proveerá servicios de financiamiento permitiendo que los socios otorguen 20,000 préstamos, de un promedio entre US$50 y US$200, y valorados en US$425,000, al final de un período de tres años.

Catholic Relief Services identifica cuatro atributos clave de estos modelos:

- Se basan en la participación consistente de ONGs con experiencia, las cuales en todo caso permanecen como actores clave con un considerable poder de decisión.
- Todas las partes han demostrado su disposición para experimentar con nuevos modelos especulativos en los que se aprovechen muchas innovaciones de las regulaciones.
- No es necesario cumplir con los elevados requisitos de capital que son obligatorios al crear un banco comercial.
- Además, el hecho de otorgar préstamos a través de varios socios mitiga los riesgos asociados con este tipo de transformaciones.

Fuente: SEEP Network 1996a.

no proveen servicios directamente a los microempresarios sino que proveen servicios que permiten a las IMFs de venta de servicios detallistas (instituciones primarias) establecer un fondo común y tener acceso a los recursos. Una institución sombrilla puede:

- Proporcionar un mecanismo para asignar los recursos en forma más eficaz, incrementando el grupo de prestatarios y de ahorrantes más allá de la unidad primaria

- Realizar actividades de investigación de mercados y desarrollo de productos para beneficio de sus instituciones primarias

- Ofrecer fuentes de financiamiento innovadoras, como fondos de garantía o acceso a una línea de crédito de fuentes externas

- Servir de fuente de asistencia técnica para mejorar las operaciones, incluyendo el desarrollo de sistemas de información administrativa y cursos de capacitación

- Actuar como promotor del diálogo sobre políticas para las IMFs

La experiencia con las instituciones sombrilla ha sido variada; las instituciones sombrilla que se enfocan en el suministro de fondos para IMFs de venta de servicios detallistas, muchas veces con tasas de interés subsidiadas, han encontrado una capacidad limitada de venta de servicios detallistas para absorber esos fondos. Lo que necesitan con mayor frecuencia las instituciones microfinancieras no son fuentes de financiamiento adicionales sino el desarrollo de la capacidad institucional. Adicionalmente, al proporcionar fondos mayoristas en el mercado, las instituciones sombrilla eliminan el incentivo para que las IMFs movilicen depósitos detallistas.

Existen otras debilidades potenciales de las instituciones sombrilla (SEEP Network 1996 a):

- Los temas de visión y gobierno se vuelven más complejos debido a la cantidad de partes involucradas.

- El nivel de compromiso con la expansión y la autosuficiencia puede variar entre los miembros, afectando el ritmo de la expansión y la escala final alcanzada. Además, puede variar el compromiso con los principios de operaciones orientados hacia el mercado, afectando la capacidad del grupo de operar en forma no subsidiada.

- Los índices de crecimiento diferencial entre los socios también pueden afectar su relación, especialmente cuando sus necesidades de recursos y asistencia técnica aumentan considerablemente.

- El monitoreo y la supervisión son esenciales para un buen desempeño pero se dificultan por el número de socios. Si existen debilidades en la realización de informes financieros y el manejo a nivel primario, éstas puedan afectar en forma adversa la operación de segundo nivel.

- A no ser que las instituciones primarias y la institución sombrilla sean eficaces, los costos finales para el cliente pueden ser elevados. Debe prestarse una constante atención a los temas de productividad y rendimiento.

Aunque existen muchas desventajas para las instituciones sombrilla, si se estructuran apropiadamente y se establecen con objetivos claros y orientados hacia el mercado, pueden agregar valor y ser de ayuda en el desarrollo de las microfinanzas.

"En su mayoría, las instituciones sombrilla microfinancieras proporcionan más que solamente liquidez en el mercado. Usualmente, la institución sombrilla se establece cuando todos están de acuerdo en que existe una drástica escasez en la capacidad de venta de servicios detallistas. El objetivo promocionado de la institución sombrilla es fomentar el desarrollo y fortalecimiento de instituciones de venta de servicios detallistas, que tengan la capacidad de llegar a un grupo mucho más significativo de la clientela microfinanciera." (Rosenberg 1996).

Las instituciones sombrilla que se enfocan en hacer un fondo común con fondos movilizados por los miembros y prestar estos fondos a sus miembros con tasas de interés del mercado, representan un enfoque mucho más apropiado que las que ofrecen al por mayor los fondos provenientes de donantes o gobiernos. Además, las instituciones sombrilla no deberían estar creando IMFs que ofrecen servicios detallistas; más bien, sería de mayor utilidad que las IMFs existentes participen y se beneficien de ello.

Además, las instituciones sombrilla pueden ser útiles en las situaciones siguientes (Von Pischke 1996):

- Cuando son el último recurso como entidad prestamista, no necesariamente en situaciones de crisis sino en base al costo. Las entidades prestamistas que ofrecen servicios detallistas consideran que una institución sombrilla es una buena fuente de fondos costosos, y es de suponerse que los utilizan con poca frecuencia y únicamente para programas muy importantes y altamente rentables.

- Cuando la institución sombrilla sustituye estacional-mente. Los prestamistas detallistas basados en la agri-cultura podrían desear el solicitar préstamos estacionalmente como un medio para manejar el flujo de efectivo. Una vez más, la institución sombrilla no debería tener que proporcionar los fondos a tasas de interés más bajas que las tasas comerciales.

- Cuando la institución sombrilla se convierte en accionista de las IMFs que ofrecen servicios detallistas, esperando que esto proporcione un rendimiento gen-eral atractivo. En este caso, la institución sombrilla esperaría agregar valor, proporcionando conocimien-tos especializados y supervisión además de los fondos en forma de patrimonio y muy posiblemente, deuda.

- Cuando a los prestamistas detallistas no se les permite recibir depósitos. En esos casos, las instituciones som-brilla podrían desempeñar un rol útil si agregaran valor por medio de sus términos y condiciones y fun-cionaran comercialmente.

Una institución sombrilla parece ser más exitosa cuan-do ya existe una masa crítica de IMFs sólidas que ofrecen servicios detallistas y cuando se enfoca en trabajar con las instituciones financieras formales existentes que están "dirigiéndose a grupos más populares" para responder a las necesidades de los clientes de bajos ingresos. (Para más información acerca de las instituciones sombrilla, ver González-Vega 1998.)

Creación de un intermediario financiero formal

Recientemente, el campo de las microfinanzas se ha enfocado en la transformación de ONGs financieras en instituciones financieras formales. Este enfoque implica la transferencia de las operaciones de la ONG o coopera-tiva hacia un intermediario financiero nuevo, mientras que la institución original desaparece gradualmente o continúa existiendo a la par del nuevo intermediario. En la mayoría de los casos, los activos, el personal, la metodología y los sistemas de la IMF original son trans-feridos a la nueva institución y adaptados para cumplir con los requisitos más rigurosos a que está sujeto un intermediario financiero. Pueden establecerse varios métodos para determinar un precio de transferencia de los activos y operaciones de la ONG o cooperativa a la nueva entidad. Sin embargo, es imperativo que el mecanismo de precios de transferencia sea transparente (Casilla 4.14).

La base para desarrollar una institución financiera for-mal es apremiante: el potencial para tener acceso a ahor-ros y a financiamiento comercial puede ayudar a resolver las restricciones de financiamiento de una IMF e incre-mentar su capacidad de proporcionar servicios financieros adicionales al mercado objetivo. Sin embargo, la creación de una institución financiera formal también implica costos y restricciones adicionales conforme la IMF llega a estar sujeta a regulación y supervisión (ver el Capítulo 1). Los requisitos de capital pueden ser mucho más elevados de lo esperado y a no ser que la IMF haya alcanzado la autosuficiencia financiera, será difícil (y cos-toso) atraer a los inversionistas de patrimonio y a la deuda comercial (ver más adelante la sección sobre el acceso a los mercados de capital). Y finalmente, la IMF debe desarrollar la capacidad institucional para manejar una serie de diferentes productos y servicios, para movi-lizar recursos (de deuda y patrimonio, además de recursos humanos) y mejorar los sistemas de información admi-nistrativa para adherirse a los requisitos de informes que forman parte de las regulaciones y manejar productos adicionales (ver la sección más adelante sobre el desarro-llo de capacidad institucional). Aunque la transformación puede parecer como el sendero ideal, las IMFs deberían considerar los cambios significativos requeridos para transformarse en una institución financiera formal. Además, deben examinar a fondo su capacidad institu-cional y determinar si cumplen con los requisitos para la transformación (el Apéndice 1 contiene un marco para realizar este análisis).

Con frecuencia, los costos para convertirse en una institución financiera formal son excesivamente elevados: incluyen un estudio de factibilidad y trabajo preparatorio previo al inicio, requisitos de capital, así como cambios en la administración y los sistemas que deben implemen-tarse. Cada IMF debe considerar los diversos tipos de instituciones arriba descritos y determinar cuál se adapta mejor a sus necesidades (Casilla 4.15). Por ejemplo, la decisión de PRODEM de utilizar el modelo de banco comercial para BancoSol se debió a su gran potencial de apalancamiento y a su capacidad de ofrecer ahorros y otros productos financieros, complementados por la combinación correcta de apoyo político y financiero. Por otra parte, Acción Comunitaria del Perú y COPEME, una asociación de ONGs asociada con Catholic Relief Services decidieron establecer financieras en concordancia con leyes especiales que apoyan a este tipo de entidades.

Casilla 4.14 Transformación de una ONG en Financiera Calpía

EN 1988, LAS INSTITUCIONES DE AYUDA ALEMANAS CREARON un fondo crediticio rotativo para la Asociación de Micro y Pequeños Empresarios (AMPES) de El Salvador. El objetivo de este proyecto fue mejorar el otorgamiento de crédito para pequeños empresarios en forma duradera. Se elaboraron planes con la asociación para crear una institución estable y profesional que más adelante pudiera transformarse en una pequeña institución financiera formal orientada hacia grupos objetivo.

Desde el comienzo, las operaciones crediticias se organizaron en forma separada de las demás actividades de la asociación, para garantizar el profesionalismo y además limitar la influencia personal indebida. Aunque la asociación era propietaria de AMPES–Servicio Crediticio, no manejaba las operaciones. Además, las instituciones donantes insistieron en que se mantuviera el poder adquisitivo del fondo. En concordancia con esto, las tasas de interés se establecieron a un nivel inusualmente alto (tasas efectivas entre el 25 y el 40 por ciento). Finalmente, se implementaron políticas de préstamo rigurosas y se creó un sistema de incentivos financieros para los oficiales de crédito, con el cual las pérdidas de préstamos se mantuvieron por debajo del 1 por ciento.

Con financiamiento externo del Banco Interamericano de Desarrollo (BID), la cartera de préstamos y el número de prestatarios se duplicaron cada año. A finales de 1996, el número de prestatarios era de aproximadamente 20.000 y la cartera de préstamos había aumentado al equivalente de US$14 millones. Durante esta fase de rápido crecimiento, el fondo se transformó en Financiera Calpía, un pequeño banco formal, estrictamente orientado hacia grupos objetivo. La transformación se emprendió con el pleno apoyo de la Asociación de Micro y Pequeños Empresarios, la cual, a través de su Fundación Calpía, ahora es el mayor accionista de la Financiera Calpía. Los demás accionistas son instituciones de desarrollo locales e internacionales.

Fue necesario realizar la transformación y la formalización por dos razones: para satisfacer la alta demanda de préstamos pequeños y muy pequeños, la institución necesitaba tener el derecho de aceptar depósitos de ahorro de sus clientes y tener acceso al mercado interbancario; y además, debido a los desafíos y peligros de la expansión extremadamente dinámica de sus operaciones, la institución necesitaba –y deseaba obtener– la mayor estabilidad y el control más riguroso que proporciona el nuevo estatus, logrando que Calpía fuera aún más independiente de la asociación colocándola bajo el control formal de la superintendencia de bancos.

Actualmente, Calpía es la entidad crediticia especializada más importante para la comunidad de pequeños empresarios de El Salvador; a la fecha, se han abierto ocho sucursales. Debido al alto rendimiento positivo (con ajuste por inflación) de su patrimonio y a su estabilidad institucional, otros bancos en el país consideran que está altamente calificada para obtener créditos, mejorando esto la disponibilidad de fondos para otorgar en préstamo a la población objetivo.

Fuente: Contribuido por Reinhardt Schmidt, Internationale Projekt Consult GmbH (IPC).

Aunque no pueden captar ahorros, estas estructuras proveen vehículos regulados con potencial de apalancamiento y que pueden iniciar operaciones con un capital más bajo (SEEP Network 1996 a).

Finalmente, si en el proceso de transformación una ONG permanece como institución separada, ambas organizaciones (la ONG y el nuevo intermediario financiero) deben desarrollar una relación de trabajo que beneficie a ambas partes y que fortalezca el puente entre ellas. Entre algunos mecanismos para fortalecer este puente, se encuentran los siguientes (SEEP Network 1996 a):

- Crear juntas directivas en común
- Compartir costos de las funciones de las oficinas centrales, espacio de sucursales, seguros y así sucesivamente

- Movilizar recursos en forma conjunta; que la ONG atraiga el capital de inversión social para el cual no puede calificar directamente el intermediario
- Coordinar políticas para el desarrollo de productos, áreas objetivo y poblaciones.

Gobierno y propiedad

Las IMFs, especialmente las que están establecidas como ONGs financieras, muchas veces son creadas por un visionario; usualmente, estos visionarios no están interesados en las ganancias sino más bien tienen un objetivo social para mejorar las vidas de los miembros de bajos ingresos de su comunidad. No es sino después de que la IMF empieza a crecer que el visionario llega a la conclusión de que la IMF debe adoptar un enfoque más

---

Casilla 4.15 El banco de desarrollo de Catholic Relief Services en Guatemala

EL SOCIO DE CATHOLIC RELIEF SERVICES EN GUATEMALA, la Asociación Cooperativa para el Desarrollo de las Áreas Rurales Occidentales, está planificando establecer un banco de desarrollo, ya que los principios de organización de este tipo de entidad son más adaptables a la misión de desarrollo social que apoya la asociación que los principios de un banco comercial. Esta misión implica:

- Un enfoque en los muy pobres, el grupo a quienes sirve Catholic Relief Services y sus socios
- Un énfasis en los ahorros
- De fácil acceso para ONGs y organizaciones populares en cuanto a los requisitos de inversión inicial y las operaciones administrativas
- Experiencia fácil de replicar.

Esta última característica se percibe como esencial para apoyar una rápida expansión y motivar la diversificación más que la concentración financiera.

Fuente: SEEP Network 1996a.

---

empresarial. Muchas veces, esto ocurre como resultado del acceso limitado a fondos de donantes, las demandas del mercado objetivo y una tendencia general en el campo de las microfinanzas de crear instituciones formalizadas.

Conforme va creciendo la IMF y se desarrollan sistemas administrativos, surge la necesidad de un gobierno apropiado para garantizar un manejo eficaz de la IMF y, potencialmente, atraer a personas con habilidades muy necesarias (usualmente provenientes del sector privado). Aunque por medio de un sistema de gobierno apropiado no siempre se logra cambiar la *visión* de la IMF, sí se establece la responsabilidad de la administración. Adicionalmente, conforme va creciendo la IMF, se vuelve evidente el tema de la propiedad, y este aspecto adquiere especial importancia conforme la IMF empieza a crear una estructura más formalizada.

GOBIERNO. (Adaptado de Clarkson y Deck 1997). El gobierno se refiere a un sistema de controles y contrapesos por medio del cual se establece una junta directiva para supervisar el manejo de la IMF. La junta directiva es responsable de revisar, confirmar y aprobar los planes y el desempeño de la gerencia y asegurarse de que se mantenga la visión de la IMF. La gerencia es responsable de las operaciones diarias de convertir la visión en acción.

Las responsabilidades básicas de la junta directiva son:

- *Fiduciarias.* La junta directiva tiene la responsabilidad de velar por los intereses de todos los actores sociales de la institución. Sirve de control y contrapeso para garantizar a los inversionistas, el personal, los clientes y otros actores sociales clave de la IMF, que los gerentes actuarán en el mejor interés de la misma.
- *Estratégicas.* La junta directiva participa en la estrategia de largo plazo de la IMF considerando críticamente los riesgos a que está expuesta la organización y aprobando planes presentados por la gerencia. La junta directiva no genera una estrategia corporativa sino revisa y aprueba los planes operacionales de la gerencia tomando en cuenta la misión de la institución.
- *De supervisión.* La junta directiva delega en la gerencia la autoridad sobre las operaciones de la organización a través del director ejecutivo o presidente. La junta directiva supervisa a la gerencia en la ejecución del plan estratégico aprobado y evalúa su desempeño en el contexto de las metas y fechas límite establecidas en el plan.
- *Desarrollo administrativo.* La junta directiva supervisa la selección, evaluación y compensación del equipo de administradores; esto incluye la planificación de la sucesión para el director ejecutivo. En la transición desde una organización empresarial pequeña hacia una institución establecida, el gobierno eficaz garantiza la supervivencia de la empresa. Mediante el gobierno apropiado, la institución supera su dependencia del visionario que la creó.

La junta directiva debería estar conformada por miembros que aportan una serie de habilidades diferentes, incluyendo las financieras, legales y administrativas. Es especialmente importante contar con representantes del sector privado. Además, en la selección de los miembros de junta directiva es de primordial importancia asegurarse que éstos tengan la capacidad de analizar críticamente los planes de la gerencia y proporcionar una guía eficaz. Una IMF debe definir lo siguiente:

- El rol de los miembros de junta directiva, tanto dentro de la junta como respecto a las alianzas externas
- Las áreas de experiencia especializada deseadas
- La existencia de comités para supervisar áreas de operación específicas

- Los límites de los períodos de desempeño como miembros de junta directiva
- El proceso de sustituir a los miembros de junta directiva
- El rol del director ejecutivo en la selección de los miembros de junta directiva
- La cantidad óptima de miembros de junta directiva
- Los mecanismos para evaluar la contribución de los miembros individuales.

Los miembros de junta directiva deben conocer los objetivos claros y comunes, y deben estar de acuerdo con ellos. Adicionalmente, es importante que los miembros sean independientes de la IMF y que sean seleccionados en base a sus conocimientos especializados y no a sus intereses propios o agendas políticas, o a los de la gerencia general. Los miembros de junta directiva deberían actuar para crear responsabilidad logrando así que los actores sociales confíen unos en otros. Por medio del gobierno, se proporciona a los accionistas, donantes, gobiernos y entes reguladores la confianza de que los gerentes están siendo supervisados en forma apropiada. Por lo tanto, los miembros de junta directiva no deberían obtener ningún beneficio personal o material adicional a la remuneración aprobada.

PROPIEDAD. (Adaptado de Otero 1998). Los propietarios de la IMF son quienes eligen (o a veces conforman) el cuerpo gobernante de la institución. Éstos, a través de sus agentes en la junta directiva, controlan el manejo responsable de la gerencia. La propiedad es un tema importante pero muchas veces nebuloso para las IMFs, especialmente porque muchas de ellas son financiadas por medio de donaciones.

Ni las instituciones financieras formales ni las ONGs tienen propietarios per se. Las IMFs formales tienen accionistas quienes poseen acciones, con lo cual tienen un derecho residual sobre los activos de la IMF, si queda algo después de que ésta haya cumplido con todas sus obligaciones. Los accionistas tienen el derecho de votar según el número de acciones que posean para elegir a los miembros de junta directiva, quienes a su vez controlan a la empresa. El hecho de tener accionistas tiene como consecuencia que existen líneas de responsabilidad claramente establecidas entre los miembros de junta directiva y la IMF.

Generalmente, las ONGs no tienen accionistas; más bien, usualmente la gerencia elige a los miembros de junta directiva. Esto puede resultar en un conflicto de interés (pero no siempre es el caso), si la gerencia selecciona miembros de junta directiva que se adaptarán a los intereses de la gerencia general. Además, usualmente los miembros de junta directiva de una ONG no cumplen con el rol fiduciario de la junta directiva al asumir la responsabilidad de los recursos financieros de la institución, especialmente los recursos proporcionados por donantes.

Conforme las IMFs formalizan sus estructuras (es decir, se convierten de una ONG en una institución financiera formal) y empiezan a tener acceso a financiamiento más allá de la comunidad de donantes, pueden cambiar los "propietarios" o aquéllos que tienen intereses financieros en la institución. Si la ONG permanece como una entidad separada, muchas veces posee la mayoría de las acciones de la nueva institución. A pesar de esta mayoría, es importante que se mantenga cierta distancia en la relación entre la IMF y la ONG y que se

---

Casilla 4.16 Estructura de propiedad de BancoADEMI

EL 11 DE SEPTIEMBRE DE 1997, LA JUNTA MONETARIA DE la República Dominicana aprobó una licencia de operaciones bancarias para el Banco de Desarrollo ADEMI, S.A. El nuevo banco de desarrollo se enfoca en el sector de la pequeña y mediana empresa, otorgando préstamos desde US$35.000 hasta US$300.000. Además, BancoADEMI ofrece servicios de ahorro para el público en general a través de cuentas de depósitos a plazo fijo y certificados financieros.

Cerca del 72 por ciento de las acciones de BancoADEMI son propiedad de la Asociación para el Desarrollo de Microempresas (ADEMI), la ONG original que delegó en el banco sus préstamos a la pequeña empresa y continuó sirviendo al sector de la microempresa. Otro 10 por ciento de las acciones son propiedad de empleados de la asociación y las acciones restantes son propiedad de varios individuos que han participado activamente en el desarrollo de la asociación.

El banco tiene un capital autorizado de $150 millones de pesos, o aproximadamente US$10,7 millones y un capital inicial pagado de un poco más de $100 millones de pesos (US$7,1 millones), Con la transferencia de activos de ADEMI, se proyectó que la nueva institución tendrá ganancias en su primer año de operaciones.

Fuente: Benjamin y Ledgerwood 1998.

establezca un sistema claro y transparente de precios de transferencia.

Generalmente, los "propietarios" de las IMFs formalizadas pueden dividirse en cuatro categorías:

- ONGs
- Inversionistas privados
- Entidades públicas
- Fondos patrimoniales especializados.

A todos estos propietarios les interesa recibir un rendimiento adecuado de sus inversiones; sin embargo, las ONGs y las entidades públicas además pueden tener otras prioridades. Por ejemplo, puede interesarles un rendimiento social o impacto positivo en la vida de los clientes (Tabla 4.2).

Los propietarios pueden participar activamente en las operaciones de la IMF o pueden asumir un rol más pasivo; los propietarios que desempeñan un rol más activo deben contar con las habilidades adecuadas y la capacidad de invertir el tiempo requerido para ello. Muchas veces, se recurre a ellos para tener acceso a capital adicional, especialmente si se trata de capital patrimonial. Como propietarios, pueden desear mantener su interés conforme crece la IMF y adquiere capital adicional; esto implica que también deben tener acceso continuo al capital.

Acceso a mercados de capital

La mayoría de IMFs financian sus actividades con fondos de donantes ó fondos gubernamentales obtenidos a través de donaciones o préstamos concesionales. Sin embargo, se está haciendo evidente que el financiamiento proveniente de donantes es limitado. Conforme se expanden las IMFs y alcanzan una fase crítica de crecimiento, ellas encuentran que no pueden mantener su crecimiento contando únicamente con el apoyo de donantes. Algunas instituciones están empezando a buscar el acceso a los mercados de capital. Hay diversas formas por medio de las que una IMF puede tener acceso a capital nuevo, entre las que se incluye:

- Acceso a deuda por medio de fondos de garantía, préstamos y movilización de depósitos
- Patrimonio
- Fondos de inversión patrimonial
- Fondos mutualistas socialmente responsables
- Conversión de la cartera de préstamos en valores.

ACCESO A DEUDA. En la mayoría de casos, es necesario ser autosuficiente financieramente para tener acceso a fuentes comerciales de financiamiento; sin embargo, al contar con el respaldo de garantías de donantes u ONGs internacionales, y si tienen suficientes ingresos para cubrir por lo menos sus costos de efectivo, algunas IMFs pueden tener la capacidad de *apalancar* sus fondos provenientes de donantes con préstamos comerciales de montos iguales a los fondos de los donantes.

Los fondos de garantía son mecanismos financieros que reducen el riesgo de una institución financiera garantizando el pago de una parte del préstamo (adaptado de Stearns, 1993). Los fondos de garantía se utilizan para fomentar los préstamos de los bancos del sector formal al sector de la microempresa. Pueden usarse para garantizar un préstamo otorgado por un banco comercial a una IMF, la cual a su vez, lo utilizará para otorgar préstamos a sus clientes; o para préstamos otorgados por un banco directamente a los microempresarios. Existen tres tipos de fondos de garantía que cubren los riesgos de otorgar

---

Tabla 4.2 ¿Qué está en juego para los propietarios de instituciones microfinancieras?

Organización no gubernamental	Inversionistas Privados	Entidades públicas	Fondos de patrimonio especializados
Responsabilidad moral	Rendimiento de la inversión	Interés político	Rendimiento de la inversión
Misión institucional	Preservación del capital	Entrada en el campo	Misión institucional
Rendimiento de la inversión	Sentido de responsabilidad social	Rendimiento de la inversión	Interés a largo plazo
Interés a largo plazo		Proyecto apropiado	
Credibilidad o imagen institucional			

Fuente: Otero 1998.

préstamos. Estas características de diseño relacionadas con el riesgo pertenecen a los factores determinantes más importantes para la aceptación y el uso de un mecanismo de garantía por parte de los bancos. Son garantías que cubren:

- Un porcentaje del capital del préstamo
- Un porcentaje del capital del préstamo y los intereses perdidos
- Una parte determinada del préstamo (por ejemplo, el primer 50 por ciento).

Al reducir el riesgo y los costos de transacción que enfrenta la institución financiera, los fondos de garantía pueden funcionar como "investigación y desarrollo" para las entidades crediticias comerciales que están considerando ingresar en un nuevo mercado (otorgando préstamos, ya sea a IMFs o directamente a los clientes). Usualmente, los fondos de garantía están diseñados para apalancar recursos; por ejemplo, un fondo de garantía de US$5 millones puede motivar a los bancos a otorgar en préstamo US$10 millones a microempresarios, apalancando de esta manera los recursos del fondo con un factor de dos a uno. Entre más eficaz es el mecanismo de garantía, más alto se vuelve el factor de apalancamiento (el fondo de garantía respalda una cartera de préstamos cada vez mayor). Finalmente, la meta es transferir gradualmente el riesgo del mecanismo de garantía a las instituciones financieras participantes.

Por ejemplo, el Bridge Fund de ACCION provee a sus ONGs afiliadas acceso a préstamos comerciales que de otra manera no tendrían. El Bridge Fund coloca depósitos en efectivo, valores o cartas de crédito en bancos comerciales, los cuales a su vez otorgan préstamos a la ONG afiliada con tasas de interés del mercado. Eventualmente, algunos afiliados han podido obtener préstamos en forma directa, sin hacer uso del esquema de garantía.

Sin embargo, deben considerarse los costos de los esquemas de garantía en relación a los beneficios (Casilla 4.17). Vogel y Adams (1997) declaran que existen tres categorías de costos que acompañan a los programas de garantía de préstamos: los costos de establecimiento del programa; los costos de financiamiento del subsidio necesario para activar y mantener el programa; y el costo adicional de operaciones y participación en el programa de garantía en que incurre el sistema. Los beneficios de un programa de garantía son los préstamos adicionales inducidos por la transferencia de una parte del riesgo de

la entidad crediticia hacia la organización que proporciona la garantía. Tanto los prestatarios como la asociación estratégica se benefician de los incrementos en el ingreso neto percibido por los prestatarios. Vogel y Adams afirman que los beneficios son difíciles de medir, debido a que es difícil determinar si el esquema de garantía resultó en una verdadera adicionalidad (es decir, préstamos adicionales otorgados al mercado objetivo). Además, puede ocurrir la sustitución, en la que el banco simplemente transfiere una parte o toda la porción que califica de su cartera de préstamos existente a los progra-

---

Casilla 4.17 Plan de garantías en Sri Lanka

EN 1979, SE INICIÓ EL PLAN DE GARANTÍAS EN SRI LANKA, operado por el banco central; este plan cubrió el 60 por ciento del monto de préstamos y se instituyó como un incentivo para que los bancos comerciales participaran en la línea de crédito canalizada a través del Banco Nacional de Desarrollo, financiado por el Banco Mundial.

Entre 1979 y 1995, el Banco Mundial aprobó cuatro préstamos para la pequeña y mediana empresa que ascendían a un total de US$105 millones. Los índices de pago de los subpréstamos otorgados a partir de los primeros dos préstamos del Banco Mundial fueron bajos (70 a 73 por ciento), pero esto mejoró significativamente hasta llegar a más del 90 por ciento en los préstamos bancarios posteriores.

En los años iniciales de operaciones, los reclamos del pago de garantías eran altos: el 7 por ciento de garantías reclamadas en el período 1979–1980 y el 13 por ciento entre 1982 y 1985. Se realizaron cambios significativos y los reclamos bajaron al 2 por ciento entre 1991 y 1995.

Entre 1979 y 1996, se otorgaron 18.500 garantías y subsiguientemente hubo 696 reclamos para el pago de garantías (89 de las cuales fueron rechazadas y 417 fueron pagadas) hasta finales de 1994, por un total de US$1,36 millones. Las garantías pendientes por las cuales el banco central tiene una responsabilidad contingente, se estimaron como un reclamo total máximo de US$0,88 millones. La pérdida total actual y potencial de garantías pagadas por el incumplimiento del pago de deudas fue de US$2,2 millones. Con 18.850 garantías, éste fue un costo para el estado de US$118 por cada empresario apoyado. Se estimó que este monto fue mayor que la compensación por los impuestos adicionales generados.

Fuente: Levitsky 1997.

mas de garantía o a una ONG, beneficiándose así del programa de garantía subsidiado y sustrayendo a los clientes de otras ONGs que no se benefician de los subsidios.

Como mínimo, pocos esquemas de garantía son financieramente sostenibles sin algún tipo de subsidio; sin embargo, parecen ser más beneficiosos que los subsidios directos a los clientes. (Para más información sobre los esquemas de garantía para microempresas, ver Stearns 1993, y sobre esquemas de garantía para la pequeña y mediana empresa ver Gudger 1997; Levitsky 1997).

Conforme una IMF continúa expandiéndose y eventualmente alcanza la autosuficiencia financiera (los ingresos obtenidos cubren todos los costos, incluyendo la inflación y un costo de capital atribuido; ver el Capítulo 8), aumenta su capacidad de apalancar su patrimonio (fondos de donantes y superávit retenido). Si se convierte en una institución financiera formalmente regulada, puede alcanzar proporciones de apalancamiento de hasta 12 veces su patrimonio obteniendo préstamos directamente de fuentes comerciales o movilizando depósitos (si las regulaciones le permiten hacerlo). Sin embargo, para movilizar ahorros se requiere de cambios significativos en la IMF, los cuales de describen detalladamente en el Capítulo 6.

Una IMF está lista para tener acceso a financiamiento comercial cuando ha desarrollado una base de patrimonio a través de donaciones obtenidas en el pasado y tiene un valor neto positivo (ver la Casilla 4.18).

Las IMFs pueden tener acceso a deuda comercial obteniendo préstamos directamente de los bancos comerciales o emitiendo papeles financieros en el mercado (Casilla 4.19).

ACCESO A PATRIMONIO. También puede obtenerse acceso a los mercados de capital vendiendo acciones de propiedad (patrimonio) de la IMF. Para que esto sea posible, la institución debe ser un intermediario financiero formal con accionistas. A diferencia de los instrumentos de deuda, el patrimonio no tiene un rendimiento o vencimiento fijo; más bien, los inversionistas de patrimonio invierten en el futuro rentable de la IMF y esperan obtener una parte del rendimiento. Debido a que la industria de microfinanzas aún no se ha desarrollado hasta el punto en que existan muchos inversionistas que estén conscientes del potencial de las IMFs, puede pasar algún tiempo antes de que los inversionistas

de patrimonio desempeñen un rol importante en los mecanismos de financiamiento de las IMFs. Sin embargo, algunos fondos de inversión de patrimonio se están desarrollando específicamente para ser invertidos en IMFs sostenibles y en vías de crecimiento.

FONDOS DE INVERSIÓN PATRIMONIAL. Los fondos de inversión patrimonial proporcionan patrimonio y cuasipatrimonio (deuda subordinada) a organizaciones selectas. ProFund es un fondo de inversiones de este tipo que se

---

Casilla 4.18 Medidas clave para el acceso a financiamiento comercial

LAS IMFs ESTAN PREPARADAS PARA TENER ACCESO A financiamiento comercial si:

- Han perfeccionado sus métodos de prestar servicios y diseñar productos para responder a las demandas de su mercado rápida y eficazmente, garantizando un volumen cada vez mayor de operaciones y préstamos repetidos.
- Tienen un fuerte sentido de misión y una sólida estructura de gobierno que está libre de interferencias políticas, para que puedan tomar decisiones de políticas que protejan su salud financiera.
- Cuentan con un equipo administrativo enfocado en el suministro eficaz de servicios y en la productividad, en las ganancias más que en el volumen y en que se establezcan metas de productividad y esquemas de incentivos.
- Tienen sistemas de información que producen información clara, exacta, oportuna y relevante para la toma decisiones administrativas y que están enfocados en sistemas eficaces de rastreo de préstamos e informes financieros, reportando costos e ingresos en base a las ganancias y para la IMF en general.
- Tienen un historial de haber alcanzado altos niveles de rendimiento financiero, de incorporar políticas de precios apropiadas en base al costo total del suministro de servicios y al mantenimiento del valor del patrimonio donado.
- Mantienen niveles bajos de mora (muy por debajo del 5 al 8 por ciento de la cartera pendiente, con índices de pérdida de préstamos por debajo del 2 por ciento) para garantizar ingresos óptimos y prevenir la erosión de activos.

Fuente: Clark 1997.

Casilla 4.19 Acceso a mercados de capital por medio de la emisión de documentos financieros

EMITIR PAPELES FINANCIEROS SE REFIERE A LA EMISIÓN DE UN pagaré formal que entrega la IMF a los inversionistas a cambio de sus fondos. El papel financiero se emite con una fecha fija en la cual se pagará la deuda (vencimiento) y un pago de intereses preestablecido (rendimiento). Luego el mercado financiero evalúa el papel financiero en términos de rendimiento contra riesgo, comparándolo con todas las demás oportunidades de inversión disponibles. Para tener éxito en el mercado financiero, una IMF debe ofrecer por lo menos un rendimiento igualmente atractivo a las alternativas de las cuales se considera que tienen el mismo nivel de riesgo. En concordancia con esto, para alguien que entra por primera vez en el mercado y cuyo perfil de riesgo es desconocido, puede requerirse un mayor rendimiento.

El hecho de establecer el riesgo correcto es especialmente importante para una IMF que opera en una industria que es desconocida. Por ejemplo, en 1994, cuando ACCION estaba colocando papeles financieros emitidos por BancoSol en instituciones financieras norteamericanas, los inversionistas iniciaron con la expectativa de obtener un rendimiento que reflejara los riesgos del país y del capital de riesgo. Aunque en Bolivia, el riesgo del país constituía incuestionablemente una consideración relevante, ACCION argumentó exitosamente que el riesgo comercial apropiado, en vez de compararse con

el capital de operación, debería reflejar una metodología probada por las actividades de micropréstamos desplegadas desde 1987 por el antecesor de BancoSol, PRODEM. Este largo historial de éxito se hace evidente por medio de un consistente historial de pérdidas ocurridas en el pasado, de menos del 1 por ciento de la cartera. Con esa base, el rendimiento ofrecido por los papeles financieros de BancoSol era altamente atractivo en relación a su riesgo real, y no al riesgo percibido.

No es necesario convertirse en una institución financiera regulada antes de emitir papeles financieros. Por ejemplo, en 1995 el afiliado de ACCION en Paraguay, la Fundación Paraguaya de Cooperación y Desarrollo, como ONG emitió 350 millones de guaraníes en deuda a través del Asunción Securities Exchange.

Adicionalmente, es posible que ni siquiera sea necesario que las instituciones emisoras sean 100 por ciento financieramente autosuficientes para emitir papeles financieros, aunque claramente es preferible, como en el caso del Banco Grameen en Bangladesh. En el mercado de deuda es posible encontrar compradores siempre y cuando exista la firme expectativa de que el flujo de efectivo (generado ya sea por operaciones o por donaciones) sea suficiente como para pagar los intereses de la deuda.

Fuente: Chu 1996b.

---

estableció con el único propósito de invertir en la expansión de IMFs en América Latina (Casilla 4.20). Actualmente, existen iniciativas para establecer fondos similares en Africa y Asia.

FONDOS MUTUALISTAS SOCIALMENTE RESPONSABLES. Existen dos tipos de fondos mutualistas socialmente responsables: los fondos calificados y los fondos de rendimiento compartido. En los *fondos mutualistas calificados*, los administradores investigan a las empresas para identificar criterios sociales. Las ganancias se pagan a accionistas que deciden invertir en estos fondos porque desean apoyar empresas socialmente responsables. The Calvert Group es un ejemplo de un fondo mutualista calificado (Casilla 4.21).

Los fondos de rendimiento compartido son fondos mutualistas que son propiedad de las organizaciones afiliadas (IMFs). Los accionistas están de acuerdo en donar (compartir) un porcentaje del rendimiento a las organiza-

ciones afiliadas. DEVCAP (Development Capital Fund) es un ejemplo de un fondo mutualista de rendimiento compartido que es propiedad de las IMFs afiliadas (Casilla 4.22).

CONVERSIÓN EN VALORES. La conversión en valores vincula a las IMFs con los mercados de capital emitiéndose bonos respaldados (y revisados) por la cartera de la IMF (adaptado de Chu 1996 a). La estructura establece como requisito la creación de una corporación de propósito único, la cual compra la cartera de la microempresa y se capitaliza emitiendo bonos para el mercado de capital.

El propósito de crear una corporación de propósito único es adquirir las carteras de microempresa de entidades conocidas sin asumir otros riesgos. El patrimonio de la corporación de propósito único proviene de la organización microfinanciera y sus socios. La corporación de propósito único utiliza sus fondos para adquirir la cartera de una IMF, con un descuento - es decir, por menos de

Casilla 4.20 ProFund: un fondo de inversión patrimonial para América Latina

PROFUND ES UN FONDO DE INVERSION INCORPORADO EN Panamá y administrado desde Costa Rica. Fue creado para apoyar el crecimiento de los intermediarios financieros regulados y eficaces que sirven al mercado de la pequeña y microempresa en América Latina y el Caribe. Opera en base a ganancias, proporcionando patrimonio y cuasipatrimonio a instituciones financieras que califican para ello para que puedan expandir sus operaciones en una base sostenible y a gran escala. Al apoyar el crecimiento de los intermediarios eficaces, ProFund pretende alcanzar un rendimiento financiero superior para sus inversionistas a través de la revalorización de capital de largo plazo de las IMFs a quienes sirve.

A finales de 1997, ProFund fue capitalizado por un grupo de 16 inversionistas que han suscrito un total de más de US$22 millones, con el 63 por ciento del capital pagado (ProFund Internacional 1996–97). Los patrocinadores de ProFund (inversionistas originales) son Calmeadow, ACCION International, FUNDES (una fundación suiza) y Société d'Investissement et de Développement International (SIDI), un consorcio de ONGs francesas. Otros inversionistas incluyen a International Finance Corporation (Corporación Financiera Internacional), el Fondo de Inversiones Multilaterales del Banco Internacional de Desarrollo y la Fundación Rockefeller.

En 1997, ProFund había realizado siete inversiones, con un total de compromisos de US$12,2 millones. Entre las IMFs en las que se invirtió, se encuentran Acción Comunitaria del Perú, Banco Empresarial (Guatemala), BancoSol (Bolivia), Banco Solidario (Ecuador), Caja de Ahorro y Préstamo Los Andes (Bolivia), Finansol (Colombia) y Servicredit (Nicaragua).

Fuente: ProFund Internacional 1997.

Casilla 4.21 The Calvert Group: un fondo mutualista calificado

DEL UNO AL TRES POR CIENTO DE LOS ACTIVOS DE THE Calvert Group son invertidos en instrumentos de "alto impacto social" como las IMFs. Las instituciones que califican para ello deben tener un capital de préstamos de un mínimo de US$300.000 proveniente de diversas fuentes y deben demostrar la necesidad de contar con más capital. Las IMFs pueden recibir préstamos generalmente por debajo de las tasas del mercado, en 3 ó 4 por ciento. Los períodos de los préstamos renovables son de un año, y el monto promedio de préstamos es de US$100.000. Los inversionistas se arriesgan a recibir un rendimiento más bajo del que recibirían de otros fondos mutualistas, dependiendo del éxito de la estrategia de inversión general del fondo.

Fuente: Calvert Group.

Casilla 4.22 DEVCAP: un fondo mutualista de rendimiento compartido

DEVCAP (DEVELOPMENT CAPITAL FUND) ES UN FONDO mutualista diseñado para proporcionar rendimiento financiero a sus inversionistas, además de proporcionar ingresos a sus miembros. DEVCAP representa un consorcio de IMFs que invirtieron capital inicial para desarrollar una base de activos para el fondo. El capital adicional proviene de inversionistas públicos. Los activos del fondo se invierten en una de las principales carteras investigadas socialmente (cartera de patrimonio social) basado en el Indice Social Domini, que consiste de valores de aproximadamente 400 empresas estadounidenses elegidas por su responsabilidad corporativa y social además de su rendimiento financiero. El rendimiento ganado sobre las inversiones se reparte entre el inversionista y DEVCAP. La donación exenta de impuestos realizada por el inversionista varía desde el 50 al 100 por ciento del rendimiento ganado.

El rendimiento ganado por DEVCAP se comparte entre las IMFs miembro. Entre los miembros, se encuentran Appropriate Technology International, Catholic Relief Services, Save the Children y Seed Capital Development Fund.

Fuente: Development Capital Fund.

su valor nominal. El porcentaje del descuento se basa en la calidad de la cartera; por ejemplo, si la corporación de propósito único adquiere US$105 de cartera por únicamente US$100, entonces los adicionales US$5 son retenidos en una reserva para proteger a la corporación de cualquier pérdida de cartera. Esta reserva asciende aproximadamente al 5 por ciento de la cartera. En este caso, el índice histórico de incumplimiento de pago de préstamos debe ser menor del 5 por ciento y probablemente menor del 2 por ciento (la reserva debería ser mayor que la pérdida de préstamos histórica para dar confianza a los inversionistas). Adicionalmente, la corporación de propósito único tiene un patrimonio sustancial para que cualquier persona o entidad que adquiera documentos emitidos por ella esté altamente protegido.

Luego, la corporación de propósito único vende documentos comerciales a través de su socio financiero, una de las principales agencias de corretaje en el mercado financiero local. Para que la conversión en valores sea exitosa, el socio debe ser importante y muy respetado y contar con una red de compradores establecida. El socio cobra cargos de manejo por la operación bancaria de la inversión.

El objeto de la conversión en valores es incrementar la disponibilidad de fondos y al mismo tiempo reducir el costo de los mismos. El Banco Grameen y ACCION International y su afiliado, la Fundación Ecuatoriana de Desarrollo (FED) en Ecuador, son dos IMFs que están considerando, o ya han logrado, realizar la conversión en valores de sus carteras. (Para una explicación de la estructura que utilizó FED para convertir en valores su cartera, ver Chu 1996a.)

Debido a que tanto la deuda como el patrimonio representan una disposición para aceptar un riesgo financiero, el factor fundamental que determina la sostenibilidad del acceso a los mercados de capital es la credibilidad de la institución tal como la perciben los inversionistas, ya sean prestamistas o accionistas. Para vincularse con los mercados de capital, las IMFs deben proveer respuestas claras y sólidas a asuntos de gobierno tan críticos como (Chu 1996 b):

- ¿Las IMFs que son ONGs cuyos propietarios son ONGs, pueden proveer a los mercados financieros con la seguridad de que tomarán las decisiones con el mismo estándar de prudencia que las empresas con accionistas tradicionales con valores comerciales en riesgo?

- ¿Las ONGs podrán resistir la tentación de que las consideraciones no financieras - ya sean nobles o innobles - sean más fuertes que las consideraciones de rendimiento, ya que en la ausencia de accionistas comerciales, finalmente ellos son responsables únicamente ante su misión institucional?

- ¿Las juntas directivas de ONGs pueden controlar eficazmente la administración?

- ¿Las agencias donantes, tendrán la capacidad de distinguir entre las ONGs que pueden cumplir con los estándares requeridos y las que no lo lograrán?

- En algunos casos, especialmente en Asia, los clientes se convierten en accionistas como parte de la metodología. ¿Este tipo de propietarios de minúsculas porciones, tendrán la capacidad de participar en forma significativa, y si éste es el caso, el efecto acumulativo de minúsculas porciones de propiedad llevará a resultados comercialmente sólidos?

- ¿Las ONGs que han generado su patrimonio por medio de donaciones, tendrán la capacidad de demostrar la misma disciplina y rigor que un inversionista privado? Por ejemplo, ¿una institución como ACCION, puede invertir fondos proporcionados por agencias donantes en BancoSol y comportarse como un inversionista comercial?

Las respuestas a estas preguntas se harán evidentes conforme crece cada vez más el campo de las microfinanzas y más IMFs empiezan a tener acceso a los mercados de capital.

Desarrollo de capacidad institucional

Sin importar el tipo de institución y las formas de manejar el crecimiento, todas las IMFs deben revisar periódicamente su capacidad institucional y considerar en qué aspectos deberían realizar mejoras. Para las instituciones más formalizadas, esto puede requerir de un mayor enfoque en las necesidades de los clientes por medio de un mejor desarrollo de productos y manejo de los recursos humanos. En el caso de las ONGs, esto puede incluir la adopción de un proceso formal de planificación empresarial, un mejor manejo financiero y de productividad y nuevas fuentes de financiamiento.

Ya que el propósito de este manual es mejorar la capacidad institucional de las IMFs, es útil resaltar brevemente los temas de capacidad institucional que están enfrentando muchas IMFs e identificar en qué partes se abordan estos temas tanto en este capítulo como en los siguientes.

Los temas de capacidad institucional incluyen (SEEP Network 1996 a):

- *Planificación empresarial.* Una IMF debe tener la capacidad de traducir su visión estratégica en una serie de planes operacionales basados en un detallado análisis de organización y de mercadeo, en proyecciones financieras y análisis de rentabilidad. En el Apéndice 2, se encuentra una descripción de la planificación empresarial.
- *Desarrollo de productos.* Una IMF debe tener la capacidad de diversificarse más allá de sus productos de crédito originales (usualmente préstamos individuales, de grupos de solidaridad o ambos) hacia otras áreas, como los ahorros, por medio de las cuales se pueda proporcionar los servicios deseados a los clientes y ajustarse a su crecimiento. Además, una IMF debe tener la capacidad de establecer precios para sus productos en base a los costos financieros de operación y a la demanda en el mercado. Para realizarlo, se requiere de una revisión periódica para garantizar que los precios sean apropiados. (Para más información sobre el desarrollo y los precios de los productos de crédito y ahorro, ver los Capítulos 5 y 6, respectivamente.)
- *Sistemas de información administrativa.* Conforme crecen las IMFs, muchas veces una de sus mayores limitaciones es su sistema de información administrativa. Es imperativo que una IMF cuente con sistemas de información administrativa adecuados para el manejo financiero y de recursos humanos. Por ejemplo, el establecimiento de un sistema de incentivos eficaz depende decisivamente de la existencia de un sistema de información administrativa apropiado, lo cual luego permite que la gerencia rastree los diversos indicadores de rendimiento que desea recompensar. (Para una discusión más detallada de los sistemas de información administrativa, ver el Capítulo 7.)
- *Manejo financiero.* Muchas veces, es necesario realizar mejoras en la contabilidad y en la elaboración de presupuestos para monitorear la calidad de la cartera de préstamos, los subsidios de donantes y el creciente volumen de operaciones. Se requiere de habilidades adicionales en:
  - El ajuste de estados financieros por subsidios e inflación
  - El manejo de riesgos de la cartera, incluyendo una clasificación apropiada de los riesgos, las provisiones para pérdida de préstamos y los préstamos cancelados por incobrables
  - Manejo de rendimiento, incluyendo rentabilidad y viabilidad financiera
  - Manejo de liquidez y riesgos, enfocado en la administración eficaz de las carteras, en su mayoría basadas en préstamos de corto plazo
  - Manejo de activo y pasivo, incluyendo el ajuste de los períodos de amortización en relación con la cartera de préstamos y los procesos de manejo de activos y elaboración de presupuestos del capital que son sensibles a la inflación.

(Para una discusión acerca del manejo financiero, ver los Capítulos 8 a 10.)

Mejora de la eficacia y la productividad. Las IMFs deben tener la capacidad de operar de una manera en que se combinen de la mejor forma la estandarización, la descentralización y los incentivos para lograr los mejores resultados a los costos más bajos. Además, deben desarrollar sistemas de reclutamiento y selección, compensación, capacitación y motivación del personal para apoyar el compromiso y la responsabilidad de éste. (Para mayor información sobre la mejora de la eficacia y la productividad, ver el Capítulo 10.)

Las uniones de crédito en Guatemala constituyen un buen ejemplo de la importancia de realizar revisiones periódicas y enfocarse en el desarrollo de capacidad institucional (Casilla 4.23).

Apéndice 1. Revisión operacional de las instituciones microfinancieras

La siguiente descripción proviene de SEEP Network, 1996b y fue elaborada por Calmeadow, Toronto, Canadá.

Definición

La revisión operacional es una herramienta que se utiliza para evaluar la madurez institucional de una organización microfinanciera. La realización de una revisión operacional ayuda a evaluar las condiciones de adecuación de una ONG que proyecta transformarse en un intermediario microfinanciero autosuficiente, a evaluar si está lista

Casilla 4.23 Las uniones de crédito reestructuradas

A MEDIADOS DE 1987, LA AGENCIA PARA EL DESARROLLO Internacional de Estados Unidos contrató al World Council of Credit Unions (Consejo Mundial de Uniones de Crédito) para proveer asistencia técnica y financiera a la Federación Nacional de Uniones de Crédito. En el transcurso del proyecto, se llevó a cargo una profunda reestructuración del movimiento guatemalteco de uniones de crédito. Se desarrollaron y probaron nuevas herramientas financieras y disciplinas en 20 uniones de crédito comunitarias en todo el país; la aplicación de éstas transformó a las uniones de crédito en intermediarios financieros modernos y eficaces, capaces de competir en los mercados financieros comerciales.

Durante 25 años, las uniones de crédito guatemaltecas habían seguido un modelo de desarrollo tradicional. Este modelo se basaba en la teoría de que los pobres de las áreas rurales carecían de los recursos necesarios para ahorrar e impulsar de esta manera su potencial de desarrollo. Los donantes internacionales respondieron a la falta de recursos locales proporcionando capital externo a las uniones de crédito, con tasas de interés subsidiadas, para que otorgaran préstamos a sus clientes. Los montos de los préstamos se basaban en un múltiplo del número de acciones de la unión de crédito que poseía un miembro, y no en su capacidad de pago de préstamos. Las acciones ganaban un rendimiento

muy bajo, así que el único propósito para ahorrar era obtener el acceso a un préstamo. El modelo tradicional desalentaba la práctica del ahorro, alentaba la solicitud de préstamos y se enfocaba en las personas que ahorraban para subsidiar a las que recibían préstamos. Con el tiempo, la respuesta de muchos miembros fue encontrar la manera de obtener en préstamo sus ahorros en acciones sin intención alguna de jamás pagar el préstamo.

En el nuevo modelo creado a través del proyecto, el enfoque cambió de los ahorros en acciones a los depósitos voluntarios con una tasa de rendimiento competitiva. Se eliminó el financiamiento externo subsidiado, y debido a que todo el financiamiento provenía de los depósitos movilizados a nivel interno, los precios de los préstamos se establecieron en base a las tasas del mercado. Las aprobaciones de los préstamos se basaban en la capacidad de pago del préstamo de la persona que lo solicitaba, y las ganancias se capitalizaban en vez de distribuirlas entre los miembros; de esta manera, el capital de las uniones de crédito mantenía su valor. Las uniones de crédito emprendieron un proceso de planificación empresarial basado en el mercado y orientado hacia los resultados. Y finalmente, se instituyó un mejor control y evaluación de los informes financieros, por medio de una intensiva capacitación.

Fuente: Richardson, Lennon y Branch 1993.

para hacerlo. Esta herramienta se basa en las lecciones aprendidas en el sector bancario formal, en las observaciones de Calmeadow respecto a su trabajo con IMFs y en publicaciones recientes sobre el desarrollo institucional.

La herramienta

La revisión operacional proporciona guías para el usuario, para evaluar un programa de microcrédito en siete áreas clave: gobierno corporativo; mercado y clientes; metodología crediticia; distribución; manejo de recursos humanos; computarización; y manejo financiero. Cada tema incluye tres secciones: documentación, indicadores de salud y temas de transformación.

Cómo funciona la herramienta

La revisión operacional incluye una documentación completa de los procedimientos de operaciones y las características institucionales de la organización así como una

evaluación de estos factores comparados con los niveles de rendimiento que están alcanzando actualmente las principales IMFs a nivel mundial.

Una revisión operacional se lleva a cabo en aproximadamente 2 semanas (o 10 días hábiles) de trabajo de campo para recopilar la información requerida de una organización de nivel intermedio (más de 2.000 clientes). Esto incluye la recopilación y síntesis de una gran cantidad de datos y material, así como entrevistas con todos los gerentes, con una muestra representativa completa de miembros del personal de la oficina central, del personal de campo y de los clientes.

Como resultado de una revisión operacional, se pueden obtener dos productos útiles:
1. Una documentación detallada de la organización que puede proporcionarse a visitantes, investigadores, financieros y grupos que quieran iniciar un programa de microcrédito y que por ello buscan información y experiencia de profesionales que actualmente se desempeñan en ese campo.

2. Una evaluación de la disposición de la organización para iniciar un rápido crecimiento y transformación, compuesta de dos secciones - una sobre la capacidad institucional en general y la otra sobre los temas relacionados con la transformación.

Revisión operacional: descripción

1. Gobierno corporativo
2. Mercados y clientes
3. Metodología de crédito
4. Distribución
5. Manejo de recursos humanos
6. Computarización
7. Manejo financiero

Para cada tema arriba mencionado, esta descripción incluye tres secciones:

- *Documentación* - una lista de verificación de información a recopilar y documentar en el transcurso de la revisión.
- *Indicadores de salud* - estándares para evaluar la organización. Conforme vamos adquiriendo experiencia en la aplicación de la herramienta, estos estándares se volverán más cuantitativos.
- *Temas de transformación* - temas que requieren de estudio y atención, si la organización está contemplando transformarse en un intermediario financiero regulado.

1. Gobierno corporativo

Documentación

- Historia, tipo de institución/incorporación, visión y objetivos
- Junta directiva (nombres y apellidos, profesiones/áreas de especialidad, regularidad de reuniones; comités de la junta, período de duración de los miembros y procedimientos para la renovación de la junta directiva)
- Director ejecutivo y gerentes (nombres y apellidos, experiencia; años en la institución)

Indicadores de salud

- Visión y objetivos claramente articulados y consistentes
- Evidencia de un fuerte sentido de misión
- Una junta directiva bien conformada, con una mezcla de servicios financieros y otros negocios

- Destrezas legales, de mercadeo, de recaudación de fondos y de desarrollo comunitario
- Miembros de la junta directiva bien informados sobre el sector de microfinanzas a nivel mundial y comprometidos con la visión de la organización
- Miembros de la junta directiva activos en los comités
- Amplia experiencia y un sólido liderazgo demostrados por el director ejecutivo y los gerentes
- Un fuerte compromiso por parte de los gerentes hacia la visión de la organización. Una gerencia general suficientemente amplia y sólida, para que la organización no sea vulnerable a la pérdida de cualquier individuo.
- Un proceso de planificación empresarial y planes estratégicos apropiados.
- Si las microfinanzas son solamente una de las actividades de la organización, los servicios financieros se operan y monitorean en forma independiente, sin interferencia de las demás actividades no financieras.

Temas de transformación

- ¿Cuáles son las nuevas estructuras corporativas que se están contemplando? ¿Tienen sentido? ¿Tiene sentido realizar la transformación, dada la madurez institucional de la organización? ¿Se está contemplando llevar a cabo la transformación por las razones correctas, o debería considerarse otras opciones en este punto?
- ¿La nueva estructura requerirá de la formulación de una misión diferente, o simplemente es un nuevo vehículo para implementar la misma misión? (Objetivo empresarial contra una misión de desarrollo social.)
- ¿Cómo se estructurará la propiedad de la nueva organización? ¿Habrá necesidad de incluir a nuevos socios? ¿Qué tipo de socios son los más deseables? ¿Qué combinación de instituciones con fines de lucro y sin fines de lucro?
- ¿Todos los miembros de junta directiva comprenden y apoyan plenamente el objetivo de la transformación?
- ¿Deberá volver a constituirse la junta directiva para la organización transformada?
- ¿Todos los gerentes comprenden y apoyan plenamente el objetivo de la transformación?

2. Mercados y clientes

Documentación

- Situación del sector de la pequeña y microempresa en el país (¿qué dimensiones tiene? ¿qué grado de sofisticación? ¿qué grado de alfabetismo?)

- Barreras que enfrenta (factores culturales y políticos)
- Proveedores de servicios de microcrédito en el país; competidores
- Mercados objetivo (dimensiones, tipo y subsector, género, cobertura geográfica)
- Políticas para promover la autosuficiencia de los clientes
- Perfil de prestatarios actuales (tamaño de las microempresas atendidas; las tres actividades más comunes por género; distribución por sector; comercio, manufactura, servicios; proporción entre prestatarios nuevos y prestatarios que ya habían recibido préstamos anteriormente; proporción de mujeres que reciben préstamos)
- Desarrollo de nuevos productos (cómo se realiza y quién es responsable)

Indicadores de salud

- Los mercados objetivo están claramente definidos; idealmente, únicamente existen uno o dos objetivos principales. Si existe más de un mercado objetivo, los diferentes mercados deberían trabajar bien en conjunto dentro de una misma estructura de prestación de servicios.
- El perfil de los actuales prestatarios debería ajustarse a los mercados objetivo.
- Indices bajos de pérdida de clientes/índices altos de renovación. Los clientes expresan un alto nivel de satisfacción con el servicio. Clientes nuevos se acercan a la organización voluntariamente.
- Es evidente que existe una sólida cultura de "servicio al cliente".
- La investigación de clientes y mercados se realiza con regularidad; se valora la implementación de actividades innovadoras para responder a la evolución de las necesidades de los clientes.
- El desarrollo de productos nuevos se percibe como necesario, y la continua actividad dentro de la organización así como la responsabilidad respecto a la mejora de productos y el desarrollo de nuevos productos está claramente asignada al personal apropiado.

Temas de transformación

- El tamaño de los mercados objetivo debería ser suficientemente grande como para mantener a una IMF autosuficiente.
- ¿La transformación requerirá de una nueva definición del mercado objetivo o habrá que alejarse del mercado

objetivo actual? ¿La transformación, amenazará el actual enfoque de mercado?

3. METODOLOGÍA CREDITICIA

Documentación

- Diseño de productos (montos de los préstamos, plazos y frecuencia de pago de los préstamos; precios; intereses y cargos; productos y requisitos de ahorro; seguros u otros fondos)
- Criterios de elegibilidad (género, edad, años de experiencia empresarial, garantías, codeudores, grupos paritarios, otros sustitutos de garantía; aspectos legales, culturales u otros requisitos regulatorios)
- Procedimientos de concesión de crédito (promociones, investigación, orientación, formación de grupos, aplicaciones y desembolsos, pagos de préstamos, renovaciones)
- Manejo de mora (informes y monitoreo; procedimientos para lograr los pagos de préstamos, procedimientos de seguimiento; incentivos y sanciones: i) bonificaciones por el pago puntual de los préstamos, ii) penalizaciones por mora, iii) consecuencias del incumplimiento de pago, seguro/uso de los ahorros, políticas de reprogramación, refinanciamiento y fallecimiento del prestatario)

Indicadores de salud

- La metodología básica parece estar apropiadamente comprobada y estable.
- El diseño de productos parece estar de acuerdo con las necesidades de las empresas de los prestatarios.
- Los criterios de elegibilidad son fáciles de cumplir - no son demasiado restrictivos.
- En los programas con base de grupos, la cohesión de grupo parece ser fuerte.
- Los procedimientos de prestación de servicios minimizan la inconveniencia y los costos de transacción para los clientes.
- Los procedimientos de prestación de servicios minimizan las oportunidades para el fraude.
- Los procedimientos de las sucursales son rutinarios/estandarizados y facilitan el desempeño fluido de los oficiales de crédito - facilitan el trabajo eficaz de éstos.
- Es evidente que existe una sólida relación entre los clientes y el oficial de crédito.
- Se hace cumplir estrictamente los procedimientos para

el manejo de los atrasos. Los procedimientos de seguimiento a pagos atrasados se inician automáticamente después de ciertos períodos de tiempo. Los oficiales de crédito no realizan cobros una vez que el cliente ya no está negociando de buena fe. Los incentivos y las sanciones parecen ser eficaces. Ocurre una mínima cantidad de pagos atrasados.

- Los índices de pago/recuperación de préstamos se calculan según estándares internacionales y están por encima del 85 por ciento (para el pago acumulativo, incluyendo los pagos atrasados).
- Las carteras con índices de riesgo se calculan según estándares internacionales y son menores del 10 por ciento.

Temas de transformación
- ¿Será necesario realizar algún cambio respecto a la metodología actual para llevar a cabo la transformación? ¿Cuál será la percepción del cliente respecto a este cambio?

4. Distribución
Documentación
- Tipo, número y localización de las oficinas de campo (diagrama, si se desea)
- Proyección / sucursales / estrategia de crecimiento
- Naturaleza y solidez de las relaciones con instituciones relacionadas o de apoyo que prestan asistencia en las operaciones y la proyección (tal como los bancos)

Indicadores de salud
- La estrategia de sucursales está claramente definida y tiene sentido –urbano contra rural– se desarrollan economías de escala; las sucursales no se encuentran demasiado dispersas
- Sólidas relaciones con las instituciones que apoyan, es decir, bancos, agencias de cobro

Temas de transformación
- ¿Cómo afectará la transformación las relaciones con otras instituciones? ¿Habrá necesidad de revisar contratos?

5. Manejo de recursos humanos
Documentación
- Organigrama de oficina central y estructuras del personal de campo.

- Para el personal de operaciones primarias (criterios y procedimientos de contratación, descripciones de trabajo, programa de capacitación; políticas de compensación, diseño del esquema de incentivos, otros mecanismos de reconocimiento y premios).
- Para los cargos ejecutivos de la oficina central (cualquier política inusual o notable de contratación o capacitación), políticas de compensación, diseño de esquema de incentivos, otros mecanismos de reconocimiento y premios).
- Cultura evidente de la organización - jerárquica o participativa.
- Niveles evidentes de satisfacción de los empleados; niveles de rotación - oficina central y oficinas de campo.
- Existencia de un sindicato o asociación de empleados.
- Existencia de un boletín informativo de empleados.
- Sistema de evaluación.
- Planificación de políticas de promoción/planes de sucesión
- Otras políticas de personal innovadoras.

Indicadores de salud
- El tamaño y la estructura de la oficina central es apropiada para el tamaño y las operaciones, actualmente y para el futuro cercano.
- La estructura de organización de las sucursales es racionalizada, con gastos indirectos mínimos, y no ocasiona demasiada presión sobre la administración.
- El rango de control de los gerentes se acerca al ideal de cinco a siete informes directos para cada uno.
- Existe un número suficiente de candidatos calificados solicitando los cargos anunciados. Se identificaron "incubadoras" apropiadas para el personal, por ejemplo, escuelas técnicas. El tiempo para realizar el proceso de selección de candidatos es mínimo. Existen políticas de contratación actualizadas (es decir, sensibilidad de género).
- Hay descripciones de puesto disponibles, redactadas en forma clara y que enfatizan los resultados esperados más que las actividades. No hay traslapes en la responsabilidad de los diferentes departamentos e individuos.
- El material de capacitación es exhaustivo y está diseñado apropiadamente, e incluye los conceptos de filosofía y servicio al cliente además de las destrezas técnicas. Se incluyó en la capacitación un período de

motivación y orientación. Durante el período de capacitación, se eliminan los candidatos inapropiados. La duración y los costos de la capacitación son mínimos.

- Las políticas de compensación están establecidas para atraer a personal del calibre correcto.
- Los esquemas de incentivos están diseñados para premiar la calidad de la cartera y el volumen, y los montos de incentivos se establecen en relación con los ingresos adicionales obtenidos a través de un mejor desempeño.
- Los empleados expresan un alto nivel de satisfacción con su trabajo. Ocurre poca rotación de personal. No existen sindicatos o asociaciones de empleados antagónicas.
- Hay un uso dinámico del boletín informativo de los empleados, con contribuciones de los empleados. Existe una sólida comunicación y transparencia a nivel interno. El espíritu de equipo se hace evidente en todas las actividades.
- Los sistemas de evaluación, las políticas de promoción y otras políticas se perciben como justas.

Temas de transformación
- ¿Todas las operaciones de la oficina central y las oficinas de campo se trasladarán a la nueva institución, o algunas de ellas permanecerán en la institución original?
- ¿Se marcará claramente la separación o existirán relaciones complejas entre la ONG y la nueva institución?
- ¿Las funciones de la oficina central, se compartirán entre ambas instituciones?
- ¿Cómo se sienten los miembros del personal respecto a la transformación propuesta? ¿Están conscientes de ella, comprenden las razones por las cuales ocurrirá, apoyan la idea? ¿Cuáles son sus mayores preocupaciones respecto a la transformación?
- Si la organización se está dividiendo en dos partes, ¿se aplicarán las mismas políticas de recursos humanos en ambas? ¿Existirá un diferencial en los niveles de compensación? ¿Cómo se manejará esta situación?

6. COMPUTARIZACIÓN
Documentación
- Situación actual de la automatización
  - Oficina central y oficinas de campo
  - Sistema de carteras de préstamo, sistema de contabilidad, ¿otros sistemas?

- Hardware y software utilizados, herramientas de desarrollo utilizadas, diseño de redes
- Existencia de especificaciones funcionales
- Nivel de satisfacción del personal con los sistemas actuales
- Perfil y alcance del departamento de sistemas de información
- Procedimientos utilizados para los sistemas de auditoría.

Indicadores de salud
- El grado de automatización es adecuado para el tamaño y la complejidad de la organización y la confiabilidad de la infraestructura de comunicaciones en el país.
- Existe la diversificación de riesgos - se evita la dependencia de un solo programador para el desarrollo y mantenimiento de los sistemas, y se evita la dependencia de una sola empresa que cobra tarifas elevadas para realizar pequeñas actualizaciones de los sistemas.
- El equipo y los programas utilizados deberían contar con un apoyo apropiado a nivel local, las herramientas de desarrollo deberían ser bastante conocidas a nivel local.
- Hay un nivel aparentemente alto de satisfacción de los clientes con los sistemas.
- Existe un ejecutivo capaz y un sólido departamento de sistemas de información - bien informados, confiables, orientados hacia el servicio al cliente.
- Existen procedimientos eficaces de los sistemas de auditoría.

Temas de transformación
- ¿Qué cambios de sistemas habrá que realizar para ajustarse a los nuevos requisitos de informes para la nueva institución?
- ¿El sistema actual tendrá la capacidad de manejar un crecimiento rápido y una mayor complejidad en el transcurso de los siguientes 18 meses?

7. MANEJO FINANCIERO
Documentación
- Estados financieros (¿cuándo se elaboran? ¿cuándo son auditados? ¿cómo son consolidados?)
- Relación con los auditores (disponibilidad de información sobre costos y estados de ganancias, disponibilidad de modelos de predicción financiera de varios años)

- Proceso de elaboración de presupuestos
- Manejo del flujo de efectivo - predicción del flujo de efectivo, monitoreo de la liquidez, minimización del efectivo inactivo, manejo de cuentas bancarias
- Manejo de mora - índices de pago de préstamos, carteras desactualizadas cuentas morosas desde hace mucho tiempo, políticas de provisión y cancelación de deudas incobrables
- Controles internos para evitar el fraude, la negligencia y el robo, procedimientos de auditoría internos
- Fuentes de capital y relación con los banqueros/fundadores, costo promedio del capital
- El tamaño de la base de patrimonio en relación con el total de activos
- Manejo de autosuficiencia - proporciones de eficiencia operacional, productividad y autosuficiencia.

Indicadores de salud

- Los estados financieros son elaborados y auditados por lo menos anualmente.
- Debería elaborarse estados para las actividades de servicios financieros de la organización, sin consolidarlos con otras actividades no financieras.
- La empresa auditora debería ser respetada e idealmente contar con alguna experiencia/conocimientos especializados del sector financiero.
- Los estados de ganancias y pérdidas y las proporciones clave están disponibles para cada unidad primaria de operaciones - sucursal/región/total.
- Existe un modelo de predicción financiera a tres o cinco años y se usa activamente para asistir con el establecimiento de precios y la formulación de otras políticas y para guiar a la organización hacia la rentabilidad.
- Existe un proceso de elaboración de presupuestos anuales y se usa para controlar los gastos.
- Los flujos de efectivo se manejan apropiadamente se evitan los problemas de liquidez, el efectivo inactivo es mínimo y los cobros bancarios también son mínimos.
- La mora y el incumplimiento de pago se monitorean de cerca y se manejan estrictamente; existen políticas apropiadas de provisión y cancelación de deudas consideradas incobrables y se implementan en forma adecuada.
- Existen suficientes fuentes de capital de préstamos para financiar el crecimiento esperado. El costo de

capital promedio se mantiene en un mínimo. La relación con los bancos es abordada como una relación empresarial, y no como una relación de relaciones públicas o donaciones. Con el tiempo, la organización se está alejando de las fuentes de financiamiento subsidiadas y está adquiriendo una buena reputación con las entidades que ofrecen financiamiento comercial.

- La base de patrimonio es suficientemente grande en relación con los activos en general y los activos productivos.
- Las proporciones clave de la eficiencia operacional, productividad y autosuficiencia se monitorean con regularidad y orientan la toma de decisiones de la junta directiva y la gerencia general. Los indicadores clave están mejorando constantemente, existen probabilidades de alcanzar la autosuficiencia dentro los siguientes 12 a 24 meses.
- Los informes de administración son oportunos, exactos y relevantes.
- Los informes clave incluyen:
  - Pagos reales comparados con pagos esperados - para el personal de campo
  - Informe de estatus de clientes - para el personal de campo
  - Informe de deudas incobrables - para el personal de campo y la oficina central
  - Clasificación por antigüedad de atrasos - para el personal de campo y la oficina central
  - Clasificación por antigüedad de cartera - para la oficina central
  - Informe de indicadores de desempeño - para la oficina central y la junta directiva.
- Existen análisis del punto crítico que sirven de guía en la toma de decisiones.
- El establecimiento de precios se maneja cuidadosamente. Existen cálculos para establecer costos eficaces para los clientes y rendimientos eficaces para la organización. Se establecen las tasas adecuadas para cubrir los costos de operaciones, las pérdidas de préstamos y los costos financieros y para obtener ganancias en ciertos niveles de operaciones.

Temas de transformación

- ¿Cómo habrá que revisar los estados financieros para la(s) nueva(s) organización/organizaciones?
- ¿Será necesario asignar a nuevos auditores?

- ¿Cómo serán afectadas las cuentas bancarias y el manejo de la liquidez?
- ¿De qué manera deberán cambiar los procedimientos de auditoría interna?
- ¿Existen subsidios actualmente, debido al estatus de organización sin fines de lucro, los cuales no estarán disponibles después de realizada la transformación? ¿Cómo afectarán los costos más elevados los niveles de autosuficiencia? (considerar subsidios de costos y subsidios de costos financieros.)
- ¿Cómo debería diseñarse la estructura de capital para la nueva organización? ¿Cuánto control debe mantenerse? ¿Cuáles son los tipos de accionistas deseables? ¿Cuánto capital se necesita para apoyar a la nueva institución durante los primeros cinco años de su existencia? ¿Cuál es la proporción óptima entre deuda y patrimonio para la nueva institución?
- ¿Cuál será la política de dividendos para los primeros tres a cinco años de la institución transformada?

Apéndice 2. Manual para la elaboración de un plan empresarial

La siguiente descripción proviene de SEEP Network, 1996b y fue elaborada por CENTRO ACCION Microempresarial, Bogotá, Colombia, y ACCION Internacional, Cambridge, Mass.

Definición

En este manual, se proporcionan los lineamientos para la creación de un plan empresarial. El manual está dividido en nueve capítulos, cada uno de los cuales cubre una parte definida de un plan empresarial, desde el análisis de mercados hasta las proyecciones de carteras para estimar los costos de operaciones. En los capítulos medulares, se proporciona instrucciones para la recopilación y el análisis de datos que alimentan directamente la elaboración de los estados financieros estándar. Debido a que el manual se redactó para los afiliados de ACCION, se enfoca en la planificación de la expansión de los servicios de crédito.

La herramienta

La herramienta original es un manual de 45 páginas, en español, compuesto por los siguientes capítulos: Análisis

Institucional, Definición de las Dimensiones del Mercado, Identificación de los Competidores, Proyectando la Cartera, Penetración del Mercado, Financiamiento de la Expansión, Costos de Operaciones, Proyectos Prioritarios, Estados Financieros Proyectados.

La herramienta incluida en este apéndice es un resumen del manual en el que se destacan los principales temas de cada capítulo y se proporcionan algunos ejemplos de las muchas tablas y gráficas ilustrativas contenidas en el original.

Cómo funciona la herramienta

El plan empresarial es un documento que establece explícitamente la trayectoria de una institución durante un período de tres años. Es la herramienta mediante la cual se traduce la misión de una institución en metas que pueden medirse, las cuales se establecen según la demanda del mercado y la competencia y proporcionan información sobre las proyecciones de ingresos y gastos que transforman la sostenibilidad de la teoría en una realidad.

A la luz de su misión, una institución establece metas para la participación en el mercado que alcanzará al final del período de planificación a tres años. La participación en el mercado, definida por área geográfica, se traduce en un cierto número de oficinas y personal de campo, lo cual a su vez determina la estructura de costos de la institución. A partir de estas metas, puede deducirse el tamaño de la cartera, lo cual luego señala la cantidad de financiamiento requerida. Después de esto, se determina la coherencia interna combinando los precios de los productos, la estructura de costos y el plan de financiamiento para conformar el estado de ganancias y pérdidas.

El proceso del plan empresarial empieza con un equipo de ACCION (usualmente dos personas, una de las cuales muchas veces es el presidente) que realiza una visita que incluye una presentación formal de la situación del programa de microfinanciamiento y sus metas a mediano plazo. Se presenta la herramienta del plan empresarial y los miembros del personal aprenden a aplicarla. Esto sucede durante un período de dos días en presencia de todos los miembros de la gerencia general de la institución y, en algunos casos, con la asistencia de los miembros de junta directiva. Aunque se discuten conceptos relacionados con la misión, se invierte la mayor parte del tiempo para tratar diversos temas, incluyendo el tipo y las dimensiones del mercado, la capacidad relativa de la competencia, el establecimiento de metas de crecimiento realistas en base a una serie de suposiciones clave y la definición de algunos proyectos prioritarios que deberán llevarse a cabo si se desea alcanzar los objetivos propuestos. Al final del período de dos días, se llega a un acuerdo respecto a una fecha límite para la elaboración de diferentes borradores del plan empresarial.

Después de esto, la mayor parte del trabajo la realizan los afiliados mismos, durante un período de dos a cuatro meses. El trabajo se divide entre los diferentes departamentos, y cada uno de los gerentes es responsable de involucrar plenamente al personal de su departamento en el proceso. Conforme se elaboran borradores del plan, éstos son enviados a ACCION para ser sometidos a una revisión crítica de las suposiciones y la consistencia interna.

El punto fuerte del plan empresarial consiste en la forma en que todos los elementos y cada decisión tienen una implicación financiera con un impacto sobre la permanencia financiera y el balance final. Para esto, se requiere rigor analítico, y además es absolutamente necesario integrar todos los elementos del plan, además de realizar una integración funcional de los administradores, quienes lo redactan y supervisan. La utilización de una herramienta de planificación con una base financiera ayuda a los gerentes a adaptarse a las condiciones cambiantes y saber más precisamente cómo sus decisiones afectarán el rendimiento financiero. El plan sirve de herramienta de referencia para aclarar prioridades, unificar esfuerzos, evitar contradicciones y evaluar el desempeño de la institución y los empleados individuales.

Además, para los afiliados que forman parte de la red de ACCION, el plan empresarial es una herramienta esencial para el desarrollo de relaciones con el sector financiero formal. Si no existe un plan, los mercados financieros no estarán dispuestos a incrementar la líneas de crédito o negociar plazos más favorables.

1. Introducción
¿Qué es la planificación empresarial?
Es un proceso mediante el cual una organización define un sendero a partir de su situación actual, para llegar hasta un punto determinado en el futuro hacia donde desea llegar.

¿Cómo se utiliza?
En el transcurso de la planificación empresarial, la organización determina su destino (para un período de tres años) y diseña el camino para llegar a ese punto. Se establecen objetivos definidos en cifras, así como estrategias y medidas a tomar. Este diagnóstico ayuda a responder a dos preguntas importantes:

- ¿Puede la organización viajar por esta ruta exitosamente?
- ¿Qué recursos adicionales requerirá y cómo los obtendrá?

¿Quién participa en el proceso de planificación empresarial?
Todo el equipo administrativo debe participar para garantizar que encajen todas las piezas del rompecabezas de planificación, obteniendo como resultado un plan consistente y coherente.

¿Cuáles son las características de un plan empresarial exitoso?
- Participa todo el equipo administrativo.
- Se identifican elementos clave que distinguen el programa de otras organizaciones similares y que explican su éxito.
- Se analiza el ambiente, incluyendo el mercado y la competencia.
- Se definen los objetivos de la organización.
- Se identifican estrategias para superar obstáculos en el logro de objetivos.
- Se analizan las implicaciones financieras de estas estrategias.
- Se traducen los objetivos, estrategias y recursos en términos numéricos que carecen de inconsistencias.

2. Formato del plan empresarial
En la Casilla A4.2.1, se presenta una sugerencia para el formato de un plan empresarial y se muestran los vínculos con el estatus financiero.

3. Análisis institucional
En este capítulo, el lector es dirigido hacia los elementos de un análisis institucional que incluyen su historia, misión y ventajas comparativas. El análisis institucional es una de las partes más importantes de la empresa, ya que es el esqueleto alrededor del cual se elabora el resto del plan. A continuación, se presentan los elementos específicos del análisis institucional:

Historia de la institución.
Misión: Siendo la razón de existir de la empresa, la

Casilla A4.2.1 Formato de plan empresarial sugerido

Resumen ejecutivo

Capítulo 1: Análisis institucional

    (Misión institucional; participación en el mercado;

    Diagnóstico – Debilidades y fortalezas)   RELATIVO AL ESTADO FINANCIERO

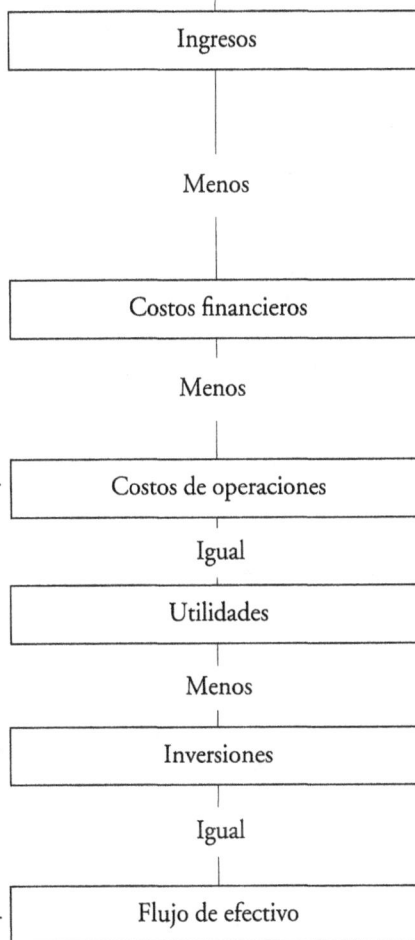

Capítulo 2: Premisas básicas relacionadas con los índices

    macroeconómicos, sistema financiero Nacional

Capítulo 3: Cartera - | Ingresos |

    Volumen: tamaño y composición, crecimiento orgánico,

    Incremento de nuevos clientes

        ■ Segmentado por moneda: nacional/dólar

        ■ Segmentado por mercado industrial   Menos

        ■ Segmentado por Región

    Precio: Política de tasa de interés activa

    Estrategias: Volumen y precio

Capítulo 4: Expansión de financiamiento - - - - - - - - - - - - - - - | Costos financieros |

    Volumen: Tamaño y composición

        ■ Por fuente/tipo de instrumento   Menos

    Precio: Costo de los fondos

    Estrategia: Volumen y precio

Capítulo 5: Costos de operaciones - - - - - - - - - - - - - - - - - - | Costos de operaciones |

    Análisis proyectado contra análisis pasado

        ■ Por componente/departamento específico   Igual

        ■ Incremento de personal, por puestos

Capítulo 6: Proyectos prioritarios - - - - - - - - - - - - - - - - - - | Utilidades |

    (Consistente con el plan empresarial)

    Descripción de cada proyecto prioritario   Menos

        ■ Fechas límite y costos estimados

Capítulo 7: Plan de inversión - | Inversiones |

(por ejemplo, sistemas, personal)

    Estados financieros proyectados   Igual

    Historia de tres años, estimado del año actual,

    Proyección a tres años

Anexo de estadísticas - | Flujo de efectivo |

---

declaración de misión define los valores y las prioridades de la institución. La misión define claramente el producto y los servicios a ofrecer, su base de clientes objetivo y la localización de su clientela.

Al definir la misión, los planificadores deben transformar la misión de un concepto en la formulación de sus implicaciones cuantitativas, las cuales expresan los objetivos de la institución; por consiguiente, en el plan empresarial se identifican todos los elementos necesarios y suficientes para alcanzar esos objetivos y se describen las medidas específicas a tomarse para garantizar que existan estos elementos cuando se requieran.

Ventaja comparativa: Son aquellas características que distinguen a la institución de las demás y que explican su éxito.

Puntos fuertes y debilidades (internos).

Oportunidades y amenazas (externas).

4. PREMISAS BÁSICAS

En esta breve sección del manual, se describe el análisis económico general que debería formar parte del plan empresarial. En este análisis económico deberían incorporarse análisis y proyecciones en tres áreas principales: macroeconomía, el sector informal y el sistema financiero.

5. ANÁLISIS Y PROYECCIONES DE CARTERAS

La cartera proyectada es la "columna vertebral" del plan empresarial y determina los costos y los ingresos. Este capítulo del manual contiene seis secciones, en las que se presentan guías para estimar el mercado, definir la competencia, establecer las proyecciones de carteras, determinar la penetración en el mercado, clasificar la cartera y establecer las políticas de tasas de interés.

Determinar el mercado. Para expresar la misión de una institución en términos cuantitativos, es necesario definir la base de clientes y estimar las dimensiones del mercado que representa esta base de clientes. De esta manera, se establece un criterio para medir la realidad de las proyecciones de crecimiento y el progreso logrado para alcanzar la misión declarada.

En el manual, se acepta que no existe un procedimiento aceptado y establecido para determinar las dimensiones del mercado. Dada la calidad y cantidad de datos disponibles sobre el sector informal, las iniciativas para medirlo únicamente pueden resultar en estimados realizados en base a estadísticas, información de censos, investigación sociológica y otras fuentes disponibles. El manual incluye las siguientes guías y el ejemplo de un método de estimación, presentado en la Casilla A4.2.2.

- Enfocarse en el área geográfica de operaciones y su potencial de crecimiento. Los pasos descritos en la Casilla A4.2.2 deberían seguirse para cada ciudad o región donde se está operando.
- Dentro del sector informal, definir el segmento del mercado elegible para los productos y servicios que ofrece la institución.
- Las proyecciones de crecimiento deberían basarse en patrones históricos y factores actuales como la

migración, las políticas gubernamentales relevantes para el sector, y así sucesivamente.

Aunque únicamente es una aproximación, esta definición del mercado es extremadamente importante porque es una visión del ambiente empresarial que debe compartir la gerencia para que pueda servir de base para la toma de decisiones.

Definir la competencia. Para posicionar a la institución en el mercado, la siguiente información sobre la competencia debería ser recopilada. Esta información ayudará a identificar los puntos fuertes y debilidades de la institución y a influenciar las estrategias para el horizonte de planificación a tres años.

- ¿Quiénes son los competidores?
- Tamaño
- Fuentes de financiamiento

Casilla A4.2.2 Estimación del mercado: un ejemplo de Ecuador

Pasos

1. Encontrar la población económicamente activa (PEA) en base a los datos de censos más recientes
2. Definir el sector informal (para cada ciudad)
3. Estimar el porcentaje de la PEA que es informal
4. Estimar el porcentaje que está sujeto al crédito
5. Proyectar el crecimiento

El caso de Ecuador

1. PEA (censo de 1989)	38% de la población total
2. Sector formal	28% de la PEA registrada con seguridad social
	Desempleo 13%
Profesionales independientes	2%
	43% de la PEA está en el sector formal

Sector informal = Población total x 38% x (1-43%)

3. Estimamos que el 15% del sector informal no estaría interesado en créditos. Del 85% enfocado, únicamente el 38% son propietarios de su empresa y, por lo tanto, serían candidatos para obtener préstamos.

Base de clientes = Sector informal x 0,85 x 0,38

Fuente: SEEP Network 1996b.

- Base de clientes
- Nicho del mercado
- Métodos de mercadeo
- Tamaño y calidad de carteras
- Metodología
- ¿Cuál es su grado de solidez?
- Establecimiento de precios
- Tiempos de entrega de los servicios
- Cifras.

Puede ser útil elaborar una "gráfica de la competencia", colocando a los competidores en una gráfica definida por tasas de interés y costos no monetarios. Además de ubicar a la institución con respecto a sus competidores, la gráfica puede utilizarse para mostrar sus avances en el tiempo.

Proyección de la cartera. Las proyecciones del crecimiento de la cartera deben realizarse en dos niveles: el volumen de préstamos de clientes existentes en la cartera actual y el volumen de préstamos atribuido a clientes nuevos. Aunque la institución tiene la opción de recibir a clientes nuevos, debe responder a las necesidades de los clientes existentes. (La incapacidad de hacerlo causaría una amplia mora y hasta el incumplimiento de pago.) Entre los factores adicionales a considerarse al realizar la proyección de la cartera, se encuentran:

- Indice de retiro de clientes
- Patrón de crecimiento del tamaño promedio de préstamos con el paso del tiempo - influenciado por el plazo promedio para pagar los préstamos, la naturaleza cíclica de la demanda, la influencia de la inflación sobre el tamaño inicial de los préstamos y nuevos productos crediticios con diferentes características.

Estimar la penetración en el mercado. La relación entre las proyecciones de la cartera y el mercado estimado para el crédito proporciona la penetración en el mercado (PM). El hecho de calcular la penetración de la institución en el mercado ayuda a verificar si las proyecciones son realistas:

$$PM = \frac{\text{Base de clientes (definida en la proyección de la cartera)}}{\text{Mercado potencial}}$$

Clasificar la cartera. La cartera debe desagruparse o clasificarse según una serie de factores que tienen un impacto sobre el flujo de efectivo y los costos. Estos incluyen:

- Monto y cantidad de préstamos
- Vencimiento de préstamos
- Vida del cliente con el programa
- Indicadores de calidad de la cartera: mora e incumplimiento de pago. Políticas de tasas de interés.

La parte final de las proyecciones de cartera la constituye el establecimiento de la(s) tasa(s) de interés, que se basará en los siguientes factores:

- Tasas en el mercado (investigadas como parte del análisis de la competencia)
- Costos de operaciones (explicado en el Capítulo 8)
- Costos financieros (una media ponderada)
- Objetivos de capitalización (es decir, el nivel enfocado de ingresos retenidos generada por la cartera determinada durante el análisis institucional).

Aunque existen varios métodos para establecer las tasas de interés, a continuación se presenta un ejemplo sencillo:

Tasa de interés aplicada	20%
– Costos de financiamiento	10%
= Margen financiero	10%
– Costos de operaciones	5%
= Margen de operaciones	5%
Margen deseado	8%

Con los costos financieros y de operaciones estimados, la tasa de interés puede establecerse para lograr el margen deseado. En este ejemplo, la institución no ha alcanzado su margen deseado, lo cual le deja la opción de incrementar su tasa de interés o reducir los costos. Este es un proceso dinámico en el que deberán ajustarse las proyecciones y los parámetros para garantizar la obtención de los resultados deseados.

6. EXPANSIÓN DEL FINANCIAMIENTO

En este capítulo, se identifican varias fuentes de financiamiento – sus características, costos y condiciones. Cada una de ellas es analizada respecto a la accesibilidad y los riesgos inherentes. Hay dos fuentes de financiamiento: interna (ingresos retenidos) y externa (donaciones, capital de accionistas, préstamos blandos, préstamos comerciales y depósitos). Con el crecimiento de la cartera y el establecimiento de la tasa de capitalización deseada, pueden determinarse las necesidades de financiamiento externo. Asumiendo que existe el acceso a múltiples fuentes con costos variables, es necesario establecer una media ponderada de las fuentes para estimar los costos financieros de la institución. En la Tabla A4.2.1 se presenta un ejemplo

Tabla A4.2.1 El costo financiero como media ponderada

Fuente de financiamiento	Monto	Proporción (porcentaje)	Tasa de interés (porcentaje)	Tasa de interés ponderada
Donaciones	250.000	5,0	0	0
Préstamo del BID	500.000	10,0	1	0,001
Préstamo del gobierno	1.000.000	20,0	20	0,04
Préstamo bancario	1.750.000	35,0	35	0,1225
Depósitos	1.500.000	30,0	25	0,075
Total	5.000.000	100,0		0,239

Fuente: Fruman y Isern 1996.

hipotético. El factor de ponderación para cada categoría de financiamiento es el producto de la proporción entre el capital externo total y la tasa de interés efectiva. La suma de las ponderaciones es la media ponderada de las tasas de interés que la organización paga sobre su capital externo.

7. COSTOS OPERATIVOS – PASADOS Y PROYECTADOS

Oficinas y personal por ciudad o área geográfica. Es necesario separar los costos por oficina. El personal, el costo más significativo, debería especificarse por tipo y cantidad. Analizar el desempeño histórico en los últimos tres años, incluyendo las proyecciones del año actual; estimar los costos futuros según las proyecciones y algunas proporciones de productividad selectas. Cada nueva oficina y miembro adicional del personal debe ser consistente con los niveles de productividad aceptados y debe justificarse plenamente en el plan empresarial.

Proporciones de productividad

Clientes/ crédito	Oficial/oficial de crédito/ empleados	Oficial de crédito de la cartera
Clientes/ empleados	Oficial de crédito/ sucursal	Cartera/ empleado
Clientes/ sucursal	Empleados/ sucursal	Cartera/ sucursal

Costos de personal. Usar datos del pasado para estimar los salarios, las prestaciones y los aumentos anuales.

Planificación específica para nuevas instalaciones o remodelaciones. Una vez establecida el número de oficinas nuevas o la expansión de las existentes, debe identificarse plenamente el proceso en el plan empresarial, incluyendo los proyectos, las inversiones y los gastos asociados, los costos legales, publicidad y mantenimiento adicional.

8. PROYECTOS PRIORITARIOS

En el proceso de planificación empresarial hay algunos proyectos que merecen tratarse por separado; por ejemplo, la introducción de servicios de ahorro, la creación de un intermediario financiero formal o la modernización de los sistemas de la institución. Debería describirse lo siguiente, en un capítulo del plan empresarial que trata sobre los proyectos prioritarios:

Objetivos del proyecto. Descripción, antecedentes, el problema a abordar y los beneficios a obtener – tanto cualitativos como cuantitativos.

Costos. Además del impacto en los costos de operaciones, el plan debe estipular costos especiales relacionados con estos proyectos, como la capacitación del personal requerida para operar un sistema nuevo.

Calendario de inversiones. En un plan detallado de tareas y las fechas límite para su ejecución, se describe el proceso para propósitos de control y para identificar los momentos cuando se requerirá de fondos para financiar el proyecto.

Fuentes de financiamiento para el proyecto. Para garantizar la obtención de resultados positivos, es esencial conocer exactamente las fuentes de financiamiento posibles para financiar el proyecto; es necesario identificar las fuentes, sus características, condiciones, plazos y el proceso mediante el cual se obtendrán los fondos.

9. Estados financieros

Una vez concluidas estas proyecciones, se cuenta con todos los elementos para elaborar los estados financieros proyectados, incluyendo el Balance, el Estado de Ganancias y Pérdidas y el Estado de Flujo de Efectivo.

Fuentes y bibliografía adicional

Benjamin, McDonald y Joanna Ledgerwood. 1998. "The Association for the Development of Microenterprises (ADEMI): 'Democratising Credit' in the Dominican Republic." Estudio de Caso para el Proyecto "Sustainable Banking with the Poor", Banco Mundial, Washington, D.C.

Bremner, Wayne. 1996 "CHISPA." En "Institutional Structures for Micro Enterprise Finance: Implications for Sustainability and Expansion." En Moving Forward: Emerging Strategies for Sustainability and Expansion. The SEEP Network, Nueva York: PACT Publications.

Calmeadow. 1996. "Planning for Institutional Transformation—Analysis of a Microfinance Organization." En Moving Forward: Emerging Strategies for Sustainability and Expansion. The SEEP Network, Nueva York: PACT Publications.

CGAP (Consultative Group to Assist the Poorest). 1998. "Apex Institutions." Artículo Ocasional, Banco Mundial, Washington, D.C.

———. 1997a. "Anatomy of a Micro-finance Deal: A New Approach to Investing in Micro-Finance Institutions." Focus Note 9. Banco Mundial, Washington, D.C.

———. 1997b. "The Challenge of Growth for Micro-Finance Institutions: The BancoSol Experience." Focus Note 6. Banco Mundial, Washington, D.C.

———. 1997c. "Effective Governance for Micro-Finance Institutions." Focus Note 7. Banco Mundial, Washington, D.C.

———. 1997d. "State-Owned Development Banks in Micro-Finance." Focus Note 10. Banco Mundial, Washington, D.C.

Christen, Robert Peck. 1997. Banking Services for the Poor: Managing for Financial Success. Washington, D.C.: ACCION International.

Christen, Robert, Elizabeth Rhyne y Robert Vogel. 1995. "Maximizing the Outreach of Microenterprise Finance: An Analysis of Successful Microfinance Programs." Informe de Evaluación de Programa y Operaciones 10. Agencia para el Desarrollo Internacional de los Estados Unidos (USAID), Washington D.C.

Chu, Michael. 1996a. "Securitization of a Microenterprise Portfolio." En Craig Churchill, ed., An Introduction to Key Issues in Microfinance: Supervision and Regulation, Financing Sources, Expansion of Microfinance Institutions. Washington, D.C.: MicroFinance Network.

———. 1996b. "Reflections on Accessing Capital Markets." ACCION International, resumen de ponencia presentada en la Conferencia "Fourth Annual MicroFinance Network Conference", Noviembre, Toronto.

Churchill, Craig, ed. 1997. Establishing a Microfinance Industry: Governance, Best Practices, Access to Capital Markets. Washington, D.C.: MicroFinance Network

———. ed. 1998. Moving Microfinance Forward: Ownership, Competition and Control of Microfinance Institutions. Washington, D.C.: MicroFinance Network.

Clark, Heather. 1997. "When a Program is Ready to Access Commercial Funds: A Discussion for Commercial Standards." Ponencia preparada para la Cumbre "Microcredit Summit", 3 de febrero, Washington D.C.

Clarkson, Max y Michael Deck. 1997. "Effective Governance for Micro-Finance Institutions." En Craig Churchill, ed., Establishing a Microfinance Industry. Washington, D.C.: MicroFinance Network.

Development Project Service Centre (DEPROSC) y Joanna Ledgerwood. 1997. "Critical Issues in Nepal's Micro-Finance Circumstances." University of Maryland at College Park, Institutional Reform and the Informal Sector, College Park, Md.

Edgcomb, Elaine y Jim Cawley, eds. 1993. An Institutional Guide for Enterprise Development Organizations. New York: PACT Publications.

Fruman, Cecile. 1997. "FEECAM—Benin." Estudio de Caso para el proyecto "Sustainable Banking with the Poor", Banco Mundial, Washington, D.C.

Fruman, Cecile y Jennifer Isern. 1996. "World Bank Microfinance Training." Banco Mundial, Washington, D.C.

Galludec, Gilles. 1996. "CGAP Appraisal Mission." Banco Mundial, Consultative Group to Assist the Poorest, Washington, D.C.

Garber, Garter. 1997. "Private Investment as a Financing Source for Microcredit." The North South Agenda Papers 23. University of Miami, North-South Center, Miami, Fla.

Gonzalez-Vega, Claudio. 1998. "Microfinance Apex Mechanisms: Review of the Evidence and Policy Recommendations." Ohio State University, Department of Agricultural, Environmental y Development Economics, Rural Finance Program, Columbus, Ohio.

Gudger, Michael. 1997. "Sustainability of Credit Guarantee Systems." In SME Credit Guarantee Schemes 4 (1 and 2): 30–33. Publicado para el Banco Interamericano de Desarrollo por "The Financier".

Holtmann, Martin y Rochus Mommartz. 1996. A Technical Guide for Analyzing Credit-Granting NGOs. Saarbrücken, Alemania: Verlag für Entwicklungspolitik.

Jackelen, Henry R. y Elisabeth Rhyne. 1991."Toward a More Market-Oriented Approach to Credit and Savings for the Poor." Small Enterprise Development 2 (4): 4–20.

Krahnen, Jan Pieter y Reinhard H. Schmidt. 1994. Development Finance as Institution Building: A New Approach to Poverty-oriented Banking. Boulder, Colo.: Westview Press.

Levitsky, Jacob. 1997. "Best Practice in Credit Guarantee Schemes." In SME Credit Guarantee Schemes. 4 (1 y 2): 86–94. Publicado para el Banco Interamericano de Desarrollo por "The Financier".

Long, Carolyn, Daouda Diop y James Cawley. 1990. "Report of Program Working Group." En Elaine Edgecomb y James Cawley, eds., An Institutional Guide for Enterprise Development Organizations. New York: PACT Publications.

Magill, John H. 1994. "Credit Unions: A Formal-Sector Alternative for Financing Microenterprise Development." En Maria Otero y Elisabeth Rhyne, eds., The New World of Microenterprise Finance: Building Healthy Financial Institutions for the Poor. West Hartford, Conn.: Kumarian Press.

Montoya, Manuel. 1997. "EDPYME in Peru." En Craig Churchill, ed., Establishing a Microfinance Industry. Washington, D.C.: Microfinance Network.

Nataradol, Pittayapol. 1995. "Lending to Small-Scale Farmers: BAAC's Experience." Bank of Agriculture and Agricultural Cooperatives, Finance against Poverty Conference. Reading, Reino Unido.

Otero, Maria. 1998. "Types of Owners for Microfinance Institutions." En Craig Churchill, ed., Moving Microfinance, Forward Ownership, Competition, and Control of Microfinance Institutions. Washington, D.C.: Microfinance Network.

Otero, Maria y Elisabeth Rhyne, eds. 1994. The New World of Microenterprise Finance: Building Healthy Financial Institutions for the Poor. West Hartford, Conn.: Kumarian Press.

Paxton, Julia. 1996. "A Worldwide Inventory of Microfinance Institutions." Banco Mundial, Proyecto "Sustainable Banking with the Poor", Washington, D.C.

ProFund Internacional. 1997. S.A. Annual Report 1996–97. San José, Costa Rica.

Rhyne, Elisabeth. 1996. "Human Resource Development: Microfinance as a Breakthrough Service." En An Introduction to Key Issues in Microfinance. Washington, D.C.: MicroFinance Network.

Richardson, David C., Barry L. Lennon y Brian L. Branch. 1993. "Credit Unions Retooled: A Road Map for Financial Stabilization." World Council of Credit Unions, Madison, Wisc.

Rock, Rachel. 1997. "Regulation and Supervision Case Studies—Bolivia." En Regulation and Supervision of Microfinance Institutions: Case Studies. Microfinance Network Occasional Paper 2. Washington, D.C.

Rosenberg, Rich. 1996. "Comment on DevFinance Network May 15, 1996." Grupo de discusión por Internet: devfinance@lists.acs.ohio-state.edu

Schmidt, Reinhard H. y Claus-Peter Zeitinger. 1994. "Critical Issues in Small and MicroBusiness Finance." Internationale Projekt Consult GmbH (IPC), Frankfurt.

SEEP (Small Enterprise Education and Promotion) Network. 1996a. Moving Forward: Emerging Strategies for Sustainability and Expansion. New York: PACT Publications.

———. 1996b. Moving Forward: Tools for Sustainability and Expansion. New York: PACT Publications.

Stearns, Katherine. 1993. "Leverage or Loss? Guarantee Funds and Microenterprises." Monograph Series 8. ACCION International, Washington, D.C.

Vogel, Robert C. y Dale Adams. "Costs and Benefits of Loan Guarantee Programs." In SME Credit Guarantee Schemes 4 (1 y 2): 22–29. Publicado para el Banco Interamericano de Desarrollo por "The Financier".

Von Pischke, J.D. 1991. "Finance at the Frontier: Debt Capacity and the Role of Credit in the Private Economy." Banco Mundial, Economic Development Institute Development Studies, Washington D.C.

———. 1996. "Comment on DevFinance Network, May 14, 1996." Grupo de discusión por Internet: devfinance@lists.acs.ohio-state.edu

Wesley, Glenn D. y Shell Shaver. 1996. "Credit Union Policies and Performance in Latin America." Presentado en la Reunión "1996 Annual Meeting of the Latin American and Caribbean Economics Association," Octubre, Mexico, D.F.

Yaron, Jacob. 1992. Successful Rural Finance Institutions. World Bank Discussion Paper 150. Washington, D.C.

Yaron, Jacob, McDonald Benjamin y Gerda Piprek. 1997. "Rural Finance Issues, Design and Best Practices." Banco Mundial, Agriculture and Natural Resources Department, Washington, D.C.

Parte II–
Diseño y monitoreo de productos y servicios financieros

CAPÍTULO CINCO

Diseño de productos crediticios

Por definición, las IMFs proporcionan crédito. Sin importar el enfoque elegido (ver el Capítulo 4), los productos crediticios reales deben diseñarse según las demandas del mercado objetivo. Esto implica establecer montos de préstamos, plazos, requisitos de garantías (o sustitutos), tasas de interés y cargos y, potencialmente, ahorros obligatorios o requisitos de contribuciones de grupo apropiados.

Los productos crediticios con un diseño exitoso que respondan a las necesidades de los microempresarios son una necesidad para cualquier IMF. Es importante que las personas que proporcionan y evalúan los servicios de préstamos conozcan los diferentes elementos de los productos crediticios y la forma en que éstos afectan a los prestatarios y la viabilidad de las IMFs. En este capítulo se ilustra la forma como, incluyendo diferentes elementos de diseño, es posible crear productos crediticios elaborados según las necesidades del mercado objetivo y la capacidad de la IMF.

En este capítulo, se pone especial énfasis en el diseño de productos financieros para responder a las necesidades de los clientes, en base a la convicción de que los microempresarios valoran el hecho de tener acceso a servicios financieros y actúan en forma responsable si se les trata como clientes, y no como beneficiarios.[1] El capítulo será de interés para los profesionales que desean modificar o mejorar sus productos crediticios y para los donantes y consultores que están evaluando los productos crediticios de las IMFs, en especial sus aspectos financieros. En los apéndices del capítulo se proporcionan detalles sobre temas más técnicos, como establecer una tasa de interés

sostenible y calcular la tasa efectiva para los préstamos utilizando la tasa interna de rendimiento y tomando en cuenta flujos de efectivo variables.

Patrones de efectivo, plazos de préstamos y frecuencia de pagos

En esta sección se cubren los aspectos fundamentales del crédito, incluyendo patrones de efectivo de los prestatarios, montos, plazos y programas de pago de préstamos. Al abordar cada uno de los temas, se enfatiza la importancia de comprender el comportamiento y las necesidades crediticias de los clientes.

Patrones de efectivo de los clientes y montos de los préstamos

Para diseñar un producto crediticio que responda a las necesidades de los prestatarios, es importante comprender los patrones de efectivo de éstos. Los *ingresos de efectivo* son el efectivo recibido por la empresa o el hogar en forma de salarios, ganancias por ventas, préstamos o regalos; los *egresos de efectivo* son el efectivo pagado por la empresa u hogar para realizar pagos o compras. Los patrones de efectivo son importantes ya que afectan la capacidad de endeudamiento de los prestatarios. Las entidades crediticias deben asegurarse de que los prestatarios cuenten con los suficientes ingresos de efectivo como para cubrir los pagos de préstamos en las fechas establecidas.

---

1. Algunas partes de este capítulo se basan en material publicado originalmente en Ledgerwood (1996).

Algunos ingresos y egresos de efectivo ocurren con regularidad y otros en intervalos irregulares o en forma estacional o de emergencia. Las actividades estacionales pueden crear momentos en que los prestatarios generen ingresos (como por ejemplo después de un período de cosecha) y momentos cuando no hay ingresos (es posible que obtengan ingresos provenientes de otras actividades). Sin embargo, muchas veces los plazos de los préstamos se extienden por varias estaciones, durante las cuales pueden presentarse épocas cuando los prestatarios no generan ingresos.

Los préstamos deberían basarse en los patrones de efectivo de los prestatarios y en lo posible deberían diseñarse de una forma que permita que el cliente tenga la capacidad de pagar su préstamo sin demasiadas dificultades. Esto ayuda a la IMF a evitar potenciales pérdidas y motiva a los clientes a manejar sus fondos prudentemente y crear una base de activos. (Esto no significa que se toma en cuenta únicamente el flujo de efectivo de la actividad específica que se está financiando; todos los flujos de efectivo son relevantes.)

El monto apropiado del préstamo depende del propósito de éste y de la capacidad del cliente para pagarlo (es decir, su capacidad de endeudamiento). Al determinar la capacidad de endeudamiento de los clientes potenciales, es necesario considerar su liquidez además del grado de riesgo asociado con esta liquidez y otros compromisos con que debe cumplir el cliente antes de pagar un préstamo a la IMF. Al ajustar la capacidad de endeudamiento de un prestatario tomando en cuenta el riesgo, la IMF debería tener expectativas razonables respecto a las condiciones adversas que podrían afectar la empresa del prestatario. El ajuste para el caso cuando se presenten condiciones adversas debe reflejar la disposición del prestamista de asumir los riesgos en caso de incapacidad de pago del prestatario. Mientras mayor sea la capacidad de asumir riesgos de la IMF, mayores serán los límites de crédito que puede ofrecer (Von Pischke 1991).

Muchas veces, las IMFs establecen un monto máximo que puede otorgarse en préstamo a prestatarios nuevos, el cual se incrementa con cada préstamo otorgado. Esto se ha diseñado así para reducir el riesgo para la IMF y para crear un incentivo para que los clientes paguen sus préstamos (es decir, la promesa de un préstamo mayor que podrán obtener en el futuro). Adicionalmente, al incrementar los montos de los préstamos, el cliente puede desarrollar un historial crediticio y llegar a comprender las responsabilidades asociadas con la obtención de préstamos.

¿Cómo afecta el plazo del préstamo la capacidad de pago del prestatario?

El plazo del préstamo es una de las variables más importantes en las microfinanzas; se refiere al período de tiempo durante el cual debe cancelarse el préstamo en su totalidad. El plazo del préstamo afecta el programa de pagos, los ingresos a la IMF, los costos de financiamiento para el cliente y el uso apropiado del préstamo. Mientras más ajuste una organización los plazos de préstamos a las necesidades de su cliente, será más fácil para éste "cargar" con el préstamo y existen mayores probabilidades de que los pagos se harán en forma puntual y completa. En el siguiente ejemplo, se proporcionan tres opciones de condiciones para préstamos a plazos[2]:

◆ Por ejemplo, una costurera adquiere tela y demás material cada cuatro meses para beneficiarse de los precios de mayoreo, lo cual resulta en un ciclo económico de cuatro meses. Los ingresos netos que genera durante los cuatro meses (después de adquirir material por 1.000 y cubrir todos los demás gastos, pero antes de efectuar el pago del préstamo) son de 1.600 (400 mensuales).

Alternativa No. 1: Un préstamo con un plazo de cuatro meses que se ajusta a su ciclo económico. Ella obtiene un préstamo de 1.000 con un plazo de cuatro meses con una tasa de interés del 3 por ciento mensual, y efectúa pagos mensuales de 269 (calculados sobre saldos con el método que se explica detalladamente en la sección sobre los precios de los préstamos, más adelante). El total de sus pagos es de 1.076 (gastos por intereses de 76). Si a sus ingresos de 1.600, se les resta el pago del préstamo de 1.076, le quedan ingresos netos de 524.

---

2. Este análisis de plazos de préstamos fue realizado por Barbara Calvin, codirectora, International Operations, Calmeadow, y originalmente fue publicado en Ledgerwood (1996).

El flujo de efectivo en los cuatro meses es el siguiente:

Período	Negocio	Préstamo	Ingresos netos
0	(1.000)	1.000	—
1	400	(269)	131
2	400	(269)	131
3	400	(269)	131
4	400	(269)	131
Total	600	(76)	524

En este caso, la costurera cuenta con ingresos adicionales para consumirlos o volver a invertirlos como capital de trabajo adicional, si así lo desea. El plazo del préstamo se ajusta apropiadamente a su ciclo económico y sus patrones de liquidez.

Alternativa No. 2: Un préstamo de dos meses; más corto que su ciclo económico. Ella obtiene un préstamo de 1.000 por dos meses al 3 por ciento mensual, con pagos mensuales de 523 y ventas de 400 mensuales. El total de pagos asciende a 1.046 (intereses de 46). Si a sus ingresos de 1.600, se les resta el pago del préstamo de 1.046, le quedan 554.

El flujo de efectivo es el siguiente:

Período	Negocio	Préstamo	Ingresos netos
0	(1.000)	1.000	—
1	400	(523)	(123)
2	400	(523)	(123)
3	400	0	400
4	400	0	400
Total	600	(46)	554

Con un plazo de dos meses y un ciclo económico de cuatro meses, la prestataria no genera los suficientes ingresos en los primeros meses para realizar los pagos del préstamo. Si ella no tuviera ahorros, para empezar, o si no tuviera acceso a otros ingresos o crédito para apoyar los pagos del préstamo, entonces no hubiera podido pagar el préstamo.

Alternativa No. 3: Un préstamo de seis meses; más largo que su ciclo económico. Ella obtiene un préstamo de 1.000 por seis meses, al 3 por ciento mensual, con pagos mensuales de 184.60 y ventas mensuales de 400, únicamente durante 4 meses. (Asumamos que, debido a que no tiene los 1.000 en capital de trabajo al final de los cuatro meses, no puede comprar más inventario a precios de mayoreo y por lo tanto no tiene ingresos durante dos

meses. Aunque esto quizá no siempre ocurra, en este texto se presenta esta situación hipotética para ilustrar el hecho de que, bajo ciertas circunstancias, los plazos más largos son perjudiciales para los prestatarios, especialmente si éstos no tendrán acceso a préstamos en el futuro hasta que no paguen el préstamo actual.) El total de pagos es de 1.107,60 (107,60 en intereses). Si a los ingresos de 1.600 se les resta el pago del préstamo de 1.107,60, quedan 492,40.

El flujo de efectivo es el siguiente:

Período	Negocio	Préstamo	Ingresos netos
0	(1.000)	1.000	—
1	400	(184,6)	215,4
2	400	(184,6)	215,4
3	400	(184,6)	215,4
4	400	(184,6)	215,4
5	0	(184,6)	(184,6)
6	0	(184,6)	(184,6)
Total	600	(107,6)	492,4

En esta situación, el flujo de efectivo en los primeros cuatro meses es más favorable para la prestataria; sin embargo, puede caer en la tentación de gastar los ingresos netos más altos en los primeros meses del plazo del préstamo, lo cual resultará en potenciales dificultades para realizar los pagos mensuales en los últimos dos meses. Además, percibe ingresos netos más bajos debido a la mayor cantidad de intereses pagados.

Este ejemplo ilustra la razón por la cual muchas veces los préstamos con plazos de 12 meses, otorgados en mercados urbanos activos, resultan en mora e incumplimiento de pago hacia el final del plazo del préstamo. Además, la prestataria acaba por estar subempleada durante dos meses, porque no tiene acceso al crédito para adquirir más inventario. Si el plazo fuera más corto y por eso ella pudiera solicitar otro préstamo, entonces podría continuar estando plenamente activa en su empresa.

Las tres alternativas arriba presentadas demuestran que el flujo de efectivo en parte determina la capacidad de endeudamiento de los prestatarios. Esto influye en los plazos y montos apropiados para los préstamos, lo cual a su vez determina los requisitos para el pago de deudas. Las IMFs deberían diseñar los plazos y los montos de los préstamos de tal manera que respondan a la capacidad de pagar deudas de sus clientes.

Este tema pierde importancia mientras más rentable sea la empresa, ya que los mayores ingresos potencialmente pueden tener como resultado que se generen suficientes ingresos adicionales como para acumular la suficiente cantidad de ahorros, con lo que el cliente ya no necesita solicitar un préstamo, a no ser que desee ampliar su empresa. (En ese caso, la IMF habrá mejorado exitosamente la posición económica de su cliente y no debería considerarse que este "alejamiento" de clientes es negativo o que indica que existen servicios o productos deficientes.)

Dependiendo de los patrones de liquidez y los plazos de los préstamos, a veces quizá los clientes prefieran pagar sus préstamos por adelantado. Los pagos por adelantado tienen dos grandes ventajas para el cliente:

- Pueden reducir el riesgo de seguridad y la tentación de gastar más de lo necesario.
- Pueden reducir la carga de los pagos mensuales más adelante en el ciclo del préstamo.

Los pagos por adelantado tienen una ventaja evidente para una IMF: si el préstamo se paga antes de lo establecido, la institución financiera puede rotar la cartera de préstamos más rápidamente y, por lo tanto, captar más clientes.

Sin embargo, es difícil monitorear los pagos por adelantado, y si son significativos pueden afectar el flujo de efectivo de una IMF (o sus sucursales). Esto puede afectar la capacidad de pronosticar con exactitud los requisitos de liquidez. En algunas IMFs, al pagar el préstamo completo, el cliente tiene derecho automáticamente a obtener un préstamo más elevado. Esto puede tener como resultado que la IMF cuente con una cantidad reducida de fondos para otorgarlos en préstamo a otros clientes.

Adicionalmente, cuando los intereses se calculan sobre saldos, usualmente en el pago por adelantado se incluye el capital que se debe y cualquier monto de intereses pendientes. Esto significa que al pagar los préstamos por adelantado, se reciben menos ingresos por intereses de lo previsto inicialmente, lo cual resulta en ingresos menores para la IMF (a no ser que los fondos puedan volver a otorgarse en préstamo inmediatamente).

Si un grupo específico de prestatarios (por ejemplo, vendedores del mercado) tiende a pagar por adelantado sus préstamos con regularidad, es aconsejable acortar el plazo de los préstamos para responder a las necesidades de ese grupo de clientes. *Los plazos de los préstamos*

deberían diseñarse para minimizar la necesidad de efectuar pagos por adelantado. Esto implica ajustar el plazo del préstamo a los patrones de liquidez, para ayudar a los clientes a realizar un presupuesto de sus flujos de efectivo y para reducir la probabilidad de que ocurran pagos por adelantado o se incurra en mora.

Finalmente, los pagos por adelantado también pueden indicar que los prestatarios están obteniendo préstamos de otro prestamista que quizá está proporcionando un mejor servicio, tasas de interés más bajas o plazos más apropiados. Si éste es el caso, la IMF debe examinar sus productos crediticios y los de los demás prestamistas.

Frecuencia de pagos de préstamos

Los pagos de préstamos pueden realizarse regularmente (semanalmente, quincenalmente, mensualmente) o se puede pagar el total del préstamo al final del plazo, dependiendo de los patrones de liquidez del prestatario. En la mayoría de los casos, los intereses y el abono a la deuda se pagan juntos. Sin embargo, algunas IMFs cobran los intereses primero (pagados al inicio del plazo del préstamo) y los abonos a la deuda durante el plazo del préstamo, mientras que otras cobran los intereses periódicamente y el pago del capital al final del plazo.

Para las actividades que generan ingresos continuos pueden establecerse pagos regulares; de esta manera, el cliente puede pagar el préstamo durante el plazo establecido sin tener que ahorrar el monto del préstamo (para pagarlo) durante el plazo. La frecuencia de pagos depende de las necesidades del cliente y la capacidad de la IMF de garantizar que se realicen los pagos. Algunos prestamistas individuales cobran los pagos cada día, especialmente si sus prestatarios son vendedores en el mercado que reciben efectivo diariamente; otros prestamistas cobran mensualmente, porque no están ubicados en un lugar fácilmente accesible para los prestatarios (es decir, la sucursal bancaria está localizada a una gran distancia de la empresa del prestatario). Debe alcanzarse un equilibrio entre los costos de transacción asociados con los pagos frecuentes y el riesgo de incumplimiento de pago por un manejo de efectivo deficiente asociado con los pagos poco frecuentes.

Para las actividades estacionales, puede ser apropiado diseñar el préstamo de tal manera que se realice un pago total una vez que haya concluido la actividad. Las actividades de cosecha constituyen un buen ejemplo. (Notar que pueden utilizarse otros ingresos del hogar para pagar el préstamo en montos pequeños.) Sin embargo, debe procederse con cautela en el caso de pagos del monto total, especialmente si existe el riesgo de que la cosecha (u otra actividad estacional) fracase. En el caso cuando, al vencer el plazo del préstamo, no se están generando ingresos, el riesgo de incumplimiento de pago es alto. Algunas IMFs que financian actividades estacionales diseñan sus préstamos con pagos periódicos de tal manera que la mayor parte de los ingresos generados por la cosecha quede en manos de los prestatarios, porque ya se ha pagado la mayor parte del préstamo al finalizar la cosecha. Esto funciona para incrementar los ahorros (activos) de los prestatarios.

Además, las IMFs pueden combinar los préstamos de pagos periódicos con préstamos de pago del monto total, cobrando una mínima parte del préstamo (por ejemplo, los intereses) a lo largo de todo el plazo, y el monto restante se paga al finalizar la cosecha (o sea, el capital).

Capital de trabajo y préstamos de activo fijo

El monto y el plazo apropiado del préstamo son afectados por el propósito para el cual se utilizará el préstamo. Generalmente, existen dos tipos de préstamos: los préstamos para capital de trabajo y los préstamos para activos fijos.

Los préstamos de capital de trabajo son para gastos corrientes que ocurren como parte del desarrollo normal de la empresa. El capital de trabajo se refiere a la inversión en activo actual o activos de corto plazo para utilizarse en el transcurso de un año. Algunos ejemplos son: madera adquirida para un taller de carpintería, alimentos o bienes adquiridos para su venta en el mercado o alimento para aves de corral adquirido para la crianza avícola. Un préstamo para capital de trabajo debería tener un plazo que se ajuste al ciclo económico del prestatario (tal como se describió anteriormente). Los préstamos de capital de trabajo de las IMFs, generalmente tienen plazos que van de dos meses a un año.

Los préstamos de activos fijos son aquéllos que se utilizan para la adquisición de activos que se utilizan en la empresa a través del tiempo; estos activos suelen tener un ciclo de vida mayor de un año. Usualmente, los activos fijos se definen como maquinaria, equipo y propiedades. Entre los ejemplos de activos fijos se encuentran las motocicletas, máquinas de coser, incubadoras para

huevos o calesas orientales. Debido a que el activo fijo no se consume con la actividad productiva (es decir, no se vende como parte del producto), se percibe su impacto en la rentabilidad durante un período de tiempo más prolongado.

Un préstamo obtenido para un activo fijo, generalmente es de un monto más elevado y tiene un plazo más largo que un préstamo para capital de trabajo (es decir, los préstamos para activos fijos no necesariamente se ajustan al ciclo económico). Esto resulta en un mayor riesgo para una IMF, mitigado un poco si la organización adquiere un título legal del activo como garantía. En la Tabla 5.1, se proporcionan ejemplos de usos de los préstamos para capital de trabajo o activos fijos.

Aunque es posible que se requieran plazos más largos para la adquisición de activos fijos, algunas IMFs encuentran que no necesitan introducir productos crediticios especiales si son relativamente bajos los costos, y si el préstamo puede pagarse en un plazo de 12 meses o menos.

Con frecuencia cada vez mayor, las IMFs están reconociendo la fungibilidad del dinero, es decir, la capacidad de uso de los préstamos, previstos originalmente para una

Tabla 5.1 Ejemplos de usos de los préstamos

Actividad	Activos fijos	Capital de trabajo
Vendedor	Puesto de venta de comida	Mercadería
		Bolsas plásticas
	Refrigeradora	Bolsas de papel
	Balanza	
Costurera	Máquina de coser	Telas
	Tabla de coser	Patrones
	Maniquí	Agujas e hilo
Carpintero	Sierra	Madera
	Torno	Clavos
	Lijadora	Lija
Propietario de crianza avícola	Incubadora	Huevos
	Canastos	Electricidad
	Tela metálica y soporte	Tela para envolver
	Termómetro	Esterilización de huevos
	Repisas	

Fuente: Ledgerwood 1996.

actividad determinada, para otros gastos domésticos. Por consiguiente, no es tan importante el propósito del préstamo como la capacidad de pago del prestatario.

Garantías de los préstamos

Generalmente, las IMFs otorgan préstamos a clientes de bajos ingresos que muchas veces poseen muy pocos activos; por consiguiente, con frecuencia no hay disponibilidad de garantías tradicionales como propiedades, tierras, maquinaria y otros activos de capital. Se han desarrollado varios medios innovadores para reducir el riesgo de pérdidas de préstamos, incluyendo sustitutos de garantías y garantía alternativa.

Sustitutos de garantías

Uno de los sustitutos de garantías más comunes es la presión por parte de los demás miembros del grupo, ya sea sola o en conjunto con garantías colectivas (ver el Capítulo 3). Adicionalmente, existen varias formas de sustitutos de garantías utilizadas frecuentemente.

GARANTÍAS COLECTIVAS. Muchas IMFs facilitan la formación de grupos cuyos miembros garantizan en conjunto los préstamos de los demás. Las garantías pueden ser: garantías implícitas, con la condición de que ningún miembro del grupo puede tener acceso a préstamos si no están al día todos los miembros con sus pagos de préstamos; o garantías reales, en las cuales los miembros del grupo son responsables si otros miembros no cumplen con el pago de sus préstamos.

Algunas IMFs exigen a los miembros del grupo que efectúen contribuciones a un fondo de garantía colectiva, el cual se usa si uno o más prestatarios no realizan el pago del préstamo. El uso del fondo de garantía colectiva, a veces ocurre a discreción del grupo mismo y a veces según la decisión de la IMF. Si se utiliza a discreción del grupo, muchas veces éste prestará recursos del fondo de garantía al miembro del grupo que no puede pagar su préstamo. El miembro que "pide prestado" al fondo del grupo luego es responsable de reembolsar el dinero al fondo. Si el fondo del grupo es manejado por la IMF, una parte del fondo es embargada, según el monto del préstamo que no se haya pagado, y los demás miembros del grupo cubren cualquier déficit. Si esto no ocurre, la consecuencia es que ya ningún miembro del grupo tiene acceso a crédito.

PRÉSTAMOS BASADOS EN EL PRESTIGIO DE LOS CLIENTES. Algunas IMFs otorgan préstamos a las personas en base al hecho de que tienen una buena reputación en la comunidad. Previo a otorgar el préstamo, el oficial de crédito visita varios establecimientos en la comunidad y realiza averiguaciones sobre el carácter y comportamiento del cliente potencial.

VISITAS FRECUENTES A LA EMPRESA POR PARTE DEL OFICIAL DE CRÉDITO. Siempre y cuando la sucursal o los oficiales de crédito estén a una distancia geográfica razonable de sus clientes, las visitas frecuentes ayudan a garantizar que el cliente mantiene su empresa y que tiene la intención de pagar el préstamo. Además, las visitas frecuentes permiten que el oficial de crédito conozca las empresas de sus clientes y detecte si el préstamo es apropiado (en cuanto a monto, plazo, frecuencia de pagos, etc.). Las visitas también contribuyen a desarrollar el respeto mutuo entre el cliente y el oficial de crédito, conforme aprenden a apreciar y comprender el compromiso de cada cual con su trabajo.

RIESGO DE UNA VERGÜENZA PÚBLICA. Muchas veces, los clientes pagarán los préstamos si sienten que se les avergonzará frente a sus familias, compañeros y vecinos. Esto ocurriría si se publican listas, anuncios en los periódicos locales o anuncios realizados en las reuniones comunitarios mencionando los nombres de los prestatarios que no están pagando sus préstamos.

RIESGO DE CÁRCEL O ACCIÓN LEGAL. Dependiendo del contexto legal en el país dado, algunas IMFs han demandado o, en casos aislados, enviado a la cárcel a sus clientes por no pagar sus préstamos. A veces, basta simplemente conque los prestatarios conozcan el riesgo de las repercusiones legales para motivarlos a realizar sus pagos.

Formas alternativas de garantías

Existen por lo menos tres formas alternativas de garantías utilizadas con frecuencia:

AHORROS OBLIGATORIOS. Muchas IMFs exigen a sus clientes que mantengan un saldo (establecido como un porcentaje del préstamo) en ahorros (o como contribuciones a fondos de grupo) para obtener préstamos por primera vez o préstamos subsiguientes (o ambos). Los ahorros obligatorios difieren de los ahorros voluntarios en el sentido de que generalmente no están disponibles para ser retirados mientras haya un préstamo pendiente. De esta manera, los ahorros obligatorios tienen la función de una forma de garantía.

Al tener que ahorrar una parte de sus fondos, se limita el uso de estos fondos por parte de los prestatarios en sus actividades empresariales o en otras inversiones que generen ingresos. Usualmente, la tasa de interés pagada por depósitos en cuentas de ahorro (si es que se pagan intereses) es más baja que el rendimiento obtenido por los prestatarios si los ahorros se invirtieran en su empresa u otras inversiones. Como resultado, existe un costo de oportunidad igual a la diferencia entre lo que obtiene el cliente por los ahorros obligatorios y el rendimiento que podría obtener al invertir los fondos de otra manera.

Los ahorros obligatorios pueden tener un impacto positivo en los clientes, arreglando sus patrones de consumo y proporcionando fondos para emergencias *siempre y cuando los ahorros estén disponibles para ser retirados por el prestatario*. La mayoría de ahorros obligatorios están disponibles para ser retirados únicamente al final del plazo del préstamo, siempre y cuando el préstamo se haya pagado en su totalidad. De esta manera, los clientes cuentan con una liquidez adicional para inversiones o consumo al final del plazo del préstamo. Además, los ahorros obligatorios proporcionan un medio para crear activos para los clientes; no todas las IMFs perciben los ahorros obligatorios estrictamente como una forma alternativa de garantía.

Una variación de los ahorros obligatorios exigidos por el Banco Rakyat Indonesia es que los prestatarios deben pagar intereses adicionales mensualmente, los cuales recuperan al final del plazo del préstamo, siempre y cuando hayan realizado los pagos mensuales completos y a tiempo. A esto se le denomina un "incentivo para pagos puntuales" y tiene como resultado que el prestatario recibe una suma al final del plazo del préstamo, lo cual lo beneficia y es un incentivo concreto para pagar el préstamo en el plazo establecido, con lo que el banco también se beneficia.

Además, los ahorros obligatorios proporcionan una fuente de fondos para préstamos e inversión para la IMF. Generalmente, constituyen una fuente estable de fondos porque no son líquidos (es decir, generalmente los ahorros no están disponibles para ser retirados por los prestatarios mientras haya préstamos pendientes). Sin embargo, es esencial que la IMF actúe en forma prudente al otorgar en préstamo o invertir los ahorros de los clientes para garantizar que los fondos se reembolsen y puedan retornar al cliente en su totalidad cuando sea necesario.

ACTIVOS COMPROMETIDOS COMO GARANTÍA, POR MENOS DEL VALOR DEL PRÉSTAMO. A veces, sin importar el valor de mercado real de los activos que son propiedad del prestatario, el hecho de dar en garantía los activos (como mobiliario o equipo) y el reconocimiento consiguiente de que pueden perderse (lo cual causa inconveniencias), motivan al cliente a pagar el préstamo. Es importante que la IMF embargue formalmente los activos que se habían dado en garantía si el cliente no paga el préstamo. Con esto, se transmite el mensaje a los demás prestatarios de que la IMF realmente exige el pago del préstamo.

GARANTÍAS PERSONALES. Aunque muchas veces los prestatarios de micropréstamos no tienen la capacidad como individuos de garantizar sus préstamos, a veces pueden obtener el respaldo de amigos o familiares para proporcionar garantías personales (a estas personas a veces se les denomina codeudores). Esto significa que, en caso de incapacidad del prestatario para pagar el préstamo, la persona que proporcionó una garantía personal es responsable de pagar el préstamo.

Muchos de los sustitutos de garantías y formas alternativas de garantías arriba mencionados se utilizan en combinación unos con otros. Un buen ejemplo de esto, lo proporciona Asociación para el Desarrollo de Microempresas (ADEMI) en la República Dominicana (Casilla 5.1).

Fijación de precios de los préstamos

La fijación de los precios de los préstamos es un aspecto importante del diseño de los productos crediticios. Debe alcanzarse un equilibrio entre lo que pueden pagar los clientes y lo que debe ganar la organización crediticia para cubrir todos sus costos. Generalmente, los clientes de IMFs no son sensibles a las tasas de interés; es decir, aparentemente los microempresarios no han solicitado más o menos préstamos en reacción al incremento o la

Casilla 5.1 Requisitos de garantías de la Asociación para el Desarrollo de Microempresas (ADEMI)

LA ASOCIACIÓN PARA EL DESARROLLO DE MICROEMPRESAS (ADEMI) utiliza una combinación de garantías y fiadores para asegurar sus préstamos. A todos los prestatarios se les exige firmar un contrato legal en el que se declara su obligación de pagar los fondos en plazos establecidos. Además, la mayoría de los clientes tiene a un garante o codeudor que asume plena responsabilidad de cumplir con las condiciones establecidas en el contrato si los clientes no tuvieran la capacidad o la voluntad de pagar los préstamos. Cuando es factible, se exige a los prestatarios que firmen títulos de propiedades o maquinaria como garantías del préstamo. (La asociación estima que el 80 por ciento de los títulos firmados representan únicamente del 20 al 30 por ciento del valor del préstamo.) En algunos casos, puede pedirse a los garantes que pignoren valores en nombre del prestatario.

Sin embargo, ADEMI promueve fuertemente que no se limite a los solicitantes que no tengan la capacidad de proporcionar garantías en su capacidad de tener acceso a crédito. En los casos donde los prestatarios que obtienen un préstamo por primera vez no tienen la capacidad de proporcionar valores, los oficiales de crédito se apoyan fuertemente en las referencias personales como sustituto de garantías; en estas situaciones, el oficial de crédito hace averiguaciones acerca de la reputación del solicitante en forma muy similar a como lo haría un prestamista individual. Se realizan visitas a empresas y bares del vecindario, y se podría pedir a los solicitantes que muestren estados financieros (en lo posible) o recibos por pago de equipo u otros pagos. Cada solicitud se considera por separado.

Fuente: Benjamin y Ledgerwood 1998.

- Costos de financiamiento
- Costos de operaciones
- Provisiones para pérdidas de préstamos
- Costos de capital

Cada uno de estos costos se discute más detalladamente en la parte III, en donde se hacen ajustes a los estados financieros y donde se determina la viabilidad financiera de las IMFs. Para obtener información específica sobre la forma como establecer una tasa de interés *sostenible* en base a la estructura de costos de una IMF, ver el Apéndice 1.

En general, una IMF incurre en costos de financiamiento relativamente bajos si financia su cartera de préstamos principalmente con fondos obtenidos en donación. Sin embargo, si se utilizan los ahorros obligatorios (arriba descritos) para financiar la cartera de préstamos, esto puede afectar los costos de financiamiento promedio de una IMF. Muchas IMFs no pagan intereses sobre los ahorros obligatorios, y si éste es el caso, entonces el costo de los fondos para los ahorros obligatorios es igual a cero. Si una IMF financia su cartera de préstamos con fondos obtenidos en préstamo de un banco, por ejemplo, al 12 por ciento, y con los ahorros de los clientes al 6 por ciento, mientras más alta sea la parte de la cartera financiada con ahorros de clientes, más bajo será el costo de financiamiento en general. (Notar que esto no refleja el aumento de costos de operaciones, por ejemplo, por el monitoreo que se realiza para recibir los ahorros obligatorios. En esta discusión, únicamente nos referimos al costo de los fondos promedio para una organización y no se incluye el costo de recibir los ahorros obligatorios.)

◆ Por ejemplo, con una cartera de préstamos de 1.000.000 financiada por ahorros de 300.000 (al 6 por ciento) y 700.000 en fondos obtenidos en préstamo (al 12 por ciento), el costo promedio anual de los fondos es el siguiente:

$$10,2\% = \frac{(300.000 \times 6\%) + (700.000 \times 12\%)}{1.000.000}$$

Si el componente de ahorros obligatorios aumenta a 500.000, el costo promedio de los fondos se reduce. Utilizando el ejemplo arriba descrito, con una cartera de préstamos financiada por 500.000 en ahorros (al 6 por ciento) y 500.000 en fondos obtenidos en préstamo (al 12 por ciento), el costo anual promedio de los fondos es el siguiente:

disminución de las tasas de interés. En su mayoría, una tasa de interés que está muy por encima de las tasas de interés de los bancos comerciales es aceptable porque los prestatarios tienen un acceso limitado al crédito. Sin embargo, una IMF debe garantizar de que sus operaciones sean tan eficaces como sea posible para no colocar una carga indebida en sus clientes, en forma de tasas de interés y cargos elevados (Casilla 5.1).

Las IMFs pueden determinar la tasa de interés que deben aplicar a los préstamos en base a su estructura de costos. Las IMFs incurren en cuatro tipos diferentes de costos:

$$9\% = \frac{(500.000 \times 6\%) + (500.000 \times 12\%)}{1.000.000}$$

Es igualmente cierto el caso opuesto; si una IMF financia su cartera principalmente con fondos provenientes de donaciones para los cuales no hay costos de intereses, entonces la suma adicional del 6 por ciento pagada a los clientes sobre los ahorros obligatorios incrementa los costos generales de los fondos de una IMF.

Los *costos de operaciones* incluyen los salarios, alquileres, viajes y transporte, administración, depreciación, etc. Dependiendo del enfoque seleccionado, estos costos varían entre el 12 y el 30 por ciento de los préstamos pendientes.

Las *provisiones para pérdidas de préstamos* varían dependiendo de la calidad de la cartera de préstamos (discutida en el Capítulo 9), y los *costos de capital* varían dependiendo de la tasa de interés del mercado y el índice de inflación en el país (discutidos en el Capítulo 8).

Una vez que se han considerado los costos de una IMF, existen varias formas para establecer los precios de los préstamos para generar los ingresos aproximados requeridos. (Notar que únicamente los préstamos que son pagados a tiempo y por completo producen el monto total de ingresos esperados. Esto se discute más detalladamente en el Capítulo 9.) A continuación, se describe una forma para calcular las tasas de interés y se muestra cómo los cargos por servicio pueden incrementar los ingresos por intereses.

Cálculo de tasas de interés

Existen varias formas de calcular los intereses sobre un préstamo, y dos de estos métodos son los más comunes: el método de intereses sobre saldos y el método de intereses fijos. Generalmente, los intereses se pagan a lo largo del plazo del préstamo, aunque a veces se pagan al inicio de éste.

MÉTODO DE CÁLCULO DE INTERESES SOBRE SALDOS. Este método consiste en calcular los intereses como un porcentaje del monto pendiente a lo largo del plazo del préstamo. Al calcular los intereses sobre saldos, esto significa que se cobran intereses únicamente sobre el monto que todavía debe el prestatario. El monto del capital de un préstamo a un año, pagado semanalmente efectuando pagos de capital e intereses, se reduce o disminuye cada semana por el monto de capital que se ha pagado (Tabla 5.2). Esto significa que cada semana, los prestatarios hacen menos uso del préstamo original, hasta que al final del año ya no queda capital y han pagado todo el préstamo (asumiendo que se ha efectuado el 100 por ciento del pago del préstamo).

Tabla 5.2 Método de cálculo sobre saldos

Monto del préstamo: 1.000; plazo de 12 meses; pagos mensuales del préstamo: 92,63; tasa de interés: 20 por ciento.

Mes	Pagos	Capital	Intereses	Saldo pendiente
0	—	—	—	1.000,00
1	92,63	75,96	16,67	924,04
2	92,63	77,23	15,40	846,79
3	92,63	78,52	14,21	768,29
4	92,63	79,83	12,81	688,46
5	92,63	81,16	11,48	607,30
6	92,63	82,51	10,12	524,79
7	92,63	83,88	8,75	440,91
8	92,63	85,28	7,35	355,63
9	92,63	86,70	5,93	268,93
10	92,63	88,15	4,49	180,78
11	92,63	89,62	3,02	91,16
12	92,63	91,16	1,53	0,00
Total	1.111,56[a]	1.000,00	111,76[a]	—

a, La diferencia del 0,2 se debe a que se redondeó la cifra.
Fuente: Ledgerwood 1996.

◆ Por ejemplo, en el sexto mes de un préstamo a 12 meses por 1.000, el prestatario únicamente deberá pagar aproximadamente 500 si ha efectuado sus pagos semanales regulares. En ese punto, está pagando intereses únicamente sobre 500 en vez de pagar intereses sobre 1.000. (Notar que con los intereses pagados sobre saldos, durante los primeros meses del plazo del préstamo, una cantidad mayor del pago mensual son intereses, y al final del plazo una mayor cantidad del pago es capital. Esto resulta en un monto un poco más elevado que la mitad del capital que permanece pendiente a la mitad del plazo del préstamo. En el ejemplo presentado en la Tabla 5.2, en el sexto mes queda pendiente de pago la suma de 524,79 en vez de 500.)

Para calcular los intereses con el método de cálculo sobre saldos, se requiere de una calculadora financiera. En la mayoría de las calculadoras financieras, los valores y pagos presentes deben ingresarse con signos opuestos, es decir, si el valor presente es positivo, el pago debe ser negativo, o viceversa. Esto se debe a que uno es un ingreso de efectivo y el otro es un egreso de efectivo. Las calculadoras financieras permiten al usuario ingresar diferentes variables de préstamos, como se presenta a continuación:

PV = Valor presente, o la cantidad neta de efectivo desembolsado al prestatario al inicio del plazo del préstamo.

i = Tasa de interés, que debe expresarse en las mismas unidades de tiempo que "n" presentado a continuación.

n = Plazo del préstamo, que debe ser igual a la cantidad de pagos a realizarse.

PMT = Pago realizado cada período.

◆ En el ejemplo arriba descrito, un préstamo a un año plazo de 1.000 con pagos mensuales y un 20 por ciento de intereses calculados sobre saldos, se opera ingresando lo siguiente:

PV = –1.000 (ingresar como monto negativo, debido a que es un egreso de efectivo).

i = 20 por ciento anual; 1,67 por ciento mensual

n = 12 meses.

Solución para el PMT:

PMT = 92,63.

El total de pagos equivale a 1.111,56 (12 meses con pagos de 92,63 mensuales). El total de los intereses es de 111,56.

El cálculo de intereses sobre saldos lo utilizan la mayoría, o todas las instituciones financieras formales, y también se considera el método más apropiado de cálculo de intereses para las IMFs.

MÉTODO DE TASA FIJA. Este método consiste en calcular los intereses como un porcentaje del monto inicial del préstamo, en vez de calcularlos sobre el monto de capital pendiente de pago (en disminución) durante el plazo del préstamo. Utilizar el método de intereses fijos significa que los intereses siempre se calculan sobre el monto total del préstamo desembolsado inicialmente, aunque los pagos periódicos causen una disminución del capital pendiente de pago. Muchas veces, aunque no siempre, se establecerá una tasa fija para el plazo del préstamo, en vez de aplicar una tasa periódica (mensual o anual). Si el plazo del préstamo es menor de 12 meses, es posible obtener la tasa anual multiplicándola por el número de meses o semanas del plazo del préstamo, dividido entre 12 o 52, respectivamente.

Para calcular los intereses utilizando el método de tasa fija, la tasa de interés simplemente se multiplica por el monto inicial del préstamo. Por ejemplo, si una IMF cobra el 20 por ciento de intereses utilizando el método de intereses fijos sobre un préstamo de 1.000, los intereses a pagar son de 200 (Tabla 5.3).

Es evidente que el monto real de intereses cobrados varía significativamente dependiendo de si se calculan los intereses sobre saldos o sobre el monto fijo. El cálculo de la tasa fija tiene como resultado un costo de intereses mucho más elevado que el cálculo sobre saldos, basado en la misma tasa *nominal*. En el ejemplo presentado en la Tabla 5.3, los intereses de 200 (base fija del 20 por ciento) se elevan en 88,44, o sea, un 80 por ciento mayor que los intereses de 111,56 (un 20 por ciento sobre el saldo).

Para incrementar sus ingresos, algunas IMFs cambian el método de cálculo de intereses sobre saldos, por el de tasa fija, en vez de incrementar la tasa nominal. Esto puede ser una reacción a las leyes de usura que imponen una tasa de interés máxima que no es lo suficientemente alta como para cubrir los costos de la IMF. Sin embargo, las IMFs deberían reconocer que, sin importar la tasa nominal mencionada, los clientes están muy conscientes de cuántos intereses están pagando realmente, basado en

Tabla 5.3 Método de cálculo de interés de tasa fija

Monto del préstamo: 1.000; plazo de 12 meses; pagos mensuales del préstamo: 100; tasa de interés: 20 por ciento

Mes	Pagos	Capital	Intereses	Saldo pendiente
0	—	—	—	1.000,00
1	100	83,33	16,67	916,67
2	100	83,33	16,67	833,34
3	100	83,33	16,67	750,01
4	100	83,33	16,67	666,68
5	100	83,33	16,67	583,35
6	100	83,33	16,67	500,02
7	100	83,33	16,67	416,69
8	100	83,33	16,67	333,36
9	100	83,33	16,67	250,03
10	100	83,33	16,67	166,70
11	100	83,33	16,67	83,37
12	100	83,33	16,67	0,00
Total	1.200	1.000,00	200,00	—

Fuente: Ledgerwood 1996.

el monto a pagar en cada período de pago. Es importante que todos los cálculos de intereses sean transparentes.

Estos ejemplos muestran que, si todas las demás variables permanecen iguales, el monto de intereses pagados sobre un préstamo calculando los intereses sobre saldos es mucho más bajo que el que se paga al calcular los intereses con el método de tasa fija. Para comparar las tasas de interés calculadas según métodos diferentes, es necesario determinar qué tasa de interés se requeriría al calcular los intereses sobre saldos, para ganar el mismo monto nominal de intereses sobre un préstamo donde se calcularon los intereses fijos.

◆ En el ejemplo 5.1, los intereses para un préstamo de 1.000 del 20 por ciento, calculados para un año sobre saldos, efectuándose pagos mensuales, dan como resultado el monto de 112 (redondeados de 111,56).

Para el mismo préstamo, con intereses calculados como intereses fijos, el monto de los intereses es de 200.

Para ganar 200 en intereses sobre un préstamo de 1.000, calculando los intereses sobre saldos, la tasa de interés tendría que aumentar 15 puntos de porcentaje, al 35 por ciento (ingresos adicionales por intereses de 88):

■ Al cobrar intereses sobre un préstamo de 1.000 al 35 por ciento, calculados sobre saldos, se obtiene como resultado pagos mensuales de 99,96 por un año, o un costo total de intereses de 200 (redondeado de 199,52).

Este ejemplo muestra que una IMF que calcula los intereses con el método de cálculo sobre saldos tendría que incrementar considerablemente su tasa de interés nominal para obtener los mismos ingresos que una IMF que calcula los intereses como intereses fijos.

¿Cómo afectan los cobros de cargos por servicio al prestatario y a la IMF?

Además de cobrar intereses, muchas IMFs cobran un cargo por servicio al desembolsar los préstamos. Los car-

Ejemplo 5.1

	Intereses 20% Sobre saldos	Intereses 20% de tasa fija	Diferencia	Intereses 20% de tasa fija	Intereses 35% sobre saldos
Costos reales	112	200	88	200	200

gos o recargos por servicio incrementan los costos financieros del préstamo para el prestatario y los ingresos para la IMF. Muchas veces, se cobran cargos como un medio para incrementar el rendimiento para el prestamista en vez de cobrar tasas de interés nominales más altas.

Generalmente, los cargos se cobran como un porcentaje del monto inicial del préstamo, y se cobran al *inicio* del plazo, y no a lo largo del plazo del préstamo. Debido a que los cargos no se calculan sobre saldos, el efecto de un incremento de cargos es mayor que un incremento similar en la tasa de interés nominal (si los intereses se calculan sobre saldos).

◆ En el ejemplo 5.2, una IMF desea determinar sus políticas de fijación de precios. Al hacerlo, desea calcular el efecto de un incremento de la tasa de interés en el prestatario y, alternativamente, un incremento en el cargo del préstamo.

En el ejemplo 5.1, una tasa de interés del 20 por ciento (sobre saldos) sobre un préstamo de 1.000 resultó en 112 en ingresos por intereses. Un cargo del 3 por ciento sobre este préstamo resultaría en un cargo de 30, proporcionando ingresos de un total de 142. La IMF desea incrementar su tasa en 5 puntos de porcentaje, ya sea a través del cargo de préstamo que cobra (del 3 al 8 por ciento) o la tasa de interés que cobra (del 20 al 25 por ciento, sobre saldos). Cada incremento resulta en lo siguiente:

- ◆ Un cargo del 8 por ciento sobre un préstamo de 1.000 resulta en un ingreso de 80, lo cual representa un incremento de 50 respecto al cargo del 3 por ciento (30).
- ◆ Una tasa de interés del 25 por ciento (sobre saldos) sobre un préstamo de 1.000 resulta en un ingreso por intereses de 140 (pagos mensuales de 95). Esto representa un incremento de 28 de una tasa de interés del 20 por ciento (112).

El total de ingresos obtenidos sobre un préstamo de 1.000 con intereses del 20 por ciento (sobre saldos) y un cargo del 8 por ciento, equivale a 192 (112 + 80). El total de ingresos obtenidos sobre un préstamo de 1.000 con intereses del 25 por ciento (sobre saldos) y un cargo del 3 por ciento, equivale a 170 (140 + 30).

El efecto de un incremento de cinco puntos porcentuales en los cargos del préstamo, del 3 al 8 por ciento, es mayor que un incremento de 5 puntos porcentuales en la tasa de interés, si los intereses se calculan sobre saldos. Esto se debe a que el cargo se cobra sobre el monto inicial del préstamo mientras que los intereses se calculan sobre los saldos del préstamo.

Aunque la tasa de interés puede ser el mismo valor nominal, los costos para el prestatario –y por lo tanto el rendimiento para el prestamista– varían mucho si los intereses se calculan como intereses fijos o si se cobran cargos. Esto se discutirá más detalladamente en la sección siguiente que trata del cálculo de tasas de interés efectivas.

Subsidio cruzado de préstamos

Algunas IMFs deciden subsidiar ciertos productos con ingresos generados por otros productos más rentables. Usualmente, en cierta forma esto depende del tiempo requerido para que los nuevos productos alcancen la sostenibilidad. El subsidio cruzado de préstamos no es muy común en las IMFs, ya que muchas de ellas ofrecen únicamente uno o dos productos crediticios; sin embargo, existen tres ejemplos importantes, tal como se describe en la Casilla 5.2.

Cálculo de tasas efectivas

Muchas veces, en las IMFs se habla de la "tasa de interés efectiva" para sus préstamos; sin embargo, existen muchas maneras de calcular tasas efectivas, lo cual dificulta mucho la comparación de las tasas de las diferentes instituciones. La tasa de interés efectiva es un concepto útil para determinar si, según las condiciones de un prés-

---

Ejemplo 5.2

	Cargo por servicio 3%	Cargo por servicio 8%	Incremento	Intereses 20% dsobre saldos	Intereses 25% sobre saldos	Incremento
Costos reales	30	80	50 (167%)	112	140	28 (25%)

tamo, éste es más o menos costoso para el prestatario que otro préstamo, y si los cambios en las políticas de fijación de precios tienen algún efecto. Debido a las diferentes variables de los préstamos y las diferentes interpretaciones de las tasas efectivas, es necesario establecer un método estandarizado para calcular la tasa efectiva sobre un préstamo (considerando todas las variables), para determinar el costo real del préstamo para los clientes y los ingresos (rendimientos) potenciales para la IMF.

La tasa de interés efectiva se refiere a la inclusión de todos los costos financieros directos de un préstamo en una tasa de interés.

Las tasas de interés efectivas difieren de las tasas de interés nominales porque incorporan los intereses, los cargos, el método de cálculo de intereses y otros requisitos del préstamo en el costo financiero del préstamo. Además, la tasa efectiva debería incluir el costo de los ahorros obligados o contribuciones a fondos de grupo por parte del prestatario, ya que éstos también son costos financieros. No consideramos los costos de transacción (los costos financieros y no financieros en que incurre el prestatario para tener acceso al préstamo, como la apertura de una cuenta bancaria, el transporte, los costos de guardería o costos de oportunidad) en el cálculo de la tasa efectiva porque éstos pueden variar significativamente, dependiendo del mercado. Sin embargo, es importante diseñar el suministro de productos de crédito y ahorro a manera de reducir al máximo los costos de transacción tanto para el cliente como para la IMF.

Cuando los intereses se calculan sobre saldos y no existen costos financieros adicionales para un préstamo, la tasa de interés efectiva es la misma que la tasa de interés nominal. Sin embargo, muchas IMFs calculan los intereses como intereses fijos, cobran cargos además de intereses o exigen a los prestatarios que mantengan ahorros o contribuyan a fondos de grupo (fondos fiduciarios o de seguro). Por lo tanto, el costo para el prestatario no es simplemente la tasa de interés nominal sobre el préstamo sino que incluye otros costos. Además, debe tomarse en cuenta el costo de oportunidad de no poder invertir el dinero que el prestatario debe pagar regularmente (el valor temporal del dinero).

Entre las variables de préstamos a la microempresa que influyen en la tasa efectiva, se encuentran:

- Tasa de interés nominal
- Método de cálculo de intereses: sobre saldos o de tasa fija
- Pago de intereses por adelantado (restando el monto del capital desembolsado al prestatario) o a lo largo del plazo del préstamo
- Cargos por servicio, ya sea al inicio o durante el plazo del préstamo
- Contribución a un fondo de garantía, de seguro o de grupo
- Ahorros obligatorios o saldos de compensación y los correspondientes intereses pagados al prestatario por la IMF u otra institución (banco, unión de crédito)
- Frecuencia de pagos
- Plazo del préstamo

■ Monto del préstamo

Cuando todas las variables se expresan como un porcentaje del monto del préstamo, un cambio en el monto del préstamo no afectará la tasa efectiva. Un cargo que se basa en la moneda (como $25 por solicitud de préstamo) cambiará la tasa efectiva si cambia el monto del préstamo; es decir, los montos más reducidos de préstamos con el mismo cargo (en moneda) resultan en una tasa efectiva más alta.

El cálculo de la tasa efectiva demuestra la manera como las diferentes variables de los productos crediticios afectan los costos e ingresos generales del préstamo. Dos de los métodos para calcular la tasa de interés efectiva son un método de *cálculo aproximado*, en el cual se utiliza una fórmula que no requiere del uso de una calculadora financiera, y el método de la *tasa interna de rendimiento*.

Es de notarse que el método de cálculo aproximado no toma en cuenta directamente el valor temporal del dinero y la frecuencia de los pagos, que son aspectos que sí se consideran en el método de tasa interna de rendimiento. Aunque la diferencia puede ser mínima, mientras más prolongado sea el plazo del préstamo y menos frecuentes los pagos, mayor será la diferencia. Esto se debe al hecho de que, mientras más prolongado sea el período en que el préstamo está pendiente de pago y menos frecuentes los pagos periódicos, mayor será el efecto sobre el costo y, por lo tanto, será mayor la diferencia entre el costo efectivo aproximado y el cálculo de la tasa interna de rendimiento. Además, en el método de cálculo aproximado no se toma en cuenta a los ahorros obligatorios o las contribuciones a otros fondos, como fondos fiduciarios o de seguros; este método se presenta en este texto sencillamente como un método para calcular la tasa efectiva cuando no hay disponibilidad de una calculadora financiera u hojas electrónicas.

Cálculo aproximado de la tasa efectiva

Si no se tiene acceso a una calculadora financiera o una hoja electrónica de una computadora, entonces se puede realizar un cálculo aproximado de la tasa efectiva (ver Waterfield 1995). En el método de cálculo aproximado, se considera el monto de intereses y cargos que paga el prestatario a lo largo del plazo del préstamo; este método puede utilizarse para determinar el efecto del método de

cálculo de la tasa de interés, el plazo del préstamo y el cargo del préstamo. El cálculo aproximado de la tasa efectiva se realiza como sigue:

$$\frac{\text{Costo}}{\text{efectivo}} = \frac{\text{Monto pagado por intereses y cargos}}{\text{Monto promedio de capital pendiente de pago}}$$

Nota:

$$\frac{\text{Monto promedio}}{\text{de capital pendiente}} = \frac{(\text{Suma de monto de capital pendiente de pago})}{\text{número de pagos}}$$

Para calcular el costo efectivo por período, simplemente se divide la cifra resultante entre la cantidad de períodos.

Tal como se ilustró anteriormente, el monto de ingresos por intereses es afectado principalmente por el método utilizado para calcular los intereses (sobre saldos o intereses fijos). Si todas las demás variables permanecen iguales, la tasa efectiva para un préstamo calculando los intereses sobre saldos será más baja que la tasa efectiva para un préstamo con los intereses fijos.

Utilizando un ejemplo similar a los que se presentan en las Tablas 5.2 y 5.3, la tasa efectiva se estima para un préstamo de 1.000 con intereses del 20 por ciento y un cargo del 3 por ciento, primero calculando los intereses sobre saldos y luego como intereses fijos.

Si se calculan los intereses sobre saldos, se obtiene una tasa efectiva anual del 25 por ciento, o el 2,1 por ciento mensual (Tabla 5.4).

Si se calculan los intereses como intereses fijos, se obtiene una tasa efectiva anual aproximada del 42 por ciento, o el 3,5 por ciento mensual (Tabla 5.5).

Si todos los demás factores permanecen iguales, la tasa efectiva aumenta del 25 por ciento (2,1 por ciento mensual) al 42 por ciento (3,5 por ciento mensual) cuando se cambia el método de cálculo sobre saldos por el cálculo de intereses fijos.

Además, la tasa efectiva aumenta cuando se acorta el plazo del préstamo al cobrar un cargo. Esto se debe a que los cargos se calculan en base al monto inicial del préstamo, sin importar la duración del plazo del préstamo. Si se acorta el plazo, deberá pagarse la misma cantidad de dinero en un tiempo más corto, aumentando de esta manera la tasa efectiva. (Esta diferencia es mayor cuando se cobra un cargo sobre un préstamo con los intereses calculados sobre saldos; esto se debe a que, mientras más

Tabla 5.4 Cálculo aproximado de la tasa efectiva, sobre saldos

Monto del préstamo: 1.000; plazo de 12 meses; pagos mensuales del préstamo: 92,63; tasa de interés: 20 por ciento; cargo: 3 por ciento (30)

Mes	Pagos	Capital	Intereses	Saldo pendiente
0	—	—	—	1.000,00
1	92,63	75,96	16,67	924,04
2	92,63	77,23	15,40	846,79
3	92,63	78,52	14,21	768,29
4	92,63	79,83	12,81	688,46
5	92,63	81,16	11,48	607,30
6	92,63	82,51	10,12	524,79
7	92,63	83,88	8,75	440,91
8	92,63	85,28	7,35	355,63
9	92,63	86,70	5,93	268,93
10	92,63	88,15	4,49	180,78
11	92,63	89,62	3,02	91,16
12	92,63	91,16	1,53	0,00
Total	1.111,56[a]	1.000,00	111,76[a]	6.697,08

Tasa efectiva = (111,76 + 30)/558,09* = 25% (2,1% mensual)

* 6.697,08 / 12 meses = 558,09
a. La diferencia del 0,2 se debe a que se redondeó la cifra.
Fuente: Ledgerwood 1996.

Tabla 5.5 Cálculo aproximado de la tasa efectiva, método de tasa fija

Monto del préstamo: 1.000; plazo de 12 meses; pagos del préstamo mensuales: 100; tasa de interés: 20 por ciento; cargo: 3 por ciento (30)

Mes	Pagos	Capital	Intereses	Saldo pendiente
0	—	—	—	1.000,00
1	100	83,33	16,67	916,67
2	100	83,33	16,67	833,34
3	100	83,33	16,67	750,01
4	100	83,33	16,67	666,68
5	100	83,33	16,67	583,35
6	100	83,33	16,67	500,02
7	100	83,33	16,67	416,69
8	100	83,33	16,67	333,36
9	100	83,33	16,67	250,03
10	100	83,33	16,67	166,70
11	100	83,33	16,67	83,37
12	100	83,33	16,67	0,00
Total	1.200	1.000,00	200,00	6.500,22

Tasa efectiva = (200 + 30)/541,69* = 42% (3,5% mensual)

*6.500,22 / 12 meses = 541,69
Fuente: Ledgerwood 1996.

breve sea el plazo del préstamo, más alto será el porcentaje *relativo* del cargo respecto a los costos totales.)

La tasa efectiva puede calcularse aproximadamente para varios préstamos disponibles, incluyendo el incremento del cargo del préstamo y una disminución en el plazo de éste. En la Tabla 5.6, se ilustra el efecto de un cambio en el cargo y un cambio en el plazo sobre la tasa efectiva (en los ejemplos, los intereses se calcularon como intereses fijos y sobre saldos.)

Notar que el efecto de un aumento del cargo en un 5 por ciento (al 8 por ciento) tiene el mismo efecto (un aumento del 0,8 por ciento mensual en la tasa efectiva) sin importar si los intereses del préstamo se calculan sobre saldos o como intereses fijos. Esto se debe a que el cargo se calcula sobre el monto inicial del préstamo.

Cálculo de la tasa de interés efectiva con ahorros obligatorios u otras variables del préstamo

Para determinar la tasa de interés efectiva tomando en cuenta todos los costos financieros de un préstamo, incluyendo el valor temporal del dinero, los ahorros obligatorios y las contribuciones a otros fondos, se usa el método de tasa interna de rendimiento. Tal como se explicó anteriormente, debería considerarse los ahorros obligatorios como un componente del préstamo, en vez de percibirlos como un producto de ahorro separado. Para calcular el costo real de los préstamos, es necesario considerar todos los componentes del costo.

La tasa interna de rendimiento se define como *la tasa de interés específica de la cual debe descontarse la secuencia de pagos para obtener un monto igual al monto del crédito inicial.*

Para calcular la *tasa interna de rendimiento*, es necesario comprender el *valor actual.* El concepto del valor

actual se basa en la noción de que 1.000 el día de hoy valen más que 1.000 dentro de un año; en otras palabras, los 1.000 que se recibirán dentro de un año tienen un valor actual de menos de 1.000. Cuánto menor es el valor depende de la cantidad que se puede ganar si se invierten los fondos. Este es el principio *del valor temporal del dinero.* El valor actual de 1.000 a recibirse cierta cantidad de años más tarde, puede calcularse como sigue:

$$PV = 1 / (1 + i)^n$$

siendo "*i*" la tasa de interés y "*n*" la cantidad de períodos hasta el momento cuando se espera recibir los fondos. Para incorporar el valor actual en el cálculo de la tasa efectiva, se requiere de una calculadora financiera.

Notar que, para propósitos de calcular la tasa efectiva, se asume que no habrá pagos atrasados o préstamos incobrables (es decir, que no existe ningún riesgo crediticio - una situación que se presenta raras veces, pero estamos tratando de determinar el costo pleno para el prestatario y el rendimiento para el prestamista antes de incluir el riesgo en nuestras consideraciones). Además, se asume que el valor actual para la serie de pagos del préstamo es igual a la tasa de rendimiento que obtendría el prestatario si reinvirtiera los fondos del préstamo y pagara la suma total al final del plazo, y no en pagos periódicos regulares a lo largo del plazo. Al definir esto, tomamos en cuenta el costo de oportunidad asociado con el hecho de no contar con el monto total del préstamo durante todo el plazo.

El cálculo de la tasa interna de rendimiento para cada alternativa, implica tres pasos (adaptado de Rosenberg 1996): determinar los flujos de efectivo reales; ingresar los flujos de efectivo en la calculadora para determinar la tasa efectiva para el período; y multiplicar o consolidar la tasa interna de rendimiento por la cantidad de períodos para

---

Tabla 5.6 Cambios en el efecto de cargos y plazos de los préstamos

Cargo/plazo	Cálculo 20% tasa anual	Cargo por servicios (porcentaje)	Plazo	Costo efectivo mensual(%)	Cambio (%)
Cargo del 3%; plazo de 12 meses	Tasa fija	3	12 meses	3,5	
Elevar cargo al 8%	Tasa fija	8	12 meses	4,3	↑ 0,8
Acortar plazo a 3 meses	Tasa fija	3	3 meses	4,0	↑ 0,5
Cargo del 3%; plazo de 12 meses	Sobre saldos	3	12 meses	2,1	
Elevar cargo al 8%	Sobre saldos	8	12 meses	2,9	↑ 0,8
Acortar plazo a 3 meses	Sobre saldos	3	3 meses	3,2	↑ 1,1

Fuente: Ledgerwood 1996.

determinar la tasa anual (esto se discutirá más detalladamente más adelante, en la sección que trata de las diferencias entre la tasa efectiva y el rendimiento efectivo.)

Para determinar la tasa efectiva calculando la tasa interna de rendimiento, se ingresan las variables del préstamo en una calculadora financiera o una hoja electrónica de computadora (como por ejemplo Lotus 1-2-3 o Excel). En este análisis, se asume que todos los flujos de efectivo son constantes (es decir, los pagos del préstamo son los mismos durante todo el plazo del préstamo).

PV = Valor actual, o la cantidad neta de efectivo desembolsado al prestatario al inicio del préstamo.

i = Tasa de interés que debe expresarse en las mismas unidades de tiempo que "n", a continuación.

n = Plazo del préstamo, que debe equivaler a la cantidad de pagos a realizarse.

PMT = Pago realizado en cada período.

FV = Valor futuro, o el monto restante después de completar el programa de pago del préstamo (cero, excepto en préstamos con ahorros obligatorios que se devuelven al prestatario).

Para demostrar el método de tasa interna de rendimiento para calcular las tasas efectivas, se presenta el cálculo de la tasa para un préstamo muestra, con seis alternativas, para ilustrar el efecto de las diferentes variables del préstamo, incluyendo:

- Cálculo de intereses de tasa fija

- Todos los intereses pagados al recibir el préstamo
- Cargo del préstamo (cargo por servicio)
- Cambios en la frecuencia de los pagos
- Ahorros obligatorios con intereses
- Contribuciones a fondos de grupo (sin intereses).

Luego se calcula cada una de estas variables si aumenta el plazo del préstamo.

En la Tabla 5.7 se resumen las seis variables arriba mencionadas y las correspondientes tasas efectivas para obtener en préstamo 1.000 con un plazo de cuatro meses (los cálculos se proporcionan en el Apéndice 2). El efecto del plazo del préstamo se ilustra por medio del cálculo de cada variable con un plazo de seis meses en vez de cuatro meses (los cálculos no se muestran en este texto).

Tal como se muestra en la Tabla 5.7, la tasa efectiva (asumiendo que existe la misma tasa nominal) aumenta por todas las siguientes variables:

- Cálculo de intereses de tasa fija, en vez de calcularlos sobre saldos
- Pagos de intereses al inicio del préstamo
- Cargos del préstamo (o cargos por servicio)
- Pagos más frecuentes
- Ahorros obligatorios o contribuciones a fondos de grupo.

Cuando se extiende el plazo del préstamo, el *incremento* en la tasa efectiva del caso de base es *mayor* si se calculan los intereses como tasa fija (debido a que el prestatario paga intereses mensuales del 3 por ciento durante dos meses adicionales), los intereses se pagan al inicio del préstamo, o se requiere de ahorros obligatorios o contribuciones a fondos de grupo.

Cuando se extiende el plazo del préstamo, el incremento en la tasa efectiva del caso de base es *más baja* si se

Tabla 5.7 Resumen de variables

Variables del préstamo	Tasa efectiva, plazo de 4 meses (%)	Tasa efectiva, plazo de 6 meses (%)
Caso de base, intereses sobre saldos	36,0	36,0
Intereses de tasa fija	53,3	59,3
Pago de intereses al inicio del plazo	38,9	40,2
Cargo por servicios del préstamo	51,4	47,1
Frecuencia de pagos	45,6	43,4
Ahorros obligatorios	39,1	42,0
Contribución a fondos de grupo	41,2	44,7

Fuente: Adaptado de Rosenberg 1996.

cobran cargos por servicios o los pagos se realizan con más frecuencia.

Cálculo de la tasa de interés efectiva con flujos de efectivo variables

También es posible calcular la tasa efectiva usando el método de la tasa interna de rendimiento, tomando en cuenta los flujos de efectivo que varían durante el plazo del préstamo. Esto se debe a que en el cálculo de la tasa interna de rendimiento se puede considerar cada flujo de efectivo en vez de considerar un flujo constante. Esto sería útil en el caso de préstamos que incluyen un período de gracia durante el plazo, o si se realiza un pago total al final del plazo. Para conocer una descripción del cálculo de la tasa interna de rendimiento sobre un préstamo con flujos de efectivo variables, ver el Apéndice 3.

¿Cómo difiere el costo efectivo para el prestatario del rendimiento efectivo para el prestamista?

El rendimiento se refiere a los ingresos obtenidos por el prestamista sobre la cartera pendiente, incluyendo los ingresos por intereses y cargos. El hecho de calcular el rendimiento efectivo obtenido de una cartera permite que una IMF determine si se generarán suficientes ingresos para cubrir todos los costos, logrando así alcanzar la autosuficiencia financiera. Además, el pronóstico del rendimiento efectivo es útil para pronosticar los ingresos y determinar los efectos que tienen los cambios en las políticas de fijación de precios sobre los ingresos.

El rendimiento efectivo *proyectado* también es útil para que las IMFs lo comparen con el rendimiento *real* de sus carteras.

El rendimiento efectivo para el prestamista difiere del costo efectivo para el prestatario, por dos razones:

- Si existen componentes de la fijación de precios de los préstamos, como ahorros obligatorios o contribuciones a diversos fondos, que no permanecen en manos del prestamista y, por lo tanto, no resultan en ingresos para éste (por ejemplo, si los ahorros se colocan en un banco comercial o si otra institución cobra los cargos al prestatario, como por ejemplo los cargos por capacitación), entonces no se incluyen en el cálculo del rendimiento pero sí se incluyen en el cálculo de la tasa de interés efectiva (para el prestatario).

- El rendimiento esperado para el prestamista difiere debido a que el costo del prestatario se determina en base al monto inicial del préstamo, mientras que el rendimiento para el prestamista debe basarse en el promedio de la cartera pendiente. Esto resulta en cálculos diferentes para calcular las tasas de interés periódicas como tasa anual - las tasas periódicas son *multiplicadas* por la cantidad de períodos o son *consolidadas*.

Si todos los elementos del préstamo son costos para el prestatario e ingresos para el prestamista, entonces la única diferencia entre el costo efectivo y el rendimiento efectivo es el método usado para calcular la tasa como tasa anual.

En el ejemplo arriba descrito, por razones de sencillez multiplicamos la tasa periódica de interés para obtener una tasa anual. Sin embargo, la decisión de multiplicar o consolidar la tasa periódica se basa en el hecho de si se está determinando el costo para el prestatario o el rendimiento para el prestamista.

- Para obtener el *costo para el prestatario*, la tasa interna de rendimiento se consolida por la cantidad de períodos de pago en un año. La tasa interna de rendimiento debe estar consolidada en vez de simplemente multiplicarla por la cantidad de períodos, porque asumimos que la tasa de reinversión del prestatario es igual a la tasa interna de rendimiento. En otras palabras, la tasa interna de rendimiento por período es el monto a que renuncia el prestatario pagando el préstamo por medio de pagos periódicos (es decir, el monto de capital disponible disminuye con cada pago). Por lo tanto, si el prestatario pudiera reinvertir, el rendimiento obtenido en cada período *se consolidaría* con el tiempo.

- Para obtener el *rendimiento para el prestamista*, se multiplica la tasa por período, porque asumimos que los ingresos generados se usan para cubrir los gastos y no se reinvierten (únicamente se reinvierte el capital). Por lo tanto, no aumenta el promedio de la cartera pendiente (a no ser que los ingresos sean mayores que los gastos).

Para consolidar la tasa, la tasa interna de rendimiento periódica debe expresarse como monto decimal y no como un porcentaje. Para hacerlo, se divide la tasa interna de rendimiento periódica entre 100. Para convertir la tasa periódica en una tasa anual, se utiliza la siguiente fórmula:

$$\text{Tasa interna de rendimiento anual} = (1 + IRRp)^a - 1$$

siendo "*IRRp*" la tasa interna de rendimiento por período dividida entre 100, y "*a*" equivale a la cantidad de períodos en un año ("*a*" = 12 si "*p*" es un mes; "*a*"= 52 si "*p*" es una semana).

◆ Por ejemplo, un préstamo de 1.000, pagado en cuatro pagos mensuales iguales de capital e intereses, con una tasa de interés del 36 por ciento anual, calculada como intereses fijos, tiene como resultado la siguiente tasa interna de rendimiento:

$$PV = ,1.000; \ PMT = -280; \ n = 4$$

La solución para "*i*" da una tasa interna de rendimiento del 4,69 por ciento.

La tasa efectiva del prestatario es del 73,3 por ciento y el rendimiento para el prestamista está más cerca del 56,3 por ciento; hay una diferencia del 17 por ciento (Ejemplo 5.3).

El rendimiento efectivo de la cartera de una IMF se reduce por:

- El número de préstamos en mora (*o que no generan ingresos*)
- Pagos atrasados
- Baja rotación de préstamos (fondos inactivos)
- Fraude
- Reportar errores o fallas que causan atrasos en el cobro de los préstamos
- Pagos por adelantado si los intereses se calculan sobre saldos y los fondos permanecen inactivos.

Ejemplo 5.3

Tasa anual, consolidada	$(1,0469)^{12}$
	= 1,733
	= (1,733) – 1 x 100
	= 73,3%
Tasa anual, multiplicada	4,69 x 12
	períodos = 56,3%

Apéndice 1. ¿Cómo puede una IMF establecer una tasa sostenible sobre sus préstamos?

Las IMFs pueden determinar la tasa de interés requerida para cobrar intereses sobre préstamos basándose en su estructura de costos. A continuación, se presenta un método para aproximar la tasa de interés efectiva sobre los préstamos que deberá establecer una IMF para poder cubrir todos sus costos y de esa manera ser sostenible (adaptado de Rosenberg 1996).

Notar que en este método se asume que existe una IMF madura con costos relativamente estables, es decir, los costos de inicio ya se amortizaron y la IMF está operando con un rendimiento pleno. Se entiende que una IMF no debería esperar mantenerse en el punto crítico en todo momento a lo largo de su curva de promedios de costos. Es necesario haber alcanzado cierta escala de operaciones para alcanzar el punto crítico y, por lo tanto, para poder utilizar este método.

El rendimiento efectivo en forma anual (*R*) cobrado sobre préstamos está en función de cinco elementos, cada uno de ellos expresado como porcentaje del promedio de carteras de préstamo pendientes (*LP*): gastos administrativos (*AE*), costo de los fondos (*CF*), pérdidas de préstamos (*LL*), tasa de capitalización deseada (*K*) e ingresos de inversión (*II*).

$$R = \frac{AE + CF + LL + K}{1 - LL} - II$$

Cada variable debería expresarse como fracción decimal (porcentaje del promedio de la cartera de préstamos). Por ejemplo, si hubiera gastos de operaciones de 200.000 para una cartera de préstamos de 800.000, se obtendría un valor de 0,25 como tasa de gastos administrativos.

En los gastos administrativos (*AE*), se incluyen todos los costos recurrentes anuales excepto el costo de los fondos y las pérdidas de préstamos, incluyendo salarios, prestaciones, alquileres, equipo de oficina y depreciación. También se incluye el valor de cualquier donación de bienes o servicios, como capacitación o asistencia técnica que deberá pagar la organización microfinanciera en el futuro, conforme se vaya independizando de los subsidios de donantes. Los gastos administrativos de organizaciones maduras y eficaces tienden a oscilar entre el 10 y el 25 por ciento del promedio de su cartera de préstamos.

La tasa de pérdidas de préstamos (*LL*) representa las pérdidas anuales por incumplimiento de pago de préstamos. La experiencia obtenida en el pasado respecto a las pérdidas de préstamos es un indicador importante de esta tasa. La tasa de pérdidas de préstamos puede ser considerablemente más baja que la tasa de mora: la primera refleja los préstamos que realmente deben descartarse por incobrables, y la segunda refleja los préstamos que no son pagados a tiempo - muchos de los cuales se recuperarán eventualmente. Las organizaciones microfinancieras con tasas de pérdidas de préstamos mayores del 5 por ciento tienden a no ser viables; muchas organizaciones eficaces operan con una pérdida aproximada del 1 ó 2 por ciento del promedio de cartera pendiente.

La tasa del costo de los fondos (*CF*) toma en cuenta los costos reales de los fondos de la organización cuando ésta financia su cartera con ahorros y deuda comercial. Cuando una IMF además se beneficia de financiamiento concesional, el cálculo debe incluir un cálculo aproximado de los costos de financiamiento si los préstamos concesionales se reemplazaran por deuda comercial y patrimonio. Antes de determinar la tasa del costo de los fondos, debe realizarse un cálculo aproximado de los activos financieros (excluyendo los activos fijos) y la proporción de deuda y patrimonio para financiar estos activos, en base a las futuras políticas de financiamiento. (Es de notarse que la proporción del total de activos que no son financieros - o no son productivos - tendrá un gran impacto sobre el margen financiero requerido para que la IMF se vuelva sostenible.) Una vez realizado este cálculo aproximado, se sugieren dos métodos para determinar el costo de los fondos:

- El método de cálculo aproximado: multiplicar los activos financieros por la tasa más alta que cobran los bancos locales a los prestatarios comerciales de calidad mediana o la tasa de inflación proyectada para el período de planificación.

- El método de costo de capital de media ponderada: basado en las fuentes usadas para financiar los activos financieros, incluyendo *préstamos* a la organización, *depósitos*, si la institución está autorizada a recibirlos, y *patrimonio*. (En este caso, no se toma en cuenta el financiamiento de los activos fijos y efectivo en caja, es decir, activos que no son productivos. Dependiendo de la proporción de activos no productivos, el impacto en el margen financiero requerido puede ser significativo.) Con este método, se estima el monto absoluto del costo anual de financiamiento. Para los *préstamos* otorgados a la organización, debería utilizarse la tasa de préstamo de bancos comerciales para prestatarios de calidad mediana. Para los *depósitos* movilizados por la IMF, debería utilizarse la tasa local promedio pagada sobre depósitos, incluyendo un ajuste para requisitos de reserva legal. Para el *patrimonio*, debería utilizarse la tasa de inflación proyectada, debido a que la inflación representa una reducción

anual real del poder adquisitivo del valor neto de la organización. (Algunos expertos argumentan que en realidad debería utilizarse una tasa del mercado para patrimonio, porque en el mercado, generalmente el patrimonio es más costoso que la deuda debido al mayor riesgo inherente al patrimonio; por lo tanto, al usar la tasa de inflación se puede calcular demasiado bajo el costo real del patrimonio.)

Calcular el costo total sumando los costos para cada clase de financiamiento. *En este análisis, es importante expresar el costo de los fondos como un porcentaje del promedio de la cartera de préstamos y no simplemente como el costo aproximado de deuda y patrimonio. Esto se debe a que cada variable en la fórmula arriba presentada se expresa como porcentaje del promedio de la cartera de préstamos para proporcionar costos con una medida consistente.*

La tasa de capitalización (*K*) representa la ganancia neta real que desearía obtener la organización, expresada como un porcentaje del promedio de la cartera de préstamos. Es importante acumular las ganancias porque el monto del financiamiento externo que una IMF puede obtener en préstamo sin riesgos está en función del monto de su patrimonio (apalancamiento); una vez alcanzado ese límite, para alcanzar un mayor crecimiento se requiere de incrementos en la base de patrimonio. El índice de objetivos de ganancias reales depende de cuán agresivamente actúa una organización microfinanciera y cuál es su porcentaje de crecimiento deseado. Para apoyar un crecimiento a largo plazo, se sugiere utilizar una tasa de capitalización del 5 al 15 por ciento sobre el promedio de la cartera de préstamos.

El índice de ingresos de inversión (*II*) representa los ingresos que se espera que generarán los activos financieros de la organización, excluyendo la cartera de préstamos. Algunos de éstos, como el efectivo, los depósitos monetarios y las reservas legales, generarán pocos intereses, o ningún interés; otros, como los certificados de depósitos y las inversiones, pueden producir ingresos significativos. Estos ingresos, expresados como un porcentaje de la cartera de créditos, se ingresan como una deducción en la ecuación de fijación de precios.

Por ejemplo, si una organización tiene gastos de operaciones del 25 por ciento de su promedio de cartera de préstamos, costos de fondos de un 23,75 por ciento (expresados como un porcentaje de su promedio de cartera de préstamos), pérdidas de préstamos del 2 por ciento, una tasa de capitalización deseada del 15 por ciento e ingresos de inversión del 1,5 por ciento, entonces la tasa de interés anual efectiva es la siguiente:

$$R = \frac{AE + CF + LL + K}{1 - LL} - II$$

$$R = \frac{0,25 + 0,2375 + 0,02 + 0,15}{1 - LL} - 0,015$$

$$R = 65,6$$

Aunque esta tasa puede parecer alta, el tema de qué tasa efectiva debe cobrarse depende de lo que se aceptará en el mercado. (Además, la tasa efectiva puede ser una combinación de intereses y cargos, tal como se discutió en la sección sobre el rendimiento efectivo). Debido a que generalmente los microempresarios tienen dificultades para obtener acceso a créditos, la teoría económica pronostica que en promedio podrían utilizar cada unidad de capital adicional con más rentabilidad que los hogares o empresas más acaudaladas. Basado en las tasas cobradas por los prestamistas individuales en la mayoría de los países en vías de desarrollo, aparentemente las tasas de interés relativamente altas no impiden que los microclientes soliciten préstamos. *Lo más importante que se debe recordar al determinar la tasa a cobrar es la eficacia de la organización.* El propósito es proporcionar a los clientes el acceso continuo, de largo plazo, a la organización, y esto se puede lograr únicamente si se cubren todos los costos. Si una organización es ineficiente en el suministro de créditos y por consiguiente necesita cobrar tasas de interés considerablemente más elevadas, entonces quizá los clientes no valoren el crédito en base a su precio (intereses y cargos), y la organización no sobrevivirá.

Apéndice 2. Cálculo de una tasa de interés efectiva utilizando el método de tasa interna de rendimiento

Para demostrar el método de la tasa interna de rendimiento para calcular tasas efectivas, a continuación se presenta el cálculo de la tasa para un préstamo muestra con seis alternativas (adaptado de Rosenberg 1996). Primero, se calcula la tasa efectiva para un "caso de base" (intereses calculados sobre saldos; no hay cargos ni ahorros obligatorios). Luego se calcula la tasa efectiva para ilustrar el efecto de las diferentes variables del préstamo, que incluyen:

- Cálculo de intereses de tasa fija

- Pagos de intereses al inicio del préstamo
- Cargo del préstamo (o cargo por servicio)
- Cambio en la frecuencia de pagos del préstamo
- Ahorros obligatorios con intereses
- Contribuciones a fondos de grupo (sin intereses).

El cálculo de la tasa interna de rendimiento para cada alternativa implica tres pasos: determinar los flujos de efectivo reales, ingresar los flujos de efectivo en la calculadora para determinar la tasa efectiva para el período y multiplicar o consolidar la tasa interna de rendimiento por la cantidad de períodos para determinar la tasa anual.

Caso de base: intereses sobre saldos

Monto del préstamo 1.000; pagado en cuatro pagos mensuales iguales de capital e intereses. La tasa de interés nominal es del 36 por ciento anual, o el 3 por ciento mensual, calculada sobre saldos. La tasa de interés efectiva en el caso de base es la misma que la tasa nominal declarada.

Para calcular los pagos mensuales (notar que en la mayoría de calculadoras financieras, el valor actual y el pago deben ingresarse con signos opuestos):

$$PV = -1.000; n = 4; i = 36/12 = 3$$

Al resolver la ecuación para PMT, se obtiene un pago mensual de $269,03.

Alternativa No. 1: Intereses de tasa fija

Igual que el caso de base, excepto que los intereses se calculan sobre el monto total del préstamo (tasa fija) en vez de usar el método de cálculo sobre saldos y se prorratea entre los cuatro pagos mensuales.

Tasa de interés efectiva:

$$PV = 1.000; PMT = -280; n = 4$$

Al resolver "i", se obtiene una tasa efectiva mensual del 4,69 por ciento, la cual se multiplica por 12 para obtener una tasa porcentual anual del 56,3 por ciento.

Alternativa No. 2: Pagos de intereses por adelantado

Igual que el caso de base (intereses calculados sobre saldos), pero se cobra el total de intereses al inicio del préstamo.

Tasa de interés efectiva:

$$PV = 923,88; PMT = -250; n = 4$$

Al resolver "i", se obtiene una tasa efectiva mensual del 3,24 por ciento, la cual se multiplica por 12 para obtener una tasa porcentual anual del 38,9 por ciento.

Alternativa No. 3: Cargo del préstamo o cargo por servicio

Igual que el caso de base, excepto que se cobra un cargo por servicio del préstamo del 3 por ciento al inicio del préstamo.

Tasa de interés efectiva:

$$PV = 970; PMT = -269,03; n = 4$$

Al resolver "i", se obtiene una tasa efectiva mensual del 4,29 por ciento, la cual se multiplica por 12 para obtener una tasa porcentual anual del 51,4 por ciento.

Alternativa No. 4: Pagos semanales

Igual que el caso de base, excepto que se efectúan los pagos de 4 meses en 16 pagos semanales.

Tasa de interés efectiva:

$$PV = 1.000; PMT = -67,26; n = 16$$

Al resolver "i", se obtiene una tasa efectiva semanal del 0,88 por ciento, la cual se multiplica por 52 para obtener una tasa porcentual anual del 45,6 por ciento.

Alternativa No. 5: Ahorros obligatorios con intereses

Igual que el caso de base excepto que, como condición del préstamo, el cliente debe realizar un depósito de ahorros de 50 junto con cada pago mensual. La cuenta de ahorros produce el 1 por ciento mensual de intereses, no consolidados y está disponible para que el cliente pueda retirar sus ahorros en cualquier momento después de finalizado el plazo del préstamo.

(En las alternativas 5 y 6, se asume que la IMF recibe y mantiene los ahorros obligatorios y las contribuciones a fondos de grupo; en ese caso, el rendimiento para la organización y el costo para el cliente son iguales. Si los ahorros obligatorios están en manos de otra institución que no sea la IMF, como por ejemplo un banco, entonces los montos depositados no deberían incluirse en el cálculo del rendimiento para la organización microfinanciera sino deberían incluirse en el cálculo del costo para el prestatario.)

Tasa de interés efectiva:

$$PV = 1.000; PMT = -319,3; n = 4; FV = 203$$

Al resolver "i" se obtiene una tasa efectiva mensual del 3,26 por ciento, la cual se multiplica por 12 para obtener una tasa porcentual anual del 39,1 por ciento.

Alternativa 6: Contribución a fondos de grupo

Igual que el caso de base excepto que, como condición para obtener el préstamo, se exige al cliente que realice una contribución de 50 a un fondo de grupo, junto con cada pago mensual. No se pagan intereses sobre el fondo del grupo, aunque éste está disponible para que el cliente lo retire en cualquier momento después de finalizar el plazo del préstamo.

Tasa de interés efectiva:

$$PV = 1.000; PMT = -319,3; n = 4; FV = 200$$

Al resolver "i" se obtiene una tasa efectiva mensual del 3,43 por ciento, la cual se multiplica por 12 para obtener una tasa porcentual anual del 41,2 por ciento.

Apéndice 3. Cálculo de la tasa efectiva con flujos de efectivo variables

Además es posible calcular la tasa efectiva utilizando el método de tasa interna de rendimiento para tomar en cuenta los flujos de efectivo que varían durante el plazo del préstamo. Esto se debe a que, en el cálculo de la tasa interna de rendimiento puede tomarse en cuenta cada flujo de efectivo en vez de un flujo constante. Esto sería útil para los préstamos que tienen un período de gracia en algún momento durante el plazo del préstamo, o si se realiza un pago total al final del plazo del préstamo.

◆ Por ejemplo, para un préstamo de 1.000 con intereses del 36 por ciento anuales calculados sobre saldos, un cargo del 3 por ciento y un plazo de seis meses, con un período de gracia de dos meses a medio plazo del préstamo (lo cual resulta en cuatro pagos mensuales), se obtiene la tasa interna de rendimiento mostrada en la Tabla A5.3.1.

Para calcular este ejemplo utilizando una calculadora financiera, se ingresan las siguientes variables:

$$CFo = 970; CFj = 269,03; Nj = 2; CFj = 0; Nj = 2; CFj = 269,03; Nj = 2; i = 3$$

Solución para la tasa interna de rendimiento (IRR).

Esto resulta en una tasa efectiva mucho más baja que cuando no había período de gracia. La tasa efectiva en este ejemplo es del 36,81 por ciento, mientras que un préstamo con un plazo de cuatro meses, sin período de gracia, tendría una tasa efectiva del 51,4 por ciento. Esto se debe a que el cliente podía utilizar los fondos durante seis meses en vez de cuatro y pagó el mismo monto por intereses y cargos que pagó para el préstamo con un plazo de cuatro meses.

Para calcular la tasa efectiva para un préstamo que se paga totalmente al final del plazo, la tasa de interés para el plazo se considera la tasa del período y, por lo tanto, la tasa efectiva. Sin embargo, en el caso de los préstamos para los que se debe pagar los intereses periódicamente y el capital al final del plazo, se utiliza el cálculo de la tasa interna de rendimiento.

◆ Por ejemplo, para un préstamo de 1.000 con intereses del 3 por ciento mensual calculados sobre saldos, un cargo del 3 por ciento y un plazo del préstamo de cuatro meses, pagando los intereses mensualmente y el capital al final del plazo, se obtiene la tasa interna de rendimiento mostrada en la Tabla A5.3.2.

Para calcular el ejemplo arriba presentado utilizando una calculadora financiera, se ingresan las siguientes variables:

$$CFo = 970; CFj = 19; Nj = 3; CFj = 1.019; i = 3$$

La tasa efectiva considerablemente más baja se obtuvo porque el prestatario pudo utilizar el monto total del capital (1.000) durante todo el plazo del préstamo de cuatro meses. Para que la IMF obtenga un rendimiento efectivo igual al de un préstamo para el cual se realizan pagos periódicos de capital e intereses, habría que incrementar considerablemente la tasa nominal.

Tabla A5.3.1 Tasa interna de rendimiento con flujos de efectivo variables (período de gracia)

Tasa de interés nominal anual: 36 por ciento; método de cálculo: sobre saldos; cargo por servicio: 3 por ciento del monto del préstamo; frecuencia de pagos: mensual; plazo del préstamo: seis meses; monto del préstamo: 1.000

Período	Ingresos	Egresos	Flujo neto
0	1.000	−30	970
1	—	−269	−269
2	—	−269	−269
3	—	0	0
4	—	0	0
5	—	−269	−269
6	—	−269	−269
Total	1.000	1.106	106

Tasa de rendimiento interna = 3,0678 (o el 36,8% anual).

Tabla A5.3.2 Tasa de rendimiento interna con flujos de efectivo variables (suma total)

Tasa de interés nominal: 3 por ciento mensual; método de cálculo: sobre saldos; cargo por servicio: 3 por ciento del monto del préstamo; frecuencia de pagos: mensual (únicamente los intereses) plazo del préstamo: cuatro meses; monto del préstamo: 1.000

Período	Ingresos	Egresos	Flujo neto
0	1.000	−30	970
1	—	−19	−19
2	—	−19	−19
3	—	−19	−19
4	—	−1.019	−1.019
Total	1.000	1.106	106

Tasa de rendimiento interna = 1,747 (o el 21,0% anual)

Fuentes y bibliografía adicional

Benjamin, McDonald y Joanna Ledgerwood. 1998. "The Association for the Development of Microenterprises (ADEMI): 'Democratising Credit' in the Dominican Republic." Banco Mundial, Sustainable Banking with the Poor, Washington, D.C.

Ledgerwood, Joanna. 1996. Financial Management Training for Microfinance Organizations: Finance Study Guide. Nueva York: PACT Publications (para Calmeadow).

Rosenberg, Rich. 1996. "Microcredit Interest Rates." CGAP Occasional Paper 1. World Bank, Consultative Group to Assist the Poorest (CGAP), Washington, D.C.

Von Pischke, J.D. 1991. Finance at the Frontier: Debt Capacity and the Role of Credit in the Private Economy. Washington, D.C.: Banco Mundial, Economic Development Institute.

Waterfield, Charles. 1995. "Financial Viability Model—Facilitator's Notes." SEEP Network. New York.

Women's World Banking. 1994. "Principles and Practices of Financial Management for Microenterprise Lenders and Other Service Organizations." En "Women's World Banking Best Practice Workbook ". Nueva York.

CAPÍTULO SEIS

Diseño de productos de ahorro

Debido a dos razones principales, frecuentemente no hay disponibilidad de servicios de ahorro para los clientes de las IMFs. Primero, existe una creencia errónea de que los pobres no pueden ahorrar, lo cual significa que no se escucha ni se presta atención a su demanda de productos de ahorro; y, segundo, debido a las restricciones de regulaciones de la mayoría de IMFs, muchas instituciones no están autorizadas legalmente para movilizar depósitos. Ya que estas dos razones se fortalecen y perpetúan mutuamente, los depósitos de los pobres se movilizan formalmente con muy poca frecuencia. Adicionalmente, conforme las IMFs amplían sus operaciones, muchas de ellas no tienen la capacidad de incrementar su proyección a un número significativo de clientes, a no ser que amplíen sus fuentes de financiamiento incluyendo la recepción de depósitos voluntarios. Las IMFs que dependen de fuentes externas de financiamiento por donaciones, muchas veces se concentran en las demandas de los donantes y no en las demandas de sus clientes potenciales, especialmente los clientes potenciales para servicios de ahorro (GTZ 1997a).

"Actualmente, se considera que la movilización de ahorros es un factor crucial en el desarrollo de mercados financieros sólidos. Existe un creciente número de programas de movilización de ahorros exitosos en los países en vías de desarrollo y, recientemente, los gobiernos y las agencias internacionales se han interesado mucho más en este tipo de actividades. Especialmente los hogares rurales y de escasos recursos se han convertido en el enfoque de políticas de promoción de ahorros, ya que se está cuestionando cada vez más la veracidad del mito que los pobres no tienen más recursos económicos adicionales a los que necesitan para su consumo, que puedan ahorrar, y que no responden a incentivos económicos." (FAO 1995, 14)

Además, los fondos crediticios subsidiados contribuyen a la movilización limitada de depósitos de ahorros. Las IMFs que reciben financiamiento subsidiado tienen pocos incentivos para movilizar depósitos (o carecen de ellos) porque cuentan con la disponibilidad de fondos de donantes para otorgar préstamos con tasas más bajas de las que tendrían que pagar a los depositantes. Adicionalmente, muchas veces es menos costoso obtener financiamiento de donantes que desarrollar la infraestructura requerida para movilizar depósitos.

Si una IMF pretende movilizar depósitos eficazmente, deben existir condiciones económicas y políticas apropiadas en el país en donde está operando. Se requiere de niveles razonables de manejo macroeconómico y estabilidad política, ya que esto afecta la tasa de inflación, la cual influye en la capacidad de una IMF de ofrecer servicios de ahorro en forma sostenible. Adicionalmente, se requiere de un ambiente propicio con regulaciones apropiadas.

Finalmente, es necesario que la institución misma haya establecido un historial de manejo financiero sólido y controles internos, para asegurar a los depositantes que sus fondos estarán seguros si los depositan en esta IMF.

En este capítulo, se destaca la demanda de servicios de ahorro y el ambiente en el que opera la IMF, incluyendo los requisitos legales para proveer servicios de ahorro. Para realizar esta actividad, es necesario desarrollar la capacidad institucional de la IMF, incluyendo recursos humanos, infraestructura, seguridad, sistemas de información administrativa y manejo de riesgos. En este capítulo se incluye un resumen de los tipos y precios de los productos de ahorro que proporcionan las IMFs, así como los costos asociados con la oferta de servicios de ahorro. Se hace énfasis en el diseño de productos de ahorro *voluntario*, los cuales son un producto separado y diferente a los préstamos y generalmente están accesibles para los clientes que son prestatarios y para los demás. Los ahorros voluntarios difieren de los ahorros obligatorios (discutidos en el capítulo anterior) porque no son un requisito obligatorio para recibir un préstamo.

Este capítulo interesará principalmente a los lectores que están trabajando con IMFs que tienen la autorización legal para aceptar ahorros voluntarios (o que están considerando la creación de una estructura institucional que permita la movilización de ahorros voluntarios). Actualmente, existen pocas IMFs autorizadas para aceptar depósitos voluntarios bajo las regulaciones actuales, lo que significa que existe una cantidad limitada de experiencia en la cual basarse. Sin embargo, conforme se va desarrollando más este campo, más donantes y profesionales están reconociendo que existe una demanda para los servicios de ahorro y se desarrollarán cada vez más las "mejores prácticas" para ofrecer este tipo de servicios. En este capítulo, se aborda los temas que debe considerar una IMF al *introducir* los ahorros voluntarios. Es posible que los profesionales, consultores y donantes que participan en estas organizaciones no estén plenamente conscientes de las complejidades que implica la adición de servicios de ahorro voluntario, y el propósito de este capítulo es lograr que exista una mayor conciencia de estas complejidades.

Demanda de servicios de ahorro

Tal como se mencionó al inicio del Capítulo 5, los patrones de flujo de efectivo de los microempresarios son variables. Durante épocas de exceso de efectivo, los clientes necesitan tener acceso a una forma segura y conveniente de ahorrar. Cuando el flujo de efectivo es limitado, estos mismos clientes necesitan tener acceso a sus ahorros (en otras palabras, requieren de una forma líquida de ahorros).

Sin el acceso a servicios de ahorro, muchas veces los clientes ahorran manteniendo efectivo en el hogar o invirtiéndolo en granos, animales de crianza, oro, tierras u otros activos indivisibles. Muchas veces no es seguro ahorrar el *efectivo*, especialmente para las mujeres, porque la cabeza masculina del hogar puede exigir que se gaste

cualquier exceso de efectivo. En muchas comunidades, se comparten los ingresos en el hogar, y si los miembros de la familia saben que uno de los miembros tiene dinero, es posible que exijan que se les entregue (o se les preste). Adicionalmente, el efectivo puede ser robado o destruido por incendios o inundaciones.

Los ahorros en forma de *bienes de consumo duraderos* como los granos o animales de crianza, no brindan ninguna seguridad (el animal puede morir), ni liquidez (los valores del mercado pueden cambiar o quizá no exista un cierto mercado cuando se desee vender los activos), ni divisibilidad (no puede venderse media cabra si necesitan tener acceso únicamente a una parte de sus ahorros). Adicionalmente, el mantenimiento de los animales de crianza, tierras o granos puede implicar costos

---

Casilla 6.1 Recolectores de depósitos en India

EN KALANNAGAR, INDIA, LOS CLIENTES DE BAJOS INGRESOS utilizan los servicios de una "recolectora de depósitos". Cada ahorrante tiene una "tarjeta" rústicamente impresa con 220 celdas ordenadas en 20 columnas y 11 filas. Cada dos días, una mujer recolectora llega a la puerta de la ahorrante a recoger una cantidad establecida, con la cual se llena una celda. La ahorrante puede llenar las celdas tan rápida o tan lentamente como quiera; por ejemplo, puede llenar varias celdas en un solo día y luego dejar de ahorrar durante varios días. Los depósitos estándar "por celda" son de 50 paise y 1, 2, 5 y 10 rupias, y en cuanto están llenas las 220 celdas, la ahorrante recibe el valor de 200 de ellas. Asumiendo que llena una celda cada día, pagando una rupia por celda, deposita 220 rupias en 220 días (una inversión promedio de 110 rupias). Por lo tanto, paga 20 rupias para tener acceso a este servicio. Esto resulta en una tasa de interés negativa sobre sus ahorros de aproximadamente un 30 por ciento (o sencillamente, cargos por servicio del 10 por ciento).

Estas ahorrantes saben muy bien que están pagando por ahorrar; sin embargo, señalan que a pesar del pequeño gasto el sistema sigue siendo beneficioso para ellas, especialmente cuando tienen que pagar colegiaturas u otros gastos. Ahorrar en casa es difícil y ahorrar unas cuantas rupias en un banco es ineficaz porque el ahorrante debe visitar la sucursal con demasiada frecuencia. Las ahorrantes consideran que vale la pena pagar por que el servicio llegue hasta la puerta de su casa.

Fuente: Rutherford 1996.

que se suman a las dificultades de liquidez cuando no hay disponibilidad de efectivo.

Muchas veces, los clientes de bajos ingresos no tienen acceso a servicios de ahorro en bancos tradicionales debido a lo limitado de la red de sucursales o la reticencia de los bancos de manejar sumas pequeñas de efectivo. Aunque se ha demostrado que los clientes de bajos ingresos pueden ahorrar sumas considerables, los bancos tradicionales no están estructurados para cobrar sumas pequeñas y es posible que para ellos esto no sea eficiente en cuanto a costos.

Los microempresarios, como otros empresarios, ahorran al menos por cinco razones (Robinson 1994):

- Consumo y para bienes de consumo duraderos
- Inversión
- Propósitos sociales y religiosos
- Jubilación, problemas de salud o discapacidad
- Variaciones estacionales del flujo de efectivo

Las personas que conforman el mercado objetivo de la mayoría de las IMFs (o de todas), deben tener acceso a servicios de ahorro que garanticen que sus fondos están seguros y líquidos y que son divisibles. A los clientes de ahorro, les interesa obtener tres beneficios principales:

- Conveniencia. Los clientes desean tener acceso a servicios de ahorro sin que esto los aleje por demasiado tiempo de su empresa.
- Liquidez. Los clientes desean tener acceso a sus ahorros cuando lo necesiten.
- Seguridad. Los clientes desean estar seguros que sus ahorros están en un lugar seguro y que la institución que los recibe es estable.

En su mayoría, los clientes de ahorro no han considerado como prioridad los intereses que puedan ganar; sin embargo, esto sí se convierte en prioridad cuando los recursos son escasos y existen muchas oportunidades de inversión rentables.

¿Existe un ambiente propicio?

Para movilizar los ahorros eficazmente, una IMF debe estar operando en un país donde se ha liberalizado el sector financiero. Esto incluye la eliminación de techos de tasas de interés y controles de cambio y la admisión de nuevos elementos en el mercado, además del establecimiento de requisitos de capital razonables. Adicionalmente, el gobierno no debe permitir que instituciones no calificadas movi-

licen ahorros públicos; y tampoco debe permitir que las instituciones movilicen más ahorros de los que puede supervisar eficazmente el cuerpo supervisor.

No se puede esperar que los clientes de ahorro tengan la suficiente información para evaluar la solidez de la institución a la cual confían sus ahorros. El gobierno debe *supervisar* a las instituciones que movilizan depósitos de ahorro públicos, ya sea directamente o a través de un cuerpo manejado eficazmente que esté aprobado por el gobierno. Usualmente, esto conlleva una disposición por parte del gobierno de modificar su supervisión bancaria para que las IMFs estén apropiadamente reguladas y supervisadas (ver el Capítulo 1).

"Los servicios de depósito diseñados y proporcionados apropiadamente pueden beneficiar a hogares, empresas, grupos, instituciones financieras involucradas y el gobierno por igual. Los programas de ahorro eficaces pueden contribuir al desarrollo económico local, regional y nacional y pueden ayudar a mejorar la equidad." (Robinson 1994, 35)

Las regulaciones externas deberían basarse en estándares bancarios internacionales y, más específicamente, en principios contables internacionales, requisitos de capital mínimo, técnicas para reducir y diversificar el riesgo al que están expuestos los activos, políticas de provisiones y criterios de rendimiento (GTZ 1997a).

Las IMFs que no están operando en ambientes propicios deben realizar trabajo de cabildeo con las autoridades apropiadas para realizar los cambios necesarios. Para lograr esto, deben familiarizarse con la experiencia y la evidencia local e internacional para respaldar sus argumentos. Además, deberían realizar una investigación de mercado respecto a la demanda de instrumentos de ahorro en sus propios mercados (CGAP 1997).

El Banco Rakyat Indonesia es uno de los casos más conocidos de un banco estatal que proporciona servicios de ahorro a clientes de bajos ingresos en forma sostenible. El Banco Rakyat Indonesia ha demostrado que los microempresarios utilizan los servicios de ahorro en mayor medida que los servicios crediticios (Casilla 6.2).

Requisitos legales para ofrecer servicios de ahorro voluntario

Existen dos requisitos principales con los que generalmente debe cumplir una IMF antes de ofrecer servicios

---

Casilla 6.2 Movilización de ahorros en el Banco Rakyat Indonesia

EN JUNIO DE 1983, EL GOBIERNO DE INDONESIA ELIMINÓ LAS regulaciones del sector financiero para permitir que los bancos gubernamentales fijaran sus propias tasas de interés sobre la mayoría de préstamos y depósitos. En ese tiempo se había ofrecido TABANAS, el programa de ahorro nacional del gobierno, en más de 3.600 bancos locales del Banco Rakyat Indonesia por aproximadamente una década, pero únicamente se habían movilizado $17,6 millones. Se había establecido que los bancos del estado otorgaran préstamos al 12 por ciento y pagaran el 15 por ciento sobre la mayoría de depósitos, lo cual constituyó un incentivo negativo para la movilización de depósitos. Adicionalmente, TABANAS, el único instrumento disponible, limitaba el número de retiros a dos mensuales, una disposición que era inaceptable para la mayoría de habitantes de los pueblos, quienes querían estar seguros que sus ahorros estuvieran accesibles siempre cuando ellos los necesitaran.

Pero el bajo total de ahorros del sistema bancario local se atribuyó ampliamente, no a sus causas reales - principalmente las regulaciones de tasas de interés y el instrumento TABANAS inapropiadamente diseñado - sino a suposiciones no comprobadas que los habitantes de los pueblos no ahorraban y que, aunque hubiera algunas personas que sí ahorraban, no llevaban su dinero a los bancos. Ambas suposiciones eran incorrectas; una extensa investigación en el campo llevada a cabo en los años 1980 demostró - para gran sorpresa de la mayoría de los oficiales del gobierno y el Banco Rakyat

Indonesia - que existía una amplia demanda a la cual no se había respondido, tanto a nivel rural como urbano, de un instrumento de ahorro líquido en el cual pudieran depositarse en forma segura los valores financieros y ahorros provenientes de ingresos. Además, muchas personas de bajos ingresos deseaban convertir una parte de sus ahorros no financieros en ahorros financieros, si éstos eran aceptados en cuentas líquidas, y también existía la demanda de cuentas de depósito a plazo fijo.

El 31 de diciembre de 1995, el principal producto de ahorro del Banco Rakyat Indonesia, SIMPEDES, y su contrapartida urbana, SIMASKOT, constituían el 77 por ciento del total de depósitos en el sistema bancario local del banco. El sistema bancario, que movilizó $17,6 millones en su primera década, movilizó $2,7 billones en la segunda década - ¡provenientes de los mismos clientes en los mismos bancos! Este cambio espectacular ocurrió principalmente debido a que, después de 1983, el banco tenía un incentivo para movilizar depósitos y empezó a aprender acerca de sus mercados locales; entonces se diseñaron instrumentos de depósito específicamente para responder a los diferentes tipos de demanda local.

Con 14,5 millones de cuentas de ahorro al 31 de diciembre de 1995, el sistema bancario local del Banco Rakyat Indonesia proporciona servicios de ahorro a cerca del 30 por ciento de los hogares de Indonesia. Además, los hogares y las empresas se benefician del mayor volumen de crédito institucional financiado por el programa de ahorro.

Fuente: Robinson 1995.

---

de ahorro voluntario: la autorización y los requisitos de reservas.

AUTORIZACIÓN. En su mayoría, una IMF debe estar autorizada para recibir ahorros; usualmente, esto significa que estará sujeta a algún tipo de regulación.

Al discutir los servicios de ahorro voluntario, es importante distinguir entre los servicios de ahorro proporcionados a prestatarios o miembros y los servicios que están a disposición del público en general. Muchas IMFs formales o informales reciben ahorros de sus miembros y otorgan en préstamo estos ahorros o los depositan en una institución financiera formal. Aunque algunas instituciones están legalmente inscritas (como ONGs), no necesariamente están autorizadas para actuar como intermediarios financieros (es decir, para aceptar depósi-

tos) y generalmente sus actividades de depósito no son supervisadas ni reguladas.

Para aceptar depósitos del público en general, *es obligatorio* que una organización esté autorizada para ello. Las IMFs que están autorizadas como instituciones receptoras de depósitos, generalmente están sujetas a algún tipo de regulaciones y supervisión por parte de la superintendencia de bancos, el banco central u otro departamento o entidad gubernamental del país. El hecho de adherirse a los requisitos de regulación y supervisión, usualmente implica costos adicionales para la IMF (como por ejemplo, los requisitos de reservas).

Finalmente, para obtener la autorización para aceptar depósitos, una IMF debe ser sólida financieramente y debe tener la capacidad institucional necesaria. El hecho de determinar la capacidad institucional de las IMFs es responsabilidad del cuerpo que otorga la autorización.

REQUISITOS DE RESERVAS. Los requisitos de reservas se refieren a un porcentaje de los depósitos aceptados por una institución que debe permanecer en el banco central o en otra forma similar, segura y líquida. Estos requisitos son impuestos por la superintendencia local de bancos a las IMFs que están aceptando depósitos, para garantizar que los fondos de los depositantes están seguros y accesibles. Al destinar un cierto porcentaje de los fondos depositados como reserva, los gobiernos limitan a las IMFs respecto al monto total de fondos disponibles que pueden otorgar en préstamo.

Los requisitos de reservas resultan en un incremento de costos para las IMFs, porque el monto que está en reserva no puede otorgarse en préstamo y, por lo tanto, por este monto no se obtiene el rendimiento de cartera efectivo o la tasa de rendimiento de inversión.

Muchas veces, los requisitos de reservas se dividen en reservas principales y reservas secundarias. Por ejemplo, en Canadá todos los bancos autorizados deben mantener una reserva en el banco central equivalente al agregado del 10 por ciento de los depósitos según demanda en moneda canadiense, el 2 por ciento de los depósitos notificados en moneda canadiense, el 1 por ciento de los depósitos notificados en moneda canadiense de más de CDN$500 millones y el 3 por ciento de depósitos en moneda extranjera depositados en Canadá por residentes canadienses. Las reservas principales no generan ingresos por intereses al banco autorizado.

Las reservas secundarias son reservas bancarias que deben mantenerse en deuda pública prescrita que genere intereses o en préstamos diarios para corredores de bolsa en Canadá, o en efectivo. Estas reservas no pueden ser mayores del 12 por ciento de los depósitos de residentes canadienses en el banco, sus oficinas en Canadá o cualquiera de sus subsidiarias (Morris, Power y Varma 1986).

En Indonesia, los requisitos de reservas son del 5 por ciento, en las Filipinas del 8 por ciento y en Colombia del 10 por ciento. Algunos bancos gubernamentales, como los de Tailandia, están exentos de requisitos de reservas, lo cual les otorga una considerable ventaja sobre otras instituciones.

Seguro de depósitos

La mejor forma de garantizar la seguridad de los depósitos es prevenir que fracasen las IMFs que proporcionan los servicios de depósito de ahorros. Esto se logra garantizando que las IMFs cuenten con un manejo sólido y con políticas de préstamos prudentes y que estén respaldadas por una supervisión y regulación adecuadas. Sin embargo, la mayoría de países industrializados (y muchos países en vías de desarrollo) establecieron planes de seguro de depósitos como una red de seguridad para proteger a los depositantes, en caso que una institución no fuera manejada de forma prudente. (Generalmente, las instituciones financieras informales que reciben depósitos no tienen la capacidad de participar en los planes de seguro de depósitos.) Por medio del seguro de depósitos, se garantiza un valor nominal máximo de los depósitos para cada ahorrante (basado en el monto que se depositó) en caso la institución receptora de depósitos fuera a la quiebra. Generalmente, este seguro es controlado por el gobierno y proporcionado por una institución sombrilla, a la cual cada una de las instituciones reguladas que reciben depósitos paga una cuota. En algunos países, el gobierno también contribuye con algunos fondos. En todos los casos, es importante que el gobierno proporcione el respaldo necesario para que el sistema sea eficaz (Casilla 6.3).

Los seguros de depósitos se establecen por tres razones principales (FAO 1995):

- Fortalecen la confianza en el sistema bancario y ayudan a promover la movilización de depósitos.
- Proporcionan al gobierno un mecanismo formal para tratar con bancos que quiebran.
- Garantizan la protección de los pequeños depositantes en caso de quiebra del banco.

Dos de las principales desventajas de los planes de seguro de depósitos son que los ahorrantes tienen menos incentivos para seleccionar a IMFs estables y que las IMFs tienen menos incentivos para manejar sus organizaciones en forma prudente. Sin embargo, la necesidad de proteger a las personas que depositan ahorros en IMFs es especialmente importante, debido a la información poco detallada respecto a las IMFs que están disponibles para los clientes de bajos ingresos, así como la falta de interés por parte de los gobiernos en intervenir y compensar a los ahorrantes cuando falla una IMF, ya que, en la mayoría de los casos, no es

Casilla 6.3 Seguro de depósitos en India

EL SEGURO DE DEPÓSITOS EN INDIA ES IMPLEMENTADO por una agencia del sector público llamada Deposit Insurance and Credit Guarantee Corporation establecida en 1962 tras el colapso de un banco privado. La agencia ofrece seguros de ahorro y crédito a todo el sector bancario en India, incluyendo las cooperativas y bancos rurales. Aunque el seguro de créditos es voluntario, el seguro de depósitos es obligatorio para los bancos. La Deposit Insurance and Credit Guarantee Corporation cobra una prima de 5 paise anuales por 100 rupias cada seis meses (el 0,0005 por ciento). Cada depositante califica para un nivel máximo de protección de 1 lakh (aproximadamente US$2.565), lo cual significa que prácticamente todos los ahorrantes pequeños en India están protegidos.

Mediante este plan parece haberse alcanzado un nivel significativo de confianza por parte de los pequeños ahorrantes, lo cual ha permitido que los bancos movilicen los ahorros con bastante facilidad, aun en las áreas remotas. Aunque muchas veces los bancos utilizan el seguro de créditos, muy pocas veces hacen uso del seguro de ahorros, dada la estabilidad financiera general en India.

Fuente: Shylendra 1998.

probable que este incumplimiento por parte de la IMF se perciba como una amenaza a la estabilidad financiera de un país.

Aunque los planes de seguro de depósitos deberían incluir a todas las instituciones receptoras de depósitos, incluyendo a cooperativas e IMFs semiformales, quizá no sea apropiado proporcionar el mismo tipo de seguro para todas las instituciones. El hecho de contar con fondos de seguro de depósitos separados para cada tipo principal de intermediario financiero diversifica el riesgo; por ejemplo, en los Estados Unidos, los fondos de seguro para bancos y uniones de crédito no se vieron afectados por la crisis de ahorro y préstamo, y por lo tanto hubo necesidad de incrementar las primas de seguro únicamente para las asociaciones de ahorro y préstamo (FAO 1995).

Aun sin la disponibilidad de seguros de depósitos, lo que parece ser lo más importante para los ahorrantes es la reputación del banco. Los ahorrantes potenciales buscan un banco establecido con una buena reputación, instrumentos apropiados y un punto de venta local conveniente.

Casilla 6.4 Seguridad de depósitos en el Bank for Agriculture and Agricultural Cooperatives (Banco para la Agricultura y las Cooperativas Agrícolas) en Tailandia

EL BANK FOR AGRICULTURE AND AGRICULTURAL Cooperatives (BAAC) ha operado en las áreas rurales de Tailandia durante 30 años. Originalmente fue concebido como vehículo para proveer crédito a bajos costos para los agricultores tailandeses, y en años recientes el BAAC ha llegado a reconocerse como una de las pocas instituciones financieras rurales propiedad del gobierno que se especializan en atender a ciertos sectores.

Uno de los aspectos importantes de este éxito es el historial impresionante del desempeño del banco en la última década, respecto a la movilización de recursos financieros. Se ha logrado esto a través de vigorosos esfuerzos para atraer a los ahorrantes en áreas rurales; por medio de estos ahorros, el banco financia su cartera de préstamos agrícolas que se está expandiendo rápidamente.

En el sector bancario tailandés, no existe ningún programa formal de seguro de ahorros; sin embargo, el gobierno ha evitado que los depositantes perdieran sus fondos implemen-

Fuente: GTZ 1997b.

tando operaciones de rescate para cada caso individual, supervisadas por el Banco de Tailandia. Desafortunadamente, es posible que este enfoque de garantía implícita no brinde tranquilidad a los depositantes, y pueda crear incentivos de manejo perversos para los banqueros si la "red de seguridad" implícita los motiva a involucrarse en operaciones de préstamo demasiado arriesgadas. Como resultado de ello, la calidad de la cartera del BAAC es deficiente.

Se crean distorsiones adicionales del mercado financiero cuando el público cree que estas garantías gubernamentales implícitas se utilizan en forma dispareja para las instituciones financieras estatales y las privadas. El marco apropiado de garantías de depósito explícitas es un programa de seguro de depósitos basado en el riesgo, en el cual cada institución financiera participante (sea estatal o privada) contribuye un monto al fondo de seguro de depósitos en base a una evaluación independiente del riesgo de la cartera de esa institución.

¿La IMF, tiene la capacidad institucional necesaria para movilizar ahorros?

Previo a ofrecer servicios de ahorro voluntario, las IMFs deben asegurarse de que cuentan con la estructura institucional que les permita movilizar ahorros en forma legal, así como la capacidad institucional adecuada o la capacidad de desarrollarla.[1] La capacidad institucional requiere la existencia de gobierno, administración, personal y estructuras operacionales adecuados para proveer servicios de ahorro. Además, los requisitos adicionales (y a veces considerables) de informes para la superintendencia u otro organismo regulador implican un incremento en los costos de personal y la creación de sistemas de información administrativa más amplios.

La propiedad, el gobierno y las estructuras organizacionales tienen un fuerte impacto en las percepciones de los clientes respecto a la movilización de ahorros. Además, la introducción de servicios de ahorro voluntario implica la adición de muchos clientes nuevos, para lo cual a su vez es necesario contar con una mayor capacidad de personal y programas de capacitación del personal, así como manejo, sistemas de mercadeo, infraestructura, seguridad y controles internos, sistemas de información administrativa y manejo de riesgos.

Propiedad y gobierno

La propiedad pública puede dar la imagen de que una IMF es confiable y segura, especialmente si existe un sólido respaldo político y si la interferencia política es mínima; los depositantes saben que el gobierno los protegerá en el caso de una severa crisis de liquidez o solvencia. Sin embargo, la propiedad pública también puede imponer limitaciones a los ahorros si existen programas de crédito subsidiados y si prevalece la intervención del gobierno en el establecimiento de precios y la selección de clientes. Debe permitirse a las IMFs que operen sin interferencia política, y no deben ser desalentadas para movilizar ahorros, por medio de inyecciones frecuentes de fondos públicos de bajos costos. Adicionalmente, si la regulación y supervisión externa es menos rigurosa para las IMFs públicas que para las privadas, es posible que el insuficiente manejo de riesgos ponga en riesgo los fondos de los depositantes (Casilla 6.5).

Las instituciones microfinancieras que son propiedad del sector privado deben asegurarse de ser intermediarios financieros sólidos y ser percibidas como tales. Las relaciones con individuos, familias o instituciones altamente respetados, como una organización religiosa o una sociedad de cartera más grande pueden ayudar a fortalecer la confianza de sus depositantes. Además, las IMFs que anteriormente estaban enfocadas únicamente en proveer servicios crediticios, deben asegurarse de establecer su nueva identidad como un lugar seguro para realizar depósitos. Esto dependerá en gran parte de la calidad de los servicios crediticios que proporcionan y su reputación como prestamistas serios que no aceptan a clientes que no pagan sus préstamos.

La *estructura de gobierno* de las IMFs es crucial para garantizar que se provean servicios de intermediación financiera apropiados para ahorrantes y prestatarios. Las IMFs que movilizan ahorros tienen una mayor probabilidad de contar con una estructura de gobierno profesional, con una mayor representación del sector financiero privado o de su membresía, que aquéllas cuya única actividad es desembolsar préstamos.

Estructura organizacional

La mayoría de IMFs que movilizan ahorros tienen estructuras organizacionales extensas y descentralizadas. Una sucursal localizada cerca de los clientes depositantes reduce los costos de transacción tanto para la IMF como para sus clientes y es una parte importante del establecimiento de relaciones permanentes basadas en la confianza mutua, lo cual constituye un elemento clave para la movilización exitosa de ahorros.

Las IMFs exitosas organizan sus sucursales u oficinas de campo como *centros de ganancias* y emplean un método de precios de transferencia que garantiza una cobertura de todos los costos a través de la red de sucursales. Los precios de transferencia se refieren a los precios de servicios proporcionados por las oficinas centrales a las sucursales sobre la base de la recuperación de costos. Por ejemplo, los costos en que se incurre en las oficinas centrales para manejar la organización en general se prorratean con las sucursales, en base a un porcentaje del activo (préstamos) o el pasivo (depósitos) de la sucursal. También se distribuyen los costos de financiamiento.

---

1. Esta sección se basa principalmente en Robinson (1995) y GTZ (1997a).

Casilla 6.5 Propiedad y gobierno en el Bank for Agriculture and Agricultural Cooperatives (Banco para la Agricultura y las Cooperativas Agrícolas), Tailandia

EL BANK FOR AGRICULTURE AND AGRICULTURAL Cooperatives (BAAC) es gobernado por una junta directiva designada por el consejo de ministros. La junta directiva controla las políticas y operaciones empresariales del banco. La legislación que lo autoriza a operar establece como requisito que entre los miembros de la junta directiva también debe incluirse a representantes de la oficina del Primer Ministro, el Ministerio de Finanzas, el Ministerio de Agricultura y Cooperativas y otros departamentos gubernamentales. Así, la junta directiva se compone principalmente de funcionarios públicos que reflejan los intereses del gobierno pero carecen de experiencia y visión empresarial en el campo de las finanzas. La composición de la junta directiva refleja el hecho de que el 99,7 por ciento del banco es propiedad gubernamental.

Esta estructura de gobierno fue heredada del pasado, cuando la institución funcionaba principalmente como dispensadora de recursos financieros recibidos del gobierno y

agencias donantes extranjeras o actuaba en nombre del gobierno (como en el caso de los depósitos bancarios obligatorios de los bancos comerciales). Desde entonces, la situación ha cambiado; actualmente, el BAAC es responsable de la administración y la seguridad de un gran volumen de recursos provenientes de su nueva clientela de depositantes.

A pesar del cambio radical en la base de recursos financieros del BAAC, hasta ahora no se ha modificado la composición de la junta directiva, para que ésta refleje el considerable cambio en la selección de depositarios de la institución; tampoco se han modificado o ampliado significativamente las oportunidades de propiedad de la institución, en respuesta a estos nuevos intereses.

Un cambio en la estructura de gobierno del banco podría constituir una contribución importante para abordar algunos de los temas referentes a los depositarios que no son abarcados por el concepto de diseño original de la empresa estatal.

Fuente: GTZ 1997b.

Una sucursal que desembolsa un mayor volumen de préstamos que los depósitos que recibe, debe obtener financiamiento de la oficina central (o de otra sucursal) para financiar esos préstamos. La oficina central (o una oficina regional) actuará como la central de financiamiento para garantizar que cualquier exceso de depósitos en una sucursal se "venda" a otra sucursal para financiar sus préstamos. La sucursal que tiene un exceso de depósitos recibe un pago (ingresos por intereses) por esos fondos, mientras que la sucursal que los recibe paga un cargo (gasto por pago de intereses). Si la oficina central determina que no existe ningún exceso de financiamiento dentro del sistema, entonces se recurrirá a financiamiento externo para otorgarlo en préstamo a sus sucursales por un precio establecido.

El precio de transferencia cobrado a las sucursales (o pagado a las sucursales por el exceso de depósitos) debe ser aproximadamente igual a la tasa de préstamos interbancarios, o una tasa un poco más alta que el costo promedio de fondos para la IMF. Esto proporciona incentivos para que las sucursales movilicen ahorros a nivel local en vez de recurrir al exceso de liquidez de otras sucursales dentro de la red y además, pueden generarse ingresos adicionales a nivel de oficina central para cubrir los gastos indirectos.

La fijación de precios de transferencia garantiza la transparencia y confiere responsabilidad a las sucursales.

Recursos humanos

Una vez que se han introducido los ahorros, la IMF se convierte en un verdadero intermediario financiero y las consecuencias para la institución y sus recursos humanos son considerables. El manejo de un intermediario financiero es mucho más complejo que el manejo de una organización crediticia, especialmente porque muchas veces el tamaño de la organización aumenta rápidamente. Esto tiene serias consecuencias si la IMF es como muchas organizaciones, en las que hay uno o dos individuos clave que encabezan la organización y están involucrados personalmente en casi todos los aspectos de las operaciones. En especial, las IMFs que movilizan depósitos estarán sujetas a escrutinio y supervisión mucho más rigurosos por parte de las entidades reguladoras gubernamentales y otros. El nivel de manejo eficaz debe ser mayor que el de una IMF que está proporcionando únicamente servicios de crédito.

El reclutamiento de personal debería enfocarse en seleccionar a personal proveniente de la región local que esté familiarizado con las costumbres y la cultura y, si es necesario, domine el dialecto hablado en la región (Casilla 6.6). El personal local tiende a infundir confianza en los clientes y facilita la comunicación de éstos con la IMF. Como resultado de estudios realizados, se ha descubierto que las actitudes de una fuerte orientación hacia los clientes y una cultura de servicio son ingredientes esenciales para la movilización exitosa de ahorros (GTZ 1997a).

Al introducir los servicios de ahorro, se vuelve imperativo realizar una capacitación significativa de la gerencia y el personal en general. Los gerentes y los miembros del personal deben aprender cómo funcionan los mercados locales, cómo ubicar a los potenciales ahorrantes y cómo diseñar instrumentos y servicios para ese mercado; además, deben comprender los fundamentos de las finanzas y la importancia de que exista un equilibrio adecuado entre los servicios de crédito y los de depósitos de ahorro. Muchas veces, los miembros del personal de una IMF provienen de un ambiente de desarrollo social, y es posible que no aprecien el hecho de que los clientes de bajos ingresos pueden ahorrar, y que realmente lo hacen. Mientras que los préstamos a la microempresa se basan en que el oficial de crédito conozca personalmente a cada cliente, al proveer servicios de ahorro la situación puede ser bastante diferente, dependiendo de la forma en que se reciben y retiran esos ahorros. Las necesidades de capacitación de toda la gerencia y el personal deberían evaluarse y proporcionarse al inicio y periódicamente, conforme va creciendo la IMF.

Mercadeo

Las IMFs que proporcionan servicios crediticios deben seleccionar a los prestatarios en quienes confían para estar seguros de que pagarán los préstamos; sin embargo, al recibir depósitos de ahorro, son los clientes quienes deben confiar en la IMF. Los clientes que efectúan depósitos deben estar convencidos de que el personal de la IMF es competente y honrado; las IMFs deben buscar activamente a los potenciales depositantes, teniendo presente a su mercado objetivo y, lo más importante, la IMF debe diseñar en primer lugar sus productos de ahorro en forma apropiada y luego anunciar sus servicios en formas localmente apropiadas.

Durante la fase de investigación de mercados, las IMFs deben conocer el tipo de servicios de ahorro que demandan los potenciales clientes y luego incorporar esta información tanto en el diseño de los productos como en el mercadeo. Por ejemplo, para alentar la movilización de ahorros, el Banco Rakyat Indonesia determinó que a los ahorrantes les gustaría tener la oportunidad de recibir regalos al abrir una cuenta de ahorros. Actualmente, el banco ofrece loterías con cada uno de sus productos de ahorro. Cada mes se realiza un sorteo incluyendo los nombres de las personas que tienen una cuenta de ahorros, y los ganadores reciben un regalo como un televisor o una bicicleta. Se ha comprobado que las loterías son un medio eficaz para promocionar servicios de ahorro, y el BancoSol en Bolivia también adoptó esta práctica.

Otro método de mercadeo utilizado por el Banco Rakyat Indonesia es la colocación de afiches que muestran fotografías de la subsucursal local, su sucursal de supervisión más grande y las oficinas centrales del banco, que tienen un aspecto impresionante. Este enfoque se basa en el hecho de que los ahorrantes tienden a preocuparse respecto a colocar sus ahorros en lo que parece ser un pequeño banco local. Cuando el banco es de prestigio reconocido, el énfasis en la relación entre la sucursal local y la central del banco brinda seguridad a los clientes.

Casilla 6.6 Utilización de recursos humanos en Caisses Villageoises d'Épargne et de Crédit Autogérées, Malí

UNA DE LAS FORTALEZAS DE LAS IMFs EN LAS QUE participan administradores locales elegidos por las comunidades mismas, es que los administradores conocen bien a los clientes y éstos confían en ellos. Este es el caso en las *caisses villageoises d'épargne et de crédit autogérées* (bancos rurales autónomos de crédito y ahorro) en Pays Dogon, una remota región Sahel de Malí, Africa Occidental. Todos los gerentes de los bancos de comunidad (cajeros y encargados de control interno) provienen de los mismos pueblos. Inicialmente, se les capacitó como parte de un proyecto de donantes (KWF) que estaba conformado plenamente por profesionales locales; todos ellos hablaban con fluidez por lo menos dos dialectos locales, eran respetados por la población local y tenían un auténtico interés en lograr que el programa fuera exitoso para ayudar a su región.

Fuente: Contribuido por Cecile Fruman, Proyecto Sustainable Banking with the Poor, Banco Mundial, 1998.

Además, las IMFs pueden establecer días "de puerta abierta" en los que pueden llegar los clientes y conocer a los miembros del personal, además de ver físicamente la caja fuerte donde se mantiene guardado el dinero. Si los ahorrantes no están familiarizados con los bancos en general, es posible que les agrade observar un ambiente de seguridad.

El diseño de *marcas* especiales para los productos de ahorro también ha atraído a algunos depositantes. Por ejemplo, el Bank for Agriculture and Agricultural Cooperatives (BAAC) en Tailandia tiene un producto de ahorro llamado "Ahorre para Aumentar sus Posibilidades, del BAAC" y el Banco Caja Social en Colombia anuncia una cuenta de ahorros llamada "Crece Cada Día". Las marcas especiales facilitan a los clientes la comprensión del diseño específico de cada producto de ahorro y además, ayudan a distinguir los productos de los que ofrecen las demás IMFs.

Sin embargo, finalmente la mejor forma de publicidad es *de boca en boca*. Para garantizar que la publicidad de este tipo sea positiva, el servicio proporcionado a los depositantes debe ser puntual, considerado y honesto; una vez más, finalmente debe responderse a la demanda de los clientes a través del diseño de productos de ahorro apropiados. Una mujer que vive en un área rural de una isla oriental de Indonesia, a quien se preguntó qué pensaba acerca del hecho de que el Banco Rakyat Indonesia abriría una sucursal bancaria en esa área, expresó, "Si [el Banco Rakyat Indonesia] abre una sucursal aquí y provee servicios de calidad, eso será maravilloso para nosotros. Necesitamos un banco." Luego dijo, "En las noches, aquí no hay mucho que hacer, excepto conversar. Si el banco hace un buen trabajo acá, ¡puede estar seguro de que hablaremos de ello durante muchos años!" "Por supuesto", agregó, "si el banco trabaja mal, hablaremos de eso durante muchos años." (Robinson 1995, 14).

Infraestructura

Tal como se mencionó anteriormente, la introducción de productos de ahorro voluntario altera considerablemente la organización y el manejo de una IMF. Dependiendo del método de recepción de depósitos utilizado, es posible que algunas IMFs deban establecer sucursales ubicadas cerca de sus clientes. Sin embargo, quizá esto no sea necesario hasta que la IMF alcance un cierto volumen de negocios. Como alternativa, las IMFs pueden proporcionar servicios "de operaciones bancarias ambulantes", que consisten en que algunos miembros del personal de la IMF viajan hasta el lugar donde se encuentra el cliente para recoger los ahorros en vez de que el cliente visite la sucursal. Los oficiales de ahorro del Banco Rakyat Indonesia viajan semanalmente a todos los pueblos y reciben ahorros y entregan retiros. Las operaciones bancarias ambulantes funcionan adecuadamente siempre y cuando la IMF sea consistente en sus visitas programadas, para asegurar a los clientes que tienen la capacidad de depositar o retirar depósitos en días específicos de la semana.

Otras IMFs mejoran las estructuras de sus sucursales, para que sean más convenientes para sus clientes y más fáciles de utilizar. Por ejemplo, el BancoSol opera principalmente en áreas urbanas (incluyendo ciudades secundarias) donde las sucursales están relativamente accesibles para sus clientes; el banco modificó sus sucursales para incluir ventanillas de cajero y un ambiente cómodo y atractivo para los ahorrantes. Además, BancoSol contrató a personal con el propósito específico de manejar y mantener las cuentas de depósitos.

Adicionalmente, los horarios de operaciones convenientes y flexibles según las necesidades de los clientes, ayudan a que los servicios de ahorro sean más atractivos.

Seguridad y controles internos

Al empezar a ofrecer servicios de ahorro voluntario, una IMF debe considerar el tema de la seguridad. Como mínimo, la IMF debe adquirir una caja fuerte para tener efectivo disponible para potenciales retiros y para reducir al máximo el riesgo de robo. Si la IMF recibe ahorros a través de las operaciones bancarias ambulantes, debería contar con dos oficiales que trabajan en conjunto para minimizar el riesgo de fraude y robo. El Banco Rakyat Indonesia, en donde se utiliza este sistema, ha descubierto que los mismos miembros de la comunidad se aseguran de que los oficiales de ahorro no sean asaltados, porque saben que es el dinero de ellos el que está en riesgo.

Las IMFs deben desarrollar controles internos para abordar el riesgo de la seguridad al proveer servicios de ahorro voluntarios. En el sector financiero formal, existen amplios conocimientos sobre el riesgo, incluyendo controles y contrapesos, como custodia doble de efectivo y combinaciones, separación de obligaciones, rastros de auditoría y uso de bóvedas y casillas de depósito a prueba de incendios (Calvin 1995). Debería contratarse a expertos del sector financiero formal para que realicen una asesoría respecto a estos temas.

Sistemas de información administrativa

Un sistema de información administrativa apropiado y que además opera en forma sólida, es la médula de un sistema eficaz de control y monitoreo interno. El sistema de información administrativa debería ser sencillo, transparente y objetivo. Al introducir los servicios de ahorro, un sistema de información administrativa eficaz se vuelve fundamentalmente importante para el manejo interno y los informes externos.

Al diseñar sistemas de información administrativa para manejar productos de ahorro, es importante tomar en cuenta la exactitud, confiabilidad y velocidad de éstos. Existen tres metas principales que debe alcanzar un sistema de información (adaptado de Calvin 1995):

- Procesamiento de transacciones
- Servicio al cliente
- Información administrativa

Para tomar decisiones estratégicas acerca de los productos de ahorro, la IMF requiere de la siguiente información: número de cuentas, valor de las cuentas y saldos promedio; número de transacciones por cada cuenta; distribución de los saldos de las cuentas; y movimiento diario como porcentaje de saldos (que puede variar según la estación). Con el tiempo, es importante mantener una base de datos de los clientes que permita a la institución analizar la relación entre los productos de crédito y ahorro y otros detalles del mercado.

Es cada vez más importante que los sistemas de información administrativa proporcionen los requisitos de informes y monitoreo exigidos por el cuerpo supervisor que es responsable de regular la IMF. Los sistemas deben diseñarse para garantizar que se genera esta información con regularidad y que además, se proporciona información beneficiosa para la IMF. (Ver el Capítulo 7 para una discusión más detallada de los sistemas de información administrativa.)

Manejo de riesgos y tesorería

La introducción de la recepción de depósitos complica considerablemente el manejo del activo y el pasivo. Además de cumplir con los requisitos de reservas estipu-

lados por las autoridades reguladoras, es importante contar con la cantidad correcta de efectivo en las sucursales correctas en el momento correcto. El manejo deficiente de liquidez puede dificultar seriamente la capacidad operativa de cada sucursal. La mayoría de IMFs que generan numerosos depósitos pequeños han encontrado que las cuentas de ahorro muy pequeñas, aun las que tienen un número ilimitado de retiros, generalmente tienen poca rotación y por lo tanto representan un colchón de liquidez estable. Muchas veces, las IMFs que son propiedad pública se apoyan en depósitos de ahorro cuantiosos de instituciones que son propiedad del estado o depósitos requeridos legalmente de bancos comerciales, lo que implica un riesgo de liquidez elevado si cambian las regulaciones gubernamentales y la institución pierde a sus depositantes importantes.

Las IMFs que crean un centro de financiamiento (arriba descrito, bajo la fijación de precios de transferencia) pueden tener una mejor capacidad de manejar su riesgo de liquidez eficazmente. (Los temas de mora, liquidez y manejo del activo y el pasivo se discuten en el Capítulo 10.)

Secuencia de la introducción de servicios de ahorro

Las IMFs que están planificando introducir servicios de ahorro voluntario deben considerar el orden en que deben ejecutar los diferentes pasos. En la Casilla 6.7, se identifican seis pasos que debería seguir una IMF.

Tipos de productos de ahorro para microempresarios

Los instrumentos de depósito deben diseñarse apropiadamente para responder a la demanda local. Es esencial que una IMF realice una investigación de mercado antes de introducir productos de ahorro, y que además ofrezca una variedad adecuada de productos con varios niveles de liquidez, que respondan a las características y necesidades financieras de diversos segmentos del mercado.

Cuando el Banco Rakyat Indonesia decidió ofrecer productos de ahorro voluntario, se realizó un estudio extenso de la demanda local de servicios financieros y se

Casilla 6.7 Secuencia en la movilización de ahorros voluntarios

1. Mejorar los conocimientos de los miembros de la junta directiva y los administradores de la IMF respecto a la experiencia de otras IMFs locales e internacionales. Al comprender los servicios de ahorro que existen a nivel local, los administradores de las IMFs pueden tomar como ejemplo los sistemas existentes.

2. Llevar a cabo actividades de investigación de mercado y capacitar a miembros selectos del personal para la fase piloto. Examinar las regulaciones existentes y la capacidad institucional de la IMF.

3. Realizar y evaluar un proyecto piloto. Este es un paso crucial porque, hasta que no se conozca el alcance de la demanda y los costos de los diferentes productos, incluyendo la mano de obra, únicamente es posible fijar tasas de interés temporales.

4. Cuando sea necesario, llevar a cabo y evaluar una segunda serie de proyectos piloto para poner a prueba los productos y precios que fueron revisados como resultado del primer proyecto piloto. Al mismo tiempo, realizar una capacitación más amplia del personal. Durante este período, es necesario prestar atención a la planificación de la logística y los sistemas de información administrativa que se requerirán para realizar la expansión del programa de movilización de depósitos.

5. Una vez completados los instrumentos, la fijación de precios, la logística, los sistemas de información y la capacitación del personal habrá que expandir gradualmente la movilización de ahorros a través de todas las sucursales.

6. Cuando se ha logrado la expansión de los servicios de ahorro en todas las sucursales, cambiar el enfoque principal, de la logística de expansión hacia las técnicas de penetración de mercado. Cuando las IMFs eficazmente administradas ofrecen productos y servicios de depósito apropiados, pueden llegar a manejar rápidamente las cuentas de las personas que viven o trabajan cerca de las oficinas del banco; esto se conoce como el "dinero fácil". Sin embargo, para lograr penetrar en el mercado en un área de servicio más extensa, se requiere de otros métodos. Entre éstos se encuentran el desarrollo de un enfoque sistemático para identificar a los potenciales depositantes; la implementación de un sistema de incentivos para el personal, en base al valor de los depósitos recibidos, para que los miembros del personal busquen a los potenciales depositantes, en vez de esperar que éstos se acerquen al banco; el desarrollo de métodos eficaces para la comunicación intrabancaria; una investigación de mercado más exhaustiva; una mayor revisión de las relaciones públicas; y capacitación masiva del personal.

La secuencia arriba descrita puede parecer larga y engorrosa, pero es necesario seguirla para desarrollar la viabilidad de la IMF a largo plazo. Muchas veces, existe la tentación de avanzar con demasiada rapidez, pero el hecho de instituir la movilización de ahorros voluntarios con demasiada rapidez es un excelente ejemplo del dicho "la prisa lleva al fracaso"; por ejemplo, una IMF se está buscando problemas si trata de implementar su nuevo programa de ahorro antes de que esté preparado su sistema de información administrativa y el personal esté adecuadamente capacitado para utilizarlo. Una institución financiera cuyas acciones no se realizan en la secuencia apropiada puede perder la confianza de sus clientes, lo cual a su vez puede causar la pérdida de su reputación y eventualmente, su viabilidad.

Aplicar apropiadamente el "cuándo" y "cómo" de la introducción de la movilización de ahorros voluntarios permite que una IMF responda a la demanda local de servicios de ahorro y proporcione un mayor volumen de microcréditos, incrementando de esta forma la proyección y la rentabilidad.

Fuente: Robinson 1995.

---

identificó sistemáticamente a los potenciales ahorrantes. Además, el banco analizó de cerca los servicios de ahorro existentes en el sector informal y diseñó sus productos para superar limitaciones y replicar las fortalezas de los servicios existentes (Casilla 6.8).

En general, se ha encontrado que los ahorros voluntarios individuales tienen más éxito que los ahorros en grupo. La mayoría de los productos de ahorro para clientes de la microempresa incluyen las siguientes características (GTZ 1997a):

- Generalmente, los saldos mínimos de apertura son bajos.
- Se ofrece una variedad de productos de ahorros líquidos, productos de ahorros semilíquidos y depósitos a plazo fijo con una estructura de plazo fijo, incluyendo por lo menos un producto de ahorros líquidos con retiros ilimitados.
- Se ofrecen tasas de interés atractivas; para las IMFs privadas, esto puede significar que son tasas de interés más altas que las tasas del mercado como una forma

Casilla 6.8 Instrumentos de ahorro del Banco Rakyat Indonesia

DESPUÉS DE LLEVAR A CABO UNA SERIE DE PROYECTOS piloto que empezaron en 1984, en 1986 el Banco Rakyat Indonesia introdujo cuatro instrumentos de ahorro con diferentes proporciones de liquidez y rendimiento a nivel nacional. SIMPEDES, un instrumento de ahorro que permite un número ilimitado de retiros, se convirtió en la "punta de lanza" del nuevo programa de ahorro; el instrumento SIMPEDES incorpora loterías para el depositante que se diseñaron tomando como referencia aproximada las loterías de depositantes altamente exitosas del Banco Dagang de Bali. SIMPEDES estaba enfocado en hogares, empresas y organizaciones que requieren de la liquidez en combinación con un rendimiento real positivo. Se continuó utilizando el instrumento TABANAS, que genera pagos de intereses más altos que SIMPEDES, y más tarde se liberalizaron las reglas de retiro. TABANAS iba enfocado a depositantes que deseaban obtener niveles medios de liquidez y rendimiento.

Depósito Berjangka, un instrumento de depósito a plazo fijo que anteriormente sólo estaba disponible en las sucursales del Banco Rakyat Indonesia, ahora también se ofrecía a través de su unidad de banco en su sistema bancario de comunidad. Depósito Berjangka es utilizado por empresas y habitantes rurales más acaudalados que esperan obtener un rendimiento más alto, y además lo utilizan las personas que están ahorrando para alcanzar objetivos de largo plazo, como para la construcción, la adquisición de tierras y la educación de sus hijos. Muchos cuentahabientes de Depósito Berjangka también tienen cuentas SIMPEDES. El cuarto instrumento, Giro, un tipo de cuenta corriente, es utilizado principalmente por instituciones que deben cumplir con requisitos gubernamentales especiales. Con la excepción de Giro, generalmente los instrumentos de depósito han proporcionado tasas de interés real positivas.

Fuente: Robinson 1995.

de prima por riesgo para atraer depósitos, especialmente si la institución está operando en un ambiente competitivo. Es posible que las IMFs públicas puedan pagar tasas de interés más bajas en base a la imagen de seguridad de las instituciones públicas.

- Las tasas de interés deberían aumentar según el tamaño de las cuentas de ahorro, para proporcionar un incentivo financiero para que los ahorrantes incrementen sus depósitos y se abstengan de hacer retiros.
- A la inversa, los saldos de las cuentas de ahorro que están por debajo de un mínimo especificado, no generan intereses; de esta manera, se compensan parcialmente los costos administrativos relativamente más elevados para las cuentas pequeñas.
- Algunas IMFs pueden cobrar cargos y comisiones a los depositantes por abrir y cerrar cuentas y por servicios específicos relacionados con el manejo de cuentas, como la emisión de una libreta.

Basado en el grado de liquidez, existen tres amplios grupos de depositantes: cuentas corrientes con una alta liquidez, cuentas de ahorros con una liquidez mediana y depósitos a plazo fijo.

Cuentas líquidas

Los depósitos con una alta liquidez proporcionan la mayor flexibilidad y liquidez y el menor rendimiento. Las cuentas corrientes - o depósitos según demanda - son depósitos que permiten el depósito y retiro de fondos en cualquier momento, y muchas veces no se pagan intereses por los depósitos de estas cuentas. Las cuentas con una alta liquidez son difíciles de manejar porque requieren de mucho trabajo de contabilidad y no constituyen una fuente de financiamiento tan estable como los depósitos a plazo fijo. Únicamente una parte limitada de los depósitos según demanda pueden utilizarse para otorgar préstamos (en base a los requisitos de reservas), ya que las IMFs deben tener la capacidad de responder a las solicitudes de retiro en todo momento.

Cuentas semilíquidas

Las cuentas semilíquidas proporcionan alguna liquidez y algún rendimiento. Algunas cuentas de ahorro son semilíquidas, lo cual significa que usualmente el prestatario puede retirar fondos un número limitado de veces cada mes y puede depositar fondos en cualquier momento. A diferencia de las cuentas corrientes, generalmente sobre los depósitos en las cuentas de ahorro se paga una tasa de interés nominal que a veces se basa en el saldo mínimo de la cuenta en un período dado (mensualmente, anualmente). Empiezan a funcionar como depósitos a plazo fijo si los intereses se pagan únicamente cuando se mantiene un saldo mínimo en la cuenta. Esto motiva al cliente a mantener cierta cantidad de dinero en la cuenta, lo cual facilita el manejo para la IMF.

Depósitos a plazo fijo

Los depósitos a plazo fijo son cuentas de ahorro que están congeladas por un determinado período de tiempo; proporcionan la menor liquidez y el mayor rendimiento. Generalmente, los depósitos a plazo fijo son una fuente de financiamiento estable para la IMF y el ahorrante recibe un mayor rendimiento. Usualmente, la tasa de interés se basa en el tiempo del plazo del depósito y el movimiento esperado en las tasas del mercado. Los depósitos a plazo fijo varían desde un plazo de un mes hasta varios años; permiten que la IMF financie préstamos por un período un poco más corto que el plazo del depósito. Esto facilita a la IMF el manejo de liquidez y brechas, ya que los fondos están disponibles durante un período fijo de tiempo, lo cual se compensa con una liquidez más reducida y un mayor riesgo de tasa de interés para el ahorrante. (El manejo de brechas y el riesgo de tasas de interés, se discuten en el Capítulo 10.)

La selección de productos ofrecidos debe basarse en las necesidades de los clientes en el área atendida por la IMF. Muchas personas que ahorran por primera vez elegirán una cuenta con una alta liquidez. Conforme adquieren más experiencia con el manejo de sus ahorros, es probable que abran más de una sola cuenta de depósitos, utilizando una cuenta semilíquida o una cuenta de depósitos a plazo fijo para ahorros a más largo plazo (Casilla 6.9).

Costos de movilización de ahorros voluntarios

El costo de la movilización de ahorros no sólo depende de factores internos, como la eficacia de las operaciones, sino además depende de factores externos como los requisitos de reserva mínima (discutidos anteriormente), las tasas de impuestos y las condiciones generales del mercado. El hecho de determinar los costos internos y externos ayuda a establecer qué tasa se pagará sobre los diferentes productos de ahorro (tomando en cuenta la tasa del mercado para depósitos).

Los costos incluyen (adaptado de Christen 1997):

- Costos iniciales
- Costos directos
- Costos indirectos
- Costos de los fondos (pagados a los depositantes).

Los *costos de inicio* incluyen la investigación y el desarrollo, lo cual puede incluir la contratación de consultores externos y expertos en ahorros; impresión de libretas y otro material promocional para el lanzamiento inicial; cajas fuertes; sistemas de computación, incluyendo el hardware y software; además de costos de personal existente o nuevo. Es necesario estimar todos estos costos y elaborar un plan previo al desarrollo de los productos de ahorro.

Los *costos directos* son aquellos costos en que se incurre específicamente para proveer servicios de ahorro. Los costos directos pueden ser variables o fijos. Los costos variables son aquéllos en que se incurre por cuenta o por transacción; incluyen el tiempo y el material utilizado para abrir, mantener y cerrar una cuenta. Estos costos pueden estimarse por cada cuenta, en base al promedio de la actividad y el tiempo invertido para

---

Casilla 6.9 Selección de productos de ahorro en Pays Dogon, Malí

EN PAYS DOGON, SE ESTABLECIÓ UNA RED DE 55 BANCOS de comunidad autónomos e independientes. Las comunidades rurales mismas determinaron los productos financieros que desean obtener de sus bancos. Se ofrecen depósitos según demanda y depósitos a plazo fijo. Como resultado de esto, los depósitos a plazo fijo son mucho más populares (constituyen aproximadamente el 85 por ciento del total de depósitos) debido al manejo de liquidez, que dicta que únicamente se utilizan los depósitos a plazo fijo para otorgar préstamos (por solidaridad comunitaria, las personas que son lo suficientemente acaudaladas para ahorrar prefieren ahorrar a largo plazo para que otros habitantes del pueblo puedan tener acceso a préstamos); los intereses, que son elevados para los depósitos a plazo fijo (del 15 al 20 por ciento anual); y la tradición de los agricultores de Dogon de ahorrar a largo plazo en especie (antes de que las severas sequías afectaran el Sahel en los años 1980, todos tenían ganado, pero debido a que perdieron la mayoría de sus cabezas de ganado durante los períodos de sequía, ahora estos agricultores valoran el hecho de tener productos de ahorro monetario alternativos que ofrecen una seguridad mucho mayor).

Fuente: Contribuido por Cecile Fruman, Proyecto Sustainable Banking with the Poor, Banco Mundial.

procesar las transacciones en un período dado, como por ejemplo un mes.

Los *costos directos fijos* son los costos por proveer servicios de ahorro que no varían con el número de cuentas (unidades) abiertas o mantenidas. Estos incluyen los salarios y la capacitación continua para los oficiales de ahorro, el manejo adicional, el personal de contabilidad adicional, la infraestructura de las sucursales y cualquier promoción especial para los productos de ahorro.

Los *costos indirectos* son los costos que no se relacionan directamente con los servicios de ahorro sino que constituyen una parte de lo que debería cargarse a la operación de ahorro por ser parte de los servicios generales proporcionados por la organización. Estos incluyen los gastos indirectos (como administración), las instalaciones, los costos operativos generales, además de otros costos de la oficina central y las sucursales. Generalmente, los costos indirectos se prorratean en base a la cantidad de actividad comercial generada por los productos de ahorro respecto a otras actividades comerciales (como préstamos, inversiones, capacitación, etc.)

Muchas veces, estos costos pueden calcularse aproximadamente examinando los costos existentes y tomando como referencia a otras organizaciones que proveen servicios de ahorro; estos costos variarán dependiendo del método seleccionado para proveer servicios de ahorro.

El *costo de los fondos* se refiere a la tasa de interés pagada a los depositantes. Las tasas varían en base a la liquidez de la cuenta y el tiempo durante el cual se mantiene un depósito.

Todos estos factores de costos deben tomarse en cuenta al ofrecer productos de ahorro. Sin embargo, es difícil estimar con exactitud los costos operativos y la demanda para cada producto, así como las tasas de interés que son necesarias para que el instrumento sea atractivo y el diferencial sea rentable. Por lo tanto, es imperativo llevar a cabo proyectos piloto para calcular los costos con exactitud, fijar tasas de interés apropiadas, establecer diferenciales apropiados y garantizar que el producto está diseñado para responder a las necesidades de los clientes. Adicionalmente, el sistema de incentivos de las IMFs puede diseñarse para incrementar la productividad del personal y a su vez reducir los costos administrativos. (Para una discusión más completa respecto a los costos de las cuentas de ahorro, ver Christen 1997, 201-11.)

Además, deben considerarse los costos de transacción en que incurren los clientes de depósitos. La localización de sucursales en áreas densamente pobladas o cerca de centros empresariales donde se reúne un número considerable de personas para realizar transacciones económicas, reduce los costos de transacción para los clientes. Adicionalmente, las IMFs deberían reducir al mínimo el tiempo de espera para los clientes cuando éstos realicen depósitos, asegurándose de que haya suficientes cajeros, en base al número de clientes y el volumen de transacciones. Es necesario ajustarse a los clientes que únicamente pueden visitar la sucursal de la IMF en las noches o durante los fines de semana. Aunque estas medidas reducen los costos de transacción para los clientes, los costos administrativos de la IMF aumentan. Debería llevarse a cabo un análisis de costo-beneficio para determinar la mejor manera de reducir los costos de transacción para los clientes y minimizar los costos administrativos para la IMF. (Casilla 6.10).

Fijación de precios de los productos de ahorro

La tasa de interés pagada sobre los depósitos se basa en las tasas de depósitos predominantes de productos similares en instituciones similares, la tasa de inflación y la oferta y demanda en el mercado. Además, es necesario considerar los factores de riesgo como el riesgo de li-

---

Casilla 6.10 Costos administrativos del Banco Caja Social, Colombia

RECIENTEMENTE, EL BANCO CAJA SOCIAL empezó a contabilizar costos por producto de ahorro, y se encontró que los costos administrativos para una cuenta tradicional con libreta de ahorros por debajo de US$10 constituía aproximadamente el 18 por ciento del saldo (sin tomar en cuenta los pagos de intereses efectuados durante el año). Sin embargo, también se descubrió que en 1996, para la cuenta de ahorros promedio los costos administrativos estaban por debajo del 1 por ciento del saldo. Esto demuestra que, aunque la administración de ahorros muy pequeños es costosa, las instituciones financieras pueden minimizar esos costos ofreciendo una selección apropiada de productos de ahorro e implementando procedimientos de reducción de costos.

Fuente: GTZ 1997c.

quidez y el riesgo de tasas de interés, en base al período de tiempo de los depósitos. Finalmente, los costos de prestación de servicios de ahorro voluntario también influyen en las políticas de fijación de precios de los depósitos.

Las IMFs incurren en mayores costos operativos para administrar cuentas con una alta liquidez, y por lo tanto las tasas de interés son más bajas. Los depósitos a plazo fijo tienen una tasa más alta, porque los fondos están congelados y no están disponibles para el depositante. De esta manera, implican un menor riesgo para la IMF, y como resultado de ello los depósitos a plazo fijo son una fuente de financiamiento más estable que los depósitos por demanda (por el momento, no se abordan el manejo del activo-pasivo y los temas de ajuste de plazos para la IMF, así como el riesgo de liquidez y de tasas de interés para el depositante; estos temas se tratan en el Capítulo 10).

Los precios de los productos de ahorro deben fijarse de tal manera que la IMF tenga un diferencial de ganancia entre sus servicios de ahorro y crédito que le permita llegar a ser más rentable. La mano de obra y otros costos no financieros deben considerarse cuidadosamente al fijar las tasas de depósito. Sin embargo, al inicio de la movilización de ahorros existe una serie de factores desconocidos; por ejemplo, una cuenta de ahorros de alta liquidez que tiene una alta demanda puede generar bastante trabajo y por lo tanto resultar costosa, especialmente si existe un gran número de cuentas muy pequeñas. La experiencia obtenida a la fecha indica que la mayoría de los ahorrantes que seleccionan una cuenta con alta liquidez no son muy sensibles a las tasas de interés y prefieren un mejor servicio a tasas de interés más altas. Un estudio llevado a cabo por Ostry y Reinhart (1995) demuestra que, mientras más bajos sean los ingresos de los clientes, menos sensibles son a las tasas de interés pagadas sobre los ahorros:

"Un alza de un punto porcentual en la tasa de interés real debería causar un alza en la tasa de ahorro de únicamente dos décimas de un punto porcentual aproximadamente para los 10 países más pobres en la muestra. De lo contrario, para los países más ricos el alza en la tasa de ahorro en respuesta a un cambio similar en la tasa de interés real es de aproximadamente dos terceras partes de un punto porcentual." (Ostry y Reinhart 1995, 18).

Fuentes y bibliografía adicional

Calvin, Barbara. 1995. "Operational Implications of Introducing Savings Services." Ponencia presentada en la Conferencia "MicroFinance Network Conference", 8 de noviembre, Cavite, Filipinas.

Christen, Robert Peck. 1997. Banking Services for the Poor: Managing for Financial Success. Washington, D.C.: ACCION International.

CGAP (Consultative Group to Assist the Poorest). 1997. "Introducing Savings in Microcredit Institutions: When and How?" Focus Note 8. Banco Mundial, Washington, D.C.

FAO (Food and Agriculture Organization). 1995. "Safeguarding Deposits: Learning from Experience." Boletín 116 de FAO Agricultural Services. Roma.

Fruman, Cecile. 1998. "Pays Dogon, Mali" Estudio de Caso para el Proyecto Sustainable Banking with the Poor, Banco Mundial, Washington, D.C.

GTZ (Deutsche Gesellschaft für Technische Zusammenarbeit). 1997a. "Comparative Analysis of Savings Mobilization Strategies." CGAP (Consultative Group to Assist the Poorest) Working Group, Washington, D.C.

———. 1997b. "Comparative Analysis of Savings Mobilization Strategies—Case Study for the Bank of Agriculture and Agricultural Cooperatives (BAAC), Thailand." CGAP (Consultative Group to Assist the Poorest) Working Group, Washington, D.C.

———. 1997c. "Comparative Analysis of Savings Mobilization Strategies—Case Study for Banco Caja Social (BCS), Colombia." CGAP (Consultative Group to Assist the Poorest) Working Group, Washington, D.C.

———. 1997d. "Comparative Analysis of Savings Mobilization Strategies—Case Study for Bank Rakyat Indonesia (BRI), Indonesia." CGAP (Consultative Group to Assist the Poorest) Working Group, Washington, D.C.

———. 1997e. "Comparative Analysis of Savings Mobilization Strategies—Case Study for Rural Bank of Panabo (RBP), Philippines." CGAP (Consultative Group to Assist the Poorest) Working Group, Washington, D.C.

Morris, D.D., A. Power y D.K. Varma, eds. 1986. 1986 Guide to Financial Reporting for Canadian Banks. Toronto, Canadá: Touche Ross.

Ostry, Jonathan D. y Carmen M. Reinhart. 1995. "Saving and the Real Interest Rate in Developing Countries." Finance & Development 32 (Diciembre): 16–18.

Patten, H. Richard y Jay K. Rosengard. 1991. Progress with Profits. The Development of Rural Banking in Indonesia. San Francisco: ICS Press.

Robinson, Marguerite. 1994. "Savings Mobilization and Microenterprise Finance: The Indonesian Experience." En

Otero y Rhyne, eds., New World of Microenterprise Finance. West Hartford, Conn.: Kumarian Press.

————. 1995. "Introducing Savings Mobilization in Microfinance Programs: When and How?" Ponencia presentada en la reunión anual del MicroFinance Network, 8 de noviembre, Cavite, Filipinas.

Rutherford, Stuart. 1996. "Comment on DevFinance Network, September 6, 1996." Red de discusión por Internet, Ohio State University. Devfinance@lists.acs.ohio-state.edu

Shylendra, H.S. 1998. "Comment on DevFinance Network, March 12." Ohio State University. Devfinance@lists.acs.ohio-state.edu

Wisniwski, Sylvia. 1997. "Savings in the Context of Microfinance: Comparative Analysis of Asian Case Studies." Ponencia presentada en el taller Fourth Asia-Pacific Regional Workshop on Sustainable Banking with the Poor, 3 al 7 de noviembre, Bangkok.

CAPÍTULO SIETE

Sistemas de información administrativa

El sistema de información administrativa de una institución incluye todos los sistemas utilizados para generar la información que guía a la administración en sus decisiones y acciones.[1] El sistema de información administrativa puede percibirse como un mapa de las actividades que lleva a cabo la IMF; monitorea las operaciones de la institución y proporciona reportes que reflejan la información que la administración considera la más importante de rastrear. El personal, la gerencia, la junta directiva, las organizaciones que proporcionan financiamiento, los cuerpos reguladores y otros se basan en los informes generados por el sistema de información administrativa para proporcionar una imagen exacta de lo que está ocurriendo en la institución.

Con la tendencia actual en la comunidad de microfinanzas hacia una expansión significativa de las actividades, los administradores de muchas IMFs están cobrando cada vez más conciencia de la urgente necesidad de mejorar sus sistemas de información. Se ha demostrado que en muchos casos, los temas de metodología, el desarrollo del personal y hasta el financiamiento no constituyen las principales limitaciones para el crecimiento; con frecuencia, lo que se debe mejorar con mayor urgencia es la capacidad de la institución de rastrear el estatus de su cartera en forma oportuna y exacta. En muchos casos, la confiabilidad de los sistemas que rastrean esta información constituye la diferencia entre el éxito y el fracaso de las operaciones de ahorro y crédito y, por lo tanto, de la institución; más específicamente, la información oportuna y completa sobre las operaciones, especialmente las de la cartera de préstamos, fortalecerá la capacidad de la gerencia de mejorar el rendimiento financiero y expandir la proyección hacia los clientes.

Para establecer sistemas de información eficaces, es posible que se requiera de una reestructuración significativa de la institución, incluyendo la nueva definición de las responsabilidades del personal (y a veces hasta la nueva definición de algunos de los requisitos para el personal), el nuevo diseño de procesos de trabajo y flujos de información, la revisión y racionalización de políticas financieras y una considerable inversión en la adquisición de tecnología de computación. Sin embargo, los beneficios asociados con estos costos son considerables. Es esencial contar con la información apropiada para que la IMF se desempeñe eficaz y eficientemente. Mientras mejor sea la calidad de la información, la IMF podrá administrar mejor sus recursos.

Por medio de sistemas de información eficientes se puede:

- Mejorar el trabajo de los miembros del personal de campo, capacitándolos para monitorear sus carteras más adecuadamente y proporcionar mejores servicios a un creciente número de clientes
- Capacitar a los supervisores para monitorear mejor sus áreas de responsabilidad, señalando las áreas prioritarias que requieren de la mayor atención
- Ayudar a los gerentes a dirigir mejor el trabajo de toda la organización y tomar decisiones estratégicas y de operaciones informadas, mediante el monitoreo periódico de la salud de la institución a través de una

---

1. Este capítulo fue escrito por Tony Sheldon. Se basa sustancialmente en Waterfield y Ramsing (1998) y Waterfield y Sheldon (1997).

serie de informes e indicadores cuidadosamente seleccionados.

Este capítulo será de interés para los profesionales
que están en el proceso de establecer, evaluar o mejorar
sus sistemas de información administrativa. En particular, las IMFs que están transformando su estructura
institucional o agregando nuevos productos encon-
trarán información interesante en este capítulo. Los
donantes también pueden desear adquirir una mejor
comprensión de las características de un sistema de
información administrativo eficaz para las IMFs que
están apoyando.

Perspectiva general de temas relacionados con los sistemas de información administrativa

En el nivel más básico, es importante notar la diferencia
entre "datos" e "información". Los datos relevantes son
generados por una institución de muchas maneras:
cheques a nombre de empleados, proveedores y clientes:
historiales de pago de préstamos de los clientes; y retiros,
depósitos y transferencias bancarias. Es tarea del sistema
de información administrativa transformar estos "datos
crudos" (o entradas) en información significativa (o salidas) que puede ser utilizada por la IMF para ayudarla en
la toma de decisiones.

Algunos sistemas de información administrativa son
manuales, especialmente los de las IMFs que apenas
están empezando a operar; sin embargo, conforme se
amplían las IMFs, en muchas de ellas se desarrollan sistemas de información administrativa computarizados
que requieren de software diseñado para captar y reportar la información relevante. Muchos de los problemas
encontrados al desarrollar e implementar sistemas de
información computarizados surgen de la complejidad
de la información a ser captada y reportada. La principal
causa de un deficiente funcionamiento de los sistemas de
información administrativa es la falta de claridad por
parte de los usuarios y los diseñadores de sistemas
respecto a qué exactamente es lo que se debe rastrear y
reportar.

Muchas IMFs han invertido una considerable cantidad de tiempo y dinero en el desarrollo de sistemas de
información, con resultados decepcionantes o insatisfactorios, debido a los tres factores siguientes:

- Identificación deficiente de las necesidades de información
- Comunicación deficiente entre la administración y el
personal que maneja los sistemas
- Expectativas poco realistas respecto a la tecnología de
la información.

Muchas veces, los gerentes, el personal de campo, los
miembros de junta directiva y el personal que maneja los
sistemas de información no comprenden claramente
todas las necesidades de información de su institución.
Es posible que estén conscientes de muchos de los
informes requeridos (como estados de ganancias y pérdidas, balance o clasificación por antigüedad de carteras) y
varios indicadores clave que deben rastrearse, pero quizá
no están suficientemente definidas la entrada de datos y
la salida de información. Si las especificaciones para un
sistema de información administrativa están concebidas
en forma deficiente, entonces el sistema nunca logrará
transformar las entradas de datos en informes administrativos útiles.

El punto de partida en el desarrollo de cualquier sistema de *información* administrativa es determinar la información que necesita obtener la institución para tomar las
decisiones apropiadas y desempeñarse eficazmente (Casilla
7.1). La clave para definir la información es evaluar las
necesidades de los usuarios de esa información, y una

Casilla 7.1 Establecimiento de necesidades de una IMF

PARA DETERMINAR LAS NECESIDADES DE INFORMACIÓN DE
una IMF, es necesario identificar a los usuarios de la información y evaluar las necesidades de cada grupo de usuarios.

- ¿Qué información clave necesitan los usuarios?
- ¿Qué indicadores o proporciones clave deben monitorear los usuarios para desempeñar su trabajo eficazmente?
- ¿Qué información adicional deberían tener los usuarios para estar informados respecto al desempeño de la
organización así como para el logro más amplio de sus
objetivos?
- ¿Cómo podrían cambiar las necesidades de información de los usuarios en el futuro y cómo esos cambios
podrían afectar el diseño del sistema de información
administrativa?

Fuente: Recopilación de la autora.

parte integral de este proceso es la consi-deración de la forma en como se presentará la información y con qué frecuencia y puntualidad debe presentarse. En la fase de diseño del sistema (discutida más detalladamente más adelante), es esencial enfocarse en las necesidades específicas de cada grupo de usuarios, incluyendo un cuidadoso registro del flujo de información a través de la institución, para evitar el problema de una identificación deficiente de las necesidades de información.

Aun cuando los usuarios comprenden y definen claramente las necesidades de información, usualmente los administradores de las IMFs no hablan el mismo lenguaje que las personas que diseñan los sistemas de información. El lenguaje de la gerencia de una IMF (por ejemplo, centros de costos, clasificación de carteras por antigüedad, cálculos de intereses de tasa fija o sobre saldos) no necesariamente lo comprenden plenamente las personas que diseñan los sistemas. De la misma manera, el lenguaje de los diseñadores de sistemas (base de datos, sistemas operativos, plataformas de redes) no es completamente comprensible para los gerentes que no son técnicos. Es esencial que los diversos usuarios del sistema de información administrativa no solamente identifiquen sus necesidades de información, sino además deben formularlas claramente para que las comprendan las personas que diseñan los sistemas. La traducción de las necesidades de los usuarios en el tipo de especificaciones requeridas para desarrollar o mantener un sistema de información administrativa, puede compararse con una traducción rigurosa y precisa de un texto de un idioma a otro.

Finalmente, las expectativas poco realistas respecto a la tecnología de la información por parte de los potenciales usuarios también causa frustración y decepciones. Un sistema de información administrativa computarizado puede cumplir con muchas funciones esenciales, pero no funcionará mejor que las *políticas y procedimientos* que rastrea y reporta. La introducción de un sistema de información administrativa en una IMF no resolverá los problemas que se encuentran en la estructura subyacente y el flujo de trabajo de la institución. Tal como se mencionó anteriormente, la información exacta tiene un precio; una IMF debe estar dispuesta a pagar ese precio (una continua entrada y mantenimiento de datos, además del desarrollo y adquisición inicial) si pretende cosechar los beneficios de un sistema de información administrativa eficaz.

Si se provee información exacta en forma útil y oportuna, todos los depositarios de la institución –el personal en todos los niveles, los clientes, miembros de junta directiva, donantes, inversionistas, reguladores– podrán obtener la información que necesitan para participar de forma productiva en las actividades de la IMF.

Tres áreas de sistemas de información administrativa

Generalmente, los sistemas de información administrativa de las IMFs se dividen en tres áreas principales:

- Un sistema de contabilidad, con el libro mayor general como parte medular
- Un sistema de monitoreo de crédito y ahorro que capta información y proporciona reportes acerca del rendimiento de cada préstamo desembolsado, muchas veces con un sistema de ahorro mediante el cual se monitorean todas las transacciones relacionadas con los ahorros de los clientes
- Un sistema diseñado para recopilar datos sobre el impacto en los clientes.

No todas las instituciones tienen un sistema de información administrativa que cubre todas estas áreas. Las primeras dos áreas (libro mayor general y rastreo de préstamos) casi siempre existen en alguna forma; sin embargo, únicamente las IMFs que aceptan depósitos requieren de un sistema para monitorear los ahorros. Los datos de los impactos en los clientes generalmente se recopilan únicamente a nivel informal, y muchas veces el "sistema de información" mediante el que se registra esta información es igualmente informal. En esta discusión, nos enfocamos en los primeros dos tipos de sistemas de información administrativa, especialmente el software para rastrear los préstamos, que es el componente más problemático de los sistemas de información de una IMF.

Sistemas contables

Aunque los estándares que sirven de guía para los procedimientos de contabilidad y auditoría varían considerablemente de país en país, casi siempre existen principios básicos que determinan la lógica que está detrás del aspecto de la contabilidad de los sistemas de información administrativa. Frecuentemente, estos estándares son desarrollados por una autoridad central (como la Junta de Estándares de Contabilidad Financiera en los Estados Unidos) y se aplican a instituciones que entran dentro de un área específica del código impositivo (como organizaciones sin fines de lucro o no gubernamentales [ONGs]). El software del libro mayor general incorpora y refleja estos estándares y prácticas contables. Por lo tanto, es relativamente fácil encontrar un software de contabilidad existente que desempeñe por lo menos las funciones básicas requeridas de una IMF y proporcione los informes de contabilidad esenciales (estados de ganancias y pérdidas, balances y flujo de efectivo). La gerencia debería definir claramente los tipos de variaciones sobre estos informes básicos necesarios para supervisar las operaciones eficazmente, como estados de ganancias y pérdidas por sucursales o balances por organizaciones financiadoras. Luego puede diseñarse el libro mayor general para captar los datos relevantes y generar informes con el nivel de detalle apropiado.

LISTA DE CUENTAS. La parte medular de un sistema de contabilidad de una institución es su libro mayor general. El esqueleto del libro mayor general es, a su vez, la lista de cuentas. El diseño de la lista de cuentas refleja una serie de decisiones fundamentales tomadas por la institución. La estructura y el nivel de detalle establecidos determinarán el tipo de información que podrá obtener y analizar la gerencia en el futuro. La gerencia debe establecer claramente sus necesidades de información y tener la capacidad de alcanzar un equilibrio entre dos consideraciones contrastantes; por una parte, si la lista de cuentas capta información a un nivel demasiado general (por ejemplo, no se separan los ingresos por intereses de los cargos), entonces el sistema no proporcionará el tipo de información detallada que requiere la gerencia para tomar decisiones informadas. Por otra parte, si la lista de cuentas está diseñada para captar datos demasiado detallados, el sistema rastreará cantidades innecesarias de datos y generará información que está tan disgregada que la gerencia no puede identificar e interpretar apropiadamente las tendencias. Adicionalmente, mientras mayor sea el nivel de detalle, será más tardado y costoso recopilar los datos y procesar la información.

Casi todas las IMFs utilizan *indicadores financieros* clave para monitorear el estatus de sus operaciones (ver el Capítulo 9). Estos indicadores financieros se basan en información que se extrae por lo menos en parte de la lista de cuentas. Por lo tanto, la gerencia debería determinar los indicadores que se piensa utilizar y asegurarse de que la lista de cuentas esté estructurada para apoyar la generación de esos indicadores.

Las listas de cuentas deberían diseñarse para responder a las necesidades de la gerencia, proporcionando información con un nivel de detalle que sea significativo para los gerentes en todos los niveles. Usualmente, los requisitos de los donantes, los cuerpos reguladores y los auditores son menos detallados y, por lo tanto, puede cumplirse con ellos si se ha respondido a las necesidades de la gerencia. (Sin embargo, existen algunos casos en los cuales los cuerpos reguladores estipularán el uso de una lista de cuentas específica para instituciones que están bajo su jurisdicción, especialmente para los intermediarios financieros formales.)

Además del libro mayor general, normalmente existe software disponible a bajos costos para efectuar las demás operaciones contables, como cuentas por pagar, cuentas por cobrar y la planilla de sueldos. Dependiendo de la escala y las necesidades específicas de la IMF, esas funciones adicionales pueden incorporarse en el sistema de información administrativa.

Las siguientes funciones deberían buscarse en los paquetes de software del libro mayor general (Women's World Banking 1994):

- Un sistema que requiere de una sola entrada de datos para generar diversos informes financieros (por ejemplo, los que requieren la gerencia, los auditores y los donantes)
- Software que incorpora estándares de contabilidad rigurosos (por ejemplo, no acepta asientos contables que no cuadran; promueve la contabilidad en valores devengables)
- Una estructura flexible de la lista de cuentas que permita a la organización rastrear ingresos y gastos por programa, sucursal, fuente de financiamiento, etc.
- La capacidad de mantener y generar informes de presupuestos e historial, además de información financiera actual: un diseño fácil de usar que incluya despliegues de menú claros, documentación apropiada y la capacidad de apoyar operaciones de red, si son relevantes
- Apoyo local a precios razonables, ya sea por teléfono o en persona (especialmente durante los períodos de transición y capacitación)

■ Requisitos relativamente modestos de uso del disco duro.

Sistemas de monitoreo de ahorro y crédito

Aunque las prácticas de contabilidad bien establecidas se reflejan en el software del libro mayor general, actualmente no existen estándares o lineamientos aceptados generalmente para rastrear los préstamos dentro de un sistema de información administrativa. (En este texto, los términos "programas de rastreo de préstamos" y "sistema de carteras" se usan como sinónimos de "sistema de monitoreo de crédito y ahorro", incluyendo la capacidad de rastrear información relacionada con los ahorros.) Como resultado de esto, cada software diseñado para el rastreo de préstamos tiene su propio enfoque hacia la información que se rastrea, el tipo de informes que se generan y, lo más importante, el tipo de funciones que están incluidas. Algunas de las funciones más importantes que varían ampliamente en los diferentes programas de software de rastreo de préstamos incluyen los tipos de modelos de préstamos apoyados (como operaciones bancarias en grupo, individuales y comunitarias), los métodos de cálculo de intereses y cargos, la frecuencia y composición de los pagos de los préstamos y el formato de los informes. Cada IMF tiende a establecer su propia forma de estructurar sus operaciones de crédito y, por lo tanto, el software para el rastreo de préstamos de una IMF trata de reflejar los procedimientos operacionales y el flujo de trabajo de la institución.

Debido a que no existen estándares universales para los sistemas de rastreo de préstamos y que la información a ser rastreada y reportada es relativamente compleja, las instituciones enfrentan una cantidad de desafíos al considerar la forma como pueden mejorar el componente de administración de préstamos en su sistema de información administrativa. Un sistema de carteras debería diseñarse para funcionar en todos los principales tipos de productos financieros que se están ofreciendo actualmente (y que probablemente se ofrezcan en el futuro). Todas las IMFs ofrecen préstamos; éstos son el producto más complejo que debe rastrearse por medio del sistema. Además, algunas IMFs ofrecen cuentas de ahorros, depósitos a plazo fijo, cuentas corrientes, acciones, tarjetas de crédito, pólizas de seguro y otros productos. El sistema de carteras tendrá que ajustarse a cada uno de estos diferentes productos.

El sistema debería estar diseñado para establecer grupos distintos de "reglas" para los diferentes productos de cada uno de los principales tipos de productos financieros (préstamos, ahorros etc). Por ejemplo, una institución puede ofrecer préstamos de capital de trabajo, préstamo de activo fijo, préstamos para la pequeña empresa y préstamos para grupos de solidaridad. Cada uno de estos tipos de préstamos tendrá características o reglas marcadamente diferentes. Las tasas de interés, los métodos de cálculo de intereses, los montos y plazos máximos permitidos, la definición de los pagos atrasados, las garantías elegibles y muchos otros factores variarán entre los diferentes productos crediticios.

Una vez más, es necesario equilibrar las consideraciones contrastantes; mientras más productos financieros ofrezca una institución, la cartera se volverá más compleja, y mientras más complejo sea el sistema, más alto será el costo de adquisición (o desarrollo) del software; se requerirá de un nivel más alto de conocimientos técnicos de expertos para utilizar y apoyar el sistema, y el riesgo de errores de programación y entrada de datos será mayor. Un sistema de rastreo de préstamos debería tener las suficientes funciones como para manejar la gama de productos financieros existentes y esperados, pero no debería ser tan complejo como para volverse demasiado difícil o costoso de desarrollar, usar o mantener.

EVALUACIÓN DEL SOFTWARE DE RASTREO DE PRÉSTAMOS.

Existen tres enfoques alternativos para la adquisición de software para el rastreo de préstamos:

■ Adquirir un paquete de software "estandarizado" de un programador local o un proveedor internacional
■ Modificar un sistema existente, incorporando funciones clave requeridas para la IMF específica
■ Desarrollar un sistema completamente según las necesidades, diseñado y programado específicamente para la institución.

La decisión sobre qué alternativa escoger se basa principalmente en la escala de operaciones de la institución. Las IMFs pueden dividirse en categorías, lo cual es útil aunque un poco simplista: pequeñas, medianas y grandes.

Las *IMFs pequeñas* son aquéllas que atienden a menos de 3.000 clientes y que no están planificando realizar una expansión significativa. Estas IMFs no esperan convertirse en instituciones financieras formales u ofrecer una amplia gama de productos financieros. Por consiguiente, sus necesidades de un sistema de información administrativa son bastante básicas y no requieren de un sistema de carteras riguroso y versátil. Estas instituciones requieren de un sistema relativamente sencillo mediante el cual se monitorea y reporta la calidad de la cartera y se puede generar la información requerida para establecer los indicadores administrativos clave.

Las *IMFs medianas* son instituciones que atienden de 3.000 a 20.000 clientes, se están expandiendo y ofrecen una serie diferente de productos de ahorro y crédito. Estas IMFs requieren de un sistema de información administrativa mucho más riguroso con sólidas funciones de seguridad y un completo rastro de auditoría que maneja un gran volumen de transacciones, e incluye la capacidad de monitorear cuentas de ahorro y de responder al escrutinio de los reguladores bancarios. Generalmente, estas IMFs no pueden costear el desarrollo de un sistema de rastreo de préstamos completo, elaborado según necesidades específicas de la institución y, por lo tanto, es necesario sacrificar algunas funciones y debe tener la suficiente flexibilidad para utilizar un paquete existente que pueda modificarse para responder a algunas necesidades de información específicas.

Las *IMFs grandes* atienden, o consideran el atender, a más de 20.000 clientes. Generalmente, la dimensión de estas instituciones justifica una modificación considerable de un sistema de información administrativa existente –o el desarrollo de un nuevo sistema– para responder más específicamente a sus necesidades de información. Aunque los costos para el desarrollo de este tipo de sistemas de información administrativa fácilmente pueden exceder los US$100.000, la mejora de la calidad de la información y del control administrativo, además de la automatización de muchas tareas importantes, pueden llevar a aumentar significativamente la eficacia en las operaciones a esta escala, lo cual justifica el alto nivel de inversión requerido.

Para seleccionar una de las alternativas, la IMF debería evaluar si un paquete de software existente responde a la mayoría de sus necesidades de administración de carteras. En la evaluación inicial de programas de software, debería incluirse una cuidadosa revisión de toda la documentación disponible, e idealmente una revisión de cualquier versión de demostración o prueba del software. Esta evaluación inicial debería enfocarse en los principales temas de compatibilidad entre los tipos de productos financieros

apoyados, métodos de cálculo de intereses apoyados y así sucesivamente, en vez de estudiar los detalles más técnicos, como los procedimientos para calcular multas, porque a veces es difícil definirlos a partir de la documentación básica. (En el Apéndice 1, se presenta un resumen de los paquetes de software más conocidos que están disponibles.)

Al identificar áreas de incompatibilidad, éstas deberían notarse cuidadosamente para discutirlas con la empresa proveedora del software. Muchas veces, las incompatibilidades pueden abordarse a través de funciones no documentadas del software y pueden resolverse realizando alteraciones relativamente pequeñas. En otros casos, las incompatibilidades que aparentemente no son significativas pueden descalificar completamente el sistema si las modificaciones necesarias afectan su parte medular y si el asunto no puede solucionarse ni siquiera realizando un extenso trabajo de programación. Este nivel de incompatibilidad puede tener como consecuencia que las IMFs grandes decidan desarrollar un sistema completamente nuevo (Casilla 7.2).

Si un paquete de software específico es aprobado después de realizar una evaluación inicial (o si se toma la decisión de diseñar un nuevo sistema), el siguiente *marco para software de rastreo de préstamos* puede servir de guía para realizar una evaluación más exhaustiva de un sistema de administración de carteras. (En el Apéndice 2, se trata más detalladamente este marco presentando varias consideraciones clave para cada categoría.)

Existen seis aspectos del software de rastreo de préstamos que deberían evaluarse:

- Facilidad de uso
- Funciones
- Informes
- Seguridad
- Temas de software y hardware
- Apoyo técnico.

FACILIDAD DE USO. El valor de un sistema se basa en parte en la facilidad con que puede ser utilizado por el personal. Deberían tomarse en cuenta varios aspectos, incluyendo el fácil uso del diseño de la pantalla y la entrada de datos, la calidad de la documentación del programa y de los manuales para aprender a utilizar el software, el manejo de errores, la disponibilidad de pantallas de ayuda, etc.

Casilla 7.2 Instituciones microfinancieras con sistemas "internos" desarrollados

LA ASOCIACIÓN ALEXANDRIA BUSINESS ASSOCIATION DE Egipto otorga préstamos individuales a microempresarios. En 1997, atendió a aproximadamente 13.000 clientes. La asociación emplea los mismos sistemas de software básicos que utilizaba cuando inició operaciones, hace siete años; utiliza un paquete comercial de contabilidad modificado y un sistema de carteras "hecho en casa"; estos dos programas no están integrados, y cada mes se concilian los datos de ambos. La Alexandria Business Association describe su sistema de contabilidad como parcialmente manual porque las leyes de Egipto exigen que la organización lleve dos libros de contabilidad.

La asociación está en el proceso de descentralizar sus operaciones. Actualmente, 3 de sus 10 sucursales están descentralizadas, lo que significa que en la sucursal, un empleado del sistema de información administrativa capta las solicitudes y los recibos, y para las siete sucursales restantes, esta función es desempeñada en la oficina central. La información se comparte entre las sucursales descentralizadas y la oficina central grabándola en un diskette que se envía por un servicio de mensajería; sin embargo, actualmente la Alexandria Business Association está aceptando cotizaciones para establecer una línea dedicada arrendada. Cada sucursal tiene una computadora, una impresora y una unidad de energía eléctrica ininterrumpida (UPS, por sus siglas en inglés).

La Association de Crédit et d'Épargne pour la Production (ACEP) en Senegal proporciona préstamos individuales y a grupos de solidaridad. En 1997 atendió a aproximadamente 4.000 clientes. La asociación ha utilizado el mismo sistema de software desde que inició operaciones. Para la contabilidad, planilla de sueldos y sistema de manejo de activo fijo, se emplea un paquete comercial de software modificado, llamado SAARI, que se utiliza ampliamente en Francia y en países de habla francesa. Para su sistema de rastreo de carteras, la asociación emplea una versión modificada del software DataEase de los Estados Unidos, en el cual la contabilidad y los sistemas de rastreo de préstamos no están

integrados. Para las oficinas centrales, el programa DataEase se amplió a una versión de red de área local (LAN, por sus siglas en inglés), pero muy pronto, la asociación adquirió un nuevo sistema operativo Windows para sustituir el actual sistema DOS. A nivel de sucursales, el sistema de contabilidad y el de rastreo de préstamos, son manuales; sin embargo, cada una de las cinco oficinas regionales está equipada con una computadora mediante la cual se procesa los datos de contabilidad y de cartera. Adicionalmente, cada oficina regional tiene una impresora y una unidad de energía eléctrica ininterrumpida (UPS). La información es transferida a la oficina central por diskette.

PRODEM es una ONG boliviana enfocada en ayudar a microempresarios rurales proporcionando servicios financieros. En 1997, atendió a 28.000 clientes. En 1992, PRODEM estableció un nuevo departamento de sistemas de datos, y se contrató a un administrador del sistema para que trabajara conjuntamente con cuatro miembros del personal en la oficina nacional; juntos desarrollaron un sistema completamente a nivel interno.

El sistema se diseñó en los ambientes de DOS 6.22 y LAN 3.11. Únicamente los módulos de cartera de préstamos y contabilidad están plenamente integrados a nivel nacional, y la información de estos módulos se exporta a Excel para generar indicadores de rendimiento mensualmente.

Con el sistema actual, la información se comparte entre la oficina nacional y las sucursales mediante varios sistemas, dependiendo de la localización. El método más común es enviar semanalmente la cartera de préstamos desde cada sucursal a la oficina regional. Normalmente, las sucursales rurales no tienen acceso a sistemas de información administrativa; la información se consolida en la oficina regional incluyendo información de todas las sucursales de la región, y la oficina regional envía mensualmente la información compuesta (acerca de carteras de préstamos, contabilidad y administración) a la oficina central, ya sea por fax, módem o un vínculo de Internet.

Fuente: Waterfield 1997.

FUNCIONES. Esta categoría incluye a algunos de los aspectos más importantes del sistema de software: idiomas del usuario, opciones de configuración inicial, definiciones de productos de préstamos, temas de metodología de crédito, manejo de la información de las sucursales, temas de contabilidad en general, informes y temas de seguridad.

Durante el desarrollo de cualquier paquete de software, al inicio del diseño del software debería incorporarse información de apoyo para los usuarios en múltiples idiomas. Si un paquete de software, que por lo demás es atractivo, no está disponible en el idioma requerido, entonces la institución debería estar segura de que el diseño del software permita que se agreguen más idiomas, en vez que sea necesario realizar una revisión significativa del programa.

Un sistema sólido proporciona *opciones de configuración inicial*, para las cuales es necesario que el usuario ingrese parámetros que servirán de estructura básica del sistema, incluyendo los anchos de los diversos campos de datos, la estructura de los números de clientes y cuentas de préstamos, y así sucesivamente. Muchos de estos aspectos, que pueden parecer bastante sencillos, pueden tener implicaciones de gran alcance en el uso del sistema; por ejemplo, si se cambia algo que aparentemente es tan sencillo como la cantidad de puntos decimales en el campo de moneda, esto puede significar que sea necesario volver a diseñar cada pantalla de datos y cada formato de informes.

Tal y como se mencionó anteriormente, el *método de crédito* es un área de extrema importancia. En la práctica, existen muchos métodos de crédito, y es posible que un sistema de información administrativa no pueda manejar apropiadamente el enfoque utilizado para una IMF específica. Por ejemplo, el hecho de saber que un sistema maneja "préstamos a grupos de solidaridad" no significa que funcionará para todas las instituciones que proveen préstamos para grupos de solidaridad. En algunas IMFs, cada préstamo a un grupo se considera un préstamo individual, mientras que en otras instituciones cada cliente tiene un préstamo "individual" a la vez de ser codeudor para los préstamos de los demás miembros del grupo. El sistema de información administrativa elegido debe apoyar los enfoques de crédito utilizados por la institución.

La mayoría de IMFs definen los parámetros básicos de su *producto crediticio*, con los que se determinan los métodos de cálculo de intereses, los métodos de cálculo de multas, los montos mínimos y máximos autorizados para préstamos, etc. Mientras más parámetros estén disponibles, el programa será más flexible en cuanto al apoyo a múltiples productos de crédito y ahorro; sin embargo, la mayor complejidad puede implicar la necesidad de un mantenimiento más avanzado de los sistemas.

Si una IMF tiene *sucursales*, entonces cada una de ellas debería desarrollar su propia base de datos para el sistema de información administrativa. Luego la oficina central debe contar con una forma por medio de la cual se puedan consolidar esos datos para generar informes para la institución en general. El sistema de información administrativa debe diseñarse tomando en cuenta estos requisitos de descentralización y consolidación.

Un paquete de software apropiado para carteras de préstamos permitirá que se realice una fácil *transferencia y conciliación* de los datos relevantes con el sistema de contabilidad, incluyendo la información global sobre desembolsos, pagos, ingresos por cargos e intereses, transacciones de ahorro y así sucesivamente. Los datos para estas transacciones para el rastreo de préstamos dentro del sistema de información administrativa, deben coincidir con los datos respectivos para la contabilidad. Algunos paquetes de software tienen funciones plenamente integradas de rastreo de préstamos y contabilidad en las que se transfieren automáticamente los datos relevantes; sin embargo, este tipo de sistemas son costosos e innecesarios para la mayoría de IMFs. La mayoría de instituciones requieren de un sistema de rastreo de préstamos que genera un informe de transacciones en el que se resume la información relevante, y luego esta información es conciliada con las transacciones contables en forma oportuna.

INFORMES. Al seleccionar un sistema de carteras, es crucial revisar las definiciones exactas de la forma como se presenta la información para determinar si el sistema se adapta a las necesidades de la institución; por ejemplo, no es suficiente saber que el sistema genera un "informe sobre carteras clasificadas según antigüedad" sin conocer los detalles específicos de cómo se estructura el informe de clasificación por antigüedad.

El tipo de informes que requiere una IMF, además del formato y contenido de esos informes, depende de varios factores, incluyendo los métodos crediticios utilizados, los servicios ofrecidos, la estructura de personal y los indicadores clave seleccionados por la gerencia. Los usuarios de los informes dentro de la IMF pueden dividirse en tres categorías amplias: personal de campo, que diariamente necesita información operacional detallada; supervisores, que necesitan obtener informes que faciliten la supervisión del personal de campo; y gerencia general y miembros de junta directiva, que necesitan información más estratégica. Además, existen usuarios externos de los informes, incluyendo a auditores, reguladores, donantes, inversionistas y clientes (Casilla 7.3).

Los temas más importantes en el diseño de informes incluyen:

Casilla 7.3 Mejoramiento de formatos de informes: experiencia del Workers Bank (Banco de los Trabajadores) de Jamaica

EL WORKERS BANK DE JAMAICA SURGIÓ A PARTIR DEL Government Savings Bank, establecido en 1870. El Workers Bank heredó la Red de Operaciones Bancarias en Oficinas de Correos, con casi 250 ventanillas de oficinas de correos para realizar transacciones bancarias, donde los ahorrantes pequeños tenían cuentas. En 1995, la División de Oficinas de Correos atendía a más de 95.000 pequeños ahorrantes con más de US$10 millones en depósitos de ahorros. Ese mismo año, el banco decidió establecer una unidad de operaciones microbancarias para expandir los servicios de microfinanzas ofreciendo micropréstamos a través de la División de Oficinas de Correos.

En ese momento, el banco se encontraba en las fases iniciales del desarrollo de un sistema de información administrativa completo. Se decidió que era necesario adquirir un sistema para manejar sus pequeños préstamos y las pequeñas cuentas de ahorro en la División de Oficinas de Correos hasta que el sistema de información administrativa más completo estuviera funcionando plenamente. Después de analizar varios sistemas, el banco seleccionó un sistema disponible a nivel internacional para manejar sus operaciones bancarias a través de las oficinas de correos.

Aunque el sistema tenía la capacidad adecuada para ingresar información y realizar cálculos financieros, el banco encontró que sus informes estandarizados eran insuficientes. La gerencia no estaba recibiendo la información exacta y oportuna que necesitaba respecto a la actividad de carteras por cada oficial de crédito, oficina de correos y región y además, ni los oficiales de crédito ni los gerentes estaban obteniendo informes que les permitieran manejar apropiadamente una cartera de micropréstamos con ciclos de pagos semanales. Para ayudar a desarrollar formatos de informes que respondieran mejor a las necesidades del banco para la administración de su nueva cartera de micropréstamos, el banco contrató a un consultor independiente con muchos años de experiencia en programación de computadoras y administración de IMFs, para que proporcionara asesoría en el diseño de los informes.

Los nuevos formatos de los informes responden a las necesidades de los oficiales de crédito y los gerentes para controlar la mora y manejar una creciente cartera de micropréstamos; proporcionan información oportuna y exacta, son fáciles de usar y adaptan la información a las necesidades de los usuarios.

Fuente: Waterfield y Ramsing 1998.

- *Categorías y nivel de detalle.* Es posible que sea necesario presentar información similar en varios niveles de agregación (por ejemplo, calidad de la cartera por oficial de crédito individual, por sucursal, por región, de la institución en general).
- *Frecuencia y puntualidad.* Debido a que el propósito de proveer información es permitir al personal tomar medidas constructivas, es esencial contar con la información puntualmente y en la frecuencia apropiada.
- *Indicadores de rendimiento.* Es necesario generar indicadores de rendimiento clave monitoreados por la gerencia, que de preferencia incluyan información sobre tendencias.

SEGURIDAD. Por medio de las funciones de seguridad se puede proteger datos, restringir el acceso a usuarios y limitar las probabilidades de fraude. Las funciones de seguridad no pueden garantizar que no ocurra el fraude o la pérdida de datos, pero pueden minimizar la probabilidad y los efectos negativos de este tipo de sucesos.

En general, la información contenida en los sistemas computarizados debería estar protegida contra dos amenazas:

- Intentos premeditados de obtener, sin autorización, acceso a los datos o a ciertas funciones para el usuario
- Corrupción de datos a causa de fallas en el hardware, el software o la energía eléctrica.

Estas amenazas están relacionadas con dos tipos diferentes de seguridad. Para la primera, es necesario proteger los datos y las rutinas de los usuarios contra el uso sin autorización; por ejemplo, las rutinas de usuarios como el desembolso o el pago de préstamos no deberían estar accesibles para todos los miembros del personal. A este tipo de seguridad se le denomina una "seguridad del sistema" e incluye funciones como claves de usuarios. Para abordar el segundo tipo de amenaza, es necesario realizar una copia de seguridad frecuente de los datos e implementar un método para volver a clasificar datos perdidos o corruptos. A este tipo de seguridad, se le denomina "seguridad de datos".

Una IMF debería contar con el mayor número posible de funciones de seguridad eficaces en el software; estas funciones deberían incluir mecanismos adicionales a las contraseñas utilizadas por los miembros del personal para obtener acceso a diferentes niveles de actividades; deberían incluir rastros de auditoría por medio de los cuales se determine quién puede anotar datos y cambiar información específica en la base de datos. Además, un sistema seguro debería incluir mecanismos para prohibir la modificación sin autorización de las bases de datos por personas ajenas al sistema.

TEMAS DE SOFTWARE Y HARDWARE. Al evaluar el software para rastrear préstamos, debe explorarse una serie de aspectos técnicos. (Para una discusión más completa de estos temas de hardware y software, ver Waterfield y Ramsing 1997). Entre estos aspectos se encuentran: ¿la IMF, debería operar su sistema en una red? Si éste fuera el caso, ¿qué tipo de red es la más apropiada y con qué sistema operativo debería funcionar el software (DOS, Windows, Windows 98 o Windows NT)?

Básicamente, existen cuatro aplicaciones de sistemas de computadoras personales que pueden utilizar las IMFs:

- Computadoras individuales
- Múltiples computadoras en una red de computadoras iguales
- Múltiples computadoras en una red de área local con base en un servidor (LAN, por sus siglas en inglés)
- Redes de áreas extensas que conectan computadoras localizadas a grandes distancias (WAN, por sus siglas en inglés)

Las redes ofrecen muchas ventajas, pero además agregan una mayor complejidad. Muchas IMFs podrían tener reparos en instalar una red, considerando que las redes son costosas y fuertemente dependientes del apoyo técnico; sin embargo, actualmente la tecnología de computadoras en red apoya a las redes sencillas que requieren de un apoyo técnico relativamente mínimo.

Los beneficios obtenidos al utilizar una red sencilla de computadoras iguales están relacionados con la eficacia de la información. En general, muchas personas necesitan tener acceso a información al mismo tiempo, y en un sistema de red, la información importante es guardada en la computadora de un usuario, pero está disponible para todos los miembros del personal que deben tener acceso a ella. Para trabajar en redes, se requiere de técnicas de programación más sofisticadas para garantizar la integridad de los datos, para que cuando más de una persona obtenga acceso a los mismos

---

Casilla 7.4 Sistemas de información administrativa en la Asociación para el Desarrollo de Microempresas, República Dominicana

LA ASOCIACIÓN PARA EL DESARROLLO DE MICROEMPRESAS (ADEMI), uno de los primeros programas de microcrédito prominentes en América Latina, además fue una de las primeras en automatizar sus sistemas de información. En 1984, se desarrolló un sistema de base de datos que era suficientemente avanzado hasta para automatizar la impresión de contratos de préstamos y comprobantes de pago de clientes y permitir que los gerentes monitorearan el saldo de sus cuentas bancarias directamente desde sus computadoras en su oficina.

En respuesta a los cambios tecnológicos y a un crecimiento mayor a los 18.000 préstamos, en 1994 ADEMI modernizó su sistema de información administrativa. Casi todo el trabajo fue realizado dentro de la institución por un equipo experto de personas del departamento del sistema de información administrativa. Al igual que con el sistema anterior,

ADEMI decidió utilizar el sistema operativo más avanzado, UNIX, en vez de utilizar los sistemas más comunes basados en computadoras personales. El sistema consiste de módulos plenamente integrados para carteras de préstamos, datos de ahorros (únicamente 170 depósitos a plazo fijo), contabilidad, datos de clientes, planilla de sueldos y activos fijos.

El sistema permite que todas las oficinas en Santo Domingo y las oficinas regionales se conecten en línea. Sin embargo, hay otras sucursales que no están conectadas en el sistema de información administrativa; se envían los recibos de transacciones a la oficina regional con intervalos de algunos días, y allí se anota la información y se generan los informes. Luego estos informes son enviados a las sucursales, donde se comparan con los sistemas independientes usados por las sucursales para verificar si los datos se anotaron exacta y completamente.

Fuente: Waterfield 1997.

datos, solamente una persona a la vez los pueda modificar. Aunque el enfoque de una red de computadoras iguales no se recomienda para una IMF orientada hacia el crecimiento, podría implementarse en IMFs más pequeñas que desean obtener los beneficios del trabajo en red a un costo mínimo.

Las IMFs con planes de crecer y las instituciones más grandes podrían mejorar su eficacia utilizando una *red de área local* "basada en un servidor" (LAN). Un servidor es una computadora personal con un procesador más veloz, más memoria y más espacio en disco duro que una computadora individual típica. Los datos que deben estar accesibles para varias personas se archivan en la red. El servidor se conecta mediante tarjetas de red y cables a las computadoras individuales, permitiendo que cada usuario tenga acceso a la información archivada en el servidor. Los temas de seguridad e integridad de datos se manejan a través del software de la red y el sistema de la base de datos.

Las redes de área local se conforman por computadoras ubicadas en el mismo edificio, conectadas por cables, y las redes de áreas extensas son computadoras conectadas por medio de líneas telefónicas, para que oficinas localizadas a una gran distancia puedan tener acceso y transferir datos como si estuvieran ubicadas en el mismo lugar. Sin embargo, las redes de áreas extensas están fuera del alcance de la capacidad técnica y de los costos de la mayoría de IMFs. Para las IMFs con sucursales remotas, la mejor alternativa para la transferencia de datos es por medio de un módem, al final del día, o por diskette, semanal o mensualmente.

La mayoría de los sistemas de rastreo de préstamos operan con el sistema DOS, lo cual ha sido adecuado para el uso de IMFs de todos tamaños. No existe una restricción real respecto al número de clientes o transacciones que puede procesar un sistema con el sistema operativo DOS; sin embargo, en la práctica los sistemas diseñados para utilizarse dentro de algunos años deberán diseñarse nuevamente para poder trabajar con uno de los sistemas operativos de Windows. Debería realizarse una inversión significativa para adquirir un sistema con base en el sistema operativo DOS, únicamente después de haberlo considerado cuidadosamente.

Debido a que el sistema DOS fue desarrollado antes de que la memoria de las computadoras individuales fuera tan extensa como lo es actualmente, muchas veces los sistemas con el sistema operativo DOS tienen problemas para tener acceso suficiente espacio de memoria para operar eficazmente. Además, la velocidad de operación de los sistemas depende fuertemente del lenguaje de programación utilizado, el nivel del disco duro, la cantidad de memoria y, lo que es aún más importante, el nivel de destreza del programador. Al inicio, puede parecer que un sistema funciona apropiadamente, pero después de llegar a un cierto número de clientes o acumular información de todo un año, puede volverse inaceptablemente lento. Al seleccionar un sistema, es esencial evaluar cuidadosamente la futura escala de actividades y la capacidad de cada sistema que se está considerando.

APOYO. El rol del proveedor de software no termina después de instalar el sistema. Siempre existe la necesidad de contar con apoyo continuo para eliminar virus, capacitar al personal y modificar el programa. Esta necesidad de apoyo continuo es la principal razón por la cual las IMFs desarrollan sus propios sistemas según sus necesidades específicas, ya que entonces cuentan con la capacidad dentro de la institución de proveer estos servicios de apoyo, aunque esto implica un costo significativo. Sin embargo, muchas IMFs no pueden pagar a un diseñador de sistemas como parte del personal y deben depender del apoyo externo; si este apoyo está disponible a nivel local, existen buenas posibilidades de que sea confiable; sin embargo, actualmente muchos sistemas proveen apoyo a distancia, lo cual es bastante arriesgado además de ser potencialmente costoso. Muchos problemas no pueden comunicarse y resolverse con rapidez por correo electrónico, teléfono o servicio de mensajería. Debido a que una IMF no puede arriesgarse a que su sistema de información administrativa no funcione durante un período prolongado de tiempo, debería explorarse cuidadosamente la viabilidad del apoyo a distancia.

Otras consideraciones a tomar en cuenta al seleccionar los sistemas de rastreo de préstamos incluyen:

- Si el sistema se ha utilizado a nivel internacional
- Si el sistema se ha utilizado durante el suficiente tiempo como para estar apropiadamente probado y haber alcanzado un alto nivel de confiabilidad
- Si la empresa que apoya el sistema puede demostrar que tiene la capacidad de apoyar las operaciones de la IMF (es decir, proporcionar capacitación y asistencia técnica)

- Si el sistema ya se ha utilizado para las microfinanzas (y no sólo para operaciones bancarias comerciales).

Sistemas de rastreo de impacto en los clientes

La mayoría de IMFs desean rastrear datos socioeconómicos y de impacto (es decir, el número de empleos generados, el número de clientes que salen de la pobreza); sin embargo, el rastreo del impacto en los clientes está aun menos estandarizado que la administración de carteras y presenta mayores desafíos a las IMFs que están buscando paquetes de software apropiados. Actualmente, no hay disponibilidad de prácticamente ningún sistema comercial para monitorear el impacto. Por lo general, las instituciones que deciden monitorear el impacto han elegido enfoques de recopilación de información que complementan sus demás procesos de recopilación de información; por ejemplo, es posible que utilicen datos que ya fueron recopilados durante el proceso de solicitud de préstamos y luego se dé seguimiento a esa información en una hoja electrónica.

Un enfoque que se utiliza con frecuencia para rastrear la información relacionada con el impacto es incorporar los datos relevantes en el sistema de rastreo de préstamos. Es posible diseñar pantallas e informes especiales según las necesidades específicas; sin embargo, muchas veces los paquetes de software existentes incluyen varios campos "definidos por el usuario" en los informes de clientes y préstamos, y éstos pueden configurarse para rastrear y reportar datos significativos relacionados con el impacto.

Instalación de un sistema de información administrativa

Muchos administradores no comprenden plenamente el proceso sustancial que debe implementarse al seleccionar e instalar un sistema de información administrativa, y muchas veces, la tarea es mucho mayor de lo que se cree usualmente. La interrelación entre el sistema de información administrativa y toda la estructura y los sistemas operativos de la institución significa que, en algunos casos, la instalación de un sistema debe realizarse simultáneamente con la reestructuración de toda la organización.

En el siguiente marco, se presenta una serie de pasos con elementos en común que forman parte de la implementación de un sistema de información administrativa.

Evaluación institucional

Antes de decidir qué sistema de información administrativa utilizar, la IMF debe evaluar si las capacidades del software se adaptan a las prácticas de la IMF - presentes y futuras. Tal como se mencionó anteriormente, los sistemas de información administrativa no difieren únicamente en su filosofía y enfoque sino además, en sus funciones y capacidades. Cualquier proceso de selección debe empezar con la claridad absoluta respecto a la funcionalidad esperada del sistema.

Configuración

Esta es la siguiente fase, inmediatamente después del trabajo de evaluación institucional realizado. La configuración consiste principalmente en:

- *El libro mayor general*, cuya base es la lista de cuentas. A veces, es necesario modificar la lista de cuentas existente para responder a las necesidades nuevamente

---

Casilla 7.5 Marco para un sistema de información administrativa en Freedom from Hunger

FREEDOM FROM HUNGER, UNA ONG INTERNACIONAL exitosa con sede en Davis, California, desarrolló un "Marco para el Diseño de un Sistema de Información Administrativa". El marco consiste de 17 pasos para el diseño y la implementación de un sistema de contabilidad y manejo de información administrativa para IMFs. Cada paso incluye una lista específica de preguntas y temas relacionados con ese paso.

Este marco se desarrolló para fortalecer y hacer más eficiente el sistema de contabilidad del Reseau des Caisses Populaires, la institución asociada de Freedom from Hunger en Burkina Faso. El marco puede utilizarse como una herramienta de implementación o manejo para guiar al usuario en el estudio de temas clave para evaluar las necesidades de información de la IMF, las alternativas de sistemas disponibles y la implementación del sistema. La herramienta proporciona al usuario una estructura lógica para examinar las necesidades de un sistema de información administrativa tanto en el campo como en las oficinas centrales. (Para obtener información detallada sobre el marco de evaluación, ver SEEP Network 1996.)

Fuente: SEEP Network 1996.

definidas de la institución, además de cumplir con cualquier requisito o abordar cualquier limitación del paquete de software.

- *Los sistemas de rastreo de préstamos*, mediante los cuales se definen los diversos productos financieros, cada uno con sus características específicas, como montos mínimos y máximos, métodos de cálculo de intereses, los diferentes "vínculos" que utiliza la IMF entre las diferentes cuentas (como congelar ahorros cuando un cliente tiene un préstamo pendiente) y una forma de tratar la mora.
- *La estructura de las relaciones entre las sucursales*, la cual determina la forma como se compartirá y consolidará la información entre las sucursales.

Si la evaluación inicial se realizó apropiadamente, entonces es posible llevar a cabo la configuración en forma bastante directa, siempre y cuando las necesidades de la IMF sean plenamente compatibles con las capacidades del software. Si es necesario realizar cambios en el software para ajustarlo a los requisitos de la IMF, entonces empieza el proceso de modificación del software.

Modificaciones de software

Este es potencialmente el más costoso de los componentes de instalación de un sistema de información administrativa, y quizá el que requiera de la mayor inversión de tiempo. Si el paquete de software no ha sido utilizado por otras IMFs o ambientes de operaciones similares (como diferentes tipos de IMFs en diferentes países) o si el software no se ha adaptado previamente a una gran variedad de métodos operativos (por ejemplo, préstamos individuales o préstamos colectivos), entonces puede existir la necesidad de realizar modificaciones significativas. Es posible que se requiera de la implementación de un extenso trabajo de programación si la IMF no está dispuesta a ceder respecto a sus métodos operativos y prácticas contables, aun cuando el paquete de software es casi totalmente funcional.

El proceso de modificación es costoso y requiere de una fuerte inversión de tiempo, por varias razones. En el caso de un sistema complejo, el código de base (o la lógica y los comandos del software) únicamente puede ser modificado por muy pocas personas - idealmente, los programadores que crearon el software. Cualquier cambio, sin importar su dimensión, debe ponerse a prueba

cuidadosamente y deben eliminarse los virus, ya que un cambio realizado en un área del programa puede afectar áreas que aparentemente no tienen ninguna relación con el área modificada. La modificación del programa debería ser efectuada únicamente por programadores altamente calificados para ello, y únicamente si la IMF no puede desempeñar su trabajo esencial utilizando un sistema estándar de rastreo de préstamos.

Pruebas

Una vez finalizado el diseño del software, es esencial realizar una prueba rigurosa del sistema con datos reales. Esta fase de prueba tiene dos propósitos: estudiar cuidadosamente el comportamiento del sistema, identificando cualquier virus o áreas problema que requieren de modificaciones; y desarrollar una estrategia para la conversión de datos o la entrada de los datos iniciales en el sistema.

Para el libro mayor general, las pruebas consisten en el procesamiento de transacciones muestra, incluyendo recibos de ingresos, pago de cheques y entradas en el libro diario. Debería generarse balances y estados financieros, confirmando los resultados y presentándolos en los formatos que desea utilizar la institución.

Para el rastreo de préstamos, la fase de prueba es más compleja y es necesario verificar que los procedimientos cruciales se estén manejando correctamente. Las preguntas clave incluyen:

- ¿Se están calculando apropiadamente los programas de pago de préstamos, los intereses, las multas y los cargos por mora?
- ¿El sistema colapsa por razones inexplicables?
- ¿La red funciona adecuadamente?
- ¿El sistema permite la realización de correcciones de datos que se anotaron equivocadamente?
- ¿Existen temas de "amabilidad para el usuario" que deben abordarse?

Transferencia de datos

Este es otro proceso costoso y requiere de una fuerte inversión de tiempo. El volumen de la información inicial que debe anotarse puede ser sustancial. Para el sistema de carteras, la entrada de nombres y otros datos sobre los clientes, además de todos los saldos pendientes de préstamos y cuentas de ahorro, implica una inversión extremadamente fuerte de tiempo. Como mínimo, para el libro mayor general es necesario anotar montos de apertura para todas las cuentas de hoja electrónica.

Un problema que se presenta con frecuencia es la incompatibilidad entre la forma como se manejaban las transacciones con el sistema anterior y la forma como se manejan esas mismas transacciones con el nuevo sistema de información administrativa. Por ejemplo, si la mora se calcula aun ligeramente diferente en los dos sistemas, es posible que en el nuevo sistema se calculen las multas sobre préstamos pendientes en una forma que no se había acordado con el cliente.

Muchas veces, es difícil pronosticar exactamente cuánto tiempo tomará la implementación de este proceso de transferencia de datos, o cuán difícil será hacerlo, aun en los casos en los cuales se realizó una cuidadosa evaluación inicial. Una forma de evitar estos problemas es continuar utilizando el sistema de carteras existente hasta que se hayan pagado todos los préstamos pendientes y anotar únicamente los datos de los préstamos nuevos en el nuevo sistema.

Capacitación

Debido a que el sistema de información administrativa completo es complejo, es posible que para implementarlo sea necesario realizar cambios significativos en los procedimientos operacionales de una institución, lo cual implica amplias actividades de capacitación del personal en todos los niveles.

Operaciones paralelas

Después de haber concluido la transferencia de datos y la capacitación del personal, el nuevo sistema de información administrativa está listo para usarse. Sin embargo, es importante operar el nuevo sistema paralelamente con el sistema anterior; esto es esencial para garantizar que el nuevo sistema funciona de forma confiable y genera informes en que se puede confiar.

Durante el período de operaciones paralelas, es necesario anotar los datos en ambos sistemas y comparar cuidadosamente las salidas; cualquier discrepancia debería ser evaluada y respaldada, y cualquier error o virus en el nuevo sistema debería documentarse cuidadosamente y corregirse.

La duración del período de operaciones paralelas puede variar, pero generalmente debería prolongarse por lo menos durante dos meses para garantizar que casi todos los clientes hayan realizado por lo menos un pago y que el sistema haya operado dos procesos de cierre de fin de mes. Una vez que la gerencia esté satisfecha con el funcionamiento del nuevo sistema, puede abandonarse el uso del sistema anterior, pero toda la información impresa y archivos de datos deberían almacenarse cuidadosamente para servir de referencia en el futuro (Casilla 7.6).

Apoyo y mantenimiento continuo

Tal como se mencionó anteriormente, la necesidad de la institución de contar con apoyo técnico para el uso del sistema de información administrativa continúa aun después de instalado el sistema. El costo del apoyo técnico dependerá de la estabilidad y confiabilidad del sistema y normalmente disminuirá conforme el personal de la IMF adquiere más experiencia con su uso y, por lo tanto, desarrolla una mayor capacidad para resolver problemas.

Existen dos lecciones importantes que pueden aprenderse de la experiencia de IMFs respecto a la instalación de sistemas de información administrativa:

■ Una institución debería conformarse con lo esencial; no debería buscar un sistema de información admin-

---

Casilla 7.6 Operaciones paralelas en la Fédération des Caisses d'Épargne et de Crédit Agricole Mutuel, Benín

EN LA UNIÓN DE CRÉDITO LOCAL DE LA FÉDÉRATION DES Caisses d'Épargne et de Crédit Agricole Mutuel, la contabilidad se realizaba manualmente hasta que en 1993, lentamente se empezó a introducir y probar computadoras. Para que las primeras uniones de crédito se computarizaran, se requería que la contabilidad se registrara manualmente y por computadora durante un año completo, para que los miembros del personal se familiarizaran plenamente con el nuevo software y procedimientos y para que los técnicos del sistema de información pudieran realizar los ajustes necesarios al software. Conforme se adquiere experiencia por ambos lados, los gerentes de la federación creen que podría reducirse a dos meses el período requerido para operar la contabilidad en ambos sistemas paralelamente.

Fuente: Contribuido por Cecile Fruman, Proyecto Sustainable Banking with the Poor, Banco Mundial.

istrativa que ofrece todas las funciones ideales. Mientras más se exige a un sistema, más complejo se vuelve ese sistema y existen menos probabilidades de que funcione correctamente y sin problemas.

- Una IMF debería considerar adaptar algunos de sus procedimientos a los estándares del sistema de rastreo de préstamos. Por supuesto, idealmente esto funcionaría contrariamente: un sistema de información administrativa debería tener la capacidad de implementar todos los aspectos de las políticas y procedimientos de una institución; sin embargo, al aceptar las funciones existentes que no alteran fundamentalmente las metas y objetivos de la institución, es posible ahorrar miles de dólares y meses de tiempo de adaptación.

Apéndice 1. Resumen de paquetes de software comerciales de sistemas de información administrativa

No existen precios fijos para los paquetes comerciales de software de sistemas de información administrativa.[2] Los precios dependen de las condiciones específicas para cada sistema instalado, como por ejemplo la escala de la IMF, la medida en la cual se adapta el software a las necesidades específicas de la institución y la disponibilidad de técnicos locales a quienes puede recurrir la empresa proveedora de software. Ninguna de las empresas comerciales mencionadas en este resumen proporcionó un precio fijo; sin embargo, en lo posible se han incluido los rangos de precios y los precios de contrato usuales.

Sistema bancario IPC

El sistema bancario IPC fue desarrollado a lo largo de siete años por la empresa IPC Consulting para su uso por parte de las IMFs que participan en contratos de asistencia técnica de largo plazo, y nunca se ha instalado independientemente de un contrato de asistencia técnica. Actualmente, el sistema se utiliza en Albania, Bolivia, Brasil, Colombia, Costa Rica, El Salvador, Paraguay, Rusia, Uganda y Ucrania.

El sistema opera con el sistema DOS en computadoras personales individuales y redes Novell o Windows. Contiene módulos de monitoreo de préstamos, ahorros, depósitos fijos y contabilidad. Proporciona amplio apoyo para todo el proceso crediticio, empezando con la entrada de la solicitud, el apoyo para el análisis de solicitudes de préstamos, la generación integrada de un plan de acuerdo y pagos de préstamos, una amplia gama de posibles planes de pago y varios procedimientos de cálculo de intereses. El sistema apoya una gama completa de operaciones con base en cajeros de banco, incluyendo el monitoreo de pagos en efectivo y cheques, el monitoreo de varios cajeros y una función de cambio de efectivo.

Los miembros del personal de IPC realizan visitas a los lugares para realizar la instalación, configuración y capacitación. Existe disponibilidad de contratos de mantenimiento, los cuales incluyen las modificaciones y actualizaciones del software. El precio del sistema depende del tipo de contrato, el alcance de las modificaciones requeridas y la cantidad de instalaciones necesarias, pero el monto mínimo para un contrato es de US$50.000.

El sistema de operaciones bancarias para el sector de microfinanzas de la FAO

El Programa para Microfinanzas de la FAO (FAO Microbanker) fue desarrollado durante los últimos 10 años y actualmente está operando en 900 instalaciones, en más de 20 países en Asia, Africa, América Latina y el Caribe, Europa Oriental y algunas repúblicas de la ex URSS.

El sistema se desarrolló como una alternativa de software de bajo costo para la automatización de operaciones bancarias para intermediarios financieros pequeños y medianos. Funciona en computadoras personales básicas y es lo suficientemente flexible como para funcionar como un solo cajero, una instalación individual o una instalación para múltiples cajeros.

La versión SRTE 2.0 del sistema cubre préstamos, cuentas de ahorro, depósitos a plazo fijo, cuentas corrientes, información para los clientes y el libro mayor

---

2. Este Apéndice es un extracto de Waterfield (1997).

general en un paquete integrado. EXTE, la versión ampliada del sistema, permite la introducción de modificaciones significativas y la adaptación a necesidades específicas a través del acceso a partes del código de base. Es posible que las instituciones que utilizan procedimientos que difieren sustancialmente de los sistemas estándar necesiten adquirir esta versión del software.

La adquisición del software incluye un apoyo técnico como parte de la garantía, por teléfono, fax o correo electrónico durante tres meses, por parte de cualquier proveedor de apoyo técnico autorizado. La FAO recomienda que adicionalmente se contrate a un proveedor de apoyo técnico autorizado para ayudar con la instalación y adaptación, y que se suscriba un contrato para asistencia a más largo plazo con uno de los proveedores de apoyo técnico, una vez haya vencido el período de garantía.

El precio actual (1997) del SRTE 2.0 es de US$800 para cada software instalado. Esto incluye un número ilimitado de usuarios para cada instalación, pero no pueden realizarse adaptaciones, y el precio tampoco incluye el apoyo para realizar la instalación. El cargo de acceso para la versión EXTE adaptable es de US$8.000. La adaptación a las necesidades específicas puede realizarla únicamente un proveedor de apoyo autorizado. El costo de un contrato de asistencia que incluye adaptaciones y configuraciones menores, instalación y capacitación básica, usualmente oscila entre los US$40.000 y US$70.000, dependiendo del tamaño de la IMF y el alcance de las modificaciones.

El sistema Reliance Credit Union Management System

Este sistema es propiedad de CUSA Technologies, Inc. (CTI) y se ha vendido principalmente a uniones de crédito en los Estados Unidos, aunque la empresa también está trabajando en el desarrollo de un mercado internacional.

Actualmente, este sistema está instalado en más de 100 lugares en los Estados Unidos, y actualmente se está instalando en varios lugares en Puerto Rico, Centroamérica y Australia (26 uniones de crédito con más de 150 sucursales). Actualmente, el sistema puede obtenerse en inglés y español, y se está elaborando una versión en francés.

El software de Reliance incorpora módulos para transacciones de cajero en línea, procesamiento de préstamos, préstamos hipotecarios, libro mayor general integrado, procesamiento de transacciones de cajero automático, procesamiento de tarjetas de crédito, procesamiento electrónico de planillas de sueldos, procesamiento de acciones y verificación de firmas y fotografías.

Hay disponibilidad de asistencia técnica, durante 12 horas diarias, de lunes a sábado, por teléfono e Internet. Actualmente, CTI está estableciendo un centro de apoyo técnico en español (un distribuidor) en Puerto Rico.

Los precios del sistema se establecen por módulo, por tamaño de activos y por cantidad de usuarios del sistema. La persona entrevistada de CTI se rehusó a proporcionar precios aproximados, pero mencionó que generalmente, el precio del sistema se fija para su instalación en instituciones más grandes.

El sistema SiBanque

El sistema SiBanque está apoyado por el Centre International de Crédit Mutuel (CICM) en Francia. Actualmente, el sistema está disponible en francés e inglés, pero posiblemente sea traducido a otros idiomas. Actualmente, el sistema SiBanque está instalado en aproximadamente 100 oficinas en 8 instituciones en Burundi, Camerún, Congo, Guinea, Malí y Senegal.

El sistema está configurado para transacciones de "oficinas de ejecutivos principales" y "oficinas de apoyo", está orientado hacia estructuras de uniones de crédito y proporciona alguna configuración a través del uso de parámetros. Es un sistema compatible con dBase que opera con el sistema operativo DOS.

Debido a que el software no tiene el respaldo de una empresa comercial de software, los precios no están estandarizados. El software en si no tiene costo, pero CICM exige que el personal de la IMF sea capacitado, como un requisito previo a la instalación. El costo de esta capacitación lo cubre el cliente, y en el contrato de mantenimiento se incluye un cargo negociado con el cliente.

Solace for Workgroups

Este sistema es propiedad de Solace, una empresa australiana de software, pero su distribución ha sido autorizada a Decentralized Banking Solutions (DBS), una empresa sudafricana que está realizando actividades de mercadeo activamente para ofrecer el software en la comunidad de microfinanzas. Actualmente, el sistema está disponible en inglés y se ha instalado en 13 instituciones en Australia, Nueva Zelandia, Sudáfrica y Zimbabwe.

El sistema funciona en los sistemas operativos Windows 95, Windows NT, UNIX y AS400. El sistema con base en cajeros apoya cuentas de ahorro, préstamos, cheques y patrimonio. Permite la impresión de libretas y recibos y apoya las indagaciones de auditoría. Puede utilizarse para una amplia gama de situaciones distintas de las diferentes instituciones, incluyendo las redes de más de 200 usuarios. Se proporciona apoyo técnico por Internet, con un potencial apoyo local a través de una empresa conjunta con una institución asociada local cuando el volumen de actividades lo justifica.

El precio se basa en un cargo de adquisición nominal de software Solace de US$3.000 por cada terminal de usuario (por ejemplo, una instalación que requiere el acceso a 20 computadoras costaría US$60.000), más los costos del tiempo de operación y un cargo anual de apoyo técnico que depende de los requisitos y las condiciones locales. Muchas veces, el apoyo anual también se basa en el número de terminales. Por lo tanto, una instalación típica puede costar más de US$100.000, y una instalación tiene un precio mínimo de US$370.000, con todos los gastos incluidos.

Apéndice 2. Criterios para la evaluación del software de rastreo de préstamos

Facilidad de uso
Documentación
Manuales de capacitación
Manejo de errores
Pantallas de ayuda
Interfase

Funciones
Idiomas
Opciones de configuración inicial
Temas de metodología
Definición de productos crediticios
  múltiples productos crediticios
  métodos de pago de capital
  métodos de monitoreo
  contabilidad de fondos de cartera
  desagregación de datos
  cálculos de intereses
  cálculos de cargos
  ahorros
Manejo y consolidación de sucursales
Vínculos entre contabilidad y cartera

Temas de hardware/software
Lenguaje de programación
Formato de almacenamiento de datos
Apoyo de redes
Sistema operativo
Velocidad de acceso

Apoyo
¿Disponibilidad de adaptación a necesidades específicas?
Capacitación
Temas de costos

Informes
Informes existentes
Informes nuevos
Imprimir vista preliminar
Impresoras apoyadas
Ámbito de los informes

Seguridad
Contraseñas y niveles de autorización
Modificación de datos
Procedimientos de copias de seguridad
Rastros de auditoría

Fuente: Desarrollado por Waterfield y Sheldon (1997) para Women's World Banking.

Fuentes y bibliografía adicional

SEEP (Small Enterprise Education and Promotion) Network. 1995. *Financial Ratio Analysis of Micro-Finance Institutions.* New York: PACT Publications.

———. 1996. *Moving Forward: Tools for Sustainability and Expansion.* New York: PACT Publications.

Waterfield, Charles. 1997. "Budgeting for New Information Systems for Mature Microfinance Organizations." Calmeadow. Toronto, Canadá.

Waterfield, Charles y Nick Ramsing. 1998. "Management Information Systems for Microfinance Institutions: A Handbook." Elaborado para CGAP (Consultative Group to Assist the Poorest) por Deloitte Touche Tohmatsu International, en asociación con MEDA Trade & Consulting and Shorebank Advisory Services, Washington, D.C.

Waterfield, Charles y Tony Sheldon. 1997. "Assessing and Selecting Loan Tracking Software Systems." Women's World Banking, Nueva York.

Women's World Banking. 1994. *Principles and Practices of Financial Management.* Nueva York.

Parte III–
Medición de rendimiento y manejo de viabilidad

CAPÍTULO OCHO

Ajuste de estados financieros

Para analizar apropiadamente el rendimiento financiero de las IMFs, es necesario asegurarse de que sus estados financieros sean consistentes con los principios de contabilidad aceptados en general. Debido a la estructura de muchas IMFs y su apoyo inicial en financiamiento proveniente de donantes, muchas veces es necesario realizar ajustes a los balances y los estados de ganancias y pérdidas antes de poder analizar el rendimiento financiero (ver el Capítulo 9). Generalmente, hay dos tipos de ajustes requeridos: los que son necesarios para adherirse a estándares de contabilidad apropiados, que muchas veces se descuidan en una IMF; y los que vuelven a plantear los resultados financieros para que reflejen más exactamente la situación financiera completa de la IMF.

Para el primer tipo es necesario realizar asientos contables para ajustar los estados financieros de la IMF. La cantidad y el tipo de ajustes requeridos variará en cada IMF, dependiendo de su adherencia a principios estándar de contabilidad.[1] Entre estos ajustes, se encuentran:

- *Contabilizar pérdidas de préstamos y provisiones para pérdidas de préstamos.* Las IMFs que no consideran apropiadamente las pérdidas de préstamos potenciales o existentes, subestiman los gastos totales y sobrevaloran el valor de la cartera de préstamos.
- *Contabilizar la depreciación de activos fijos.* Si los activos fijos no se deprecian o se deprecian en forma imprecisa, entonces se subestiman los gastos reales de operación.
- *Contabilizar los intereses acumulados y gastos por intereses acumulados.* Acumular los ingresos por intereses sobre préstamos en mora resulta en un ingreso esti-

mado más alto de lo que se recibe realmente, sobrevalorándose de esta forma las ganancias; y si no se acumulan los gastos por intereses sobre pasivos, se subestiman los gastos.

El segundo tipo de ajustes, no necesariamente deben registrarse formalmente en los estados financieros de la IMF; esta decisión la tomaría cada IMF o cada lector, individualmente. Sin embargo, debería realizarse los siguientes ajustes (ya sea en los estados financieros o en una hoja electrónica externa) para reflejar la naturaleza única de las IMFs y contabilizar el beneficio del financiamiento obtenido de donantes:

- *Contabilizar los subsidios.* El financiamiento proveniente de donantes, ya sea para capital crediticio para otorgar préstamos o para cubrir los gastos de operación, generalmente se obtiene como donaciones o préstamos concesionales (préstamos con tasas de interés más bajas que las del mercado) y por lo tanto contiene un subsidio para la IMF.
- *Contabilizar la inflación.* El costo de la inflación resulta en una pérdida en el valor real del patrimonio y otras cuentas de balance.

Estos ajustes son necesarios para evaluar a la IMF en una forma exacta y significativa y dejar un margen para la comparación entre instituciones, hasta cierto punto.

Finalmente, es posible que las IMFs deseen volver a formular estados financieros en "términos de moneda constante", especialmente si están operando en un ambiente de mucha inflación. Esto significa expresar los resultados financieros en términos reales más que *nominales* transformando los datos financieros de los valores nominales anuales del año anterior (en moneda local) en

---

1. Partes de este capítulo se basan en material publicado originalmente en Ledgerwood 1996.

valores constantes, válidos para el año presente. Esto permite realizar comparaciones entre los diferentes años así como análisis de tendencias de rendimiento.

En este capítulo, se presentan las razones por las cuales debería realizarse ajustes, las formas de determinar la cantidad apropiada de ajustes y cómo llevarlos a cabo. En los apéndices, se proporcionan ejemplos de estados financieros ajustados por subsidios e inflación. Este capítulo será de interés principalmente para profesionales o consultores que evalúan a IMFs. Para aprovechar al máximo este capítulo, es necesario tener algunos conocimientos de contabilidad y análisis financieros. Los lectores que no esten familiarizados con estados financieros quizá deseen entregar el contenido de este capítulo al gerente financiero de una IMF o a un consultor financiero que está trabajando con la IMF. (Para una instrucción básica en contabilidad y la creación de estados financieros, ver Ledgerwood y Moloney 1996.)

Ajustes contables

Entre los ajustes que se requieren con frecuencia, antes de que se pueda analizar el rendimiento financiero de una IMF, están los asientos contables mediante los cuales se ajustan los estados financieros de una IMF para que se adhieran a los estándares de contabilidad apropiados. Estos ajustes incluyen la contabilización de pérdidas de préstamos, de depreciación de activos fijos y de intereses acumulados y gastos por intereses acumulados.

Contabilizar pérdidas de préstamos

El hecho de contabilizar las pérdidas de préstamos constituye un elemento importante en la administración financiera de una IMF, y es uno de los que se manejan más deficientemente. Para reflejar exactamente el rendimiento financiero de una IMF, es necesario determinar qué parte de la cartera está generando ingresos y qué parte probablemente no se recuperará. Esto se logra examinando la calidad de la cartera de préstamos, creando una reserva para pérdidas de préstamos y descartando los préstamos incobrables periódicamente.

A muchas IMFs no les agrada establecer reservas para pérdidas de préstamos porque están ansiosas de reportar sus gastos lo más bajo posible y no quieren admitir (a donantes u otros) que algunos de los préstamos que otor-

garon no se están pagando. Adicionalmente, muchas IMFs deciden mantener en los libros los préstamos incobrables porque piensan que si descartaran un préstamo, cesarían todos los esfuerzos por cobrarlo. Inicialmente, posiblemente las instituciones eviten contabilizar las pérdidas de préstamos, pero conforme las IMFs maduran y su crecimiento exponencial se vuelve más lento, el problema cobra más importancia. Al llevar préstamos en los libros que tienen poca o ninguna probabilidad de ser pagados, se sobreestima el activo en el balance y esto resulta en un rendimiento del activo más bajo de lo esperado (esto se refleja en un ingreso inferior a lo esperado, en base al cálculo de rendimiento efectivo descrito en el Capítulo 5). Adicionalmente, contabilizar exactamente y en forma periódica las pérdidas de préstamos evita que la IMF registre conjuntamente y como total de una gran pérdida (con el consiguiente aumento de los gastos) los préstamos que se otorgaron durante un período de varios años (Stearns 1991). Las pérdidas de préstamos deberían registrarse cerca del período en el cual se otorgó el préstamo.

Para poder contabilizar exactamente las pérdidas de préstamos, el primer paso es determinar la calidad de la cartera de préstamos. Esto se hace tomando como referencia el "informe de cartera" (Tabla 8.1).

INFORME DE CARTERA. Una de las herramientas más importantes de monitoreo de una IMF es su informe de cartera, el cual provee información sobre la *calidad* de la cartera de préstamos y las dimensiones de las actividades crediticias. Debido a que en la mayoría de casos la cartera de préstamos constituye el mayor activo de la IMF y, por lo tanto, su principal activo generador de ingresos, garantizar la elaboración puntual y precisa de informes de cartera es esencial para el manejo financiero de la IMF.

La cartera pendiente se refiere *al monto de capital de préstamos pendientes de pago*. Usualmente, los intereses proyectados no se consideran parte de la cartera. El capital pendiente de pago es un activo para una IMF; los intereses contribuyen a los ingresos de una IMF y se registran como ganancia.

Los lectores deberían notar que algunas IMFs *capitalizan* (registran como un activo en el balance) los ingresos por intereses esperados cuando se desembolsa el préstamo (especialmente si están operando con estándares británicos de contabilidad) o cuando el plazo del préstamo finalizó y aún queda un saldo pendiente. Para propósitos de este manual, asumimos que los intereses no se regis-

Tabla 8.1 Muestra de informe de cartera

Datos de cartera	1995	1994	1993
Valor total de préstamos desembolsados en el período	160.000	130.000	88.000
Cantidad total de préstamos desembolsados en el período	1.600	1.300	1.100
Cantidad de prestatarios activos (final del período)	1.800	1.550	1.320
Cartera pendiente (final del período)	84.000	70.000	52.000
Saldo promedio de préstamos pendientes	75.000	61.000	45.000
Valor de pagos atrasados (final del período)	7.000	9.000	10.000
Valor de saldo pendiente de los préstamos atrasados	18.000	20.000	20.000
Valor de préstamos cancelados por incobrables en el período	500	3.000	0
Monto promedio de préstamo inicial	100	100	80
Plazo promedio (meses)	12	12	12
Cantidad promedio de oficiales de crédito en el período	6	6	4

Fuente: SEEP Network y Calmeadow 1995

tran hasta que no se hayan recibido; sin embargo, los lectores que están trabajando con IMFs que sí capitalizan los ingresos por intereses deberían estar consciente que esto resulta en activos totales más altos que si la IMF no capitalizara los pagos de intereses y que esto afecta la forma en que se registran los pagos de préstamos en la contabilidad.

Cuando se recibe un pago de préstamo, si los intereses *no* se han capitalizado, los ingresos por intereses se registran en el estado de ganancias y pérdidas como un aumento de los ingresos, y el capital pagado se registra en el balance como una reducción en préstamos pendientes (activo). Para las IMFs que capitalizan los intereses, el monto total del pago del préstamo se registra como una reducción en la cartera de préstamos, ya que los ingresos por intereses se registraron (en el estado de ganancias y pérdidas) cuando se otorgó el préstamo (ver la sección sobre la contabilización de intereses acumulados y gastos por intereses acumulados, más adelante).

Tanto el "valor de los pagos atrasados" como el "valor del saldo pendiente de préstamos atrasados" se refieren a los préstamos que tienen un monto vencido que no se ha recibido. El "valor de los pagos atrasados" incluye únicamente el monto vencido que no se ha recibido, mientras que el "valor de los saldos pendientes de préstamos atrasados" incluye el monto total de préstamos pendientes, incluyendo el monto que aún no está vencido, de los préstamos que tienen un pago atrasado pendiente. Usualmente, a esto se le denomina "la cartera en riesgo."

Notar que los términos "atrasos", "pagos atrasados", "pagos vencidos", "pagos en mora", "morosidad" e "incumplimiento de pago" muchas veces se utilizan

como sinónimos. Generalmente, los préstamos que están "atrasados, vencidos y en mora" vencieron y no se han pagado. También se les denomina préstamos en mora (es decir, "este préstamo está en mora" significa que hay un monto que está pendiente de pago - está atrasado, vencido, en mora - y no se ha pagado). Al decir que *se ha incumplido el pago* de préstamos, también se incluye a los préstamos en mora, pero con mayor frecuencia se incluyen los préstamos que se descartaron o que están por descartarse por incobrables (discutidos más adelante). Muchas veces, se utiliza la expresión "se incumplió el pago del préstamo" cuando existen pocas esperanzas de que alguna vez se reciba el pago.

Algunas IMFs determinan que un préstamo está en mora si no se recibió el pago en la fecha establecida; sin embargo, muchos préstamos son pagados unos días después de la fecha estipulada, y otras instituciones permiten que se realice el pago unos días después de esa fecha y no consideran que el préstamo está en mora sino hasta una o dos semanas o períodos de pago después de la fecha de pago.

Algunas IMFs no toman en cuenta la cantidad de *tiempo* del atraso de un préstamo y basan la probabilidad de incumplimiento de pago (pérdida de préstamo) más bien en el *plazo* del préstamo - en otras palabras, un préstamo se declara vencido al finalizar el plazo, y no después de cierto período de tiempo durante el cual no se han recibido pagos. En este manual, no se toma en cuenta si ha finalizado el préstamo o no; cualquier préstamo que tiene una cantidad pendiente de pago, atrasada, se considera en mora, en base a la cantidad de días de atraso.

Además, las IMFs deben determinar si consideran que está en mora el total del saldo pendiente de los préstamos con un atraso en el pago de cierto monto (cartera en riesgo) o si la mora aplica únicamente al monto vencido cuyo pago aún no se ha recibido. Generalmente, las IMFs deberían considerar que el monto pendiente total está en mora, ya que éste es el monto que realmente está en riesgo (es decir, si el prestatario ha dejado de realizar un pago, existe la probabilidad de que dejará de realizar otros pagos, o que sencillamente dejará de pagar el préstamo).

Un préstamo *en mora* se convierte en un préstamo *cuyo pago se incumplió* cuando las probabilidades de que se pague se vuelven mínimas. Los préstamos cuyo pago se incumplió se eliminan por considerarse incobrables. Debería considerarse descartar los préstamos después de transcurrido cierto período de tiempo sin que se haya pagado el préstamo. La decisión de descartar un préstamo y el momento de hacerlo se basan en las políticas de la IMF. Algunas IMFs deciden descartar los préstamos relativamente rápido para que sus balances no reflejen activos que básicamente no tienen ningún valor, y otras instituciones deciden no descartar los préstamos incobrables mientras exista la remota posibilidad de recibir el pago. Sin importar cuándo se descartan los préstamos no pagados, es importante que una IMF tenga una reserva para pérdidas de préstamos (discutida más adelante) para que el valor neto de los préstamos declarado en el balance refleje exactamente la cantidad de activos que generan intereses.

Basado en el análisis de la calidad de la cartera de préstamos, los gerentes pueden determinar el porcentaje de préstamos que probablemente serán incobrables. Para reflejar con exactitud este riesgo y el correspondiente valor real de la cartera de préstamos, es necesario crear una cuenta de balance llamada la "reserva para pérdidas de préstamos".

RESERVA PARA PÉRDIDAS DE PRÉSTAMOS. Una reserva para pérdidas de préstamos es una cuenta que representa el monto del capital pendiente que no espera recuperar una IMF. Es el monto "reservado" para cubrir las pérdidas de la cartera de préstamos. La reserva para pérdidas de préstamos se registra como un activo *negativo* (o contrario) en el balance. La reserva para pérdidas de préstamos *reduce* la cartera neta pendiente de pago. (Algunas IMFs registran la reserva para pérdidas de préstamos como un pasivo; el efecto neto es el mismo.)

El monto de la reserva para pérdidas de préstamos debería basarse en la información anterior respecto al incumplimiento de pago de préstamos y el monto de tiempo durante el que están en mora los préstamos. El rendimiento de préstamos en mora que ocurrió en el pasado es el indicador más importante para pronosticar el rendimiento futuro.

Para determinar una reserva para pérdidas de préstamos adecuada, debería realizarse periódicamente un análisis de clasificación por antigüedad (mensual o trimestralmente). El análisis de clasificación por antigüedad simplemente se refiere a la clasificación de préstamos en mora, en períodos de tiempo de atraso. Se establecen las edades de las carteras de préstamos usando categorías como 1 a 30 días, 31 a 60 días, 61 a 90 días, 91 a 120 días y más de 120 días. *La selección de la categoría de clasificación por antigüedad depende de la frecuencia de los pagos y los plazos de préstamos de la IMF.* Generalmente, las categorías deberían basarse en uno o dos períodos de pago (semanalmente, quincenalmente, mensualmente, etc).

En el análisis de clasificación por antigüedad se considera el saldo pendiente completo del préstamo cuyo pago está atrasado (cartera en riesgo).

El propósito de calcular una cartera en riesgo, clasificada por antigüedad, es que esto permite a las IMFs estimar una reserva requerida para pérdidas de préstamos. Mientras más tiempo lleve en mora un préstamo, mayor será la probabilidad de incumplimiento de pago y, por lo tanto, mayor será la necesidad de contar con una reserva para pérdidas de préstamos. Después de algún tiempo, debería compararse los informes de carteras clasificadas por antigüedad que están en riesgo con informes anteriores para determinar si la cartera en riesgo está aumentando o disminuyendo, y si están funcionando las nuevas políticas implementadas para controlar los préstamos en mora. Esto es especialmente importante si la cartera está creciendo rápidamente, ya que al registrar una gran cantidad de nuevos préstamos, se puede ocultar un problema de mora (es decir, la calidad general de los préstamos puede parecer adecuada porque quizá existe una gran cantidad de préstamos que aún no están vencidos).

Una vez completado un análisis de clasificación por antigüedad, se establece la reserva para pérdidas de préstamos en base a las probabilidades de recuperación de préstamos para cada categoría de clasificación por antigüedad. (En algunos países, se puede regular la reserva para pérdidas de préstamos como un porcentaje de préstamos pendientes, lo cual es válido para las institución reguladas como instituciones financieras formales.) Por ejemplo, si en el pasado se ha incumplido el pago de aproximadamente el 10 por ciento de los préstamos que han estado vencidos por menos de 30 días, debería crearse una provisión del 10 por ciento; si se ha incumplido el pago del 50 por ciento de los préstamos que han estado vencidos por más de 30 días pero menos de 90 días, debería crearse una provisión del 50 por ciento (Tabla 8.2).

Una vez que se haya calculado la reserva para pérdidas de préstamos, es necesario compararla con la reserva para pérdidas de préstamos existente (si existe) en el balance y determinar si ésta debe ser incrementada. Los incrementos en las reservas para pérdidas de préstamos se realizan creando una provisión para pérdidas de préstamos.

PROVISION PARA PÉRDIDAS DE PRÉSTAMOS. La provisión para pérdidas de préstamos es el monto desembolsado en un período dado para aumentar la reserva para pérdidas de préstamos a un nivel adecuado para cubrir los incumplimientos de pago esperados de la cartera de préstamos. Se basa en la diferencia entre la reserva para pérdidas de préstamos requerida y la actual reserva para pérdidas de préstamos pendientes.

Para realizar los ajustes, la primera vez que se crea una reserva para pérdidas de préstamos, se registra una provisión para pérdidas de préstamos en el *estado de ganancias y pérdidas* como gasto (débito) con un monto equivalente a la reserva para pérdidas de préstamos requerida. Luego se registra la reserva para pérdidas de préstamos en el balance como un activo negativo (crédito); con esto se reduce la cartera de préstamos pendientes netos. Las provisiones para pérdidas de préstamos subsiguientes se registran en el estado de ganancias y pérdidas con el monto necesario para aumentar la reserva para pérdidas de préstamos a su nivel requerido. Una vez debitado en el estado de ganancias y pérdidas, el monto se agrega (acredita) a la reserva para pérdidas de préstamos existente en el balance. Notar que la provisión para pérdidas de préstamos *no es un gasto en efectivo* y no afecta el flujo de efectivo de una IMF.

REGISTRO DE PRÉSTAMOS INCOBRABLES. Una vez que se haya determinado que son remotas las probabilidades de que un préstamo determinado sea pagado (el prestatario falleció, se mudó a otro lugar o sencillamente no pagará), se considera incobrable el préstamo y se descarta. Los préstamos descartados por incobrables son únicamente un asiento contable; no significa que no debería continuarse tratando de cobrar el préstamo si tiene sentido económicamente. Descartar un préstamo por incobrable no significa que la organización haya abandonado su derecho legal de recuperarlo.

Para realizar el ajuste, las pérdidas de préstamos o los préstamos descartados reales únicamente se reflejan en el balance, y el hecho de que ocurran no afecta el estado de ganancias y pérdidas. Los préstamos eliminados por incobrables reducen la "reserva para pérdidas de préstamos" y la "cartera de préstamos pendientes" en montos iguales. (Si la reserva para pérdidas de préstamos se registró como pasivo, éste se reduce cuando los préstamos son descartados.) El efecto resultante es dejar intacta la cartera neta

Tabla 8.2 Muestra de cálculo de reserva para pérdidas de préstamos, al 31 de diciembre de 1995

	(A) Cantidad de préstamos vencidos	(B) Cartera en riesgo (saldo pendiente)	(C) Reserva para pérdidas de préstamos (%)	(D) Reserva para pérdidas de préstamos ($) (B) x (C)
Vencidos de 1 a 30 días	200	8.750	10	875
Vencidos de 31 a 60 días	75	5.000	50	2.500
Vencidos de 61 a 90 días	60	2.500	75	1.875
Vencidos de 90 a 120 días	15	1.100	100	1.100
Vencidos por más de 120 días	10	650	100	650
Total	360	18.000	—	7.000

Fuente: SEEP Network y Calmeadow 1995.

Casilla 8.1 Impacto de la no eliminación de deudas incobrables

MUCHAS VECES, LAS IMFS NO DESCARTAN PRÉSTAMOS incobrables debido a restricciones legales o el deseo de mostrar ganancias exageradas o una cartera grande. Cuando no se eliminan las deudas incobrables, se puede distorsionar seriamente el rendimiento reportado de recuperación de préstamos. El cálculo presentado a continuación, proporciona un ejemplo del tipo de distorsión que puede presentarse cuando no se descarta una deuda incobrable sino se arrastra como parte de la cartera pendiente. El rendimiento de recuperación de préstamos debería medirse como sigue: el cobro de pagos de préstamos sobre el monto que vence durante el año reportado, libre de deudas "incobrables" acumuladas que ocurrieron en el pasado y que, por lo tanto, debieron haberse

descartado. En vez de hacerlo de esta manera, muchas veces se mide como recuperación de préstamos sobre préstamos desembolsados (el monto que vence más el total acumulativo de las deudas incobrables de los años anteriores).

Asumamos que la IMF otorga en préstamo 100 unidades de moneda cada año, de las cuales 10 nunca se recuperan ni se descartan por incobrables. Por consiguiente, el denominador (desembolso) aumenta en 10 unidades anualmente, lo cual resulta en un deterioro que da lugar a confusiones respecto a la proporción de recuperación de préstamos mientras que el rendimiento real ha permanecido constante - en una proporción anual del 90 por ciento de recuperación de préstamos.

Proporción	Año 1	Año 2	Año 3	...	Año 10
Pagado / Desembolsado	$\frac{90}{100} = 90\%$	$\frac{90}{10 + 100} = 82\%$	$\frac{90}{(10 \times 2) + 100} = 75\%$	...	$\frac{90}{(10 \times 9) + 100} = 47\%$

Esta ilustración demuestra que es inútil confiar demasiado en la tasa de pago de préstamos como una prueba adecuada para el rendimiento de recuperación de préstamos. La

ausencia de eliminación de préstamos incobrables tiene como consecuencia que esta proporción financiera sea inexacta para mostrar el rendimiento real de recuperación de préstamos.

Fuente: Yaron 1994.

en el balance porque ya se realizó la reserva (y se desembolsó como provisión para pérdidas de préstamos). Al descartar un préstamo incobrable, la reducción de la reserva para pérdidas de préstamos (que es un activo negativo) se registra como débito. El préstamo descartado es compensado por una reducción (crédito) de la cartera de préstamos pendientes.

Si la reserva para pérdidas de préstamos es demasiado reducida en relación con el valor de los préstamos por descartarse, entonces es necesario incrementarla realizando una provisión para pérdidas de préstamos adicional en el estado de ganancias y pérdidas.

Si *se recupera* un préstamo que previamente fue descartado (en otras palabras, el prestatario pagó el préstamo) entonces se registra el monto total recuperado como ingreso (crédito) en el estado de ganancias y pérdidas. Esto se debe a que el monto del capital descartado se registró como gasto (a través de la provisión para pérdidas de préstamos que creó la reserva para pérdidas de préstamos) y, por lo tanto, al ser recuperada se registra como ingreso y no como disminución de la cartera de

préstamos pendientes (activos). La cartera de préstamos pendientes no es afectada porque el monto del préstamo ya se eliminó del balance cuando se descartó el préstamo. La entrada de compensación (débito) es un incremento en los activos, usualmente en efectivo.

Para determinar si se descartó un préstamo, es necesario tener a la vista el balance de cierre del año anterior, así como el del año actual y el estado de ganancias y pérdidas del año actual. El primer paso es determinar la diferencia entre el monto de la reserva para pérdidas de préstamos en el año anterior y el monto de la reserva para pérdidas de préstamos del año actual. Este monto debería equivaler al monto de la provisión para pérdidas de préstamos para el año actual. Si no es así, la diferencia es el monto de préstamos descartados en el año actual.

◆ Por ejemplo, los estados financieros (no se muestran en este texto) para el informe muestra de la cartera de IMF, presentado en la Tabla 8.1, mostraron una reserva para pérdidas de préstamos de 5.000 en el balance a finales de 1994, una reserva para pérdidas de préstamos de 7.000 en el balance a finales de 1995 y una provisión para pérdidas de préstamos en el estado de ganancias y pérdidas de 2.500 en 1995. Al sumar la provisión para pérdidas de préstamos para 1995 (2.500) con la reserva para pérdidas de préstamos de 1994 (5.000), debería obtenerse una reserva para pérdidas de préstamos de 7.500 para 1995. Ya que no son 7.500 sino solamente 7.000, debe haberse descartado un préstamo incobrable de 500. Esto puede verificarse estudiando el informe de cartera muestra presentado en la Tabla 8.1.

Notar que los préstamos descartados reducen el monto de la cartera en riesgo. Las IMFs que desean reportar una cartera sana (o una cartera en riesgo mínima) pueden decidir descartar préstamos incobrables con una mayor frecuencia de lo debido. La decisión de cuándo descartar un préstamo debería basarse en sólidas políticas establecidas y autorizadas por los miembros de junta directiva de una IMF.

Contabilizar la depreciación de activos fijos

Muchas IMFs deprecian los activos fijos según principios de contabilidad universalmente aceptados; sin embargo, algunas no lo hacen de esta forma. Si en un análisis de los estados financieros de una IMF, en el estado de ganancias y pérdidas aparentemente no existe una cuenta de operación (gasto) llamada depreciación, o si la cuenta parece demasiado grande o demasiado pequeña en relación con el monto de activos fijos en el balance, entonces es necesario ajustar los estados financieros y depreciar cada activo de capital por el monto apropiado para la cantidad de años durante los cuales ha sido propiedad de la IMF.

Cuando se adquiere un activo fijo como una máquina o una motocicleta, éste tendrá un tiempo limitado de utilidad (es decir, durante el cual pueda contribuir a generar ingresos). El término que se utiliza para asignar y cobrar el costo de esta utilidad a los períodos contables que se benefician del uso de este activo, es "gasto por depreciación". La depreciación es *un gasto anual que se determina estimando la vida útil de cada activo*. Al igual que la provisión para pérdidas de préstamos, la depreciación no es un gasto de efectivo y no afecta el flujo de efectivo de la IMF.

Para realizar el ajuste, cuando se adquiere un activo fijo, se registra en el balance por su valor o precio actual. Cuando se registra un gasto por depreciación (débito) en el estado de ganancias y pérdidas, se compensa por un activo negativo (crédito) en el balance llamado depreciación acumulada; con esto se compensa la propiedad y equipo brutos reduciendo los activos fijos netos. La *depreciación acumulada* representa una disminución en el valor de la propiedad y el equipo que se agota durante cada período contable. (La depreciación acumulada es similar a la reserva para pérdidas de préstamos ya que ambas sirven para reducir el valor de activos específicos en el balance.)

◆ Por ejemplo, cuando una IMF adquiere una motocicleta, se estima que su vida útil será de cierta cantidad de años. El registro de la depreciación es un proceso de asignar el costo del período a los períodos contables que se benefician de su uso. Si se estima que, por ejemplo, la vida útil es de cinco años, entonces se registraría la depreciación para cada uno de los cinco años. Esto resulta en un valor contable reducido de la motocicleta en el balance de la IMF.

Existen dos métodos principales para registrar la depreciación: el *método en línea directa* y el método sobre saldos. En el método de línea directa, se asigna una porción igual de la depreciación total de un activo a cada período contable. Esto se calcula dividiendo el costo del activo entre la cantidad estimada de períodos contables en la vida útil del activo, y el resultado es el monto de depreciación a registrarse cada período.

◆ En el ejemplo arriba presentado, si la motocicleta vale 5.500, tiene una vida útil estimada de cinco años y tiene un valor estimado de 500 al final de los cinco años (valor residual), entonces su depreciación anual calculada con el método de línea directa es de 1.000, como se presenta a continuación:

$$\frac{\text{Costo} - \text{valor residual}}{\text{Vida útil en años}}$$

$$\frac{5.500 - 500}{5}$$

$$= 1.000 \text{ depreciación anual}$$

El *método sobre saldos* se refiere a la depreciación de un porcentaje fijo del costo del activo cada año. El valor del porcentaje se calcula sobre el costo restante sin depreciación al inicio de cada año.

◆ En el ejemplo, si la motocicleta se deprecia sobre saldos en un 20 por ciento anual, la depreciación del primer año sería de 1.100 (5.500 x 20%). En el segundo año, la depreciación se basaría en el monto reducido de 4.400. El veinte por ciento de 4.400 es 880, que es el valor de la depreciación para el segundo año. Esto continúa hasta que el activo está completamente depreciado, o se vende:

Año	Valor inicial	Depreciación (al 20% anual)	Valor final
1	5.500	1.100	4.400
2	4.400	880	3.520
3	3.520	704	2.816
4	2.816	563	2.253
5	2.253	451	1.802

Si se vende un activo depreciado por un monto mayor de su valor registrado en los libros (es decir, su costo neto de depreciación), entonces se reduce el valor en los libros a cero y se registra la diferencia como ingreso en el estado de ganancias y pérdidas.

Muchos países establecen estándares para la depreciación clasificando los activos en diferentes categorías y estableciendo la tasa y el método para calcular la depreciación de cada clase. Esto se llama *deducción de costo de capital*.

Contabilizar intereses acumulados y gastos por intereses acumulados

El último ajuste que puede requerirse para ajustar los estados financieros de las IMFs, es un ajuste por ingresos por intereses acumulados y gastos por intereses acumulados sobre los pasivos.

AJUSTES PARA INGRESOS POR INTERESES ACUMULADOS. El registro de intereses que no se han recibido se denomina *acumular* ingresos por intereses. Basado en la suposición que se recibirán intereses más adelante, los intereses acumulados se registran como ingreso y como activo bajo *intereses acumulados* o *intereses a recibir*. (Si se hubiera recibido el ingreso de intereses, se habría registrado como ingreso [crédito] y como efectivo [débito]. En el caso de los intereses acumulados, el asiento contable de débito [incremento de activos] se realiza bajo intereses a recibir en vez de efectivo.)

Los métodos que utilizan las diferentes IMFs para tratar los ingresos por intereses acumulados varían considerable-

mente. Algunas únicamente acumulan ingresos por intereses cuando venció el plazo del préstamo y aún queda pendiente una parte del préstamo; otras acumulan los ingresos por intereses durante el plazo del préstamo cuando no se reciben los pagos en las fechas estipuladas; y otras registran

---

Casilla 8.2 Contabilidad de efectivo y contabilidad en valores devengables para instituciones microfinancieras

ALGUNAS IMFs ACUMULAN LOS INGRESOS POR INTERESES mientras que otras los contabilizan como efectivo. Las IMFs que acumulan ingresos por intereses, los contabilizan conforme se obtienen, sin importar si han vencido y se han pagado. Esta práctica es usual en la industria bancaria; sin embargo, los bancos deben dejar de acumular los intereses una vez que un préstamo haya estado vencido por más de 90 días (préstamos improductivos).

La mayoría de IMFs contabilizan los ingresos por intereses de forma más conservadora, como efectivo; tratan los intereses como ingresos, únicamente después de que realmente se hayan recibido. En las instituciones que no muestran ningún crecimiento, la diferencia entre ambos sistemas no conlleva una gran diferencia en los resultados diferentes presentados al final del año. Si la frecuencia de pagos es alta (por ejemplo, semanal) entonces existe poca diferencia entre los dos sistemas: en el caso de pagos semanales, lo único que no incluiría el balance de cierre elaborado en base a efectivo serían los ingresos por intereses obtenidos en una semana. De la misma manera, los resultados finales de ambos sistemas no difieren mucho en instituciones que no están creciendo: al contabilizar los ingresos por intereses como efectivo en un programa que no está creciendo, la omisión de los intereses ganados pero que aún no se han recibido, se compensa aproximadamente por la inclusión de los ingresos por intereses como efectivo del período anterior pero que se recibieron en el período actual.

En las IMFs que muestran un marcado crecimiento y cuando los pagos son menos frecuentes, los resultados de la contabilización como efectivo o como intereses acumulados pueden variar considerablemente. Eventualmente, las IMFs deberían empezar a implementar la práctica de la industria bancaria de acumular los intereses; sin embargo, muchas IMFs no cuentan con sistemas de computación con la suficiente capacidad para realizar una contabilidad en base a la acumulación de intereses, y no deberían adquirirlos únicamente para este propósito.

Fuente: Christen 1997.

como activo todo el capital del préstamo y los ingresos por intereses en el momento de desembolsar el préstamo (a esto se le denomina *capitalizar* los intereses, tal como se mencionó arriba), ya sea como parte de la cartera de clientes o en una cuenta separada de activos. Muchas IMFs no acumulan ingresos por intereses de ninguna forma. La decisión de acumular ingresos por intereses o no hacerlo y, si se hace, cuándo hacerlo, debe tomarla cada IMF en base a sus estándares de contabilidad.

Hay dos ajustes que pueden requerirse para ingresos por intereses acumulados. Si una IMF no acumula ingresos por intereses de ninguna forma y otorga préstamos con pagos de intereses relativamente poco frecuentes (trimestralmente, semestralmente o como suma total al final del plazo del préstamo), debería acumular ingresos por intereses en el momento cuando se elaboran los estados financieros. (Las IMFs que reciben pagos semanales o dos veces por semana no tienen la necesidad de acumular ingresos por intereses; es más conservador no hacerlo y quizá no sean montos suficientemente altos como para tomarse en cuenta.) Los ingresos por intereses se acumulan determinando cuántos ingresos por intereses están pendientes pero no han vencido (la cantidad de días desde el último pago de intereses de los préstamos pendientes multiplicada por la tasa de interés diaria), registrando este monto como ingreso (crédito) y debitando los intereses acumulados de la cuenta de activos.

El segundo ajuste para ingresos por intereses acumulados es reflejar el monto de ingresos que probablemente no reciba la IMF debido a préstamos en mora. Las IMFs que acumulan intereses sobre préstamos en mora exageran tanto el valor de sus activos como sus ingresos y deberían realizar un ajuste para eliminar los intereses acumulados.

Si una IMF acumuló intereses sobre préstamos que tienen pocas probabilidades de ser pagados, es necesario realizar un ajuste a los estados financieros; para hacerlo, se deduce el monto de intereses acumulados sobre los préstamos en mora en el balance acreditando el activo donde se registró inicialmente (cartera de préstamos pendientes o intereses a recibir) y se invierten en el estado de ganancias y pérdidas disminuyendo los ingresos por intereses (débito). Este ajuste expresa correctamente la situación financiera real de la IMF.

◆ Por ejemplo, si una IMF acumuló intereses de 500 en la cuenta de intereses a recibir sobre un préstamo que ha estado vencido por más de un año, entonces debería disminuir los ingresos por intereses en 500 y disminuir los intereses a recibir en 500 para expresar correctamente sus ingresos y activos.

La mejor práctica para IMFs es no acumular nunca los ingresos por intereses sobre préstamos en mora.

AJUSTES PARA GASTOS POR INTERESES ACUMULADOS.

Cuando finaliza un año fiscal, el balance debería reflejar la situación financiera de la IMF a la fecha. Cuando las IMFs obtienen préstamos de fuentes externas (préstamos concesionales o comerciales, o ahorros de clientes, o ambos) para financiar sus activos, incurren en una obligación; las obligaciones conllevan cargos de financiamiento que se pagan periódicamente. Al final del año es probable que la IMF deba intereses sobre fondos obtenidos en préstamo por el período desde el último pago de préstamo, o intereses a la fecha cuando finaliza el año. Será necesario ajustar los estados financieros para reflejar este gasto de financiamiento en que se ha incurrido pero que aún no se ha pagado. A esto se le denomina gastos por intereses acumulados. Si no se acumulan los intereses que se deben, se subdeclaran los costos de financiamiento de la IMF al final del año, se exagera su rentabilidad y se subdeclaran sus pasivos.

Para acumular gastos por intereses, el monto de intereses que se deben a la fecha cuando se elabora el balance se debita en el estado de ganancias y pérdidas como costo de financiamiento y se acredita como pasivo en el balance en la cuenta de intereses acumulados.

◆ Por ejemplo, una IMF obtiene en préstamo 10.000 el 1 de enero con una tasa de interés anual del 5 por ciento, debiendo pagar los intereses una vez al año, el 1 de enero y el capital al final del plazo de cinco años. Si su año fiscal termina el 31 de diciembre, habrá tenido el préstamo durante un año menos un día al cerrar su balance. Sin embargo, aún no se habrán pagado los intereses, ya que el pago de éstos vence hasta el 1 de enero. Para reflejar apropiadamente este gasto de intereses, la IMF debería debitar su estado de ganancias y pérdidas para incluir 500 en gastos por intereses (costos de financiamiento) y acreditar 500 en su cuenta de gastos por intereses acumulados (pasivo).

Ajustes por subsidios e inflación

A diferencia de los tres ajustes arriba descritos, que reflejan procedimientos de contabilidad apropiados, los siguientes ajustes pueden o no pueden ser un requisito para adherirse a los procedimientos apropiados de contabilidad, dependiendo del país en que esté operando la IMF. Sin embargo, deberían realizarse ajustes por subsidios e inflación para determinar exactamente la viabilidad financiera real de una IMF. Algunos lectores quizá deseen realizar estos ajustes en forma separada de los estados financieros ajustados arriba descritos.

A continuación, se describe la razón por la cual deberían realizarse ajustes por subsidios e inflación y la forma como realizar asientos reales contables a los estados financieros. (En los Apéndices 1 y 2, se proporcionan estados financieros ajustados.)

Contabilizar subsidios

A diferencia de los intermediarios financieros tradicionales que financian sus préstamos con ahorros voluntarios y otros tipos de deuda, muchas IMFs financian sus carteras de préstamos (activos) principalmente con patrimonio donado o préstamos concesionales (pasivos). Los préstamos concesionales, los fondos donados para operación (incluyendo subsidios indirectos - como exenciones de requisitos de reserva o que el gobierno asuma las pérdidas de préstamos o pérdidas por divisas - o donaciones "en especie"- como espacio de oficina, equipo o capacitación gratuitos proporcionados por gobiernos o donantes) así como el patrimonio donado, se consideran subsidios para las IMFs.

Yaron (1992) demuestra que las medidas de contabilidad estándar de rentabilidad no son válidas para analizar el rendimiento de las instituciones que reciben subsidios. Las ganancias contables simplemente son la suma de las ganancias (o pérdidas) y los subsidios recibidos. Por ejemplo, si una IMF recibe una donación para cubrir el déficit de operación y la registra como ingreso, sus ingresos netos serán exagerados. En este caso, una IMF altamente subsidiada parecería ser más rentable que una IMF con un mejor rendimiento que no recibe subsidios.

Por lo tanto, es necesario separar y ajustar los estados financieros para cualquier subsidio y determinar el rendimiento financiero de una IMF, como si ésta estuviera operando con deuda y patrimonio con valor de mercado, en vez de utilizar fondos provenientes de donantes. Adicionalmente, conforme madura una IMF, probablemente encontrará que es necesario sustituir las donaciones y los préstamos concesionales por deuda (o

patrimonio) con tasas del mercado y, por lo tanto, debe determinar su viabilidad financiera si quiere obtener en préstamo fondos comerciales.

Hasta cierto punto, estos ajustes además permiten realizar una comparación entre las diferentes IMFs, ya que se coloca a todas las IMFs en un mismo nivel, desde el punto de vista analítico, como si todas estuvieran operando con fondos comercialmente disponibles provenientes de terceras partes (Christen 1997).

Es importante notar que, aunque los ajustes por subsidios finalmente se asienten en los estados financieros de la IMF, no representan egresos de efectivo reales. Los ajustes por subsidios se calculan únicamente con propósitos de análisis para evaluar exactamente a la institución, su dependencia de subsidios y el riesgo que enfrentaría si se eliminaran los subsidios.

Existen tres tipos de subsidios que usualmente reciben las IMFs:

- Fondos donados para cubrir costos de operación y donaciones en especie
- Préstamos concesionales
- Patrimonio donado.

Para realizar los ajustes por subsidios, es necesario determinar primero el valor del subsidio y luego registrar los asientos contables. Para los préstamos concesionales y el patrimonio donado, además es necesario determinar el "costo de los fondos" apropiado para aplicarlo a los subsidios.

Los ajustes por subsidios resultan en un cambio en los ingresos netos reportados en el estado de ganancias y pérdidas, equivalentes al valor de los subsidios; es decir, los ajustes por subsidios resultan en un incremento en los gastos, con lo cual disminuyen los ingresos netos. Sin embargo, finalmente los ajustes por subsidios no cambian los totales en el balance, ya que se crea una nueva cuenta de capital para reflejar el incremento del patrimonio que se requiere para compensar el efecto de los subsidios, con lo cual se compensa los ingresos retenidos más bajos. Los estados financieros auditados pueden reflejar el efecto de las donaciones directas (donaciones para cubrir gastos de operación) recibidas por la IMF, pero probablemente no se ajustarían por subsidios implícitos (donaciones en especie o préstamos concesionales).

DONACIONES PARA CUBRIR COSTOS DE OPERACIÓN Y DONACIONES EN ESPECIE. Los fondos donados para cubrir costos de operación son un subsidio directo a la IMF. Por lo tanto, el valor del subsidio es igual al monto donado para cubrir gastos en que se incurrió en el período reportado. Algunas donaciones se proporcionan para cubrir el déficit de operación por un período de más de un año. Únicamente el monto "gastado" durante el año se registra como ingreso en el estado de ganancias y pérdidas. Cualquier monto por utilizarse en los años subsiguientes permanece como pasivo en el balance (llamado ingreso diferido). Esto ocurre debido a que, teóricamente, si una IMF cesara sus operaciones en medio de una donación para gastos de operación de varios años, tendría que devolver la donación no utilizada al donante; por lo tanto, el monto no utilizado se considera un pasivo.

Los fondos donados para gastos de operación deberían reportarse en el estado de ganancias y pérdidas separadamente de los ingresos generados por actividades crediticias y de inversión para reportar en forma precisa los ingresos por la IMF. Estos fondos deberían deducirse de los ingresos o los ingresos netos previo a la realización de cualquier análisis de rendimiento financiero, ya que no representan ingresos obtenidos por operaciones. (Notar que cualquier costo en que se incurrió para obtener fondos de donantes - "costos de recaudación de fondos" - también debería separarse de otros gastos de operación, ya que no se incluye el beneficio de recibir los fondos.)

Las donaciones en especie, como espacio de oficina o capacitación del personal gratuitos, constituyen un subsidio a la IMF y deberían registrarse como gasto en el estado de ganancias y pérdidas. Esto refleja exactamente el nivel real de gastos incurridos si la IMF operara sin donaciones en especie.

Para realizar el ajuste, si una IMF registró las donaciones para cubrir costos de operación en el estado de ganancias y pérdidas como ingresos, el monto debería registrarse por debajo de la línea de ingresos netos, resultando en una reducción de los ingresos por operación y, por lo tanto, una reducción del monto transferido al balance como superávit (déficit) neto del año actual. Se hace un registro de compensación de crédito en el balance en la cuenta de capital acumulado - subsidios (patrimonio).

De manera similar, el valor de mercado de las donaciones en especie se debita en el estado de ganancias y pérdidas (un incremento de gastos) y se compensa en la misma cuenta de patrimonio en el balance: capital acumulado - subsidios.

◆ Por ejemplo, en las muestras de estados financieros en el Apéndice 1, se recibió una donación de 950 para

cubrir costos de operación (se asume que no se recibieron donaciones en especie). El estado de ganancias y pérdidas se ajusta para reflejar una reducción de la ganancia de 950 (débito) y se acredita un monto de 950 en la cuenta de capital acumulado en el balance.

PRÉSTAMOS CONCESIONALES. Los préstamos concesionales son préstamos recibidos por las IMFs con tasas de interés más bajas que las del mercado. Los préstamos concesionales resultan en un subsidio igual al valor de los préstamos concesionales, multiplicado por la tasa comercial o de mercado, restando luego el monto de intereses pagados.

$$\text{Subsidio} = [(\text{préstamos concesionales} \times \text{tasa del mercado}) - \text{monto de intereses pagados}]$$

Los costos de financiamiento reales de los préstamos concesionales no se incluyen en este cálculo porque se captan en los costos de financiamiento registrados en el estado de ganancias y pérdidas (como un egreso de efectivo real o intereses acumulados a pagar).

Para determinar la tasa de mercado apropiada (costo de los fondos) que debe aplicarse, es mejor seleccionar la forma de financiamiento que tendría más probabilidades de obtener la IMF, si se sustituyeran los fondos provenientes de donantes con fondos del mercado. Las tasas del mercado sugeridas incluyen:

■ Tasa local preferencial para préstamos comerciales (ajustada hacia arriba para incluir una potencial prima por riesgo debido al riesgo percibido de las IMFs)

■ Tasa de certificado de depósito a 90 días (ajustada por riesgo)

■ Tasa de préstamos interbancarios (ajustada por riesgo)

■ Tasa de depósito promedio en bancos comerciales (ajustada hacia arriba para incluir los costos de operación adicionales en que se incurre al recibir depósitos y el costo adicional de requisitos de reserva para depósitos).

■ Tasa de inflación más 3 a 5 puntos porcentuales por año (especialmente si la tasa preferencial es negativa en relación con la inflación).

Es posible que las IMFs deseen seleccionar la misma tasa del mercado para todos los tipos de deudas concesionales, o puedan elegir diferentes tasas, dependiendo de la forma de financiamiento con que se sustituiría cada subsidio. Esto debe decidirlo cada IMF, en base a las formas existentes de deuda y patrimonio disponible y la capacidad de obtener acceso a diferentes tipos de deuda y patrimonio.

Es necesario realizar ajustes en el balance y el estado de ganancias y pérdidas. El monto del subsidio se asienta como un incremento del patrimonio (crédito) bajo la cuenta de *capital acumulado - subsidios* y como un incremento en los costos financieros (débito).

◆ Por ejemplo, en las muestras de estados financieros presentadas en el Apéndice 1, hubo un monto pendiente de 30.000 de fondos concesionales al final del año. Si se asume que los intereses pagados sobre el préstamo concesional de 30.000, para un año, sumaron 900 y la tasa del mercado era del 10 por ciento, entonces el subsidio equivaldría a 2.100 [(30.000 * 10%) - 900].

Además, el subsidio puede determinarse calculando la tasa promedio de intereses pagados sobre los préstamos concesionales. Por ejemplo, si se asume que la tasa de interés promedio pagada sobre esos fondos fue del 3 por ciento y la tasa del mercado para préstamos comerciales es del 10 por ciento, entonces el subsidio anual equivale a (30.000 x 7%) ó 2.100.

Para realizar este ajuste en el balance, se asienta el monto de 2.100 en la cuenta de acumulación de capital (crédito) con lo cual aumenta el patrimonio. Para compensar este asiento contable, debe realizarse un ajuste al estado de ganancias y pérdidas. El monto del subsidio se asienta como un incremento en costos financieros (débito) de 2.100, con lo cual a su vez se reduce la ganancia de la IMF. Cuando esta ganancia reducida se transfiere al balance, los cambios netos de patrimonio no causan cambios en los totales del balance.

FONDOS DONADOS PARA CAPITAL DE PRÉSTAMOS (PATRIMONIO).

Muchas veces, las IMFs tratan los fondos donados para capital de préstamos como patrimonio y, por lo tanto, no siempre los toman en cuenta al realizar ajustes por subsidios, ya que usualmente estos fondos no están incluidos como ingresos en el estado de ganancias y pérdidas. (Notar que algunas IMFs sí registran donaciones como capital de fondos para préstamos en el estado de ganancias y pérdidas, y luego "pasan" al balance. Si éste es el caso, debería realizarse un ajuste similar al que se efectúa con los fondos donados para costos de operación.)

Los fondos donados para capital de préstamos se reportan en el balance como un aumento del patrimonio (a veces denominado capital de fondos para préstamos) y

un aumento de los activos (ya sea como efectivo, cartera de préstamos pendientes o inversiones, dependiendo de cómo decide utilizar los fondos la IMF).

Las donaciones como capital de fondos para préstamos difieren de las donaciones para operación, ya que el monto total recibido será utilizado para financiar activos y no para cubrir gastos. Algunos analistas sugerirían que, por lo tanto, no es necesario realizar ajustes *por subsidio* para los fondos donados para capital de préstamos. Adicionalmente, normalmente los donantes no están buscando obtener ningún rendimiento de sus fondos (como lo esperaría un inversionista de patrimonio normal), ni están esperando recuperar los fondos. Lo que les interesa es la capacidad de la IMF de mantener el valor real de los fondos donados, en relación con la inflación, para que pueda continuar proporcionando acceso a crédito para el grupo objetivo. Por lo tanto, el argumento es que las donaciones como capital de fondos para préstamos únicamente deben ajustarse por inflación, y no por subsidios.

Por otra parte, si una IMF no recibiera donaciones para capital de préstamos, tendría que solicitar préstamos (deuda) o recibir fondos de inversionistas (patrimonio). Tanto la deuda como el patrimonio tienen costos asociados; el costo de la deuda se refleja como costo de financiamiento, y el costo del patrimonio, normalmente es el rendimiento esperado por los inversionistas (ya sea en forma de dividendos o ganancias de capital). Muchas veces, en las instituciones financieras formales el patrimonio es más costoso que la deuda, porque el riesgo de pérdidas es más elevado y, por lo tanto, el rendimiento esperado es más alto; por lo tanto, puede argumentarse que las IMFs que reciben donaciones como capital de fondos para préstamos deberían realizar un ajuste por subsidio para reflejar el valor de mercado del patrimonio (o de la deuda, dependiendo de cuál de las dos utilizaría la IMF para sustituir los fondos provenientes de donantes).

Entonces, hay dos posibilidades para la forma de realizar ajustes para incluir los efectos de los fondos donados como capital de fondos para préstamos:

■ Ajustar según la tasa de inflación (ajuste por inflación)
■ Ajustar utilizando la tasa del mercado para el patrimonio o la deuda comercial (ajuste por subsidio).

Para ajustar las donaciones como capital de fondos para préstamos para incluir el efecto de la *inflación*, se realiza un ajuste al patrimonio, tal y como se describe más adelante.

Para incluir el *subsidio* en las donaciones como capital de fondos para préstamos basado en tasas del mercado, se realiza un cálculo similar al cálculo del ajuste para préstamos concesionales. Se selecciona una tasa del mercado y simplemente se multiplica por el monto donado; luego, se registra la cifra resultante como un gasto (costos de financiamiento) en el estado de ganancias y pérdidas y se realiza un incremento en el patrimonio (crédito) bajo la cuenta de *capital acumulado - subsidios*.

Para propósitos de este manual, los fondos donados como capital de fondos para préstamos se tratan como patrimonio y únicamente se ajustan por inflación (por lo tanto, en el apéndice no se presenta ningún ejemplo de un ajuste por subsidio para fondos donados para capital de préstamos).

Contabilizar la inflación

La inflación se define como un alza sustancial en los precios y el volumen del dinero que resulta en una disminución del valor del dinero. Goldschmidt y Yaron (1991) declaran que los estados financieros convencionales se basan en la suposición de que la unidad monetaria es estable. Sin embargo, bajo condiciones de inflación, el poder adquisitivo del dinero disminuye, causando la distorsión de algunas cifras de los estados financieros convencionales. La inflación afecta los activos no financieros y el patrimonio de una organización. La mayoría de los pasivos no son afectados, debido a que son pagados con una moneda devaluada (lo cual usualmente se incluye en la tasa de interés establecida por los acreedores). (Sin embargo, los pasivos de tasa variable no son monetarios y deben ajustarse de la misma forma que los activos fijos. Este punto no se tratará en este momento, ya que se vuelve bastante complicado; para más información, ver Goldschmidt y Yaron 1991.)

En esta sección se describe cómo contabilizar la inflación, considerando su efecto en el patrimonio y los activos no financieros de una IMF. (Al incluir las donaciones como capital de fondos para préstamos en el ajuste por subsidio, si además se calcula un ajuste por inflación para estos fondos, entonces se está duplicando el ajuste. Sin embargo, es posible que sí sea necesario realizar ajustes por inflación para otro patrimonio y activos no financieros.)

Para realizar ajustes por inflación, es necesario considerar dos cuentas:

- La revaluación de los activos no financieros
- El costo de inflación sobre el valor real del patrimonio.

Los activos no financieros incluyen los activos fijos como tierras, construcciones y equipo. Se asume que los activos fijos, especialmente la tierra y las construcciones, aumentan con la inflación. Sin embargo, usualmente no se registra su aumento en un estado financiero de una IMF y, por lo tanto, quizá se esté subestimando su valor real.

Debido a que la mayoría de IMFs financian sus activos principalmente con patrimonio, éste debe aumentar por lo menos con una tasa igual a la tasa de inflación, si la IMF desea continuar financiando su cartera. (Si las IMFs actuaran como intermediarios reales, financiando sus préstamos con depósitos o pasivos en vez de financiarlos con patrimonio, entonces el ajuste por inflación sería más bajo porque tendrían una mayor proporción de deuda-patrimonio. Sin embargo, en las economías donde hay inflación, los intereses sobre la deuda serán más altos; entonces, mientras más apalancada esté una IMF, mayor será el potencial impacto en sus costos de financiamiento reales.) La mayoría de los activos de una IMF son financieros (siendo la cartera de préstamos el mayor activo), y por lo tanto, su valor disminuye con la inflación (es decir, las IMFs reciben pagos de préstamos en una moneda que vale menos de lo que valía cuando se otorgaron los préstamos). (Adicionalmente, el valor del monto del préstamo disminuye en términos reales, lo que significa que tiene menos poder adquisitivo para el cliente. Para mantener el poder adquisitivo, el monto promedio de préstamos debe aumentar.) Al mismo tiempo, el precio de los bienes y servicios reflejado en los costos financieros y de operación de una IMF aumenta con la inflación. Por lo tanto, con el tiempo aumentan los costos de una IMF, y sus activos financieros, sobre los cuales se obtiene ingresos, disminuyen en términos reales. Si no aumenta el valor real de los activos de la misma manera en que aumentan los costos, entonces la base de ingresos por la IMF no será suficientemente grande para cubrir los costos incrementados.

Una IMF debería realizar ajustes por inflación anualmente, en base a la tasa de inflación que prevalece durante el año, sin importar si el nivel de inflación es significativo, ya que el efecto acumulativo de la inflación sobre el patrimonio de una IMF puede ser considerable.

Notar que, en forma similar a los ajustes por subsidio, a no ser que una IMF esté operando en una economía con una inflación excesiva, los ajustes por inflación se calculan únicamente con el propósito de determinar la viabilidad financiera. Los ajustes por inflación no representan egresos o ingresos por efectivo reales. La decisión de registrar los ajustes por inflación directamente en los estados financieros debe ser tomada por la junta directiva de la IMF.

A diferencia de los ajustes por subsidio, los ajustes por inflación causan cambios en los totales del balance y el estado de ganancias y pérdidas. El balance cambia porque los activos fijos aumentan para reflejar el efecto de la inflación, y se crea una nueva cuenta de capital para reflejar el aumento del patrimonio nominal que es necesario para mantener el valor real del patrimonio. El estado de ganancias y pérdidas es afectado por un aumento de los gastos relativos al costo de inflación.

Los estados financieros auditados pueden incluir ajustes por inflación, dependiendo de la tasa de inflación. Como guía, en el International Accounting Standard 29 (estándar internacional de contabilidad No. 29) se sugiere que deberían realizarse ajustes si la inflación acumulada durante el período de tres años excede el 100 por ciento (el 26 por ciento anual, compuesto) (Goldschmidt, Shashua y Hillman 1986).

Para calcular el costo de inflación, se utiliza la siguiente fórmula:

$$1 - (1 + \text{tasa de inflación})^p$$

donde p = la cantidad de períodos (generalmente son años, ya que las tasas de inflación se indican con mayor frecuencia como tasas anuales).

◆ Por ejemplo, una tasa anual de inflación del 10 por ciento resulta en una pérdida porcentual del 23 por ciento en términos reales del valor de una cartera de préstamos durante un período de 3 años $[1 - (1 + 0,1)^3]$. Esto significa que para que la cartera mantenga su valor real, debería crecer un 23 por ciento durante el período de 3 años.

REVALUACIÓN DE ACTIVOS. Para realizar ajustes a los activos no financieros, el valor nominal debe aumentar en relación con el monto de inflación. Para realizar este ajuste, se registra un asiento contable como ingreso (crédito) (notar que no se registra como ingreso operativo porque no se deriva de las actividades normales) en el estado de ganancias y pérdidas, y se registra un incremen-

to de activos fijos (débito) en el balance. Los mayores ingresos resultan en un monto más elevado de ingresos netos transferido al balance, con lo que a su vez el balance sigue equilibrado aunque los totales hayan aumentado. (El incremento de activos en el balance equivale al incremento de patrimonio, como resultado de mayores ingresos. Este incremento de activos fijos también tendría un impacto en la depreciación anual, la cual aumentaría y, por lo tanto, los ingresos disminuirían. Para mantener simples los procedimientos, se puede ignorar este factor.)

◆ Por ejemplo, en las muestras de estados financieros presentadas en el Apéndice 2, la IMF tiene un monto de 4.000 en activos fijos registrados en el balance. Si se asume que la tasa anual de inflación para 1994 fue del 10 por ciento, esto significa que los activos fijos deberían revaluarse en 4.400 [4.000 + (4.000 x 10%)]. Se registra un incremento de ingresos por 400 en el estado de ganancias y pérdidas (crédito) y un incremento de activos (débito) de 400 en el balance.

CÁLCULO DEL COSTO DE INFLACION SOBRE PATRIMONIO. Para contabilizar la devaluación del patrimonio causada por la inflación, se multiplica el balance de cierre de patrimonio del año anterior por la tasa de inflación del año actual. Esto se registra como un gasto de operación en el estado de ganancias y pérdidas. Luego se realiza un ajuste en el balance, bajo la cuenta de reserva de patrimonio "ajuste por inflación".

◆ Por ejemplo, en las muestras de estados financieros presentadas en el Apéndice 2, al final de 1993 la IMF tenía un patrimonio de 33.000. Con una tasa anual de inflación del 10 por ciento, el patrimonio revaluado debería ser de 36.300 [33.000 + (33.000 x 10%)]. Se registra un incremento de 3.300 por gastos de operación en el estado de ganancias y pérdidas (débito) y un incremento de patrimonio (crédito) de 3.300 en el balance, en la cuenta de ajuste por inflación.

Nueva formulación de estados financieros en términos de moneda constante

Es posible que algunas IMFs deseen volver a formular sus estados financieros en términos de moneda constante (adaptado de Christen 1997). Esto no se considera un ajuste de la misma manera en que se realizan ajustes a los estados financieros para llevar una contabilidad apropiada. "Términos de moneda constante" significa que, año por año, se vuelven a formular constantemente los estados financieros para reflejar el valor actual de la moneda local en relación con la inflación. El hecho de convertir los valores nominales de la moneda local del año anterior a los valores del año actual permite realizar comparaciones entre los diferentes años del crecimiento o reducción real (es decir, ajustado por inflación) de cuentas clave como la cartera de préstamos o los gastos de operación. Esta conversión no afecta los resultados financieros de la IMF, porque se convierten todas las cuentas y no se crean nuevos costos o cuentas de capital.

Para convertir los datos del año anterior, se pueden multiplicar los montos por uno más la tasa anual de inflación para cada año, o se pueden dividir entre el índice del precio al consumidor (o deflacionador del PIB) para cada año. Para realizarlo, es necesario calcular los factores de conversión; por ejemplo, si se utiliza la tasa de inflación, el año actual (por ejemplo, 1997) tiene un factor de uno y el factor de conversión para el año anterior simplemente es 1 más la tasa de inflación del año actual (para una tasa de inflación del 20 por ciento para 1997, el factor de conversión sería 1,2 para los datos financieros de 1996). Para el año anterior a éste (o sea, 1995), el factor de conversión es el factor de conversión previo (o sea 1,2) multiplicado por 1 más la tasa de inflación para el año anterior (si se asume que en 1996 hubo una tasa de inflación del 30 por ciento, entonces el factor de conversión es 1,2 x 1,3, ó 1,56), y así sucesivamente. (Notar que no se hace referencia a la tasa de inflación en la conversión del año previo al anterior, ya que para el factor de conversión de cada año, se utiliza la tasa de inflación del año siguiente.)

Para utilizar el índice del precio al consumidor o deflacionador del PIB, se divide el índice del precio al consumidor del año anterior entre el índice del precio al consumidor del año actual para obtener el factor de conversión (para convertir los datos de 1996, si el índice del precio al consumidor fue 200 y el índice del precio al consumidor de 1997 fue 174, entonces el factor de conversión sería 1,15). A diferencia del método de inflación, en el método de índice del precio al consumidor siempre se utiliza el índice del año actual dividido entre el índice del año convertido.

Finalmente, es posible que las IMFs deseen convertir sus datos financieros de moneda local en dólares estadounidenses u otra moneda extranjera para beneficio de sus donantes o para comparar su rendimiento con el de IMFs en otros países. Esto se logra simplemente multiplicando (o dividiendo, dependiendo de cómo está la tasa de cambio) los datos financieros entre la tasa de cambio del año actual.

Apéndice 1. Muestras de estados financieros ajustados por subsidios

El balance presentado a continuación, representa la situación financiera de una IMF al 31 de diciembre de 1994, con ajustes por subsidios (una donación de 950 para costos de operación y de 2.100 para costos financieros atribuidos a préstamos concesionales).

Muestra de balance (ajustes por subsidios)
al 31 de diciembre de 1994

	1994	*Ajuste*	*1994A*
ACTIVOS			
Efectivo y cuentas corrientes bancarias	2.500		2.500
Depósitos que devengan intereses	7.000		7.000
Préstamos pendientes			
Actuales	50.000		50.000
Vencidos	29.500		29.500
Reestructurados	500		500
Préstamos pendientes (bruto)	70.000		70.000
(Reserva para pérdidas de préstamos)	(5.000)		(5.000)
Préstamos pendientes netos	65.000		65.000
Otros activos actuales	1.000		1.000
TOTAL DE ACTIVOS ACTUALES	75.500		75.500
Inversiones a largo plazo	11.000		11.000
Propiedades y equipo			
Costo	4.000		4.000
(Depreciación acumulada)	(300)		(300)
Propiedades y equipo netos	3.700		3.700
TOTAL DE ACTIVOS DE LARGO PLAZO	14.700		14.700
TOTAL DE ACTIVOS	90.200		90.200
PASIVOS			
Préstamos obtenidos a corto plazo (tasa comercial)	12.000		12.000
Ahorros de clientes	0		0
TOTAL DE PASIVOS ACTUALES	12.000		12.000
Deudas a largo plazo (tasa comercial)	15.000		15.000
Deudas a largo plazo (tasa concesional)	30.000		30.000
Ingresos limitados o diferidos	0		0
TOTAL DE PASIVOS	57.000		57.000
PATRIMONIO			
Capital de fondos para préstamos	33.000		33.000
Capital acumulado—costos financieros	0	2.100	2,100
Capital acumulado —donaciones	0	950	950
Ganancia (déficit) neta retenida, años anteriores	0		0
Ganancia (déficit) del año actual	200	(2.850)	(2.850)
TOTAL DE PATRIMONIO	33.200		33.200
TOTAL DE PASIVOS Y PATRIMONIO	90.200		90.200

Fuente de estados sin ajustes: SEEP Network y Calmeadow 1995.

Muestra de estado de ganancias y pérdidas (ajustes por subsidios)

para el período finalizado el 31 de diciembre de 1994

	1994	Ajuste	1994A
INGRESOS FINANCIEROS			
Intereses sobre préstamos actuales y vencidos	12.000		12.000
Intereses sobre préstamos reestructurados	50		50
Intereses sobre inversiones	1.500		1.500
Cuotas y cargos por servicios de préstamos	5.000		5.000
Multas por préstamos atrasados	300		300
TOTAL DE INGRESOS FINANCIEROS	18.850		18.850
COSTOS FINANCIEROS			
Intereses sobre deudas	3.500		3.500
Deuda concesional ajustada	0	2,100	2.100
Intereses pagados sobre depósitos	0		0
TOTAL DE COSTOS FINANCIEROS	3.500		5.600
MARGEN FINANCIERO BRUTO	15.350		13.250
Provisión para pérdidas de préstamos	3.000		3.000
MARGEN FINANCIERO NETO	12.350		10.250
GASTOS DE OPERACIÓN			
Salarios y prestaciones	5.000		5.000
Gastos administrativos	2.500		2.500
Alquileres	2.500		2.500
Viajes	2.500		2.500
Depreciación	300		300
Otros	300		300
TOTAL DE GASTOS DE OPERACIÓN	13.100		13.100
INGRESOS NETOS DE OPERACIÓN	(750)		(2.850)
Ingresos por donaciones para operación	950	(950)	0
EXCEDENTE DE INGRESOS SOBRE GASTOS	200		(2.850)

Fuente de estados sin ajustes: SEEP Network y Calmeadow 1995.

Apéndice 2. Muestra de estados financieros ajustados por inflación

El balance presentado a continuación, representa la

situación financiera de una IMF al 31 de diciembre de 1994, con ajustes por inflación (400 por revaluación de activos no financieros; 3.300 por devaluación de patrimonio).

Muestra de balance (ajuste por inflación)

al 31 de diciembre de 1994

	1994	Ajuste	1994A
ACTIVOS			
Efectivo y cuentas corrientes bancarias	2.500		2.500
Depósitos que devengan intereses	7.000		7.000
Préstamos pendientes			
Actuales	50.000		50.000
Vencidos	29.500		29.500
Reestructurados	500		500
Préstamos pendientes (bruto)	70.000		70.000
(Reserva para pérdidas de préstamos)	(5.000)		(5.000)
Préstamos pendientes netos	65.000		65.000
Otros activos actuales	1.000		1.000
TOTAL DE ACTIVOS ACTUALES	75.500		75.500
Inversiones de largo plazo	11.000		11.000
Propiedades y equipo			
Costo	4.000		4.000
Revaluación de activos fijos	0	400	400
(Depreciación acumulada)	(300)		(300)
Propiedades y equipo netos	3.700		4.100
TOTAL DE ACTIVOS DE LARGO PLAZO	14.700		15.100
TOTAL DE ACTIVOS	90.200		90.600
PASIVOS			
Préstamos obtenidos a corto plazo (tasa comercial)	12.000		12.000
Ahorros de clientes	0		0
TOTAL DE PASIVOS ACTUALES	12.000		12.000
Deudas a largo plazo (tasa comercial)	15.000		15.000
Deudas a largo plazo (tasa de concesión)	30.000		30.000
Ingresos limitados y diferidos	0		0
TOTAL DE PASIVOS	57.000		57.000
PATRIMONIO			
Capital de fondos para préstamos	33.000		33.000
Ajuste por inflación - patrimonio	0	3.300	3.300
Ganancia (déficit) retenida neta, años anteriores	0		0
Ganancia (déficit) del año actual	200	(2.700)	(2.700)
TOTAL DE PATRIMONIO	33.200		33.600
TOTAL DE PASIVOS Y PATRIMONIO	90.200		90.600

Fuente de los estados sin ajustes: SEEP Network y Calmeadow 1995

Muestra de estado de ganancias y pérdidas

(ajuste por inflación) para el período finalizado el 31 de diciembre de 1994

	1994	Ajuste	1994A
INGRESOS			
Intereses sobre préstamos actuales y vencidos	12.000		12.000
Intereses sobre préstamos reestructurados	50		50
Intereses sobre inversiones	1.500		1.500
Cuotas y cargos por servicios de préstamos	5.000		5.000
Multas por préstamos atrasados	300		300
Revaluación de activos fijos	0	400	400
TOTAL DE INGRESOS FINANCIEROS	18.850		19.250
COSTOS FINANCIEROS			
Intereses sobre deudas	3.500		3.500
Intereses pagados sobre depósitos	0		0
TOTAL DE COSTOS FINANCIEROS	3.500		3.500
MARGEN FINANCIERO BRUTO	15.350		15.750
Provisión para pérdidas de préstamos	3.000		3.000
MARGEN FINANCIERO NETO	12.350		12.750
GASTOS DE OPERACIÓN			
Salarios y prestaciones	5.000		5.000
Gastos administrativos	2.500		2.500
Alquileres	2.500		2.500
Viajes	2.500		2.500
Depreciación	300		300
Otros	300		300
Revaluación de patrimonio	0	3.300	3.300
TOTAL DE GASTOS DE OPERACIÓN	13.100		16.400
INGRESOS NETOS DE OPERACIÓN	(750)		(3.650)
Ingresos por donaciones para operación	950		950
EXCEDENTE DE INGRESOS SOBRE GASTOS	200		(2.700)

Fuente de estados sin ajustes: SEEP Network y Calmeadow 1995.

Fuentes y bibliografía adicional

Bartel, Margaret, Michael J. McCord y Robin R. Bell. 1994. Fundamentals of Accounting for Microcredit Programs. GEMINI Technical Note 6. Development Alternatives Inc., Financial Assistance to Microenterprise Programs. Washington, D.C.: Agencia para el Desarrollo Internacional de los Estados Unidos.

Christen, Robert Peck. 1997. Banking Services for the Poor: Managing for Financial Success. Washington, D.C.: ACCION International.

Eliot, Nicola. 1996. Basic Accounting for Credit and Savings Schemes. Londres: Oxfam Basic Guides.

Goldschmidt, Yaaqov, Leon Shashua y Jimmye S. Hillman. 1986. The Impact of Inflation on Financial Activity in Business. Totowa, N.J.: Rowman y Allanheld.

Goldschmidt, Yaaqov y Jacob Yaron. 1991. "Inflation Adjustments of Financial Statements." Policy Research Working Paper 670. Banco Mundial, Washington, D.C.

Ledgerwood, Joanna. 1996. Financial Management Training for Microfinance Organizations: Finance Study Guide. Nueva York: PACT Publications (para Calmeadow).

Ledgerwood, Joanna y Kerri Moloney. 1996. Financial Management Training for Microfinance Organizations: Accounting Study Guide. Toronto: Calmeadow.

SEEP (Small Enterprise Education and Promotion) Network and Calmeadow. 1995. Financial Ratio Analysis of MicroFinance Institutions. Nueva York: PACT Publications.

Stearns, Katherine. 1991. The Hidden Beast: Delinquency in Microenterprise Programs. Washington, D.C.: ACCION International.

Yaron, Jacob. 1992. Assessing Development Finance Institutions: A Public Interest Analysis. World Bank Discussion Paper 174. Washington, D.C.

———. 1994. "The Assessment and Measurement of Loan Collections and Loan Recovery." Banco Mundial, Departamento de Agricultura y Recursos Naturales, Washington, D.C.

CAPÍTULO NUEVE

Indicadores de rendimiento

El manejo financiero eficaz requiere análisis periódicos del rendimiento financiero. Los indicadores de rendimiento recolectan y replantean los datos financieros para proveer información útil acerca del rendimiento financiero de una IMF. Al calcular los indicadores de rendimiento, donantes, profesionales y consultores pueden determinar la eficiencia, viabilidad y proyección de las operaciones de las IMFs.

Los indicadores de rendimiento suelen presentarse en forma de proporciones, es decir, comparando una serie de datos financieros con otra. Comparar proporciones durante un período de tiempo se denomina análisis de tendencias, lo que demuestra si un rendimiento financiero está mejorando o si se está deteriorando. Además del *análisis de tendencias*, es preciso analizar las proporciones en el contexto de otras proporciones para determinar el rendimiento financiero general de una IMF. Del cálculo de proporciones en sí no resulta el mejor rendimiento financiero. Sin embargo, el análisis de los indicadores de rendimiento (las proporciones) y las modificaciones al mismo proveen información que puede identificar problemas potenciales o existentes, los cuales pueden conducir a cambios de políticas u operaciones, lo que a su vez podría mejorar el rendimiento financiero. (Esto se somete a un análisis adicional en el Capítulo 10).

Los indicadores de rendimiento presentados en este texto fueron organizados en seis áreas:

- Calidad de la cartera
- Productividad y eficiencia
- Viabilidad financiera
- Rentabilidad
- Apalancamiento y adecuación patrimonial
- Escala, proyección y crecimiento.

Cada uno de estos indicadores de rendimiento fue seleccionado por su utilidad para el manejo de las IMFs. Muchos de éstos (incluyendo la viabilidad financiera, rentabilidad, proporciones de apalancamiento y adecuación patrimonial, así como escala, proyección y crecimiento) también son útiles para personas o instituciones externas, tales como inversionistas o donantes. Hay muchos otros indicadores útiles. Los que se presentan a continuación se consideran como la serie mínima de indicadores de rendimiento que una IMF podría utilizar para guiar su manejo financiero.

Este capítulo presenta los indicadores de rendimiento que proveen información sobre diferentes áreas de operación de las IMFs y será interesante para los lectores dedicados a evaluar el rendimiento financiero y la proyección de una IMF. Los profesionales podrán hacer uso de los indicadores de rendimiento para determinar su buen desempeño financiero y para establecer metas futuras de rendimiento. Los donantes o consultores también pueden determinar si las IMFs que ellos apoyan o evalúan están logrando los resultados previstos. Además, los donantes podrían reconocer indicadores de rendimiento útiles para el manejo financiero de las IMFs y que, por consiguiente, requieren que dichas proporciones sean incorporadas en los informes presentados por las IMFs. De esta manera, los reportes de los donantes también se pueden beneficiar del manejo interno de la IMF.

Se necesita un balance, un estado de ingresos y un informe de cartera para elaborar las proporciones presentadas en este capítulo. (Si el lector no está familiarizado con la manera de crear estados financieros, ver Ledgerwood y Moloney 1996.) Los indicadores de rendimiento se calculan una vez que los estados financieros han sido ajustados para reflejar principios contables generalmente aceptados, tal como se presentan en el Capítulo 8.

Al final de cada sección se calculan las proporciones para un período de tres años y se hace uso de las muestras de estados financieros y del informe de cartera que se encuentra en los Apéndices 1, 2 y 3 de este capítulo. Notar que estas muestras de estados financieros no están ajustadas a los subsidios y la inflación (pero de hecho reflejan con precisión la calidad de la cartera, la depreciación, así como los gastos y los intereses acumulados), tal como se menciona en el Capítulo 8. Esto se debe a que, a excepción de las proporciones de rentabilidad, las proporciones presentadas en este texto no son afectadas por los subsidios ni por la inflación (calidad de la cartera, productividad y proporciones de eficiencia), y no toman en consideración los subsidios ni la inflación en las fórmulas (proporciones de viabilidad financiera). (Por razones de simplicidad, hemos asumido que no se proporcionaron donaciones en especie. Por lo tanto, todos los costos de operación en que se ha incurrido se registran en el estado de ingresos. No se incluyen donaciones en aquellas proporciones que consideran los ingresos percibidos). Para las proporciones de rentabilidad únicamente se calcula un año de proporciones, haciéndose uso de los estados ajustados del Capítulo 8.

Algunos lectores buscarán una *proporción de rendimiento estándar* para cada una de las relaciones. Dado el número escaso de IMFs que evalúan su rendimiento financiero bajo consideración de los ajustes necesarios, es prematuro proveer este tipo de proporciones. Con el paso del tiempo, sin embargo, muchas IMFs empezarán a evaluar su rendimiento en base a principios contables generalmente aceptados. A medida que aumenta el número de organizaciones similares es probable que se establezcan proporciones estándar. La última sección de este capítulo se refiere a estándares y variaciones de rendimiento y provee una perspectiva general de cuatro de los sistemas de análisis de rendimiento más conocidos que se aplican actualmente en la industria de las microfinanzas.

En el análisis de indicadores de rendimiento hay factores contextuales que deben tomarse en cuenta, tales como el contexto geográfico (los parámetros apropiados para América Latina no necesariamente son adecuados para Asia y África), la madurez de la institución (las instituciones más jóvenes podrían estar incurriendo en costos de expansión sin contar con los ingresos correspondientes, y éstas no deberían ser comparadas con instituciones más maduras), y los diferentes enfoques crediticios utilizados en el mundo. Todos estos factores influencian enormemente los indicadores de rendimiento. Por lo tanto, su uso principal (por ahora) debería ser para el manejo interno de la IMF. Aunque tanto profesionales como donantes realizarán comparaciones entre instituciones (y, hasta cierto punto, lo deberían hacer obligadamente), los indicadores de rendimiento deben colocarse en el contexto de dónde operan y cómo operan las diferentes IMFs.

Por último es importante considerar que la mayoría de estos indicadores de rendimiento se basan en el supuesto que la mayoría de IMFs son básicamente instituciones crediticias. Por lo tanto, aunque el manejo del pasivo es una parte importante del manejo financiero, el enfoque aquí está en el manejo eficaz del activo. En donde es pertinente, se ha tomado en consideración el efecto de la movilización de ahorros.[1]

Calidad de la cartera

Las proporciones de calidad de la cartera ofrecen información sobre el activo improductivo, lo que a su vez disminuye la posición de ingresos y liquidez de una IMF. Se usan diferentes proporciones para evaluar la calidad de la cartera y para proveer demás información sobre la misma (aun cuando aquí todas se denominan proporciones de "calidad de cartera"). Las proporciones se dividen en tres áreas:

- Índices de pago
- Proporciones de calidad de la cartera
- Proporciones de pérdida de préstamos.

Índices de pago

Aunque el índice de pago es una medida popular utilizada por donantes e IMFs, de hecho no es un indicador de la *calidad* de la cartera de préstamos (es decir, el monto del riesgo de la cartera pendiente actualmente). Más bien, el índice de pago establece el *índice histórico de recuperación de los préstamos*.

---

1. Partes de este capítulo se basan en material publicado originalmente en Ledgerwood (1996).

Los índices de pago establecen la relación entre el monto de los pagos recibidos y el monto vencido, mientras otras proporciones son indicadores de la calidad de la cartera pendiente actualmente (ver el índice de atrasos y el índice de la cartera en riesgo analizados más adelante). Esto no significa que el índice de pago no sea útil; el mismo es una buena medida de monitoreo del rendimiento de pago en el transcurso del tiempo (si se calcula correctamente y en forma coherente). También es útil para proyectar el flujo de efectivo futuro, porque indica el porcentaje del monto vencido cuya recuperación podría esperarse en base a experiencias pasadas.

Sin embargo, las IMFs no deberían usar el índice de pago como indicador de la calidad actual de la cartera pendiente y se les sugiere no utilizar el mismo como indicador externo del éxito o como medida de comparación con otras organizaciones. Sólo es posible comparar los índices de pago de diferentes organizaciones (o, de hecho, de cualquier otra proporción) si se calculan exactamente de la misma manera y para el mismo período.

Los índices de pago podrían inducir particularmente a malas interpretaciones si la cartera de IMFs está creciendo rápidamente y si los plazos del préstamo son largos. Esto se debe a que el porcentaje vencido (numerador) comparado con el monto desembolsado o el monto pendiente (denominador) es relativamente bajo, lo que significa que un problema de morosidad, de hecho, podría no aparecer de inmediato.

Hay muchas variaciones en el cálculo de índices de pago y, por tal motivo, es difícil utilizar éste como indicador del éxito, a menos que se conozca y entienda el método exacto de cálculo. Por ejemplo, si una IMF establece el índice de pago sólo en base a los préstamos otorgados a lo largo de un período determinado –por ejemplo, el mes anterior– el índice de pago podría ser muy elevado aunque también podría ser alto el número de préstamos y la cartera en riesgo en la cartera pendiente total, pero no son incluidos por tratarse de préstamos del mes anterior. Algunas IMFs calculan el índice de pago en base al monto desembolsado y otras, en base al monto pendiente. En su mayoría, las IMFs tienden a usar el monto recibido como numerador y el monto esperado como denominador, con algunas variaciones.

Algunas IMFs calculan el índice de pago de la siguiente manera:

$$\text{Índice de pago} = \frac{\substack{\text{Monto recibido}\\ \text{(incluyendo pagos anticipados}\\ \text{y montos vencidos)}}}{\substack{\text{Monto adeudado}\\ \text{(excluyendo montos vencidos)}}}$$

Esta fórmula sobrestima el monto recibido por los pagos anticipados y el monto recibido sobre préstamos vencidos (porque no incluye montos vencidos en el denominador). Por tal motivo, los índices de pago en ocasiones pueden exceder el 100 por ciento. Esta fórmula no provee información útil acerca del rendimiento actual de la cartera y no debería ser aplicada. En cambio, se sugieren otras dos fórmulas:

$$\text{Índice de pago puntual} = \frac{\substack{\text{Cobro de montos adeudados actualmente}\\ \text{menos pagos anticipados}}}{\text{Total de montos adeudados actualmente}}$$

o bien,

$$\substack{\text{Índice de pago}\\ \text{incluyendo montos}\\ \text{vencidos}} = \frac{\substack{\text{Cobro de montos adeudados actualmente}\\ \text{más montos vencidos menos pagos anticipados}}}{\substack{\text{Total de montos adeudados actualmente}\\ \text{más montos vencidos}}}$$

Estas fórmulas eliminan el efecto de los pagos anticipados y muestran el porcentaje real de pagos recibidos respecto a los pagos esperados, ya sea puntualmente o tomando en consideración los montos vencidos.

Proporciones de calidad de cartera

Tres proporciones se sugieren aquí para establecer la calidad de la cartera: *el índice de atrasos, la cartera en riesgo y la proporción de prestatarios morosos.*

Los atrasos representan el monto de capital del préstamo vencido y que no ha sido pagado. Los atrasos por lo general no incluyen intereses; sin embargo, si la IMF registra como activo las deudas por intereses (para más información sobre intereses capitalizados ver el Capítulo 8) en el momento en que se desembolsa el préstamo, también debería incluir intereses en el monto de atrasos. El índice de atrasos es un indicador del riesgo de que un préstamo no sea pagado.

ÍNDICE DE ATRASOS. El índice de atrasos es la proporción entre el capital vencido del préstamo (o el capital más los intereses) y la cartera pendiente:

$$\text{Índice de atrasos} = \frac{\text{Monto de atrasos}}{\begin{array}{c}\text{Cartera pendiente}\\\text{(incluyendo montos vencidos)}\end{array}}$$

(Algunas organizaciones calculan el índice de atrasos como 1 (uno) menos el índice de pago. Esto funciona únicamente si se toma en consideración el índice de pago de toda la cartera pendiente, incluyendo los montos vencidos, y no sólo por un período determinado de desembolsos de préstamo).

El índice de atrasos muestra el porcentaje del préstamo vencido que no ha sido pagado. Sin embargo, el índice de atrasos subestima el riesgo para la cartera y subestima la severidad potencial de un problema de mora, ya que sólo considera los pagos cuando se vencen, y no considera el monto completo del préstamo pendiente que realmente se encuentra en riesgo.

◆ Por ejemplo, un cliente que solicita un préstamo de 1.000 para comercio detallista por un plazo de 12 meses a una tasa de interés del 15 por ciento sobre saldos debe pagar 90 mensuales (aproximadamente 83 de pago a capital y 7 de intereses). Si deja de pagar los tres primeros meses, el monto vencido es de 270 (249 de pago a capital y 21 de intereses). Por consiguiente, el índice de atraso sería aproximadamente del 25 por ciento:

$$\text{Índice de atraso} = \frac{249}{1.000}$$

$$= 25\%$$

Como no se han recibido pagos, el verdadero monto en riesgo es el monto completo del préstamo (1.000 o el 100 por ciento), no 249. Una fórmula más conservadora que se puede aplicar para calcular el riesgo es el índice de la cartera en riesgo.

CARTERA EN RIESGO. La cartera en riesgo se refiere al saldo pendiente de todos los préstamos que tienen un monto vencido. La cartera en riesgo difiere de los atrasos porque considera el monto atrasado más el saldo pendiente restante del préstamo.

El índice de la cartera en riesgo se calcula como sigue:

$$\text{Cartera en riesgo} = \frac{\text{Saldo pendiente de préstamos con pagos vencidos}}{\text{Cartera pendiente (incluyendo los montos vencidos)}}$$

La proporción de cartera en riesgo refleja el riesgo verdadero de un problema de mora porque considera en riesgo el monto total del préstamo; esto es particularmente importante cuando los pagos del préstamo son

---

Casilla 9.1 Índices de pago comparados con las proporciones de calidad de la cartera

EL PROYECTO DUNGGANON FUE CREADO EN octubre de 1989 por la Fundación Negros Women for Tomorrow. Es uno de los agentes multiplicadores más activos del Banco Grameen en Filipinas. En abril de 1995, tenía 5.953 prestatarios activos. El total de préstamos pendientes era de 4,4 millones de pesos (US$174.000) y el total de ahorros recibidos en el Fondo del Grupo era de 3,3 millones de pesos.

El Proyecto Dungganon ha registrado índices de pago que oscilan entre el 94 y el 99 por ciento, calculados al dividir el monto recibido entre el monto esperado para cada mes. (El índice de pago no incluye los montos de préstamos vencidos en el denominador y sí incluye pagos por adelantado en el numerador). Sin embargo, cuando se completó el análisis adicional de la cartera de Dungganon, se descubrió que un 32 por ciento ó 1,5 millones de pesos (US$58.000) del total de préstamos pendientes en abril de 1995 se encontraban atrasados, la mayoría de éstos por más de dos años.

Debido a que el enfoque había sido el alto índice de pago, el Proyecto Dungganon fue promocionado como uno de los agentes multiplicadores más exitosos de Grameen. De hecho, si hubiera continuado operando con una calidad de cartera tan deficiente, inevitablemente se habría visto obligado a cesar de operar.

En abril de 1995, el Proyecto Dungganon empezó a calcular las proporciones de calidad de la cartera, notó que la calidad de su cartera era deficiente e implementó técnicas altamente eficaces para el manejo de la morosidad. En agosto de 1997, Dungganon reportó una cartera en riesgo del 16 por ciento durante 30 días (sin embargo, continuó reportando un índice de pago del 99,4 por ciento). En junio de 1997, un 5 por ciento de su cartera fue cancelado por incobrable.

Fuente: Ledgerwood 1995 y discusión con Briget Helms, CGAP, Banco Mundial.

pequeños y sus plazos son largos. Algunas IMFs deciden declarar un riesgo crediticio únicamente después de transcurrir una cantidad de días desde que el pago se venció y no fue recibido, basadas en el hecho de que muchos clientes pueden hacer los pagos de sus préstamos unos días después de su vencimiento. Al calcular el índice de la cartera en riesgo sobre una base periódica, las IMFs pueden determinar si la mora está mejorando o si se está deteriorando. La cartera en riesgo se puede calcular para una IMF en conjunto, para una región, una sucursal, un oficial de crédito o por sector (propósito del préstamo o sector geográfico).

Las Tablas 9.1 y 9.2 muestran la diferencia entre el cálculo del índice de atrasos y la cartera en riesgo para una misma organización. La información en ambas tablas es exactamente la misma a excepción de los montos vencidos, clasificados por antigüedad, que no son atrasos (Tabla 9.1) ni cartera en riesgo (Tabla 9.2). Notar la diferencia entre los *atrasos* como porcentaje de los préstamos pendientes (6,8 por ciento) y la *cartera en riesgo* como porcentaje de los préstamos pendientes (19,8 por ciento).

CLIENTES MOROSOS. Como indicador adicional de la calidad de la cartera, es útil determinar el número de prestatarios morosos en relación al volumen de los préstamos morosos. Si hay una variación en el volumen de los préstamos desembolsados, es útil establecer si hay mayor morosidad en los préstamos mayores o en los menores. Si la proporción de prestatarios morosos es inferior a la cartera en riesgo o al índice de atrasos, los préstamos mayores probablemente sean más problemáticos que los menores.

$$\text{Prestatarios morosos} \ = \ \frac{\text{Número de prestatarios morosos}}{\text{Número total de prestatarios}}$$

◆ Por ejemplo, si una IMF tiene una cartera en riesgo del 20 por ciento y la proporción de prestatarios morosos con respecto al total de prestatarios es del 5 por ciento, se sabrá que el problema de mora en su mayoría corresponde a los prestatarios mayores.

Al determinar el número de prestatarios morosos también es útil establecer si hay más préstamos tornándose morosos al principio del ciclo crediticio o hacia el final.

Tabla 9.1 Muestra de informe de cartera con clasificación por antigüedad de atrasos

Cliente	Monto desembolsado	Monto pendiente	Monto atrasado	Índice de atraso (%)	Antigüedad 1–30 días	31–60 días	61–90 días	91–180 días	181–365 días	> 365 días
Vincze	300.000	250.000	50.000	20,0	25.000	25.000				
Earle	390.000	211.000	38.000	18,0	13.000	13.000	12.000			
Galdo	150.000	101.000	30.000	29,7	13.000	11.000	4.000	2.000		
Feria	50.000	41.000	12.000	29,3	4.000	4.000	4.000			
Perez	78.000	64.000	64.000	100,0			5.000	14.000	45.000	
Manalo	300.000	206.000	30.000	14,6						30.000
Nelson	32.000	28.000	4.000	14,3	1.500	1.500	1.000			
Kinghorn	50.000	45.000	45.000	100,0		4.000	4.000	18.500	18.500	
Debique	100.000	84.000	25.000	29,8	5.000	5.000	5.000	10.000		
Foster	100.000	16.000	8.000	50,0	8.000					
Lalonde	257.000	60.000	60.000	100,0				12.000	48.000	
Blondheim	37.000	32.000	25.000	78,1	3.000	3.000	3.000	3.000	13.000	
Prudencio	43.000	37.000	14.000	37,4			7.000	7.000		
Actuales	*5.600.000*	*4.750.000*	*0*	*0,0*						
Total	7.487.000	5.925.000	405.000	6,8	64.500 1,1%	66.500 1,1%	45.000 0,8%	66.500 1,1%	124.500 2,1%	38.000 0,6%

Nota: El monto atrasado se define como el monto que ha vencido y cuyo pago aún no ha sido recibido.
El atraso total como porcentaje de los préstamos pendientes es de 405.000/5.925.000 = 6,8%
Fuente: Contribuido por Stefan Harpe, Calmeadow.

Tabla 9.2 Muestra de informe de cartera con clasificación por antigüedad de cartera en riesgo

Cliente	Monto desembolsado	Monto pendiente	Monto atrasado	Antigüedad 1–30 días	31–60 días	61–90 días	91–180 días	181–365 días	> 365 días	Total
Vincze	300.000	250.000	50.000		250.000					
Earle	390.000	211.000	38.000			211.000				
Galdo	150.000	101.000	30.000				101.000			
Feria	50.000	41.000	12.000			41.000				
Perez	78.000	64.000	64.000					64.000		
Manalo	300.000	206.000	30.000						206.000	
Nelson	32.000	28.000	4.000			28.000				
Kinghorn	50.000	45.000	45.000					45.000		
Debique	100.000	84.000	25.000				84.000			
Foster	100.000	16.000	8.000	16.000						
Lalonde	257.000	60.000	60.000					60.000		
Blondheim	37.000	32.000	25.000					32.000		
Prudencio	43.000	37.000	14.000				37.000			
Actuales	*5.600.000*	*4.750.000*	*0*							
Total	7.487.000	5.925.000	405.000	16.000	250.000	280.000	222.000	201.000	206.000	1.175.000
				0,3%	4,2%	4,7%	3,7%	3,4%	3,5%	19,8%

Nota: La cartera en riesgo se define como el saldo pendiente de préstamos con un monto vencido.
La cartera total en riesgo como porcentaje de los préstamos pendientes es 1.175.000/5.925.000 = 19,8%
Fuente: Contribuido por Stefan Harpe, Calmeadow.

DEFINICIÓN DE LA MOROSIDAD. La política utilizada por una IMF para definir los *préstamos morosos* influye en las proporciones de calidad de la cartera y en la determinación del nivel de riesgo de las IMFs. Si una IMF declara vencidos o morosos el préstamo hasta la finalización del plazo del mismo, las proporciones de calidad de la cartera no significarán mucho. La fecha en que finaliza el plazo de un préstamo no tiene relevancia respecto al tiempo de morosidad de un préstamo. Lo que importa es cuánto tiempo ha pasado desde que el prestatario cesó de hacer pagos.

Tal como se analizó en el Capítulo 8, el momento en que un préstamo es clasificado como moroso debería relacionarse con la frecuencia de pago y el plazo del préstamo. Evidentemente, al comparar instituciones es importante determinar de qué manera clasifica cada una los préstamos morosos.

◆ Por ejemplo, una política crediticia de una IMF estipula que los préstamos atrasados en dos pagos semanales deberían considerarse como préstamos morosos; es decir, el saldo pendiente de los préstamos con dos semanas de atraso ó más (préstamos C y D en la Tabla 9.3); el préstamo B no está incluido en vista de que su atraso es de un solo pago semanal). Si la IMF decide considerar morosos todos los préstamos con un pago atrasado, la cartera en riesgo aumentaría en un 76 por ciento (3.225 dividido entre 4.250), aun si estuvieran en riesgo las mismas carteras.

Si una cartera está creciendo rápidamente (debido a un aumento en el número de prestatarios, un aumento en el monto promedio del préstamo, o por ambas situaciones), la aplicación del índice de atraso puede subestimar el riesgo de morosidad, porque la cartera pendiente (el denominador) está creciendo a un ritmo más acelerado que los montos vencidos en la fecha de pago correspondiente (en vista de que la cartera pendiente aumenta con el monto total desembolsado, mientras que el monto vencido sólo aumenta con los pagos a medida que llegan las fechas de pago correspondientes). Una cartera en rápido crecimiento puede ocultar un problema de morosidad independientemente de las proporciones que se utilicen para establecer la calidad de la cartera (Stearns 1991). Las IMFs deberían encargarse de examinar la calidad de sus carteras de préstamos periódicamente, clasificando por antigüedad los montos vencidos (ver Capítulo 8).

Tabla 9.3 Cálculo de la cartera en riesgo

Cliente	Monto desembolsado	Semana 1	Semana 2	Semana 3	Semana 4	Semana 5	Monto pendiente
A	1.150	25	25	25	25	25	1.025
B	1.150	25	25	–	25	25	1.050
C	1.150	25	–	–	25	25	1.075
D	1.150	25	–	–	–	25	1.100
Total							4.250

Cartera en riesgo = $\frac{2.175}{4.250}$ x 100 = 51%

Fuente: Ledgerwood 1996.

Una situación similar ocurre cuando los plazos de los préstamos son relativamente largos. De los plazos largos se derivan pagos que representan un porcentaje relativamente pequeño del monto del préstamo. Los pagos vencidos pueden representar una pequeña porción del préstamo; sin embargo, la cartera en riesgo será muy alta en relación con el índice de atraso, porque la mayor parte del préstamo pendiente es considerado aunque no esté vencido.

Si los plazos de los préstamos son relativamente largos en una IMF determinada, y los pagos se deben realizar con relativa frecuencia (por ejemplo semanalmente), es aun más importante aplicar el índice de cartera en riesgo en vez del índice de atraso. Los pagos semanales durante un período prolongado suelen ser relativamente bajos. Cada pago vencido tiene un pequeño efecto en el índice de morosidad, aunque la cantidad de riesgo para la cartera podría estar aumentando. Si el préstamo de 1.000 antes descrito fuera por dos años, entonces, al pasar dos meses sin pagos, el atraso sería sólo de 90; no obstante lo anterior, la mayor parte de los 1.000 pendientes debería considerarse en riesgo.

Las proporciones de calidad de la cartera son afectadas directamente por la política de la IMF de catalogar los pagos atrasados como cuentas incobrables (Casilla 9.2). Si los préstamos morosos se siguen registrando en los libros en vez de catalogarlos como cuentas incobrables una vez que se ha determinado que es poco probable su recuperación, se sobrestima el volumen de la cartera y, por lo tanto, el denominador. Sin embargo, el numerador también aumenta (porque incluye los préstamos morosos, pero el monto de préstamos es *proporcionalmente* inferior en relación al denominador). El

resultado es una cartera en riesgo mayor que para aquellas IMFs en donde los préstamos se descartan debidamente.

Alternativamente, si los préstamos son catalogados como cuentas incobrables con excesiva rapidez, la proporción de cartera en riesgo será baja, lo cual sería poco realista, en vista de que los préstamos morosos simplemente se retiran del numerador y del denominador y la cartera parecería estar bastante saludable. Sin embargo, el estado de ingresos reflejará la gran cantidad de provisiones para pérdidas de préstamos necesarias para catalogar estos préstamos como cuentas incobrables, ilustrando los altos costos de las pérdidas de préstamos.

Casilla 9.2 El efecto de las políticas de cancelación de préstamos incobrables

UNA IMF EXISTOSA EN JORDANIA OTORGA PRÉSTAMOS con un plazo de 18 semanas a mujeres para actividades de generación de ingresos. Se ha mantenido en operación desde 1996.

La organización ha determinado que no desea asentar "préstamos incobrables" en sus libros y que los préstamos morosos por más de 90 días deberían cancelarse por incobrables. El resultado es que reporta una cartera en riesgo bastante baja. Sin embargo, si se incluyera el monto de los préstamos cancelados por incobrables en su cálculo de la cartera en riesgo, la proporción ascendería a más del triple, indicando que la organización de hecho podría tener un problema de morosidad que debería ser abordado y monitoreado detenidamente.

Fuente: Conclusiones de la autora.

Proporciones de pérdidas de préstamos

Hay dos proporciones de pérdidas de préstamos que pueden calcularse para proveer un indicador de las pérdidas de préstamos esperadas y de las pérdidas de préstamos reales para una IMF. La primera es *la proporción de la reserva para pérdidas de préstamos y la segunda, la proporción de pérdidas de préstamos.*

LA PROPORCIÓN DE LA RESERVA PARA PÉRDIDAS DE PRÉSTAMOS.

Tal como se analizó en el Capítulo 8, la reserva para pérdidas de préstamos (registrada en el balance) es el monto acumulado de provisiones para pérdidas de préstamos (registradas como gastos en el estado de ingresos) menos los préstamos incobrables. El monto de la reserva para pérdidas de préstamos se determina en base a la calidad de la cartera de préstamos pendientes. Una vez determinada la reserva para pérdidas de préstamos, es útil declarar ésta como porcentaje de la cartera pendiente.

(Notar que no se está estableciendo la *provisión* para pérdidas de préstamos en esta proporción – un rubro de flujo. Estamos interesados en determinar, como porcentaje de la cartera promedio, a cuánto asciende la reserva para pérdidas futuras – un rubro de inventario. La proporción de la provisión para pérdidas de préstamos está relacionada con los gastos para el período y no necesariamente constituye un buen indicador de la calidad de la cartera).

La proporción de la reserva para pérdidas de préstamos muestra el porcentaje de la cartera de préstamos que ha sido *reservado* para pérdidas de préstamos en el futuro. Al comparar esta proporción con el paso del tiempo, las IMFs pueden determinar lo bien que están manejando la morosidad, en el supuesto que estén estableciendo reservas adecuadas para las pérdidas de préstamos.

(Notar que esta proporción podría inducir a malas interpretaciones si la IMF está creciendo a un ritmo acelerado o si los montos de los préstamos están aumentando, porque es probable que el denominador esté creciendo con mayor rapidez que el numerador. En este caso, se recomienda que el denominador utilizado sea el *promedio* de la cartera pendiente, con el propósito de reflejar con mayor precisión los préstamos para los cuales se ha establecido la reserva para pérdidas de préstamos).

Esta proporción debería disminuir a medida que la IMF mejore su manejo de la morosidad.

$$\text{Proporción de reservas para pérdidas de préstamos} = \frac{\text{Reserva para pérdidas de préstamos para el período}}{\text{Cartera pendiente para el período}}$$

Las proporciones de las reservas para pérdidas de préstamos para IMFs exitosas rara vez son superiores a un 5 por ciento.

PROPORCIÓN DE PÉRDIDAS DE PRÉSTAMOS.

La proporción de pérdidas de préstamos se calcula para determinar el porcentaje de pérdidas de préstamos para un período específico (usualmente un año). La proporción de pérdidas de préstamos refleja únicamente los montos catalogados como cuentas incobrables en un período de tiempo. Provee un indicador del volumen de pérdidas de préstamos en un período en relación a la cartera *promedio* pendiente.

Para determinar la cartera *promedio* pendiente, la cartera pendiente a principios del año es sumada con la cartera pendiente al finalizar el año, y el resultado se suele dividir en dos. Debido a que es más usual que las cuentas incobrables se encuentren entre los préstamos más antiguos, la proporción de pérdidas de préstamos podría no ser un indicador tan preciso de la calidad actual de la cartera de préstamos, como la proporción de la reserva para pérdidas de préstamos. La proporción de pérdidas de préstamos rara vez excederá la proporción de la reserva para pérdidas de préstamos porque algunos préstamos para los cuales se ha establecido una reserva han sido pagados y la reserva para pérdidas de préstamos en sí suele ser mayor que las cuentas incobrables reales.

$$\text{Proporción de pérdidas de préstamos} = \frac{\text{Monto catalogado como incobrable en el período}}{\text{Cartera promedio pendiente para el período}}$$

La proporción para pérdidas de préstamos puede compararse en el transcurso del tiempo para establecer si las pérdidas de préstamos como porcentaje de la cartera promedio pendiente están aumentando o disminuyendo. También se puede comparar con el monto de la reserva de pérdidas de préstamos para determinar si la reserva de pérdidas de préstamos es suficiente, en base al monto de pérdidas de préstamos ocurridas en el pasado.

PROPORCIONES DE MUESTRA. Las proporciones de calidad de la cartera en la Tabla 9.4 se calcularon con datos tomados de los apéndices.

◆ La mayoría de proporciones de calidad de la cartera parecen estar mejorando (disminuyendo) con el tiempo. La proporción de pérdidas de préstamos aumenta en 1995, lo que explica parcialmente por qué es más baja la proporción de la reserva para pérdidas de préstamos (los préstamos incobrables reducen la reserva para pérdidas de préstamos). En general, las pérdidas de préstamos por más del 2 por ciento anual indican un problema de morosidad. Evidentemente, esto podrá variar según las políticas de préstamos incobrables establecidas por la IMF correspondiente.

Proporciones de productividad y eficiencia

Las proporciones de productividad y eficiencia proveen información acerca del índice en el cual las IMFs generan ingresos para cubrir sus gastos. Al calcular y comparar las proporciones de productividad y eficiencia con el paso del tiempo, las IMFs pueden determinar si están maximizando su uso de los recursos. Las productividad se refiere al volumen de negocios generados (producción) para un recurso o activo determinado (insumo). La eficiencia se refiere al costo unitario de la producción.

Las proporciones de productividad y eficiencia pueden ser utilizadas para comparar el rendimiento en el transcurso del tiempo y para evaluar las mejoras en las operaciones de una IMF. Al rastrear el rendimiento de la IMF en conjunto, las sucursales con buen rendimiento, los oficiales de crédito u otras unidades de operación, una IMF puede empezar a determinar las relaciones "óptimas" entre los factores de operación de importancia fundamental. En caso fuera aplicable, los gerentes de las sucursales pueden comparar sus propias sucursales con otras sucursales y pueden determinar si habría necesidad de reducir costos para aumentar la rentabilidad.

Proporciones de productividad

Se sugieren varias proporciones para analizar la productividad de una IMF. Estas proporciones se enfocan en la productividad de los oficiales de crédito, porque ellos son los principales generadores de ingresos. Las proporciones incluyen:

■ Número de prestatarios activos por oficial de crédito
■ Cartera pendiente por oficial de crédito
■ Monto total desembolsado en el período por oficial de crédito.

Para las IMFs que movilizan depósitos, las proporciones de productividad también pueden calcularse para el personal dedicado a recolectar ahorros. Estas proporciones son similares a las mencionadas anteriormente e incluyen:

■ Número de depositantes activos por oficial de crédito
■ Depósitos pendientes por oficial de crédito
■ Monto total de ahorros recolectados en el período por oficial de crédito.

Para calcular las proporciones de productividad, se necesitan los estados financieros actuales y un reporte de

---

Tabla 9.4 Cálculo de las proporciones de calidad de la cartera

Proporción de calidad de la cartera	*Proporción*	*1995*	*1994*	*1993*
Índice de atrasos	Pagos atrasados/ Cartera pendiente	8,3%	12,9%	19,2%
Cartera en riesgo	Saldo de préstamos atrasados/ Cartera pendiente	21,4%	28,6%	38,5%
Proporción de reservas para pérdidas de préstamos	Reservas para pérdidas de préstamos/ Cartera pendiente	8,3%	7,1%	9,6%
Proporción de pérdidas de préstamos	Monto cancelado por incobrable/ Promedio cartera pendiente	0,67%	4,9%	0%

Fuente: Ledgerwood 1996; Apéndices 1–3

cartera (o un reporte de ahorro, en caso sea aplicable). Las proporciones presentadas se enfocan en los oficiales de crédito y analizan el activo del balance únicamente. Para las IMFs que deseen analizar la productividad de su personal de ahorros, serían aplicables los mismos principios.

NÚMERO DE PRÉSTAMOS ACTIVOS POR OFICIAL DE CRÉDITO.

El número de préstamos (o de prestatarios) activos por oficial de crédito varía según el método crediticio y depende de si los préstamos se han otorgado a personas individuales, a personas individuales como miembros de un grupo, o a grupos. Cada IMF establece el número óptimo de clientes que un oficial de crédito puede manejar eficientemente. Aunque los costos de los salarios podrían parecer más bajos cuando los oficiales de crédito manejan un gran número de clientes, un número excesivo de los mismos podría tener como resultado mayores pérdidas de préstamos, lo que podría compensar ampliamente los costos administrativos inferiores.

Al comparar esta proporción con otras IMFs (o entre las diferentes sucursales o los diferentes productos crediticios dentro de la misma IMF), es necesario tomar en consideración el plazo promedio del préstamo, porque esto afecta enormemente el número de prestatarios que puede manejar un oficial de crédito. Si los plazos de los préstamos son relativamente largos, un oficial de crédito no necesita invertir tanto tiempo en el procesamiento de renovaciones como sería el caso si los plazo de los préstamos fueran más cortos. Si éste fuera el caso, teóricamente el oficial de crédito tendría la capacidad de atender a prestatarios más activos que un oficial de crédito que trabaja con plazos de créditos más cortos (asumiendo que todos los demás factores son los mismos). (Nota: se utilizan montos *promedio* tanto en el numerador como en el denominador.)

CARTERA PROMEDIO PENDIENTE POR OFICIAL DE CRÉDITO.

El volumen de la cartera promedio pendiente por oficial de crédito variará según los montos de los préstamos, las fechas de vencimiento de los clientes de la IMF, y el número óptimo de préstamos activos por oficial de crédito. Esta proporción es útil, sobre todo para el manejo interno de la productividad y debe ser utilizado con prudencia (si posible) cuando se compara la productividad con la de otras IMFs.

Si un oficial de crédito permanece con una IMF durante un período de tiempo prolongado, el número de prestatarios activos y la cartera pendiente debería aumentar hasta alcanzar un nivel óptimo, y en este punto habría que minimizar el aumento del número de prestatarios activos que maneja el oficial de crédito. (Nota: se utilizan montos *promedio* tanto en el numerador como en el denominador.)

EL MONTO DESEMBOLSADO POR PERÍODO POR OFICIAL DE CRÉDITO.

En términos contables, el monto desembolsado por un oficial de crédito es un rubro de *flujo* (rubro de flujo de efectivo), mientras el monto pendiente es un rubro de *inventario* (rubro del balance). Es importante diferenciar entre ambos porque hay costos específicos relacionados con los rubros de inventario y de flujo. La proporción de la cartera promedio pendiente evalúa el inventario (cartera pendiente). Esta proporción evalúa el flujo de desembolsos de préstamos.

A medida que los clientes solicitan préstamos adicionales, debería aumentar la cartera pendiente y el monto total desembolsado por el oficial de crédito, en el supuesto que los clientes necesiten montos de préstamos mayores o que la IMF opere en un ambiente inflacionario.

PROPORCIONES DE MUESTRA.

La Tabla 9.5 calcula las proporciones de productividad para el período de tres años, haciendo uso de datos tomados de los apéndices. (Debido a que esta IMF de muestra no acepta depósitos, no se calculan proporciones de productividad para el personal de ahorros.)

◆ En general estas proporciones muestran una tendencia positiva. Tal como se determinó a partir del informe de la cartera de muestra, se contrataron dos oficiales de crédito adicionales en 1994. Esto afectó todas las proporciones, en particular el monto total desembolsado por oficial de crédito en 1994. Para 1995 habían mejorado todas las proporciones, indicando una mayor productividad.

Proporciones de eficiencia

Las proporciones de eficiencia miden el costo de prestar servicios (préstamos) para generar ingresos. Éstas se denominan costos de operación y no deben incluir costos de financiamiento ni provisiones para pérdidas de préstamos. El total de costos de operación puede considerarse como un porcentaje de tres cantidades para medir la efi-

Tabla 9.5 Cálculo de proporciones de productividad

Proporción de productividad	Proporción	1995	1994	1993
Número promedio de préstamos activos por oficial de crédito	Número promedio de préstamos activos/ Número promedio de oficiales de crédito	279	239	271
Cartera promedio por oficial de crédito	Valor promedio de préstamos pendientes/ Número promedio de oficiales de crédito	12.500	10.167	11.250
Monto total desembolsado por período por oficial de crédito	Monto total desembolsado/ Número promedio de oficiales de crédito	26.667	12.667	22.000

Fuente: Ledgerwood 1996; Apéndices 1–3.

ciencia de la IMF: el promedio de cartera pendiente (o el activo productivo promedio o activo total: si una IMF está autorizada para movilizar depósitos, es apropiado medir los costos de operación en relación con el activo total; si la IMF solamente proporciona servicios de crédito, los costos de operación se relacionan principalmente con la administración de la cartera de préstamos y, por lo tanto, debieran medirse en relación con el promedio de cartera pendiente) por unidad de moneda prestada, o por préstamo concedido.

Para un análisis más detallado, los costos de operación también pueden desglosarse para medir la eficiencia de elementos específicos de costos, tales como salarios y prestaciones; gastos ocupacionales, tales como renta y servicios; o viajes. Puesto que los salarios y las prestaciones por lo general consumen la mayor parte de los costos de operación, a menudo se calcula la proporción entre salarios y prestaciones y la cartera pendiente promedio, así como la proporción entre el salario promedio del oficial de crédito y el PIB per cápita del país. Aquí no se presentan otros detalles pero pueden calcularse fácilmente dependiendo de los objetivos del analista.

Para IMFs que movilizan depósitos, las proporciones de eficiencia serán un tanto más bajas porque se incurre en costos de operación adicionales al aceptar depósitos. Por lo tanto, las proporciones de eficiencia de las IMFs que aceptan depósitos no debieran compararse con IMFs que no lo hacen. Este análisis se enfoca solamente en las operaciones crediticias.

Al analizar las operaciones de crédito de una IMF, dos factores clave influyen en el nivel de actividad y por lo

tanto en los costos de operación y la eficiencia: la rotación de la cartera de préstamos y el monto promedio del préstamo (Bartel, McCord y Bell 1995). El impacto de estos dos factores y la correspondiente eficiencia de operaciones pueden analizarse considerando los costos de operación como un porcentaje de la cartera pendiente y considerando los costos asociados con el otorgamiento de préstamos sobre una base de unidad de moneda o por préstamo.

PROPORCIÓN DE COSTOS DE OPERACIÓN. La proporción de costos de operación provee un índice de la eficiencia de las operaciones crediticias (a veces denominado indicador de eficiencia). Esta proporción se ve afectada por el aumento o la disminución de los costos de operación en relación a la cartera promedio.

$$\text{Proporción de costos de operación} = \frac{\text{Costos de operación}}{\text{Promedio de la cartera pendiente}}$$

Las IMFs exitosas tienden a tener proporciones de costos de operación de entre 13 y 21 por ciento de sus promedios de cartera de préstamos y entre el 5 y 16 por ciento del promedio del activo total (Christen y otros 1995).

PROPORCIÓN ENTRE SALARIOS Y PRESTACIONES Y EL PROMEDIO DE CARTERA PENDIENTE. Muchos IMFs con éxito tienen salarios y prestaciones que van del 4 al 16 por ciento del promedio de cartera pendiente (Christen y otros 1995). Esto varía dependiendo del modelo, la densidad de la población y el nivel de salarios en el país.

$$\text{Proporción entre los salarios y prestaciones y el promedio de cartera pendiente} = \frac{\text{Salarios y prestaciones}}{\text{Promedio de cartera pendiente}}$$

SALARIO PROMEDIO DEL OFICIAL DE CRÉDITO COMO UN MÚLTIPLO DEL PIB PER CAPITA. El salario promedio de un oficial de crédito como múltiplo del PIB per cápita es una proporción efectiva para determinar lo apropiado de los niveles de salario relativos al nivel económico de la actividad en el país. Esta proporción puede compararse con organizaciones similares que operan en el mismo ambiente.

$$\text{Salario promedio del oficial de crédito como múltiplo del PIB per cápita} = \frac{\text{PIB per cápita}}{\text{Salario promedio del oficial de crédito}}$$

COSTO POR UNIDAD DE MONEDA OTORGADA EN PRÉSTAMO. La proporción del costo por unidad monetaria prestada pone de relieve el impacto de la rotación de la cartera de préstamos sobre los costos de operación. Mientras más baja sea la proporción, mayor será la eficiencia. Esta proporción es sumamente útil para hacer cálculos y comparaciones a través del tiempo, para establecer si los costos están aumentando o disminuyendo. Sin embargo, a veces puede ser engañoso. Por ejemplo, aunque los costos de operación pueden aumentar, aun cuando el tamaño de la cartera siga siendo el mismo, el costo por dólar prestado podría realmente disminuir. Esto sucedería si se otorgaran más préstamos a corto plazo durante el período y, por lo tanto, la rotación de la cartera sería mayor. Aunque la proporción se reduciría, ello no necesariamente es indicador de una mayor eficiencia.

$$\text{Costo por unidad monetaria prestada} = \frac{\text{Costos operativos para el período}}{\text{Cantidad total desembolsada en el período}}$$

COSTO POR PRÉSTAMO OTORGADO. La proporción del costo por préstamo otorgado provee un índice del costo de otorgar préstamos en base al número de préstamos concedidos. Tanto esta proporción como el costo unitario de la moneda prestada tienen que verse en el tiempo

para determinar si los costos de operación están aumentando o disminuyendo en relación al número de préstamos concedidos, indicando el grado de eficiencia. Según madura una IMF, estas proporciones debieran disminuir.

$$\text{Costo por préstamo} = \frac{\text{Costos de operación durante el período}}{\text{Número total de préstamos concedidos en el período}}$$

Es difícil comparar las proporciones de eficiencia entre IMFs debido a que el monto promedio y el plazo del préstamo son muy significativos en estos cálculos. Por ejemplo, IMFs que otorgan préstamos relativamente grandes tendrán un costo más reducido por unidad de moneda prestada o menores proporciones de costo por préstamo otorgado que los de IMFs que otorgan préstamos muy pequeños. Además, los préstamos colectivos por lo general reducen los costos relativos al otorgamiento de préstamos directamente a individuos. El modelo específico de préstamo que cada IMF emplea hace una gran diferencia en los resultados de las proporciones de eficiencia. Así, estas proporciones son sumamente útiles para el manejo financiero interno.

PROPORCIONES DE MUESTRA. Las proporciones de eficiencia en la tabla 9.6 se calcularon utilizando los estados financieros de muestra que se presentan en los apéndices. El salario del oficial de crédito promedio como múltiplo del PIB no se calculó aquí porque no se conoce el PIB. Sin embargo, el salario del oficial de crédito promedio como múltiplo del PIB para las IMFs exitosas osciló desde un múltiplo bajo, de una a tres veces el valor del PIB, hasta uno tan alto como 18 a 21 veces el PIB (Christen y otros 1995).

◆ Estas proporciones disminuyen todas con el tiempo, indicando el aumento en la eficiencia de la IMF. La cantidad desembolsada y la cartera pendiente promedio parecen aumentar a una tasa más elevada que los costos, lo cual es positivo. Este debiera ser el caso de una IMF en expansión, que esté desarrollando mayor eficiencia en sus operaciones.

Viabilidad financiera

La viabilidad financiera se refiere a la habilidad que tiene una IMF de cubrir sus costos con ingresos percibidos.

Tabla 9.6 Cálculo de proporciones de eficiencia

Proporción de eficiencia	Proporción	1995	1994	1993
Costos de operación	Costos de operación/ Cartera promedio pendiente	19,1	21,5	24,2
Salarios como porcentaje de la cartera promedio pendiente	Salarios y prestaciones/ Cartera promedio pendiente	7,8	8,2	8,9
Costo por unidad monetaria otorgada en préstamo	Costos de operación/ Monto total desembolsado	0,09	0,10	0,12
Costo por préstamo otorgado	Costos de operación/ Número total de préstamos otorgados	8,94	10,08	9,91

Fuente: Ledgerwood 1996; Apéndices 1–3.

Para ser financieramente viable, una IMF no puede depender de fondos de donantes para subsidiar sus operaciones. Para determinar la viabilidad financiera, se calculan indicadores de autosuficiencia. Existen por lo general dos niveles de autosuficiencia contra los cuales se miden las IMFs: autosuficiencia operativa y autosuficiencia financiera. Si una organización no es autosuficiente financieramente, puede calcularse el índice de dependencia de subsidios para determinar el porcentaje en que la tasa de interés de la IMF necesita incrementarse para cubrir el mismo nivel de costos con la misma base de ingresos (cartera de préstamos).

Se generan ingresos cuando los bienes de una IMF se invierten o se ponen a producir. Se incurre en gastos para obtener ese ingreso. Para determinar la viabilidad financiera, los ingresos (rendimiento) se comparan con los gastos totales. Si el ingreso es mayor que los gastos, la IMF es autosuficiente. Es importante notar que cuando se determina la viabilidad financiera o la autosuficiencia, solamente debe considerarse el ingreso operativo (provenientes de las operaciones de crédito y ahorros así como de las inversiones). Los ingresos provenientes de donaciones o ingresos provenientes de otras operaciones tales como capacitación no deben incluirse, porque el propósito es solamente determinar la viabilidad de las operaciones de crédito y ahorros.

Los gastos en que incurren las IMFs pueden separarse en cuatro grupos distintos: costos de financiamiento, previsiones para pérdidas de préstamos, gastos de operación y el costo del capital. (Notar que la autosuficiencia puede determinarse estableciendo el ingreso total y las cuatro categorías de gastos como un porcentaje del activo promedio, ya sea el activo total, los activos productivos o la cartera pendiente. Para mayor información ver SEEP Network y Calmeadow 1995). Los primeros tres grupos son gastos reales en los que incurren las IMFs (aunque algunos gastos tales como previsiones por pérdida de préstamos y depreciación son rubros no en efectivo), mientras que el último gasto es un costo ajustado que todas las IMFs deben considerar (a menos que la IMF pague dividendos, lo cual sería un costo real).

En el ejemplo del capítulo 8, se hicieron varios ajustes para asegurar que los estados financieros de las IMFs reflejaran adecuadamente los gastos totales. Se hicieron ajustes para reflejar el costo de la calidad deficiente de la cartera de préstamos, la depreciación de los activos fijos y el ingreso de intereses acumulados, así como los gastos por intereses. Se realizaron todavía más ajustes para que reflejaran el beneficio de los subsidios recibidos y el costo de la inflación. Debido a ello, se ajustó un costo de capital sobre el patrimonio de la IMF. Ello significa que el patrimonio se ajustó para reflejar el beneficio de las donaciones y préstamos concesionales y el costo de la inflación. Así, en los estados financieros ajustados se registran claramente los cuatro costos. Sin embargo, para estados no ajustados, debe calcularse un costo ajustado de capital. Éste se describe a continuación.

Para los fines de esta sección se usan estados financieros no ajustados, con el objeto de demostrar la diferencia entre la autosuficiencia operativa y financiera, proporcionando una fórmula para imputar el costo de capital. Esto se destina a los lectores que elijan no ajustar sus estados financieros directamente para reflejar la inflación y los subsidios. Si en efecto se ajustan los estados financieros de las IMFs, no es necesario imputar un costo de capital, y las fórmulas de autosuficiencia operativa y financiera pueden calcularse usando las cifras ajustadas.

Diferencial financiero

Los verdaderos intermediarios financieros movilizan depósitos de sus miembros, del público en general (o de ambos). Luego, utilizan estos fondos para otorgar préstamos a sus clientes. Normalmente ellos les pagan una tasa de interés a sus depositantes y cobran una tasa de interés más alta a sus prestatarios (o ganan una tasa mayor sobre las inversiones). La diferencia entre estas dos tasas de interés es lo que se denomina "diferencial" (a veces denominado margen financiero bruto si se incluye todo el ingreso operativo).

En el caso de las IMFs, que pueden estar movilizando depósitos del público, el diferencial se refiere a la diferencia entre el rendimiento ganado sobre la cartera pendiente y el costo promedio de los fondos (ya sea que los fondos sean depósitos, préstamos concesionales o préstamos comerciales). El diferencial es lo que hay disponible para cubrir los tres costos restantes en los que incurre una IMF: costos de operación, provisión para pérdidas de préstamos y el costo de capital. El diferencial por lo general se declara como un porcentaje de la cartera pendiente (o alternativamente, si el rendimiento de las inversiones se incluye en el cálculo de ganancias, el promedio de activos productivos puede utilizarse como denominador).

Si la cartera es financiada por medio de deuda (pasivo), entonces el costo promedio de la deuda se resta del rendimiento promedio de la cartera, para determinar el diferencial.

Si toda la cartera estuviera financiada con fondos patrimoniales o de donación, entonces el diferencial es igual al rendimiento de la cartera. (Esto no quiere decir que no haya un "costo" por el patrimonio; de hecho, el patrimonio por lo general es más caro que la deuda, porque los inversionistas en el patrimonio están corriendo un riesgo mayor que aquellos que están prestando dinero, ya que no tienen un porcentaje de rendimiento garantizado, lo que sí tienen los acreedores en forma de intereses. Sin embargo, cuando se discute el diferencial, este término se refiere solamente a la diferencia entre el costo de la deuda [pasivo] y la tasa de interés devengada. El costo del patri-

monio se considera después de haber obtenido una ganancia neta y de haberla transferido al balance; para la mayoría de IMFs, nunca se determina realmente ningún costo. Más bien, el rendimiento patrimonial se calcula y se compara con otras selecciones de inversión. Ver la discusión sobre rentabilidad, más adelante).

La fórmula para calcular el diferencial es:

$$\text{Diferencial} = \frac{\text{Ingreso por intereses y cargos} - \text{costos de financiamiento}}{\text{Promedio de la cartera de préstamos}}$$

O si se incluye el ingreso de inversión:

$$\text{Diferencial (margen financiero bruto)} = \frac{\text{Ganancias de operación} - \text{costos de financiamiento}}{\text{Promedio de activos productivos}}$$

De aquí, la provisión para pérdidas de préstamos (rubro de gasto) puede deducirse del diferencial, lo cual resulta en el margen financiero neto y, luego, se deducen los costos de operación (proporción del costo de operación según se discutió anteriormente), lo que resulta en el margen neto (SEEP Network y Calmeadow 1995).

Dos niveles de autosuficiencia

Conforme madura la industria microfinanciera, la definición de autosuficiencia ha empezado a estrecharse. Hace unos pocos años la gente hablaba de unos tres (o cuatro) niveles de autosuficiencia que una IMF debería tratar de lograr progresivamente. Algunos analistas consideraban que una IMF era operativamente autosuficiente (nivel uno) cuando los ingresos que generaban sus operaciones cubrían sus costos de operación, incluyendo las provisiones para pérdidas de préstamos. Alcanzar el nivel dos significaba que una IMF generaba suficientes ingresos para cubrir los costos de financiamiento, los gastos de operación y la provisión para pérdidas de préstamos. El nivel tres (de autosuficiencia financiera) se refería a que los ingresos cubrieran los gastos no financieros y financieros calculados sobre una base comercial – "rentabilidad sin subsidio" (Christen y otros 1995).

Actualmente, la mayoría de las personas en la industria microfinanciera se refiere únicamente a dos niveles de autosuficiencia: autosuficiencia operativa y autosuficiencia financiera. Sin embargo, la definición de autosuficiencia operativa varía entre diferentes IMFs y donantes. La diferencia se centra en la inclusión de los costos de financiamiento. Aunque los costos reales de financiamiento se incluían solamente en los niveles dos y tres (como se indicó anteriormente), algunos analistas los incluyen al calcular tanto la autosuficiencia operativa como la financiera y algunos solamente al calcular la autosuficiencia financiera.

AUTOSUFICIENCIA OPERATIVA. Algunas IMFs definen la autosuficiencia operativa como la que genera suficientes ingresos operativos para cubrir los gastos de operación, costos de financiamiento y la provisión para pérdidas de préstamos.

$$\text{(i) Autosuficiencia operativa} = \frac{\text{Ingresos operativos}}{\text{Gastos de operación + costos de financiamiento + provisión para pérdidas de préstamos}}$$

La autosuficiencia operativa indica entonces si se han obtenido ingresos suficientes para cubrir los costos directos de la IMF, excluyendo el costo ajustado de capital pero incluyendo cualquier costo real de financiamiento en que se hubiere incurrido.

Otras IMFs argumentan que la autosuficiencia operativa no debiera incluir los costos de financiamiento, porque no todas las IMFs incurren en estos costos de la misma forma, lo cual hace que la comparación de proporciones de autosuficiencia entre las instituciones sea menos relevante. Algunas IMFs financian todos sus préstamos con donaciones o préstamos concesionales y no necesitan prestar fondos –o recoger ahorros– y por lo tanto no incurren en ningún costo financiero o incurren en costos mínimos. Otras IMFs, según se movilizan progresivamente hacia la viabilidad financiera, pueden acceder a préstamos concesionales o comerciales y así incurren en costos de financiamiento. Sin embargo, todas las IMFs incurren en gastos de operación y en el costo de establecer provisiones para pérdida de préstamos, y debieran medirse solamente sobre el manejo de estos costos. Además, las IMFs no debieran ser penalizadas por acceder a fuentes comerciales de financiamiento (por medio de la inclusión de costos de financiamiento en la fórmula), ni debiera recompensarse a las IMFs que pueden financiar todos sus préstamos con fondos de donaciones.

$$\text{(ii) Autosuficiencia operativa} = \frac{\text{Ingresos operativos}}{\text{Gastos de operación + previsiones para pérdida de préstamos}}$$

La elección sobre la fórmula a usar es personal, porque ambas están correctas. Sin embargo, es importante que cuando se comparen instituciones, el analista determine que se ha usado la misma fórmula, porque aún no se ha establecido una definición estándar.

Sin importar qué fórmula se use, si una IMF no alcanza la autosuficiencia operativa, eventualmente su patrimonio (capital del fondo para préstamos) se verá reducido por pérdidas (a menos que puedan obtenerse donaciones adicionales para cubrir las pérdidas operativas). Esto significa que habrá una menor cantidad de fondos para prestar a los solicitantes, (lo cual podría conducir al cierre de la IMF, una vez que se agotan los fondos). Para aumentar su autosuficiencia, la IMF debe aumentar su rendimiento (rendimiento del activo) o disminuir sus gastos (costos de financiamiento, provisión para pérdidas de préstamos o costos de operación).

AUTOSUFICIENCIA FINANCIERA. La autosuficiencia financiera indica si se han obtenido o no suficientes ingresos para cubrir tanto los costos directos, incluyendo los costos de financiamiento, provisiones para pérdidas de préstamos y gastos por operaciones, como los costos indirectos, incluyendo el costo ajustado del capital.

El costo ajustado del capital se considera como el costo para mantener el valor del patrimonio en relación a la inflación (o la tasa de mercado del patrimonio) y el costo de acceso a las obligaciones con tasa comercial en vez de préstamos concesionales. Esto se discutió y se hicieron ajustes detallados en el capítulo 8, de manera que el costo ajustado del capital sólo se discutirá aquí muy brevemente.

Muchas IMFs financian sus préstamos con fondos de donaciones (patrimonio) de manera que para continuar financiando su cartera de préstamos, necesitan generar suficientes ingresos como para aumentar su patrimonio y mantenerse al ritmo de la inflación. (Si la IMF fuera a operar con fondos prestados, los costos de financiamiento en el estado de ingresos incluirían el costo de la deuda y el costo de la inflación, porque la inflación únicamente afecta al patrimonio y no al pasivo. El pasivo es tasado por el prestamista para cubrir el costo de la inflación, porque el prestatario –en este caso la IMF- paga el préstamo en el futuro con moneda inflada. Si resulta que la tasa de inflación es mayor que la tasa de interés en el préstamo, el prestamista pierde dinero, no la IMF). Además, muchas IMFs también tienen acceso a fondos concesionales (cuasi-patrimonio) a tasas inferiores a las del mercado. Debe considerarse este subsidio e incluirse como un costo adicional de los fondos, en base al acceso de la IMF a préstamos comerciales. Teóricamente, esto coloca a todas las IMFs en un campo de juego más o menos nivelado sin importar sus estructuras de financiamiento (aunque esto variará dependiendo del grado hasta donde la IMF esté apalancada).

La fórmula para el costo ajustado de capital es la siguiente:

$$\text{Costo de capital} = \begin{aligned}&[(\text{Tasa de inflación} \times (\text{patrimonio promedio} - \text{activos fijos}\\ &\text{promedio})] + [(\text{promedio de obligaciones de financiamiento}\\ &\times \text{tasa de mercado de la deuda}) - \text{costos de financiamiento}\\ &\text{reales}]\end{aligned}$$

La primera mitad de la fórmula cuantifica el impacto de la inflación sobre el patrimonio. (Algunos analistas e IMFs desearían usar una tasa de mercado para el patrimonio más que de inflación, en base al hecho que si la IMF fuera a tener inversionistas de patrimonio, demandarían un rendimiento mayor a la tasa de inflación.) Los activos fijos se restan partiendo del supuesto que la propiedad y los edificios por lo general mantienen su valor con relación a la inflación. La segunda mitad de la fórmula cuantifica el costo de las IMFs si recurriera a una deuda comercial en vez de a una deuda concesional. Se usan cantidades promedio en toda la operación para tomar en cuenta el hecho que la IMF puede haber crecido (o retrocedido) durante el año.

Esta fórmula de costo de capital se relaciona directamente con los ajustes al patrimonio por la inflación y los subsidios calculados en el capítulo 8. Si se utilizan estados financieros ajustados, no se requiere el costo del capital ajustado para calcular la autosuficiencia financiera.

Una vez se haya determinado el costo del capital, puede calcularse la proporción de autosuficiencia financiera.

$$\text{Autosuficiencia financiera} = \frac{\text{Ingresos operativos}}{\begin{aligned}&\text{Gastos de operación} + \text{costos de financiamiento}\\ &+ \text{provisión para pérdidas de préstamos}\\ &+ \text{costo de capital}\end{aligned}}$$

El "costo de capital" en la fórmula se relaciona con los ajustes que se le hicieron al patrimonio por subsidios e inflación en el capítulo 8 (otros ajustes por subsidios para donaciones en especie y donaciones operativas se incluyen en los gastos de operación ajustados).

Esta proporción se relaciona con la base del estado de ingresos después de los ajustes por donaciones o préstamos concesionales e inflación. A menos que se alcance por lo menos el 100 por ciento de autosuficiencia financiera, la prestación de servicios financieros en el largo plazo se ve menoscabada por la continua necesidad de apoyarse en fondos de donaciones.

Idealmente, las IMFs se movilizan progresivamente hacia el logro de la autosuficiencia operativa primero, y después de la autosuficiencia financiera. A menudo, según madura la IMF, experimenta cada vez más costos de financiamiento según vaya teniendo acceso a financiamiento a la tasa de mercado, disminuyendo las provisiones para pérdidas de préstamos mientras maneja su morosidad, y costos de operación que disminuyen según va siendo más eficiente. (Los costos de financiamiento se ven afectados por cambios en el costo de los fondos y la mezcla entre la deuda y el patrimonio [concesiones, donaciones e ingresos retenidos] en la estructura de financiamiento de las IMFs. Un aumento en el interés que paga una IMF o un aumento en la parte de la deuda del financiamiento de la cartera (relacionado con el patrimonio donado) hará aumentar los costos de financiamiento). Cada uno de estos cambios afecta el logro de la autosuficiencia.

PROPORCIONES DE MUESTRA. La Tabla 9.7 calcula las proporciones de viabilidad para el período de tres años utilizando datos de los Apéndices 1 y 2 (la autosuficiencia financiera para 1993 no se calculó porque necesitamos cifras de 1992 para calcular el costo de capital imputado). En este ejemplo, la fórmula de autosuficiencia operativa incluye costos de financiamiento. (Notar que los estados financieros de la muestra no están ajustados porque el costo de capital está incluido en la fórmula de autosuficiencia financiera).

◆ Con excepción del diferencial, estas proporciones muestran una tendencia ascendente, lo cual es bueno. El diferencial disminuye, lo cual es muy común con IMFs que empiezan a acceder a menos fondos de donación y más deuda concesional o comercial, aumentando así sus costos de financiamiento. Para la

---

Tabla 9.7 Cálculo de proporciones de viabilidad

Proporción de viabilidad	Proporción	1995	1994	1993
Diferencial	(Ingresos por intereses y cargos – costos de financiamiento)/ Cartera promedio pendiente[a]	23,1%	22,7%	26,7%
Autosuficiencia operativa	Ingresos de operación/(Costos de operación + costos de financiamiento + provisiones para pérdidas de préstamos)	104,9%	96,2%	79,5%
Autosuficiencia financiera	Ingresos de operación/(Costos de operación + costos de financiamiento + provisiones para pérdidas de préstamos + costo de capital)	84,0%	82,1%	n/a

a. Asume que en 1994 y 1995 el índice de inflación fue del 8 por ciento y que la tasa de interés comercial sobre la deuda fue del 10 por ciento.

Fuente: Ledgerwood 1996; Apéndices 1 y 2.

---

viabilidad en el largo plazo, esta IMF de muestra tendrá que lograr ingresos adicionales o reducir sus costos, porque aún no ha logrado autosuficiencia financiera.

Índice de dependencia de subsidios

Una tercera forma y final para determinar la viabilidad financiera de una IMF es calcular su índice de dependencia de subsidios (IDS). El índice de dependencia de subsidios evalúa el grado hasta donde una IMF depende de subsidios para mantener sus operaciones continuas. El índice de dependencia de subsidios fue desarrollado por Jacob Yaron en el Banco Mundial (1992a) para calcular el grado hasta donde una IMF requiere de subsidios para obtener un rendimiento igual al costo de oportunidad de capital.

El índice de dependencia de subsidios se expresa como una proporción que indica el porcentaje de aumento que se requiere en la tasa de interés sobre préstamos para eliminar por completo todos los subsidios recibidos en un año dado[2]. (Alternativamente, la IMF podría reducir sus costos de operación o de financiamiento cuando fuera posible). El índice de dependencia de subsidios se calcula utilizando los estados financieros no ajustados de una IMF para determinar el verdadero valor

de los subsidios. El índice de dependencia de subsidios hace explícito el subsidio necesario para mantener a flote la institución, mucho de lo cual no se refleja en los informes contables convencionales.

El propósito del índice de dependencia de subsidios es similar a la proporción de autosuficiencia financiera y a los ajustes en los estados financieros para subsidios e inflación, en cuanto a que determina el grado hasta donde las IMFs descansan sobre los subsidios. Sin embargo, una diferencia importante entre ellos es que el índice de dependencia de subsidios utiliza una tasa de mercado y no la inflación cuando se ajusta el costo del patrimonio de la IMF.

El objetivo del índice de dependencia de subsidios es proporcionar un método amplio de evaluación y medición de los costos financieros totales involucrados en la operación de una IMF y cuantificar su dependencia de subsidios. La metodología del índice de dependencia de subsidios sugiere evitar la dependencia excesiva en las proporciones de rentabilidad financiera de los procedimientos contables convencionales en el análisis financiero de las IMFs.

(Aunque la remoción de los subsidios que recibe una IMF no es siempre políticamente factible o deseable, la medición de cualquier subsidio siempre está económica y políticamente atada. Este tipo de análisis implica tomar

---

2. Esta discusión sobre el índice de dependencia de subsidios fue adaptada de Yaron, Benjamin y Piprek (1997).

en cuenta el total de costos sociales que conlleva la operación de una IMF.)

El índice de dependencia de subsidios juega un papel decisivo para:

- Colocar la cantidad total de subsidios que ha recibido una IMF en el contexto de su nivel de actividad, representada por los intereses devengados en su cartera de préstamos (similar a los cálculos de protección efectiva, costos de recursos domésticos o costos de creación de empleo)
- Monitorear la dependencia de subsidios de una IMF a través del tiempo
- Comparar la dependencia de subsidios de IMFs que prestan servicios similares a una clientela similar
- Proporcionar la idea de un "fondo de contrapartida" midiendo el valor del subsidio como un porcentaje del interés devengado en el mercado.

El cálculo del índice de dependencia de subsidios implica sumar todos los subsidios que haya recibido una IMF. La cantidad total del subsidio se establece entonces contra la tasa de interés de la IMF sobre préstamos multiplicada por el promedio de su cartera anual de préstamos (puesto que prestar es la actividad principal de una IMF dirigida a la concesión de préstamos). Determinar los subsidios anuales de una IMF como porcentaje de sus ingresos por intereses da como resultado el porcentaje que tendría que aumentar el ingreso por intereses para reemplazar a los subsidios, y proporciona información sobre los puntos porcentuales en que debería aumentar la tasa de interés sobre préstamos de la IMF, a fin de eliminar la necesidad de subsidios. Como sucede con cualquier otra herramienta de medición financiera, el índice de dependencia de subsidios es únicamente tan exacto como los datos que se usan para calcularlo (ver casilla 9.3).

Los subsidios comunes incluyen:

- Facilidades concesionales de redescuento del banco central
- Patrimonio donado
- Suposición de pérdidas de divisas extranjeras en préstamos por el Estado
- Transferencia directa para cubrir costos específicos o flujos de caja negativos
- Exención de los requerimientos de reserva

Un índice de dependencia de subsidios igual a cero significa que una IMF ha logrado la autosuficiencia financiera como se describe anteriormente. Un índice de dependencia de subsidios del 100 por ciento indica que

---

Casilla 9.3 Cálculo del índice de dependencia de subsidios

EL MONTO DEL SUBSIDIO ANUAL OBTENIDO por una IMF se define como índice de dependencia de subsidios (SDI)

$$SDI = \frac{\text{Total de subsidios anuales recibidos } (S)}{\text{Promedio anual de ingresos financieros } (LP * i)}$$

$$= \frac{A(m-c) + [(E*m) - p] + K}{(LP * i)}$$

en donde:

A = Fondos concesionales prestados pendientes de una IMF (promedio anual)

m = Tasa de interés que la IMF pagaría por fondos obtenidos en préstamo si se eliminara el acceso a los fondos concesionales

c = Media ponderada de tasa de interés concesional anual que realmente pagó la IMF sobre su promedio de fondos concesionales anuales prestados pendientes.

E = Patrimonio anual promedio

P = Ganancias anuales reportadas (antes de su fiscalización y ajustadas, en caso necesario, por provisiones para pérdidas de préstamos, inflación, etc.)

K = La suma de todos los demás subsidios anuales recibidos por la IMF (como el reintegro total o parcial de los costos de operación de la IMF por parte del Estado)

LP = Promedio de la cartera de préstamos anual pendiente de la IMF

i = Media ponderada de la tasa de interés de los préstamos otorgados, devengada en la cartera de préstamos de la IMF

$$i = \frac{\text{Intereses anuales devengados}}{\text{Promedio de cartera de préstamos anuales}}$$

Fuente: Yaron, Benjamin y Piprek 1997.

se requiere doblar la tasa de interés promedio sobre préstamos si se quiere eliminar el subsidio. De manera similar, un índice de dependencia de subsidios del 200 por ciento indica que se requiere un aumento del triple de la tasa de interés promedio sobre préstamos para compensar la eliminación del subsidio. Un índice de dependencia de subsidios negativo indica que una IMF no sólo ha logrado plenamente su autosostenibilidad, sino que sus ganancias anuales menos su capital (patrimonio) cargado a la tasa de interés aproximada al mercado, superó el valor total anual de subsidios, si es que la IMF recibió subsidios. Un índice de dependencia de subsidios negativo también implica que la IMF pudo haber bajado su tasa de interés promedio sobre préstamos mientras que simultáneamente eliminó cualquier subsidio recibido durante el mismo año.

Cuatro factores son críticos para reducir o eliminar la dependencia del subsidio: tasas de préstamo adecuadas, altas tasas de cobro de préstamos, movilización de ahorros y control de costos administrativos. (La movilización activa de los ahorros ayuda a asegurar una fuente continua de fondos para una IMF. Un aumento en el transcurso del tiempo, de la proporción entre el valor total de ahorros voluntarios y la cartera de préstamos indicará el grado hasta donde una IMF ha tenido éxito para reemplazar los fondos concesionales de los donantes (o del Estado) con ahorros de los clientes – ver capítulo 6. Igualmente, las proporciones de autosuficiencia también mejorarán. La casilla 9.4 proporciona un ejemplo del índice de dependencia de subsidios de CARE de Guatemala.

Proporciones de rentabilidad

Las proporciones de rentabilidad miden los ingresos netos de una IMF en relación con la estructura de su balance. Las proporciones de rentabilidad ayudan a los inversionistas y administradores a determinar si los fondos invertidos en la IMF tienen un rendimiento adecuado. Determinar la rentabilidad es bastante sencillo: ¿La IMF percibe suficientes ingresos, excluyendo subsidios y donaciones, para generar ganancias? Para calcular las proporciones de rentabilidad, las ganancias se declaran como un rendimiento porcentual del activo (ROA), un rendimiento empresarial (ROB) y un rendimiento patrimonial (ROC). ("Empresarial" se refiere al resultado

obtenido al sumar el activo y el pasivo y al dividirlo entre dos; esta proporción es útil para las IMFs que financian la mayor parte de su activo con los ahorros movilizados.) Cada una de estas proporciones se calcula más adelante haciendo uso de los estados financieros ajustados del Capítulo 8 (por subsidios e inflación) para 1994 (ver el Apéndice 4).

Para lectores que desean realizar un análisis adicional de la rentabilidad de una IMF, el Apéndice 5 provee un modelo para desglosar el rendimiento del activo en los elementos que lo constituyen, incluyendo el *análisis del margen de ganancias* y el *análisis de la utilización del activo*. Este desglose ayuda a determinar las fuentes de rentabilidad y a identificar áreas en donde la IMF podría mejorar sus operaciones y el manejo de su activo desde la perspectiva de la rentabilidad. En particular, el rendimiento de la cartera y del activo productivo puede ser determinado y comparado con el rendimiento proyectado y entre períodos.

Proporción de rendimiento del activo

La proporción de rendimiento del activo (ROA) establece los ingresos netos percibidos sobre el activo de una IMF. Para calcular el rendimiento del activo, se aplica el promedio *total* del activo en vez del activo productivo, porque la organización se evalúa en base a su rendimiento financiero total, incluyendo las decisiones tomadas para la adquisición de bienes muebles o la inversión en tierras y edificios (en otras palabras, utilizando fondos que podrían ser utilizados para otras inversiones generadoras de ingresos) o invertir en valores. Esta proporción también se puede calcular utilizando únicamente el promedio de la cartera pendiente o el promedio del activo productivo como denominador para determinar el rendimiento específico del activo. (El rendimiento de la proporción de la cartera únicamente indica la productividad de las actividades de préstamos. Establece el promedio de ingresos percibidos para cada unidad de moneda pendiente en préstamos. Aunque el rendimiento de la cartera podría ser un indicador de ingresos apropiados, si sólo un 50 por ciento del activo está representado por préstamos pendientes, la organización podría no estar desempeñándose tan bien como lo indicaría la proporción de rendimiento de la cartera. El rendimiento de la proporción del activo productivo toma en consideración el rendimiento generado por otras inversiones. La pro-

Casilla 9.4 Índice de dependencia de subsidios de CARE de Guatemala

EL PROGRAMA BANCARIO DE COMUNIDAD DE CARE DE Guatemala ha registrado índices de pago casi perfectos desde la creación del programa. Todos los indicadores de proyección, costo, sostenibilidad y ganancias se han vuelto más favorables entre 1991 y 1995; sin embargo, el simple mejoramiento de estas cifras no necesariamente indica que la trayectoria del programa es sostenible. En 1995, el índice de dependencia de subsidios alcanzó el 4,77 por ciento (una mejora espectacular respecto al nivel del 28,71 por ciento registrado en 1991). En otras palabras, las tasas de interés deberían ser incrementadas en un 4,77 por ciento para cubrir los costos del programa en caso que se careciera de subsidios.

La gráfica siguiente compara el rápido descenso de la medida del índice de dependencia de subsidios de CARE de Guatemala en relación con un programa bancario de comunidad más antiguo en América Central, FINCA de Costa Rica. Esta organización fue fundada en 1984, mientras CARE de Guatemala inició operaciones en 1989. En comparaciones realizadas entre el séptimo año de operaciones de ambos programas, la medida del índice de dependencia de subsidios de 3,76 de FINCA de Costa Rica fue inferior a la medida del índice de dependencia de subsidios de 4,77 de CARE de Guatemala. La mayor dependencia de subsidios de CARE de Guatemala puede atribuirse al hecho que atiende a una clientela más pobre y con menos educación, ofrece préstamos más pequeños, sus costos de capacitación de los clientes son más elevados y depende de donaciones en vez de préstamos para financiar sus operaciones.

Medidas del índice de dependencia de subsidios realizadas entre 1991 y 1995

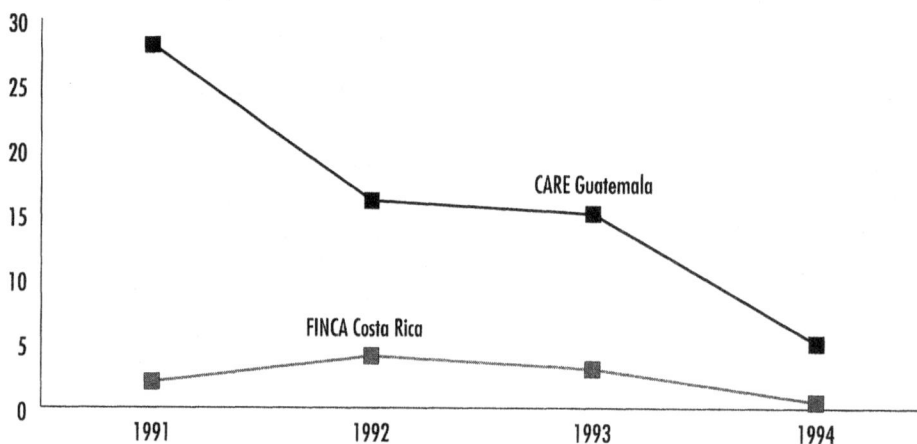

Una de las principales causas del descenso en el índice de dependencia de subsidios de CARE de Guatemala es el aumento gradual en las tasas de interés reales que cobra el programa. En 1991, la tasa de interés real cobrada a los bancos de comunidad era del 11,4 por ciento, mientras en 1995 ascendía al 19,8 por ciento. En términos nominales, mientras en 1991 sus tasas de interés eran de casi la mitad de las tasas comerciales, en 1995 habían excedido en un 33 por ciento las mismas. Esta atrevida política de tasas de interés permitió que el programa se volviera mucho más sostenible, lo que fomenta el crecimiento del proyecto a la vez de mantener excelentes índices de pago.

A pesar de su descenso favorable en los últimos años, la medida del índice de dependencia de subsidios de CARE de Guatemala es alarmantemente elevada. Tras seis años de operaciones, un índice de dependencia de subsidios del 4,77 por ciento es indicador de que el programa tiene un largo camino por delante antes de alcanzar la sostenibilidad. Después de seis años de operaciones, el Banco Grameen registraba una medida de índice de dependencia de subsidios del 1,3 en 1989.

Fuente: Paxton 1997.

porción del rendimiento del activo total muestra el desempeño de la IMF en relación con todos los activos, incluyendo activos improductivos tales como activos fijos o tierras y propiedades.)

◆ Por ejemplo, si una IMF devenga 50.000 en ingresos netos y posee un promedio de activos de 2.740.000, entonces el rendimiento del activo es del 1,8 por ciento.

$$\text{Rendimiento del activo} = \frac{\text{Ingresos netos}}{\text{Activo promedio}}$$

$$= \frac{50,000}{2.740.000}$$

$$= 1,8\%$$

Los factores que afectan la proporción del rendimiento del activo son los plazos variables de los préstamos, las tasas de interés y los cargos, así como los cambios en el nivel de pagos morosos. La división entre ingresos por intereses e ingresos por cargos también afecta esta proporción si cambian los plazos y los montos de los préstamos (ver el Capítulo 5).

La proporción del rendimiento del activo es un indicador importante que habrá que analizar al cambiar las estructuras de fijación de precios o de los plazos de los préstamos (o al decidir adquirir activos de capital – ver Capítulo 10). El análisis de esta proporción mejorará la capacidad de las IMFs para determinar el impacto sobre los ingresos debido a cambios en las políticas, un mejor manejo de la morosidad o la inclusión de nuevos productos.

◆ Haciendo uso del balance de muestra y del estado de ingresos de muestra del Apéndice 4 (con ajustes combinados por subsidios e inflación), se calcula la siguiente proporción del rendimiento del activo para 1994:

$$\text{Rendimiento del activo (ajustado)} = \frac{\text{Ingresos netos ajustados}}{\text{Activo total promedio}}$$

$$= \frac{-5.750}{77.950}$$

$$= -7,4\%$$

(Notar que, para propósitos de simplificación, el activo de 1993 no incluyó un ajuste por inflación de los activos fijos.)

Con los ajustes por inflación y subsidios, esta IMF tipo no percibe ganancias. Sin embargo, si una IMF es financieramente sostenible (obteniendo ganancias tras realizar los ajustes por subsidios e inflación), la proporción del rendimiento del activo es un indicador del potencial de la IMF para generar un índice de rendimiento comercialmente aceptable, lo que le permitiría obtener acceso al financiamiento comercial y convertirse en una institución financiera formal (si éste aún no fuera el caso).

La mayoría de instituciones financieras comerciales en países en desarrollo generan proporciones de rendimiento del activo inferiores al 2 por ciento. De las 11 IMFs exitosas estudiadas por la Agencia de los Estados Unidos para el Desarrollo Internacional, las proporciones ajustadas del rendimiento del activo en 1993 oscilaron entre un 7,4 por ciento alto (LPD en Bali) y un – 18,5 por ciento bajo (Programa de Empresariado Rural de Kenia) (Christen et al. 1995).

Proporción de rendimiento empresarial

Para tomar en cuenta el hecho de que algunas IMFs movilizan depósitos como gran parte de sus operaciones empresariales, se provee la proporción del rendimiento empresarial (ROB).

Al sumar activo y pasivo y dividirlo entre dos, se obtiene un promedio de *base empresarial.* Esto es importante cuando una IMF acepta depósitos debido a los costos agregados de operación y financiamiento, relacionados con los ahorros voluntarios. La proporción del rendimiento empresarial representa la actividad doble (recolectar ahorros y préstamos) de sus operaciones. Algunos bancos comerciales calculan la proporción del rendimiento empresarial, especialmente si sólo un monto pequeño de sus operaciones se refiere a actividades que no forman parte del balance (cartas de crédito, garantías, etc.).

La proporción del rendimiento empresarial es afectada directamente por la estructura de capital de una IMF. Si la mayoría de activos de una IMF son financiados por el patrimonio, la proporción del rendimiento empresarial será engañosa y no debería ser calculada. Si una IMF actúa como un verdadero intermediario financiero y está financiando su cartera de préstamos con los ahorros de sus clientes, la proporción del rendimiento empresarial podría ser una proporción más justa que la proporción del rendimiento del activo para ser comparada con la de otras instituciones. Esto se debe a que, al aceptar depósitos, una IMF incurre en costos adicionales. Estos costos son compensados total o parcialmente por el costo reducido de los fondos (los intereses pagados para los ahorros de los clientes suelen ser más bajos que la tasa de interés del mercado para deudas, la cual se usa para los estados ajustados). Si se considerara únicamente la proporción del rendimiento del activo, las IMFs que movilizan depósitos serían sancionadas por el incremento en sus costos de operación. La proporción del rendimiento del activo mitiga este hecho al incluir depósitos en el denominador.

◆ Haciendo uso del balance de muestra y el estado de ingresos de muestra ajustados del Apéndice 4, se calcula la siguiente proporción del rendimiento empresarial para 1994:

$$\begin{aligned}\text{Rendimiento} \\ \text{empresarial} \\ \text{(ajustado)}\end{aligned} = \frac{\text{Ingresos netos ajustados}}{\text{Promedio de base empresarial}}$$

$$= \frac{-5.570}{61.300}$$

$$= -9,4\%$$

Debido a que la estructura de capital de la IMF tipo consiste de un monto relativamente grande de patrimonio (no ahorros de clientes), *no es aplicable calcular la proporción del rendimiento empresarial*. Sin embargo, al ignorar las cifras específicas por un momento, es posible hacer algunas observaciones.

Si la IMF tipo ha aceptado depósitos, es de suponer que el margen de ganancias percibido en sus préstamos será más elevado que la compensación por costos de operación incrementados. El resultado sería un ingreso neto ajustado mayor porque los costos de financiamiento serían inferiores. (Esto parte del supuesto de que, por lo demás, la IMF estaría financiando sus préstamos con fondos de créditos obtenidos a tasas de interés comercial o que ha realizado ajustes para reflejar el costo de capital ajustado.) Además, el denominador sería mayor, ya que aumentaría el pasivo respecto al patrimonio. El resultado sería una proporción del rendimiento empresarial mucho más parecida a la proporción del rendimiento del activo. Si, de hecho, la proporción del rendimiento empresarial sería inferior a la proporción del rendimiento del activo, entonces la IMF debería considerar si es rentable movilizar depósitos.

Proporción de rendimiento patrimonial

La proporción de rendimiento patrimonial (ROE) ofrece a gerentes e inversionistas el índice del rendimiento generado por el patrimonio invertido; difiere de la proporción de rendimiento del activo en el sentido que evalúa el rendimiento de los fondos que la IMF posee en propiedad (a diferencia del activo total, que por definición incluye tanto el pasivo como el patrimonio). Si el rendimiento patrimonial es inferior a la tasa de inflación, el patrimonio de la IMF es reducido anualmente por la diferencia (neto de los activos no monetarios que posee la IMF). Además, la proporción del rendimiento patrimonial permite a donantes e inversionistas establecer una comparación entre su inversión en una IMF específica y sus demás inversiones. Esto se convierte en un indicador crucial cuando la IMF se encuentra en busca de inversionistas privados.

La proporción del rendimiento patrimonial también variará enormemente según la estructura de capital de la IMF. La proporción del rendimiento patrimonial en las IMFs que financian sus activos básicamente con patrimonio será inferior a la proporción del rendimiento patrimonial en las IMFs que financian su activos básicamente con pasivos.

◆ Haciendo uso del balance de muestra y el estado de ganancias y pérdidas de muestra ajustados del Apéndice 4, se calcula la siguiente proporción del rendimiento patrimonial para 1994:

$$\begin{aligned}\text{Rendimiento} \\ \text{patrimonial} \\ \text{(ajustado)}\end{aligned} = \frac{\text{Ingresos netos ajustados}}{\text{Patrimonio promedio}}$$

$$= \frac{-5.570}{33.300}$$

$$= -1,7\%$$

Debido a que la IMF tipo no ha generado ganancias, su proporción del rendimiento patrimonial no es particularmente relevante. Sin embargo, en el caso de que generara ganancias, su proporción del rendimiento patrimonial aún sería baja, debido a que su proporción de patrimonio es más elevada que en la mayoría de instituciones financieras comerciales. En el caso de que generara ganancias o aumentara su apalancamiento (monto de deuda relativo al patrimonio, ver más adelante), esta proporción mejoraría.

Muchas instituciones financieras comerciales seleccionan como objetivo un rendimiento patrimonial entre un 15 y un 20 por ciento, dependiendo de la tasa de inflación del país. De las 11 IMFs exitosas estudiadas por USAID, el rendimiento patrimonial ajustado en 1993 osciló entre un 32,7 alto (LPD en Bali) y un –18,7 por ciento bajo (FINCA Costa Rica). El Banco Rakyat Indonesia y CorpoSol en Colombia también registraron altos rendimientos patrimoniales del 31 y del 25 por ciento, respectivamente (Christen et al. 1995).

Apalancamiento y adecuación patrimonial

El apalancamiento se refiere a la cantidad de préstamos obtenidos por una IMF, según el monto de su patrimonio. En otras palabras, determina los montos adicionales en dólares u otras unidades monetarias que puedan obtenerse de fuentes comerciales, por cada dólar u otra unidad monetaria de los fondos que posee la IMF. El apalancamiento establece la relación entre el financiamiento de activos con deuda o con patrimonio.

La adecuación patrimonial se refiere al monto de capital que posee una IMF en relación con su activo. La adecuación patrimonial tiene relación con el apalancamiento en términos de lo adecuado de la estructura de financiamiento de la IMF.

El término "capital" incluye el patrimonio de una IMF y una parte de su pasivo, incluyendo la deuda subordinada. (Para instituciones financieras formales, el capital se define como el patrimonio sumado a *las apropiaciones para contingencias.* Las apropiaciones para contingencias son una reserva contra pérdidas imprevistas en préstamos, incluyendo rubros que no forman parte de los balances, tales como cartas de crédito y garantías.) Generalmente, las instituciones financieras tienen tres tipos de capital:

- Capital invertido, incluyendo acciones de los socios, pagarés e inversiones de personas externas
- Capital institucional, incluyendo ingresos retenidos y reservas (es decir, un monto de capital requerido que una institución financiera debe apartar según regulaciones del superintendente de bancos o del gobierno)
- El capital adeudado, incluyendo la deuda subordinada y los préstamos otorgados por el banco central.

El capital sirve para una variedad de propósitos: como fuente de seguridad, estabilidad, flexibilidad y como amortiguador contra riesgos y pérdidas. A medida que aumenta la posibilidad de pérdidas, crece la necesidad de capital. Esto es particularmente relevante para las IMFs porque muchas veces los prestatarios o miembros carecen de la diversidad ocupacional y geográfica para ayudar a distribuir el riesgo. El capital debe ser suficiente para cubrir pérdidas esperadas e inesperadas.

Además, se requiere capital para financiar pérdidas cuando se introducen nuevos servicios, hasta que éstos generen suficientes ingresos, o cuando una IMF se encuentra en expansión. La ampliación del número de sucursales o el área cubierta por cada sucursal requiere de una inversión sustancial de capital. Para alcanzar el crecimiento proyectado de una IMF, es necesario que el capital aumente en proporción al crecimiento de su activo.

Apalancamiento

El capital también sirve como base para obtener préstamos. Dos fuentes comunes en donde las IMFs solicitan préstamos (apalancan su base de capital) son los *préstamos bancarios* (bancos comerciales o centrales) y los *depósitos de clientes.* (Sin embargo, antes de que una IMF pueda solicitar préstamos, ya sea en forma comercial o de su base de clientes, debe demostrar su viabilidad financiera actual y a largo plazo.) La presencia de suficiente capital anima a los prestamistas y depositantes a tener confianza en la IMF en lo que respecta a su capacidad de cubrir pérdidas y de asegurar el crecimiento futuro del fondo.

El apalancamiento de una IMF se mide calculando su proporción entre deuda y patrimonio. Esta *proporción entre deuda y patrimonio* determina la deuda de una IMF respecto a su patrimonio.

$$\text{Proporción entre deuda y patrimonio} = \frac{\text{Deuda}}{\text{Patrimonio}}$$

Para todas las organizaciones, es importante mantener un balance adecuado entre deuda y patrimonio para asegurarse que el patrimonio o la viabilidad de la organización no estén en riesgo. Si una IMF tiene un gran patrimonio y muy pocas deudas, es probable que esto limite su potencial de generación de ingresos al no recurrir a fuentes externas de endeudamiento (es decir, una línea de crédito o un préstamo que podría obtenerse, por ejemplo, a una tasa de interés del 10 por ciento, y que puede ser otorgado en préstamo a los clientes a una tasa de interés del 25 por ciento). Por lo tanto, para la IMF podría resultar más conveniente aumentar su pasivo, en lo posible, para aumentar sus activos generadores de ingresos (su cartera de préstamos). (Notar, sin embargo, que esto únicamente toma en cuenta los costos de financiamiento, pero no los costos de operación ni las provisiones para pérdidas de préstamos. En este ejemplo, si los costos de operación y las provisiones para pérdidas de préstamos como porcentaje de los préstamos pendientes son superiores al 15 por ciento –el diferencial– entonces la IMF no debería solicitar préstamos.) Las organizaciones deben asegurarse el no endeudarse excesivamente en relación con su capacidad de pago de la deuda.

El grado de apalancamiento afecta enormemente la proporción del rendimiento patrimonial de una IMF (Tabla 9.8). Una IMF cuyo apalancamiento es superior al de otra tendrá un rendimiento patrimonial mayor, mientras lo demás permanece igual.

Cuando una IMF está regulada, la medida en que se le permite apalancar su patrimonio se basa en estándares de adecuación patrimonial.

Estándares de adecuación patrimonial

La adecuación patrimonial significa que hay un nivel suficiente de capital requerido para absorber pérdidas potenciales, el cual a su vez brinda sostenibilidad financiera. El propósito de establecer y medir la adecuación patrimonial de una IMF es asegurar la solvencia de la organización en base a las razones antes mencionadas. En su mayoría, las IMFs están altamente capitalizadas debido al financiamiento de donantes y por su incapacidad de obtener acceso a deudas comerciales. Sin embargo, esto está cambiando, y si las IMFs pretenden beneficiar a un

número considerable de clientes de bajos ingresos, deberán aumentar y expandir sus fuentes de financiamiento y a su vez asegurar un manejo prudente. Los estándares de adecuación patrimonial ayudan a garantizar la viabilidad de las IMFs en la medida que aumentan su grado de apalancamiento.

Los estándares internacionales de adecuación patrimonial se han presentado a través del Acuerdo de Basilea (tal como se discutió en el Capítulo 1). Éstos exigen que las IMFs posean un monto nominal mínimo de capital y un monto adecuado de capital para cubrir el riesgo de pérdidas.

La adecuación patrimonial se basa en activos de riesgo ponderado como se introduce en el Acuerdo de Basilea, que identifica diferentes niveles de riesgo para diferentes tipos de activos. Hay cinco ponderaciones estándar de riesgos que oscilan entre un riesgo del 0 por ciento y uno del 100 por ciento. Para la mayoría de IMFs, sólo son relevantes la primera categoría –0 por ciento de ponderación– que incluye efectivo, balances del banco central y bonos del Estado; y la última categoría –100 por ciento de ponderación– que incluye préstamos otorgados a entidades privadas y a personas individuales; esta postura se debe a que las IMFs no suelen asegurar plenamente sus préstamos –50 por ciento de ponderación– o los rubros que no forman parte del balance. La adecuación patrimonial se determina en un 8 por ciento de los activos de riesgo ponderado. Esto significa que una IMF regulada puede tener hasta 12 veces el monto de deuda como patrimonio en base al activo ajustado (de riesgo ponderado) que están siendo financiados.

Además, la adecuación patrimonial suele evaluarse mediante la siguiente proporción entre *capital y activo de riesgo ponderado*:

$$\text{Capital respecto a activo de riesgo ponderado} = \frac{\text{Capital invertido + reservas + ingresos retenidos}}{\text{Activo de riesgo ponderado}}$$

Esta proporción debería calcularse periódicamente para determinar el nivel de adecuación patrimonial de una IMF. A medida que la IMF crece y que supuestamente aumenta su apalancamiento, esta proporción disminuye, con el paso del tiempo y en la medida que la organización obtiene cada vez más préstamos.

Tabla 9.8 Efecto del apalancamiento en el rendimiento patrimonial

	IMF 1	IMF 2
Promedio de activo	200.000	200.000
Promedio de pasivo	100.000	150.000
Promedio de patrimonio	100.000	50.000
Ingresos netos	10.000	10.000
Proporción patrimonial	10%	20%

Fuente: Ejemplo de la autora.

Escala y alcance de los indicadores de proyección

Además de los indicadores de rendimiento financiero, muchas IMFs recopilan datos sobre su base de clientes – tanto en relación a la *escala* de sus actividades (cantidad de clientes atendidos con diferentes tipos de instrumentos) como al *alcance* de su proyección (tipo de clientes beneficiados y su nivel de pobreza).

Un marco de evaluación del rendimiento introducido por Yaron (1992b) consiste de dos criterios principales: el nivel de *proyección* alcanzado entre la clientela objetivo y la *autosostenibilidad* de la IMF. Aunque estos elementos no proveen una evaluación completa del impacto económico de las operaciones de una IMF, sirven como *equivalentes* cuantificables del grado en que una IMF ha alcanzado sus objetivos, y hacen que sean transparentes los costos sociales relacionados con el apoyo a la institución (Yaron, Benjamin y Piprek 1997). En esta sección se presenta únicamente la primera mitad del marco de evaluación del rendimiento (es decir, indicadores de rendimiento; los indicadores de autosostenibilidad se proveen en secciones anteriores).

Los indicadores de proyección son cualitativos y cuantitativos. Son relativamente simples de recolectar y proveen una buena medida de la escala de proyección y buenos equivalentes en cuanto al alcance de la proyección (un análisis más detallado del alcance de la proyección se provee más adelante). Los indicadores pueden ser ponderados, cuantificados y priorizados según su relevancia para una IMF en particular. Por ejemplo, si el género no limita el acceso al crédito, la ponderación relacionada con el número de clientes mujeres podría ser bajo o aun inexistente (Yaron, Benjamin y Piprek 1997).

Algunos de los indicadores también aparecen en el informe de cartera presentado en el Capítulo 8, y otros son mencionados en las diferentes fórmulas presentadas en secciones anteriores. Dependiendo de los objetivos de la IMF, pueden ser apropiados indicadores adicionales o diferentes. Para evaluar la proyección exitosa de una IMF, es útil rastrear estos indicadores con el paso del tiempo, comparándolos con las metas establecidas por la organización (o con las cifras proyectadas; ver la Casilla 9.5).

Aunque la proyección muchas veces es registrada por el número total de clientes atendidos por una IMF (escala de proyección), *el alcance de la proyección* es una medida más indefinida. Tal y como se mencionó anteriormente, es posible establecer un equivalente del alcance de la proyección por el monto de los préstamos o por el monto promedio de los préstamos como porcentaje del PIB per cápita. Aunque constituyen medidas útiles, estos indicadores en ocasiones pueden ser engañosos dado que los préstamos tienen diferentes plazos y usos y podrían no reflejar el nivel de ingresos de los clientes. El alcance de la proyección puede tener muchos significados diferentes. Si se considera desde la perspectiva de proveer servicios financieros a las personas excluidas de los servicios financieros formales, entonces es importante definir los sectores de la sociedad que tienen poco o ningún acceso al financiamiento formal (adaptado de Paxton y Fruman 1998).

Von Pischke (1991) describe una línea divisoria entre los sectores financieros formal e informal. Las personas que están del otro lado de esta línea no tienen acceso regular a los servicios financieros formales. En los países en desarrollo varias categorías de personas se han mantenido subatendidas por parte de las instituciones financieras formales. A continuación se enumeran algunos de estos grupos:

- *Habitantes rurales.* Debido a los altos costos de transacción relacionados con atender a una población sumamente dispersa, así como al gran riesgo relacionado con la agricultura, los intermediarios financieros formales se han abstenido de incursionar en las áreas rurales. Los programas patrocinados por los gobiernos que ofrecen crédito rural han resultado en rendimientos insatisfactorios debido a su dependencia de tasas de interés subsidiadas, a condiciones y plazos inadecuados, a la falta de aplicación de mecanismos para hacer cumplir el pago de los préstamos, y a la corrupción.

- *Mujeres.* Las mujeres han sido excluidas de los servicios financieros formales por una variedad de razones, entre las cuales destaca el prejuicio cultural de que son objeto. A nivel doméstico, la mayoría de decisiones financieras son tomadas por los jefes de familia masculinos, aunque esta norma cultural está cambiando gradualmente. Además, las mujeres pertenecen a las poblaciones más pobres de los países en vías de desarrollo. Sus microempresas y sus ventas insignificantes no tienen el nivel suficiente como para interesar a los intermediarios financieros formales. Por último, los requisitos de alfabetismo han impedido que algunas mujeres analfabetas obtengan acceso a servicios financieros formales. Las clientes mujeres han sido

---

Casilla 9.5 Indicadores de proyección

Clientes y personal
Número de clientes o miembros (porcentaje de mujeres)
Porcentaje total de clientela objetivo atendida (actual)
Número de mujeres como porcentaje del total de prestatarios
Número de mujeres como porcentaje del total de depositantes
Número de empleados
Número de sucursales o unidades urbanas
Número de sucursales o unidades rurales
Proporción entre sucursales y unidades rurales y urbanas
Proporción entre volumen de depósitos y volumen de préstamos pendientes
Operaciones bancarias ambulantes en uso[a]

Proyección de préstamos
Número de prestatarios activos actualmente
Saldo total de préstamos pendientes
Cartera promedio pendiente
Índice promedio de crecimiento anual real de préstamos pendientes en los últimos tres años (en términos reales)
Monto de los préstamos
  Mínimo
  Máximo

Monto promedio de préstamos desembolsados
Monto promedio de préstamos desembolsados como porcentaje del PIB per cápita
Monto promedio de préstamos pendientes
Monto promedio de préstamos pendientes como porcentaje del PIB per cápita
Plazo promedio de los préstamos
Tasa de interés nominal
Tasa de interés anual efectiva
Valor de los préstamos por empleado (por oficial de crédito)
Número de préstamos por empleado (por oficial de crédito)

Proyección de ahorros
Saldo total de cuentas de ahorro voluntario
Total del promedio anual de ahorros como porcentaje del promedio anual de la cartera de préstamos pendientes
Número de clientes actuales de ahorro voluntario
Valor del promedio de cuentas de ahorro
Promedio de depósitos de ahorro como porcentaje del PIB per cápita
Valor de los depósitos de ahorro por empleado
Número de ahorrantes por empleado
Tasa de interés nominal anual para depósitos

---

a. Las operaciones bancarias ambulantes se refieren a la movilidad del personal para estar en los pueblos y en los barrios pobres a diario o semanalmente, visitando a los prestatarios, explicando los requisitos a clientes potenciales, desembolsando préstamos y recolectando pagos.

Fuente: CGAP 1997; Yaron, Benjamin y Piprek 1997.

---

seleccionadas como objetivo por las IMFs, no sólo por su exclusión del financiamiento formal sino también porque las mujeres terminan invirtiendo un mayor porcentaje de su parte de los ingresos domésticos en alimentos, ropa para los niños, educación y salud, contrario a lo usual entre los hombres, tal como se demuestra en diferentes estudios (por ejemplo, Hopkins, Levin y Haddad 1994).

■ *Los pobres.* Los intermediarios financieros formales experimentan costos de transacción relativamente elevados al tratar con personas extremadamente pobres debido a las dimensiones mínimas de cada transacción. Por ejemplo, el costo de ofrecer servicios de ahorro a los clientes que realizan frecuentes microdepósitos puede ser bastante alto. Lo mismo es aplicable para los préstamos muy pequeños que requieren de una burocracia similar a la de los préstamos mayores otorgados por instituciones financieras formales, pero

producen muy pocos ingresos y, por consiguiente, causan pérdidas.

■ *Las personas sin educación.* Las personas que no saben leer ni escribir enfrentan un evidente obstáculo para obtener servicios financieros que exigen algún tipo de solicitud escrita o de documentación. Las IMFs han atendido a personas analfabetas mediante la adopción de técnicas innovadoras, incluyendo la investigación y la capacitación oral, la capacitación a través de imágenes, las garantías colectivas y el uso de la impresión de la huella digital en vez de firma.

Evidentemente, muchas personas excluidas del financiamiento formal pertenecen a más de una de estas categorías, y por lo tanto existe una correlación entre estos cuatro indicadores de proyección. Para comparar a los clientes de IMFs con la población promedio del país, la profundidad de los diamantes de proyección representa una medida simple e intuitiva de los tipos de clientes

Casilla 9.6 Alcance de los diamantes de proyección

CON EL PROPÓSITO DE ANALIZAR LA MEDIDA EN QUE LAS instituciones financieras de crédito-primero y ahorro-primero atienden a los clientes rurales, mujeres, pobres y analfabetas, se elaboraron los diamantes de alcance de proyección. Dichos diamantes examinan estos cuatro indicadores de proyección en las instituciones de crédito-primero y ahorro-primero, en comparación con los promedios generales del país.

Los diamantes son una representación gráfica simple de los cuatro indicadores de proyección. Tres de las variables (urbano, masculino y alfabeto) son porcentajes calculados en una escala de 0 a 1. En vez de utilizar el PIB per cápita como medida de los ingresos a nivel nacional, se utilizó la medida alternativa del PIB dividido entre la población económicamente activa. Esta medida fue normalizada a uno para establecer el promedio nacional. Los ingresos de los clientes se colocaron en la misma escala al dividir el promedio de ingresos de los clientes entre el nivel de ingresos a nivel nacional. Aplicando este enfoque, los diamantes más pequeños reflejan un mayor alcance de proyección.

Los diamantes de proyección ilustran un promedio de las instituciones dedicadas básicamente a los ahorros, en el primer diamante, y a las instituciones dedicadas básicamente a otorgar préstamos, en el segundo diamante. Los promedios nacionales ofrecen un parámetro general para la comparación entre los promedios de ahorro-primero y crédito-primero. A primera vista, se observa que el diamante de crédito-primero suele ser más pequeño que el diamante del promedio del país, representando una proyección extensa, mientras el diamante de ahorro-primero tiene un área aproximadamente similar al diamante del promedio nacional. Esta conclusión es análoga a un estudio similar realizado para instituciones de microfinanzas en América Latina.

Al examinar más detalladamente se revelan detalles de proyección más específicos. Entre las instituciones de ahorro-primero, el promedio de clientes tiende a ser más alfabetizado y masculino que el promedio del país. Los miembros de muchas uniones de crédito son predominantemente hombres, aunque en años recientes un número mayor de mujeres se ha integrado en las uniones de crédito africanas. Además, las uniones de crédito se han dedicado a la alfabetización en África. En promedio, los miembros de crédito-primero son levemente más pobres y es mucho más rurales que los promedios nacionales.

En contraste con lo anterior, el diamante de proyección para las instituciones de crédito-primero muestra una clien-

tela totalmente diferente. En promedio, los programas de crédito-primero están dirigidos a una clientela más urbana, femenina, analfabeta que el promedio nacional. Las mujeres del mercado urbano representan un gran porcentaje de los clientes de crédito-primero. Los ingresos de estos clientes suman casi la mitad del promedio de ingresos por persona económicamente activa en el país. En este sentido, es evidente que los programas de crédito-primero tienen una proyección importante para sectores subatendidos de la comunidad.

Proyección de instituciones de ahorro-primero y crédito-primero

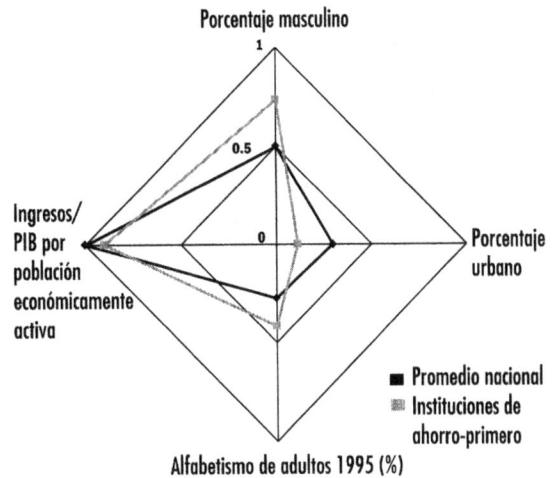

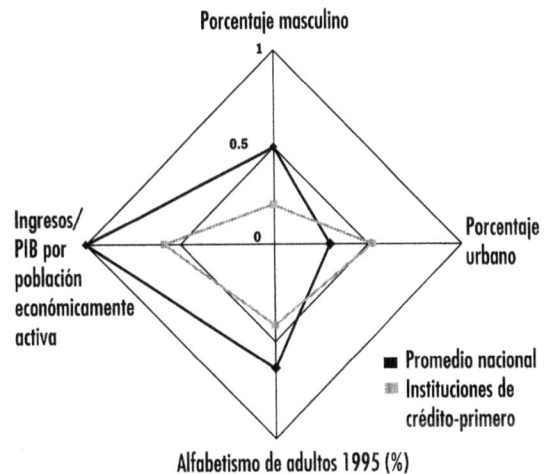

Fuente: Paxton y Fruman 1998.

atendidos por las IMFs. En la Casilla 9.6 se ilustra esta técnica utilizando información de IMFs de África subsahariana dedicadas primordialmente al crédito o a los ahorros (crédito-primero o ahorros-primero).

Estándares de rendimiento y variaciones

Hay una multitud de indicadores de rendimiento que las IMFs podrían usar para analizar su rendimiento financiero. Los indicadores presentados en este capítulo han sido tomados de una serie de instituciones, tanto semiformales como formales. A la fecha, no hay un estándar establecido de proporciones ni de proporciones de rendimiento estándar que sean aplicables a la industria de las microfinanzas. Sin embargo, actualmente hay varias iniciativas en proceso de establecer una serie de estándares mundiales de rendimiento para las microfinanzas (Saltzman, Rock y Salinger 1998):

- ACCION recientemente desarrolló y dio a conocer su sistema CAMEL.
- La Corporación de Iniciativas del Sector Privado (Private Sector Initiatives Corporation) está desarrollando una agencia de encuestas.

- CGAP y el Banco Mundial están financiando la publicación *MicroBanking Financial Review.*
- DFID – Departamento para Desarrollo Internacional (Gran Bretaña) está financiando el desarrollo del sistema de BASE, Kenia, "Micro Finance Institution Monitoring and Analysis System".
- USAID financió el sistema de encuestas PEARLS, tal como es utilizado por el Consejo Mundial de Uniones de Crédito (WOCCU).

Además, se han desarrollado diferentes guías, entre éstas, *Financial Ratio Analysis of Micro-Finance Institutions* (Análisis de Proporciones Financieras de las Instituciones de Microfinanzas) de la Small Enterprise Education and Promotion Network (Red de Educación y Promoción de las Pequeñas Empresas), *Management Information Systems for Microfinance Institutions* (Sistemas de Información Administrativa para Instituciones de Microfinanzas) de CGAP, y *Technical Guide for the Analysis of Microenterprise Finance Institutions* (Guía Técnica para el Análisis de Instituciones Financieras para Microempresas) del Banco Interamericano de Desarrollo.

Un perspectiva general de cuatro de los enfoques más conocidos y de las proporciones aplicadas se presenta en las Casillas 9.7 a 9.10.

Casilla 9.7 Sistema CAMEL, ACCION

EL SISTEMA CAMEL ANALIZA LOS CINCO ASPECTOS tradicionales considerados como los más importantes en la operación de un intermediario financiero. Estas cinco áreas reflejan la condición financiera y la fortaleza operacional general de la IMF y se resumen brevemente a continuación.

C—Adecuación patrimonial. Se evalúa la situación de capital de la institución y su capacidad de apoyar el crecimiento de la cartera de préstamos, así como el potencial deterioro del activo. El análisis de CAMEL estudia la capacidad de la institución para conseguir patrimonio adicional en caso de pérdidas y de su capacidad y sus políticas para establecer reservas para el riesgo inherente a sus operaciones

$$\text{Apalancamiento} = \frac{\text{Activo en riesgo}}{\text{Patrimonio}}$$

$$\text{Suficiencia de reserva} = \frac{\text{Reserva real para pérdidas de préstamos}}{\text{Reserva de CAMEL ajustada para pérdidas de préstamos}}$$

A—Calidad del activo. Se examina la calidad general de la cartera de préstamos y otros activos, incluyendo la infraestructura (por ejemplo, localización y entorno de la oficina). Esto requiere el análisis del nivel de la cartera en riesgo y la cancelación de préstamos incobrables, además de lo apropiado del sistema de clasificación de la cartera, los procesos de cobro y las políticas de cancelación de préstamos incobrables.

$$\text{Cartera en riesgo} = \frac{\text{Saldo de préstamos vencidos por} > 30 \text{ días} + \text{recuperación legal}}{\text{Cartera de préstamos activa}}$$

$$\text{Préstamos cancelados por incobrables} = \frac{\text{Préstamos cancelados por incobrables (netos)}}{\text{Cartera de préstamos activa del período pertinente}}$$

M—Manejo. Las políticas de recursos humanos, el manejo general de la institución, los sistemas de información administrativa, los controles internos y las auditorías, la planificación estratégica y la elaboración de presupuestos se examinan en diferentes áreas que reflejan la calidad general del manejo.

E—Ingresos. Se examinan los componentes clave de ingresos y gastos, incluyendo el nivel de eficiencia de operación y políticas de la institución en relación con las tasas de interés, así como los resultados generales establecidos por el rendimiento patrimonial (ROE) y el rendimiento del activo (ROA).

$$\text{Rendimiento patrimonial} = \frac{\text{Ingresos netos de operaciones}}{\text{Patrimonio promedio}}$$

$$\text{Eficiencia de operación} = \frac{\text{Gastos de operación}}{\text{Promedio de cartera de préstamos}}$$

$$\text{Rendimiento del activo} = \frac{\text{Ingresos netos de operaciones}}{\text{Activo promedio}}$$

L—Liquidez. Este componente del análisis examina la capacidad de la institución para proyectar las necesidades de financiamiento en general y la demanda de crédito en particular. La estructura del pasivo de la institución, al igual que la productividad de sus activos actuales, también es un aspecto importante de la evaluación general del manejo de liquidez de una institución.

$$\text{Productividad de otros activos actuales} = \frac{1 - \text{efectivo y casi efectivo devengado por intereses}}{[(\text{efectivo mensual promedio} + \text{dinero bancario} - \text{protección para la liquidez}) * (\text{tasa de interés promedio de certificado de depósito (CD) de 6 meses})] + (\text{protección para la liquidez} \times \text{promedio de tasa de interés de ahorro})}$$

Fuente: Saltzman, Rock y Salinger 1998.

Casilla 9.8 Análisis de proporciones financieras para instituciones de microfinanzas, educación de pequeñas empresas y red de promoción

ESTA GUÍA ESTABLECE UN MARCO PARA ANALIZAR LA condición financiera de una IMF. El marco se divide en tres grupos, cada uno de los cuales comprende una serie de proporciones.

El primer grupo de proporciones analiza la sostenibilidad financiera de la IMF, o su capacidad para satisfacer las necesidades de su clientela sin depender de asistencia externa.

$$\text{Rendimiento del activo productivo} = \frac{\text{Ingresos financieros}}{\text{Promedio de activo productivo}}$$

$$\text{Proporción de costo financiero} = \frac{\text{Costos financieros}}{\text{Promedio de activos productivos}}$$

$$\text{Proporción de provisiones para pérdidas de préstamos} = \frac{\text{Provisiones para pérdidas de préstamos}}{\text{Promedio de activos productivos}}$$

$$\text{Proporción de costos de operación} = \frac{\text{Gastos de operación}}{\text{Promedio de activos productivos}}$$

$$\text{Costos de capital ajustado} = \frac{[(\text{Inflación x (valor neto} - \text{activos fijos netos})] + [(\text{inflación} - \text{tasa de interés pagado}) \text{ x préstamos concesionales}]}{\text{Promedio de activos productivos}}$$

$$\text{Proporción de donaciones y subsidios} = \frac{\text{Donaciones y subsidios}}{\text{Promedio de activo productivo}}$$

$$\text{Autosuficiencia de operaciones} = \frac{\text{Ingresos financieros}}{\text{Costos financieros} + \text{costos de operación} + \text{Provisiones para pérdidas de préstamos}}$$

$$\text{Autosuficiencia financiera} = \frac{\text{Ingresos financieros}}{\text{Costos financieros} + \text{costos de operación} + \text{provisiones} + \text{costo de capital}}$$

El segundo grupo de proporciones analiza la eficiencia financiera. Las IMFs deben preocuparse de atender con sus recursos a la mayor cantidad de personas posible.

$$\text{Costo por unidad monetaria otorgada en préstamo} = \frac{\text{Costos de operación}}{\text{Monto total desembolsado}}$$

$$\text{Costo por préstamo otorgado} = \frac{\text{Costos de operación}}{\text{Número de préstamos otorgados}}$$

$$\text{Número de prestatarios activos por oficial de crédito} = \frac{\text{Número promedio de prestatarios activos}}{\text{Número promedio de oficiales de crédito}}$$

$$\text{Cartera por oficial de crédito} = \frac{\text{Número promedio de préstamos pendientes}}{\text{Costos financieros} + \text{costos de operación} + \text{provisión para pérdidas de préstamos}}$$

El tercer grupo de proporciones ayuda a las IMFs a monitorear la calidad de su cartera. Si la calidad de la cartera es deficiente, la IMF no puede continuar operando a largo plazo.

$$\text{Cartera atrasada} = \frac{\text{Pagos atrasados}}{\text{Valor de los préstamos pendientes}}$$

$$\text{Cartera en riesgo} = \frac{\text{Saldo de préstamos atrasados}}{\text{Valor de los préstamos pendientes}}$$

$$\text{Proporción de pérdidas de préstamos} = \frac{\text{Monto cancelado por incobrable}}{\text{Promedio de préstamos pendientes}}$$

$$\text{Proporción de reservas} = \frac{\text{Reserva para pérdidas de préstamos}}{\text{Valor de los préstamos pendientes}}$$

Fuente: SEEP Network y Calmeadow 1995.

Casilla 9.9 El Sistema PERLAS o PEARLS, Consejo Mundial de Uniones de Crédito

PERLAS O PEARLS ES UN SISTEMA DE 39 PROPORCIONES financieras que el Consejo Mundial de Uniones de Crédito (WOCCU) utiliza a nivel mundial para monitorear el rendimiento de las uniones de crédito. Originalmente fue diseñado con las uniones de crédito en Guatemala, a finales de los años ochenta.

Actualmente, WOCCU lo utiliza para crear un lenguaje financiero universal que sea del conocimiento de cada unión de crédito, para generar una clasificación comparativa de las uniones de crédito y para proveer el marco para una unidad de supervisión de segundo nivel. Cada proporción tiene un objetivo o una meta estándar que cada una de las uniones de crédito debería tratar de alcanzar.

Se presenta una breve descripción del sistema PERLAS y se ofrecen algunas de las proporciones clave.

P—Protección (5 proporciones). Se refiere a la protección adecuada del activo. La protección se establece mediante la comparación entre la suficiencia de las provisiones para pérdidas de préstamos y el monto de préstamos morosos. La protección se considera adecuada si una unión de crédito tiene suficientes provisiones para cubrir el 100 por ciento de todos los préstamos morosos por más de 12 meses, y el 35 por ciento de todos los préstamos morosos por 1 a 12 meses.

E—Estructura financiera eficaz (8 proporciones). Determina el potencial de crecimiento, la capacidad de generar ingresos y la fortaleza financiera en general. Las proporciones evalúan el activo, pasivo y capital y sus objetivos relacionados constituyen una estructura ideal para las uniones de crédito.

Préstamos netos/ activo total	(Meta 60%–80%)
Inversiones líquidas/ activo total	(Meta máxima 20%)
Activos fijos/ activo total	(Meta máxima 5%)
Ahorros y depósitos/ activo total	(Objetivo 70%–80%)
Préstamos externos/ activo total	(Meta 0%)
Reservas e ingresos retenidos/ activo total	(Mínimo 8%)

A—Calidad del activo (3 proporciones). Por medio de las proporciones se mide el impacto del activo que no genera ingresos.

Fuente: Evans 1997.

Cartera en riesgo > 30 días/ total de préstamos	(La meta es < 5%; máximo 10%)
Activo improductivo/ activo total	(Máximo 7%)

R—Índices de ingresos y costos (12 proporciones). Desglosa los componentes esenciales de los ingresos netos (por inversión) para ayudar a la administración a calcular el rendimiento de las inversiones y para evaluar los gastos de operación. Los resultados indican más claramente si la unión de crédito devenga y paga tasas de interés de mercado sobre su activo, pasivo y capital.

Gastos de operación/ activo promedio	(Meta < 10%)
Ingresos netos/ activo promedio	(Suficiente para mantener una proporción de capital de > 8%)
Rendimiento de las acciones de los miembros	(Meta > tasa de inflación)

L—Liquidez (4 proporciones). Revelar si la unión de crédito está administrando su efectivo para satisfacer las solicitudes de retiro de ahorros y los requisitos de reserva de liquidez, y a su vez minimizar el monto de fondos inactivos.

Reserva de liquidez / ahorros que se pueden retirar	(Meta 10% mínimo)

S—Señales de crecimiento (7 proporciones). Por medio de éstas se mide el crecimiento financiero y de la membresía. Al comparar el crecimiento del activo con otras áreas clave, es posible detectar cambios en la estructura del balance, los cuales podrían tener un impacto positivo o negativo en los ingresos. El crecimiento del capital institucional es el mejor indicador de rentabilidad y éxito, en particular si proporcionalmente es mayor que el crecimiento del activo.

Casilla 9.10 Rastreo del rendimiento a través de indicadores, Consultative Group to Assist the Poorest

EN SU PUBLICACIÓN TITULADA *Management Information Systems for Microfinance Institutions*, CGAP presentó una lista de indicadores orientados hacia las necesidades de los gerentes de IMFs. Los indicadores se dividen en cinco amplios grupos. 15 de éstos son considerados por el grupo como de importancia fundamental, tanto para los gerentes de IMFs como para usuarios externos, donantes, inversionistas y reguladores. Los indicadores clave se presentan en mayúsculas.

Indicadores de calidad de la cartera
Cartera en riesgo, dos o más pagos
PROPORCIÓN DE RESERVAS PARA PÉRDIDAS DE PRÉSTAMOS
PROPORCIÓN DE PRÉSTAMOS CANCELADOS POR INCOBRABLES
PROPORCIÓN DE REPROGRAMACIÓN DE PRÉSTAMOS

Indicadores de rentabilidad
RENDIMIENTO DEL ACTIVO AJUSTADO
Rendimiento patrimonial ajustado
Rendimiento del activo
Rendimiento patrimonial
Sostenibilidad financiera

Indicadores de solvencia financiera
Multiplicador de patrimonio
Proporción rápida
Proporción de vacíos
Margen neto de intereses
Proporción de vacío de moneda
Riesgo de vacío de moneda
Tasa de interés efectiva real

Indicadores de crecimiento
CRECIMIENTO ANUAL DE CARTERA
AUMENTO ANUAL DEL NUMERO DE PRESTARIOS
Crecimiento anual de ahorros
Aumento anual del número de depositantes

Indicadores de productividad
PRESTATARIOS ACTIVOS POR OFICIAL DE CRÉDITO
Grupos de prestatarios activos por oficial de crédito
CARTERA NETA DE PRÉSTAMOS POR OFICIAL DE CRÉDITO
Clientes activos por sucursal
Cartera neta de préstamos por sucursal
Ahorros por sucursal
VACÍO DE RENDIMIENTO
Rendimiento de activo productivo
RENDIMIENTO DE CARTERA
Oficiales de crédito como porcentaje del personal
PROPORCIÓN DE COSTOS DE OPERACIÓN
Costo promedio de la deuda
Dimensión promedio del grupo
Porción de gastos indirectos para el jefe de oficiales

Indicadores de proyección
NÚMERO DE CLIENTES ACTIVOS
Porcentaje de clientes mujeres
Número de ahorrantes activos
Valor de todas las cuentas de ahorro
Mediana de saldo de cuentas de ahorro
Número de prestatarios activos
VALOR DE LA CARTERA NETA DE PRÉSTAMOS PENDIENTES
ÍNDICE DE ABANDONO
Mediana del monto de los primeros préstamos
MEDIANA DEL SALDO DE PRÉSTAMOS PENDIENTES
Porcentaje de préstamos otorgados a grupo objetivo

Fuente: Waterfield y Ramsing 1998.

Apéndice 1. Muestra de balance

Balance

al 31 de diciembre de 1995

	1995	1994	1993
ACTIVO			
Efectivo y cuentas corrientes bancarias	5.000	2.500	5.000
Depósitos que generan intereses	8.000	7.000	2.000
Préstamos pendientes			
Actuales	66.000	50.000	32.000
Vencidos	17.000	29.500	20.000
Reestructurados	1.000	500	0
Préstamos pendientes (brutos)	84.000	70.000	52.000
(Reservas para pérdidas de préstamos)	(7.000)	(5.000)	(5.000)
Préstamos pendientes (netos)	77.000	65.000	47.000
Otros activos fijos	500	1.000	500
TOTAL ACTIVOS FIJOS	90.500	75.500	54.500
Inversiones a largo plazo	12.500	11.000	8.000
Propiedades y equipo			
Costo	4.000	4.000	3.000
(Depreciación acumulada)	(700)	(300)	(200)
Propiedades y equipo netos	3.300	3.700	2.800
TOTAL ACTIVO A LARGO PLAZO	15.800	14.700	10.800
TOTAL ACTIVO	106.300	90.200	65.300
PASIVO			
Préstamos a corto plazo (tasa de interés comercial)	18.000	12.000	6.000
Ahorros de clientes	0	0	0
TOTAL PASIVO ACTUAL	18.000	12.000	6.000
Deudas a largo plazo (tasa de interés comercial)	12.000	15.000	7.500
Deudas a largo plazo (tasa de interés concesional)	35.000	30.000	18.800
Ingresos restringidos o diferidos	0	0	0
TOTAL PASIVO	65.000	57.000	32.300
PATRIMONIO			
Capital de fondo de préstamos	40.100	33.000	33.000
Superávit neto retenido (déficit) de años anteriores	200	0	0
Superávit neto del año actual (déficit)	1.000	200	0
TOTAL PATRIMONIO	41.300	33.200	33.000
TOTAL PASIVO Y PATRIMONIO	106.300	90.200	65.300

Fuente: Ledgerwood 1996.

Apéndice 2. Muestra de estado de ganancias y pérdidas

ESTADO DE INGRESOS Y EGRESOS

Para el período que finaliza el 31 de diciembre de 1995

	1995	*1994*	*1993*
INGRESOS FINANCIEROS			
Intereses sobre préstamos actuales y vencidos	15.400	12.000	9.000
Intereses sobre préstamos reestructurados	100	50	0
Intereses sobre inversiones	500	1.500	400
Cargos por servicios de préstamos	5.300	5.000	3.850
Cargos sobre préstamos fuera de plazo	200	300	350
TOTAL DE INGRESOS FINANCIEROS	21.500	18.850	13.600
COSTOS FINANCIEROS			
Intereses sobre deudas	3.700	3.500	1.200
Intereses pagados por depósitos	0	0	0
TOTAL DE COSTOS FINANCIEROS	3.700	3.500	1.200
MARGEN FINANCIERO BRUTO	17.800	15.350	12.400
Provisiones para pérdidas de préstamos	2.500	3.000	5.000
MARGEN FINANCIERO NETO	15.300	12.350	7.400
GASTOS DE OPERACIÓN			
Salarios y prestaciones	6.000	5.000	4.000
Gastos administrativos	2.600	2.500	2.300
Alquileres	2.500	2.500	2.150
Viajes	2.500	2.500	2.000
Depreciación	400	300	200
Otros	300	300	250
TOTAL DE GASTOS DE OPERACIÓN	14.300	13.100	10.900
INGRESOS NETOS DE OPERACIÓN	1.000	(750)	(3.500)
Ingresos por donaciones para operaciones	0	950	3.500
EXCEDENTE DE INGRESOS SOBRE EGRESOS	1.000	200	0

Fuente: Ledgerwood 1996.

Apéndice 3. Muestra de informe de cartera

INFORME DE CARTERA

Datos de cartera	1995	1994	1993
Valor total de préstamos desembolsados durante el período	160.000	130.000	88.000
Número total de préstamos desembolsados durante el período	1.600	1.300	1.100
Número de prestatarios activos (final del período)	1.800	1.550	1.320
Número promedio de prestatarios activos	1.675	1.435	1.085
Valor de préstamos pendientes (final del período)	84.000	70.000	52.000
Saldo promedio pendiente de préstamos	75.000	61.000	45.000
Valor de pagos atrasados (final del período)	7.000	9.000	10.000
Valor de saldos pendientes de préstamos atrasados (final del período)	18.000	20.000	20.000
Valor de préstamos cancelados por incobrables durante el período	500	3.000	0
Monto promedio de préstamos iniciales	100	100	80
Plazo promedio de los préstamos (meses)	12	12	12
Número promedio de oficiales de crédito durante el período	6	6	4

Días vencidos	(A) Número de préstamos vencidos	(B) Saldo pendiente de préstamos vencidos	(C) Reserva para pérdidas de préstamos (%)	(D) Reserva para pérdidas de préstamos ($) (B) x (C)
1–30	200	8.750	10	875
31–60	75	5.000	50	2.500
61–90	60	2.500	75	1.875
90–120	15	1.100	100	1.100
> 120	10	650	100	650
	360	18.000		7.000

Fuente: Ledgerwood 1996.

Apéndice 4. Muestra de estados financieros ajustados (combinados)

El siguiente balance representa la posición financiera de una IMF al 31 de diciembre de 1994, con ajustes por inflación (400 para revaluación de activos no financieros y 3.300 para devaluación de patrimonio) y subsidios (donación de 950 para costos de operación y 2.100 para costos financieros ajustados sobre préstamos concesionales).

BALANCE (AJUSTADO)

Al 31 de diciembre de 1994

	1994	Ajuste	1994A
ACTIVO			
Efectivo y cuentas corrientes bancarias	2.500		2.500
Depósitos que generan intereses	7.000		7.000
Préstamos pendientes			
Actuales	50.000		50.000
Vencidos	29.500		29.500
Reestructurados	500		500
Préstamos pendientes (brutos)	70.000		70.000
(Reserva para pérdidas de préstamos)	(5.000)		(5.000)
Préstamos pendientes (netos)	65.000		65.000
Otro activo actual	1.000		1.000
TOTAL ACTIVO ACTUAL	75.500		75.500
Inversiones a largo plazo	11.000		11.000
Propiedades y equipo			
Costo	4.000		4.000
Revaluación de activos fijos		*400*	*400*
(Depreciación acumulada)	(300)		(300)
Propiedades y equipo netos	3.700		**4.100**
TOTAL ACTIVO A LARGO PLAZO	14.700		**15.100**
TOTAL ACTIVO	90.200		**90.600**
PASIVO			
Préstamos a corto plazo (tasa de interés comercial)	12.000		12.000
Ahorros de clientes	0		0
PASIVO TOTAL ACTUAL 12.000			12.000
Deuda a largo plazo (tasa de interés comercial)	15.000		15.000
Deuda a largo plazo (tasa de interés concesional)	30.000		30.000
Ingresos restringidos o diferidos	0		0
PASIVO TOTAL	57.000		57.000
PATRIMONIO			
Fondo de capital de préstamos	33.000		33.000
Ajuste por inflación—patrimonio		*3.300*	*3.300*
Capital acumulado—costos financieros		*2.100*	*2.100*
Capital acumulado—donación		*950*	*950*
Superávit neto retenido (déficit) de años anteriores	0		0
Superávit neto retenido (déficit) del año actual	200		(5.750)
PATRIMONIO TOTAL	33.200		33.600
TOTAL PASIVO Y PATRIMONIO	90.200		90.600

Fuente para estados no ajustados: SEEP Network y Calmeadow 1995.

ESTADO DE INGRESOS (AJUSTADO)

PARA EL PERÍODO QUE FINALIZÓ EL 31 DE DICIEMBRE DE 1994

	1994	Ajuste	1994A
INGRESOS FINANCIEROS:			
Intereses sobre préstamos actuales y/o vencidos	12.000		12.000
Intereses sobre préstamos reestructurados	50		50
Intereses sobre inversiones	1.500		1.500
Cargos por servicios de préstamos	5.000		5.000
Cargos sobre préstamos fuera de plazo	300		300
Revaluación de activos fijos		*400*	*400*
TOTAL DE INGRESOS FINANCIEROS	18.850		**19.250**
COSTOS FINANCIEROS			
Intereses sobre deudas	3.500		3.500
Deuda concesional ajustada		*2.100*	*2.100*
Intereses pagados por depósitos	0		0
TOTAL DE COSTOS FINANCIEROS	3.500		5.600
MARGEN FINANCIERO BRUTO	15.350		13.650
Provisiones para pérdidas de préstamos	3.000		3.000
MARGEN FINANCIERO NETO	12.350		**10.650**
GASTOS DE OPERACIÓN			
Salarios y prestaciones	5.000		5.000
Gastos administrativos	2.500		2.500
Alquileres	2.500		2.500
Viajes	2.500		2.500
Depreciación	300		300
Otros	300		300
Revaluación de patrimonio		*3.300*	*3.300*
TOTAL DE GASTOS DE OPERACIÓN	13.100		**16.400**
INGRESOS NETOS DE OPERACIONES	**(750)**		**(5.750)**
Ingresos por donación para operaciones	950	(950)	0
EXCEDENTE DE INGRESOS SOBRE EGRESOS	**200**		**(5.750)**

Fuente para estados no ajustados: SEEP Network and Calmeadow 1995.

Apéndice 5. Análisis de rendimiento del activo de una IMF

Para analizar adicionalmente el rendimiento financiero de una IMF, es útil desglosar la proporción del rendimiento del activo en dos componentes: el margen de ganancias y la utilización de los activos.[3] El margen de ganancia considera las ganancias en relación con el total de ingresos percibidos; esto se puede desglosar adicionalmente en los cuatro costos en que incurrió la IMF, declarados como porcentaje del total de ingresos. (Alternativamente, estos costos pueden ser declarados como porcentaje del activo total, de los activos produc-

tivos o de la cartera y se pueden comparar con el rendimiento [ingresos] de estos activos. Para más información, ver SEEP Network y Calmeadow 1995.) La utilización de los activos examina los ingresos por dólar (u otra unidad monetaria) del activo total. Esto se desglosa adicionalmente en ingresos por intereses por dólar de activos e ingresos que no son por intereses, por dólar de activos, para proveer un indicador de dónde se perciben los ingresos en base a dónde se invierten los activos (cartera de préstamos en relación a otras inversiones).

Al analizar a una IMF, es útil desglosar el margen de ganancias y la utilización del activo en una serie de proporciones que relacionan cada rubro con el ingreso total

---

Casilla A9.5.1 Análisis de rendimiento del activo de una institución financiera

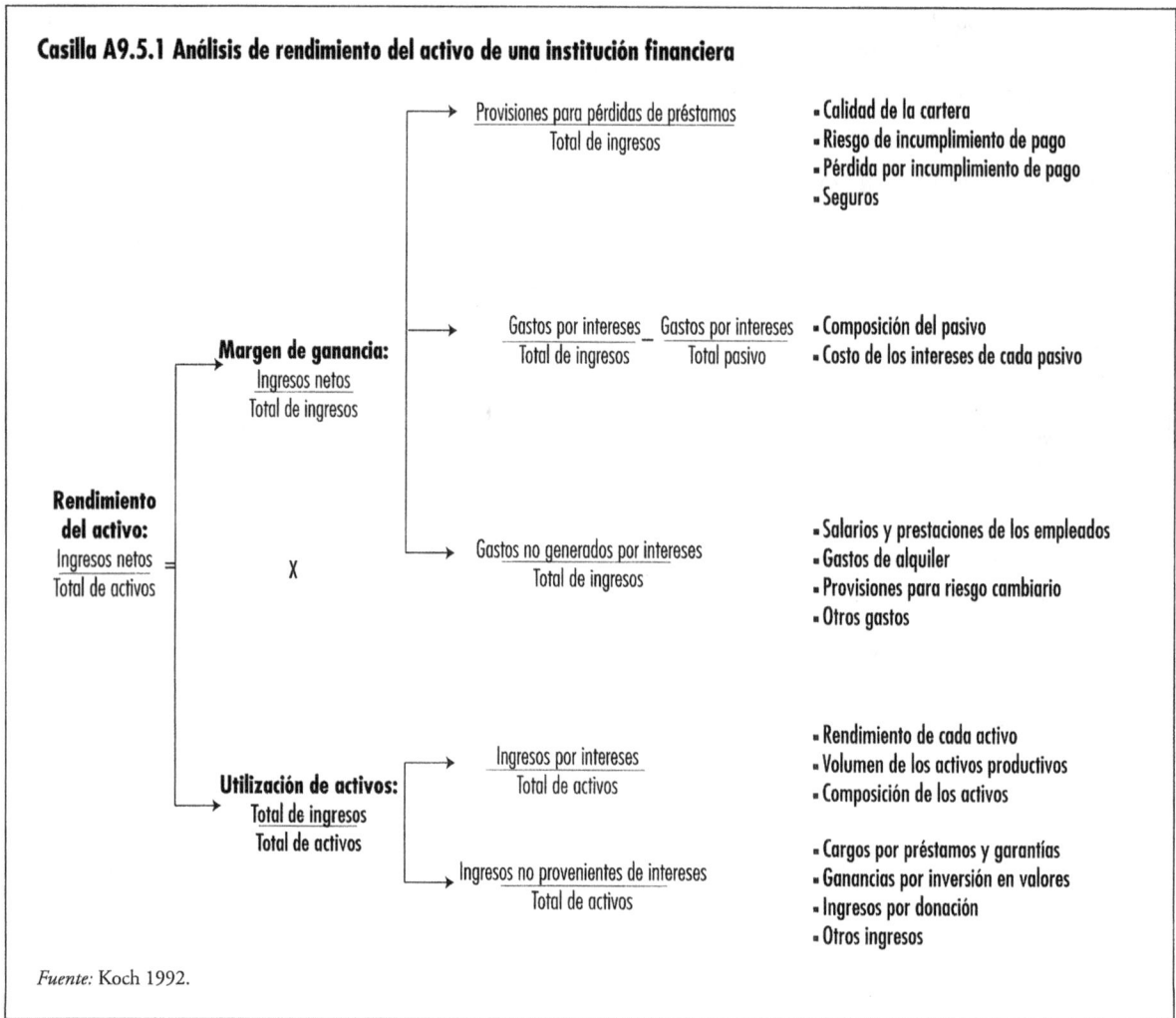

Fuente: Koch 1992.

---

3. Este apéndice fue adaptado por Benjamin y Ledgerwood (1998).

o el activo total. De esta manera, es posible examinar la fuente de la mayor parte de los ingresos de la IMF y las fuentes de financiamiento; por ejemplo, los estados financieros ajustados de la IMF tipo en los Apéndices 1 y 2 para 1994 se desglosan tal como se muestra en la Tabla A9.5.1.

Este desglose muestra claramente las fuentes de ingresos para una IMF, la manera en que ésta invierte sus activos y la manera en que los financia. Esto, a su vez, puede compararse con otras IMFs o instituciones financieras formales para mejorar potencialmente el manejo financiero de la IMF. Por ejemplo, si se descubre que una gran parte del activo de una IMF –por ejemplo, el 20 por ciento– ha sido invertida en activos que no generan ingresos (tales como efectivo o cuentas corrientes bancarias), sería necesario asegurar la reducción de la parte de activos que no generan ingresos.

En vez de realizar un análisis detallado del rendimiento del activo de la IMF tipo (en vista de que no genera ganancias una vez que se hacen los ajustes), a continuación se examina una IMF real y su rentabilidad a través de un análisis del rendimiento del activo.

Análisis de rendimiento del activo de la Asociación para el Desarrollo de Microempresas, 1996

(Extracto de Benjamin y Ledgerwood 1998.)

Aunque la Asociación para el Desarrollo de Microempresas (ADEMI) es una institución sin fines de lucro, ha percibido superávits sorprendentes sobre su patrimonio. En los últimos tres años, el rendimiento patrimonial (excluyendo las donaciones) osciló entre el 30 y el 45 por ciento, comparado con el 25 por ciento aproximadamente que se genera en los bancos comerciales de la República Dominicana. El rendimiento del activo durante los últimos cinco años ha oscilado entre el 13 y el 20 por ciento, excediendo ampliamente las proporciones del rendimiento del activo entre el 1 y el 2 por ciento que se registra en la mayoría de bancos comerciales.

En 1996, ADEMI obtuvo un margen de ganancias del 44 por ciento, en comparación con la proporción del 35 al 40 por ciento que ha predominado desde 1992. ADEMI ha logrado esto reduciendo costos y deudas incobrables y generando ingresos considerables. Por ejemplo, en 1994, la proporción del total de ingresos de ADEMI en relación con su activo total fue del 37 por

Tabla A9.5.1 Desglose del margen de ganancias y la utilización del activo de una institución microfinanciera

Margen de ganancias	1994 (por ciento)
Total de ingresos	100
Ingresos financieros—préstamos	65
Ingresos financieros—inversiones	8
Cargos de préstamos	28
Otros ingresos (revaluación de activos fjios)	2
Gastos	130
Costos de financiamiento (ajustados)	29
Provisión para pérdidas de préstamos	16
Costos de operación (ajustados)	85,2
Salarios y prestaciones	26
Revaluación de patrimonio	17
Ingresos netos	−30

Utilización del activo	1994 (por ciento)
Total activo	100
Efectivo y cuentas corrientes bancarias	3
Depósitos que generan intereses	8
Préstamos pendientes (bruto)	77
Préstamos pendientes (neto)	72
Otros activos	1
Inversiones a largo plazo	12
Propiedades y equipo (neto)	5
Total pasivo y patrimonio	100
Deuda a corto plazo	13
Deuda a largo plazo—comercial	17
Deuda a largo plazo—concesional	33
Total pasivo	63
Capital de fondo de préstamo—patrimonio e ingresos retenidos	30
Capital acumulado—costos financieros y donaciones	3
Ajuste por inflación—patrimonio	4
Total patrimonio	37%

Fuente: Benjamin y Ledgerwood 1998.

ciento, en comparación con la del 18 por ciento que se registra en el Banco Popular, el cual es considerado como uno de los bancos mejor manejados en la República Dominicana, y en comparación con la proporción inferior al 10 por ciento en los bancos de los Estados Unidos.

Aunque el margen de ganancias ha ido aumentando, la proporción de utilización del activo ha estado disminuyendo con bastante rapidez debido a los índices descendentes en el mercado y a los cambios importantes en la integración de la cartera. En particular, la proporción ha disminuido en 20 puntos porcentuales desde la creación de los préstamos de pequeña y mediana escala, los cuales fueron iniciados por ADEMI en 1992 (sumado a sus micropréstamos). Todo esto en conjunto explica la reducción del rendimiento del activo de ADEMI en el transcurso de los últimos cinco años (ver Tabla A9.5.2).

INCREMENTANDO LAS GANANCIAS AL ASEGURAR LA CALIDAD DE LA CARTERA. Esta es el área clave en donde ADEMI y otras IMFs exitosas han destacado con respecto a los prestamistas sin éxito. El éxito de ADEMI se debe en gran parte a la introducción, en 1987, de incentivos basados en el rendimiento para sus oficiales de crédito. Desde entonces, los atrasos han permanecido por debajo del 10 por ciento de la cartera de préstamos y han sido reduci-

dos a menos del 6 por ciento en 1995 y 1996. En general, ADEMI ha logrado mantener una proporción histórica de pérdidas inferior al 2 por ciento.

INCREMENTANDO LAS GANANCIAS AL REDUCIR LOS GASTOS NO FINANCIEROS. Los gastos no financieros como parte del total de ingresos, excluyendo las donaciones, han disminuido cada año desde la fundación de ADEMI, del 63 por ciento en 1984, hasta el 44 por ciento en 1990, hasta el 35 por ciento en 1994, hasta que en 1996 volvieron a aumentar y alcanzaron alrededor de 39 por ciento. Como parte del activo total, los gastos no financieros de ADEMI continuaron disminuyendo al 3 por ciento en 1996 del 6 por ciento en 1990.

INCREMENTANDO EL MARGEN DE GANANCIAS AL REDUCIR LOS GASTOS POR INTERESES. ADEMI ha mantenido una baja proporción de deuda: patrimonio, la cual nunca ha superado el 2,5:1. En los últimos años, se ha mantenido alrededor del 1,3:1, en comparación con un promedio del 10:1 en el sistema bancario dominicano. Al generar ganancias inmensas y al reinvertir éstas en sus opera-

Tabla A9.5.2 Análisis del rendimiento del activo de ADEMI

Rendimiento total	1984	1986	1988	1990	1992	1994	1996
Rendimiento patrimonial	46,7	70,0	29,2	55,3	46,9	33,5	31,0
Patrimonio/activo	45,5	35,3	30,9	32,3	43,0	41,5	44,1
Rendimiento del activo	21,2	24,7	9,0	17,9	20,2	13,9	13,7
Rendim. patrimonial excluyendo donaciones	−55,8	−14,2	20,7	44,5	45,4	33,5	30,3
Rendim. del activo excluyendo donaciones	−25,4	−5,0	6,4	14,4	19,5	13,9	13,4
Margen de ganancias							
Ingresos netos/total de ingresos	28,6	44,7	22,6	37,9	38,2	37,1	43,7
Gastos/total de ingresos	5,0	1,5	7,8	12,9	19,5	21,2	11,2
Gastos por intereses/deuda	10,1	1,3	4,7	9,6	19,9	14,3	6,7
Provisiones para pérdidas de préstamos / total de ingresos	3,6	5,4	5,0	5,3	6,0	6,3	6,2
Gastos no provenientes de intereses /activo total	62,8	48,5	64,7	43,9	36,3	35,4	38,9
Utilización del activo							
Total de ingresos /activo total	74,2	55,3	40,0	47,1	52,8	37,4	31,3
Ingresos por intereses / activo total	27,6	25,6	35,5	41,2	48,0	34,5	28,2
Ingresos por intereses / cartera de préstamos	35,2	44,0	46,6	54,7	62,4	43,3	38,0
Ingresos no proven. de intereses / activo total	46,6	29,7	4,5	5,9	4,8	2,9	3,0

Fuente: Benjamin and Ledgerwood 1998.

ciones, en los últimos años ADEMI ha mantenido el total de préstamos en menos del 70 por ciento de su cartera de préstamos netos y, por consiguiente, ha reducido considerablemente sus gastos financieros. En segundo lugar, ADEMI ha sustituido constantemente, en la medida de lo posible, el financiamiento de costo más bajo (préstamos a largo plazo con intereses bajos, donaciones y "préstamos de clientes") por el financiamiento relativamente costoso obtenido del Banco Popular y de FONDOMICRO (prestamista sombrilla patrocinado por USAID) en años anteriores.

UTILIZANDO ACTIVOS PARA GENERAR INGRESOS POR INTERESES. La cartera de préstamos de ADEMI creció en un promedio del 46 anual durante los años noventa y actualmente supera el de la mayoría de bancos en la República Dominicana. En los últimos años, la cartera de préstamos de ADEMI contabilizaba entre el 76 y el 80 por ciento del activo. Sólo en 1996 disminuyó la cartera al 70 por ciento del activo cuando ADEMI adoptó una posición inusualmente líquida en donde el efectivo y los depósitos bancarios se duplicaron y más para alcanzar el 17 por ciento del activo. Sin embargo, a partir de 1992 las tasas de interés de la economía dominicana han disminuido. Al mismo tiempo, ADEMI empezó a otorgar pequeños préstamos empresariales a tasas de interés muy inferiores que sus micropréstamos. El resultado ha sido la caída de los ingresos por intereses de ADEMI generados por su cartera de préstamos, los cuales descendieron del 62 por ciento al 32 por ciento entre 1992 y 1996.

UTILIZACIÓN DEL ACTIVO PARA GENERAR INGRESOS NO PROVENIENTES DE INTERESES. Los ingresos no provenientes de intereses en el caso de ADEMI consisten primas en pólizas de seguros de vida que son obligatorias para préstamos a microempresas no aseguradas y que se evalúan a una tasa de 28 puntos básicos por peso prestado, ingresos de la disposición de activos adquiridos, ingresos por cargos del Banco Popular en relación con la tarjeta de crédito ADEMI Mastercard e ingresos por donaciones. (Aunque ADEMI cobra cargos por adelantado por los préstamos, éstos son clasificados como ingresos financieros.) Desde 1992, sólo ha habido un año en donde las donaciones representaban más del 1,2 por ciento del total de ingresos. Aunque otros ingresos no financieros han aumentado levemente como parte del total de ingresos, subiendo hasta alcanzar aproximada-

mente un nueve por ciento en 1996, ha disminuido en relación con el activo total, del 4,2 por ciento en 1992 al 2,7 por ciento en 1996.

Fuentes y bibliografía adicional

Bartel, Margaret, Michael J. McCord y Robin R. Bell. 1995. Financial Management Ratios I: Analyzing Profitability in Microcredit Programs. GEMINI Technical Note 7. Financial Assistance to Microenterprise Programs: Development Alternatives Inc. Washington, D.C.: USAID.

Benjamin, McDonald y Joanna Ledgerwood. 1998. "The Association for the Development of Microenterprises (ADEMI): 'Democratising Credit' in the Dominican Republic." Estudio de caso para el Proyecto Sustainable Banking with the Poor Project, Banco Mundial, Washington, D.C.

Christen, Robert, Elisabeth Rhyne, Robert Vogel y Cressida McKean. 1995. Maximizing the Outreach of Microenterprise Finance: An Analysis of Successful Microfinance Programs. Program and Operations Assessment Report 10. Agencia de los Estados Unidos para el Desarrollo Internacional (USAID), Washington, D.C.

CGAP (Consultative Group to Assist the Poorest). 1997. Format for Appraisal of Micro-Finance Institutions. Banco Munidal, Washington, D.C.

Evans, AnnaCor. 1997. "PEARLS: A Tool for Financial Stabilization, Monitoring y Evaluation." NEXUS Boletín 38. Small Enterprise Education and Promotion Network, NuevaYork.

Koch, Timothy. 1992. Bank Management. 2ª edición. Chicago: Dryden Press.

Ledgerwood, Joanna. 1995. "Philippines Poverty Strategy Report: Access to Credit for the Poor." Banco Mundial, East Asia Country Department, Washington, D.C.

Ledgerwood, Joanna. 1996. Financial Management Training for Microfinance Organizations: Finance Study Guide. New York: PACT Publications (para Calmeadow).

Ledgerwood, Joanna y Kerri Moloney. 1996. Financial Management Training for Microfinance Organizations: Accounting Study Guide. Nueva York: PACT Publications (para Calmeadow).

Paxton, Julia. 1997. "Guatemala CARE Village Banks Project." Estudio de caso para el Proyecto Sustainable Banking with the Poor, Banco Mundial, Washington, D.C.

Paxton, Julia y Carlos Cuevas. 1997. "Outreach and Sustainability of Member-Based Rural Financial Intermediaries." Proyecto Sustainable Banking with the Poor, Banco Mundial, Washington, D.C.

Paxton, Julia y Cecile Fruman. 1998. "Outreach and Sustainability of Savings-First vs. Credit-First Financial Institutions: A Comparative Analysis of Eight Microfinance Institutions in Africa." Proyecto Sustainable Banking with the Poor, Banco Mundial, Washington, D.C.

Saltzman, Sonia B., Rachel Rock y Darcy Salinger. 1998. Performance and Standards in Microfinance: ACCION's Experience with the CAMEL Instrument. Documento de Análisis No. 7. Washington, D.C.: ACCION International.

SEEP (Small Enterprise Education and Promotion) Network and Calmeadow. 1995. Financial Ratio Analysis of Micro-Finance Institutions. Nueva York: PACT Publications.

Stearns, Katherine. 1991. The Hidden Beast: Delinquency in Microenterprise Programs. Washington, D.C.: ACCION International.

Vogel, Robert C. 1988. "Measurement of Loan Repayment Performance: Basic Considerations and Major Issues." Banco Mundial, Instituto de Desarrollo Económico, Washington, D.C.

Von Pischke, J.D. 1991. Finance at the Frontier: Debt Capacity and the Role of Credit in the Private Economy. Washington, D.C.: Banco Mundial, Instituto de Desarrollo Económico.

———. 1994. "Measuring the Performance of Small Enterprise Lenders." Documento preparado para una conferencia sobre Servicios Financieros y los Pobres, Institución Brookings, Septiembre 28–30, Washington, D.C.

Waterfield, Charles y Nick Ramsing. 1998. "Management Information Systems for Microfinance Institutions: A Handbook." Preparado para el Consultative Group to Assist the Poorest por Deloitte Touche Tohmatsu International en asociación con MEDA Trade & Consulting and Shorebank Advisory Services, Washington, D.C.

Yaron, Jacob. 1992a. Assessing Development Finance Institutions: A Public Interest Analysis. Documento de Análisis del Banco Mundial No. 174. Washington, D.C.

———. 1992b. Successful Rural Finance Institutions. Documento de Análisis del Banco Mundial 150. Washington, D.C.

Yaron, Jacob, McDonald P. Benjamin Jr. y Gerda L. Piprek. 1997. Rural Finance: Issues, Design, and Best Practices. Environmentally and Socially Sustainable Development Studies and Monographs Series 14. Washington, D.C.: Banco Mundial.

CAPÍTULO DIEZ

Manejo de rendimiento

Para manejar eficientemente una IMF, es necesario comprender la forma como varios temas de operaciones afectan el rendimiento financiero. Los indicadores de rendimiento presentados en el Capítulo 9 proporcionan un medio para analizar el rendimiento financiero de una IMF y determinar las mejoras que posiblemente se requieran. Este capítulo ofrece información sobre el manejo eficaz de los aspectos financieros y operacionales de una IMF para mejorar su rendimiento.

En este capítulo, se abordan tres áreas principales de manejo de rendimiento:

- Morosidad
- Productividad y eficacia
- Riesgo, incluyendo el riesgo de liquidez y de tasas de interés, el riesgo de tasas cambiarias y riesgos de operación (el riesgo crediticio se discute bajo el manejo de morosidad).

Una gran parte del enfoque de este capítulo está en el control de costos y el incremento de ingresos. En el mismo, no se discuten la rentabilidad y su viabilidad financiera, debido a que la viabilidad financiera se alcanza manejando exitosamente *todos* los temas discutidos en las partes II y III de este manual. Específicamente, una vez que las IMFs hayan determinado la demanda apropiada, deben desarrollar sus productos y fijar precios para éstos (Capítulos 5 y 6), crear sistemas de información administrativa eficaces y útiles (Capítulo 7), generar estados financieros exactos y oportunos (Capítulo 8), calcular indicadores de rendimiento apropiados y relevantes (Capítulo 9) y manejar eficazmente la morosidad, la productividad, el riesgo de liquidez, el riesgo de tasas de interés y el riesgo de operación (Capítulo 10). Por lo

tanto, en este capítulo, aunque no se abordan directamente los temas de viabilidad financiera, sí se tratan los temas de manejo financiero que finalmente afectan la viabilidad financiera.

El manejo de rendimiento eficaz es especialmente importante para profesionales y consultores, ya que son ellos quienes deben implementar o dar asesoría respecto a las herramientas y políticas de manejo financiero eficaces. Este capítulo será de interés para los donantes, en la medida en que deben asegurarse que las IMFs a las que apoyan están en el proceso de desarrollar prácticas administrativas que tendrán como resultado la sostenibilidad financiera.[1]

Manejo de morosidad

Los préstamos morosos desempeñan un rol crítico en *los gastos, el flujo de efectivo, los ingresos y la rentabilidad* de una IMF.

Usualmente, para realizar esfuerzos adicionales para cobrar préstamos morosos se incurre en *gastos* adicionales para realizar un monitoreo más preciso, hacer visitas más frecuentes a los prestatarios, llevar a cabo un análisis más exhaustivo de la cartera, pagar honorarios legales para dar seguimiento a prestatarios muy morosos, y así sucesivamente. Mientras más tiempo, esfuerzo y recursos se inviertan en el control de los préstamos morosos, habrá menos recursos disponibles para que la IMF atienda a nuevos prestatarios y amplíe sus servicios o su proyección.

La morosidad puede resultar en una rotación más lenta de la cartera de préstamos y la incapacidad de pagar los gastos debido a un *flujo de efectivo* reducido. Si el capi-

---

1. Algunas partes de este capítulo se basan en textos publicados originalmente en Ledgerwood (1996).

tal de los préstamos no se recupera en la fecha establecida, no es posible otorgar préstamos a otros prestatarios, y además puede haber atrasos en el pago de algunos gastos. Además, con un flujo de efectivo reducido, quizá la IMF no tenga la capacidad de realizar pagos puntuales de fondos obtenidos en préstamo o no pueda responder a la demanda de retiros de ahorros.

Los préstamos en mora también causan atraso o la pérdida de *ingresos* por intereses. Para determinar el monto de ingresos atrasados que son resultado de préstamos en mora, los intereses recibidos en un período dado se comparan con los ingresos esperados en ese período. Esto se realiza multiplicando el rendimiento efectivo por el promedio de la cartera de préstamos pendientes en el período y comparando el resultado con los intereses recibidos.

$$\text{Ingresos esperados para el período} = \frac{\text{Período de rendimiento efectivo}}{\text{x monto pendiente de pago en el período}}$$

La diferencia entre el monto realmente recibido en el período y los ingresos esperados, es el monto de ingresos atrasados o perdidos en ese período.

Efecto de la morosidad sobre la rentabilidad de una IMF

Evidentemente, la rentabilidad de una IMF es afectada si no se reciben ingresos por intereses sobre los préstamos morosos; sin embargo, el efecto más significativo sobre la rentabilidad ocurre cuando no se paga el capital del préstamo y deben realizarse provisiones para pérdidas de préstamos. Por cada préstamo perdido, deben otorgarse muchos préstamos adicionales para generar suficientes ingresos para sustituir el capital del préstamo perdido. En otras palabras, cuando no se recupera un préstamo, todo el capital (y si capitalizados, también los intereses) debe ser desembolsado por medio de una provisión para pérdidas de préstamos. Esto afecta fuertemente la rentabilidad de la IMF y, por consiguiente, el monto transferido al balance como patrimonio. Si la IMF registra una pérdida neta, se reduce el patrimonio, lo que resulta en una menor disponibilidad de fondos para financiar préstamos adicionales. Si se desea que continúen las operaciones, deberá incrementarse el patrimonio para que esté por lo menos en el nivel en que estaba antes de que se registrara la pérdida. Ya que no es probable que los inversionistas o donantes estén dispuestos a invertir a largo plazo en una

IMF que está perdiendo dinero, la IMF debe trabajar para generar los suficientes ingresos, libre de gastos, para sustituir el capital (patrimonio) perdido. Notar que, aun cuando los préstamos son financiados con deuda, debe pagarse la deuda sin importar si los préstamos (activos) otorgados a los prestatarios son recuperados por la IMF o si no sucede. Si no se generan suficientes ingresos para pagar la deuda, entonces disminuirá el patrimonio.

◆ Por ejemplo, un préstamo de 3.000 con un plazo de 46 semanas, pagos semanales y una tasa fija de interés del 15 por ciento, (en este ejemplo, únicamente se utiliza una tasa de interés fija para propósitos de demostración - no se pretende sugerir que ésta es la mejor forma de fijar un precio para un préstamo - ver el Capítulo 5); entra en mora después de 14 semanas de pagos. Para sustituir el capital y los intereses perdidos, deben otorgarse 16 préstamos adicionales de 1.000 cada uno (Tabla 10.1).

Sin embargo, en este ejemplo únicamente se toman en cuenta los ingresos brutos de 150 ganados por cada préstamo de 1.000. No se considera ningún costo de operación o financiamiento asociado con el préstamo.

Para determinar exactamente el pleno costo de sustitución del capital de préstamos perdidos, deben tomarse en cuenta los costos variables asociados con el desembolso y manejo de un préstamo. Para hacerlo, se calcula el margen anual de contribución restando de los ingresos por cada 1.000 pendientes de pago los costos variables por cada 1.000 pendientes de pago (los costos variables incluyen el costo de los fondos, los costos de operación y las provisiones). De esta manera, se realiza un análisis mucho más preciso de los costos de morosidad al determinar los costos totales en que incurre la IMF para sustituir el capital perdido (Tabla 10.2).

Notar el incremento sustancial en el número de préstamos (40 en vez de 16) requerido al tomar en cuenta los costos variables asociados con el desembolso y manejo de préstamos. Esto enfatiza el costo significativo de la morosidad para una IMF, tanto en términos de ingresos y capital perdido como en gastos adicionales en que se incurre para otorgar nuevos préstamos y tratar de recuperar los préstamos en mora.

Control de la morosidad

Para manejar la morosidad, es necesario revisar a profundidad los métodos de crédito, los procedimientos opera-

Tabla 10.1 Costo de la morosidad, ejemplo No. 1	
Rubro	*Cálculo*
Monto inicial del préstamo	3.000
Plazo	46 semanas
Pago semanal	75
Pagos recibidos	14 semanas (1.050)
Pagos vencidos	32 semanas (2.400)
Total de capital e ingresos perdidos	= 2.400
Ingresos perdidos	= 312
Capital perdido	= 2.088
Ingresos obtenidos por cada préstamo de 1.000 con un plazo de 46 semanas	= 150
Número de préstamos requeridos para sustituir el capital perdido	$= \dfrac{\text{Capital perdido}}{\text{ingresos por préstamo}}$ $= \dfrac{2.088}{150}$ = 14 préstamos de 1.000 cada uno
Número de préstamos requeridos para sustituir el capital y los ingresos perdidos	$= \dfrac{\text{Capital e ingresos perdidos}}{\text{ingresos por préstamo}}$ $= \dfrac{2.400}{150}$ = 16 préstamos de 1.000 cada uno

Fuente: Ledgerwood 1996.

Tabla 10.2 Costo de la morosidad, ejemplo No. 2	
Rubro	*Cálculo*
Monto inicial del préstamo	3.000
Plazo	46 semanas
Pago semanal	75
Pagos recibidos	14 semanas (1.050)
Pagos vencidos	32 semanas (2.400)
Total de capital e ingresos perdidos	= 2.400
Ingresos perdidos	= 312
Capital perdido	= 2.088
Ingresos obtenidos por cada préstamo de 1.000 durante 46 semanas	= 150
Costos variables por 1.000	= 90
Margen de contribución pendiente	= 60
Número de préstamos requeridos para sustituir el capital perdido [a]	$= \dfrac{\text{Capital perdido}}{\text{Margen de contribución por 1.000}}$ $= \dfrac{2.088}{60}$ = 35 préstamos de 1.000
Número de préstamos requeridos para sustituir el capital y los ingresos perdidos	$= \dfrac{\text{Capital e ingresos perdidos}}{\text{Ingresos por préstamo}}$ $= \dfrac{2.400}{60}$ = 40 préstamos de 1.000

a. Tomando en cuenta los costos variables del desembolso y manejo de los préstamos pendientes.
Fuente: Ledgerwood 1996.

cionales y la imagen institucional de la IMF. Muchas veces, la morosidad es resultado de productos crediticios con un diseño deficiente y mecanismos de prestación de servicios inadecuados. Existen seis elementos esenciales para el manejo de la morosidad (Ledgerwood 1996):

■ *El servicio crediticio debe ser apreciado por los clientes.* La principal razón por la cual los clientes pagan un préstamo es porque desean recibir un préstamo subsiguiente, por un monto mayor. Este incentivo no funciona si los clientes no aprecian el servicio crediticio; por lo tanto, el producto crediticio debería ajustarse a las necesidades de los clientes, el proceso de

prestación de servicios debería ser conveniente y los clientes deberían percibir que la IMF los respeta y que se interesa en ellos.

■ *Es necesario seleccionar cuidadosamente a los clientes.* El proceso de selección de prestatarios debería eliminar en lo posible a los prestatarios o empresarios incumplidores cuyas actividades no les permitirán pagar un préstamo. Una vez seleccionados los prestatarios, es importante que reciban préstamos que estén estructurados de una forma que les permita pagarlos de acuerdo con su capacidad de pago.

- *El personal de campo y los clientes deben comprender que los pagos atrasados son inaceptables.* La imagen de una IMF como una institución crediticia, en vez de una organización de desarrollo social, es muy importante. Los prestatarios deben comprender claramente que al aceptar un préstamo se declaran dispuestos a cumplir con un contrato financiero que debe respetarse pagando el préstamo según el programa de pagos. Algunas IMFs cobran una multa por pagos atrasados después de que pasa cierto número de días sin que se haya recibido el pago. Hay algunos ejemplos que demuestran que esto funciona para motivar a los prestatarios a no atrasarse con sus pagos, pero si los clientes se atrasan mucho con sus pagos, una multa acumulada podría constituir un costo demasiado elevado y podría tener como consecuencia que incumplan con todo el pago de su préstamo. (Si se establece un monto máximo para la multa por atrasos en los pagos, como por ejemplo la suma de intereses generados en un mes, se evita este problema.) Otras IMFs, como el Banco Rakyat Indonesia, cobran una tasa de interés mensual más alta y devuelven una parte si el cliente paga el préstamo total puntualmente. De esta manera, existe un incentivo para que los clientes paguen sus préstamos según lo establecido y reciban un pago de un monto acumulado al final del plazo para invertirlo según lo deseen. Ésta es una medida similar a los ahorros obligatorios requeridos por muchas IMFs, pero está diseñada como un incentivo de pagos puntuales en vez de ser un medio para obtener crédito. Muchas veces, las IMFs proporcionan un incentivo para que los clientes realicen pagos puntuales ofreciendo préstamos cada vez mayores a los prestatarios que pagan puntualmente.

- *Las IMFs necesitan contar con sistemas de información administrativa precisos y puntuales.* El personal debe tener la capacidad de identificar rápidamente a los prestatarios morosos, por medio de un sistema de información administrativa que reporta y monitorea en forma exacta los pagos de préstamos. Mientras más fácil sea para el personal de campo identificar qué clientes deben realizar los pagos, cuándo y quién se atrasó y cuál es el monto pendiente, tendrán más tiempo para dedicarlo a los prestatarios. Los oficiales de crédito deberían revisar sus carteras diariamente para saber cuáles son los prestatarios que están atrasados con sus pagos.

- *La morosidad requiere de procedimientos de seguimiento eficaces.* Una vez identificado un prestatario moroso, el personal de la IMF debe dar seguimiento inmediato, acercándose al prestatario para comunicar el mensaje de que la morosidad es inaceptable. Es de vital importancia que los demás prestatarios perciban y comprendan las consecuencias de la morosidad, para que no empiecen a fallar con sus pagos (el efecto dominó). Como parte de los procedimientos de seguimiento, puede ser necesario lograr que los líderes de grupos o comunidades presionen al prestatario; realizar visitas al cliente; embargar un activo; o anunciar públicamente que el prestatario está moroso (por ejemplo, a través de una publicación en el periódico o un rótulo en la puerta del hogar del prestatario, o contratando a una persona para sentarse frente al hogar del prestatario). Adicionalmente, las IMFs deberían programar reuniones semanales de los miembros del personal para discutir los préstamos con problemas y decidir cuál será la medida correcta a tomar. A veces, dependiendo del contexto en el cual trabaja la IMF, los préstamos en mora se transfieren a una agencia cobradora o se involucra a la policía y se presentan cargos.

- *Las consecuencias del incumplimiento de pago de un préstamo deben ser suficientemente desagradables para los clientes.* Estas consecuencias podrían incluir: que ya no tengan acceso a préstamos (los prestatarios o todo el grupo); un mal historial crediticio; cobro de garantías; acción legal; visitas por parte de cobradores de deudas; multas; y anuncios públicos.

Finalmente, las IMFs deberían comprender que usualmente, la morosidad no es resultado de prestatarios que *no tienen la capacidad de pagar*; con mayor frecuencia, se trata de prestatarios que *simplemente no pagarán*. Los prestatarios que respetan y valoran los servicios ofrecidos por una IMF y comprenden que no se tolera la morosidad, pagarán sus préstamos. Aquellas personas que perciben a la IMF como una entidad que proporciona servicios de caridad no pagarán sus préstamos. En la Casilla 10.1, se presentan los pasos a tomarse cuando una IMF tiene un problema de morosidad.

Casilla 10.1 Quince pasos a seguir en caso de crisis por morosidad

1. *Revisar las políticas y operaciones crediticias* para verificar si se adaptan a la metodología y principios básicos.

2. *Evaluar* la medida en que los oficiales de crédito están cumpliendo con una metodología sólida; buscar desviaciones.

3. *Diseñar un sistema de incentivos* por medio del cual se mantendrá el tipo de desempeño buscado por el programa.

4. *Despedir a aquellos oficiales de crédito y miembros del personal de campo* que muestran un desempeño particularmente deficiente y que probablemente rechazarán la nueva forma de mejorar el desempeño.

5. *Separar los préstamos más problemáticos* y entregarlos a un departamento especializado en cobros. Dejar en manos de los oficiales de crédito un nivel aceptable de préstamos en mora.

6. *Revisar el sistema de información* para asegurarse de que proporcione información administrativa adecuada para el control diario de las operaciones y la implementación del sistema de incentivos.

7. *Entregar* las políticas y procedimientos de operaciones revisados al personal de campo, junto con el sistema de incentivos.

8. *Establecer fechas límite* para mejorar el desempeño y alcanzar los incentivos.

9. *Establecer una capacidad de control ex post* para medir las solicitudes de refinanciamiento, cuentas en mora y una muestra de cuentas puntuales según las nuevas políticas.

10. *Revisar el rendimiento de los préstamos nuevos comparados con los anteriores* después de aproximadamente seis meses, con nuevas políticas vigentes; si el rendimiento es satisfactorio, proceder con los pasos siguientes, y si no es satisfactorio, repetir los pasos previos desde el comienzo.

11. *Proporcionar refinanciamiento* en forma juiciosa a algunos clientes que tienen un auténtico potencial de pagar su préstamo.

12. *Cancelar por incobrables* el mayor número de préstamos que han estado vencidos por más de seis meses. Continuar con los esfuerzos por cobrarlos a través de un departamento especializado (en los casos donde los montos son significativos).

13. *Promover un sólido crecimiento* en cuanto a montos y número de clientes.

14. *Eliminar a los clientes* que tienen un historial deficiente de pago de préstamos.

15. *Despedir a los oficiales de crédito* que continúan mostrando un desempeño deficiente o que entorpecen todo el concepto.

Fuente: Economics Institute 1996.

En la Tabla 10.3, se describen algunos de los costos y beneficios para los prestatarios, con pagos puntuales, atrasados o incumplimiento de pago.

Reprogramación o refinanciamiento de préstamos

Cuando un cliente no tiene la capacidad de pagar un préstamo por razones de salud, desastres, mal manejo o alguna crisis de otra índole, es posible que sea apropiado reprogramar o refinanciar el préstamo. La reprogramación se refiere a extender el plazo del préstamo o cambiar el programa de pagos de éste, o ambos. Refinanciar un préstamo, se refiere a proporcionar un monto de fondos en préstamo adicionalmente al monto original del préstamo. Esto permite a los clientes reiniciar los pagos y, se espera, continuar realizando los mismos hasta haber cancelado todo el préstamo.

◆ Por ejemplo, una cliente solicitó un préstamo para empezar actividades de comercio. Ha realizado sus pagos del préstamo puntualmente y ahora está pagando su cuarto préstamo consecutivo. Recientemente, se enfermó y tuvo que abandonar sus actividades comerciales por un tiempo, utilizando sus ahorros para pagar por los servicios de salud. Sin embargo, se está recuperando y eventualmente podrá volver a asumir sus actividades generadoras de ingresos. En este caso, la IMF tiene suficiente justificación para reprogramar el préstamo de esta cliente para incluir un período durante el cual no es necesario realizar pagos, pero los intereses continúan acumulándose. Esto resultaría en un plazo más largo y costos adicionales para la cliente (y, por lo tanto, ingresos continuos para la IMF por el monto pendiente de pago). De esta manera, no se pierden ingresos - asumiendo que la prestataria vuelva a realizar los pagos y pague el monto completo con intereses. Si los intereses se calculan como intereses de tasa fija a pagarse al inicio del plazo, la IMF podría considerar el cobro de una cuota adicional para cubrir

Tabla 10.3 Pagos puntuales, pagos atrasados o incumplimiento de pagos

	Pagos puntuales	*Pagos atrasados o incumplimiento de pagos*
Beneficios	■ Probabilidad de préstamos de seguimiento immediatos, de montos más elevados ■ Desarrollo de historial crediticio positivo ■ Reputación positiva entre las demás personas ■ Accesso a capacitación, ahorros u otros programas y asesoría por parte de los oficiales de crédito ■ Reconocimientos o premios para el pago puntual	■ Se mantiene el capital (o una parte del mismo ■ Hay gastos más bajos si los pagos de intereses no se realizan ■ Se asiste con menos frecuencia o no se asiste a la sucursal para realizar los pagos (costos de transacción más bajos) ■ Costos de transacción más bajos para la asistencia a reuniones
Costos	■ Pago de intereses y capital del préstamo actual ■ Costos dde tiempo y transporte (costos de transacción) para realizar los pagos	■ Pérdida del accesso a otros servicios de programas ■ Atraso en la obtención de préstamos futuros o pérdida del acceso a préstamos futuros ■ Posible acción legal y costos relacionados ■ Visitas frecuentes por parte de los oficiales de crédito ■ Presión por parte de los demás miembros del grupo

Fuente: Stearns 1991b.

los ingresos perdidos sobre el préstamo (debido a que se ha reprogramado el préstamo, estará pendiente de pago durante un período más largo y, por lo tanto, debería generar más ingresos).

Como alternativa, la IMF podría considerar otorgar en préstamo una suma adicional a la cliente (es decir, refinanciar el préstamo) para que tenga la capacidad de continuar realizando los pagos y cubrir algunos de sus costos de servicios de salud. Esta medida se tomaría únicamente si la IMF considerara que sin otorgar un nuevo financiamiento, la prestataria no podría pagar el préstamo nunca porque no tendría la capacidad de continuar con sus actividades comerciales. Generalmente, financiar nuevamente es más riesgoso que volver a programar y debería realizarse únicamente con extremo cuidado.

Las IMFs deberían ser muy cuidadosas al reprogramar o refinanciar los préstamos. Aunque esto finalmente se implementa para alentar el pago de préstamos, es riesgoso y debe llevarse a cabo únicamente bajo circunstancias extremas. Adicionalmente, afecta la calidad reportada de la cartera de préstamos y el flujo de efectivo de la IMF.

Al reprogramar o refinanciar un préstamo se reducen los atrasos en una cartera convirtiendo un préstamo en

mora en un préstamo aparentemente saludable. Esto ocurre aunque el riesgo no necesariamente se haya reducido. En realidad, es posible que el riesgo sea mayor debido a la reprogramación o el refinanciamiento. Las IMFs deberían asegurarse de monitorear todos los préstamos reprogramados o refinanciados separadamente de los demás préstamos en cartera, ejerciendo un especial cuidado; no deberían reportarse en la cartera como préstamos *saludables.*

Cuando se reprograman los préstamos, no ocurren los ingresos de efectivo que se esperaban anteriormente. Si se reprograman muchos préstamos, la IMF puede enfrentar problemas de liquidez, lo cual puede significar que debe reducirse o detenerse el desembolso de préstamos, lo cual a su vez causa problemas de morosidad. (Más adelante, se trata el tema de manejo efectivo de la liquidez.)

Manejo de productividad y eficacia

El manejo de la productividad y la eficacia implican la máxima obtención de ingresos y la reducción al mínimo de los costos, en relación con el volumen de los negocios generados y manejados. Como parte del manejo de productividad, es necesario asegurarse que los miembros del personal respondan por sus actividades, que obtengan los incentivos apropiados para lograr un rendimiento productivo y eficaz, además de contar con información administrativa oportuna y útil. El manejo de la eficacia se enfoca en el manejo y la reducción de costos donde sea posible.

Mejora de la productividad del personal

Debido a la naturaleza del microcrédito, la principal responsabilidad de una proyección y pago de préstamos eficaces recae sobre el oficial de crédito. (Notar que la productividad de los oficiales de ahorro también puede motivarse por medio de planes de incentivos, reconocimientos, etc. Por razones de sencillez, en este capítulo se trata únicamente el tema de los oficiales de crédito, aunque lo mismo es válido para los oficiales de ahorro quienes se enfocan en las cuentas de ahorro en vez de préstamos pendientes.) Por lo tanto, es necesario asegurarse de que los oficiales de crédito estén motivados y sean responsabilizados apropiadamente por manejar y cultivar sus carteras.

La productividad es afectada por la selección de un modelo crediticio y los mecanismos de prestación de servicios, además del grupo objetivo de clientes. Estas varia-bles afectan el volumen de préstamos pendientes y el número de clientes por cada oficial de crédito (para aprender a calcular estas proporciones, ver el Capítulo 9) (Casilla 10.2).

PROMEDIO DE CARTERA DE PRÉSTAMOS PENDIENTES Y NÚMERO DE CLIENTES POR CADA OFICIAL DE CRÉDITO. El volumen de préstamos pendientes está fuertemente en función del grupo objetivo seleccionado y la metodología crediticia. La productividad puede mejorarse desarrollando carteras más grandes, lo cual se logra otorgando préstamos de montos más elevados o atendiendo a un mayor número de clientes por cada oficial de crédito.

Casilla 10.2 Mejoras inusuales de eficacia en Women's World Banking, Cali, Colombia

UN EJEMPLO DE UNA ONG QUE ALCANZÓ UN ÉXITO INUSUAL como resultado de sus esfuerzos por reducir costos, lograr la autosuficiencia financiera y, al mismo tiempo, proveer una mayor cantidad de servicios y de mejor calidad a su población objetivo, es la entidad asociada de la red de Women's World Banking con base en Cali, Colombia.

Women's World Banking (WWB) Cali fue fundado a principios de la década de los años 1980. Su objetivo fue proporcionar servicios crediticios y otros servicios a personas con pocos privilegios, en su mayoría mujeres, en la ciudad de Cali y el área circundante. En 1991, WWB Cali aún dependía en gran medida del apoyo externo y la eficiencia de sus operaciones crediticias no era satisfactoria. Los costos de operación eran elevados y la proyección era deficiente. En esta situación, se tomó la decisión de reestructurar toda la organización, con la ayuda de donantes y consultores extranjeros. Un elemento del programa de reforma fue dejar de ofrecer todos los servicios no financieros, otro fue realizar esfuerzos determinados para introducir nuevos métodos crediticios, y el tercer elemento fue emprender una iniciativa de capacitación masiva.

Los resultados de la reforma fueron impresionantes; en el transcurso de cuatro años, el número de préstamos pendientes aumentó más de diez veces, de 529 a 5.343 (diciembre de 1995). La cartera de préstamos creció con un factor de casi 15; por lo tanto, el monto promedio de los préstamos no aumentó mucho y el grupo objetivo no fue alterado. El tiempo de procesamiento de una solicitud de préstamo disminuyó enormemente, al igual que los índices de atrasos e incumplimiento de pago de préstamos.

Lo que fue aún más importante para la sostenibilidad financiera fue el marcado incremento en la productividad. A finales de 1995, el promedio del número de préstamos pendientes por cada oficial de crédito era de 314, un aumento considerable respecto a los 88 préstamos en 1991. Esto se logró por medio de políticas crediticias estandarizadas y consistentes, un estricto monitoreo y el uso intensivo de computadoras. Todo esto se reflejó en la continua disminución del porcentaje de costos administrativos como porcentaje de la cartera de préstamos; en 1991 era de un 35 por ciento y a finales de 1995, se había reducido al 20 por ciento. En combinación con la disminución del porcentaje de pérdidas de préstamos, actualmente la mayor eficiencia permite que WWB Cali sea viable financieramente sin tener que cobrar una tasa de interés excesivamente elevada.

Fuente: Contribuido por Reinhardt Schmidt, Internationale Projekt Consult GmbH (IPC).

Los montos más elevados otorgados en préstamo deben equilibrarse según las demandas del grupo objetivo y su capacidad de absorber y manejar una mayor cantidad de deuda. Por medio de préstamos más cuantiosos que tienen como resultado un mayor número de préstamos en mora o una exclusión del grupo objetivo de clientes, puede aumentar la productividad pero no mejoraría la viabilidad financiera general ni se cumpliría con la misión declarada de la IMF. "Los préstamos más cuantiosos pueden ser beneficiosos si reflejan la liberación de restricciones de financiamiento previas, el crecimiento de las empresas de los clientes existentes y una ampliación gradual de la gama de clientes atendidos para incrementar la viabilidad financiera" (Rhyne y Rotblatt 1994, 48).

Incrementar el número de clientes por cada oficial de crédito es una manera eficaz de mejorar el rendimiento y la productividad de una IMF. Sin embargo, cada IMF establece un número óptimo de clientes por cada oficial de crédito, en base a la metodología crediticia y los plazos promedio. Los oficiales de crédito de las IMFs que utilizan modelos de préstamo a grupos con plazos relativamente prolongados, usualmente pueden atender a mayor número de clientes que los oficiales de crédito de IMFs que otorgan préstamos individuales con plazos más cortos. Esto se debe a que los oficiales de crédito deben invertir menos tiempo en atender a los clientes si los plazos son más largos; además, en el caso de los préstamos a grupos se puede transferir algunas de las tareas administrativas al grupo, reduciendo de esta manera los costos generales.

El incremento del número de clientes atendidos por cada oficial de crédito, debe equilibrarse con la capacidad del oficial de crédito de proporcionar un nivel adecuado de servicio al cliente y mantener la calidad de las carteras de préstamos. Los planes de incentivos, si están diseñados adecuadamente, funcionan para motivar a los oficiales de crédito a atender al mayor número posible de clientes y alcanzar niveles de productividad óptimos.

Aunque la mayoría de personas que trabajan en microfinanzas son motivadas por los beneficios de trabajar con clientes de bajos ingresos y la capacidad de "hacer una diferencia", para muchos empleados lo primordial también es obtener reconocimiento y compensación monetaria.

Nadie conoce mejor a un cliente de microfinanzas que el oficial de crédito. El o ella es la persona que visita regularmente a los clientes, comprende sus empresas y está en una situación de tomar las mejores decisiones acerca de sus necesidades de financiamiento y la capacidad de la IMF de responder a esas necesidades. Para que los oficiales de crédito sean responsables y respondan por sus carteras, deben tener una considerable autonomía y autoridad para tomar decisiones. El grado de autonomía debe estar de acuerdo con el grado de responsabilidad por el rendimiento de la cartera, la capacidad de aumentar el salario o el reconocimiento. Los planes de incentivos definidos y planificados apropiadamente ayudan a que pueda contarse con oficiales de crédito eficientes y clientes cumplidos.

PLANES DE INCENTIVOS. Como parte de un plan de incentivos diseñado apropiadamente, se premia el comportamiento de aquellos miembros del personal por medio de cuyo desempeño se beneficie la IMF, y se castiga el comportamiento que causa mayores riesgos o pérdidas para la IMF. Generalmente, los planes de incentivos funcionan (es decir, usualmente lo que se premia es lo que ocurrirá con mayor frecuencia). Por lo tanto, es imperativo que la gerencia comprenda los diferentes tipos de comportamiento y los resultados respectivos para poder diseñar el plan de incentivos de manera que aumenten la productividad y la rentabilidad de la IMF. Además, es importante tomar en cuenta el efecto que tendrán los diferentes planes de incentivos en los clientes y sus necesidades; si el nivel de servicio es afectado como respuesta a la introducción de planes de incentivos, eventualmente la IMF podría perder su productividad conforme disminuye la cantidad de clientes.

Los planes de incentivos pueden incluir cualquier combinación de los siguientes factores:

- Premios monetarios
- Promociones
- Vacaciones adicionales
- Reconocimiento en forma de ceremonias o certificados
- Capacitación adicional
- Bonificaciones adicionales
- Bicicletas, motocicletas o vehículos.

Al diseñar los planes de incentivos, es necesario responder a las siguientes preguntas:

- ¿Quién calificará? ¿Todos los miembros del personal? ¿Únicamente el personal de campo?
- ¿En qué se basarán los incentivos? ¿Tamaño de la cartera? ¿Calidad? ¿Rentabilidad?

¿Con qué frecuencia se calcularán y pagarán los incentivos? ¿Mensualmente? ¿Trimestralmente?

¿Cómo se determinará el monto de fondos y su distribución?

Los planes de incentivos para otorgar préstamos deberían tomar en cuenta la *calidad* además del *volumen*; por ejemplo, si una IMF desea incrementar el número de clientes además del saldo promedio de los préstamos otorgados a sus clientes, primero debe determinarse si existe una demanda adecuada en las áreas donde trabajan y garantizar que los clientes tengan la necesidad de obtener préstamos más cuantiosos (y que tengan la capacidad de pagarlos). Una vez que esto se haya establecido, la IMF puede diseñar un plan de incentivos para pagar bonificaciones a oficiales de crédito con las carteras mayores de un cierto tamaño y con un aumento de la base de clientes en un período específico. Esto *debe* equilibrarse con un incentivo adicional por medio del cual se mide la calidad de la cartera. Muchas IMFs han emprendido el incremento de los desembolsos de préstamos, con el riesgo de aumentar seriamente los préstamos en mora.

Como otra alternativa, si la IMF desea asegurarse de que los montos de los préstamos permanezcan por debajo de cierto nivel (para enfocarse en su mercado objetivo), es posible diseñar planes de incentivos para premiar a los oficiales de crédito por el número de clientes y la calidad de la cartera de préstamos, y no por el tamaño de sus carteras; de esta manera, se motiva a los oficiales de crédito a agregar nuevos clientes en vez de simplemente incrementar los montos de los préstamos. Finalmente, quizá las IMFs deseen motivar a los prestatarios que ya habían obtenido préstamos anteriormente más que a los nuevos prestatarios. Este aspecto también puede incluirse en el plan de incentivos.

Los planes de incentivos pueden diseñarse para motivar y premiar a los oficiales de crédito por alcanzar alguno o todos los siguientes resultados (aunque todos los planes de incentivos deberían incluir la calidad de la cartera):

- Crecimiento de la cartera, en términos de número de clientes y monto total de préstamos pendientes
- Retención de clientes, en base al número de préstamos repetidos
- Calidad de la cartera, por medio de análisis de carteras en riesgo - carteras clasificadas según antigüedad
- Creciente número de clientes o grupos (si se aplica)

- Capacitación de clientes y clientes o grupos (si se aplica)
- Capacitación de nuevos oficiales de crédito.

La Asociación para el Desarrollo de la Microempresa (ADEMI) proporciona un excelente ejemplo de un plan de incentivos eficaz (Casilla 10.3).

Los planes de incentivos pueden diseñarse para individuos, sucursales o departamentos completos, dependiendo de las actividades y responsabilidades de cada individuo y las responsabilidades compartidas dentro de

---

Casilla 10.3 Incentivos de desempeño en la Asociación para el Desarrollo de Microempresas, República Dominicana

EN LA ASOCIACIÓN PARA EL DESARROLLO DE Microempresas (ADEMI), los oficiales de crédito reciben un salario base más una bonificación basada en el rendimiento de su cartera. Por medio del sistema de bonificaciones pueden incrementar su salario base mensual hasta en un 50 por ciento. El salario base se establece para los primeros tres meses (el período de prueba), y luego aumenta automáticamente cada mes, después de que llegan a atender a 100 clientes. El monto de la bonificación se determina por medio del índice de atrasos, el número de microempresas activas, el tamaño de su cartera y el monto total desembolsado en el mes. La categoría más importante del plan de incentivos es el porcentaje de atrasos, por medio del cual se otorga una bonificación adicional por cada reducción del 1 por ciento en el porcentaje de atrasos, si éste es menor del 8 por ciento.

Todos los miembros del personal reciben bonificaciones sustanciales para Navidad y Año Nuevo, de tres a ocho veces el monto de su salario. Además, están asegurados en caso de accidente o fallecimiento, pueden participar en un plan de pensión de jubilación y tienen acceso a préstamos subsidiados para los empleados para la construcción de vivienda o el consumo. Adicionalmente, todos los miembros del personal reciben indemnizaciones, ya sea que renuncien o sean despedidos.

Además de los incentivos financieros, como un reconocimiento adicional los oficiales de crédito pueden obtener ascensos. ADEMI trata de mantener a sus oficiales de crédito a largo plazo, ya que se reconoce que influyen significativamente en la rentabilidad de la organización.

Fuente: Ledgerwood y Burnett 1995.

una sucursal o departamento. Si ningún individuo tiene la capacidad de influir directamente sobre la productividad, entonces no sería apropiado diseñar un plan de incentivos para premiar a los individuos; éste podría ser el caso si una IMF recibe ahorros en la sucursal y desembolsa préstamos en el campo. Quizá no sea apropiado utilizar un plan de incentivos por medio del cual se premie a miembros individuales del personal por el aumento en la movilización de ahorros porque generalmente, los depósitos de ahorros recibidos en una sucursal no se relacionan con las actividades de un miembro del personal. Sin embargo, los oficiales de crédito responsables de desembolsos y cobros de préstamos podrían ser premiados individualmente por su excelencia en el manejo de sus carteras de préstamos.

Los planes de incentivos basados en el desempeño del personal de campo también pueden proporcionar incentivos para el personal administrativo y de apoyo. Esto se logra pagando un porcentaje al personal administrativo y de apoyo, basado en el desempeño de los demás miembros del personal o sus colegas. Tulay Sa Pag-Unlad, Inc., en las Filipinas, proporciona un buen ejemplo de un plan de incentivos diseñado para premiar al personal administrativo y de apoyo, así como a los oficiales de crédito (Casilla 10.4).

Previo a la implementación de un plan de incentivos, la IMF debería asegurarse de que todos los miembros elegibles del personal empiecen en el mismo nivel, ya que un oficial de crédito o una sucursal con más experiencia pueden tener una cantidad significativamente mayor de clientes que un oficial nuevo o una sucursal nueva. Además, es posible que los oficiales de crédito hayan heredado carteras con un buen rendimiento (o un rendimiento deficiente) sin haber realizado ningún esfuerzo propio. Finalmente, algunas sucursales específicas pueden tener un mejor rendimiento, en forma inherente, debido a su localización geográfica o el nivel de actividad empresarial y potencial de mercado que existen en su área.

Los planes de incentivos deben ser transparentes para todos los miembros del personal. La implementación de un plan de incentivos hermético puede causar más problemas de los que habría si no existiera ningún plan de incentivos. Adicionalmente, para que los planes de incentivos sean eficaces, es necesario establecer metas alcanzables y permitir que los miembros del personal tengan la capacidad de mejorar la situación en forma tangible.

SISTEMAS DE INFORMACION ADMINISTRATIVA. Uno de los elementos más importantes del manejo de la morosidad, es la información administrativa útil y oportuna. Los oficiales de crédito necesitan obtener información acerca de sus clientes diariamente para asegurarse de que se están realizando los pagos de préstamos. Para que los oficiales de crédito alcancen sus metas y se beneficien de una estructura de incentivos en la que se premia la calidad de sus carteras de préstamos, deben enterarse lo antes posible de los préstamos que están en mora. El manejo eficaz de la morosidad requiere de un seguimiento inmediato; en lo posible, los oficiales de crédito deberían recibir informes diarios o semanales de la actividad de sus clientes (Casilla 10.5).

Manejo de costos

El manejo de la eficacia se refiere al manejo de costos por unidad de producción. Por naturaleza, en microfinanzas los créditos (préstamos pequeños y una base de clientes de potencialmente difícil acceso) dificultan el mantenimiento de una estructura de bajos costos. Adicionalmente, conforme una mayor cantidad de IMFs reducen su apoyo en financiamiento por parte de donantes y buscan el acceso a financiamiento comercial, disminuirá su "diferencial" (la diferencia entre los costos de financiamiento y los ingresos generados por los préstamos de fondos, que deben cubrir costos administrativos, pérdida de préstamos y costos de capital ajustados - ver el Capítulo 9). Esto implica la necesidad de enfatizar la eficacia de las operaciones, especialmente conforme las IMFs crecen para alcanzar niveles significativos de pronóstico. Además, conforme entran cada vez más IMFs en el campo, la competencia tendrá como consecuencia obligatoria que las tasas de interés bajen, teniendo como consecuencia que disminuyan aún más los diferenciales de las IMFs. En vista de esta situación, es imperativo que las IMFs manejen sus costos eficazmente.

Tal y como se mencionó en el Capítulo 9, las IMFs incurren en cuatro tipos de costos: costos de financiamiento, provisiones para pérdidas de préstamos, costos de operación o administrativos y costos de capital ajustados. En gran medida, los costos de financiamiento y los costos de capital ajustados están en función del mercado en el que opera la IMF. El manejo de pérdidas de préstamos ya se discutió bajo el tema de manejo de morosidad. Por medio de los indicadores de eficacia, se miden los

---

Casilla 10.4 Planes de incentivos de desempeño en Tulay Sa Pag-Unlad, Inc., en las Filipinas

EL SALARIO DE LOS OFICIALES DE CRÉDITO EN TULAY SA Pag-Unlad, Inc. (TSPI) es complementado por un plan de incentivos completo basado en los montos vencidos y los volúmenes de préstamos pendientes. Este plan de incentivos se introdujo en enero de 1995 y se calcula como sigue, para los tres productos crediticios que esta entidad maneja en sus sucursales a nivel urbano:

	Sakbayan (préstamos para triciclos)	Individuales	Grupos de solidaridad
Número de grupos	Un mínimo de 20 grupos al final del mes	Un mínimo de 25 prestatarios al final del mes	Un mínimo de 12 grupos al final del mes
Préstamos pendientes de pago	Los préstamos pendientes deben haber aumentado respecto a los del mes anterior y deben alcanzar el 75 por ciento de los objetivos trimestrales acumulativos (5 grupos cada 3 meses); la capacidad plena es de 40 grupos	Los préstamos pendientes deben haber aumentado respecto al mes anterior y deben alcanzar el 75 por ciento de los objetivos trimestrales (2 prestatarios por mes); la capacidad plena es de 75 prestatarios	Los préstamos pendientes de pago deben haber aumentado respecto a los del mes anterior y deben alcanzar el 75 por ciento de los objetivos trimestrales (2 grupos nuevos por cada mes: renovaciones valoradas en el 50 por ciento del objetivo); la capacidad plena es de 60 grupos
Porcentaje de pago	Por lo menos el 98 por ciento	Por lo menos el 96 por ciento	Por lo menos el 98 por ciento
Incremento mensual de incentivos	Oscila entre P1.000 (20 grupos; un 98 por ciento de pagos) y P10.000 (50 grupos; un 100 por ciento de pagos)	Oscila entre P500 (25 prestatarios; un 98 por ciento de pagos) 7 P7.000 (71 grupos; el 100 por ciento de pagos)	Oscila entre P1.000 (12 grupos; el 98 por ciento de pagos) y P7.000 (71 grupos; el 100 por ciento de pagos)

Los jefes de sucursal reciben incentivos en base a los incentivos obtenidos por sus oficiales de crédito y el porcentaje general de pago de préstamos en la sucursal al final de cada mes. La sucursal debe alcanzar como mínimo un porcentaje de pago del 98 por ciento y alcanzar el objetivo mensual por lo menos dos veces en el trimestre. Si las cuentas procesadas exceden los objetivos establecidos en dos de los tres meses, los jefes de sucursal reciben una bonificación de un monto dos veces mayor que su salario para ese trimestre, y si se alcanzan los objetivos en los tres meses del trimestre, los jefes de sucursal reciben una bonificación de un monto tres veces mayor que su salario para ese trimestre.

Los jefes de área también obtienen incentivos cada trimestre si todas sus sucursales alcanzan un porcentaje de pago de préstamos del 98 por ciento y alcanzan los objetivos mensuales por lo menos dos veces en el trimestre. La estructura de incentivos para los jefes de área es igual a la de los jefes de sucursal.

Fuente: Ledgerwood y Harpe 1995.

---

costos de operación de una IMF en relación con sus activos, y la discusión se enfoca en el manejo de estos costos de operación.

La eficacia de operación mejora conforme una IMF madura y alcanza una cierta economía de escala óptima. Por lo tanto, las proporciones de costos de operación (los costos de operación en relación con los préstamos pendientes) serán más altas para las IMFs más nuevas. Por esta razón, es difícil comparar los indicadores de eficacia con los de otras IMFs o intermediarios financieros. Para el manejo interno de la eficacia de operación, las IMFs pueden enfocarse en los siguientes aspectos de sus operaciones y compararlos conforme pasa el tiempo para medir las mejoras:

Casilla 10.5 Informes de oficiales de crédito en la Asociación para el Desarrollo de Microempresas

LA ASOCIACIÓN PARA EL DESARROLLO DE MICROEMPRESAS (ADEMI) proporciona a sus oficiales de crédito informes diarios de la actividad crediticia de sus carteras. Estos informes se colocan físicamente en el escritorio de cada uno de los oficiales de crédito antes de que inicien sus labores en la mañana, para que puedan planificar visitas a prestatarios morosos o concentrarse en el desembolso de nuevos préstamos. Además, los informes diarios proporcionan información sobre el final del plazo del préstamo de cada cliente, permitiendo a los oficiales de crédito realizar visitas a clientes cuyos plazos están por vencer para poder ayudarles a solicitar un nuevo préstamo, si es necesario, antes del vencimiento del plazo del préstamo anterior. De esta manera, los clientes tienen un acceso continuo al crédito (asumiendo que han pagado puntualmente los préstamos anteriores y actuales).

Fuente: Rhyne y Rotblatt 1994.

- Costos totales de salarios
- Toma de decisiones descentralizada
- Estandarización de sistemas y políticas
- Sistemas de información administrativa.

COSTOS TOTALES DE SALARIOS. Generalmente, los salarios constituyen el mayor componente de los costos de operación; como un porcentaje del total de gastos administrativos, los costos de salarios variaban entre el 48 y el 75 por ciento en las 11 IMFs identificadas por Christen y otros (1995). Los costos de salarios son afectados por el nivel general de salarios en el país en el que opera la IMF, así como la calidad del personal contratado. La decisión sobre si se debe contratar a personas con un alto nivel de educación se relaciona con los objetivos de la IMF y las tareas específicas que deben realizar los oficiales de crédito.

Los salarios pueden basarse en gran medida en planes de incentivos monetarios, garantizando de esta manera que el promedio de salarios esté en relación con los ingresos generados en la cartera de préstamos.

TOMA DE DECISIONES DESCENTRALIZADA. La mayoría de IMFs exitosas han descentralizado bastante sus estructuras de operación (ver Christen 1997). Debido a la naturaleza principalmente homogénea de los micropréstamos (montos reducidos de préstamos, métodos comunes de prestación de servicios), usualmente la aprobación de préstamos puede delegarse en los oficiales de crédito (o el grupo de prestatarios, si esto aplica), y las decisiones finales para préstamos de montos más elevados son tomadas por el gerente de créditos, usualmente a nivel de sucursal. Por medio de los procesos de aprobación de créditos descentralizados, se reducen los costos de operación, disminuye el tiempo de espera para los clientes y se mejora la responsabilidad de los oficiales de crédito.

Tratar a las sucursales como *centros de ganancia* y no como unidades administrativas y proporcionarles autoridad en la toma de decisiones para manejar la productividad y la eficacia, generalmente tiene como resultado una mejora general en la eficacia de la IMF. Descentralizar la toma de decisiones cotidianas en las sucursales o unidades es una forma efectiva de incrementar la eficacia y responsabilizar a las sucursales por los costos administrativos.

La transferencia de los informes de costos de la IMF a sus sucursales está en concordancia con la toma de decisiones descentralizada; la sucursal o unidad debería ser responsable de los costos de operación, la provisión para pérdidas de préstamos, los ajustes por subsidios, depreciación y todos los demás costos, y esto debería medirse en comparación con los ingresos generados por esa sucursal. Adicionalmente, algunas IMFs transfieren los costos indirectos (o de la oficina central) a las sucursales, con lo cual se garantiza una cobertura de todos los costos en toda la red. Los costos transferidos son prorrateados en base a la recuperación de costos en un porcentaje de los activos (préstamos) o pasivos (depósitos) de cada sucursal.

Adicionalmente, muchas IMFs recurren a financiamiento (ya sea comercial o proveniente de donantes) a nivel de mayoreo y luego transfieren los fondos a las sucursales individuales o unidades de venta detallista para que se otorguen en préstamo. Los costos asociados con estos fondos (costos de financiamiento reales o costos de capital atribuidos) deberían transferirse a las sucursales. A esto se le denomina *fijación de precios de transferencia* y es una práctica común en muchas IMFs e instituciones financieras comerciales (este tema se discutió brevemente en el Capítulo 6). De manera similar, algunas sucursales de venta detallista de algunas IMFs movilizan ahorros y transfieren estos fondos a la oficina central; deberían recibir un pago por transferencia por estos fondos.

Casilla 10.6 Fijación de precios por transferencia en Banco Rakyat Indonesia y el Banco Grameen en Bangladesh

EL BANCO RAKYAT INDONESIA Y EL BANCO GRAMEEN ofrecen dos métodos de fijación de precios de transferencia que pueden ayudar a implementar las políticas e influenciar la estructura de financiamiento y la eficacia de operaciones de las IMFs.

El Banco Rakyat Indonesia mantiene la capacidad de ajustar el énfasis relativo en las actividades crediticias del sistema completo, en vez de enfocarse en los ahorros, a través de mecanismos de fijación de precios de transferencia. El precio de transferencia es la tasa que las sucursales del Banco Rakyat Indonesia pagan a las unidades por los depósitos y determina la rentabilidad de generar ahorros para las unidades. Debido a que la tasa crediticia del producto crediticio KUPEDES es fija, al ajustar el precio de transferencia puede cambiar el énfasis relativo que las unidades dan a los ahorros y el crédito. Si el precio de transferencia es muy bajo (únicamente un poco por encima de la tasa pagada a los depositantes), entonces las unidades reciben un diferencial tan reducido sobre los ahorros que todos sus ingresos deben ser obtenidos por medio de los préstamos. En 1991, cuando el sistema financiero de Indonesia atravesó un problema de liquidez, el Banco Rakyat Indonesia fijó un precio de transferencia muy alto, de manera que la tasa recibida por colocar los fondos internamente se acercaba a la tasa recibida sobre los préstamos. Esto motivó a las unidades a generar ahorros y entregarlos a las sucursales principales, ya que de esta manera el rendimiento sería más elevado que si los colocaran en préstamos (y por lo tanto incurrieran en los costos asociados con el crédito); en concordancia con esto, en esa época se detuvo el índice de crecimiento del programa crediticio. De manera similar, es posible manipular el precio de transferencia para que las unidades reciban en préstamo fondos de las sucursales principales. Actualmente, el precio de transferencia es

bajo para proporcionar un máximo de incentivos para otorgar préstamos, y los niveles de crédito nuevamente están empezando a aumentar.

El concepto de centro de ganancias también se aplica en el Banco Grameen. Las sucursales de este banco reciben sus fondos para otorgarlos en préstamo utilizando los depósitos de ahorros obligatorios que reciben (sobre los que pagan el 8,5 por ciento) y recibiendo préstamos de la oficina central con una tasa del 12 por ciento para préstamos generales (se aplica una tasa más baja para préstamos para la construcción de viviendas). Este precio es fijado por el Banco Grameen para reflejar un costo de los fondos que es relevante en el mercado (aunque es más elevado que el costo actual de los fondos del banco), para cubrir los gastos de la oficina central y para motivar a las sucursales a controlar los costos y generar ahorros. Debería notarse que la rentabilidad de las unidades de venta detallista en cualquier IMF no equivale a la rentabilidad general, debido a que los precios de transferencia se fijan expresamente para respaldar a las políticas y no necesariamente reflejan directamente los costos reales. Por ejemplo, en el Banco Grameen el precio de transferencia con una tasa del 2 por ciento para préstamos para la construcción de viviendas genera un diferencial para las sucursales del 6 por ciento, proporcionando de esta manera los incentivos apropiados para la eficiencia de las sucursales, las cuales deben esforzarse por mantener sus costos dentro del rango de lo que puede cubrir ese diferencial. Sin embargo, debido a que el Banco Grameen utiliza fondos subsidiados para los préstamos para construcción de vivienda, los préstamos no contribuyen a la autosuficiencia financiera general del banco. Éste es un ejemplo de la forma en que el Banco Grameen logra combinar el uso continuo de subsidios selectos con un fuerte impulso hacia la eficiencia.

Fuente: Rhyne y Rotblatt 1994.

Al fijar los precios de transferencia, se establece un "costo de fondos" para los fondos transferidos de la oficina central a las sucursales y los fondos transferidos de las sucursales a la oficina central. Los fondos transferidos de la oficina central deberían tener una tasa fija que sea superior a la tasa pagada por las sucursales sobre los ahorros voluntarios (si éste es el caso) para promover la movilización de ahorros (es decir, si las sucursales son evaluadas según su capacidad de mantener bajos los costos, entonces estarán en una mejor situación si movilizan ahorros con un costo de fondos más bajo que el costo de los fondos

"obtenidos en préstamo" de la oficina central). Además, el precio de transferencia debería tomar en cuenta los costos de operación adicionales en que se incurre para movilizar ahorros y, por consiguiente, deberían ser más altos. Los fondos transferidos a la oficina central deberían tener un precio de tasa de mercado más bajo que la tasa pagada por los prestatarios de la IMF y por encima de la tasa pagada a los ahorrantes voluntarios (es decir, debería motivarse a las sucursales a otorgar en préstamo el excedente de fondos para obtener más ingresos, en vez de simplemente transferir los fondos a la oficina central).

Usualmente, se establece únicamente un precio entre las sucursales y la oficina central, sin importar cuál oficina está "otorgando en préstamo" los fondos. Generalmente, esta tasa debería equivaler a la tasa comercial de deuda en el mercado (que usualmente es más baja que la tasa de interés sobre préstamos otorgados a prestatarios, pero más alta que la tasa pagada por ahorros voluntarios). Puede incluir un pequeño diferencial para que la oficina central o la sucursal cubran sus costos de movilización de estos fondos (ya sea a través de ahorros o deuda comercial). Notar que la fijación de precios de transferencia no resulta en una transferencia de efectivo; más bien, es un asiento contable que finalmente resulta en cero en los estados consolidados de la IMF.

◆ Por ejemplo, si se asume que una IMF recurre a fondos comerciales con un costo del 10 por ciento anual y moviliza ahorros con un costo del 5 por ciento anual, dentro de su red de sucursales habrá algunas sucursales que movilizarán más ahorros que el número de préstamos que desembolsan; otras sucursales desembolsarán un monto mayor de préstamos que el monto de ahorros recibidos. La sucursal que tiene un excedente de fondos (más ahorros que préstamos), otorga en préstamo estos fondos a la oficina central y recibe un pago por transferencia (probablemente cerca del 10 por ciento). La sucursal que necesita más fondos (más préstamos que ahorros) recibe en préstamo los fondos de la oficina central pagando el precio de transferencia.

POLÍTICAS Y SISTEMAS ESTANDARIZADOS. La existencia de políticas y sistemas altamente estandarizados en las IMFs, contribuye a una eficacia general. Las funciones de cada miembro del personal deben estar claramente definidas, y es necesario realizar programas de actividades diarios y semanales como parte de la rutina. Es esencial contar con un alto nivel de estandarización para que una IMF monitoree el rendimiento, amplíe la pronóstico y alcance la eficacia operacional. Además, los procedimientos regulares permiten a los clientes establecer sus programas según las políticas de la IMF.

Los procedimientos estandarizados también benefician a una IMF que está creciendo rápidamente o ayudan cuando se transfiere a algunos miembros del personal a diferentes sucursales; sin embargo, los procedimientos también deben permitir cierta autonomía a nivel de sucursales, especialmente cuando éstas son tratadas como centros de ganancia. Las actividades medulares como crédito y ahorro deberían estar altamente estandarizadas, mientras que ello no sería tan necesario en las visitas a clientes, la participación comunitaria y otras iniciativas.

SISTEMAS DE INFORMACIÓN ADMINISTRATIVA. (ver el Capítulo 7 y Christen 1997). Los sistemas de información administrativa eficaces son esenciales para que una IMF controle sus costos y maneje la eficacia. Debe haber disponibilidad de información oportuna y exacta para que la gerencia maneje la productividad a nivel de sucursal o unidad y a nivel general de la IMF. Es necesario desarrollar sistemas de información eficaces en base a buenos sistemas y procedimientos administrativos.

En las secciones anteriores de este manual se ha enfatizado la importancia de la información para el cálculo de indicadores clave. Además de la información de manejo financiero, "los supervisores y formuladores de políticas necesitan contar con información de apoyo completa, y los miembros del personal de primera línea necesitan obtener información para manejar sus propias actividades cotidianas" (Rhyne y Rotblatt 1994, 59).

Manejo de riesgos

El manejo de riesgos es una de las áreas más importantes en el manejo financiero para las IMFs. El manejo de ries-

---

Casilla 10.7 Estandarización en el Banco Grameen

EL BANCO GRAMEEN INDICA A SUS OFICIALES DE CRÉDITO que tomen la iniciativa para reducir la pobreza a nivel rural como puedan, y esto tiene como consecuencia la proliferación de actividades y experimentos pequeños a nivel local. Los centros de atención a los clientes del Banco Grameen proporcionan un vehículo para implementar las iniciativas locales porque muchas veces en los centros se decide realizar inversiones colectivas o llevar a cabo actividades continuas, como por ejemplo desarrollar escuelas informales. Sin embargo, aun en el Banco Grameen, este tipo de actividades no impiden que el enfoque principal lo constituyan las operaciones crediticias, y cada sucursal del banco lleva a cabo sus operaciones de forma estandarizada. Una conclusión general es que la variación local, más allá de un cierto margen de tolerancia, no es compatible con la escala.

Fuente: Ledgerwood y Burnett 1995.

gos puede agruparse ampliamente bajo el manejo de activos y pasivos y el manejo de riesgos de operación.

Manejo de activos y pasivos

El manejo de activos y pasivos se refiere al manejo de riesgos financieros de una institución financiera. Generalmente, cualquier medida para incrementar los ingresos esperados de una IMF también incrementará su estructura de riesgos. El manejo de activos y pasivos (MAP) implica comprender el equilibrio entre riesgos y rendimiento y establecerlo claramente para que la junta directiva y la gerencia general puedan tomar decisiones empresariales informadas respecto al mejor curso de acción para la IMF.

Por medio del MAP, se maneja la estructura del balance de una IMF y los riesgos y rendimiento inherentes a esta estructura; para definirlo con más precisión, el manejo de activos y pasivos se refiere al manejo del diferencial o el mantenimiento de un diferencial positivo entre la tasa de interés sobre los activos y el costo de intereses de los fondos.

Debido a que muchas IMFs no funcionan como intermediarios financieros reales (otorgando préstamos y recibiendo ahorros), es posible que no les preocupe demasiado el manejo de activos y pasivos. Sin embargo, con el paso del tiempo, el MAP se volverá más importante conforme disminuye la disponibilidad de fondos provenientes de donantes y las IMFs asumen más deuda comercial.

En las instituciones financieras formales, normalmente el manejo de activos y pasivos es llevado a cabo por un comité, ya que esto implica actividades de manejo de operación y de tesorería. Comúnmente, este comité es denominado el comité de activos y pasivos o COAP y establece políticas y guías para determinar la tolerancia de riesgo de la organización y generalmente, estas políticas son ratificadas por la junta directiva. Los miembros del comité de activos y pasivos se reúnen con frecuencia y determinan la situación crediticia actual de la organización con todas las dimensiones de riesgo, además de realizar proyecciones para todos los períodos futuros. Si la organización se encuentra fuera de sus límites de riesgo, o si se espera que pronto se presentará esta situación, entonces el comité de activos y pasivos debe tomar una decisión sobre las medidas a tomar para enmendar esta situación. Esto podría implicar un cambio en la estruc-

tura del balance para garantizar que el nivel de riesgo sea apropiado o, lo que es menos frecuente, podría ser necesario realizar cambios en las políticas y guías de la IMF.

La mayoría de IMFs no tienen el suficiente alcance en el manejo financiero y operacional como para crear un comité. Por lo tanto, es probable que el manejo de activos y pasivos sea llevado a cabo por el director y el gerente financiero de la IMF.

El objetivo del manejo de activos y pasivos es aumentar al máximo el rendimiento a largo plazo para los accionistas, ajustado según los riesgos. Las principales categorías del manejo de riesgo de activos y pasivos que debe considerar una IMF son los siguientes:

- Riesgo crediticio
- Riesgo de liquidez
- Riesgo de tasas de interés
- Riesgo cambiario.

Existen dos tipos de riesgos adicionales que se citan con frecuencia: el riesgo de la adecuación patrimonial y el riesgo fiduciario. El "riesgo de la adecuación patrimonial" es un término poco apropiado, porque el capital es una fuente de financiamiento, y no una fuente de riesgos; sin embargo, existe una estructura de capital óptima para las IMFs, y por lo tanto, el principal riesgo es que el capital sea asignado inapropiadamente, afectando las políticas de fijación de precios y decisiones estratégicas. El riesgo fiduciario se refiere al riesgo que la gerencia tome decisiones imprudentes respecto al manejo de recursos externos. Además de lo discutido en el Capítulo 9 sobre la adecuación patrimonial, en este manual no se discutirán las estructuras de capital óptimas ni el riesgo fiduciario.

El *riesgo crediticio* representa la potencial pérdida como resultado de una calidad deficiente de los activos de la organización, especialmente la cartera de préstamos. El riesgo crediticio definitivamente es la categoría más importante de riesgos y se abordó arriba bajo el manejo de morosidad.

RIESGO DE LIQUIDEZ. La liquidez se refiere a la capacidad de una IMF de cumplir con sus demandas de efectivo inmediatas, es decir, desembolso de préstamos, pago de gastos y pago de deudas. Una IMF está en una situación de liquidez si tiene la capacidad de cumplir con sus obligaciones actuales conforme éstas se presentan; existe una falta de liquidez si no tiene la capacidad de cumplir con las demandas de fondos. El riesgo de liquidez se refiere al riesgo de incurrir en gastos adicionales para obtener en préstamo fondos relativamente costosos a corto plazo para solventar una situación de falta de liquidez. El manejo de liquidez es el proceso de garantizar que se cumpla inmediatamente con la demanda de fondos sin recurrir a préstamos adicionales. El objetivo del manejo de liquidez es mantener un nivel de liquidez aceptable equilibrando a la vez la necesidad de obtener ingresos. Si se cuenta con demasiado efectivo en una sucursal o la oficina central, esto tiene como consecuencia que se pierden ingresos, ya que el efectivo inactivo no genera ingresos, pero estos fondos sí tienen un costo. Si existe muy poco efectivo, como consecuencia se pierden oportunidades para desembolsar préstamos, ocurren atrasos en el pago de gastos o es necesario cubrir costos crediticios más altos para la IMF (cargos por sobregiro).

Muchas veces, los términos manejo de liquidez y manejo del flujo de efectivo se utilizan como sinónimos. En realidad, el manejo de liquidez no sólo incluye el manejo de efectivo sino también incluye otros activos y pasivos de corto plazo.

El *manejo del flujo de efectivo* se refiere a la sincronización de los flujos de efectivo para garantizar que el efectivo entrante (ingreso de efectivo) sea equivalente o mayor al efectivo saliente (egreso de efectivo). Por medio del análisis del flujo de efectivo se identifica el monto de efectivo requerido para las operaciones cotidianas así como el efectivo inactivo que puede utilizarse para inversiones o préstamos. El propósito del manejo del flujo de efectivo es mantener un nivel adecuado de efectivo, tanto en las sucursales (si éste es el caso) como en la oficina central. Esto se logra realizando un pronóstico exacto de las necesidades de efectivo.

Por medio de un programa eficaz de manejo de efectivo se garantiza lo siguiente:

- Existen políticas que determinan los niveles mínimos y máximos de efectivo
- Se realiza un pronóstico de las necesidades de efectivo
- Los presupuestos de efectivo se actualizan constantemente
- El superávit de fondos se invierte o desembolsa como préstamos
- Hay disponibilidad de efectivo para el retiro de ahorros y para otorgar préstamos.

Es posible calcular varias proporciones para ayudar a determinar el nivel apropiado de flujo de efectivo. En este texto, se presentan tres de ellas: la proporción de fondos inactivos, la proporción de liquidez y la proporción actual.

La proporción de fondos inactivos se refiere a fondos que tiene una IMF pero que no están generando ingresos, o están generando menos ingresos de los que podrían generar si se otorgaran en préstamo a prestatarios.

$$\text{Proporción de fondos inactivos} = \frac{\text{Efectivo + casi efectivo}}{\text{Total de cartera pendiente}}$$

El *casi-efectivo se* refiere a los depósitos que no devengan intereses y los depósitos sobre los que se paga una tasa de interés muy baja y tienen un vencimiento de tres meses o menos (depósitos a plazo fijo, certificados de inversión). El casi-efectivo se llama así porque usualmente el dinero es altamente líquido (es decir, está disponible según demanda).

El denominador utilizado en esta fórmula también podría ser el total de activos o el total de activos con rendimiento, dependiendo de la estructura de la IMF (es decir, es posible que tenga una gran cantidad de activos en inversiones). Sin embargo, es importante utilizar el mismo denominador en forma consistente, conforme pasa el tiempo.

En una IMF, es necesario contar con una cierta cantidad de fondos inactivos; sin embargo, si el monto es demasiado elevado, esto afectará el rendimiento general de los activos.

Al calcular la *proporción de liquidez*, la IMF puede determinar si hay suficiente efectivo disponible para desembolsos y además, si existe demasiado efectivo inactivo.

$$\text{Proporción de liquidez} = \frac{\text{Efectivo + ingresos de efectivo esperados en el período}}{\text{Egresos de efectivo esperados en el período}}$$

La proporción de liquidez siempre debería ser mayor de uno.

La exactitud de la proporción de liquidez depende de la exactitud de las proyecciones de recepción y desembolsos de efectivo.

Para realizar un pronóstico de los requisitos de efectivo, una IMF debe calcular la recepción y el desembolso de efectivo esperados, y luego se crea un pronóstico de efectivo mostrando los ingresos y egresos de efectivo esperados durante cierto período. Por medio del pronóstico de efectivo:

- Se identifican períodos en los que podría ocurrir una escasez de efectivo o podría requerirse de una gran cantidad de efectivo
- Se identifican los períodos en los cuales probablemente haya un excedente de efectivo
- La organización o sucursal puede planificar un flujo de efectivo sin problemas
- Se previene la acumulación de excedentes de fondos.

La primera tarea al realizar un pronóstico de requisitos de efectivo es seleccionar un período a ser cubierto. Si se espera que el flujo de efectivo será estable, entonces puede realizarse el pronóstico de efectivo para un plazo más largo; si el flujo de efectivo es incierto, debería seleccionarse un período más corto. Para una IMF, debería elaborarse un pronóstico de efectivo mensualmente. El flujo de efectivo puede ser afectado por la estación o la época del año (como los días festivos) y, por lo tanto, los pronósticos mensuales de efectivo mostrarán la fluctuación de los requisitos de efectivo para cada mes.

En los pronósticos de efectivo, se incluyen únicamente los rubros reales de efectivo. Los rubros que no son efectivo, como la depreciación, las provisiones para pérdidas de préstamos o los ajustes por subsidio e inflación, no afectan el flujo de efectivo. Normalmente, los rubros de efectivo para una IMF incluyen:

- *Ingresos de efectivo* - pago de préstamos, ingresos por intereses y cuotas, ahorros de clientes, intereses bancarios, venta de inversiones y efectivo recibido de donantes u otros deudores
- *Egresos de efectivo* - desembolso de préstamos, pago de deudas, adquisición de activos fijos, inversiones y gastos de operación como costos de transporte, salarios, prestaciones, adquisición de suministros de oficina, material de capacitación, alquileres y mobiliario.

Al realizar un pronóstico del flujo de efectivo para la sucursal de una IMF, un potencial ingreso de efectivo a considerarse son los fondos recibidos de la oficina central; a la inversa, un potencial egreso de efectivo sería la devolución de fondos a la oficina central. Notar que la tasa recibida por la transferencia de fondos a la oficina central o al obtener fondos de la oficina central (el precio de transferencia) no es un rubro de flujo de efectivo y no debería incluirse en el pronóstico de flujos de efectivo.

El pronóstico del flujo de efectivo empieza cuando los oficiales de crédito determinan el monto de los desembolsos y los pagos de préstamos esperados para el mes. Si ocurre una escasez de fondos, es necesario obtener préstamos o donaciones adicionales, se atrasará el pago de deudas o gastos o, en el caso de una sucursal, es necesario solicitar fondos adicionales a la oficina central. Notar que la escasez de efectivo nunca debería causar atrasos en el desembolso de préstamos. El incentivo del acceso continuo al crédito contribuye en gran medida al pago puntual de los préstamos. En este sentido, el riesgo de liquidez para las IMFs a la larga puede reflejarse en un mayor número de préstamos morosos, además del potencial incremento en el costo de los fondos.

Si existe un *excedente de fondos*, debe tomarse una decisión sobre la conveniencia de mantener los fondos en inversiones de corto plazo, pagar deudas de corto plazo o, en el caso de una sucursal, devolver los fondos a la oficina central. Debería mantenerse cierta cantidad de fondos inactivos en todo momento para compensar pagos atrasados de préstamos o para cubrir gastos de emergencia (o, si se reciben ahorros voluntarios, para responder a las demandas de retiros). El monto de efectivo disponible debe equilibrarse con la pérdida de ingresos que ocurre al mantener fondos inactivos. Si una IMF tiene varias sucursales, usualmente la oficina central establecerá el monto apropiado de fondos inactivos que debe mantener cada sucursal. Notar que, si existe una red de sucursales, todos los pronósticos de las sucursales (o sus requisitos de efectivo) deben consolidarse para conformar un pronóstico de flujo de efectivo para toda la IMF.

Es importante que en el pronóstico del flujo de efectivo se tome en cuenta el índice de recuperación de préstamos; este índice variará para cada IMF y en cada sucursal. Por ejemplo, si los pagos de préstamos pendientes son de 100.000, pero anteriormente la sucursal ha registrado un índice de pago de préstamos del 90 por ciento, entonces el cálculo aproximado de pagos de préstamos (ingreso de efectivo) debe ajustarse a 90.000. En la Tabla 10.4, se presenta una muestra de un pronóstico del flujo de efectivo de una sucursal.

Al calcular el efectivo neto al final de cada mes, es posible determinar cuánto efectivo devolverá la sucursal a la oficina, o cuánto solicitará a ésta.

La proporción final presentada para manejar el riesgo de liquidez es la *proporción actual*; ésta se usa comúnmente en instituciones financieras comerciales, y a veces es denominada la *proporción de liquidez adecuada*.

$$\text{Proporción actual} = \frac{\text{Activos actuales}}{\text{Pasivos actuales}}$$

Por medio de la proporción actual, se demuestra la capacidad de la IMF de realizar pagos de intereses sobre deudas y se calcula el grado de cobertura proporcionado por activos de corto plazo. En el estudio realizado por Christen y otros (1995), las proporciones actuales para las IMFs más exitosas oscilaban entre 1:1 y 5:1.

Algunas IMFs manejan la liquidez estableciendo una línea de crédito, es decir, manejando la columna de pasivos del balance en vez de la columna de activos (como el flujo de efectivo); de esta manera, se incurre en costos únicamente cuando se utiliza la línea de crédito. Este método de manejo de pasivos está disponible únicamente para las IMFs que han demostrado su capacidad de manejar su rendimiento financiero y que, por lo tanto, han podido establecer una relación con un banco comercial.

RIESGO DE TASAS DE INTERÉS. El riesgo de tasas de interés es el tema más convencional del manejo de activos y pasivos. El riesgo de tasas de interés surge cuando no concuerdan las tasas de interés de los activos con las tasas de los pasivos (que financian a los activos), en cuanto a tasas y plazos. El riesgo de tasas de interés ocurre después de haber fijado los precios de activos y pasivos, o después de haber contabilizado los préstamos; este riesgo no debería confundirse con la fijación de precios para cubrir los costos y el rendimiento esperado de la IMF.

El riesgo de tasas de interés es especialmente problemático para las IMFs que operan en países con tasas de inflación impredecibles, lo cual afecta directamente las tasas de interés de la deuda. Si aumenta la tasa de inflación, la tasa de interés establecida para los préstamos no será suficientemente alta como para compensar los efectos de la inflación. La capacidad de una IMF de ajustar las tasas de interés de sus préstamos es determinada por el grado al cual se utilizan pasivos de corto plazo para financiar los préstamos de más largo plazo dentro de la cartera; en otras palabras, es posible que se *fijen nuevos precios* para los pasivos de corto plazo antes de que la IMF pueda cambiar las tasas de interés de sus préstamos (activos), disminuyendo de esta manera el diferencial (Bartel, McCord y Bell 1995). El riesgo de tasas de interés es un problema que afecta principalmente a las IMFs que movilizan depósitos o que tienen plazos de préstamos relativamente prolongados (de más de un año).

El análisis del riesgo de tasas de interés empieza con dos preguntas principales:

- ¿Cuál es el *monto* de los fondos en riesgo, afectados por cambios en las tasas de interés?
- ¿En qué *momento* se generarán cambios en el flujo de efectivo al cambiar las tasas de interés?

Es importante conocer la magnitud del efecto de un cambio en las tasas de interés en términos del valor actual, y cuándo se percibirá ese efecto.

Para determinar el monto de fondos en riesgo ante un cambio en las tasas de interés, es necesario estudiar los diferentes activos y pasivos de una IMF. No todos los activos o pasivos se comportan de la misma forma, al ocurrir un cambio en el porcentaje de las tasas de interés; esto es denominado *sensibilidad a las tasas de interés*. Generalmente, los clientes de las IMFs *no son sensibles* a las tasas de interés, y debido a la falta de alternativas de servicios de crédito o ahorro en el sector informal, un cambio del porcentaje de las tasas de interés (ya sea para

---

Tabla 10.4 Pronósticos de flujo de efectivo de sucursales

Efectivo inicial al comienzo de cada mes (A)	Pagos de préstamos vencidos (incluyendo los intereses) (B)	Procentaje de pagos puntuales (C)	Pagos de préstamos esperados (D)	Recuperación esperada de préstamos en mora (E)	Cobro esperado de cuotas de préstamo (F)
Enero 1					
50.000	600.000	65	390.000	12.000	9.000
Febrero 1					
50.000	400.000	75	300.000	4.000	8.250
Marzo 1					
50.000	375.000	95	356.250	7.000	10.500

Nota: Al inicio de cada mes, el máximo de efectivo por cada sucursal es de 50.000. Efectivo neto = (A + D + E + F + G) - (H + I + J + K).
Fuente: Ledgerwood 1996.

crédito o para ahorro) no afectará mucho su comportamiento. Lo que es más importante es la disponibilidad, calidad y conveniencia de los servicios. (Alternativamente, los depósitos a plazo fijo y los préstamos más cuantiosos son proporcionados a clientes más sofisticados quienes generalmente son más sensibles a las tasas de interés. Sin embargo, basado en la premisa de que el sector microfinanciero atiende a los clientes de más bajos ingresos, se puede asumir que la sensibilidad a las tasas de interés generalmente es menos importante para manejar el riesgo de tasas de interés que para responder ante algún cambio en el flujo de efectivo.)

Para el momento en que ocurren cambios en el flujo de efectivo, existen dos técnicas de uso generalizado: el *análisis de brechas* y los *modelos simulados*. En este texto, únicamente se presenta el análisis de brechas porque los modelos simulados implican técnicas muy sofisticadas que actualmente no son apropiadas para la mayoría de IMFs. El análisis de brechas se refiere al establecimiento de la brecha entre los activos y los pasivos afectados por las tasas. Los activos o pasivos afectados por las tasas son aquéllos que vencen o cuyos precios pueden subir o bajar en el transcurso de los siguientes meses (Christen 1997). El análisis de brechas permite a los gerentes manejar su situación de brechas en base a sus expectativas de futuros cambios en las tasas de interés (para más información, ver el Apéndice 1).

Aunque los análisis de brechas pueden parecer innecesarios a la mayoría de IMFs, este aspecto se tornará más importante conforme maduran más IMFs y empiezan a recurrir a diferentes tipos de financiamiento, como los depósitos voluntarios o la deuda comercial. Las situaciones de brechas deberán manejarse eficazmente para mantener (o alcanzar) la sostenibilidad financiera; una vez más, al igual que con la mayoría de temas de autosuficiencia financiera, el análisis de brechas se volverá más común para las IMFs conforme disminuyan los fondos provenientes de donantes y las IMFs empiecen a asumir más pasivos.

RIESGO CAMBIARIO. La mayoría de IMFs están expuestas a riesgos cambiarios si reciben fondos de donantes o inversiones en otra moneda o si mantienen efectivo u otras inversiones en moneda extranjera. La devaluación o revaluación de estos activos y pasivos funciona de la misma manera que las tasas de interés, al exponer a la IMF a potenciales ganancias o pérdidas. El hecho de manejar este riesgo puede influir en la rentabilidad de una IMF.

El manejo del riesgo cambiario se refiere a la medición de las disparidades cambiarias tradicionales por medio del vencimiento de la disparidad. Sin embargo, la mayoría de veces las IMFs únicamente deben preocuparse del riesgo cambiario si deben pagar préstamos (a donantes o fuentes comerciales) en una moneda extranjera que han convertido a moneda local (ya sea inmediatamente o según necesidad) y, por lo tanto, sobre los cuales están ganando intereses en moneda local. Esto significa que los fondos que se reciben en un tipo de moneda y se otorgan en préstamo en otra moneda, deben administrarse para reducir las potenciales pérdidas cuando se vuelven a convertir a la moneda extranjera. Esto puede lograrse por medio del análisis de brechas, en forma similar al que se realiza para el riesgo de tasas de interés, excepto que esta

Ahorros que se espera recibir (G)	Desembolsos esperados de préstamos (H)	Pago esperado de costos fijos (I)	Pago esperado de costos variables (J)	Retiro de ahorros esperado (K)	Efectivo neto (L)
15.000	300.000	50.000	30.000	0	96.000
13.750	275.000	50.000	27.000	5.000	19.000
17.500	350.000	50.000	33.000	0	8.250

medida es de disparidades de tipos de moneda en vez de disparidades de vencimientos.

Manejo de riesgos de operación

El riesgo de operación se refiere al riesgo de pérdidas o gastos inesperados asociados con fraude, ineficiencia, errores y contingencias imprevistas. Las directrices y políticas operacionales claras y transparentes ayudan a reducir todo tipo de riesgos de operación, incluyendo los errores. Las contingencias imprevistas pueden reducirse al mínimo a través de la experiencia, y las directrices operacionales deberían revisarse y enmendarse periódicamente (aunque esto no debe ocurrir con demasiada frecuencia porque es posible que los miembros del personal continúen operando según las guías anteriores si no están apropiadamente informados). Además, las auditorías externas anuales pueden contribuir a la reducción de los riesgos de operación.

REDUCCIÓN DE LAS PROBABILIDADES DE FRAUDE. Debido a la naturaleza descentralizada de las actividades microfinancieras, éstas se prestan al fraude. Entre los tipos comunes de fraude, se encuentran los préstamos ficticios, afirmar que los prestatarios no han pagado cuando sí lo han hecho, aceptar contribuciones de ahorros sin regis-

trarlas o desembolsar montos de préstamos menores de los registrados (Casilla 10.8).

Es difícil controlar el fraude en las IMFs. Hay cuatro aspectos cruciales para controlar exitosamente el fraude: fijación de precios de mercado, salarios adecuados para los oficiales de crédito, sencillez de operaciones, así como responsabilidad y transparencia (Hook 1995).

La *fijación de precios inferiores a los precios del mercado* da lugar a la corrupción entre los empleados de la IMF que toman las decisiones sobre la aprobación de préstamos. Si las tasas son bajas, el prestatario tiene suficientes recursos para sobornar y aun así podrá beneficiarse de la obtención del préstamo. Las tasas artificialmente bajas también invitan a los prestatarios a volver a otorgar en préstamo los fondos con tasas más elevadas, muchas veces al mismo mercado objetivo de la IMF.

Los oficiales de crédito que no consideran estar ganando un *salario adecuado* estarán más propensos a cometer fraude a modo de complementar sus salarios bajos, ya sea aceptando sobornos o creando préstamos ficticios.

Mientras más *estandarizadas* estén las operaciones crediticias, menores serán las oportunidades para la negociación individual de condiciones y menores las oportunidades de cometer fraude.

El sistema contable debe desarrollarse de forma descentralizada para que la gerencia pueda estar informa-

---

Casilla 10.8 Vulnerabilidad institucional respecto al fraude

EXISTEN VARIAS CARACTERISTICAS POR LAS QUE LAS IMFs son más vulnerables al fraude:

- *Un sistema de información débil* expone a la institución a las prácticas fraudulentas. Si una IMF no puede detectar situaciones de morosidad a nivel de los oficiales de crédito, entonces podría enfrentar serios problemas de fraude.
- *Un cambio en el sistema de información* es un momento de especial vulnerabilidad. Para protegerse contra el fraude cuando una institución introduce un nuevo sistema de computación, es usual operar el sistema anterior y el nuevo sistema paralelamente hasta que ambos hayan sido auditados.
- *Los procedimientos de control interno débiles o inexistentes* crean un ambiente donde puede prevalecer el fraude. Muchas IMFs no cuentan con un sistema de auditoría interna, y sus auditores externos ni siquiera visitan las

sucursales, mucho menos confirman los balances de los clientes.

- Las IMFs son vulnerables cuando tienen *una alta rotación* de personal en los niveles de gerencia, administración u oficiales de crédito.
- Si la organización ofrece *múltiples productos crediticios* o si sus productos no están estandarizados, entonces el personal y los clientes tienen la oportunidad de negociar arreglos de mutuo beneficio.
- *Si los oficiales de crédito manejan efectivo* y si los clientes no comprenden la importancia de exigir un recibo oficial, entonces la IMF es extremadamente vulnerable a pequeños fraudes en gran cantidad.
- Cuando una IMF presenta *un rápido crecimiento*, es difícil cultivar el alto nivel de integridad requerido de los miembros del personal y aplicar prácticas de control interno que se adapten al rápido crecimiento.

Fuente: Valenzuela 1998.

da sobre los montos que se están otorgando en préstamo y recuperando a nivel de oficiales de crédito. Una forma efectiva de controlar el fraude es realizar auditorías periódicas de los archivos de las sucursales y de los oficiales de crédito. Estas auditorías deberían incluir una revisión de procedimientos operacionales y visitas periódicas a los clientes para verificar la información registrada. Se establecen medidas de control adicionales por medio de un sistema de información administrativa eficaz y oportuno.

En la Casilla 10.9 hay una lista de controles internos y temas operacionales identificados por la Mennonite Economic Development Association (MEDA), en respuesta a un incidente de fraude que perjudicó seriamente una de sus operaciones crediticias.

AUDITORÍA DE INSTITUCIONES MICROFINANCIERAS. Las auditorías se llevan a cabo para verificar que los estados financieros de una IMF reflejen correctamente su rendimiento. Hay algunas personas interesadas en las auditorías externas, entre éstas, la gerencia de la IMF, la junta directiva, donantes, prestamistas, inversionistas y reguladores. Los auditores deberían revisar el sistema de contabilidad y el sistema de rastreo de préstamos. En especial, las auditorías externas deberían verificar la calidad de la cartera de préstamos, incluyendo las políticas de

provisiones para pérdidas de préstamos y de cancelación de préstamos incobrables.

Aunque la mayoría de las IMFs grandes se someten a una auditoría externa cada año, la mayoría de los auditores no están familiarizados con las microfinanzas, y existen pocos procedimientos para auditar a las IMFs.

"El trabajo de los auditores externos en las finanzas tradicionales es mucho más fácil que el de los que tratan con las IMFs, ya que la medida más importante de la salud financiera –la calidad de los activos– implica una serie de procedimientos internos y verificaciones cruzadas que permiten realizar una verificación y validación externa. La falta de garantías en las microfinanzas desequilibra el proceso de auditoría. Los activos financieros de una IMF no están respaldados por el tipo de activos o garantías con que está familiarizado un auditor." (Jackelen 1998, 57).

Para los auditores existen cuatro posibles formas de compensar la falta de garantías, común en las microfinanzas (Jackelen 1998):

- *Auditoría de procedimientos.* Por medio de esta auditoría, debería garantizarse que se realizaron correctamente las solicitudes y análisis de préstamos, que los montos y plazos de los préstamos se rigen por las políticas de la IMF, que los préstamos han sido

---

Casilla 10.9 Control de fraude en la Mennonite Economic Development Association

RECIENTEMENTE, LA MENNONITE ECONOMIC DEVELOPment Association (MEDA) aplicó las siguientes políticas para controlar el fraude:

- Los cheques nunca se emiten para poder cambiarse en efectivo
- Los pagos se realizan únicamente al cajero
- Existe una documentación completa de los clientes
- Adherencia a los métodos crediticios definidos
- Auditorías internas y externas periódicas
- Responsabilidad de los oficiales de crédito por el rendimiento de sus carteras
- Informes exactos y puntuales
- Base de datos confiable para rastrear a los clientes
- Conciliación mensual de los registros de carteras y el sistema de contabilidad

Además, MEDA identificó las siguientes lecciones en cuanto a organización y manejo, que ayudan a controlar el fraude:

- *Afianzar la visión.* Reclutar a personal y verificar sus referencias cuidadosamente; proporcionar capacitación complementada por modelos y pruebas.
- *Controlar el crecimiento.* Empezar con un programa piloto; hacer énfasis desde el inicio en las operaciones, y no en el desarrollo institucional; no ampliarse hasta que todo esté funcionando; tener el valor de decir que no y cerrar el flujo de financiamiento periódicamente.
- *Asegurarse de que la gerencia se mantenga cerca de las operaciones.* Promover un ambiente de manejo abierto; evitar un manejo a distancia; asegurarse de que la estructura de manejo exija la responsabilidad por los resultados; exigir informes oportunos y exactos; monitorear, monitorear, monitorear.
- *Comprender a los clientes.* Utilizar fases piloto para probar los métodos; asegurarse de que los miembros del personal conozcan el impacto en las empresas de los clientes.

Fuente: Contribuido por Allan Sauder, Mennonite Economic Development Association.

aprobados por las personas apropiadas, que los documentos legales se han suscrito debidamente ante un notario, que están archivados en el lugar apropiado y que se cumple correctamente con las fechas y los procedimientos de manejo de morosidad. Estos aspectos no pueden verificarse sencillamente por medio de documentos; los auditores deben observar los procedimientos en acción para evaluar si se realizaron correctamente.

- *Calidad de la cartera.* Los informes de cartera deben conciliarse con la información de los clientes. Los temas principales son los montos reales pendientes y la exactitud de la clasificación de la cartera. Además, los préstamos con un financiamiento adicional o una estructura nueva deben estudiarse cuidadosamente.
- *Muestreo de clientes.* Los auditores deben verificar la información realizando un muestreo estadístico de los clientes; para esto, es necesario realizar visitas a los clientes y lograr que ellos muestren voluntariamente los balances de sus cuentas.
- *Parámetros industriales y análisis de tendencias.* La industria de las microfinanzas debe establecer estándares o parámetros para permitir a los auditores la comparación entre el rendimiento de una IMF y el de otra. Además, los auditores deberían elaborar un análisis de tendencias respecto a la cartera de préstamos; por medio de este análisis, se demostrará que, aunque muchas veces los préstamos de las IMFs carecen de garantías, pueden ser seguros.

Apéndice 1. Análisis de brechas

El concepto del análisis de brechas es relativamente simple: cada categoría de activos y pasivos se clasifica según la fecha de cambio de sus precios y luego se asigna a un "grupo de tiempo". Estos grupos de tiempo se refieren al tiempo de vencimiento de los activos o pasivos, los cuales suelen agruparse en intervalos de tres meses a un año.

En las organizaciones de microfinanzas, muchas veces los activos son a corto plazo (préstamos, depósitos a plazo fijo, etc.) mientras que los pasivos frecuentemente son a largo plazo (préstamos concesionales, depósitos obligatorios). Esto causa una brecha de fondos; la *brecha de fondos* se define como activo menos pasivo dentro de cada grupo de tiempo. La *proporción de brecha*, es el activo dividido entre el pasivo en cada grupo de tiempo. Una brecha de fondos o proporción de brecha igual a cero, significa que la IMF ha equiparado exactamente el vencimiento de sus activos con el de sus pasivos; sin embargo, es difícil alcanzar esto en base a la estructura del balance de la mayoría de IMFs.

Las posiciones de las brechas se miden para cada grupo de tiempo utilizando la siguiente fórmula:

$$\text{Brecha acumulativa en la proporción del total de activos} = \frac{\substack{\text{Activos que vencen (o califican para cambiar} \\ \text{de precio) dentro de un año − pasivos} \\ \text{que vencen (o califican para cambiar} \\ \text{de precio) dentro un año}}}{\text{Total de activos}}$$

El nivel aceptable para esta proporción depende del plazo promedio de los préstamos, los plazos de los pasivos y las expectativas respecto al movimiento de las tasas de interés (Bartel, McCord y Bell 1995). Si la proporción de brechas es mayor a uno, se le denomina brecha positiva o situación sensible a los activos; esto significa que para un período específico de tiempo existen más activos que pasivos sensibles a las tasas de interés. Si una IMF espera que aumenten las tasas de interés, es probable que mantenga una brecha positiva a corto plazo; sin embargo, si bajan las tasas de interés, cambiarán de precio tanto activos como pasivos, con una tasa más baja al finalizar el período. Debido a que hay menos *pasivos con nuevo precio* que financien *activos con nuevo precio*, el resultado es un riesgo mayor (es decir, los activos con un precio más bajo serán financiados parcialmente por activos cuyo precio aún no ha sido modificado).

Por otra parte, si una proporción de brecha es inferior a uno o si es negativa tiene como resultado una situación de sensibilidad a los pasivos. Si disminuyen las tasas de interés, se reduce el riesgo porque los pasivos de precio más bajo financiarán más activos cuya tasa de interés aún permanece alta. Si una IMF prevé la reducción de las tasas de interés, mantendrá brechas negativas a corto plazo, las cuales permiten la fijación de nuevos precios para los pasivos respecto a los activos.

Fuentes y bibliografía adicional

Bartel, Margaret, Michael J. McCord y Robin R. Bell. 1995. Financial Management Ratios II: Analyzing for Quality and Soundness in Microcredit Programs. GEMINI Technical

Note 8. Financial Assistance to Microenterprise Programs, Development Alternatives Inc. Washington, D.C.: Agencia para el Desarrollo Internacional de los Estados Unidos.

Christen, Robert Peck. 1997. Banking Services for the Poor: Managing for Financial Success. Washington, D.C.: ACCION International.

Christen, Robert, Elisabeth Rhyne, Robert Vogel y Cressida McKean. 1995. Maximizing the Outreach of Microenterprise Finance: An Analysis of Successful Microfinance Programs. Program and Operations Assessment Report 10. Washington, D.C.: Agencia para el Desarrollo Internacional de los Estados Unidos.

Churchill, Craig, ed. 1998. Moving Microfinance Forward: Ownership, Competition, and Control of Microfinance Institutions. Washington, D.C.: MicroFinance Network.

Economics Institute. 1996. "Managing the Delinquency Crisis." Microfinance Training Program, Boulder, Colorado.

Fitzgerald, Thomas M. 1997. "Risk Management." Comptroller of the Currency, Administrator of National Banks, Washington, D.C.

Flaming, Mark. 1994. Technical Guide for the Analysis of Micoenterprise Finance Institutions. Washington, D.C.: Banco Interamericano de Desarrollo.

Hook, Richard. 1995. "Controlling Fraud in Microfinance Programs." Microenterprise Development Brief 6. Agencia para el Desarrollo Internacional de los Estados Unidos, Washington, D.C.

Jackelen, Henry. 1998. "Auditing: The Missing Dimension in Microfinance." En Craig Churchill, ed., Moving Microfinance Forward: Ownership, Competition, and Control of Microfinance Institutions. Washington, D.C.: MicroFinance Network.

Ledgerwood, Joanna. 1996. Financial Management Training for Microfinance Organizations: Finance Study Guide. Nueva York: PACT Publications (para Calmeadow).

Ledgerwood, Joanna y Jill Burnett. 1995. ADEMI Case Study. Calmeadow, Toronto, Canadá.

Ledgerwood, Joanna y Stefan Harpe. 1995. "Tulay Sa Pag-Unlad." Calmeadow, Toronto, Canadá.

Mommartz, R. y M. Holtman. 1996. Technical Guide for Analyzing the Efficiency of Credit Granting NGOs. Saarbrücken, Alemania: Verlag für Entwicklungspolitik Saarbrücken.

Morris, D.D., A. Power y D.K. Varma, eds. 1986. Guide to Financial Reporting for Canadian Banks. Ottawa, Canadá: Touche Ross.

Rhyne, Elisabeth y Linda S. Rotblatt. 1994. "What Makes Them Tick? Exploring the Anatomy of Major Microenterprise Finance Organizations." Monograph 9. Washington, D.C.: ACCION International.

Stearns, Katherine. 1991a. The Hidden Beast: Delinquency in Microenterprise Programs. Washington, D.C.: ACCION International.

———. 1991b. "Methods for Managing Delinquency." GEMINI Technical Report. Development Alternatives, Inc., Bethesda, Md.

Uyemura, Dennis G. y Donald R. van Deventer. 1993. Financial Risk Management in Banking: The Theory and Application of Asset and Liability Management. Bankline, Salem, Mass: Bank Administration Institute Foundation.

Valenzuela, Liza. 1998. "Overview on Microfinance Fraud." En Craig Churchill, ed., Moving Microfinance Forward: Ownership, Competition, and Control of Microfinance Institutions. Washington, D.C.: MicroFinance Network.

Glosario

Glosario

Activos fijos: maquinaria, equipo y propiedades (por ejemplo, motocicletas, máquinas de coser, incubadoras de huevos o calesas).

Adecuación patrimonial: el monto de capital que posee una IMF con relación a los activos, indicando un nivel suficiente de capital para absorber pérdidas potenciales y a la vez garantizar la sostenibilidad financiera.

Alcance de las actividades de proyección: el nivel de pobreza de los clientes beneficiados por una IMF. (Ver también **escala de proyección.**)

Análisis de brechas: análisis que se realiza para determinar la brecha existente entre activos sensibles y pasivos sensibles a intereses.

Análisis de flujo de efectivo: identificación de los flujos de efectivo de una IMF con relación al monto de efectivo necesario para operaciones y al monto de fondos disponibles para inversiones.

Análisis de impacto: análisis que determina los resultados de una intervención.

Análisis de tendencias: la comparación entre los indicadores de rendimiento a través del tiempo.

Apalancamiento: el monto obtenido en préstamo por una IMF con relación al valor de su patrimonio.

Atrasos: el monto de capital vencido del préstamo (o de capital más intereses) que aún no ha sido recibido por la IMF.

CAMEL: un sistema para analizar los cinco aspectos tradicionales que se consideran más importantes en la operación de un intermediario financiero. Estas cinco áreas reflejan la condición financiera y la fortaleza operativa general de una IMF e incluyen adecuación patrimonial, calidad del activo, manejo, ganancias y liquidez.

Capacidad de endeudamiento: la capacidad de un cliente (o una IMF) para pagar fondos obtenidos en préstamo.

Capital: fondos invertidos en forma de acciones de los miembros, pagarés a pagar e inversiones realizadas por externos. El capital institucional es el capital en forma de ganancias retenidas y reservas.

Capitalizar: registrar como activo en el balance, sujeto a depreciaciones futuras (a través de un gasto por depreciación en el estado de ganancias y pérdidas).

Capital social: aquellas características de la organización social, como redes, normas y confianza, que facilitan la coordinación y cooperación en beneficio mutuo.

Cartera en riesgo: el saldo pendiente de todos los préstamos que tienen un monto vencido. A diferencia de los atrasos, la cartera en riesgo incluye el monto atrasado más el saldo pendiente restante del préstamo.

Cartera pendiente: el monto de capital de préstamos pendientes en una institución microfinanciera.

Casi efectivo: depósitos que no generan intereses ó depósitos que generan una tasa de interés muy baja y que tienen un vencimiento de tres meses o menos (es decir, depósitos a plazo fijo certificados de inversiones). El casi efectivo es dinero que suele ser sumamente líquido (disponible según demanda).

Codeudor: una persona que acepta ser legalmente responsable por un préstamo, pero que usualmente no ha recibido un préstamo de la IMF.

Conversión en valores: un método que vincula a las IMFs con mercados de capital mediante la emisión de bonos corporativos avalados por la cartera de la IMF (y cuyos intereses son pagados por la misma).

Cooperativas financieras: instituciones financieras cuyos propietarios son sus miembros, las cuales no tienen accionistas externos y donde cada uno de sus miembros tiene derecho a un voto en la organización. Los miembros pueden depositar dinero en la organización o solicitar préstamos de la misma, o ambos.

Costo de capital ajustado: el costo de mantener el valor del patrimonio con relación a la inflación (o al índice patrimonial del mercado) y el de acceder el pasivo a tasas comerciales de interés en vez de recurrir a préstamos concesionales.

Crédito: fondos obtenidos en préstamo bajo condiciones de pago especificadas.

Depreciación: un gasto anual determinado al calcular la vida útil de cada activo.

Deuda: sumas de dinero obtenidas en préstamo por las IMFs para financiar sus activos.

DEVCAP: un fondo mutualista compartido diseñado para proveer rendimiento financiero a sus inversionistas y a sus instituciones microfinancieras afiliadas.

Diferencial: la diferencia entre la tasa de interés pagada por una institución financiera por préstamos obtenidos y la tasa de interés que dicha institución cobra al otorgar préstamos; se usa para cubrir costos administrativos, pérdidas de préstamos y costos de capital ajustado.

Diversificación de la cartera: evitar que una institución financiera concentre su cartera en un sector geográfico o un segmento del mercado.

Econometría: una técnica analítica que aplica métodos estadísticos a problemas económicos.

Egresos de efectivo: el efectivo pagado por la empresa o el hogar para cubrir gastos o hacer adquisiciones.

Escala de proyección: el número de clientes atendidos por una IMF. (Ver también **alcance de proyección**.)

Fijación de precios de transferencia: la práctica de fijar los precios de los servicios o fondos entre la oficina central y las sucursales en base a la recuperación de costos.

Fondos inactivos: fondos que posee una IMF que no generan ingresos o que generan menos ingresos de los que podrían devengarse si fueran otorgados a prestatarios o si fueran invertidos.

Fungible: intercambiable, sustituible. Por ejemplo, el dinero fungible es una suma prevista para ser utilizada en un propósito determinado, pero que puede ser utilizada para otro propósito.

Garantía: tradicionalmente, propiedades, tierras, maquinaria y otros activos fijos. Otras formas de garantías incluyen las garantías colectivas, los ahorros obligatorios, los activos nominales y las garantías personales.

IMFs integradas: IMFs que ofrecen intermediación financiera así como desarrollo empresarial, social u otros servicios.

IMFs minimalistas: IMFs que ofrecen intermediación financiera únicamente.

Indicador de eficiencia: ver **proporción de costos operativos.**

Indicadores de rendimiento: establecen una comparación entre dos series de datos financieros. (ver **análisis de tendencias.**)

Índice de atrasos: el monto de capital vencido del préstamo (o de capital más intereses) dividido entre la cartera pendiente.

Índice de dependencia de subsidios: el aumento del porcentaje que es preciso aplicar a la tasa de interés que se cobra por los préstamos otorgados, a fin de eliminar completamente todos los subsidios obtenidos en un año determinado.

Índice de pago: el índice histórico de recuperación de un préstamo, tomando en cuenta el monto de pagos recibidos con relación al monto adeudado.

Ingresos de efectivo: el efectivo que ingresa a la empresa o el hogar en forma de salarios, ingresos por ventas, préstamos o donaciones.

Instituciones financieras no bancarias: las instituciones financieras que superan la incapacidad de algunas instituciones microfinancieras de satisfacer estándares y requisitos bancarios comerciales debido a la naturaleza de sus préstamos.

Instituciones formales: instituciones financieras que no sólo están sujetas a las leyes y regulaciones generales, sino también a una regulación y supervisión bancaria específica.

Instituciones semiformales: instituciones formales en el sentido que son entidades registradas sujetas a todas las leyes generales pertinentes, incluyendo la ley comercial, pero que son informales en el sentido de que, con pocas excepciones, no están sujetas a la regulación y supervisión bancaria.

Institución sombrilla: una institución mayorista registrada legalmente que ofrece servicios financieros, administrativos y otros servicios a IMFs detallistas.

Intermediación financiera: la provisión de productos y servicios financieros, tales como ahorros, crédito, seguros, tarjetas de crédito y sistemas de pago.

Intermediación social: el proceso de desarrollo del capital humano y social requerido en la intermediación financiera sostenible para los pobres.

Intermediación social en grupos: ayuda para desarrollar la capacidad de grupos y para invertir en los recursos humanos de sus miembros para que puedan empezar a funcionar por su propia cuenta.

Liquidez: el monto de efectivo (o de casi efectivo) disponible para una IMF en relación con su demanda de efectivo.

Manejo de activo y pasivo: el manejo del riesgo financiero de una institución financiera, en particular con relación a la estructura de su balance, y a los riesgos y al rendimiento inherentes a esta estructura.

Manejo de efectivo: la sincronización de los flujos de efectivo para garantizar que el efectivo entrante (ingresos de efectivo) sea equivalente o superior al efectivo saliente (egresos de efectivo).

Manejo de la eficiencia: el manejo de los costos por unidad de producción.

Margen de ganancia: ganancias en relación con el total de ingresos devengados.

Mercado objetivo: un grupo de clientes potenciales que comparten ciertas características, que tienden a comportarse de maneras similares, y que probablemente sean atraídos hacia una combinación específica de productos y servicios.

Método de cálculo de intereses de tasa fija: un método para calcular intereses como porcentaje del monto inicial otorgado en préstamo, en vez de calcularlos sobre el monto pendiente durante el plazo del préstamo.

Método de cálculo de intereses sobre saldos: un método para calcular intereses como porcentaje del monto pendiente durante el plazo del préstamo.

Microfinanzas: la prestación de servicios financieros a clientes de bajos ingresos, incluyendo los autónomos. Además de la intermediación financiera, algunas IMFs también ofrecen servicios de intermediación social, incluyendo ayuda para la formación de grupos y el desarrollo de la confianza en sí mismos, conocimientos financieros básicos y otros servicios.

Monopsonio: un mercado con un solo comprador, a diferencia de un monopolio, que es un mercado con un solo vendedor.

PERLAS (o PEARLS): un sistema de 39 proporciones financieras utilizadas por el Consejo Mundial de Uniones de Crédito para monitorear el rendimiento de las uniones de crédito.

Préstamos colectivos: préstamos otorgados que incluyen la formación de grupos de personas que tienen un deseo común de obtener acceso a servicios financieros; frecuentemente incluye garantías colectivas.

Préstamos concesionales: préstamos con tasas de interés inferiores a las del mercado.

Préstamos para activos fijos: préstamos otorgados para la adquisición de activos utilizados en la empresa a través del tiempo.

Productividad: el volumen de negocios generados (producción) para un recurso o activo determinado (insumo).

ProFund: un fondo de inversión patrimonial que provee patrimonio y cuasipatrimonio (deuda subordinada) a IMFs seleccionadas, para apoyar el crecimiento de intermediarios financieros regulados y eficientes que atienden el mercado de la pequeña y microempresa en América Latina y el Caribe.

Proporción actual: una proporción que indica la capacidad de una IMF de hacer pagos de intereses sobre deudas; es decir, el grado de cobertura proporcionado por activos de corto plazo. (También se le llama **proporción de suficiencia de liquidez.**)

Proporción de costos de operación: un cálculo que determina los costos de operación con relación a los préstamos pendientes (o los activos productivos); es considerado como un indicador de la eficiencia de las operaciones crediticias. (También llamado **indicador de eficiencia**).

Proporción de liquidez: un cálculo que determina si hay disponibilidad suficiente de efectivo para desembolsos y también si hay un exceso de efectivo inactivo.

Proporción de pérdidas de préstamos: un cálculo que determina el porcentaje de pérdidas de préstamos en un período específico (usualmente un año).

Proporción de reservas para pérdidas de préstamos: un cálculo que demuestra el porcentaje de la cartera de préstamos que ha sido reservado para pérdidas futuras de préstamos.

Proporción de suficiencia de liquidez: ver **proporción actual.**

Proporciones: cálculos que establecen una comparación entre dos series de datos financieros; también se denominan indicadores de rendimiento.

Proporciones de calidad de la cartera: cálculos que proveen información sobre el porcentaje de activos improductivos, que a su vez disminuyen los ingresos y la situación de liquidez de una IMF.

Proporciones de productividad y eficiencia: cálculos que proveen información sobre el porcentaje en el cual una IMF genera ingresos para cubrir egresos.

Proveedores informales: organizaciones o personas individuales, generalmente no instituciones, que no están sujetas a leyes bancarias especiales o leyes comerciales generales, cuyas operaciones son tan "informales" que las dife-rencias que se producen en relación con éstas muchas veces no pueden ser resueltas recurriendo al sistema legal.

Refinanciamiento de un préstamo: proveer una cantidad de fondos en préstamo sobre el monto original del préstamo.

Regulación financiera: la serie de principios, reglas, estándares y procedimientos de cumplimiento aplicables a las instituciones financieras.

Rendimiento del activo: proporción que establece los ingresos netos devengados sobre los activos de una institución microfinanciera.

Rendimiento patrimonial: proporción que establece el rendimiento de los fondos que posee la organización.

Reprogramación de un préstamo: extender el plazo del préstamo o cambiar el calendario de pago para un préstamo existente.

Reserva para pérdidas de préstamos: el monto acumulado de provisiones para pérdidas de préstamos (registradas como gasto en el estado de ganancias y pérdidas) menos los préstamos incobrables, que generalmente se registran en el balance como activo negativo.

Riesgo de covarianza: el riesgo que existe si la mayoría de clientes se dedican a actividades en el mismo sector económico; es decir, si todos comercian en la misma área o son fabricantes de los mismos productos.

Riesgo de liquidez: el riesgo de carecer de suficiente activo disponible para satisfacer las demandas de efectivo, lo que conduce a gastos adicionales al obtener préstamos relativamente costosos a corto plazo para financiar una situación de falta de liquidez.

Riesgo de operación: el riesgo de pérdidas o gastos inesperados relacionados con fraude, ineficiencia, errores y contingencias imprevistas.

Riesgo de tasas de interés: el riesgo que surge cuando las tasas de interés sobre activos y las tasas de interés sobre pasivos que financian los activos son desiguales en lo que se refiere a las tasas de interés y los plazos.

Riesgo moral: el incentivo que posee un agente para poner en peligro el valor de un activo perteneciente a otra persona, en vista de que éste no carga con las consecuencias de cualquier pérdida.

Selección de objetivos directos: la asignación de un monto específico de fondos para otorgar crédito a un sector particular de la economía o población.

Selección de objetivos indirectos: el diseño de productos y servicios para personas que se encuentran más allá del límite del financiamiento formal normal (en vez de autorizar fondos específicos para grupos en particular con un perfil definido restringidamente).

Servicios de desarrollo empresarial: servicios no financieros para microempresarios, incluyendo capacitación empresarial, servicios de mercadeo y tecnología, desarrollo de destrezas y análisis de subsectores.

Servicios sociales: servicios no financieros que se centran en mejorar el bienestar de los microempresarios.

Sharia: la ley islámica, administrada por consejos de asesores, que establece qué productos y servicios financieros son considerados correctos.

Supervisión financiera: el examen y monitoreo de las organizaciones para verificar el cumplimiento de las regulaciones financieras.

Uniones de crédito: ver **Cooperativas financieras.**

Utilización de activos: indica el lugar donde se generan los ingresos en base al lugar de inversión de los activos.

Viabilidad financiera: la capacidad de una IMF para cubrir sus costos con ingresos devengados.

www.ingramcontent.com/pod-product-compliance
Lightning Source LLC
Chambersburg PA
CBHW082140210326
41599CB00031B/6042